SOCIÉTÉ ARCHÉOLOGIQUE D'EURE-ET-LOIR.

CARTULAIRE

DE

NOTRE-DAME DE CHARTRES.

76

SOCIÉTÉ ARCHÉOLOGIQUE D'EURE-ET-LOIR.

CARTULAIRE
DE
NOTRE-DAME DE CHARTRES

PUBLIÉ SOUS LES AUSPICES DE CETTE SOCIÉTÉ

d'après les

CARTULAIRES ET LES TITRES ORIGINAUX

PAR MM. E. DE LÉPINOIS ET Lucien MERLET

TOME TROISIÈME

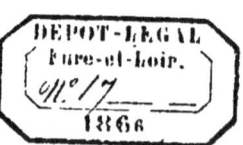

CHARTRES
GARNIER, IMPRIMEUR, RUE DU GRAND-CERF, 11.

1865.

NECROLOGIUM

INSIGNIS ECCLESIÆ

BEATÆ MARIÆ CARNUTENSIS.

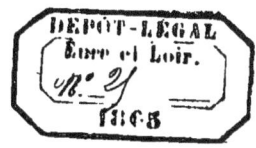

VIIII KALENDAS JANUARII (24 décembre)[1].

1[2]. — Anno Domini DCCCCXLI, inditione XIII[a], obiit Haganus, episcopus et comes[3], Leobino beatissimo primus consimilis : cujus anima, sicut ei in hac vita jure potestatis coaequata est, ita cum eo in futura perhenni felicitate perfruatur.

1. — Eodem die, obiit Herbertus, subdiaconus et canonicus almę Marię; et Adelais, mater Gerardi, quę reliquit canonicis sanctę Marię Cerasetum, Fromoldi-villam et Pinum ;

1. — Et Matheus, matris misericordię levita et canonicus, qui dedit concanonicis suis LX[ta] solidos, ad edificationem turris XL[ta], et ad reparationem Crucifixi totidem.

1344. **7**[4]. — Anniversarium Zachariæ, sacristæ et presbiteri, ad quod habemus censum annuum sex librarum et decem solidorum super domos sitas in claustro Sanctæ-Fidei.

---

[1] Nous commençons la publication du *Nécrologe*, comme dans les anciens manuscrits, au 24 décembre, premier jour de l'année religieuse.

[2] Les obits précédés du chiffre 1 ont été inscrits avant l'année 1120; ils sont portés dans un Nécrologe appartenant à la Bibliothèque publique de la ville de Saint-Etienne, et dans un autre, en très-mauvais état, conservé à la bibliothèque communale de Chartres sous le n° 25. Ils ont été répétés dans tous les Nécrologes postérieurs.

[3] Voir vol. Ier, p. 78.

[4] Les obits précédés du chiffre 7 appartiennent à diverses époques et sont tous en général assez modernes. Ils se trouvent dans un manuscrit, malheureusement très-incomplet, des Archives d'Eure-et-Loir. (G 31.)

VIII kalendas januarii (25 décembre).

† ante 1100. **1.** — Obiit Johannes medicus qui capsarum sedem deargentatam construxit et istius æcclesię dextri lateris vestibulum fecit et quamplurimis aliis operibus eidem ecclesię profuit. (Vocabatur Joannes *le Sourd*, Carnutæus, medicus Henrici ı regis. — 7.)

5 [1]. — Anniversarium Milonis de Garneyo, canonici dyaconi, qui emit pro nostra ecclesia majoriam de Landellis; de qua, quicumque canonici prebendas suas ibi perceperint, reddere tenentur annuatim anniversario ejus quinquaginta solidos carnotensis monete in festo Omnium-Sanctorum. Emit eciam quoddam pratum apud Unum-Pilum, quod dedit ad censum xxv solidorum in ejus anniversarium in augmentum; quos habemus per rectorem ecclesie de Campo-Seruco, et debent solvi in Nativitate sancte Marie cum justicia et vendis. Ordinavit itaque suum anniversarium sic:

[1] Les obits précédés du chiffre 2 sont antérieurs à 1180; ceux désignés par le chiffre 3 ont été inscrits avant 1250; ceux avant lesquels nous avons placé le chiffre 4 nous ont paru remonter à l'année 1300 au plus tard; le chiffre 5 indique les obits antérieurs à 1350; enfin le chiffre 6 désigne ceux postérieurs à cette époque. Ces obits sont portés :. 1° dans un Nécrologe du XIII° siècle, incomplet au commencement et à la fin (Bibl. de la ville de Chartres, n° 27); 2° dans un autre du XIV° siècle, assez endommagé, dont la première partie se trouve dans le manuscrit n° 30 de la Bibliothèque de Chartres et la seconde à la suite du *Poème des Miracles* dont nous avons déjà parlé (Biblioth. de Chartres, n° 18); 3° dans un manuscrit du XV° siècle (Ibid., n° 28), où, après un Martyrologe de l'église de Chartres, sont plusieurs fragments d'un Nécrologe commencé vers l'année 1300; 4° enfin dans un Nécrologe clos au commencement du XV° siècle (Ibid., n° 26), et le plus complet de tous les Nécrologes originaux. Il fut monté vers le milieu du XII° siècle, et on y inscrivit tous les obits déjà portés sur les Nécrologes précédents; puis on y ajouta successivement pendant environ trois siècles tous les obits observés par l'église de Chartres. Malheureusement plusieurs feuillets ont été déchirés pour enlever les lettres ornées et les miniatures placées au commencement de quelques obits : de plus quatre feuillets, comprenant les obits du 7 des kalendes de juillet au 3 des ides du même mois, ont été rongés par les vers. Ce Nécrologe était couvert en argent : sur le dos on lisait cette inscription :

Hac licet urbe manens, comitisse sub dominio,
Noster homo Michael, servili condiciona,
A nobis tamen est captus nummisque redemptus,
Quorum parte fuit liber hic argenteus emptus.

Sur les plats, était l'image de la Vierge, avec des seigneurs, des clercs et des bourgeois à ses pieds, avec ces vers :

Undique dona ferunt burgenses atque coloni,
Pontifices, clerus, cum militibus dare proni.

Cette scène était reproduite en couleur à l'intérieur du manuscrit; mais la page a été enlevée avec un canif; il ne reste plus que les clercs et les bourgeois implorant la Vierge.

canonici qui ejus anniversario interfuerint lx° solidos percipient, non canonici vero xv solidos : reliquit vero fabrice hujus ecclesie centum solidos.

† 1563. 7. — Anniversarium Joannis *Forget,* canonici presbiteri et archidiaconi Pissiacensis; ad quod habemus viginti quinque sextaria terræ apud Unum-Pilum.

VII kalendas januarii (26 décembre).

† ante 1100. 1. — Obiit Odo, filius comitis Stephani; pro cujus anima Adela, nobilis comitissa, mater ejus, petentibus hujus ecclesiæ canonicis, præcepit dirui quandam stallam macellarii ante Portam-Novam, nec ulterius inibi eam reædificari concessit, quia eluviem totam continebat et in domum horrei nostri convertebat, et carreciis nostris et plaustris educendis atque inducendis pro tectis hujus ecclesiæ reparandis plurimum nocebat [1].

5. — Obiit Silvester, canonicus, qui nobis reliquit quinquaginta solidos perpetui redditus super quasdam terras apud Tussiacum, per Richardum Pictoris de Drocis, et debent reddi apud Carnotum in festo beati Andree apostoli.

5. — Anniversarium Theodonis de Parisius, laici; ad quod habemus super cameram xl° solidos.

VI kalendas januarii (27 décembre).

1. — Obiit Haimericus, archidiaconus et cantor Sanctę-Marię, qui reliquit nobis alodum qui dicitur Canta-pia.

† v. 1280. 4. — Obiit Guillelmus de Esseyo, canonicus, qui huic ecclesie acquisivit et donavit xii libras capiendas super precariam de Putheolis.

V kalendas januarii (28 décembre).

1. — Obiit Adelandus, levita et canonicus Sanctae-Mariae.

5. — Decessit venerabilis sacerdos Gauterius de Boeto, capicerius Carnotensis, qui apud villam que dicitur Sanctus-Laurentius, in pago Dunensi, quartam partem decimarum, censuum et aliorum reddituum ere proprio et industria acquisivit. In quibusdam eciam vineis apud Raschinc sitis censum

---

[1] Voir vol. Ier, p. 98, not. 2, et p. 106, not. 4.

adauxit, cujus summa est LX^a et XVII solidi et VI denarii; que omnia huic ecclesie contulit, distribuenda clericis qui ejus anniversario interfuerint, singulis annis in hac ecclesia celebrando, pulsatoribus campanarum tres solidos, canonicis totum residuum percepturis : decedens quoque fabrice hujus ecclesie XX libras largitus est.

IIII KALENDAS JANUARII (29 décembre).

1. — Obiit Ebrardus, levita, subdecanus ac cancellarius, litteris eruditus et facundus eloquio.

3. — Anno Domini M°CC° quinquagesimo, obiit Guillelmus, venerabilis sacerdos et Pissiacensis archidiaconus hujus ecclesie, prius in cancellarii officio laudabiliter conversatus, qui ex regia civitate Parisiensi natus a Carnoto extitit cognominatus : vir utique multimoda commendacione dignus, bonitate conspicuus, honestate preclarus, benignitate jocundus, largitate plurimum gratiosus et alias multiformis gratie radiis illustratus; vir etiam eminentis sciencie, excellentis eloquentie, juris canonici pericia insignitus et fontis theologici poculo plenius fecondatus, divini verbi seminator fecondus et doctrine theologice predicator facondus. In eo enim tanta facundie feconditas eminebat quod quidquid vel latine vel gallice proferebat, verba tam bene pollita, tam decenter ornata et colore rectorico decorata ex ejus mellito gutture procedebant quod crisotomus, id est os aureum, poterat merito nuncupari. Pro cujus anniversario in hac ecclesia faciendo habemus quamdam decimam sitam juxta Malum-Lupum, in territorio quod vocatur Espomarville; quam decimam Philippus de Alena, miles, et Margareta ejus uxor, ex cujus parte dicta decima movebat, vendiderunt Capitulo Carnotensi, concedentibus Radulpho de Hombleriis, de cujus feodo dicta decima primo movebat, et Dionisio, armigero, filio Fulcherii de Alto-villari, secundo domino dicti feodi, et Guillelmo de Theovilla, tercio domino. Habemus etiam centum libras in augmentum dicti anniversarii ponendas. Et debent habere clerici de choro non canonici, qui dicto anniversario intererunt, singuli sex denarios, pulsatores campanarum quinque solidos et dimidium, canonici vero residuum, salva matriculariis clericis portione in summa clericis non canonicis deputata. Dedit etiam et legavit huic ecclesie dictus Guillelmus ducentas libras carnotenses ad emendum redditum ad

faciendum luminare circa altare ad honorem gloriose Virginis et filii sui; quod ardebit in sollempnitatibus inferius annotatis : primo in vigilia Natalis Domini, et ardebit in tota sollempnitate, et in die Circoncisionis, Epyphanie, Purificationis et Annunciationis; secundo renovabitur in Pascha, et ardebit tota sollempnitate paschali et tribus diebus sequentibus et in Ascensione et tota sollempnitate; tercio renovabitur in sollempnitate Penthecostes, et ardebit in tota sollempnitate et tota ebdomada sequenti ad completorium, et in die Trinitatis et in festo beate Anne; quarto renovabitur in Assumptione beate Marie, et ardebit in tota sollempnitate, et simili modo in Nativitate ejusdem et in festo Dedicationis. Dedit etiam predictus Guillelmus huic ecclesie integrum vestimentum ad sacerdotem induendum, cujus vestimenti infula erat de samito violato [1].

III KALENDAS JANUARII (30 décembre).

5. — Anniversarium Gilberti de Vere, ad quod habemus super acquiramentis Symonis de Sancto-Dyonisio xxx solidos.

PRIDIE KALENDAS JANUARII (31 décembre).

3. — Obiit magister Girardus *Mordant*, canonicus Carnotensis, diaconus, qui legavit ad anniversarium suum pratum situm apud Joiacum ante leprosariam, et supercensum apud Moncellos-Leugarum circa LXVII solidorum, et terras apud Cintreium, quas acquisivit a majore de *Amilli*. Ad cujus anniversarium non canonici qui sero et mane presentes intererunt habebunt xx solidos.

4. — Anno Domini M°CC°LIX°, obiit, in senectute bona, reverendus antistes hujus ecclesie Matheus [2], nepos pie recordationis Galteri, quondam episcopi nostri. Hujus Mathei vita, simplex et recta ante Deum, apud homines commendabilis et pia fuit; nam refulgebat Deo dilectus sanctis virtutibus, innocentia preditus, simplicitate conspicuus, mansuetudine commendabilis, suavitate venerabilis, benignitate laudabilis, humilitate incomparabilis;

---

[1] Ce Guillaume de Chartres, dont on ne connaît aucun ouvrage, n'a rien de commun avec le chapelain de Louis IX, son contemporain.

[2] Mathieu auquel les auteurs du *Gallia* donnent le surnom de *de Campis* et qui était fils de Gautier de Jouy, gouverna l'église de Chartres de 1247 à 1259. Il avait été l'exécuteur testamentaire de la comtesse Isabelle.

qui, tanquam fidelis dispensator et prudens negociator, talentum sibi creditum et commissum, domino Deo multiplicatum reddere studuit cum usuris. Is enim nomen episcopi non assumpsit in vacuum, sed nomen confederavit operi honoremque oneri indissolubiliter glutinavit; in vestimentis, equitatura, comitatu, clientela supervacuam pompam, inutiles expensas et quicquid ambitionem seu admirationem modernorum nostrorum perversa via sequi potest, salvo statu episcopalis ordinis, detestatus est. Hic, obmissa qualibet vanitate, studebat moribus implere pontificem, et Sancto Sanctorum devote serviens, officium suum quociens incumbebat sedulus impendebat; subditos non gravabat; patrimonium Christi et ecclesie in egentium necessitates, non in usus extraordinarios, expendebat. In defensione ecclesie sue ac jurium ejus, quociens opus fuit, contra barones et principes, qui de facili in unum conveniunt adversus Dominum et adversus Christum ejus, se opposuit viriliter murum pro domo Jerusalem venientibus ex adverso; ita quod per Dei gratiam tempore suo adversus eam non prevaluerunt. Huic ecclesie sancte laudabiliter servivit in officio subdecani per spacium viginti duorum annorum; et tunc acquisivit apud Loncellas, in precaria quam tenebat, terras arabiles, pro quibus ille qui tenet precariam de Loncellis solvit XL^a solidos ad anniversarium dicti Galteri episcopi. Item acquisivit apud Ponceium, in majoria de Benis, terre seminis capientis xx^{ti} unum sextarium; apud Hardeceium, in eadem majoria, quandam decimam que valet sexdecim sextarios bladi et octo avene annuatim et amplius. Item acquisivit apud *Daulemont* forragia, stramina, medietatem mestivariorum et quicquid major de *Daulemont* percipiebat in granchia Capituli. Hec autem predicta, exceptis XL^a solidis predictis, deputata sunt ad anniversaria Galteri de *Joys*, militis, quondam patris, Ade, matris, et Petri, fratris ipsius. Pro predictis vero acquiramentis Arnulphus de Berjovilla, canonicus Carnotensis, solvit et solvet quamdiu vixerit ix libras annuatim, sed post decessum ipsius bene valebunt xv libris annui redditus. Procedente autem tempore, preveniente Dei gracia et subsequente, assumptus in episcopum, per tresdecim annos huic ecclesie prefuit et profecit. Acquisivit enim a Johanne de Monte-Tyrelli, milite, et ejus uxore majoriam de Ponte-Goeni, cum omnibus juribus, redibentiis, consuetudinibus et pertinentiis, que bene valent L libris annuatim et amplius. Item, in eadem villa, acquisivit molendinum de *Ravoy*, quod valet xxx libris annuatim. Item, in quadam parte foreste antique que, temporibus predecessorum suorum episcoporum et suo, scissa non repululabat propter vetustatem, et in magna planicie sterili adjacenti, fecit novalia, marnavit terras et ad culturam redegit, et novum hebergamentum ibi fecit et muris clausit. Item acquisivit et ad jus et proprietatem episcopatus reduxit centum et sexaginta arpenta nemorum sita apud Friesiam, in quibus homines inibi commorantes solebant habere usagium. Item declaravit et ad jus episcopatus redegit, cum magnis laboribus et expensis, rachetum de patre in filium de feodo Goeti. Item acquisivit apud Ermenovillam terre arabilis capientis septem modios seminis, eam marnavit et fecit ibi granchiam pulcherrimam. Item acquisivit quicquid Matheus de Bercheriis, miles, habebat in dicta villa. Item acquisivit quicquid dictus miles habebat apud Mundumvillam, videlicet partem suam panum et vendarum. Item acquisivit, apud Bercherias-Episcopi, a dicto milite, campipartem sex modiorum terre cum omnibus redibentiis, in quibus dicto militi et ejus successoribus tenebatur episcopus qui pro tempore erat, dum esset apud Bercherias, videlicet in administratione cibi, potus, feni, avene, candele, sibi et suo armigero. Item adquisivit apud *Villers*, in parrochia Fraxineti-Episcopi, a quodam qui vocabatur *Quasse-Grein*, quicquid idem *Quasse-Grein* habebat ibi, videlicet campipartem, census, gallinas et avenas. Item, apud Basochias-Altas, fecit granchiam magne pulchritudinis. Item adquisivit, apud Collem-Goderani, a Roberto, dicti loci milite, tres modios et tria sextaria avene et ix solidos fornamentorum annui redditus. Item acquisivit a Guilloto de Lucenti decimam de Luceio, valentem c solidis annuatim. Item adquisivit, apud Carnotum, a Guiardo *Bele-greue*, dimidium modium bladi et totidem avene, quos, ratione hereditatis sue, dictus Guiardus et antecessores sui percipiebant in horreis episcopi. Item adquisivit ab heredibus defuncti Renodi de Bretolio, scilicet Gaufrido clerico, nepote defuncti Nicholai *Maquerel*, et Avelina, relicta dicti Nicholai, quinque modios frumenti quos percipere consueverant in granchia Buxeii; ita tamen quod, quoad vixerint dicti Gaufridus et Avelina vel eorum alter, annuatim percipient, apud Carnotum, in horreis episcopi, duos modios bladi, sed post decessum eorum cessabit solutio dicti bladi, nec extendetur ad heredes seu successores eorum. Item adquisivit ab Avagoto de Sancto-Prisco, milite, quicquid idem miles habebat in parrochia Capelle-de-*Tyelim*, videlicet campipartem et decimam, valentes annuatim circa quatuor modios et dimidium bladi, et quindecim sextarios avene oblitarum cum quinque solidis fornamentorum, et quartam partem vendarum ejusdem parrochie. Ista adquisivit et alia que non sunt scripta in libro hoc, de quibus ad presens non recolimus. Ad hec dignum relacione fore novimus quod, postquam Ludovicus, rex Francorum, de transmarinis partibus rediisset, cepit eum multipliciter inquietare super eo quod petebat pro se et successoribus suis, ab eodem episcopo et successoribus suis, gista seu procurationes, quolibet anno, apud Carnotum et apud Fraxinetum-Episcopi, dicto episcopo negante et viriliter resistente. Tandem, post multas injurias et dampna non modica per baillivos et servientes regis sibi et suis illata, de bonorum et maxime majorum de ecclesia consilio, tociusque Capituli interveniente assensu, super controversia ordinatum extitit in hunc modum : videlicet quod rex, pro se et successoribus suis regibus, quittavit et penitus absolvit dictum episcopum, successores suos ac ecclesiam Carnotensem a prestatione gistorum seu procurationum predictorum ; ita tamen quod dictus episcopus dedit et assignavit quinquaginta libras annui redditus, videlicet quindecim libras ad altare beatorum Angelorum et quindecim altari sacrarum Virginum; que duo altaria fundata fuerunt tunc ad petitionem dicti regis in ecclesia ista: item ad anniversaria Ludovici, regis, patris sui, Blanche, matris sue, et Roberti, quondam comitis Attrebatensis, fratris sui, que fiunt et flent de cetero in ecclesia ista, cuilibet quatuor libras; residuas autem octo libras ad duas missas, unam de Sancto-Spiritu, aliam de beata Virgine, que debent quolibet anno celebrari solempniter pro dicto rege et Margareta uxore sua quamdiu vixerint; post decessum autem eorum, anniversaria sua fient in ecclesia ista de summa peccunie predicta, prout hec et alia in ordinatione predictorum plenius continentur. Item dedit et legavit huic ecclesie plura et pulcherrima indumenta cum capa, mitra, anulo magno et baculo pastorali; legavit etiam in omnibus domibus episcopalibus formas, mensas et hujusmodi utensilia ad usus episcopatus, ita quod ab aliquo successore vel alio non possint alienari. De omnibus autem predictis acquiramentis ab ipso factis, voluit, ordinavit et statuit in suo testamento quod huic ecclesie assignarentur sexaginta libre annui redditus; et ita percipiantur, videlicet viginti libre super molendino de *Ravoi*, super majoria de Ponte-Goeni viginti quinque libre, super decima de Luceio quatuor libre, et undecim libre apud Ermenovillam ; de quibus triginta libre distribuentur sex clericis deservientibus in ecclesia ista, ad augmentationem cultus divini a Capitulo instituendis, et alie triginta libre erunt ad anniversarium dicti Mathei in ecclesia ista sollempniter celebrandum; ita quod de predicta summa quilibet clericus de choro non canonicus, qui predicto anniversario presens fuerit, xii denarios in sero et xii denarios in mane ad missam percipiet; matricularii clerici v solidos in sero et v solidos in mane percipient; matricularii laici et hostiarius Capituli quilibet xii denarios eodem modo; residuum vero distribuetur, medietas in sero et medietas in mane, inter canonicos qui presentes erunt anniversario suo. Anima ejus requiescat in pace, amen.

6. — Fiet missa de Sancto-Spiritu ad majus altare, de statuto Capituli, pro salute et prosperitate domini Sobirani de Bello-Castro, subdecani Carnotensis, quamdiu ipse vitam duxerit in humanis. Qua missa distribuentur vii libre x solidi, super majoriam de Amilliaco.

KALENDIS JANUARII (1er janvier).

2. — Obiit Goslenus, hujus sancte ecclesie diaconus et capicerius, qui decori altaris beate Dei genitricis quandam tabulam auro decenter ornatam contulit et x marchas argenti in Crucifixi compositione posuit; hospites quoque de Booleto-Theoderici, necnon et hospites de Valle-Guarengis, iiii^{or}que agripennos terre apud Moncellum, unumque agripennum vinee ac dimidium, Drocisque duarum medietates domorum huic ecclesie acquisivit. [Ad hoc anniversarium et ad suum anniversarium faciendum, legavit Matthæus de Rufino, nepos ejus, c libras carnotenses, quas Raginaldus episcopus habuit quando profectus est ultra mare : de quarum xxx libris idem Raginaldus fecit emi xxxii solidos censuales cum vendis apud Cerevillam, qui cedunt in usus anniversarii dicti Matthæi : pro residuis lxx libris dederat nobis l solidos annui redditus quos commiserat Gosleno, cantori, assignandos in suis acquiramentis, ad opus hujus anniversarii; et hoc reddidit quamdiu vixit. — 7.] [Hic Goslenus erat consanguineus episcoporum Gaufridi et Gosleni post Ivonem, necnon Gosleni, cantoris, Gaufridi de Arrenvilla, Simonis et Mathei de Bosco-Rufini et aliorum ejusdem prosapie in hoc necrologio denominatorum. — 9 [1].]

[1] Les obits désignés par le chiffre 9 sont tirés d'un Nécrologe rédigé vers la fin du XVIIe siècle par le chanoine Patin (Bibl. Imp., suppl. lat. 31), d'après tous les nécrologes

2. — Et Mathildis, comitissa Perticensis, uxor Rotrodi, comitis; ad cujus anniversarium habemus xx solidos super spernagili nemore de Authoyo per prebendarium; [et quando vendicio est in dictis nemoribus, matutinarii debent solvere, quia tunc spernagium non est in dictis nemoribus. — 5.]

4. — Obiit Rogerius, sacerdos, qui dedit nobis domum suam sitam subtus Sanctum-Stephanum, pro anniversario suo annuatim celebrando.

7. — Anniversarium Caroli-Quinti, regis; quod debet fieri prima die cujuslibet mensis non impedita.

IIII NONAS JANUARII (2 janvier).

1. — Obiit Hugo, Bituricensis archiepiscopus, et canonicus Sanctę-Marię.

1. — Et Gaufridus, miles, qui dedit canonicis Sanctę-Marię unum alodum apud villam quę dicitur Villaris.

4. — Anniversarium Petri Divitis, subdecani Carnotensis; ad quod habemus quasdam domos sitas in claustro, de quibus habemus decem libras per tenentes dictas domos, et debent solvi equaliter in Nativitatibus Domini et beati Johannis-Baptiste, videlicet in quolibet termino centum solidos. Item habemus sex libras viii solidos iiii denarios carnotenses super terceolo beate Marie; super quibus non canonici habent xxv solidos. presbiter qui celebrat missam duos solidos, diaconus xii denarios, subdiaconus xii denarios, si fuerint canonici; item pro luminari x solidos et pro grossis campanis pulsandis vi solidos.

6. — Obiit Benedictus *Gaipin,* pro cujus et Isabellis uxoris ejus anniversariis annuatim celebrandis, habuimus quadrantem vinee apud Vallem-Radulfi.

III NONAS JANUARII (3 janvier).

1. — Obiit Gislevertus, episcopus Carnotensis;

1. — Et Gualo, subdiaconus;

1. — Guiddoque, diaconus et fidelis canonicus Sanctę-Marię, qui reliquit fratribus, in Sancti-Andreę suburbio, decem solidorum censum;

---

et les Comptes antérieurs. Ce Nécrologe est certainement le plus complet qu'on puisse trouver, mais ce n'est qu'une compilation, dans laquelle rien n'indique l'âge des divers obits.

4 — Et Raginaldus Collum-Rubeum, quondam civis Carnotensis; ad cujus anniversarium acquisierunt exequtores testamenti ejus sex libras annui redditus, videlicet sexaginta solidos in tensamento de Cosenceiis et sexaginta solidos in molendino de Droa; de quibus canonici habent centum solidos, non canonici viginti solidos.

4. — Obiit Raginaldus de Danunvilla, canonicus Carnotensis, qui dedit nobis c solidos ad emendos redditus pro suo anniversario annuatim celebrando.

5. — Anniversarium Gaillardi de Mota, dyaconi cardinalis; ad quod habemus xii libras super terram acquisitam apud Dro[cas] a comite de *Vaudemont* et domina Margareta de *Lussembourc* ejus uxore; de quibus xii libris non canonici habent quatuor libras.

† 1600. 7. — Obiit Ludovicus *Boucher*, canonicus presbiter et decanus hujus ecclesiæ, qui, ex nobili Bucheriorum, dominorum de Orceio, familia oriundus, miseram hanc vitam cum meliori commutavit anno ætatis suæ octogesimo, canonicatus vero sexagesimo quarto, postquam succentoris primum, deinde cantoris dignitatis, ac demum decanatus onus per decem circiter annos suscepisset. Legavit autem moriens ad institutionem anniversarii sui, et ad reparationem tam domus suæ canonicalis quam precariæ de Mala-Domo quam tenebat, duo mille septingentas libras ; quare assignatæ sunt viginti quinque libellæ annui redditus super domos ipsius canonicales in suo anniversario distribuendæ.

II NONAS JANUARII (4 janvier).

2. — Obiit Johannes *li Sesnes*, miles, frater Nicholai *le Sesne*, hujus sancte ecclesie canonici; pro cujus anniversario in hac sancta ecclesia celebrando, idem Nicholaus dedit huic sancte ecclesie quinquaginta libras ad emendum redditus, distribuendos canonicis qui ejus anniversario interfuerint; [de quibus habemus x solidos apud *Mevoisin*, item decimam quamdam sitam apud Reinvillam, quæ valet unum sextarium bladi et unum sextarium avenæ; et accipiuntur in granchia de Theuvilla super præbendarium loci. — 7.]

5. — Anniversarium Guarini de Villa-Nova-Comitis, presbiteri, camerarii Carnotensis; ad cujus anniversarium habemus quoddam herbega-

mentum quod vocatur de Ulmis, situm in parrochia de Amilliaco, cum sexdecim sextariis terre semevre; pro quibus debentur sexdecim libre annui redditus per manum Johannis *Jourdany* junioris; de quibus non canonici habent xx solidos.

Malet,
† v. 1445.   6. — Anniversarium solenne, sero et mane, Ludovici, ducis Aurelianensis, Guillelmi Maleti, familiaris et servitoris ipsius, et Johannis *Poillecoq*, canonicorum hujus ecclesie, parentum, amicorum et benefactorum : ad quod habemus medietatem redditus molendinorum de Castriduno cum pertinenciis eorum, [necnon et terram quandam, dictam *la Place*, versus Drocas, in parrochia de Nerone — 7.]; que fuerunt empta et acquisita a magistro Gerardo Grandini de pecunia dictorum G[uillelmi] *Malet* et Jo[hannis] *Poillecoq*, distribuendam in modum qui sequitur, videlicet pro luminari x solidos, pro grossis campanis pulsandis x solidos, horariis, matutinariis et aliis non canonicis xl solidos, matriculariis clericis et cappellanis, eorum ultra portionem xl solidorum predictorum iii solidos, et residuum dominis canonicis.

NONIS JANUARII (5 janvier).

2. — Obiit magister Guimondus *Peri*, canonicus Parisiensis, quondam canonicus Carnotensis, vir multipliciter litteratus; qui legavit ad anniversarium suum quamdam domum que dicitur *Augrimet* ante posternam episcopi, salvis xl solidis qui antea nobis super dicta domo debebantur ad alios usus, et quoddam stallum ad vendendum carnes situm apud Portam-Novam, [de quo habemus xx solidos per heredes defuncti J[ohannis] Beguini — 6].

5. — Anniversarium Petri de Sancto-Maximino; ad quod habemus sex modios bladi super molendinum de Prato et boscum juxta Landellas, ad valorem primi precii Loenii per tenentes dicta molendina.

† v. 1295.   7. — Anniversarium Guillelmi de Maulia, canonici; ad quod solebamus habere duplices matutinas.

VIII IDUS JANUARII (6 janvier).

1. — Obiit Vuitbertus, subdiaconus et canonicus Sanctę-Marię, qui reliquit fratribus ipsius ęcclesię res sue proprietatis: in pago Parisiensi videlicet, alodum unum in villa quę dicitur Aurengiaco cum vineis; in pago

etiam Milidunensi, de vinea agripennum ex alodo; in pago quoque Castrensi, hoc est in Beroldi-villa et Gerberti-Villare, quicquid juris habebat;

1. — Et Albertus, ejusdem sancte ecclesie levita et canonicus, qui postea Sancti-Johannis fuit abbas et presbiter devotissimus;

1. — Et Petrus, sacristes, qui huic ecclesie acquisivit domos que fuerunt Garini Cadi, scrinio beate Marie preciosum monile affixit, dimidiam marcam auri dedit ad faciendum vasculum ad reponendum corpus dominicum; scaccarium de auricalco et marmore in pavimento chori de proprio fecit.

· 1360. 7. — Anniversarium Ludovici de *Vaucemain*, episcopi Carnotensis; ad quod habemus decem libras annui census super aream de Janvilla et jallagia de Ingreio.

VII IDUS JANUARII (7 janvier).

1. — Obiit Bernoldus, levita et canonicus Sancte-Marie;

1. — Et Herveus, diaconus ejusdem;

1. — Et Guido, diaconus et canonicus et abbas Sancti-Johannis;

1. — Et Euvardus, rex Scothie, vir honestissimus et Dei servicio devotissimus;

2. — Et Emma de Brolio-Medio, pro cujus anniversario in hac sancta ecclesia celebrando, Nicholaus *li Sesnes*, hujus ecclesie canonicus, ejusdem E[mme] filius, dedit huic sancte ecclesie medietatem census cum justicia et vendis, quem acquisivit apud Cerevillam;

3. — Et Bartholomeus de Roia, miles, qui pro suo anniversario in hac sancta ecclesia celebrando, dedit huic ecclesie quinquaginta solidos annui redditus in viaria de Berjovilla, quos debemus recipere per manum subdecani.

5. — Anno Domini M° CC° octogesimo VII°, obiit magister Symon de Castris, canonicus Carnotensis, sacerdos, qui dedit nobis centum libras carnotenses, quas posuimus in emptione reddituum de Boleto-de-Media-Via: ad cujus anniversarium assignavimus quatuor libras et decem solidos turonenses, super redditibus antedictis. Item assignavimus quatuor libras et decem solidos super eisdem redditibus ad augmentationem anniversarii defuncti Petri de Castris, quondam canonici Carnotensis, sacerdotis, pro centum libris positis in emptione dictorum reddituum; quas habuimus ab executoribus S[imonis] de Monteletterico, quondam prepositi de Auversio.

4. — Obierunt magister Radulphus, carpentarius, et uxor ejus Juliana, qui, pro remedio animarum suarum, nobis decem sacerdotibus superioris et inferioris tomi *(sic)* centum solidos reliquerunt; pro quibus anniversarium depositionis diem celebraturi sumus.

† 1285. **7.** — Obiit Carolus, rex Siciliæ et Jerusalem, illustris frater sancti Ludovici regis; ad cujus anniversarium et Beatricis de Provincia, primæ ejus uxoris, habuerunt clerici chori quinquaginta libras a Guillelmo de Isseio, hujus ecclesiæ canonico; et tenentur celebrare duo anniversaria, alterum hac die, altera die ultima mensis aprilis. Que duo anniversaria debent celebrari solenniter in ecclesia Beati-Nicholai juxta ecclesiam majorem, vel in aliqua alia ecclesia si esset interdicta.

† 16 février 1614. **7.** — Missa de Sancta-Cruce, ex institutione Ludovici *Le Liepvre,* canonici presbiteri, loco anniversarii; ad quam institutionem, et fundationem festorum duplicium Inventionis et Exaltationis sanctæ Crucis dedit adhuc vivens duodecim circiter modios terræ apud Tremblaium-Vicecomitis, Acherias, Landovillam, Fadainvillam, Cerasetum, Corenceias et Manumvillare.

† v. 1400. **7.** — Obiit princeps illustris et gloriosus Petrus, comes de Alenconio, dominus de Fougeriis et de Galardone et vicecomes de Bellomonte, de nobilissimo Francorum regum genere trahens originem, justicie amator et ecclesiarum defensor et protector. Hanc precipue speciali favoris gracia et quodam amoris privilegio propensius protexit, et quem habebat erga ipsam dilectionis affectum multociens approbavit. Nam honore et potencia, virtute et prudencia multum clarus, et fide clarior et devocione erga Deum et beatissimam virginem Mariam matrem ejus, cupiens summo desiderio devote ecclesie sue augmentaciónem, Capitulo ejusdem ecclesie permisit facere celebrari unam missam sancte Marie Virginis, ad magnum altare chori, pro salute anime sue et amicorum suorum, singulis annis, quamdiu vitam duxit in humanis, vii^a die mensis januarii, et post decessum ipsius, loco dicte misse, unum anniversarium solenne tali die qua decedet ab hac luce, fundatum de decem libris turonensibus, assignatis super terram de Germonvalle juxta Galardonem.

7. — Deus misereatur anime Johannis *Boudier,* presbiteri, hujus venerabilis ecclesie Carnotensis canonici, qui, pro quadam missa de Sancto-Spiritu, quandiu vixit, solenniter in eadem ecclesia, ad majus altare, in crastino Epiphanie Domini, celebranda, et, post ejus decessum, pro quodam anniversario solenni, in eadem ecclesia, die obitus sui, perpetuo celebrando, acquisivit a Capitulo Carnotensi decem libras turonenses perpetui redditus super officium camere assignatas, pro quibus cc francos auri realiter numeravit. Inter multa alia bona que fecit huic ecclesie, dedit eisdem pulchrum speculum......, cum repertorio quodam affixum in libraria ecclesie, et unum breviarium novum jam affixum in choro, a parte decani, ad usum Carnotensium clericorum indigentium.

VI IDUS JANUARII (8 janvier).

1. — Obiit Helvisa, sanctissime memorie reclusa;

1. — Et Ivo, filius Gazonis, qui terram de Piredellio ad opus hujus ecclesie deliberavit, et mansionem Brummeville que erat ex suo feodo nobis concessit.

4. — Obiit Juliana, uxor Johannis Colli-Rubei, que dedit nobis c solidos ad emendos redditus pro suo anniversario annuatim celebrando.

5. — Obiit vir nobilis Drouetus de *Crouy*, civis Carnotensis, in senectute bona, potens et locuples, ornatus filiis ac familia magna nimis. Qui, inter cetera laude digna, devocionem singularem gerebat ad gloriosissimam genitricem Dei Mariam, et hanc suam ecclesiam Carnotensem, quam cunctis diebus consurgens diluculo frequentabat, offerens in ea preces ad Dominum et Virginem piissimam, exemplo beati Job, ut pie credi potest, ne forte peccaverint filii sui et benedixerint Domino in cordibus suis : quod alii sui attendentes et volentes in omnibus patris sequi devotionis affectum, et quia sciebant ejusdem votis obedire, de bonis a Deo sibi collatis ad laudem Dei et ejus genitricis obtulerunt, donaverunt et transportaverunt huic sancte ecclesie decem et octo libras cum decem solidis turonensibus annui redditus, pro anniversariis patris, parentum et benefactorum suorum in hac ecclesia singulis annis solenniter celebrandis, distribuendas in vigiliis, commendationibus et missa deffunctorum per modum qui sequitur : videlicet canonicis ecclesie x libras II solidos VI denarios; item non canonicis matricullariis IIII^{or} libras, in quibus horarii et matutinarii clerici capient duplum; item pro luminari x solidos; item fabrice ecclesie pro pallio et IIII^{or} cereis cum III^{or} scutellis de rubeo et tribus crucibus de auro in medio ministrandis XL solidos, et pro pulsatione magne et parve Marie in vigiliis et cessa-

tione aliarum campanarum usquedum pulsatur pro vesperis; et in commendationibus et missa, a cessatione aliarum campanarum usque ad finem evangelii ipsius misse xx solidos; item matriculariis clericis, pro aliis campanis pulsandis, ut moris est, x solidos; item canonico celebranti missam ii solidos vi denarios, diacono et subdiacono cuilibet xv denarios; item duobus canonicis tenentibus chorum in vigiliis et missa cuilibet xv denarios. Declaratio dicti redditus xviii librarum x solidorum hec est: Gillotus de Villete reddit xx solidos super quamdam domum sitam in vico Crucis-Monachorum; Robertus *le Bouchier,* presbiter, vi libras super quamdam domum sitam in claustro Carnotensi; Gillotus *Millecot* de *Cintre* x solidos super dimidium quarterium vinee in territorio loci; Colinus *du Bois* de Carnoto xl solidos super duas domos contiguas sitas, unam in vico Asinorum et alteram juxta muros ville prope portam Sparrarum; Johannes major, civis Carnotensis, vi libras super ii^{as} domos sitas in vico Sancti-Andree; idem Johannes xl solidos super omnia bona mobilia et immobilia et hereditaria Johannis *Frezet* de Sancto-Carauno.

7. — Anniversarium Aimerici de Castro-Lucii, episcopi Carnotensis, postea cardinalis tituli sancti Sylvestri et sancti Martini-in-Equitio, alias de Montibus; qui ad institutionem duodecim canonicorum seu capellanorum Sancti-Piati dedit duodecim millia florenorum auri, unde empta sunt prædia et fundi, quibus etiamnunc potiuntur iidem canonici Sancti-Piati : ad cujus autem anniversarium habebamus decem libras annui redditus percipiendas a majore de Clusovillari super paleas et forragia areæ dicti loci.

† v. 1404.   7. — Anniversarium Mathæi de Berona, canonici presbiteri; ad quod habemus duodecim libras et decem solidos super terram de Bosco-Leugarum et super granicam de Affonvilla.

† v. 1404.   7. — Anniversarium Joannis Beraudi, camerarii presbiteri; ad quod habebamus octo libras super domos ad caput Muri domini episcopi, et super domum in Cuneo-Raherii.

V idus januarii (9 janvier).

2. — Obiit Hilo, subdiaconus et canonicus Sancte-Marie;

2. — Et Hamelinus, hujus ecclesie precentor, qui, moriens, aream in claustro, quam pater ejus et mater emerant ipsique Hamelino extra partem

fratrum suorum dimiserant, huic ecclesie reliquit; agripennum quoque vinee et dimidium juxta vineas quas ab ecclesia habebat ad Crucem-Argillarium emit et ecclesie dimisit; lx^a quoque solidos ad turrem et argenti marcam ad crucifixum reparandum legavit;

2. — Et Richerius, precentor Carnotensis et sacerdos, qui quasdam plateas domibus suis adjacentes de seculari jure et manu laica proprio ere exemptas, partemque suam, scilicet medietatem cujusdam acquisitionis quam et ipse et Gaufridus, hujus ecclesie decanus, communi opera aput Karrochia, in parrochia Maigneii, sunt adepti, hujus ecclesie adauxit titulis; gradale quoque optimum huic eidem ecclesie contulit, cotidianis usibus et officiis oportunum. Pro cujus anima, nepos ejus Galterius, hujus ecclesie canonicus, acquisivit huic ecclesie xxx^{ta} solidos de annuo redditu, quos Robertus de Carnoto, miles, pro viaria possidebat, viginti videlicet ex eis apud Vovas et decem reliquos aput Donnam-Mariam; et preterea dimidium modium avene annui quoque redditus, quem idem miles habebat de tensamento apud Harchevillare. Que omnia distribuenda sunt canonicis qui intererunt anniversario dicti Richerii, precentoris.

4. — Obiit Richerius, monetarius, cognomine Bretellus, qui dedit nobis c solidos ad emendos redditus pro suo anniversario annuatim celebrando.

7. — Anniversarium Petri *Breteuil*, presbiteri chori et rectoris de Piatovillari, qui, de permissu Capituli, propriis sumptibus ædificavit domum in claustro juxta domum matutinariorum. Et cum eo anniversarium Petri *Ferrand*, presbiteri canonici Sancti-Piati, et Joannis Regis, presbiteri chori et canonici Sancti-Andreæ; qui legaverunt, ille quidem quinque quarteria vinearum in territorio de Esneio, hic vero tres libras annui redditus super domos suas sitas in vico Portæ-Novæ per ipsum ex legato donatas.

IIII IDUS JANUARII (10 janvier).

1. — Obiit Odo, clericus, adolescens indolis egregie, sancte misericordie matris canonicus;

1. — Et Guerricus [1], vicedominus, pro cujus anima uxor ejus, omnibus filiis et filiabus suis concedentibus, Balduinum, servum suum, dedit alme Marie;

---

[1] Guerry, vidame, fils de Hugues Ier et époux d'Hélisende (1079-1088).

1. — Et Gilo, nobilis Britto, qui, pro anima sua, concessit nobis viaturam quam ipse et filii sui in terra Beate-Marie habebant jure hereditario.

† 1151. 2. — Obiit vir illustrissimus Teobaldus, comes palatinus, cujus filius Teobaldus, comes Blesensis et Francie senescallus, de banneria quam in quibusdam villarum nostrarum habebat, unde trecentos solidos annuatim percipere solitus erat, terciam sibi partem retinens, reliquas duas, id est denas libras singulis annis ecclesie nostre tribuit in perpetuum habendas, quatinus deinceps prenominati patris sui et matris sue Matildis anniversaria, suumque, ubi ipse decesserit, sollempniter, singulis annis, in nostra celebrentur ecclesia.

† 1321. Tumulatur Peroniis. 5. — Obiit illustris domna domina Maria de Brebencia, quondam regina Francie, uxor quondam Philipi, regis Francie, dicti *le Hardi;* et dedit ecclesie Carnotensi xv libras reddituum ad hereditatem super prepositura de Paciaco capiendas, ad festum Ascensionis Domini.

† 1310. 7. — Obiit Joannes de Brocia, canonicus, qui legavit Capitulo sexaginta libras turonenses pro anniversario suo et parentum quotannis celebrando.

III IDUS JANUARII (11 janvier).

2. — Interfectus est Rodulfus, filius Adelandi, pro cujus anima habemus alodum de Vico-Abonis.

3. — Obiit, pie et dulcis memorie, Gilo, hujus ecclesie Blesensium venerabilis archidiaconus, vir admodum mansuetus, et cautus consilio, et negotiorum secularium prudentissimus, qui ad decorem et ornatum hujus ecclesie multa contulit benefitia, videlicet unam cappam sericam et unam tunicam, necnon et duo monilia aurea cum lapide quodam precioso, que scrinio beate Marie affixa sunt. Insuper eciam decem libras ad opus ipsius ecclesie contulit, et domos quasdam in claustro Beate-Marie sitas, quas dominus Joscelinus de Alneolo possidebat, propriis sumptibus acquisivit et in dominium ecclesie transtulit. Cujus anima feliciter cum Christo eterna requie pociatur.

4. — Obiit Maria, uxor Gileberti, decani de Sancto-Caraunо, que dedit nobis centum solidos, pro suo anniversario annuatim celebrando.

† v. 1515. 7. — Anniversarium Joannis *Jacquin,* presbiteri, abbatis Sancti-Johannis-in-Valle, quod debet fieri dominica infra Octavam Epiphaniæ; qui dedit certam pecuniæ summam, unde assignatæ sunt quindecim libræ super pre-

cariam de Bosco-Augerii et super molendinum de Chauneto, in ejus anniversarium distribuendæ.

† 1685. 7. — Obiit Nicolaus *Leclerc*, Parisiis oriundus, presbiter et antiquior canonicus, anno ætatis suæ octogesimo octavo, canonicatus vero septuagesimo primo; qui subterranearum cryptarum, in quibus, juxta priscam traditionem, beata Virgo, priusquam in terris degeret, quasi Deum paritura, a Druidis celebrata fuerat, veteris devotionis præcipuus instaurator et amplificator, totus in iis cryptis exornandis erat dum viveret, et ibidem quotidie quamdiu per valetudinem licuit sacra faciebat, ac demum moriens earumdem cryptarum decori omnia sua contulit atque ex testamento dereliquit. Quare duobus altaribus amplificatus est cryptarum circuitus: altero Sancti Clementis instaurato et ad modernum morem redacto, altero Sancti Spiritus de novo instituto et e regione illius erecto.

7. — Obiit Berthaudus de Minciaco, camerarius presbiter, ad cujus anniversarium habemus unum modium terre site apud Villasium, et quoddam pratum situm apud Athayam, de quo habemus xxx solidos; item habemus tria arpenta vinee site apud Nogentum-Fisci, de quibus habemus xviii solidos per Philippum *Masoier*, et debent reddi in festo Nativitatis Domini.

II IDUS JANUARII (12 janvier).

1. — Obiit Tebertus, sacerdos et canonicus Sancte-Marie;

1. — Et Rodulfus, qui reliquit usibus fratrum unum agripennum vinearum.

1. — Obiit Richerius, hujus sancte ecclesie sacerdos et archidiaconus Dunensis, qui ea que inferius annotata sunt, multo labore suo et sumptu acquisita, eidem ecclesię contulit, cessura in usum canonicorum ad matutinas surgentium, post decessum eorum quos sibi primos heredes substituerat: videlicet Desconfecturam, dimidiam ecclesiam de *Bosferi*, cum dimidia decima et virgulto et terra adjacente; ecclesiam de Poleio cum decima, et censum vi solidorum; ecclesiam de Fontenella cum decima tota ejusque appenditiis, et censum xx solidorum; capellam de Gaudo-Sancti-Stephani cum decima et appenditiis ejus; in parrochia Blandęville, ad Casam-Pictam, censum x solidorum; in parrochia Maigneii, apud Brehervillam, censum iii solidorum; ad Karrogia, iii agripennos terrę; apud

Holdoe, censum xii denariorum et iii agripennos nemoris; in parrochia Mesiei, apud Varennam, censum vi solidorum. Decoravit etiam introitum hujus ecclesię imagine beatę Marię auro decenter ornata; cappam quoque sericam eidem ecclesię dedit; omnibus autem canonicis qui anniversario ejus interfuerint, de prefatis beneficiis a pretaxatis heredibus xl solidos singulis annis, post decessum vero eorum a Capitulo c solidos, ipso Capitulo communiter approbante, instituit discrete distribui. [Illos vero centum solidos habemus super matutinas, ex ordinatione Capituli postmodum facta. — 6.]

4. — Anno Domini M°CC° quinquagesimo III°, obiit, felicis recordationis, Gilo Cornutus, Senonensis archiepiscopus; [ad cujus anniversarium habemus stramina, forragia, vecias, paleas et alia que major de *Reboulin* habebat in granchia de *Reboulin;* pro quibus reddunt prebendarii septuaginta solidos : item vinginti solidos supra stagnum parvum de *Buglelou,* reddendos per illum qui pro tempore tenebit dictum stagnum, ad dictum anniversarium. — 5.]

5. — Obiit Raginaldus de *Chaalons,* presbiter Beate-Marie Carnotensis, qui dedit nobis vi libras et v solidos, pro suo anniversario annuatim celebrando.

† v. 1360. 7. — Anniversarium Guillelmi de Thinneriis, canonici; ad quod habebamus quatuor libras et decem solidos super domum de Lucento.

IDIBUS JANUARII (13 janvier).

1. — Obiit Ascelinus, prepositus et canonicus Sancte-Marię, qui dedit canonicis alodum de Calniaco;

1. — Et Guelduinus, miles, qui dedit Sancte-Marie alodum suum de Fontanis;

1. — Et Rodulfus, prepositus et canonicus alme Marię;

3. — Et Amicia¹, comitissa Perticensis, mater Rotrodi comitis; [ad cujus anniversarium habemus xx solidos perpetui redditus, super sparnagium nemorum de Authoyo, per prebendarium de Gardees. — 6.]

5. — Obiit Radulphus de Braioto, decanus, qui dedit nobis c solidos ad emendos redditus pro suo anniversario annuatim celebrando.

---

¹ Voir vol. I⁽ᵉʳ⁾, p. 222, note 4.

5. — Obiit Heranburgis, uxor Roberti de Milliaco, militis, que dedit nobis c solidos, pro suo anniversario annuatim celebrando.

7. — Obiit Guillelmus Rogerii, canonicus presbiter hujus ecclesie; ad cujus anniversarium habemus x libras super hereditates et bona Guillelmi *Goucet*, quas Caraunus et Johannes *Goucet*, ejus filii, debent reddere in festo beati Remigii; et pro eadem summa fiet anniversarium magistri Stephani Rogerii, fratris dicti Guillelmi, post decessum ipsius Stephani.

XIX KALENDAS FEBRUARII (14 janvier).

1. — Obiit Walterius[1], comes, et reliquit fratribus Sancte-Marie alodos suos qui sunt in pago Dorcasino et Carnoto; ea ratione ut memoria ejus celebretur in ecclesia Sancte-Marię perpetualiter;

1. — Et Johannes, diaconus et canonicus Sancte-Marię;

3. — Et Milo de Mairolis, subdiaconus et canonicus ejusdem ecclesie.

4. — Obiit Petrus de *Tornant*, venerabilis sacerdos et canonicus hujus ecclesie, in sacerdotali officio laudabilis et devotus, vir prudens et providus, in rebus agendis strenuus, et rerum temporalium administrator diligens et fidelis; qui huic sancte ecclesie Carnotensi sexaginta libras carnotenses ad redditus acquirendos legavit pro suo anniversario in eadem ecclesia celebrando. [De quo habemus, anno quolibet, cxvi solidos super precariam de Buxello, per tenentem ipsam. — 6.]

4. — Obiit Isabel *Chauvel*, que dedit nobis c solidos ad emendos redditus pro suo anniversario annuatim celebrando.

7. — Anniversarium Philippi *Turpin*, ad quod habebamus octo libras annui redditus super hæreditates Joannis *Mulart* et aliorum quorumdam.

† 4. 7. — Obiit Blasius *Jourdain*, canonicus presbiter, anno ætatis suæ septuagesimo octavo, canonicatus vero quadragesimo octavo; qui, ex oppido de *Clamengis* oriundus, avunculorum suorum, Joannis *Coursier* et Eligii *Jourdain*, canonicorum, exempla secutus, officio chori assiduus semper fuit, antiquorum rituum tenax et jurium ecclesiæ defensor acerrimus. Quin etiam decorem domus Dei diligens, cryptarum ecclesiæ inter cæteros restaurator, cultum ibi diurnum et devotionem erga beatissimam Virginem

---

[1] Peut-être cet obiit concerne-t-il un des trois Gauthier, comtes de Vexin, dont le premier (965-985) avait épousé Eve, fille de Landry, comte de Dreux.

plurimum auxit et promovit. Denique moriens, præter alia legata quæ pauperibus urbis et Elemosinæ Beatæ-Mariæ fecit, dedit etiam quingentas libras ad institutionem anniversarii sui in hac ecclesia et precum solemnium ad suum et avunculorum tumulum in ecclesia Fratrum-Minorum, dominica secunda post Pascha, quo die, solito more, supplicationes ibidem fiunt, seu processio generalis, pro fructuum terræ conservatione.

7. — Anniversarium Alise, matris Mathei de Juffivo, ad quod habemus super censūs de Serevilla L solidos.

7. — Magister Johannes de Fossa, canonicus Carnotensis, dedit ecclesie, pro anniversario Nicholai Vassoris, presbiteri sui, qui obiit vm° die februarii, quolibet anno faciendo, XL solidos perpetui redditus, sitos et assignatos super terram de Tachainvilla. Idem predictus Johannes de Fossa, pro se et suo anniversario, dedit, in perpetuam elemosinam, Capitulo istius ecclesie L libras turonenses pro molendinis suis reparandis.

XVIII KALENDAS FEBRUARII (15 janvier).

1. — Obiit Gesbertus, abbas, bonæ memoriæ.

† v. 1141. 2. — Obiit Zacharias, hujus sanctę ęcclesię decanus et sacerdos, qui ad beneficium fratrum in cotidiano chori servicio laborantium emit partem pastuum majoris de Vova et majoris de Campo-Serico [1]. Adquisivit etiam et ędificavit et dedit ad hoc ipsum, post unius heredis decessum, villam quę dicitur Chaletum, et Alvillare, et Cantapiam, et Fraxinum; censum quoque duorum solidorum de alodo apud *Cintri*. Et adhuc vivens dedit in capitulo fratribus quinquaginta libras denariorum, ad emendos redditus in servicio matutinarum. Domos decani apud Poevillare obtimo muro clausit, et dimidium agripennum vineę eidem adquisivit. Tunicam unam huic ęcclesię tribuit; pavimentum marmoreum quod est ante stationem decani in choro fieri fecit.

7. — Anniversarium Gaillardi de Mota, diaconi cardinalis; quod debet fieri die decima quinta cujuslibet mensis, [ad quod habemus duodecim libras super terram acquisitam apud Drocas a comite de *Baudemont* [2] et domina Margareta de *Lussembourt*, ejus uxore. — 7.]

[1] Voir vol. Ier, p. 137 et 138.
[2] Hugues III, comte de Vaudemont, mort vers 1246.

7. — Obiit Johannes *Lainé*, miles, ad cujus anniversarium habemus x solidos per prebendarios de Medio-Vicini; item habemus x solidos per prebendarios de Dampna-Maria.

XVII kalendas februarii (16 janvier).

1. — Obiit Berta, mater Odonis comitis, que dedit canonicis Sanctę-Marię alodum nomine Marcilliacum, cum toto ovili suo et carruca. Cujus anima paradysum possideat.

3. — Atque, clarissimus vir ac magnificus, Theobaldus, Blesensis comes et Francie senescallus, qui, ad suum et illustrissimi patris sui Theobaldi, palatini comitis, et Matildis matris sue anniversaria, quotannis in nostra ecclesia celebranda, redditum x librarum contulit et in quadam banneria assignavit, sicut in obitu patris sui supra distinguitur. [Ad causam autem predictorum nunc habemus LX solidos super banneriam per mutacionem. — 6.]

5. — Obiit Reginaldus Regine, qui nobis dedit quatuor libras ad emendos redditus pro suo anniversario annuatim celebrando.

XVI kalendas februarii (17 janvier).

1. — Obiit Hildegarius Albus, sacerdos et canonicus Sanctę-Marię;

1. — Et Ragembaldus, sacerdos et canonicus.

3. — Obiit magister Bonevaletus, hujus ecclesie canonicus et diaconus; de cujus bonis recepit tantum ecclesia ista quod a capitulo nostro communiter statutum est ut, in die anniversarii ejus, singuli canonici qui eidem anniversario interfuerint tantam panis et vini recipiant portionem quantam precipiunt in cotidiana distributione. Preterea reliquit nobis xx solidos annui redditus in censu hospitum terre nostre apud Graveia de Leugis, ab eodem magistro B[onevaleto] et dilecto fratre et concanonico nostro Guismundo acquisitos, quos possessor predicte censive singulis annis nobis solvere tenetur ad augmentum predicti anniversarii.

4. — Anniversarium Fulcheri de Berjovilla et Adeline ejus uxoris, patris et matris Arnulphi de Berjovilla, nostri concanonici. Pro quorum anniversario, una die, quolibet anno, in ecclesia Carnotensi celebrando, consideratis emendatione et melioratione quas venerabilis vir Arnulphus

predictus fecit in acquisitione aquarum et edificatione domorum et aliarum pertinentiarum precarie de Berjovilla, a capitulo nostro communiter statutum est ut, in die anniversarii dictorum Fulberti et Adeline, solvat, quolibet anno, sexaginta solidos carnotenses de firma seu pensione predicte precarie ille qui dictam precariam tenet seu tenebit. Preterea dedit nobis idem Arnulphus quadraginta solidos annui redditus, quos solvet nobis ille qui tenet vel tenebit redditus avenarum quas acquisivit apud Berjovillam, ad augmentationem predicti anniversarii distribuendos canonicis qui anniversario predicto presentes intererunt, item non canonicis valorem dimidii modii bladi ad valorem Loenii, quod percipient in bursa sua : ita quod dicti quadraginta solidi debent solvi per manum magistri Johannis de Berjovilla, quamdiu vixerit, et post mortem suam, debent dicti quinque modii avene vel circa ad ecclesiam Carnotensem devenire.

XV KALENDAS FEBRUARII (18 janvier).

3. — Obiit Edoaldus, vir admodum litteratus, subdiaconus atque canonicus hujus ecclesie; qui, cum suum anniversarium a fratribus in ecclesia Carnotensi celebrandum devotissime postulasset, ex bonis ipsius, secundum ejus supremam voluntatem, acquisitus est quidam redditus in Valle-Radulfi situs, scilicet in vineis novellis, cujus summa est XLII solidorum et II denariorum et oboli, et in Corveseia IIII solidi et VI denarii, et apud Penpoviler, pastus majoris XI solidi et pro trituratore XII denarii, apud Berjovillam IX solidi census [recipiendi in festo beati Remigii; item habemus, XII solidos super pedagium de Drocis per prebendarium de Bercheriis-super-Vegram — 6], fratribus qui ejus anniversario interfuerint distribuendus.

7. — Anniversarium Johannis [1], episcopi Lingonensis, ad quod habemus XXVIII sextarios terre site apud *Billeheust*, de quibus habemus, per majorem de Escubleio, IIII libras, et debent solvi in Nativitate Domini.

XIIII KALENDAS FEBRUARII (19 janvier).

. — Obiit Rodulfus, Sancti-Martini Majoris-Monasterii monachus, et prius hujus ecclesie canonicus.

---

[1] Jean Ier, de Rochefort, évêque de Langres (1296-1304). — La vicomté de Chartres était tombée dans cette famille depuis 1233.

† 1522. 3. — Obiit magister Petrus Lombardus [1], phisicus domini regis et canonicus subdiaconus hujus ecclesie; qui reliquit ecclesie Carnotensi, pro anniversario suo annuatim in eadem ecclesia celebrando, sexaginta quinque libras carnotenses; de quibus executores ejus emerunt tres trituratores in granchia de Fonte-Guidonis, [pro quibus habemus medietatem fourragii dicti loci et *des Rotis* — 6], cum pertinentiis suis : qui denarii distribuuntur canonicis Carnotensibus qui anniversario dicti magistri Petri presentes intererunt.

7. — Anniversarium Joannis de Sancto-Launomaro, canonici presbiteri; qui ad suum hac die annversarium et stationem ante missam de sancto Launomaro dedit trecentas libras; quare assignatæ sunt duodecim libræ super precariam de Cartenvillari canonicis distribuendæ.

7. — Anniversarium Gilonis, archidiaconi, ad quod habemus L solidos super domos que fuerunt Johannis Sequence; item habemus III solidos census super terris sitis apud Pampolium in prebenda de Campo-Seruco, et debent reddi in festo beati Remigii; item habemus III solidos super terris sitis apud *Pisselou*, recipiendos in dicto festo.

XIII KALENDAS FABRUARII (20 janvier).

1. — Obiit Osulfus, diaconus Sanctę-Marię. Cujus anima pociatur aeterna quięte, amen.

2. — Obiit Raherius, Beate-Marie subdiaconus et prepositus, qui dedit huic ecclesie capam unam sericam; et de cujus beneficio terram quandam habemus apud *Boglenval*, quam excolunt ejusdem hospites ville; de cujus campiparte proveniunt nobis singulis annis duo modii (sexdecim sextaria — 4) annone et (octo sextaria — 4) avene et amplius, et IX solidi census de eadem terra cum vendis; que distribuenda sunt canonicis qui ejus intererunt anniversario. [Item habemus medietatem cujusdam decime site apud Merolias, nobis et domino loci communem. — 6.]

7. — Anniversarium Joannis de Rupeforti [2], decani Lingonensis; ad quod habebamus sex libras super pedagio de Orgeriis.

---

[1] Ce Pierre Lombard n'a rien de commun avec le fameux *Maître des Sentences*.

[2] Probablement le même que Jean de Rochefort, trésorier de Langres, qualifié vicomte de Chartres, ainsi que son frère Guy, dans un titre de l'abbaye de l'Eau, de 1271.

† 1666. **7.** — Obiit Anna-Maria-Mauricia Austriaca, Franciæ et Navarræ regina, uxor Ludovici XIII regis; quæ, postquam diu sterilis fuisset, tandem, votis in hac sancta ecclesia nuncupatis, post vigesimum tertium sui conjugii annum, precibus beatæ Mariæ, obtinuit augustissimam prolem Ludovicum XIIII, cognomento Magnum, serenissimi Ludovici Delphini patrem, jam et avum celsissimorum Burgundiæ, Andegaviæ et Bituricensis ducum. Suscepit etiam dicta regina alteram prolem, serenissimum Philippum de Francia, ducem Aurelianensem, Philippi, ducis Carnotensis, patrem. Quare eadem regina, votorum suorum compos, Deo et beatæ Virgini in hac sancta ecclesia gratias egit amplissimas, et ut sui cultus ac devotionis monimentum aliquod relinqueret, thecam deauratam ad cornu dextrum majoris altaris, in qua reponeretur caput beatæ Annæ sua munificentia extrui fecit. Idem vero rex Ludovicus, ejus filius, trecentas sexaginta libras concessit ad institutionem sex missarum quotannis in subterraneo sacello, pro salute animæ ejusdem regine, celebrandarum.

7. — Anniversarium Gilonis[1], archiepiscopi Senonensis, ad quod habemus, super fourragia de Rebolino, LX solidos, videlicet per prebendarios loci XX solidos et per majorem ejusdem loci XL solidos; item habemus super molendinum de Brolio XX solidos.

XII KALENDAS FEBRUARII (21 janvier).

1. — Obiit Gausfredus, filius Herberti, qui dedit canonicis Sanctę-Marię unum agripennum vineę ad Leugas.

† v. 1350. **7.** — Obiit Adam de Graveria, sacerdos et canonicus Carnotensis; qui dedit canonicis, pro anniversario suo singulis annis celebrando, quinque quarterios vinearum apud *Baglenval*, in territoriis de *Gobienne* et clauso Sancti-Martini, quas emerat a Simone *Grenet* et uxore et matre ejus et a Simone *Coipel* de Sparnone : item in augmentationem dicti doni pro eadem causa, ejus executores dederunt dictis canonicis unum quarterium vinearum situm in dicto territorio, quod dictus canonicus emerat a Joanne *Petit*, *autrement Mignart*, et a Petro *le Faye* et eorum uxoribus.

[1] Gilles I Cornut, 1244-1254.

XI kalendas februarii (22 janvier).

1. — Obiit Adelmus, levita et canonicus almę Marię, qui reliquit fratribus hujus ęcclesię apud Sanctum-Mauritium tres quadrantes vineę;

2. — Et obiit Hugo de Gressibus, presbiter et succentor Beate-Marie, qui apud Firmitatem-Villenolis burgum quemdam probe adquisivit et Beate-Marie dedit; apud Amosvillam, vi hospites cum agripennis simul superadjunxit.

4. — Obiit Alicia, uxor Michaelis Medi, que reliquit nobis c solidos pro anniversario suo annuatim celebrando.

7. — Obiit Simon de Sancto-Dyonisio, canonicus, frater Thomæ, decani, et Henrici, Dunensis archidiaconi; ad cujus anniversarium habebamus viginti solidos super quamdam vineam sitam apud *Rigeart* per tenentem ipsam; item triginta solidos super stagnum de Brolio, qui reservantur de anniversario Henrici de Sancto-Dyonisio alia die facto; item quinquaginta solidos super furnum de Domna-Maria per majorem dicti loci : de quibus cadunt ad anniversarium Joannis de Souvigniaco viginti solidi, et totidem ad anniversarium Gilberti de Vere, et ad anniversarium Albereæ, matris dicti Simonis, decem solidi.

† 1378. 7. — Anniversarium Joannis *d'Angorant*, episcopi, antea decani Carnotensis, tandem ad Belvacensem episcopatum translati; ad quod habemus decem libras super granicam de Jenvilla et jallagia de Ingreio.

X kalendas februarii (23 janvier).

2. — Vivianus, archidiaconus, interfectus est a Drocensibus predonibus.

4. — Obiit Teobaldus, caligarius, qui dedit nobis centum solidos pro anniversario suo annuatim celebrando.

4. — Obiit, bone memorię, Herveus, comes Nivernensis[1], pro cujus anniversario magister Johannes de Silviniaco, quondam canonicus Carnotensis, dedit nobis c solidos ad emendos redditus.

† 1504. 7. — Obiit Florentinus *Forget*, canonicus et archidiaconus Pissiacensis; qui, ad institutionem anniversarii sui, dedit summam quadringentarum librarum; quare assignatæ sunt viginti libræ super precariam de Bosco-

---

[1] Voir vol. II, p. 43, note 1.

Augerii et de Bieriis et super domum canonicalem Johannis *Nolin*, canonici, in ejus anniversario distribuendæ.

VIIII KALENDAS FEBRUARII (24 janvier).

2. — In Dei misericordia, egressus est de ergastulo carnis, pie et dulcis memorie, pater noster Gaufridus [1], hujus sancte sedis antistes, legatione sedis apostolice sub beato papa Innocencio, super Bituricensem, Burdegalensem, Turonensem et Dolensem provincias, per annos circiter $xv^{cim.}$ sancte et religiose functus, multa in ipsa legatione a scismaticorum infestatione quos ad sinum matris ęcclesię revocavit pericula passus, symoniace pestis egregius extirpator, excutiens manus a munere, florens et firma suo tempore ęcclesię Dei, tam in sacerdocii dignitate quam in honore regni, columna, doctrine divine preco mirabilis, omnium quę suę necessitati subtrahere poterat pauperibus dapsilis erogator, rectitudinis et caritatis precipuus amator, anima sanctus et mundus corpore; qui, in magna tranquillitate, quoad vixit, presentem rexit ęcclesiam, et, murum validissimum pro ea se opponens, ab innumeris perturbationibus eam strenue defensavit; multa beneficia ei contulit; pallia et pannos sericos plures dedit; cereos duos, qui ante beatę Marię memoriam die ac nocte in perpetuum ardeant, instituit. Inter multa munimenta Romanorum pontificum, regum quoque et principum, quę de inmunitate possessionum hujus ęcclesię nonnullo labore et expensis suis acquisivit, de libertate etiam hominum tam qui ad episcopum quam qui ad nos pertinent, scilicet ut adversus omnes tam liberos quam servos, in omnibus causis, placitis et negociis, liberam et perfectam habeant testificandi et bellandi licentiam, a pio rege Ludovico, communi episcoporum et procerum suorum et illustris comitis Teobaudi assensu et consilio, necnon et uxoris suę Adelais et filii sui Philippi jam in regem designati, et a beate memorie papa Honorio valde utilia privilegia impetravit. Pro cujus anima habemus, in anniversaria die obitus sui, quam deinceps annuatim, accensis quartuordecim cereis, sollemniter celebrari instituimus, ab eo qui possidebit villas quas ipse huic ęcclesię edificavit, videlicet *Tertre-Goderam*, *Teelin* et Boscum-Sancti-Martini, unusquisque canonicus qui eidem anniversario interfuerit decem et novem, et clericus chori non cano-

---

[1] Voir vol. Ier, p. 124, note 2.

nicus sex denarios, [et matricularii clerici de bonis episcopis v solidos vi denarios. Item habemus lxx solidos super precariam de Vindocino, per prepositum de Masangeyo, ad augmentationem ipsius anniversarii. — 6].

3. — Et Malthildis de Horrevilla, que dedit fabrice hujus ecclesie v^{que} solidos annui redditus in dimidia bovata Stephani cognomine Britonis, sita in territorio Horreville, procuratoribus predicte fabrice infra octabas sancti Remigii annuatim reddendos et afferendos; ea conditione quod si infra predictum terminum non essent redditi cum recto postea redderentur, et propter hoc possent capere dicti procuratores equos et carrucam in predicta terra.

VIII KALENDAS FEBRUARII (25 janvier).

1. — Obiit Wauterius, sacerdos et canonicus alme Marię, qui dedit fratribus hujus ęcclesię tres aripennos vinearum apud Castrum-Dunum.

4. — Obiit Renoldus *le Macon*, de quo habuimus centum solidos ad emendos redditus pro suo anniversario annuatim celebrando.

5. — Obiit magister Dyonisius, persona Loci-Forcium, confrater noster, qui dedit nobis decem libras ad emendos redditus pro suo anniversario annuatim celebrando.

6. — Anniversarium Petri de Villarcellis; ad quod habemus loca et fourragia granchie de Bercheriis-super-Vesgram; de quibus habemus viii libras, et debent solvi mediocriter ad festum Purificationis beate Marie et ad festum Ascensionis Domini; de quibus octo libris cadunt ad anniversarium Radulfi Abricorne alias faciendum xl solidi.

9. — Obiit Robertus de Bello-Monte, miles, ad cujus anniversarium habemus xl solidos de camera.

VII KALENDAS FEBRUARII (26 janvier).

1. — Obiit Ermentrudis, uxor Nivelonis, pro cujus anima datum est nobis alodum in suburbio Beati-Andreę, unde unoquoque anno decem et octo solidos habemus.

3. — Obiit in etate matura, magister Robertus de Cuneo-Muri [1], cano-

---

[1] Robert du Coin-du-Mur, chanoine de Saint-Maurice, official de l'Evêque, puis chanoine de Notre-Dame et professeur de décrets à Paris, est fréquemment cité dans les titres de 1200 à 1234.

nicus ecclesie Beate-Marie Carnotensis, vir eleganter litteratus, qui tanto tempore studuit quod cathedram ascendit honorifice Parisius regendi in decretis, vir siquidem non ignote probitatis, amicus integer, diligens et fidelis. Et reliquit ecclesie Carnotensi quinquaginta libras carnotenses ad emendos redditus qui distribuentur annuatim canonicis qui ipsius anniversario intererunt; et preter hec distribuetur annuatim medietas proventuum unius mestivarii quem ipse et Johannes frater suus emerunt apud Braeium, et medietas proventuum quarte partis cujusdam furni sui apud Nogentum-Fisci, qui fuit majoris de Nogento, quem emerunt ipse et dictus frater suus; et alia medietas distribuetur die anniversarii Johannis supradicti. [Et pro predictis habemus L solidos super matutinas, quantum ad anniversarium prefati magistri Roberti. — 6].

4. — Obiit Vincencius *Sequart*, pro cujus anima habuimus centum solidos ad emendos redditus pro suo anniversario annuatim celebrando.

Leobinus, † 1299.
9. — Anniversarium Petri, diaconi, et Leobini de Sanctolio, presbiteri, fratrum, ad quod habemus medietatem majorie de Sognoliis, et habebamus preterea LXX solidos annui redditus per prepositum de Sanctolio.

VI KALENDAS FEBRUARII (27 janvier)

6. — Obiit Ernaudus, episcopus, ad cujus anniversarium habemus C solidos super precariam de Berthovillari per Capitulum; de quibus non canonici habent X solidos.

9. — Anniversarium Stephani Brochardi, canonici presbiteri, ad quod habemus LV solidos super domos canoniales in vico Vassallorum, que fuerunt Richardi de *Hainsy*, postea Johannis *Barre*, deinde Guillelmi *Pison*, canonicorum.

V KALENDAS FEBRUARII (28 janvier).

1. — Interfectus est Rorico, subdiaconus et canonicus almę Marię.

4. — Obiit Radulfus *l'aumucier*, qui dedit nobis C solidos ad emendos redditus pro suo anniversario annuatim celebrando.

9. — Obiit Bonaventura *Oudineau*, presbiter et antiquior canonicorum, nepos Jacobi et abnepos Juliani *Oudineau*, canonicorum et archidiaconorum Pissiacensium, sepultus in Elemosina Beate-Marie. Hic adhuc vivens, pecu-

liari motus devotione erga patronum suum, festum sancti Bonaventure solenniter in ecclesia cathedrali celebrandum instituit : ad quam institutionem dedit summam quater mille libellarum, que ad redimendam domum canonicalem in vico Bovis-Coronati sitam insumpta est. Ad institutionem vero anniversarii sui solemnis cum representatione, testamento suo legavit duo millia libellarum, ita tamen ut immunes essent ipsius heredes ab onere reparandarum domorum ejus canonialium.

IIII KALENDAS FEBRUARII (29 janvier).

1. — Obiit Benedictus, presbiter et canonicus almę Marię.

5. — Obiit Johannes *Dagun*, qui dedit nobis c solidos ad emendos redditus pro suo anniversario annuatim celebrando.

† 1281. 7. — Anniversarium Johannis Ascelini, civis Carnotensis, ad quod habemus medietatem decime de *Villereau*, [que valet circiter decem et octo sextarios grani. Idem autem instituit solemnitatem festi Conceptionis beate Marie, pro cujus celebratione dedit Capitulo trecentas libras emendis fundis destinatas. — 9].

† 1291. 9. — Obiit Johanna de Castellione, comitissa Carnotensis, vidua Petri de Francia, comitis de Alenconio, filii Ludovici......, que testamento suo legavit ecclesie Carnotensi LXXX libras turonenses prediis acquirendis des-•tinatas, ad anniversarium hac die in perpetuum celebrandum, fabrice ejusdem ecclesie VIII libras ad emendam necessariam domus supellectilem, et ad emendos fundos alias LXXX libellas.

† v. 1470. 9. — Anniversarium Guillelmi de *Escombart*, scutiferi, qui ad institutionem anniversarii sui et celebrationem missarum in capella Sancti-Guillelmi ab ipso fundata dedit terram de Charreio-in-Duno.

III KALENDAS FEBRUARII (30 janvier).

1. — Obiit Erembertus, subdiaconus et canonicus Sanctę-Marię;

1. — Et Gauzbertus, diaconus et custos Sanctę-Marię.

4. — Obiit, recolende memorie, Johannes Espallardi, prepositus de Masengeio, juris et honoris ecclesio exactissimus emulator, bonorum temporalium tam divitibus quam pauperibus curialissimus distributor; [ad cujus anniversarium habemus LV solidos super preposituram de Masengeio

et L solidos super forragia de Cerneio per prebendarios de Marchevilla. — 9].

5. — Anno Domini M° CC° nonagesimo quinto, obiit, bone memorie, dominus Guillelmus de Gressibus, episcopus Autissiodorensis et quondam decanus Carnotensis, vir modestus, mansuetus et discretus. Pro cujus anniversario in ecclesia Carnotensi sollempniter faciendo habet Capitulum XII libras annui redditus in majoria de Donna-Maria; item XXIII solidos super tribus sextariis terre semeure vel circa sitis prope Donnam-Mariam, in territorio quod dicitur Tyllie; que tria sextaria tenet in perpetuam amphyteosim sibi et suis heredibus Robinus dictus *Rodiquois*. De qua totali pecunia habent clerici LX solidos, residuas X libras cum III solidis habent canonici. Et est anniversarium sollempne, videlicet sero et mane.

II KALENDAS FEBRUARII (31 janvier).

1. — Obiit Waltelmus [1], episcopus Carnotensium;

1. — Et Theudo, miles, interfectus obiit, pro quo habemus alodum quem tenebat in Argelivilla;

1. — Et Grimoldus interfectus obiit.

9. — Obiit Stephanus Belli, canonicus presbiter; ad cujus anniversarium habemus centum solidos super domibus apud Senvillam.

9. — Obiit Stephanus *Neveu*, presbiter canonicus, qui ad institutionem processionum in festis Inventionis sancti Stephani et sancti Dominici, legavit domos suas in vico Vassallorum sitas.

KALENDIS FEBRUARII (1er février).

1. — Obiit Gaufridus, subdiaconus et canonicus almę Marię;

1. — Et Odo, hujus ecclesię subdiaconus et canonicus.

† 1158. 2. — Obiit Goslinus, hujus sanctę sedis reverendus antistes, qui, textum evangeliorum auri purissimi L^{ta}n^{abus} unciis optime decoratum lapidibusque preciosis operose distinctum, tabulam quoque auream LXX^{ta}II^{as} uncias appendentem, et pallia duo huic ęcclesię contulit; domos episcopales novas ex magna parte multo sumptu construxit; apud Bercherias satis

---

[1] Waltelme, Gancelme ou Gousseaume, évêque de Chartres, célèbre par la part qu'il prit à la déroute des Normands en 911.

idoneam mansionem ędificavit; preposituram de Uno-Gradu ex episcopali jure in usum fratrum qui matutinis interfuerint, munifica largitione, perpetuo transfudit; singulis canonicis paterna caritate x^{cem} solidos moriens delegavit; clericis de choro non canonicis c^{tum} libras distribui fecit; ad opus turris c^{tum} libras dereliquit. Multo quoque rerum ipsius impendio, rex Francorum Lodovicus, Lodovici regis filius, libertatem episcopalium domorum, cum omnibus ad eas pertinentibus, privilegii sui auctoritate et sigilli sui testimonio corroboravit. Super majoribus villarum et relevaminibus majoriarum et gravaminibus rusticorum, nova quę necessitas expetere videbatur instituta predictus pater sanctiens, et mala, quę in privilegio ejus, communi assensu Capituli facto, dinumerantur, ulterius fieri sub anathemate prohibens, nostre communi utilitati et pauperum quieti providere curavit. Villas subscriptas adquisivit, scilicet Mongervillam, Loum, Castellaria, et medietatem ville que dicitur Pons-Ebrardi, et medietatem alterius quam Espinterias nominant, et ejus medietatem quam Villam-Bonam apellant. Quas ea conditione successores sui episcopi possidebunt ut singulis canonicis qui anniversario ejus interfuerint x^{cem} et octo tribuant denarios, sex autem non canonicis.

6. — Missa de beata Maria, de statuto Capituli, ad majus altare, pro salute et prosperitate domni Sobirani de Bello-Castro, subdecani Carnotensis, quamdiu ipse vitam duxerit in humanis. Qua missa distribuentur vii libre x solidi super majoria de Amilliaco.

7. — Anniversarium Gaufridi de Bonto, militis, ad quod habemus unum modium bladi et unum modium avene in orreis episcopi Carnotensis, et eos tenetur episcopus reddere in Loenio, suis sumptibus et expensis, si Capitulum voluerit.

† v. 1545. 9. — Anniversarium Johannis *du Drac*, canonici et archidiaconi Vindocinensis et thesaurarii Capelle Regis Parisiensis; ad cujus anniversarium et parentum ejus et Roberti *Thiboust*, presidentis in curia Parlamenti, ejus avunculi, habemus xxv libras, super precaria de Chauneto assignatas. Donavit quippe summam quingentarum librarum ad emendos redditus pro suo anniversario, et preterea crucem cum pede argenteo deaurato et crucifixo aureo quinque marcarum cum mina, calicem argenteum deauratum cum patena appendentem quatuor marcas cum iiii unciis et duobus grossis, urceolos argenteos deauratos trium marcarum et trium unciarum, ea con-

CHARTULARIUM B. M. CARNUTENSIS.

ditione ut ea omnia suo anniversario inserviant, et donatio hec sua martyrologio inscribatur.

IIII NONAS FEBRUARII (2 février).

1. — Obiit Odo, sacerdos, canonicus Sancti-Stephani;

1. — Et Adelelmus, sacerdos et canonicus Sanctę-Marię, sed monacus defunctus est.

9. — Obiit Claudius *Huve*, canonicus, qui ad anniversarium suum dedit summam quadringentarum libellarum; quare assignate sunt xv libre super precaria de Sancto-Georgio.

III NONAS FEBRUARII (3 février).

1. — Durandus, hujus sanctę ęcclesię canonicus et subdiaconus, Roma rediens, Placentię obiit.

7. — Anniversarium Symonis de Bonto, militis, ad quod habemus duo sextaria bladi et quatuor sextaria avene, ad precium Loenii, per prebendarios de Nogento-super-Auduram; item habemus, per dictos prebendarios, in pecunia, v solidos vi denarios; item habemus xx solidos super quamdam vineam in virgulto sitam apud Solidum-Montem, per Johannem Benedicti, campsorem.

† 1470. 9. — Anniversarium Nicolai *d'If*, canonici presbiteri, ad cujus anniversarium habemus xii libras annui redditus super medietaria et terras arabiles inter Escubleuim et Castrum-Novum sitas, ac preterea iiii libras super domum canonialem que fuit Johannis *Bouguier*, canonici.

† 1608. 9. — Obiit Claudius *Gouyne*, canonicus et archidiaconus Vindocinensis, qui ad anniversarium legavit summam quingentarum librarum; quare ex contractu inito cum Roberto *Leroy*, decano et canonico Belvacensi, ejus nepote, assignata est summa viginti quinque libellarum annui census super terras de Putheolis-in-Drocensi, interim dum fundi emantur.

II NONAS FEBRUARII (4 février).

1. — Obiit Rotbertus, miles, qui reliquit canonicis Sanctę-Marię alodum nomine Vendobrum;

1. — Et Milesindis, mater Johannis canonici, pro cujus anima habemus tres agripennos et dimidium vinearum, in clauso Sancti-Leobini;

1. — Et Goslenus, primum sacerdos et archidiaconus Sanctę-Marię, deinde monachus; qui dedit huic ęcclesię quatuor cifos argenteos et quinque anulos aureos ad tabulam altaris perficiendam.

2. — Obiit Amauricus, levita et precentor Beate-Marię, qui huic ęcclesię III^{or} villas edificavit, scilicet Boscum-Ricoldis, Tornesvillam, Esglencultam, Canis-Gaudium; super Auduram molendinum construxit; ad opus ecclesię x libras dedit; scrinio beatę Marię preciosum monile affixit; precariam Normannię in multis auxit et melioravit, et in ea multa distracta et alienata, multo labore et sumptu, in jus ecclesie revocavit. Pro quibus statutum est III^{or} anniversaria celebrari annuatim: anniversarium scilicet ipsius Amaurici, et patris, et matris ejus, et Droconis, archidiaconi, avunculi ejus; et in unoquoque eorum LX solidos eis qui interfuerint distribui, scilicet de supradicto molendino LX solidos, de precaria Normannie IX libras.

4. — Obiit Ricardus de Cuneo-Muri, pro cujus et Berte, uxoris sue, anniversariis annuatim celebrandis, Robertus de Cuneo-Muri, eorum filius, dedit nobis quamdam domum sitam subtus ecclesiam Sancti-Stephani.

NONIS FEBRUARII (5 février).

1. — Obiit Humbaldus, miles, qui dedit fratribus Sancte-Marię res proprietatis suę in pago Carnotensi;

1. — Et Willelmus, prepositus hujus ecclesię, levita et canonicus Sanctę-Marię.

6. — Obiit magister Petrus de Columpna, quondam canonicus Carnotensis; qui acquisivit quosdam redditus distribuendos in matutinis beate Katherine virginis. [Pro quibus habemus XXII solidos I denarium censuales in festo sancti Leobini debitos; item habemus in clauso Beate-Marie XXX barillos cum dimidio vini, qui vocantur terceoli Beate-Katerine, qui prius solvi debent quam vinum nec alii terceoli removeantur; item habemus quandam decimam grani in territorio Vallis-Profundi, de quibus non canonici habent terciam partem. — 0].

† v. 1445. 9. — Anniversarium Joannis *Jougan*, canonici presbiteri, qui ad anniversarium suum dedit medietariam quamdam, dictam de Penna-Galdaria

circa metam parrochie de Nonvillari, de qua annuatim xl solidi recipiuntur. Dedit et alios minutos census annuos ad summam sexaginta solidorum circiter. Habemus preterea undecim libras annuatim recipiendas ab eo qui tenuerit domum canonicalem que fuit magistri Richardi de *Tournebouf*, canonici.

VIII idus februarii (6 février).

4. — Obiit Johannes de Senonchiis et Maria, ejus uxor, qui dederunt nobis octo libras ad emendos redditus pro anniversariis eorum annuatim celebrandis.

† v. 1330. 7. — Anniversarium Petri de Rupeforti, episcopi Lingonensis, [qui, ex nobili vicecomitum Carnotensium familia oriundus, primo canonicus Beate-Marie et archidiaconus Lingonensis, tandem ad cathedram Lingonensem assumptus est. — 9]. Ad quod habemus, super quasdam domos sitas ad Cuneum-Muri Episcopi, viii libras. [Dederat etiam adhuc vivens unum modium tritici et centum solidos annui redditus in granica de Surdis percipiendos. — 9].

† fév. 1377. 9. — Obiit Joanna Borbonia, regina, uxor Caroli-Quinti, que pari cum christianissimo conjuge hanc sanctam ecclesiam dilectione prosecuta est.

VII idus februarii (7 février).

1. — Obiit Aimericus, frater Gelduini, et reliquit canonicis Sanctę-Marię omnem hereditatem suam, hoc est Lulaplum totum, Riniacum totum, et quidquid habet in Popone-Monte, et in Ulmis, et in Monte-Mediano, et in Britone-Corte ultro Perticum. Tribuit etiam vineam cum trigila super ripam Audurae;

2. — Et Guido Blesensis, diaconus et canonicus Sancte-Marie, qui acquisivit huic ecclesie xc^{ta} agripennos terre apud Mundunvillam, deputans eos usui fratrum ad matutinas surgentium, post unius heredis decessum.

4. — Obiit Gervasius, presbiter Sancti-Emani, qui dedit nobis c solidos ad emendos redditus pro suo anniversario annuatim celebrando.

VI idus februarii (8 février).

† déc. 1249. 4. — Obiit apud Massoram in Egipto, nobilis vir Robertus, comes Atrabatensis, filius regis Francorum, a Sarracenis interfectus. [Hujus precipua

laus est fuisse fratrem sanctissimi regis Ludovici-Noni, qui hoc ejus anniversarium instituit. Habent vero Annales Francorum oblatam ei fuisse propter eximias dotes coronam imperialem, quam tamen de consilio magnatum recusavit, quippe pluris estimavit filium esse regis Francie quam esse Imperatorem. — 9].

5. — Obiit Guillelmus de Buxiis, alias dictus de Aurelianis, canonicus Carnotensis et dyaconus, qui domos suas sitas in vico de Bello-Videre Magno a parte anteriori, prout se comportant, usque ad vicum Vassellorum a parte posteriori, dedit ecclesie Carnotensi; quas oneravit de octo libris annui redditus pro quodam capellano, qui qualibet septimana ter vel quater missas celebret pro ipsius anima et omnium benefactorum suorum. Item de residuo pensionis dicte domus voluit quod medietas pensionis predicte cedat ad anniversarium suum; item alia medietas ad anniversarium sequenti die faciendum Guillelmi, episcopi quondam Aurelianensis, et Oddonis, decani quondam Aurelianensis, advunculorum suorum, cedat. Et voluit quod in quolibet dictorum anniversariorum non canonici habeant viginti solidos. Item legavit etiam centum libras monete tunc currentis, ad augmentationem dictorum anniversariorum. Item voluit quod de residuo bonorum suorum mobilium in civitate et diocesi Carnotensi existentium ematur redditus duodecim librarum pro quodam matutino perpetuo fundando. De quibus trecentis libris et predicto residuo empta fuit quedam domus sita in vico de Magno Bello-Videre, que fuit quondam defuncti Petri de Castra, quondam cancellarii Carnotensis, contigua domui Templariorum; super qua fundatus est redditus duodecim librarum ad usum predicti matutini; residuum vero ad usum anniversarii predicti. [Item legavit missale suum cum breviari et ornamentis altaris, ad usum predicte sue misse. — 9].

† 1628. 9. — Obiit Franciscus *d'Escoubleau*, cardinalis *de Sourdis*, tituli sanctorum Marcelli et Praxedis, primogenitus Francisci *d'Escoubleau*, marchionis de *Sourdis*, urbis et provincie Carnotensis prefecti regii, et Isabellis *Babou de la Bourdaisière*, conjugis, filius, abbas de Malo-Leone et Sancti-Launomari Blesensis, deinde archiepiscopus Burdegalensis. Quem autem fuisse ecclesiastice discipline assertorem studiosum testatur concilium Burdegalense ab eo convocatum. Presul fuit sane pius et qui multis laboribus diocesim suam a pessimo statu in quo jacentem repererat ad optimum revocavit. Pietatis christiane cultu et fidei catholice zelo eminentissimus, atque

assiduus imitator vite ac discipline sancti Caroli Borromei. Cum vero in hac ecclesia ad majus altare quondam primam suam missam, jam designatus et nominatus archiepiscopus, decantasset, ecclesiamque istam maxime diligeret, preces in ea solemnes pro salute anime sue fieri precepit, anniversarium suum instituit et ad illius celebrationem duo mille et quadringentas libellas donavit.

V IDUS FEBRUARII (9 février).

4. — Obiit Simon, carpentarius, cujus anniversarium tenemur annuatim celebrare, qui dedit nobis c solidos ad emendos redditus.

7. — Obiit Haimericus, dictus Hebraimi filius, qui dedit huic ecclesie unam dalmaticam cum alba, et unam capam dedit et tria preciosa filacteria, et ipsam ecclesiam decora adornavit vitrea.

7. — Anniversarium Reginaldi *de Vilcosier*, militis, majoris de Fontibus-Guidonis, ad quod habemus sex sextaria bladi in granchia dicti loci de Fontibus-Guidonis.

7. — Habemus missam solennem de festo Purificationis beatissime virginis Marie, cum assueto luminari et pertica chori, necnon processionem et stationem in navi, cantando responsum *Gaude Maria*, cum versiculo *Gabrielem*, prosa *Inviolata* cum grossis organis, cum versiculo et oratione de solennitate, deinde psalmus *De profundis*, cum versiculo et orationibus *Deus qui nos patrem et matrem*, *Deus venie largitor* et *Fidelium*, cum pulsatione campanarum Marie et Gabrielis. Quod quidem servitium fundavit venerabilis et circumspectus vir magister Michael de Colonia, in medicina professor, canonicus et cantor Parisiensis ecclesie, cum anniversario solenni sero et mane celebrando, tercio nonas octobris, sive die octabarum sancti Michaelis, si commode. Qui quidem de Colonia nobis dedit, xvi^a mensis maii, anno Domini M°D°XVIIII°, mille libras turonenses in redditus annuos convertendas; pro quibus eidem assignamus quadraginta libras turonenses annui et perpetui redditus super terram nostram de *Bières*, a nobis nuper acquisitam, et generaliter super omnia bona nostre ecclesie, distribuendas videlicet in dictis missa solenni, processione et statione. Quibus Christus sit propitius.

9. — Anniversarium Geraldi et Bertrandi, presbiterorum, Hugonis de Pomeriis fratrum, canonicorum, et Hugonis *Gast*, capicerii, nepotum; ad

quod habuimus molendinum cum riparia et duobus arpentis pratorum apud Ulmellos.

IIII IDUS FEBRUARII (10 février).

1. — Obiit Adraldus [1], hujus misericordissime Dei matris ecclesię episcopus venerabilis et abbas Bremetensis, vir eloquentissimus, usque scientie radiis illuminatus; qui ecclesiam istam sibi commissam toto cordis affectu, totaque mentis intentione dilexit, et eam, vita sibi manente, diversorum ornamentorum muneribus, capis videlicet optimis et dorsalibus preciocissimis, sicuti pastor egregius extruxit, unumque ei aureum calicem opere elegantissimo informatum donavit, quem et cotidiano altaris servitio deputavit; atque hujus vitę presentis cursu completo, capellam suam ornamentis episcopalibus instructam, cum ingenti argenti pondere, pro peccatorum suorum remissione, huic preclare matri suę ecclesię dereliquit;

1. — Et Warnerius, levita et canonicus Sanctę-Marię;

1. — Et Teduinus, filius Teduini.

† 1630. 9. — Anniversarium Johannis *de Reynes,* canonici presbiteri et camerarii, qui ad institutionem anniversarii sui legavit hortum quemdam in suburbio Filiarum-Dei cum trecentis libellis.

III IDUS FEBRUARII (11 février).

3. — Obiit Crispinus Drocensis [2], hujus sancte ecclesie cantor venerabilis; ob cujus amorem et gratiam, Raginaldus [3], hujus sancte sedis reverendus antistes, ei suisque successoribus dedit, ad augmentum cantorie, prebendam quamdam quam habebat in abbatia Sancti-Johannis-de-Valeia, in eadem abbatia percipiendam, scilicet III^{or} modios annone, duos modios avene et dimidium, mense augusto percipiendos, cum duobus sextariis pisorum; tempore vero vindemiarum, duos modios boni vini; in festo sancti Martini hyemalis, xx^{ti} solidos; in capite Quadragesime, xx^{ti} solidos; in festo Pentecostes, xx^{ti} solidos. Ob ipsius etiam amorem, dedit ei ejusque successoribus, similiter ad augmentum cantorię, Capitulum Carnotense c solidos, in chamera annuatim percipiendos. Qui etiam quasdam

---

[1] Voir vol. Ier, p. 93, note 5.
[2] Voir vol. II, p. 39, notes 1, 2 et 3.
[3] Renaud de Mouçon. — Voir vol. II, p. 61.

plateas in claustro sitas, propriis sumptibus necnon et magno labore, de manibus laicorum acquisivit, et ibi domum optimam edificavit quam huic ecclesie dedit. Hic etiam, in decessu suo, fabrice hujus ecclesie x^{cem} libras et anulum preciosum precii c solidorum donavit. Omnibus etiam canonicis qui ejus obsequio interfuerunt xii nummos legavit, non canonicis vero sex. Pro cujus etiam anima, Philippus *Moreher,* nepos ejus, hujus ecclesie canonicus, terciam partem omnium decimarum suarum de Cartenvillari, equaliter annuatim distribuendam canonicis qui ejus cantoris anniversario interfuerint, contulit huic ecclesie. Acquisivit etiam apud *Menvesin* generaliter quicquid major habebat in granica Capituli, scilicet duos trituratores, *vechiat, pesait, lentilat, favat,* preter unam minam avene, quam habet propter submonitionem saccorum, et quicquid idem major habebat in pratis Capituli que sunt apud *Mentenon* et apud Boignevillam, scilicet custodiam et margines que vulgo dicuntur *andeins* et rastragia. Quapropter statutum est publice in capitulo Carnotensi ut quicumque perciperent prebendas suas apud *Menvesin* pro hiis omnibus reddent quinquaginta solidos carnotenses ; quorum tercia pars statuta est ad opus hujus anniversarii, scilicet Crispini, cantoris, post decessum dicti Philippi solvenda ; et tercia pars ad opus anniversarii Garnerii *Moreher,* militis, patris scilicet ejusdem Philippi ; et tercia pars ad opus anniversarii ejusdem Philippi, cum obierit.

† v. 1305. 9. — Obiit Radulphus de Buxiis, frater Guillelmi, cantor Atrebatensis.

† 1583. 9. — Obiit Petrus *Goupil,* canonicus presbiter, ad cujus anniversarium habemus xxx libras annui redditus in precaria de *Houdouanne* percipiendas.

II IDUS FEBRUARII (12 février).

1. — Obiit Gerogius, levita et precentor humilis, qui huic ecclesie antyphonarium preciosum cum gradali dedit, et pauperibus Elemosine Beate-Marie tribuit quicquid habebat ad Benfou-Ingelardi et ad Benfou-Pagani et ad Felardivillam, et v^{que} agripennos, et quadrantem unum terre ad Lucetum ; et eisdem pauperibus multa alia bona fecit ;

1. — Et Hugo, sacerdos et canonicus Sancte-Marie.

† 1226. 4. — De carnis ergastulo feliciter est egressus, vir nobilis et reverendus antistes, bone memorie, Guillelmus, Catalaunensis episcopus, et

comes pariter Perticensis, a primis annis usque ad pontificatum suum in hac ecclesia, prius in honore prepositi, deinde in officio cancellarii, laudabiliter conversatus. Cujus devotionem erga istam ecclesiam attendentes, caritatis intuitu necnon et antique fraternitatis affectu, eidem adhuc viventi concessimus anniversarium suum post ejus obitum annuatim in hac ecclesia celebrandum. Ipse vero, de innata benignitatis affluentia, liberalitatis nostre non immemor, dedit nobis centum solidos turonenses annui redditus, et eosdem in prepositura sua de Nogento-Rotrodi in perpetuum assignavit, reddendos, singulis annis, in festo beati Dionisii, per prepositum ejusdem loci qui pro tempore fuerit, sub pena quinque solidorum ab eodem preposito solvendorum unaquaque septimana qua eos reddere distulerit, postquam super hoc fuerit requisitus. Nos autem, pro voluntate dicti pontificis, statuimus medietatem dictorum centum solidorum distribui canonicis presentibus in vigiliis anniversarii sui, reliquam medietatem distribui canonicis quos in crastino sollempnitati misse contigerit interesse.

IDIBUS FEBRUARII (13 février).

1. — Interfectus est Robertus, miles, filius Teduini, cujus mater Odila dimisit Sancte-Marie terram de Cussiaco, pro anima sua et filiorum suorum.

4. — Obiit Guillermus Aales, cujus anniversarium tenemur annuatim celebrare, qui dedit nobis c solidos ad emendos redditus.

7. — Anniversarium Galteri, capicerii; ad quod habemus unum modium bladi et vi sextaria avene ad precium Loenii, in Purificatione beate Marie Virginis, per prebendarium Dunensem. Item habemus supercensus de Chapeleto, qui valere debent LXXV solidos. Decedens quoque fabrice hujus ecclesie xx libras largitus est.

† 8 juillet 1258. 9. — Anniversarium Guillelmi de Buxiis [1], episcopi Aurelianensis, et Odonis de Buxiis, decani Aurelianensis, patruorum Guillelmi de Buxiis, canonici Carnotensis, sicut continetur in anniversario dicti Guillelmi, eorum nepotis, et ejusdem testamento institutum est.

XVI KALENDAS MARCII (14 février).

2. — Obiit Raimbaldus de Calniaco, hujus ecclesie canonicus et archi-

[1] Guillaume de Bussy, évêque d'Orléans (1237-1258).

diaconus, vir magne honestatis et utilitatis, vir magne hospitalitatis et pietatis, qui, omni carnali affectu et vite presentis honore contempto, factus ex clerico monachus, labore suo et industria et magno rerum suarum impendio, villas subscriptas huic ecclesie adquisivit, videlicet : Bromavillam, Plancavillam, Loesvillam, Meneinvillam, Peneinvillam, Nidum-Corvinum, Lucum-Galdrici, Asconvillam, Cereacum, Mansum-Roberti, Campum-Clausum, Pomereium, Moncellos et domum quamdam in Vindocino, quam ad usus canonicorum liberam et absque ulla consuetudine effecit.

3. — Et Galterus de Frescoto, miles, pater quondam Johannis, Blesensis archidiaconi, et Nicholai de Frescoto, canonici Carnotensis [1]; ad cujus anniversarium singulis annis in hac ecclesia celebrandum, dictus N[icholaus] XL^a solidos carnotenses annui redditus in molendino fullatorio de Pratis assignavit.

4. — Obiit Philippus *Moreher* [2], hujus sancte ecclesie canonicus et sacerdos, vir nobilis genere, libertatum, privilegiorum et consuetudinum ecclesie precipuus emulator; qui decimam suam de Chartenvillari nobis contulit, necnon adquiramenta sua que fecit apud *Mevoisin* a majore. Que decima cum dictis acquiramentis equaliter distribuitur ad tria anniversaria que in hac ecclesia dictus Ph[ilippus] constituit, sicut superius in obitu Crispini Drocensis, ejus avunculi, plenius continetur.

4. — Obiit Joucius de Sancto-Carauno, qui dedit nobis c solidos ad emendos redditus pro suo anniversario annuatim celebrando.

4. — Obiit Stephanus, clericus, filius defuncti Gilonis de Berjovilla, pro cujus anniversario annuatim celebrando habuimus similiter c solidos.

5. — Obiit vir venerabilis magister Radulphus de Paredo, quondam cantor ecclesie Meldensis et canonicus Carnotensis; et dedit ecclesie Carnotensi omnes conquestus suos quos habebat apud Unum-Pillum, quos tenet Johannes dictus David, alias de Bosco.

7. — Anniversarium Stephani [de Gressibus] [3], decani et presbiteri, ad quod habemus x libras super precariam de Girodeto per clericum Loenii. Item habemus c solidos super domibus que fuerunt Gervasii de Gressibus, per tenentes ipsas.

---

[1] Voir vol. Ier, p. 182, note 2, et vol. II, p. 180, note 1.
[2] Voir vol. II, p. 32, note 3, et 39, notes 2, 3 et 4.
[3] Voir vol. II, p. 129, note 1.

† v. 1480. 9. — Obiit Johannes *Sorel*, canonicus presbiter, ad cujus anniversarium habemus unum arpentum vinee cum viridario et borda in Valle-Paronis et duos census annuos in parrochia Sancti-Martini-de-Nigella, alterum sexaginta, alterum centum et decem solidorum.

XV KALENDAS MARTII (15 février).

3. — Statutum est ut anniversarium Gaufridi, militis[1], patris Symonis de *Bero*, singulis annis in ecclesia ista celebraretur, ad cujus anniversarium assignati sunt unus modius annone et unus modius avene ad valorem Loenii in granariis episcopi; et eos tenetur episcopus reddere in Loenio suis sumptibus, si Capitulum voluerit.

7. — Anniversarium Godescalli, patris Almaurici, precentoris, ad quod habemus LX solidos super prepositaram Normannie, per prepositum loci.

† v. 1472. 9. — Anniversarium Nicolae, relicte Stephani *Coulon*, ad quod habuimus jus quod ipsa habebat in medietaria de Harlevilla, in parrochia de Balliolo-subtus-Galardonem, que tenetur in feodum a domino rege, a qua dependent XIII vassores, et in qua sunt septem modii terre et septem arpenta nemorum, e quibus IIII apud Villam-Novam, duo apud *Maintenon* et unum de feodo Robini de Harlevilla.

† 1614. 9. — Obiit Ludovicus *le Lièvre*, canonicus presbiter, qui, ad institutionem duorum festorum Inventionis et Exaltationis Sancte-Crucis et misse de Cruce die crastina post Epiphaniam, dedit decem modios terre arabilis cum sextariis sex et mina et alios plures fundos in diversis territoriis : dedit et non exiguam partem ligni Vere Crucis allatam a partibus Hierosolimitanis, que quotannis populo christiano adoranda proponitur in diebus festis Inventionis et Exaltationis.

XIV KALENDAS MARTII (16 février).

1. — Obiit Alcherius, miles devotus, qui dedit Beate-Marie fratribus alodum Avenziacum;

1. — Et Gausbertus, levita et canonicus Sancte-Marie, pro cujus anima habemus duos agripennos vinearum juxta Sanctum-Bartholomeum;

[1] Voir vol. II, p. 29, note 3.

1. — Et Hugo, hujus ecclesię levita et canonicus, qui dedit nobis triginta libras unde emerentur redditus ad opus surgentium ad matutinas; [de quibus postea empti sunt pastus de Amilliaco. — 3.]

4. — Obiit Guillelmus Normannus, qui dedit nobis c solidos ad emendos redditus pro suo anniversario annuatim celebrando.

8 [1]. — Anniversarium Nicholai [2], episcopi Noviomensis, ad quod habemus L solidos super matutinas.

9. — Anno M°CCCC°III°, obiit venerandus antistes Johannes *Tabari* [3], primo medicus regis Caroli Sexti, deinde episcopus Morinensis, qui, beneficiorum acceptorum a canonicis ex dimidia prebenda quam in ecclesia Carnotensi, ante promocionem suam ad ecclesiam Morinensem, longo tempore obtinuit, non immemor, in suo testamento legavit ad opus fabrice hujus Carnotensis ecclesie XL libras turonenses; et pro vigiliis, commendacionibus et una missa solenni pro Defunctis, statim post obitum suum, semel in hac ecclesia, celebrandis, XX libras turonenses; ac pro luminaribus in hujus servicio ardentibus XVIII libras XIII solidos IIII denarios turonenses; necnon pro redditibus acquirendis ad unum anniversarium solenne, cum luminari, ut moris est, dicta die servitii, singulis annis, in ipsa ecclesia Carnotensi, celebrandum, IIII libras turonenses : quas pecuniarum summas executores sui Capitulo Carnotensi solverunt, ex quibus empti fuerunt redditus.

XIII KALENDAS MARTII (17 février).

3. — Obiit Symon de *Berou* [4], hujus sancte ecclesie canonicus et sacerdos, vir magni consilii, genere, moribus, scientia et facundia clarus et in utroque jure peritissimus, manus ab omni munere excutiens, nec terrebatur minis nec precibus curvabatur. In multis et gravissimis causis que tempore suo emerserunt, contra omnes murum pro domo Domini se opponens, felicissime evicit. Duas capas sericas huic ecclesie dedit et bibliotecam optimam cum glosulis continuis super eandem. Operi hujus ecclesie L libras

---

[1] Les anniversaires que nous avons fait précéder du chiffre 8 sont extraits d'un Compte de l'église de Chartres pour l'année 1255. (Bibl. de la ville de Chartres, n° 26.)

[2] Nicolas de Roye, évêque de Noyon (1228-1240).

[3] Jean Tabari, évêque de Boulogne (1384-1403).

[4] Voir vol. II, p. 24, note 1, et 29, notes 2 et 3.

legavit et octo anulos aureos. Anniversaria patris sui et matris sue in hac ecclesia fieri instituit, centum libras ad emendos redditus qui distribuentur canonicis qui anniversariis intererunt de proprio largitus. Apud Fontanetum, redditus quosdam acquisivit canonicis qui ejus anniversario intererunt distribuendos, et ad eosdem augmentandos xx libras legavit. Ornamenta capelle sue reliquit et octoginta libras ad emendos redditus ad opus capellani, ita tamen quod capellanus, quotienscumque mutabitur, tenebitur jurare quod singulis annis cantabit unam missam pro Gaufrido, quondam hujus ecclesie decano et ejusdem Symonis avunculo, et pro predicto Symone in eadem missa specialem orationem dicet [1].

† 1299. 5. — Obiit magister Johannes de Miciaco, canonicus Carnotensis, ad cujus anniversarium, et patris et matris ejusdem, habemus LX^a solidos super redditibus emptis a domino Johanne de Woisia, milite; item xx solidos super xx^{ti} duobus sextariis terre semeure sitis apud *Hacheviler*, et hoc per manum tenentis precariam de *Harcheviler;* item habemus quandam vineam sitam apud Vallem-Pereiis, que est tradita magistro Roberto Cornuto in precaria pro v solidis.

4. — Obiit Aales scutaria, pro cujus anniversario et suo similiter annuatim celebrandis, Ansoudus clericus, filius ejus, dedit nobis duas domos cum virgultis sitas apud Pressorium-Episcopi.

XII KALENDAS MARTII (18 février).

1. — Obiit Alcherius, levita et prepositus Beatę-Marię ;

3. — Et Robertus de Blevia, hujus sancte ecclesie camerarius, vir benignus et pauperibus misericorditer compatiens, qui hanc ecclesiam capa serica, dalmatica et tunica et duobus urceolis argenteis decoravit, et

---

[1] Le 19 mai 1856, en creusant la chapelle de derrière le chœur de l'église Saint-Pierre, on a retrouvé parfaitement intacte la tombe de Simon de Bérou : on y lit cette épitaphe :

† *Verus catholicus, devotus tibi, Christe,*
Cartis canonicus et presbiter extitit iste,
Simon de Bero, solitus bona publica cleri
Affectu vero multoque vigore tueri.
Huic veniam tribue, venio dator, huic miserere,
Ecclesieque tue tutorem, Christe, tuere.

Voir dans les *Mémoires de la Société Archéologique d'Eure-et-Loir*, t. Ier, p. 167, un article de M. P. Durand sur la chapelle de la Conception.

antyphonarium ad cotidianum usum dedit. Operi vero dedit cuppam et duos scyphos argenteos et vi coclearia argentea, et pro uno pilari faciendo xxv libras. Pro anniversario vero suo annuatim celebrando, huic ecclesie perpetuo contulit stagnum et molendinum de Brolio cum decima de Luceio : quorum proventus, in die anniversarii sui, ita distribuentur quod canonici qui anniversario intererunt duas partes, non canonici terciam partem percipient. Verumtamem Robinus, ejus consanguineus, quamdiu vixerit, predictum stagnum scilicet et molendinum et decimam ab ecclesia Carnotensi precarie possidebit, ita quod in die anniversarii camerarii xii denarios canonicis, non canonicis vi denarios persolvet.

9. — Anniversarium Nicolai Vassoris, canonici presbiteri, ad quod habemus redditum annuum xl solidorum super domum et hereditates domini de Tachenvilla, per manum domini Petri *le Droaire*, militis.

XI KALENDAS MARTII (19 février).

1. — Obiit Bernardus, sacerdos et prepositus Sanctę-Marię;
1. — Et Sanctio, miles, frater Rodulfi, episcopi [1];
1. — Et Gislardus, subdiaconus et canonicus predictę matris Domini.
3. — Obiit, pie recordationis, pater et pastor noster egregius, Petrus [2], Carnotensis episcopus, qui, prius in monasterio Sancti-Remigii Remensis super monachorum gregem sibi creditum fidelis dispensator et prudentissimus, demum, suffragantibus meritis, ad pontificalis honoris apicem sublimatus, in sacre religionis proposito perseverans, carnem suam assidue vigiliis et abstinentiis edomans, multa apud nos memoranda mirabiliter et magnifice operatus est. Civitatem enim istam ab porta de Sparris usque ad ecclesiam Sancte-Fidis, que in ea parte fossatis tantummodo cingebatur, ad quorum reparationem ipsius episcopi terre homines pro voluntate comitis sepius urgebantur, de suo proprio novis muris vallavit, et prefatis hominibus ab hujusmodi operum vexationibus liberationem perpetuam adquisivit. Antiquam banni consuetudinem, quam pernitiosa quorumdam cupiditas immutaverat, consentiente et sancte ejus exhortationi assensum humiliter prebente viro clarissimo et illustri Theobaldo, ejusdem temporis

---

[1] Rodolphe, évêque de Chartres, prédécesseur de Fulbert (c. 1005-1007).
[2] Pierre de Mincy, évêque de Chartres (1260-1277).

comite, in statum pristinum reformavit, talem scilicet cum eodem comite circa bannum moderationem perpetuo observari constituens, ut nullus de cetero tabernam vini facere, occasione banni, valeat prohiberi; ita tamen quod de unoquoque vini modio trium solidorum summa a burgensibus qui banni tempore tabernas instituerint pro bannagio persolvatur. In viis quoque, que, ex omni parte civitatis longa vetustate et attritione nimia, dirute ac pene jam invie videbantur, novas fieri calciatas instituit, et ad ejusdem operis instaurationem centum libras largitus de proprio, universos exemplo et exhortatione pariter invitavit. His itaque et aliis caritatis operibus insignitus, tanto dilectionis vinculo subditi sibi gregis animos pius pastor illexerat ut ad venerandas ejus exequias passim et publice universi confluerent, et devotione mirabili, ob sanctitatis ejus munditiam, ad corpus exanime et in feretro collocatum propius accedentes, os ipsius et faciem deosculari penitus non horrerent. De bonis autem ejus quibus ipse, in suppremi dispositione arbitrii, ad opus fratrum qui ejus intererunt anniversario, redditus adquiri preceperat, hujusmodi redditus adquisivimus, pastus scilicet majoris de Campis, octavam partem tam majoris quam minute decime de Luceio, et quicquid Hugo de Ruchevilla apud Cerevillam habebat, censum videlicet et terram : [videlicet xvi sextarios bladi et octo sextarios avene per prebendarios de Clusovillari ad precium Loenii, Purificatione beate Marie virginis; item per dictos prebendarios in pecunia xx solidos : item habemus super censum de Cerevilla xxxv solidos : item habemus per prebendarium de Landellis vi solidos. — 6].

4. — Obiit Hodeburgis de Stanpis, que dedit nobis c solidos ad emendos redditus pro suo anniversario annuatim celebrando.

5. — Obiit defunctus Petrus de Cresperiis, hujus ecclesie canonicus et sacerdos, qui dedit huic ecclesie duos modios semeure terre, sitos in territorio de Amilliaco, prope monasterium dicti loci, quos emerat ab Arnaldo *Angelart;* pro qua terra dictus Arnaldus reddit, anno quolibet, decem libras carnotenses annui redditus. Item dictus defunctus dedit et contulit huic ecclesie septem libras annui et perpetui redditus, percipiendas et habendas anno quolibet super majoria Fontis-Guidonis; quas emit a Johanne dicto *Biart.* De quibus omnibus Capitulum habet litteras sub sigillo suo. Que omnia dominus defunctus voluit sic distribui : videlicet duodecim libras cuidam matutinario perpetuo, et centum solidos pro anniversario suo anno

quolibet celebrando in hac ecclesia Carnotensi, [qui debentur super majoria de Fonte-Guidonis. — 6]. Anima ejus requiescat in pace, amen. Anno Domini M°CCC°XI°, die festi sancti Valentini martiris, fuit sibi obsequialis.

6. — Obiit defunctus dominus Radulphus de Medunta; ad cujus anniversarium habemus LX solidos turonenses apud Unum-Pilum, per manus Johannis de Havesiis, super possessionibus que fuerunt defuncti dicti *Bidet* de Uno-Pilo.

† 1628. 9. — Obiit Claudius *Grenet,* canonicus presbiter et archidiaconus Pissiacensis, ad cujus anniversarium habemus septingentas libras, quarum pars maxima in reparationem dicti archidiaconi precarie post ejus obitum insumpta sit et impensa.

X KALENDAS MARTII (20 février).

1. — Obiit Haimericus, clericus, Herbranni filius, qui dedit huic æcclesię unam dalmaticam cum alba, et unam cappam. Dedit etiam tria preciosa filacteria, et ipsam æcclesiam decora adornavit vitrea.

3. — Statutum est etiam ut anniversarium Marie, matris Symonis de *Berou,* annuatim, hac die, in ecclesia ista celebretur.

4. — Obiit Odo de Teleriis, qui dedit nobis C solidos ad emendos redditus pro suo anniversario annuatim celebrando.

† v. 1318. 5. — Obiit magister Raginaldus de Thoriaco, quondam canonicus Carnotensis, [ad cujus anniversarium habemus tria leta de octo letis quos habemus in granchia Amilliaci, et terciam partem decime de Graveriis-Leugarum; et dederunt executores ejus XL libras ad emendos redditus pro dicto anniversario faciendo. Dederunt et dicti executores episcopo et capicerio quatuor libras, pro quibus episcopus et capicerius concesserunt quod fieret luminare in eodem anniversario, prout est consuetum fieri in solennitatibus anniversariorum in ecclesia Carnotensi. — 7.]

9. — Anniversarium Petri *Guete* senioris, canonici presbiteri, et Petri *Guete* junioris, canonici subdiaconi, filii ejus, et parentum et propinquorum, ad quod habemus domos quasdam sitas juxta Furnum-Boelli; item VIII libras super quasdam domos, pressoria et VII quarteria vinearum apud Galardonem; in loco qui vocatur *Busse,* centum solidos super precaria de Mala-Domo; item XXXX solidos super molendinum Equorum situm apud

Benas; item census apud Burgum-Novum, Felonvillam et super quasdam domos canonicales; item IIII libras et x solidos super quasdam domos sitas in quadrivio Pelliparie; item xxxx solidos per executores dicti Petri *Guete* junioris.

VIIII KALENDAS MARCII (21 février).

1. — Obiit domnus Ebrardus, hujus ecclesie subdecanus et dignus Deo sacerdos, qui, dum pergeret ad matutinas, innocens a nocentibus interfectus est.

3. — Hujus terrene habitacionis cursu feliciter consummato, in vera et sancta confessione, decessit venerandus sacerdos, Gauterius de Boeto, Carnotensis capicerius, genere quidem clarus, sed morum ac vite longe clarior venustate, venerabilium venerator egregius, in necessitatibus pauperum pius erogator et largus, hospitalitate precipuus, transmeantes viros maxime religiosos officiosissime hospicio suscipiens et procurans; qui apud villam que dicitur Sanctus-Laurentius, in pago Dunensi, quartam partem decimarum, censuum et aliorum reddituum, ere proprio et industria, acquisivit; in quibusdam etiam vineis apud *Raschine* sitis censum adauxit, cujus summa est LX et XVII solidorum et VI denariorum. Que omnia huic ecclesie contulit distribuenda clericis qui ejus anniversario interfuerunt, singulis annis in hac eadem ecclesia celebrando; scilicet singulis non canonicis senos denarios, pulsatoribus campanarum III solidos, canonicis totum residuum percepturis. Decedens quoque fabrice hujus ecclesie xx[ti] libras largitus est.

4. — Anniversarium Haudrici et ejus uxoris, parentum bone memorie Nicholai [1], quondam cantoris Parisiensis : ad quod habemus sexaginta solidos a magistro Johanne Lamberti, assignatos in decima Bercheriarum-Maingoti.

7. — Anniversarium Ebrardi *Fouaille*, archidiaconi Dunensis, ad quod habemus censum de vico Sancti-Andree, de Magna-Ruppa et de Cruce-Theobaldi, qui valet VI solidos III denarios; item habemus censum de Moneta qui valet V solidos III denarios; item habemus censum de Porta-Perthicana et circa furnum Bertranni, qui valet VIII solidos IX denarios; item habemus censum de furno Episcopi, qui valet xxx solidos; item habemus super matutinas XXVIII solidos; item habemus, super precariam de Joyaco, VIII solidos, per tenentes ipsam.

[1] Voir vol. II, p. 135, note 2.

7. — Obiit magister Johannes de Tyllia, presbiter Lemovicensis diocesis, licentiatus in legibus, et canonicus ecclesie Carnotensis; de cujus bonis, inter cetera, specialiter percipit Capitulum dicte ecclesie valorem xxx librarum in lignis novis jam formatis ad edificium pro molendinis ecclesie reparandis.

VIII KALENDAS MARCII (22 février).

1. — Obiit Warnerius, sacerdos et canonicus;

1. — Et Godecallus Goaldus, pater Amaurici precentoris.

4. — Obierunt Radulfus *Harenc* qui c solidos, et Nicholaus phisicus qui LX solidos nobis dederunt, ad emendos redditus ad sua anniversaria annuatim celebranda.

VII KALENDAS MARCII (23 février).

2. — Obiit Gozlinus, canonicus et levita;

2. — Et Elisabeth, uxor Gaulini de Leugis[1]; pro cujus anima Wido, filius ejus, abbas Sancti-Johannis, dedit fratribus hujus ęcclesię centum decem solidorum in Valeia-Minori.

† v. 1318. 4. — Obiit defunctus Guillelmus *Heron*, quondam canonicus Carnotensis; ad cujus anniversarium habemus sexaginta et decem solidos carnotenses annui redditus, supra domos domini Johannis de Albigneio, que fuerunt Henrici de Porta-Morardi, sitas in Parvo Bello-Videre; quem redditum executores dicti defuncti emerunt ab ipso domino Johanne, precio sexaginta librarum; ita tamen quod, quando idem dominus Johannes alibi competenter LXX solidos annui redditus duxerit assignandos, dicte domus immunes remanebunt a dicto redditu.

5. — Obiit magister Laurencius *Fabien*, qui dedit nobis c solidos ad emendos redditus pro suo anniversario annuatim celebrando.

VI KALENDAS MARCII (24 février).

1. — Obiit Hunberga, uxor Gauslini, quę dedit huic æcclesie duas casulas, alteram preciosam dominico altari, alteram altari Crucifixi.

5. — Obiit magister Raginaldus de Cellis, canonicus Sancti-Salvatoris

---

[1] Goslin III de Lèves, époux d'Elisabeth, vivait entre 1087 et 1149. (Titres de Josaphat, de Saint-Père, de Saint-Jean, de Beaulieu et de Thiron.)

Blesensis, qui dedit nobis c solidos ad emendos redditus pro suo anniversario annuatim celebrando.

9. — Anniversarium Martini *Cousin*, presbiteri canonici Carnotensis et scholastici Atrebatensis, de cujus legato habuimus summam trecentarum circiter librarum turonensium ; quare assignate sunt xii libelle super quibusdam domibus canonicalibus in ejusdem anniversario distribuende.

V KALENDAS MARCII (25 février).

3. — Anno Domini millesimo CC°XL° secundo, obiit vir venerabilis Stephanus [1], hujus sancte ecclesie decanus et sacerdos, venerandus vir, utique magna honestate commendabilis, multiplici litterarum scientia preditus, sacris litteris et juris canonici et civili pericia plenius eruditus, in rebus agendis strenuus, in consiliis profundus et expeditus, non solum ex litterarum pericia, seu negociorum experiencia, sed acutissimi perspicacitate ingenii naturalis, rectutidinis et justicie zelator ardentissimus, jurium et libertatum ecclesie defensor indefessus, ut nunquam potentum terroribus nec adulantium blandiciis moveretur, sed potius quanto majores tribulationum et persecutionum paciebatur incursus, tanto firmior et securior permanebat ; liberalis animi largitate graciosus, moribus et vita per omnia adeo laudabilis ut omnibus amabilis haberetur. Pro cujus anima reliquerunt huic sancte ecclesie ipse et frater ejus vir venerabilis Henricus [2], archidiaconus Blesensis, (postmodum hujus ecclesie episcopus — 4), vineam quam sumptu et labore suo plantaverunt apud Girodetum, et quandam domum cum furno et porprisio quam emerunt in villa supradicta, et circa quatuor sextarios terre semeure, quorum una pecia est inter domum Capituli et villam de Girodeto, in qua dicti fratres virgultum plantaverunt, et alia pecia ante portam dicte domus, et tercia juxta vineam supradictam : que omnia acquisierunt dicti fratres. Pro quibus omnibus, quicumque tenebit precariam de Girodeto reddet singulis annis decem libras carnotenses ad anniversarium Stephani supradicti ; de quibus decem libris distribuentur canonicis qui dicto anniversario intererunt octo libre et non canonicis quadraginta solidi. Anima ejus requiescat in pace, amen.

[1] Voir vol. II, p. 129, note 1.
[2] Ib., note 2.

9. — Anniversarium Guillelmi de Feucheroliis, canonici presbiteri, et Raginaldi Sageti, ejus nepotis, archidiaconi Vindocinensis et presbiteri, qui dederunt pro anniversario suo omnia que habebant in Villa-Modio et emerant a Guillelmo *Morhier*, milite.

9. — Anniversarium Joannis de *Coutes*, armigeri, Spiritus de *Harville*, canonici presbiteri et subdecani, necnon Guillelmi de *Harville* et Anne de *Coutes*, parentum dicti subdecani et Milonis [1] et Renodi [2] d'*Illiers*, episcoporum, ad quod habemus viii libras annui redditus super terras de Piato-Villari et Fresneio-Gilmari ad anniversarium dicti Joannis, et xx libras assignatas super terram de Bosco-Augerii pro certa pecunie summa a dicto subdecano Capitulo tradita, de quibus cedunt x libre ad anniversarium Catharine de *Coutes*.

IIII KALENDAS MARTII (26 février).

1. — Obiit Odo, miles, pro cujus anima dedit Tetbaldus, frater suus, Sancte-Marie alodum de Marchaisvilla, et Murcenciacum quam calumpniabatur ex sua parte absolutam clamavit.

8. — Anniversarium Roberti de *Berou* [3], cancellarii; ad quod habemus iiii libras super domos decani, de quibus non canonici percipiunt senos denarios, matricularii v solidos, canonici residuum. [Ille etiam dedit fenestram vitream in choro circa stallum cancellarii, in qua ipse depictus conspicitur. — 9].

9. — Anniversarium Petri et Helie de Septem-Fontibus, fratrum, presbiterorum chori, ad quod habemus l solidos super hereditates Joannis, quondam majoris de Chevarderia, xl solidos per Robertum *Mousehart* de Ponte-Goeni et alios xl solidos super terras et pratum que sunt juxta molendinum de Prato.

III KALENDAS MARTII (27 février).

1. — Obiit Robertus, aurifaber, qui huic ecclesie dedit aream quam in claustro habebat; eo tenore ut in ea semper sacerdos canonicus mansitaret.

---

[1] Miles d'Illiers, évêque de Chartres (1459-1493).
[2] Renaud d'Illiers, évêque de Chartres (1493-1507).
[3] Voir vol. II, p. 29, note 3.

4. — Obiit Hugo *Carel,* qui dedit nobis c solidos ad emendos redditus pro suo anniversario annuatim celebrando.

II kalendas martii (28 février).

3. — Obiit vir nobilis, bone memorie, Gervasius de Castro-Novo [1], qui caput beati Mathei apostoli et evangeliste, apud urbem Constantinopolim acquisitum et inde allatum, huic sancte ecclesie presentavit et dedit. Nobis quoque xl^{ta} solidos annui redditus ad suum anniversarium celebrandum donavit, assignans eos in pedagio suo de Castro-Novo annuatim percipiendos et die obitus sui apud Carnotum reddendos.

4. — Obiit magister Nicholaus de *Monleheri,* canonicus et sacerdos Beate-Marie Carnotensis; pro cujus anniversario Renoudus, clericus ejus, dedit quandam terram suam apud Amiliacum, novem sextarios seminis capientem, et viginti libras carnotenses ad emendos redditus.

† v. 1320. 5. — Obiit defunctus dominus Haymo de Pruvino, legum professor, canonicus Carnotensis; pro cujus anniversario habemus singulis annis super pedagio de Puisato, per manum domini de Puisato, octo libras turonenses pro ıı^c libris carnotensibus quas legavit ecclesie.

4. — Obiit Floria, soror archidiaconi Blesensis, qui dedit nobis c solidos ad emendos redditus ad sua anniversaria annuatim celebranda.

9. — Obiit Petrus *Puthome,* canonicus presbiter, qui, cum materno genere Calvini nefande memorie heresiarche prosapiam attingeret, avorum suorum, qui in odium heresis cognomen suum immutaverant et avunculi sui Petri *Cauvin,* hujus quondam ecclesie canonici, zelum religionis catholice et devotionem erga beatissimam Virginem imitatus est. Solemnitatem beati Joseph, ejusdem Virginis sponsi, in hac ecclesia instituit, ac moriens in ede virginum Carmelitarum Discalceatarum, sub ejusdem sancti Joseph invocatione Deo dicata, tumulari voluit. Ad hanc autem beati Joseph solemnitatem et solemnes preces ad suum tumulum feria ıı^a Rogationum quotannis decantandas, censum annuum nongentarum librarum super vectigalia salis, qui ad quingentas reductus est, Capitulo legavit. Similem quoque censum iisdem virginibus Carmelitis reliquit.

[1] Voir vol. II, p. 19, note 1.

KALENDIS MARCII (1er mars).

1. — Obiit Rotgerius, canonicus et prepositus Sanctę-Marię;

1. — Et Ivo de Friasia, qui dedit nobis alodum suum de Chalniaco.

2. — Terrene habitacionis incolatum egressus, feliciter in fideli et sancta confessione appositus est patribus suis, pie recordationis, Ernardus, beate virginis Marie venerandus sacerdos et archidiaconus Drocensis; cujus devotionem quam erga Deum et beatam virginem Mariam in corde gerebat jugis et sedulus corporis labor in Dei et beate Marie virginis servicio exhibitus indicavit et larga testantur memorialia, que ipse huic ęcclesie ad ornatum contulit et honorem, scilicet m^{es} vitree, capa serica, collectarius argento coopertus et absconsa argentea.

3. — Obiit magister Radulphus Barbulee; pro cujus anniversario annuatim celebrando habemus quinquaginta libras ad emendos redditus.

4. — Obiit, bone memorie, magister Petrus de Castra, cancellarius Carnotensis, qui legavit huic sancte ecclesie Carnotensi, pro anniversario suo et parentum suorum in dicta ecclesia annuatim celebrando, unum habergamentum cum suis pertinenciis, situm in villa de Vovis, cum tribus modiis et decem sextariis terre in territorio de Vovis, (de quibus habemus viii libras cum x solidis per heredes Stephani *le Charron* de Villanova, et debent reddi in Purificatione beate Marie. — 6). Item legavit non canonicis xv libras ad emendum redditus, distribuendos inter ipsos qui dicto anniversario intererunt sero et mane, (unde habemus xl solidos in dicto festo Purificationis per Petrum *Volant,* Nathalem Guioti et Johannem Guioti. — 6]. Et est sciendum quod anniversarium est solempne, hoc excepto quod canonici poterunt interesse capitulo loco misse ejus : debet habere sacerdos qui celebrabit missam ii solidos ultra portionem suam, et diaconus xii denarios, et subdiaconus xii denarios; item debent habere matricularii de redditibus dictarum terrarum x solidos, pro quinque cereis, quilibet unius libre cere, ad ponendum ante magnum altare in quinque festivitatibus beate Marie virginis, videlicet Assumptionis, Nativitatis, Conceptionis, Purificationis et Annuntiationis, ad augmentationem luminaris. Item legavit ecclesie Carnotensi quamdam albam de tela ridata, paratam paramentis bistratis, cum stola et manipulo. Item executores testamenti ipsius cancellarii acquisiverunt ad augmentationem anniversarii hujusmodi

a Luca de Guillonvilla et ejus uxore, decem et octo sextaria terre, prout continetur in littera emptionis que est in thesauro dicte ecclesie.

† 1370. 9. — Obiit Joanna, regina Francie et Navarre, filia Ludovici de Francia, comitis Ebroicensis, et Margarite Atrebatensis, uxor Caroli Quinti [1], regis Francie et Navarre; ad cujus et dicti Caroli regis anniversarium habemus VIII libras turonenses super officium forennitatum per clericum Loenii.

VI NONAS MARCII (2 mars).

1. — Obiit Badehildis, quę dedit Sanctę-Marię molendinum de Harolt-Monte, cum omnibus pertinentibus ad eum.

8. — Anniversarium Guillelmi de *Berou* [2], militis; ad quod habemus L solidos super quodam molendino dilacerato quod est apud Fontanetum-super-Auduram; de quibus reddit Galterus de Frescoto [3] xxv solidos et Gervasius, armiger, dictus *Potet*, xxv solidos.

7. — Obiit proba et honesta mulier, civis Carnotensis, Johanna, vidua Reginaldi *Hubelin*, que, de bonis suis a Deo collatis, ad augmentum divini servicii quod fieri consuevit in hac venerabili ecclesia Carnotensi, x libras turonenses annui redditus, super Johannem Bachelerem de Curia-Alani, pro anniversario suo et dicti defuncti Reginaldi in predicta ecclesia, eidem ecclesie et venerabili Capitulo ejusdem, necnon LX scuta auri, pro una vice solvenda, ad opus et necessitatem fabrice ipsius ecclesie, obtulit et donavit.

V NONAS MARCII (3 mars).

1. — Obiit Sigebodus, qui nobis dedit unum alodum Villeis et alterum Cusenceis;

1. — Et Gauzbertus, canonicus almę Marię;

2. — Et Goslinus, succentor, sacerdos et canonicus Sanctę-Marię.

3. — Obiit Maria [4], illustris comitissa Campanie, que dilexit decorem domus Dei, et hanc sanctam ecclesiam multis decoravit ornamentis.

---

[1] C'est Charles IV, dit le Bel, qui est en effet le cinquième du nom si l'on conserve Charles-le-Gros dans la série des rois de France.

[2] Voir vol. II, p. 29, note 2.

[3] Voir vol. II, p. 100, note 1.

[4] Marie de France, épouse de Henri Ier, dit le Libéral, comte de Champagne, morte le 11 mars 1198.

4. — Obiit Guiburgis *Chardonel*, que dedit nobis c solidos ad emendos redditus pro suo anniversario annuatim celebrando.

IIII NONAS MARCII (4 mars).

† 1275. 4. — Obiit Andreas de Lavenna, prepositus de Normannia, [ad cujus anniversarium habemus medietatem locorum, fourragiorum granchie de Mandris et Guignonvillare, in prebenda de Landellis. Item habemus decimam de Baillolo-Pini. — 7].

† v. 1300. 5. — Obiit Petrus de Minciaco, diaconus, archidiaconus Blesensis, qui dedit ecclesie duodecim libras annui redditus super domos suas sitas in vico Vassellorum pro quodam matutinario perpetuo; item residuum pro anniversario suo solempni, sero et mane.

7. — Anniversarium Berthaudi de Blesis, ad quod habemus super precariam Sancti-Georgii-super-Auduram, per tenentem ipsam, vii libras x solidos.

† 1554. 7. — Obiit venerabilis et circumspectus vir magister Medardus *Thiersault*, cantor, canonicus et officialis Carnotensis, multipliciter litteratus et aliene sublevande necessitatis studiosus : qui nobis, ad anniversarium suum ac amicorum et benefactorum suorum defunctorum, quod est cum representatione et pulsacione Marie et Gabrielis, legavit in suo testamento xl libras annui et perpetui redditus, assignatas super omnes hereditates suas ubilibet sitas; quas heredes dicti defuncti redemerunt a Capitulo pro summa mcccc librarum turonensium per eos realiter dicto Capitulo traditarum; de quibus partim acquisivimus majoriam de Cathenis, cum suis juribus et pertinenciis, super qua assignavimus dictas xl libras.

7. — Post missam anniversarii predicti Medardi *Thiersaut*, cantoris, fit processio in navi ecclesie, cum pulsatione Marie et Gabrielis, fundata per venerabilem et discretum virum magistrum Nicholaum *Thiersault*, etiam cantorem et canonicum ecclesie, nepotem predicti Medardi, cantando responsorium *Libera me, Domine; Kyrie eleison*, cum psalmo *De profundis*, et orationibus *Inclina, Domine; Deus qui nos patrem et matrem; Fidelium Deus;* et post mortem fundatoris : ***Deus qui inter apostolicos sacerdotes famulum tuum***, pro salute anime fundatoris, patris et matris, parentum et benefactorum suorum defunctorum; ad quod respon-

sorium ut supra et ad onus in ejus fundatione contentum decantandum, habemus summam duodecim librarum et decem solidorum perpetui redditus, super precariam de Bellomonte; quam precarius dicte precarie tenetur solvere clerico operis in crastino Natalis Domini, ratione duorum arpentorum cum dimidio prati, que fuerunt secundum edictum regum alienata et adjudicata Michaeli *Noël*, et postea per nos redempta secundum aliud edictum regis nostri, partim ex summa ccl librarum turonensium quam nobis dedit predictus cantor pro fundacione predicti *Libera;* que quidem duo arpenta cum dimidio prati, statim postquam fuerunt redempta, sunt annexa predicte precarie de Bellomonte.

III nonas marcii (5 mars).

1. — Obiit Harduinus, levita et decanus beatissimę Dei genitricis Marię, qui reliquit nobis quinque agripennos vinearum et dimidium.

† v. 1404. 9. — Anniversarium Joannis de Castro-Novo, canonici, ad quod habemus v libras annui redditus super quibusdam domibus sitis in vico Pelliparie.

† v. 1370. 9. — Anniversarium Guidonis de Berthonvillari, canonici presbiteri, ad quod habemus viii libras et xv solidos supra domum quamdam sitam juxta Furnum-Boelli.

† 6 mai 1400. 9. — Anniversarium Ludovici, comitis Stamparum, qui ex principum Ebroicensium sanguine progenitus, filius fuit Caroli Ebroicensis [1], comitis Stamparum, et Marie de Hispania [2], nepos Ludovici de Francia, abnepos autem Philippi Tertii, regis Francorum, materno vero genere regie Hispanie attingebat; ad quod anniversarium habemus xii libras cum x solidis quotannis percipiendas ab officiario anniversariorum.

II nonas martii (6 mars).

1. — Obiit Raginaldus, presbiter et canonicus Sanctę-Marię;

[1] Charles d'Evreux, comte d'Etampes, second fils de Louis Ier, comte d'Evreux, frère de Philippe-le-Bel, mort le 5 septembre 1336.
[2] Marie, fille de Ferdinand de la Cerda, seigneur de Lara, et petite-fille par sa mère d'Alfonse X, roi de Castille, et de Blanche, fille de saint Louis. Elle se remaria en décembre 1336 avec Charles II de Valois, dit le Magnanime, comte d'Alençon, et mourut en 1369.

1. — Et Bernardus, capicerius, postea factus monachus, qui dedit huic ęcclesię cooperiendę XL libras, et lectionarium ęvangeliorum argento tectum, et vas argenteum quinque marcarum, quo aqua benedicta ministretur : dedit etiam librum alium argento paratum, ad legendum in festivitatibus beatę Marię; et ad usum fratrum in choro cotidie servientium dimidium molendinum adquisivit; et Elemosinam hujus ęcclesię post incendium de proprio reedificavit.

5. — Obiit Milo, capicerius Carnotensis, qui dedit nobis VI libras ad emendos redditus pro suo anniversario annuatim celebrando.

NONIS MARTII (7 mars).

1. — Obiit Gelvisa, monacha et hujus sanctę ęcclesię canonica, quę dedit canonicis Sanctę-Marię alodos suos, Vulmedum et Canta-Merula.

7. — Anniversarium Roberti de Usiaco, quondam archidiaconi Dunensis, ad quod habemus circa tria modia terre site apud Vovas, de quibus habemus XII libras. Item habemus XIX solidos perpetui redditus super quoddam herbergamentum, situm in dicta villa de Vovis, prope monasterium, per Johannem Brulardi, et debent reddi in Nativitate Domini.

Gaufridus † 12 juillet 1377. 9. — Anniversarium Joannis de Autholio, canonici presbiteri, parentum ejus, et Gaufridi Buticularii, canonici et cancellarii, ob quod habemus IIII libras super quibusdam domibus in vico Mureti.

VIII IDUS MARTII (8 mars).

1. — Obiit Ernulfus, abbas Sancti-Petri;

2. — Et Adela [1], nobilis Blesensium comitissa, regis Anglorum Willelmi filia, quę, presentem ecclesiam toto cordis affectu diligens; domibus episcopalibus libertatem, cum viro suo Henrico [2] comite et filiis, concessit. Dedit etiam huic ęcclesię duo candelabra eleganti opere informata et tres gemmas sacro scrinio infixas; et quatuor clericis custodibus altaris donavit furnum et quicquid juris in eo et in pertinentibus ad eum habebat; eo tenore ut predicti clerici, pro anima ejus, singulis sabbatorum diebus,

---

[1] Voir vol. Ier, p. 98, note 2.
[2] Ib.

duos cereos consuetudinarios ante sacrum scrinium ponant et pallium obtimum;

2. — Et Willelmus, sacerdos et canonicus Beate-Marie, qui dedit ad opus hujus ecclesie centum solidos.

VII IDUS MARCII (9 mars).

4. — Statutum est ut anniversarium Galteri de Campis, militis, quondam patris reverendi patris Mathei[1], Dei gratia, episcopi Carnotensis, in ecclesia Carnotensi, singulis annis, celebretur. Pro quo anniversario habemus ad presens sexaginta solidos, secundum quod, die sequenti, in anniversario Ade matris dicti episcopi, continetur.

4. — Obiit Adam de Monte-Mirabili, capicerius Carnotensis, qui dedit nobis c solidos ad emendos redditus, pro suo anniversario annuatim celebrando.

2 décemb. 1135.
3. — Obiit venerabilis et eloquens vir Henricus, Dei gratia, Anglorum rex.

7. — Anniversarium solempne Geraldi de Pomeriis, canonici presbiteri, et Hugonis de Pomeriis, canonici, fratris ejusdem Geraldi; ad quod habemus xi libras per executores ipsius Hugonis donec redditus fuerint empti.

VI IDUS MARTII (10 mars).

1. — Obiit Walterius, subdiaconus et canonicus Sanctę-Marię;

1. — Et Urso, sacerdos atque canonicus.

4. — Anniversarium Ade, matris Mathei, reverendi patris, episcopi Carnotensis. Pro quo anniversario et pro anniversario Galteri de Campis, militis, patris dicti episcopi, quod fit die precedenti, et pro anniversario Petri de Campis, quod die sequenti debet fieri, dictus reverendus pater contulit ecclesie Carnotensi forragia, stramina, paleas, pisacia et veciacia granchie de *Daulemont* et medietatem trituratorum ejusdem granchie, et quicquid juris Johannes, quondam major de *Daulemont*, habebat in dicta granchia, excepta una mina avene quam major de *Daulemont* habet in

---

[1] Mathieu de Champs, évêque de Chartres (1246-1259).

dicta granchia pro submonitione saccorum ; que omnia dictus episcopus emerat a majore supradicto. Item quamdam decimam sitam apud Hardeceium, in majoria de Benis, valentem singulis annis circa sexdecim sextaria bladi et octo sextaria avene, quam decimam dictus episcopus emerat a Nicholao, quondam majore Sancti-Petri. Item viginti et unum sextaria terre ad perticam beate Marie, sita aput Ponceium, in majoria de Benis, quam terram dictus episcopus acquisivit in terra Capituli. Pro quibus rebus Arnulphus de Barjovilla, canonicus Carnotensis, tenetur solvere Capitulo Carnotensi, singulis annis, ad Purificationem beate Marie, novem libras pro dictis anniversariis celebrandis, videlicet pro quolibet anniversario sexaginta solidos. Et post decessum ipsius Arnulphi, omnes res predicte devenient ad Capitulum Carnotense, pro dictis tribus anniversariis in ecclesia Carnotensi celebrandis.

V idus martii (11 mars).

4. — Anniversarium Petri de Campis, armigeri, fratris Mathei, episcopi Carnotensis, [ad quod habemus septuaginta quatuor solidos quatuor denarios super acquiramentum et contentum in anniversario supradicti patris ejusdem Mathei, episcopi. — 7].

7. — Obiit Robertus *Ragahu*, ad cujus anniversarium habemus septem solidos per prebendarios de Vovis. Item habemus septem solidos super precariam de Angonvilla per tenentem ipsam. Item habemus duos modios bladi super precariam de Chauneto per executores Reginaldi *Saget*, quondam archidiaconi Vindocinensis, ad valorem primi precii Loenii, super qua precaria dudum solebamus habere tres modios.

† v. 1472. 9. — Anniversarium Clementis *Trascaille*, horarii matutinarii et canonici Sancti-Piati, ad quod habemus domum sitam in Magno-Vico, que data est ad censum annuum vi libellarum.

† 1502. 9. — Anniversarium Jacobi *Ferrant*, horarii, clerici operis, de cujus pecunia, per ejus executores testamenti tradita, empta est partim majoria de Framboseria ; quare ad ejus anniversarium assignata est summa viii librarum in dicta majoria et lxx solidorum in quibusdam agris apud Girodetum.

IIII idus martii (12 mars).

† 1249. 3. — Obiit Nicholaus de Canis [1], venerabilis sacerdos et Dunensis archidiaconus hujus ecclesie, vir clarus genere, moribus clarior, necnon in utroque jure peritus existens, et etiam multiplici virtutum genere multipliciter gratiosus, honestus, providus, circonspectus, fidelis, eloquens et discretus, illustris regis Francorum Lugdovici graciam et amiciciam assequtus, ab ipso in capellanum et familiarem consiliarium est susceptus, et ejus fidelitatis intuitu ad custodiam sigilli regii preelectus : in partes transmarinas cum dicto rege peregre profectus, dum, post captionem Damiete, cum exercitu dicti regis in ultimiores partes Egypti tenderet, hujus vite temporalis diem clausit extremum, in terra in qua conversatus fuit Dominus feliciter requiescens. Antequam vero idem archidiaconus de istis partibus recessisset, Capitulum, ad supplicationem ipsius archidiaconi, in devotione ferventis et toto desiderio anelantis ad servitium beate Virginis ampliandum, statuit missam de beata Virgine singulis diebus in hac ecclesia celebrandam; et ipse archidiaconus quasdam terras quas emerat ad culturam redegit et ad dictam missam ejusdem terre redditus assignavit. Pro cujus anniversario annis singulis celebrando sexaginta libras turonenses recepimus, ad emendos redditus, canonicis qui ejus anniversario interfuerint distribuendos; (pro quibus lx solidi sunt redditus ad ejus anniversarium in precaria Bercheriarum-Maingoti, et xx solidi super matutinas de emptione domorum magistri Guimondi et aliorum; item x solidi in molendino de *Chaalenes*. — 4).

9. — Anniversarium Guillelmi et Stephani Rogerii, fratrum, canonicorum presbiterorum, ad quod habemus decem libras super hereditates Guillelmi Gouceti; item centum solidos super heredes Guillelmi de Foresta; item viginti solidos super heredes Joannis de *Villedé*.

III idus martii (13 mars).

1. — Obiit Hilduinus, sacerdos et canonicus almę Marię;
1. — Et Odo, ejusdem Virginis canonicus, nepos Tetbaldi comitis.

[1] Voir vol. II, p. 100, note 2.

3. — Statutum fuit in capitulo ut anniversarium Martini, quondam patris domini Dionisii, presbiteri canonici Carnotensis, in hac ecclesia singulis annis celebraretur. Ad quod anniversarium dictus Dionisius dedit quinquaginta solidos annui redditus in majoria de *Buissael* percipiendos et canonicis qui dicto anniversario interfuerint equaliter distribuendos; quam majoriam dictus Dionisius emerat a Lochonno, quondam majore de *Buissael*.

II IDUS MARTII (14 mars).

1. — Obiit Landricus, abbas Sancti-Petri.

3. — Anniversarium Adeline, matris domini Dionisii, presbiteri canonici Carnotensis. Ad cujus anniversarium celebrandum habemus quinquaginta solidos annui redditus in majoria de *Buissael* canonicis qui dicto anniversario interfuerint equaliter distribuendos.

† v. 1260. 4. — Obiit magister Johannes Lamberti, quondam canonicus Carnotensis; pro cujus anniversario habemus quatuor trituratores in granchia de Clausovillari; item residuum redditus, exitus et proventus terrarum quas ipse acquisivit in territorio de Vovis, deductis et solutis presbitero altaris beate Anne qui pro tempore erit, quod idem magister fundavit, duodecim libris annui redditus, quas idem presbiter habet quolibet anno in terris predictis, occasione fundamenti altaris predicti.

5. — Anniversarium Johannis Symi et Margarete, uxoris ejus, quondam parentum domini Garnerii de Oquis, canonici Carnotensis, faciendum, die festi beati Leobini, in ecclesia Carnotensi, die qua obiit dictus Johannes. Ad quod anniversarium Robertus Cordarii debet centum solidos solvendos quolibet anno in die Nativitatis Domini. Et est ad hoc dicto domino G[arnerio] de Oquis obligatus idem Robertus per litteras castellanie Carnotensis, et eciam ad signandum dictum redditum in terris Capituli Carnotensis infra III^{or} annos primo instantes, a tempore dati dictarum litterarum, quod fuit anno Domini M°CCC°XXX°IX°, die sabbati post estivale festum beati Martini.

4. — Obiit Gaufridus de Logiis, qui dedit nobis c solidos ad emendos redditus pro suo anniversario annuatim celebrando.

7. — Nobilis et potens princeps dominus Philippus, dux Burgundie, anno M°CCC° octogesimo secundo, post victoriam per illustrissimum principem regem Karolum in Flandria habitam, profectus peregre ad ecclesiam

Carnotensem, post magnas oblaciones cereorum et alias ad honorem Domini et beate Marie virginis factas, instituit et fundavit unam lampadem ardentem continue ante ymaginem ejusdem Virginis, in introitu chori, per magistros fabrice, de cetero ad expensas ejusdem fabrice sustinendam. Pro quibus sic faciendis dedit Capitulo LX francos ad usus et utilitatem ejusdem fabrice convertendos.

Ipso etiam die, nobilis vir dominus Guido *de la Tremoille*, miles et cambellanus dicti domini ducis Burgondie, unam aliam lampadem ad dominam Virginem, modo et forma consimilibus, instituit et fundavit.

IDIBUS MARTII (15 mars).

2. — Obiit Osenna, mater Galterii de Vico-Vassellorum, pro cujus anima ipse Galterius, filius ipsius Osenne, moriens reliquit quinquagintâ libras carnotenses ad anniversarium ipsius Osenne faciendum in ecclesia Carnotensi, et x^{eem} libras non canonicis, sicut in obitu ipsius Galterii est notatum.

XVII KALENDAS APRILIS (16 mars).

† v. 1255. 3. — Obiit magister Johannes de Sancto-Salvatore, vir eleganter litteratus, honestus et timens Deum, diaconus, phisicus reverendi patris Mathei, Dei gratia, Carnotensis episcopi, curans pro posse suo ab infirmitate eorum omnes infirmos tam divites quam pauperes ab ipso auxilium requirentes, nichil loco mercedis vel salarii inde recipiens. Qui omnia bona sua et etiam precium domorum suarum quas propter hoc vendidit propria manu in vita sua pauperibus erogavit, et dedit huic ecclesie fructus prebende sue qui boni fuerint ad emendos redditus canonicis qui ejus anniversario interfuerint distribuendos. Ipse vero volens in paupertate mori prebendam suam resignavit, et apud Sanctum-Karannum habitu religionis illius sumpto, migravit ad Dominum. (Item clerici de choro habent ad dictum anniversarium xv solidos super campiparte de Mesnilio-Roberti. — 4).

4. — Obiit bone memorie P[etrus] de Fontaneto, quondam canonicus Carnotensis, qui, pro suo et Roberti de Fontaneto ac Eremburgis ejus uxoris, parentum ipsius, anniversario, dedit domos existentes in claustro, scilicet juxta domum domini Leobini de Sanctolio, canonici Carnotensis, ex uno

latere et ex alio latere ab oppositis ecclesie Carnotensis, ac juxta domos de Brueriis ex posteriori capite.

4. — Obiit Simon *Chardonel*[1] qui dedit nobis c solidos ad emendos redditus pro suo anniversario annuatim celebrando.

† 1390. 9. — Obiit Philippus de *Talaru*, presbiter decanus et canonicus Carnotensis, qui, pro anima sua et Johannis, fratris sui, cardinalis et archiepiscopi Lugdunensis[2], ad institutionem misse beate Marie qualibet die veneris, inter cetera tres partes molendini de Torceio, et ad celebrationem anniversarii dicti Johannis archiepiscopi agros et predia apud Cerezeium, in parochia de *Voves*, Capitulo acquisivit.

XVI KALENDAS APRILIS (17 mars).

† 7 mars 1181. 2. — Obiit vir venerabilis, comes (Trecensis — 6), Henricus, dictus Largus. Cujus anima requiescat in pace.

4. — Obierunt Galterus de Logiis et Hermeniardis ceraria, qui dederunt nobis centum solidos ad emendos redditus, ad sua anniversaria annuatim celebranda.

7. — Anniversarium Petri de Forgiis, canonici presbiteri, ad quod habemus circa undecim sextarios terre site apud Amilliacum, de quibus habemus ad tempus septem libras decem solidos per Johannem *Baillevache* de Amilliaco, et debent reddi in festo Purificationis beate Marie Virginis.

7. — Obiit Odo de Autisiodoro, canonicus hujus sancte ecclesie, ad cujus anniversarium habemus L solidos super matutinas.

7. — Habemus servitium solenne sancte Gertrudis virginis, quod fundavit venerabilis et circumspectus vir magister Michael de Colonia, medicine professor, canonicus et cantor Parisiensis, qui nobis dedit mille ducentas libras turonenses, pro quibus assignavimus LX libras turonenses redditus super terras nostras de Charreyo et de Drocis distribuendas. Et ultra nobis donavit mille aureos ad solem, convertendos in quatuor capas, unam casulam et duas tunicas similes aut meliores illis quas nuper ecclesie Parisiensi donavit.

† v. 1528. 9. — Anniversarium Guillelmi *Pigeon*, canonici presbiteri, ad quod habemus medietatem campipartis de Landorvilla.

---

[1] Voir vol. II, p. 52, note 1.
[2] Jean de Talaru, cardinal, mourut en 1393.

XV kalendas aprilis (18 mars).

1. — Obiit Letburgis, uxor Gilonis, pro cujus anima reliquit idem Gilo et filii ejus alodum nomine Osilei;

1. — Et Fredericus, hujus sanctę ęcclesię sacerdos et canonicus, qui ad hujus ecclesię constructionem xl solidos dimisit, ad capsam etiam sancti Piati ornandam duo coclearia argentea et anulum aureum.

4. — Obierunt Isabellis, uxor defuncti Raginaldi Lamberti, et Laurencia, uxor Martini *Copin*, que dederunt x libras nobis ad emendos redditus pro eorum anniversariis annuatim celebrandis.

9. — Anniversarium Stephani *Sarasin*, canonici presbiteri, ad quod habemus septem circiter libras annui redditus super pluribus personis et prediis, precipue apud Sanctum-Albinum assignatas.

† 1313. 9. — Anniversarium Laurencii Vicini, capicerii, qui testamento suo legavit Elemosine Beate-Marie domum de Repentiniaco cum vineis et aliam domum cum vinario et vineis que fuerunt Joannis Vicini, fratris sui. Instituit capellas, videlicet Sancti-Juliani martyris et Sanctorum Egidii et Lupi, et capellas Sancte-Margarite et Sanctorum Petri et Pauli in cryptis redditibus auxit. Ad anniversarium autem suum et parentum dedit domos suas in claustro et decem libras redditus super conquestus suos apud Bercherias-Maingoti.

XIIII kalendas aprilis (19 mars).

1. — Obiit Fulco, levita et canonicus beatissime Marię;

† v. 1310. 9. — Et Guillelmus de Pontilevio, canonicus presbiter, qui testamento suo voluit domum suam in vico Vassallorum et omnes conquestus suos apud Harchevillare vendi, unde tradentur xxx libre non canonicis ad suum anniversarium quotannis celebrandum, et ccc ad perficiendam trochleam lapideam a parte revestiarii ecclesie. Habuimus autem ad ejus anniversarium iiii libras annui redditus apud Harchevillare.

9. — Anniversarium Joannis de Galanda, canonici, et magistri Jacobi Agni, ad quod habuimus, necnon ad celebrationem festi sancti Georgii, xx libras annui redditus super domos in claustro que fuerant Mathei de Tria.

† v. 1470. 9. — Anniversarium Joannis *Gauguin*, Carnotensis civis, et Joanne ejus uxoris, ad quod solebamus habere xx solidos annui redditus super

quibusdam domibus et virgulto in vico Sancti-Andree, juxta viculum per quem itur ad fluvium Audure.

XIII KALENDAS APRILIS (20 mars).

1. — Obiit Robertus, dictus *Ragan*, levita et archidiaconus Beatę-Marię, qui huic ecclesię adquisivit totam decimam de terra Beatę-Marię de Loosvilla, medietatem decime de terra Sancti-Andree, medietatem decime de Pessiaco, Balneolium cum redditibus ejus, vii solidos de pastibus Ciconiosarum, granchiam de Vilarceio, granchiam de Pessiaco; eo tenore ut possessor eorum unicuique canonicorum qui anniversario ejus interfuerint xii denarios singulis annis distribuat, non canonicis autem xv solidos equaliter dividat; det etiam iii solidos ad campanas pulsandas. Adquisivit etiam xx agripennos terre, cum domo et virgulto, apud Calniacum, eo tenore ut possessor eorum ad opus non canonicorum predicte summe, scilicet xv solidis, v solidos addat. Preter hec, capam sericam dedit et urceolum argenteum unius marce; scrinio beatę Marię monile cum smaragdo preciosa affixit; vitream optimam fieri fecit; c solidos ad opus surgentium ad matutinas dedit, et tres marcas auri ad augmentum tabule que est a sinistra parte altaris juxta scrinium beatę Marię; singulis canonicis qui exequiis ejus interfuerunt iii solidos, non canonicis vero xii denarios distribuit. Fecit etiam tabulam ante altare Trinitatis continentem argenti xxx marcas bizanteos xxi.

2. — Et Philippus de Leugis, Dunensis archidiaconus, qui moriens reliquit huic sancte ecclesie octoginta libras, ad emendum redditus distribuendos canonicis qui ejus anniversario interfuerunt, ita quod clerici non canonici habebunt viginti solidos.

† v. 1300. 3. — Obiit vir clarissimus Stephanus de Sacrocesaris [1]; ad cujus anniversarium dominus Petrus de Castris, concanonicus noster, quondam capellanus ejus, assignavit sex libras annui redditus super stramina et forragia de Puteolis, que emit dictus Petrus a majore de Puteolis. Quorum reddituum voluit et precepit distribui idem Petrus canonicis qui ejus anniversario intererunt, annis singulis, medietatem ad vigiliam et medietatem ad missam.

4. — Anniversarium Richeudis, dicte *Lauquecomere*, uxoris quondam

---

[1] Voir vol. II, p. 21, note 5.

Johannis de Calvomonte; ad quod et eciam dicti Johannis anniversarium dederunt nobis iidem conjuges ɪɪɪɪ^xx et decem libras, ad emendum redditum pro amborum anniversario, a tempore mortis utriusque et cujuslibet eorum, in nostra ecclesia semel in anno perpetuo celebrando. Post decessum vero dicti Johannis, eodem die, amborum anniversarium communiter celebrabitur in futurum, summaque redditus, dum empti fuerint, presenti marthirologio redigetur.

4. — Anno Domini M°CC°LXXX° tercio, obiit Petrus de Touchiis, levita et canonicus Carnotensis, vir utique nobilis genere et moribus mitis, pacificus et benignus, circa servitium hujus matris ecclesie devotissimus, assiduus et intentus; qui dedit nobis domos suas canonicales in claustro Carnotensi : dedit etiam nobis omnia stramina, forragia, palearia grossa et minuta, duos mestivarios et vannos in granchia Capituli Carnotensis sita apud Grandum-Hussum, in dominio Capituli Carnotensis, acquisita a Jaqueto, majore Grandis-Hussi, et Jaquelina ejus uxore, et quicquid predicti Jaquetus et ejus uxor habebant in granchia supradicta : quorum reddituum due partes assignate sunt ad suum anniversarium, et tercia pars ad anniversarium patris et matris suorum faciendum die sequenti annuatim. Et ad quodlibet istorum duorum anniversariorum habent clerici de choro super predictos redditus viginti solidos. (Item habemus super matutinas vi libras, de quibus non canonici habent xl solidos. — 6).

† 1304.   9. — Obiit Villanus de Ressonno, canonicus, qui testamento suo legavit ad anniversarium suum octodecim sextarios terre arabilis apud *Landelles* et medietatem prati dicti *la Celle*, que emerat a Simone de Chevarderia, majore dicti loci, et clericis de choro summam decem librarum ad celebrandum quoque suum quotannis anniversarium, quin etiam Elemosine Beate-Marie et pauperibus Loci-Sanctorum-Fortium lectulos duos, quos habuit optimos cum stragulis et vɪɪɪ linteaminibus. Fabrice vero dedit breviarium suum.

9. — Obiit Carolus *d'Illiers* [1], canonicus presbiter et decanus, ex nobilissima Illesiorum stirpe progenitus, Milonis et Renati episcoporum nepos et frater, qui, ad suum quotannis anniversarium, et missam singulis diebus

---

[1] Charles d'Illiers, l'un des fils de Florent d'Illiers, le compagnon de Dunois, fut doyen du Chapitre de 1468 à 1509. (Voir les *Mémoires de la Société Archéologique d'Eure-et-Loir*, t. Ier, p. 270, 272 et 276, et t. II, p. 105 et 108.)

in criptis subterraneis, pro dictis patruo et fratre, in perpetuum celebrandam, terras de Cerevilla et *Cocherel,* quarum hec jure feodi redempta est, legavit. Optimis etiam ornamentis ecclesiam decoravit, inter que precipua sunt ea que acu pictam in casula, tunicis et cappa Christi genealogiam referunt et exhibent.

XII KALENDAS APRILIS (21 mars).

1. — Obiit Gaufridus, puer et canonicus Sanctę-Marię.

7. — Anniversarium Henrici, prepositi Yngreii, ad quod habemus xxvIII solidos per majorem Banleuge, pro censu de Porta-Drocensi.

7. — Obiit Ysabella, mater Guimundi Peri, ad quod habemus xx solidos vi denarios super gistum de Grandi-Husso, per prebendarium loci. Item quilibet canonicus habet unum sextarium boni vini et rubei, datum per clericum Loenii.

9. — Anniversarium Reginaldi [1] et Philippi de Molinis [2], quorum ille ex canonico Carnotensi et preposito de Ingreio episcopus fuit Nivernensis; hic vero per quinquaginta et sex annos regum Joannis, Caroli Quinti et Caroli Sexti secretarius, Ebroicensis ac demum Noviomensis episcopus fuit; ad quorum et eorum parentum anniversarium habemus xxx libras quotannis per officiarios matutinarum, Loenii et anniversariorum.

† v. 1552.   9. — Obiit Johannes *Gendron,* presbiter canonicus Carnotensis et decanus Castridunensis, qui, ad institutionem anniversarii sui et sex missarum in singulis hebdomadibus in capella Sancti-Hieronimi, et officii in die festo ejusdem sancti doctoris, legavit nobis terram de *Maricorne* et omnia ad eam pertinentia.

XI KALENDAS APRILIS (22 mars).

2. — Obiit Ragenoldus de Chraciaco, qui dedit nobis alodum suum qui vocatur Judeus, cum servis et ancillis, et totum quod habebat in villa que dicitur Modetus;

2. — Et Haimo, sacerdos et sacristes Beatę-Marię, qui huic ecclesię dedit domum suam quam emerat, post duorum heredum discessum;

---

[1] Renaud des Moulins, évêque de Nevers (c. 1360)

[2] Philippe des Moulins, évêque d'Evreux (1383-1388), puis de Noyon (1388-1409).

3. — Et magister Gilo Altisiodorensis, hujus sancte ecclesie canonicus et subdiaconus, vir honestus et sacris litteris eleganter edoctus; qui ad anniversarium suum annuatim in hac ecclesia celebrandum dedit nobis sexaginta libras ad redditus acquirendos;

4. — Item dominus Johannes de Albigniaco, quondam canonicus Carnotensis, qui dedit ecclesie Carnotensi, pro suo et parentum suorum anniversario in ipsa ecclesia in perpetuum annis singulis celebrando, quoddam habergamentum et xxii sextaria terre apud Charonvillam sita, in censiva et juridictione Capituli; item tres minas terre sitas apud prata prope Columbarium, quas emit a Bineto de Ponte; item decem solidos annui redditus sitos apud Cerseium super quodam habergamento cum tribus peciis terre ad dictum habergamentum pertinentibus, septem minas terre semeure continentibus, in dominio Capituli, quas acquisivit a Natali de Peseyo. Dicti autem decem solidi annui redditus persolvuntur quolibet anno ab Arnulpho dicto Milite et ejus heredibus.

5. — Obiit magister Martinus de Briquevilla, qui dedit nobis iiii^{or} libras carnotenses ad emendos redditus, et anniversarium suum annuatim celebrandum promisimus.

9. — Obiit reverendus in Christo pater et dominus Petrus *Bechebien* [1], doctor in artibus et medicina, qui ex canonico et preposito de Normania suis meritis electus in episcopum, annis circiter sexdecim oves sibi commissas pavit et rexit; moriens vero testamento suo certas summas legavit ad institutionem anniversarii sui; quos quidem redditus, unde partim acquisita est precaria de *Houdouanne*, et certos redditus annuos, cum multum auxisset ejusdem episcopi nepos Petrus *Bechebien*, canonicus et Drocensis archidiaconus, factum est utriusque patrui et nepotis commune simul anniversarium. Habemus etiam c solidos annuos super domibus que fuerunt Francisci de Sancto-Launomaro, canonici, pro stationibus ad tumulum dicti episcopi que fiunt in processionibus ad Sanctum-Caraunum, die dominica Palmarum et feria tertia Rogationum.

X KALENDAS APRILIS (23 mars).

4. — Obiit magister Milo de Castellione, canonicus hujus ecclesie, vir

---

[1] Pierre Bechebien, évêque de Chartres (1443-1459).

morum honestate preditus, acris intelligentie, tenacis memorie, clarus ingenio, doctus eloquio, liberalium arcium plenius eruditus; qui dedit huic ecclesie de bonis ab ipso acquisitis circiter viginti et novem sextaria, terre semeure cum quodam herbergamento et platea illius herbergamenti sita apud Franboiseriam; que omnia Johannes de Migneriis, canonicus Carnotensis, tenet in precaria a Capitulo Carnotensi pro quatuor libris annuatim persolvendis. Dedit insuper tria sextaria et plenam minam terre semeure, tria arpenta vinearum et tria arpenta pratorum sita apud Nogentum-Fisci, que omnia Hugo de Chaverneio, canonicus Carnotensis, tenet in precaria a Capitulo Carnotensi pro sex libris annuatim persolvendis; et nos concessimus tria anniversaria pro ipso Milone, Raginaldo patre suo et Hersende matre sua certis diebus annuatim in hac ecclesia celebranda. Et de dictorum bonorum proventibus dictus Milo retinuit quatuor libras canonicis qui anniversario suo intererunt equaliter distribuendas, et medietatem residui dictorum proventuum precepit distribui anniversario patris sui et aliam medietatem anniversario matris sue.

VIIII kalendas aprilis (24 mars).

1. — Obiit Hilduinus, almę Marię canonicus, custos scrinii sacrę vestis et totius aecclesię ornamenti, res familiaris servator fidelis et distributor dapsilis;

1. — Et Hardradus, levita et canonicus.

VIII kalendas aprilis (25 mars).

3. — Statutum est a Capitulo Carnotensi ut eodem die celebretur annuatim in ecclesia Carnotensi anniversarium nobilis mulieris Philippe de Brena, uxoris quondam nobilis viri Erardi de Brena, militis; que ecclesiam Carnotensem affectuose diligens, eam munere magnifico, videlicet triginta tribus palliis sericis sive baudequinis decoravit, mittendo quolibet triginta trium annorum, in die vel in vigilia Annunciationis beate Marie, unum de palliis seu baudequinis predictis. Ad quod anniversarium faciendum, Capitulum Carnotense, non immemor dictorum beneficiorum, sexaginta solidos annui redditus assignavit, videlicet quadraginta solidos in quibusdam terris sitis in territorio de Nogento-Fisci, quas dominus Dionisius presbiter tenet in precariam, et viginti solidos in camera capiendos.

4. — Anniversarium Johannis de Albigniaco, presbiteri canonici Carnotensis; ad quem habemus proventus et exitus xx^{ti}n^{oram} sextariorum terre semeure et trium minarum sitarum juxta precariam de Pratis, dicta xx^{ti}ii^{o} sextaria sita sunt apud Charonvillam, et x solidos annui redditus super quodam habergamento cum tribus minis terre semeure quod tenet quidam homo qui vocatur Natalis.

9. — Anniversarium Petri de Capis [1], qui ab episcopatu Atrebatensi ad Carnotensem translatus, tandem creatus est a Joanne papa xxii cardinalis presbiter tituli sancti Clementis; ad cujus anniversarii celebrationem habemus annuatim libras circiter decem super terram de Drocis, predia quedam apud Drocas et domum cum agellis apud Mondonvillam.

VII KALENDAS APRILIS (26 mars).

4. — Anno Domini M°CC°LXX° septimo, obiit magister Guido de Torota, canonicus Carnotensis; qui dedit ecclesie Carnotensi quatuor libras carnotenses annui redditus, quas acquisierat apud Fontanetum-super-Auduram a defuncto Michaele *Baretel* et ejus heredibus, super piscaturis immisarum que movebant ex hereditate dicti Michaelis, habendas et percipiendas annuatim, per manum illius qui tenebit precariam de Pratis.

5. — Obiit Johannes, capellanus Sancti-Hylarii Carnotensis, et pater et mater ejusdem, qui dedit nobis centum solidos ad emendos redditus.

7. — Anniversarium Petri de Fontanis, canonici, patris et matris ejusdem, ad quod habemus super quasdam domos sitas in Claustro ante capellam novam Sancti-Piati, lxxiii solidos viii denarios.

7. — Anno Domini MV°LVI°, magister Mathurinus *Baudouyn*, canonicus Carnotensis, fundavit in perpetuum, in ecclesia Carnotensi, unum anniversarium solenne, cum representatione, celebrandum quotannis, si commode, die vi^a aprilis, qua obiit magister Jacobus *Tremblay*, etiam canonicus Carnotensis, pro remedio anime dicti *Baudouyn*, animarum patris et matris et suorum benefactorum, pro remedio animarum defunctorum magistrorum Petri *Dallonville*, dicti *Tremblay*, et Johannis *Ligier*, dum viverent canonicorum Carnotensium; et post mortem ipsius *Baudouyn*, dictum anniversarium celebrabitur die qua decessit ab humanis, aut alia

---

[1] Pierre de Chappes, évêque d'Arras (1320-1326), puis de Chartres (1326-1327).

die prout commodius fieri poterit. Et pro quo anniversario sic faciendo, dictus *Baudouyn* tradidit dominis de Capitulo Carnotensi summam quingentarum librarum turonensium et summam xxv librarum pro primo anniversario sic celebrando.

9. — Anniversarium Joannis *Pasté*[1], episcopi, cujus memoria in benedictione est; qui a primis annis in ecclesia Carnotensi educatus canonicus, vir extitit magne scientie, preclare nobilitatis et vite laudabilis; quare, Stephano de Borreto[2], decano Carnotensi, ad episcopatum Parisiensem evecto, ipse in decanum electus est, et postea ad episcopatum Atrebatensem assumptus, tandem propter eximia virtutum merita et quia ecclesie Atrebatensi laudabiliter prefuit a Johanne papa xxii ad ecclesiam Carnotensem translatus est. Statim autem atque hujus ecclesie regimen assumpsit, omnes que Episcopum inter et Capitulum acerbe et diuturne fuerant dissensiones, ut sibi ab eodem papa injunctum fuerat, solemnibus et nunquam infringendis tabulis composuit et sopivit. Quam autem fuerit in rebus agendis strenuus ac peritus testantur plurima magni momenti quibus adhibitus est negotia, celebris videlicet illa cui interfuit Petrum Bertrandum inter et Petrum de Cugneriis de juribus ecclesiasticorum disputatio[3], necnon et legatio in Angliam qua functus est, Regis nomine, de homagio Aquitanie cum Eduardo Anglie rege tractaturus[4]. Ad hujus autem anniversarium solebamus habere xx libras annui redditus in precaria de Benis.

VI KALENDAS APRILIS (27 mars).

1. — Obiit Rodulfus, qui reliquid fratribus Sanctę-Marię alodum qui jacet in villa quę vocatur Mure;

1. — Et Roscelina matrona, quę reliquit nobis alodum quem habebat in Ginnonivilla;

---

[1] Jean Pasté, doyen du Chapitre (1321-1326), puis évêque d'Arras (1326-1328), et enfin évêque de Chartres (1328-1332).

[2] Etienne de Bourret, évêque de Paris (1321-1325).

[3] Cette célèbre dispute, dans laquelle se firent entendre Pierre Bertrand, évêque d'Autun, pour soutenir la prédominance du spirituel sur le temporel, et l'avocat du Roi, Pierre de Cugnières, pour établir la distinction prétendue par les laïcs entre le spirituel et le temporel, eut lieu, en présence de Philippe de Valois, au mois de décembre 1329.

[4] Cette mission eut pour résultat l'arrivée du roi Edouard à Amiens, où il rendit hommage à Philippe de Valois le 6 juin 1329.

3. — Et Terricus de Corbolio, canonicus Carnotensis, qui huic ecclesie capam sericam dedit, et moriens hujus ecclesie fabrice triginta libras legavit.

4. — Anniversarium Roberti de *Virsi*, quondam archidiaconi Dunensis, diaconi; ad quod habemus habergamentum cum virgulto et circa tres modios terre semeure sitos apud Vovas; que omnia empta fuerunt a liberis domini Guillelmi de Varennis, militis.

9. — Obiit Gregorius papa Undecimus, Lemovicensis, nobili genere ortus, Petrus, comes Belli-Fortis antea dictus, ac Clementis vi fratris filius, humanitate, doctrina et pietate admirabili, qui, ut Italie seditione laboranti mederetur, sedem pontificalem Avenione translatam post annos LXX Romam reduxit. Ad hujus autem sanctissimi pontificis anniversarium habuimus bannum vini de Drocis, quod valuit olim libras viginti annuatim.

V KALENDAS APRILIS (28 mars).

1. — Obiit Gertrannus, frater Alvei [1], abbatis, hujus ecclesię fidelis.

3. — Obiit Theobaldus de Nantolio, hujus ecclesie canonicus, ex nobili progenie procreatus; ad cujus anniversarium emit magister Raginaldus Carum-Tempus, canonicus Carnotensis, nomine dicti defuncti, pro centum viginti libris, majoriam de *Daulemont* cum suis pertinenciis, exceptis duobus modiis bladi debitis annuatim ratione dicte majorie reddendis in Loenio, et exceptis octo sextariis bladi reddendis Juliane sorori Petri, quondam majoris de *Daulemont*, et exceptis forragiis, straminibus, minutis paleariis et medietate trituratorum. Quam majoriam tenet ad vitam suam Leobinus *Piche* de *Daulemont*, sub annua pensione duodecim librarum, reddendarum annuatim a dicto Leobino ad Purificationem beate Marie, ad usum dicti anniversarii, sub pena viginti solidorum pro qualibet septimana.

9. — Anniversarium Dionisii *Jouar* et Alvie ejus uxoris, ad quod habuimus III libras, annuatim in precaria de Pontibus-juxta-Galardonem percipiendas.

---

[1] Alveus, abbé de Saint-Père et l'un des restaurateurs de ce monastère, vivait sous Ragenfroy (954).

IIII kalendas aprilis (29 mars).

1. — Obiit Rotlindis, mater episcopi Odonis, quę scrinio Dei genitricis affigendas reliquid aureas aquilas, miro opere sancti Eligii informatas. Pro cujus anima, inter alia dona, idem episcopus Odo dedit fratribus alodum de Vulmaricurte, habentem mansos xiiii, cum privilegio regali [1]. Quorum animę portionem in terra viventium mereantur habere, Christusque rex cęlorum sit pars hereditatis eorum;

1. — Et Fulco, hujus ęcclesię subdecanus, ad succurrendum monachus factus;

3. — Et Rembaldus *Craton* [2], hujus sancte ecclesie canonicus et subdiaçonus, vir discretus, nobilis et animo liberalis, huic ecclesie devotus plurimum et fidelis : qui ad anniversarium suum annuatim in hac ecclesia celebrandum dedit nobis septem solidos annui census cum vendis apud Frenvillam, et quinquaginta libras ad redditus acquirendos, eidem anniversario deputandos, (unde habemus super matutinas xviii solidos. — 6).

5. — Obiit Robertus, miles, de Milliaco, pro quo Guido de Milliaco, filius ejus, dedit nobis c solidos ad emendos redditus pro suo anniversario annuatim celebrando.

7. — Obiit Gaufridus Paganus, miles, dominus Montis-Pipelli, et Haovis de Rilliaco, ejus uxor; pro quibus Amauricus Pagani, filius eorum, canonicus hujus ecclesie, dedit lx solidos annui redditus, quos acquisivit a Gervasio *Lemayre*, de parrochia d'*Ymeré*, sitos et assignatos super unum hebergagium cum pertinentiis, in parrochia de Bonvilla, juxta Robin *Chape*, et super v quarteria prati sita in parrochia de Bluriaco, et super iii quarteria vinee sita in territorio de Bonvilla, et super census suos de Bonvilla, et generaliter super omnia bona tam mobilia quam immobilia, solvendos in festo Omnium-Sanctorum. Item dedit x solidos annui redditus, quos acquisivit a *Jaquelot* de *Mandres*, de majoria de *la Chevardière*, sitos super unum herbergamentum in dicto loco juxta Colinum *Quoquart* et juxta uxorem Johannis *le Texier*, et super unam granchiam et duas planchias virgulti juxta dictum herbergamentum, et etiam super omnia bona

[1] Voir vol. Ier, p. 71.
[2] Voir vol. II, p. 32, note 2.

sua tam mobilia quam immobilia. Item dedit xxx francos convertendos in utilitatem ecclesie, prout placuerit dominis. Item promisit hoc soluturum et daturum, quolibet anno, quamdiu viveret. Et fiet anniversarium quolibet anno pro patre et matre et pro eo post mortem suam.

III kalendas aprilis (30 mars).

1. — Obiit Magenardus abbas [1], sanctę memorię.

4. — Obiit bone memorie Johannes [2] (de Soliaco, de nobili prosapia Johannis quondam regis Jherosolimitani et dominorum de Borbonio ortus — 6), quondam archiepiscopi Bituricensis; qui legavit huic ecclesie ducentas libras turonenses ad emendum redditus pro anniversario suo in ecclesia Carnotensi, annis singulis, faciendo; de quibus denariis fuerunt empti redditus qui secuntur, scilicet viginti sextaria terre semeure vel circa, sita apud Campum-Sirutum, in censiva Capituli Carnotensis; item unam minam avene et duas gallinas pro ostisia in dicta villa, que fuerunt defuncti Johannis de Calvo-Monte, pro precio quadraginta librarum; item decem et octo sextaria terre semeure vel circa sita apud Breium in majoria de Campo-Siruti, que fuerunt defuncti Johannis de Calvo-Monte, precio quinquaginta librarum; item quoddam furnum, quod vocatur furnum de Sparris, in censiva Capituli situm, quod fuit ipsius Johannis, pro precio centum et decem librarum. Qui eciam archiepiscopus, affectu et devotione quam habebat erga ecclesiam Carnotensem, dedit ipsi ecclesie vestimenta pulcherrima, scilicet casulam, dalmaticam et tunicam albei coloris brodatas cum auro; (cui hoc concessit pro archiepiscopatu Guido, frater ordinis fratrum Predicatorum. — 6).

† ante 1318. 5. — Obiit Guillelmus de Strigonio, aliter dictus *de Bediers;* ad cujus anniversarium habemus l solidos super medietate domorum suarum quas emit apud Sandarvillam; item plateam quam emit apud Fontanetum juxta domum precarii. Et cum eo, pro anniversario Ade, quondam quoci regis, et Asceline ejus uxoris, xl solidos super sex loca que emerat dictus G[uillelmus] apud Fontanetum-super-Auduram. Item dictus G[uillelmus] legavit

---

[1] Magenard, abbé de Saint-Père-en-Vallée (1002). (Voir *Hist. de Chartres,* par M. de Lépinois, vol. I, p. 47, 48 et suiv.)

[2] Jean I de Sully, archevêque de Bourges (1261-1271).

ecclesie Carnotensi omnes domos suas quas tenebat in claustro, tempore mortis sue, et residuum dictorum locorum ad usum antiphonarii beate Marie, diebus sabbatinis.

7. — Anniversarium solenne, sero et mane, cum luminari et representacione, cum pulsatione campane que dicitur Maria, pro nobili viro Johanne *d'Illiers*, domino temporali de *Radderets*, et nobili domicella Katherina *de Mailly*, ejus uxore, patre et matre magistri Milonis *d'Illiers*, presbiteri, succentoris Carnotensis ; qui nobis et ecclesie Carnotensi dedit xx libras turonenses, annui et perpetui redditus, videlicet x libras turonenses super domum vulgariter appellatam *le pain à chanter*, sitam Carnoti in vico dicto *Vasseleur*, emptas ab eodem Milone precio cc librarum turonensium, atque etiam alias cc libras turonenses nobis numeratas, pro quibus eidem assignavimus x libras turonenses annui et perpetui redditus, singulis annis, percipiendas per officium anniversariorum, de redditibus precarie nostre Sancti-Verani de Scoriaco et ejus pertinenciis, pro hujusmodi anniversarii manutentione perpetua et pro capis sericis et duplici officio.

9. — Anniversarium Marie, dicte *la Reguarde*, majorisse de Imereio, ad quod habemus annuatim L solidos super domum et vineas apud Imereium, necnon et septem sextaria tritici pro molendino de *Longsaux* apud Vadum-Longi-Regis.

II KALENDAS APRILIS (31 mars).

4. — Anno incarnati Verbi millesimo CC°LXX^{mo} sexto, recolende memorie Petrus de Minciaco [1], pius pastor quondam hujus alme ecclesie, migravit ad Dominum, qui pacis vinculum cum suis fratribus, que dudum gerebat in pectore, in fine volens ostendere, dissolucionem sui corporis senciens imminere, ad episcopalem domum suam Carnotensem quasi divino nutu se transferens, vocatis fratribus ut ipsum decedentem misericorditer visitarent, ipsos presentes, karitatis sincere quam ad eos habebat non immemor, ferventi spiritu, licet fere viribus corporis destitutus, verbis Salvatoris nostri mortem temporalem prenoscentis fretus, est ita benigne allocutus : « Desiderio desideravi hoc pascha manducare vobiscum antequam paciar. »

---

[1] Pierre de Mincy, évêque de Chartres (1260-1276). — Voir vol. II, p. 180. — C'est par erreur qu'à la date du 19 février (p. 46), nous avons attribué à ce prélat un obit qui appartient à Pierre de Celles, évêque de Chartres (1181-1182).

referatur, et bene operandi incentivum posteris augeatur, aliqua de suis virtutibus, conditionibus et gestis in commisso sibi officio censeo exponenda. Ipse quidem de nobili prosapia ortus, ab ineunte etate de virtute nisus crescere in virtutem, liberalibus studiis intentus, Parisius rexit in artibus, ac demum ad civilia jura se transferens et circa ea proficiens, tandem ad jura canonica se convertit, digneque meruit doctor fieri et Parisius regere in decretis. Quippe recensende memorie avunculorum suorum, Henrici, quondam episcopi, Stephani, quondam decani Carnotensis, et Evrardi, prioris Sancti-Martini-de-Campis Parisius, nepos non degener, sic ad omne bonum et communem gratiam suum propositum coaptavit, ut de canonico Dunensis archidiaconus, de Dunensi Pissiacensis, de Pissiacensi decanus, de decano episcopus optinuerit, Dei providentia, promoveri. Idem vero tam in spiritualibus quam temporalibus circumspectus, in consiliis providus, in judicio justus, in prosperitate mitis, in adversitate fortis, sobrie et caste vivendo, humiliter et devote, prudenter et cum moderamine, suos subditos oportune et salubriter corrigendo, fratres canonicos et familiares suos studiose ad concordiam invitando, adversariis ecclesie consulte et viriliter resistendo, circa commissum sue sollicitudini officium per annos xvi, cum Dei auxilio dispensator strenuus laboravit; operibus intentus misericordie, miseriam inopum et gemitum pauperum nunquam sprevit; visceribus pietatis affluens, pauperes, orphanos et viduas amplectendo, a conventibus religiosorum et maxime paupere monialium faciem non avertit, et, quod mirum videtur, in sua senectute tenacitatem et avaritiam repulit et contempsit, plebemque sibi commissam tam misericorditer quam salubriter gubernavit; ecclesiam circa cultum divinum augmentari disposuit, eam possessionibus ampliavit, ipsamque, juxta sui sancti prepositi benignum arbitrium, in institutione personarum virtutibus et fama pollentium non habens considerationem, necessitudinis, sanguinis nec ad originem magnifice decoravit et quamplures de civitate atque dyocesi tam in majori ecclesia quam alibi in dyocesi ad beneficia sublimavit; ita quod, a retroactis temporibus, non legitur qui tot personas de civitate et dyocesi vocaverit ad ecclesiastica beneficia et eciam dignitates, et in suo regimine sic est laudabiliter conversatus et taliter approbatus, talentaque sibi credita taliter ampliavit quod, in die disceptacionis extreme, patri-familias qui talenta ipsa sibi credidit et commisit justam et irreprehensibilem creditur posse reddere

Quibus, sicut paterna pietas suadebat, expositis, ab omnibus et singulis petita de commissis contra eos venia et obtenta, ipsos, data benedictione sua ultima, omnipotentis Dei benedictioni et custodie commendavit. Ut tamen summo Deo, a quo bona cuncta prodeunt, de bonis operibus gratia rationem. Porro, divino faciente presidio, sic bona temporalia suis sibi temporibus habundarunt, et ea fideliter adeo dispensavit quod edificia episcopatui perquam necessaria, apud Bercherias videlicet domum novam cum clausura pulcherrima, et apud Pontem-Goeni amplam et cornellis ornatam granchiam construxit sumptu non modico, et domos Buisseii et eciam episcopales domus Carnotenses, quibusdam edificiis in eis de novo constructis, optime reparavit, necnon circa trecentas libras annui redditus episcopatui acquisivit, et de duodecim libris annuis avunculorum suorum anniversaria augmentavit. Insuper et parcimonie sue studio episcopatum super contractis jamdudum debitis, predecessorum suorum temporibus, usque ad summam duarum millium librarum turonensium erga monasteria Beati-Launomari Blesensis et Sancti-Martini-de-Campis Parisius et alias liberavit, et eam ab omni ere alieno dimisit liberam et immunem. Preterea mille libras carnotenses ad augmentationem divini servicii in hac ecclesia assignavit, et anniversarium suum sollempne constituit, ad quod faciendum annis singulis xv libras annui redditus assignavit; Terre-Sancte sexcentas libras dedit, familie sue non solum debitas sed et gratuitas remunerationes, et aliis piis locis totum residuum disposuit salubriter erogandum. In ecclesia fratrum Predicatorum, ante majus altare, juxta suorum avunculorum sepulcra honorifice est sepultus, expectans veram carnis resurrectionem die novissimo et cum sanctis et electis Dei percipere portionem, quam sibi concedat fons misericordie, Deus noster, amen. Predictas xv libras solvit episcopus, de quibus clerici de choro habent sexaginta solidos.

· 5. — Obiit preclarissime nobilitatis Galcherus de Castellione [1], dominus Sancti-Aniani in Bituria, qui, crucis signaculo insignitus, cum Ludovico, rege Francorum illustrissimo, transfretavit, et in Terra-Sancta inimicos Christi prosequens, animam reddidit Creatori. Ad cujus anniversarium habemus tres modios vini in decimis Capituli Carnotensis de Moncello, emptos ab ab-

---

[1] Gaucher IV de Châtillon fit partie de la Croisade de 1248 et fut tué par les Sarrasins le 5 avril 1251.

bate et conventu Sancti-Ebrulfi, Lexoviensis dyocesis, et novem solidos et octo denarios annui census emptos ab Ansello de Sancto-Yonio, milite, videlicet in domo subdecani Carnotensis vııı denarios et pictam; in domo Andree barbitonsoris vııı denarios et pictam; in domo magistri Girardi *Mordant* ıııı denarios obolum; in domo magistri Richeri de Blesis ıı solidos vıı denarios; in domo magistri Guemondi *Peri* xxıı denarios; in terra Huberti Ruffi ııı solidos vı denarios: que omnia fuerunt empta de peccunia quam dictus Galcherus legavit ad anniversarium suum in ecclesia Carnotensi annuatim celebrandum. Quos redditus percipient matutinarii ecclesie Carnotensis, et pro illis reddent quolibet anno canonicis qui intererunt predicto anniversario sexaginta et decem solidos.

4. — Obiit Robertus *Belin*, qui dedit nobis c solidos ad emendos redditus pro suo anniversario annuatim celebrando.

9. — Anniversarium Petri Divitis, presbiteri canonici et subdecani, qui capellam de Vado-Longi-Regis fundavit.

KALENDAS APRILIS (1ᵉʳ avril).

5. — Obiit Petrus de Sorgeriis, canonicus Carnotensis, presbiter; qui dedit ecclesie pro anniversario suo circa viginti novem sextaria terre semeure sita apud Amilliacum, super quibus habemus septem libras redditus: item quoddam hebergamentum situm apud Amilliacum.

4. — Obiit Hahouis, filia Ivonis *l'Outelier*, que dedit nobis vıı^{tem} libras ad emendos redditus, ad suum et patris sui anniversaria annuatim celebranda.

† v. 1473. 9. — Anniversarium Guillelmi *Baudry*, canonici presbiteri et camerarii, ad quod habemus necnon et ad processionem in die Commemorationis fidelium defunctorum et in die sancti Aniani Aurelianensis certas pecunie summas, unde acquisitum est feodum de *Montmusset* cum prato prope pontem Sancti-Martini-in-Valle; ex eadem quoque pecunia reparate nonnulle domus canonicales et precaria de Maladomo.

† 1510. 9. — Obiit Franciscus *Baudry*, canonicus presbiter et camerarius, ejusdem Guillelmi nepos, nobilis genere, fuit omnibus affabilis, preclaris virtutibus ornatus, presertim vero liberalitate in pauperes, qui nunquam indonati ab illius foribus que ipsis semper aperte erant abscedebant. Orato-

rium Sancti-Hieronimi in cimeterio Capituli edificavit, processionem in die sancti Hieronimi illuc fieri instituit, et ibidem moriens tumulari voluit. Ad quam processionem dedit cc libras in reparationibus edificiorum terre de Barris insumptas. Ad ipsius autem anniversarium habemus xxv libras annuatim super terram de *Maricorne*.

IIII NONAS APRILIS (2 avril).

2. — Obiit Henricus, hujus sanctę ęcclesię subdiaconus atque prepositus, qui eidem, quam vivens multum dilexerat, etiam moriens multa sui monimenta reliquit; capam sericam dedit; bibliothecam optimam et librum passionalem composuit; monile aureum cum smaragdo precioso scrinio beatę Marię affixum legavit; unicuique concanicorum suorum quinque solidos distribuit; ad opus turrium quindecim libras dimisit; tectum capitis ecclesię quod pene ruebat multo sumptu de veteri novum fecit, angelum superimpositum cum acu ad decorem domus Dei fecit et deauravit. De cujus etiam beneficio censivam de porta Drocensi cum vendis ejus in jus ęcclesię cujus fuerat redegimus communi assensu, statuentes ut, ob memoriam ejus, totum annualem redditum ejusdem censivę, anniversaria obitus sui die, canonicis nostris qui eidem interfuerunt anniversario distribuamus. Ab eodem preter hec alia multa bona habuimus.

4. — Obiit Sibilla de Parisius, que dedit nobis c solidos ad emendos redditus pro suo anniversario annuatim celebrando.

III NONAS APRILIS (3 avril).

1. — Obiit Herveus, puer acolitus et canonicus Sanctę-Marię;

2. — Et Simon, dictus Cardinalis, subdiaconus et canonicus alme Marie.

4. — Obiit Leiardis, uxor Barbe, que dedit nobis centum solidos ad emendos redditus pro suo anniversario annuatim celebrando.

9. — Anniversarium Hugonis *Lenvoisie*, presbiteri canonici Carnotensis et decani Rothomagensis, qui cum esset sacre theologie doctor sedulam in arduo negotio pro unione ecclesie et schismatis extinctione operam impendit. Qui anniversarium quoque in hac ecclesia instituit, ea conditione ut post vigiliam et missam cantaretur in choro antiphona *O virgo virginum* et perciperemus quotannis IIII libras in terra de Curia-Evrardi, quam multis prediis et proventibus vivens adauxerat.

NECROLOGIUM B. M. CARNUTENSIS.

II nonas aprilis (4 avril).

1. — Obiit Ragenfredus, levita et canonicus Sanctę-Marię et abbas Sancti-Andreę;

1. — Et Hermentrudis, quę dedit canonicis Sanctę-Marię alodum de Vicheriis;

1. — Atque Ascelinus Britto, sacerdos egregius, qui huic sanctę ęcclesię librorum bonam copiam contulit, ac post mortem Herberti, nepotis sui, domum suam et unum agripennum vinearum atque dimidium confratribus suis reliquit;

1. — Et Herbertus Belotini, levita et canonicus Beatę-Marię;

2. — Et Elisabeth, pro cujus anima Guimondus, filius ejus, Drocensis archidiaconus, dedit huic ecclesię ii^{os} agripennos vinearum, (pro quibus ab eorum possessore canonicis qui ejus anniversario intererunt annis singulis distribuetur unum bonum rubeum carnotense, singulis scilicet canonicis singuli sextarii, sine prejudicio variationis et augmentationis hujus summe, prout successuris possessoribus Capitulum dispensabit. Ad idem quoque anniversarium deputati sunt xxi solidi et vi denarii, sicut continetur in lectione de obitu supradicti Guismundi. — 3).

5. — Obiit Johannes de Aurelianis, qui dedit nobis c solidos ad emendos redditus pro anniversario suo annuatim celebrando.

† 1299. 9. — Obiit Petrus de Sorguiis, canonicus presbiter, qui testamento suo legavit in perpetuum, ad usum anniversarii sui et parentum suorum, domos cum pertinentiis et xxx circiter sextarios terre arabilis apud Amilliacum, fabrice x libras, et cuilibet canonico qui exequiis ejus interfuerit quinque solidos.

Nonis aprilis (5 avril).

3. — Obiit Gaufridus [1], comes Perticensis, cujus uxor Matildis, Perticensis comitissa, pro ejusdem Gaufridi anniversario annuatim in hac ecclesia celebrando, sexaginta solidos andegavensis monete concessit et assignavit in redditibus de Marchesvilla in Pertico, ab eodem marito suo et ab ipsa communiter acquisitis, annuatim in festo Purificationis beate Marie

---

[1] Voir vol. Ier, p. 254 et 255.

percipiendos. (Redduntur per prepositum dicti loci in dicto loco, sub pena v solidorum turonensium, pro qualibet ebdomada qua dictus prepositus defecerit de solvendo. — 6).

† 1338. 7. — Obiit Egidius de Cheseyo, canonicus presbiter, (qui, cum esset adhuc matricularius, instituit distributionem ad mandatum domini, suumque et avunculi Herberti de Cheseio, canonici, et parentum anniversarium — 9); ad quod habemus x libras super precaria de Villasio. Item habemus x libras super quasdam domos sitas in Magno Bello-Videre, quas tenet ad presens Almaricus de Monte-Pipello, canonicus hujus ecclesie.

VIII IDUS APRILIS (6 avril).

1. — Obiit Guarinus, qui reliquit beate Dei genitrici Marie quatuor agripennos terrę et duas domos, unam juxta posternam positam, alteram apud Manum-Villare;

1. — Et Hugo, presbiter et canonicus Sanctę-Marię.

3. — Et Odo, cognomine Carrellus, hujus sancte ecclesie canonicus et subdiaconus, cum de Sicilia ad partes istas reverti cepisset, a quibusdam Sathane filiis atrociter est interemptus. Qui cum jam huic ecclesie preciosa contulisset ornamenta, duas videlicet cappas et infulam, dalmaticamque et tunicam atque pallium, multo ampliora eidem daturus existimabatur, nisi immatura morte preventus fuisset.

3. — Et Godefridus de Sancto-Benedicto, ejusdem ecclesie canonicus: ad cujus anniversarium annuatim celebrandum conquisita sunt hec, videlicet, apud Landelas redditus, qui dicitur tensamentum, circiter ix sextarii avene, et apud Booletum-Teoderici vi solidi census in hospitatiis militum, et vinea apud *Regeart* insuper, et xx^{ti} libre in emptionem ad augmentum ponende.

5. — Obierunt Stefannus Challo et Maria ejus uxor; pro quibus filii eorumdem dederunt nobis in elemosina quintam partem de domo sua sita aput portam Perticanam, in censiva nostra, pro anniversario suo annuatim celebrando.

VII IDUS APRILIS (7 avril).

1. — Obiit Cherisendis, mater Bertranni, quę dedit canonicis Sanctę-Marię agripennum unum terrę in Maiseriis;

2. — Et Odo, canonicus, levita et archidiaconus Sanctę-Marię ;

3. — Et Matildis [1], uxor Gaufridi, comitis Perticensis; pro cujus anniversario habemus LX^{ta} solidos turonenses in prepositura de Marchesvilla, sicut habemus alios LX^a solidos nobis assignatos ab eadem in dicta prepositura, pro anniversario predicti Gaufridi, quondam mariti ejusdem Matildis.

VI IDUS APRILIS (8 avril).

1. — Obiit Herveus, archidiaconus et prepositus; qui dedit canonicis Sanctę-Marię allodum de Grinneitvilla, et alterum de Hadulvilla ;

1. — Et Herveus, Arnaldi filius, de cujus beneficio habemus terram de Buslainvilla, cum servis et ancillis ad eam pertinentibus; qui etiam, de Jerusolima rediens, magnam partem ligni dominice crucis [2] huic ęcclesię apportavit.

3. — Obiit Maria, domina de Frescoto, uxor Galteri de Frescoto, militis, mater venerabilium virorum Johannis [3], Blesensis, et Nicholai, Dunensis archidiaconorum : pro cujus anima dictus Nicholaus Dunensis archidiaconus, assignavit huic ecclesie sexaginta solidos redditus annuatim percipiendos in acquiramentis que idem N[icholaus] iecit in terra nostra apud Fontanetum, et in molendino de Pratis, et in vineis, et ortis, et pratis : qui denarii distribui debent canonicis qui dicte Marie anniversario interfuerint.

7. — Anniversarium Gaufridi de Infernoto, Senonensis; ad quod habemus L solidos super matutinas.

7. — Anniversarium Philippi, conversi, ad quod habemus IIII libras super precariam Sancti-Georgii-super-Auduram, per tenentem ipsam.

† 1507. 9. — Reverendus in Christo pater dominus Renatus d'Illiers [4], episcopus Carnotensis, anno etatis LVII, pontificatus XV, pius, pudicus, benignus, prudens, liberalis, ingenuarum bonarumque artium ac disciplinarum et virtutum dotibus, omnium scibilium scientiis omnifarie refertus,

---

[1] Voir ci-dessus au jour des nones d'avril, p. 91, note 1.

[2] *Videtur esse lignum istud Sancte Crucis quod theca argentea deaurata inclusum sustentatur a duobus Angelis; antiquius est multo lignum istud quod in capsa sancti Betharii includitur.* — 9.

[3] Voir vol. II, p. 100, note 1.

[4] René d'Illiers, évêque de Chartres (1492-1507). — Voir l'analyse donnée des actes de ce prélat d'après le recueil de Guillaume Laisné, prieur de Mondonville, dans le second volume des *Mémoires de la Société archéologique d'Eure-et-Loir*, p. 100.

lugentibus tam canonicis quam totius diocesis Carnotensis et aliarum civitatum et diocesum clero, proceribus et populis universis, spiritum Deo reddidit, cujus corpus in ecclesia et monasterio Sancti-Carauni solemniter et lamentabiliter sepultum est die sabbati; super cujus tumulum marmoreum in perpetuam ipsius sanctimonie memoriam hec insculpi curavimus.

V idus aprilis (9 avril).

4. — Obiit, preclarissime nobilitatis ac strenuissime probitatis, Hugo de Castellione [1], comes Sancti-Pauli, qui condecentem genere ac diviciis sortitus fuit uxorem Mariam nomine, ad quam comitatus Blesensis et Carnotensis cum omnibus pertinentiis jure hereditario devenit. Hic cum esset cruce signatus et ad Terre-Sancte subsidium, sicut decebat tantum principem, viriliter se accingens, una cum Ludovico, rege Francorum illustri, transfretare proponeret, ante predicti regis passagium, Domino de ipso aliter disponente, presenciens se ab hoc seculo evocari, sicut vir circonspectus et providus, in fine sapienter et honeste sibi providit, et de finali viatico recte sollicitus, in spiritu humilitatis et animo contricto, ac in confessione vere fidei, sancte et individue Trinitatis gloriam recognoscens, ac demum sacre unctionis sacramentum reverenter suscipiens, animam reddidit Creatori. Ad cujus anniversarium annuatim in Carnotensi ecclesia celebrandum, magister Raginaldus Ligerii, canonicus Carnotensis, ejusdem comitis dum viveret clericus et ab eodem predilectus, sex libras annui redditus, super omnibus redditibus quos apud Chaletum a Philipo de Galardone, milite, Capitulum Carnotense, de peccunia dicti Raginaldi, acquisivit, pro voluntate dicti Raginaldi, quibuslibet canonicorum usibus assignandos, volentibus et concedentibus decano et Capitulo Carnotensi ac reverendo patre M[atheo], Carnotensi episcopo, ac ecclesie Carnotensis capicerio, ut dicti comitis anniversarium sollempne fieret, canonicis qui dicto anniversario intererunt, videlicet medietatem in vigilia et aliam medietatem in missa, distribui ordinavit. Totum vero residuum reddituum predictorum, ad anniversarium dicti magistri R[aginaldi], post mortem

---

[1] Hugues de Châtillon, comte de Saint-Paul, époux de Marie d'Avesnes, héritière, par sa mère Marguerite, des comtés de Chartres et Blois, mourut en 1248 au moment où il se disposait à partir pour la croisade.

suam, in Carnotensi ecclesia celebrandum, distribui canonicis secundum morem ecclesie ordinavit.

IIII IDUS APRILIS (10 avril).

1. — Obiit dilectus Deo et hominibus, pater noster, bone memorię, Fulbertus[1], hujus sanctę sedis episcopus, lux preclara mundo a Deo data, pauperum sustentator, desolatorum consolator, predonum et latronum refrenator, vir eloquentissimus et sapientissimus tam in divinis quam in omnium liberalium artium libris; qui ad restaurationem hujus sancti templi, quod ipse post incendium a fundamento reedificare cęperat, bonam partem auri sui et argenti reliquit, et disciplinę ac sapientię radiis hunc locum illuminavit, et clericis suis multa bona fecit;

1. — Et Guarinus, levita et canonicus.

4. — Obiit Isabellis, uxor defuncti Guillelmi Regis, que dedit nobis c solidos ad emendos redditus pro suo anniversario annuatim celebrando.

† 1486. 9. — Obiit Guillelmus Vallee, capicerius et canonicus, ad cujus anniversarium habemus censum de Scronis, item xv libras super domum canonicalem que fuit Ludovici *Boucher*, tum cantoris, postea vero decani Carnotensis, pro certis reparationibus ibidem factis per dictum capicerium.

III IDUS APRILIS (11 avril).

1. — Obiit Adbelelmus, rei familiaris custos, et rerum monasterii amator et ędificator;

1. — Et Fulcherius, miles;

3. — Et Nicholaus de Brueria, qui malefactores hujus sancte ecclesie cepit et Capitulo tradidit;

3. — Et Odo de Petris, hujus ecclesie canonicus et sacerdos : de cujus bonis et de Symonis de Burgo-Garini, canonici ejusdem ecclesie, acquisita fuit nobis medietas decime de Giroldeto. Pro qua acquisitione Capitulum hujus ecclesie assignavit et statuit quatuor libras annuatim eorum anniversariis persolvendas : de quibus quinquaginta solidi istius Odonis anniversario deputantur, et residui triginta solidi anniversario predicti Symonis

---

[1] Fulbert, évêque de Chartres (1007-1029). — Voir vol. Ier, p. 14 et 15.

sunt assignati, cum aliis decem solidis de bonis ejusdem Symonis apud Torceium acquisitis.

4. — Obiit Robertus de Moneio, qui dedit nobis c solidos ad emendos redditus pro suo anniversario annuatim celebrando.

† 1560. 9. — Obiit Petrus *le Seneux,* canonicus presbiter, qui nobis legavit in testamento suo summam xxv librarum annui et perpetui redditus super terram de *Tremont,* in parrochia Sancti-Carauni-de-Campis, quam summam recognovit se debere Petrus *Sorel,* canonicus, hujus nepos.

II IDUS APRILIS (12 avril).

1. — Obiit Raginaldus [1], vice-dominus, qui reliquit canonicis Sanctę-Marię unum alodum apud Cereisvillam;

1. — Et Berta [2], comitissa, quę ad hujus ęcclesię decorem plura contulit, videlicet pectorale unum ex auro mundissimo et gemmis preciosis confectum, quod in duas partes sectum altaris scrinium condecorat, et duo thuribula aurea, et filacterium grande, et tres capas, et duas casulas, et duo dorsalia; furnum quoque unum ad usus pauperum, et alia plura;

1. — Et Gaufridus [3], vicecomes Castriduni, qui concessit nobis ecclesiam de Poleio, cum decima et hospitibus, et decimam totius Gaudi-Sancti-Stephani, que de feodo ejus erat;

3. — Et Haimericus *Foaille,* hujus sancte ecclesie canonicus et subdiaconus, in servitio ejusdem ecclesie assiduus, idoneus et devotus, et in ejus negociis utilis, diligens et fidelis, qui eidem ecclesie capam dedit sericam preciosam. Acquisivit etiam huic ecclesie apud *Brai,* in terra Capituli, unum modium frumenti et dimidium modium avene annui redditus, quos emit a Raginaldo, majore de Ismeriaco, cum omni jure quod ibi habebat idem major, et nobis donavit. Nos autem, devotionem ejus attendentes, concessimus ei anniversarium suum in nostra ecclesia celebrandum; statuentes ut canonicis qui ejus anniversario intererunt distribuantur predicti redditus et proventus;

[1] Renaud ou Ernaud, fils de Guillaume de Ferrières et d'Elisabeth (c. 1130).

[2] Berthe, épouse du comte Eudes Ier et fille de Conrad le Pacifique, roi d'Arles, se remaria au roi Robert et fut répudiée par lui en 1000, sur l'injonction du pape Grégoire V, pour cause de parenté.

[3] Geoffroi II, fils de Hugues III, mort vers 1152.

† v. 1256. **4.** — Et Hugo *Fouale*, hujus ecclesie canonicus et sacerdos : de cujus bonis habemus quinquaginta libras ad acquirendos redditus, pro anniversario suo in hac ecclesia celebrando; (pro quibus habemus xliii solidos super matutinis; item habemus iiii solidos super precaria de Joyaco per tenentem ipsam. — 6);

5. — Et Girardus de Lymogiis, hujus ecclesie canonicus et sacerdos; ad cujus anniversarium habemus c solidos perpetui redditus per Julianum *Sarradin* et Beatricem, ejus uxorem, et eorum heredes reddendos, quolibet anno, ad Nativitatem Domini, sitos super xxv sextariis terre site apud Blapas, in prebenda de Benis, in majoria de Moncellis-super-Auduram, et super quatuor sextariis terre site in dicta prebenda, in majoria et territorio de *Cerees*, et super uno habergamento sito apud *Cerees*, prout continetur in litteris officialis Carnotensis quas habemus. Item habemus ad dictum anniversarium centum solidos perpetui redditus super quodam furno cum pertinenciis ejusdem, quodam habergamento et quodam arpento vinee, site apud Bordas, in prebenda de Ymereio, prout continetur in litteris officialis Carnotensis; et debent reddi ad Purificationem beate Marie : de quibus centum solidis presbiteri canonici habent xx solidos pro quodam anniversario quod facient quolibet anno in capella Beati-Nicholai, et decem presbiteri antiqui de turno pro altaribus suis, scilicet in excambio decem solidorum quos ipsi presbiteri solebant percipere super domibus que fuerunt dicti Girardi sitas prope Portam-Novam; item de dictis centum solidis cedunt matutinis xx solidi, residuum spectat ad anniversarium dicti Girardi, quod valet L solidis. Item habemus v solidos perpetui redditus super majoria de *Perraie*, in prebenda de Marchevilla, per majorem loci. Item vi solidos perpetui redditus vel census super domibus sitis apud Galardonem in terra Capituli, per Robinum de Villa-Dei. Item habemus quoddam pratum situm inter Carnotum et Josaphat, juxta prata episcopi; super quibus episcopus percipit xx solidos, et presbiteri canonici xx solidos pro anniversario jamdicti presbiteri quod faciunt in dicta capella, residuum firme dicti prati spectat ad anniversarium dicti Girardi. (Item clerici chori, matutinarii et horarii habent xx solidos, et presbiteri decem altariorum antiquorum[1] x solidos. — 6).

---

[1] *Observandum est quod a longissimo tempore usque ad annum 1657 erant altaria fundata et deserviri solita ad quodlibet pilare navis ecclesie Carnotensis, numero decem. Illa autem*

5. — Obiit Nicollaus *Mantel*, qui dedit nobis c solidos ad emendos redditus pro suo anniversario annuatim celebrando.

Idibus aprilis (13 avril).

1. — Obiit Ragemboldus, subdiaconus et canonicus Sanctę-Marię, qui dedit magnam partem suę possessionis ad ędificationem vestibuli frontis hujus ęcclesię, et frontem feretri sancti Piati auro cooperuit, et fratrum usibus vm agripennos vinearum tribuit cum domo et torculari;

2. — Et Aubertus de Gualardone, subdiaconus et canonicus hujus sancte ecclesie, qui, cum Gaufrido, tunc Carnotensi decano, ad honorem beatissime Virginis Marie, apud Ebrandivillam acquisivit ecclesie Carnotensi, a Gaufrido, preposito Ebrandeville, et fratribus ipsius et sororibus, trituratores granchie Ebrandeville, et procurationem quam in predicta granchia jure possidebant hereditario, et suam partem de guesdiis, et x solidos andegavenses de campartagio, et lxxx pullos, et partem quam predictum G[aufridum] prepositum et suos contingebat de placitis autumpni, libere et absolute in perpetuum possidenda et annuatim recipienda. Nos vero tante congaudentes acquisitioni, memoriam predictorum G[aufridi] decani et A[uberti] de Galardone perpetuitati commendare volentes, unanimiter et concorditer statuimus et concessimus ut quicumque, post decessum G[aufridi] decani et A[uberti] de Galardone, precariam de Normannia sub quacumque pensione tenet, ad anniversaria eorum, annua revolutione celebranda, c solidos carnotenses persolvat, l pro anniversario G[aufridi] decani, l pro anniversario A[uberti] de Galardone.

XVIII kalendas maii (14 avril).

1. — Obiit Hildegardis[1], vicecomitissa de Castello-Dunis; pro cujus ani-

---

altaria prorsus aufferre et delere non timuit Capitulum predicto anno quo vacabat sedes episcopalis, ratum illa non conducere ad decorationem ecclesie, opus audax et tenebrosum, nam nocte id perfectum est, et vix tunc aditus patuit ad officium Matutinarum. Precipuum illorum altarium erat altare Crucifixi, de quo frequentissima mentio et ad quod olim plura celebrabantur assistentiam canonicorum et aliorum requirentia. Eodem tractu deleta sunt tria aut quatuor alia altaria circa pulpitrum et priora pilaria circa chorum. — 9.

[1] On pense que cette Hildegarde, veuve en premières noces d'Ernaud de la Ferté, était femme de Hugues Ier, vicomte de Châteaudun, dont l'origine est incertaine et qui figure pour la première fois dans l'histoire vers l'an 1000. Hugues de Châteaudun, archevêque de Tours, fils d'Hildegarde et de Hugues Ier, siégea de 1005 à 1023.

ma dedit Sanctę-Marię filius ejus, Hugo, Turonensis archiepiscopus, alodum suum qui dicitur Viverus;

1. — Et Rotbertus, hujus æcclesię diaconus et succentor devotissimus;

2. — Et Gaufridus, diaconus et prepositus hujus ęcclesię, et thesaurarius Turonensis; qui huic ęcclesię unum paulium et duas capas sericas dedit; villam edificavit quę dicitur Villa-Marches, et eam reliquit usibus fratrum qui anniversario ejus intererunt.

† 1356. 6. — Anniversarium solemne, cum luminari, Bernardi-Hugonis de Cardilliaco, decani quondam Carnotensis, canonici presbiteri; ad quod habemus xxiiii libras super domos sitas in claustro ante puteum per tenentem ipsas. Item habemus quoddam pratum situm apud Sanctum-Priscum, vocatum pratum de Platello, de quo habemus iiii libras; de quibus non canonici habent lx solidos; item pro luminari xx solidos; et pro campanis grossis pulsandis xx solidos, et residuum pro canonicis.

XVII kalendas maii (15 avril).

1. — Obiit Herbertus, clericus et canonicus Sanctę-Marię, qui legavit concanonicis suis domum suam in claustro positam, ea ratione ut unus illorum in vita sua illam possideret.

3. — Obiit Ludovicus [1], illustris comes Blesensis, qui ad partes transmarinas in servicium Dei iter aggrediens, septem libras et dimidiam nobis dedit et assignavit, in molendinis suis de Carnoto annuatim percipiendas, ad suum et matris sue Adelicie et uxoris sue Katerine anniversaria in hac ecclesia celebranda, scilicet quinquaginta solidos pro unoquoque. Qui etiam caput sancte Anne, matris beate Virginis genitricis Dei, apud Constantinopolim acquisivit et huic sancte ecclesie cum pallio precioso transmisit. Unde ex tali presentatione thesauri et susceptione materni capitis in domo filie, facta leticia magna in populo, clerus hujus ecclesie et comitissa Katerina, que ex parte predicti comitis viri sui caput presentavit, in id concorditer convenerunt, pro intuitu statuendo, ut singulis annis de oblationibus factis predicto sancto capiti centum solidi in augmentum et ampliorem venerationem anniversarii ejusdem comitis adderentur; ex

---

[1] Voir vol. Ier, p. 206, note 3.

quibus distribuerentur sex denarii singulis non canonicis et residuum canonicis qui anniversario interessent, et preterea conferrentur ex eisdem oblationibus centum solidi, pro remedio prefati comitis, ejusdem die obitus, ad refectionem pauperum de Elemosina Carnotensi. Et multa alia huic ecclesie bona fecit. (Item habemus L solidos per argentarium seu receptorem comitis Carnotensis, et debent reddi in medio mensis aprilis. — 6).

9. — Anniversarium Laurentii de *Thumesnil*, canonici presbiteri, ad quod habemus centum scuta auri, unde assignati sunt C solidi super domum canonicalem que fuit Guillelmi de Gressibus, que domus reedificate sunt de pecunia dicti de *Thumesnil*.

XVI KALENDAS MAII (16 avril).

1. — Obiit domnus Teodericus [1], episcopus, qui hanc ecclesiam librorum copia et multimodis ornamentis decoravit, atque augendo fratrum usui contulit alodum suum de Cersiaco, ęcclesiam Viletę cum altari et ęcclesiam Lupi-Plantati cum altari duosque vinearum clausos, unum LII^{orum}, alterum XII^{eim} agripennorum, cum quadam domo annonę et vino fratrum custodiendo necessaria.

5. — Obiit magister Galterus de Fontanis, quondam prepositus de Yngreyo, qui dedit ecclesie Carnotensi domos suas sitas Carnoti, juxta vicum Caveterie; que vendite fuerunt duccentis libris turonensibus; de quibus empta fuerunt a domino Guillelmo *Chenart*, milite, hec que sequuntur, videlicet quamdam decimam sitam in parrochia de Theuvilla et tractus ipsius decime cum quibusdam aliis juribus, pertinenciis et reddibenciis que et quas habebat, ratione sue hereditatis, in dicta decima, videlicet quartam partem bladi, avene, ordei, pisorum, fabarum, veciarum et omnium aliorum granorum quorumcumque ex dicta decima proveniencium; item stramina, forragia hujusmodi decime, scilicet quarte partis predictorum granorum, necnon medietatem omnium palearum minutarum in granchia de Theuvilla.

7. — Obiit nobilis vir magister Rogerus, scientia clarus, licentiatus in legibus, canonicus Carnotensis, qui dedit et legavit huic alme ecclesie,

---

[1] Voir vol. Ier, p. 213, note 2.

pro remedio anime sue, parentum et benefactorum suorum, LX libras turonenses, pro acquirendo et emendo VI libras annui et perpetui redditus ad fundationem anniversarii sui singulis annis celebrandi; ad quem redditum acquirendum Capitulum Carnotense et bona ecclesie obligavit.

XV KALENDAS MAII (17 avril).

1. — Obiit Arraldus, levita et canonicus almae Mariae;

1. — Et Droco, canonicus Sanctę-Marię;

2. — Et Helisabeth [1], vicedomina, quę concessit huic ęcclesię, pro redemptione animę suę, quicquid apud Mundamvillam tenebat de feodo ejus Stephanus, Raginaldi filius. Hanc concessionem matris sue concessit, defuncta matre, Guillelmus [2], episcopo Gosleno presente, et Roberto decano, et precentore Hamelino, et Hugone subdecano, et Milone preposito, audientibus, et Renerio Blesensi archidiacono;

3. — Et Stephanus de Pertico [3], miles, qui, pro anniversario suo in hac ecclesia annuatim celebrando, quinquaginta solidos carnotensis monete assignavit in redditu de Longovillari.

5. — Obiit Girardus, cocus capicerii, qui dedit nobis C solidos ad emendos redditus pro suo anniversario annuatim celebrando.

† v. 1360. 7. — Anniversarium Poncii de Pontogniaco, quondam capicerii Carnotensis et decani Briocencis; ad quod habemus VI libras super quasdam domos, sitas in claustro, ante capellam Sancti-Nicholai, per cameram.

XIV KALENDAS MAII (18 avril).

1. — Obiit Gilo, miles, qui dedit canonicis Sanctę-Marię alodum suum Daoncortem super aquam quę dicitur *Mortru*, et quantum habebat in Ossileio et in Bomervilla;

1. — Et Berta, vidua nobilis et multę bonitatis femina, quę eisdem canonicis alodum suum in Villari unius carrucae terram reliquit;

2. — Et Guillelmus, Hugonis de Bonavalle filius, subdiaconus Sanctę-Marię et canonicus;

---

[1] Voir vol. Ier, p. 153, note 2.
[2] Voir vol. Ier, p. 153, note 5.
[3] Voir vol. Ier, p. 255, note 3.

3. — Et Raginaldus de Monte-Mirabili [1], vir nobilis, dominus Aloię, qui nobis dedit et apud Aloiam assignavit quinquaginta solidos carnotensis monete de annuo redditu ad suum anniversarium celebrandum, et quasdam pravas consuetudines quas in homines nostros exercebat remisit, sicut in suis litteris continetur. Quam donationem postmodum succedens ei in terra, frater ejus, nobilis vir Herveus [2], comes Nivernensis, ratam habuit et acceptam, ac centum et decem solidos ejusdem monete de annuo quoque redditu huic ecclesie insuper erogavit percipiendos, cum predictis quinquaginta in pedagio suo de Aloia, singulis annis, in Purificatione beate Marie, ita quod ad reddendum eos, secundum tenorem litterarum suarum, nobis obligabitur juramento quisquis erit pedagiarius ibi pro tempore, sub tali conditionis tenore quod pro singulis septimanis quibus eos reddere distulerit ultra predictum terminum quinque solidos nobis de pena persolvet; insuper etiam homines, terras et villas nostras, has scilicet, Genervillam, Ronciam, *Colummers*, Prata et Husseium, ab omnimoda justicia et consuetudine, corveia et exactione qualibet quietavit, retentis solummodo redditibus tensamenti, quos pro terra tensanda singulis annis habebit, et feodis illorum qui ab ipso tenent, et tali pedagio cujusmodi ab omnibus predictarum villarum ei debetur, approbante et concedente hec omnia uxore ejus Matilde, comitissa. Nostrum vero Capitulum, ad ejus peticionem, cum predicto anniversario fratris sui alterum superaddidit, et concessit pro ipso post ejus obitum faciendum. Concedens etiam eidem insuper et assignans, voluntate et assensu venerabilis patris nostri Raginaldi, tunc episcopi Carnotensis, et Ade, tunc capicerii nostri, in uno oratorio ecclesie, scilicet in oratorio Beati Stephani, diebus singulis unam missam de Sancto-Spiritu, dum ipse viveret, et post ejus obitum missam similiter cotidianam de Fidelibus, pro sua et amicorum suorum animabus in perpetuum celebrandam. Ad quod officium exequendum obligabitur juramento quicumque fuerit pro tempore persona illius oratorii vel ipsius vicarius, et sexaginta solidos de predictis octo libris percipiet annuatim; residui vero centum solidi cedent in usum predictorum anniversariorum.

5. — Obiit magister Raginaldus de Villa-Nova-Guiardi, diaconus, alias

---

[1] Voir vol. II, p. 43, note 2.
[2] Voir vol. II, p. 43, note 1.

dictus de Brayo, canonicus Carnotensis, qui, pro anniversario suo et anniversario defuncti magistri Johannis de Brayo, quondam canonici Carnotensis, nepotis quondam bone memorie domini Guillelmi de Brayo [1], cardinalis, quolibet anno celebrandis, dedit ecclesie Carnotensi decem libras annui et perpetui redditus super majoriam de Amilliaco solvendas quolibet anno ad Nativitatem Domini, quas emit a Stephano, majore de Amilliaco et de Rebolino; et sunt littere super hoc confecte in Thesauro ecclesie. De qua pecunie summa clerici qui dictis anniversariis interfuerint viginti solidos carnotenses percipient.

XIII KALENDAS MAII (19 avril).

1.' — Obiit Serannus, diaconus et prepositus Sanctę-Marię, qui dedit huic ęcclesię tres libros obtimos, scilicet Augustinum de Civitate Dei, et Jeronimum contra Jovinianum et Egesippum. Adquisivit etiam huic ęcclesię terram apud Tutvillam, de qua habemus singulis annis II solidos et decem denarios;

2. — Et Nivelo, levita et canonicus Beatę-Marię, qui hanc ecclesiam decoravit duabus vitreis optimis, et ad opus turris duas marcas argenti dedit; scrinio etiam beatę Marie crucem auream cum quinque lapidibus affixit, et fratribus suis canonicis qui exequiis ejus interfuerint distribui fecit XII denarios, sex vero non canonicis;

3. — Et Johannes de Friesia [2].

4. — Obiit magister Guillelmus de Sarcellis, canonicus et sacerdos, bonis moribus decenter ornatus, in servitio ecclesie assiduus et intentus, et plures siquidem organo-vocis excedens melodiis frequentius insistebat.

† 1326. 7. — Anniversarium solemne, cum luminari, Roberti de Joigniaco [3], quondam episcopi Carnotensis, et Johanne, comitisse de Alenconio, neptis dicti episcopi; ad quod habemus XXV libras per ducem de Athenis super talliam hominum sue ville de Trecis in Campania, et archam piscatoriam dicti loci. [Decessit autem ille non sine sanctitatis fama, nec tamen peni-

---

[1] Guillaume de Bray, doyen de Laon, archidiacre de Reims, cardinal en 1263, mourut à Orvieto en 1282.
[2] Voir vol. Ier, p. 225, notes 1 et 2.
[3] Voir vol. II, p. 262.

tens litium quas Capitulo intentaverat, aut potius ipsi a Capitulo injustissime intentatarum ne legitimam illius subiret censuram. — 9].

XII KALENDAS MAII (20 avril).

1. — Obiit Herbaldus, miles, qui dedit canonicis Sanctę-Marię alodum suum de Silvestri-Villa;

1. — Et Ingelbaldus, canonicus et archidiaconus;

1. — Et Frotgentius, subdiaconus et canonicus Sanctę-Marię;

1. — Et Ivo, levita et canonicus Sanctę-Marię, qui dedit nobit areas quas in claustro habebat.

4. — Obiit Gilebertus de Sancto-Carauno, qui dedit nobis c solidos ad emendos redditus pro suo anniversario annuatim celebrando.

† 1281. 5. — Obiit magister Guerinus de Villa-Nova-Comitis, presbiter, camerarius Carnotensis; ad cujus anniversarium habemus quoddam hebergamentum, quod vocatur hebergamentum de Ulmis, situm in parrochia de Amilliaco cum sexdecim sextariis terre semeure; pro quibus debentur sexdecim libre annui redditus per manum Johannis Jordani junioris, de quibus non canonici habent xx solidos.

7. — Anniversarium Hugonis de Sancto-Paulo [1], comitis Blesensis; ad quod habemus campipartagium de Challeto; quod Capitulum tradit ad firmam seu tenet in manu sua et requirit, et major loci tenetur administrare hospicium ad colligendum dictum campipartagium et expensas pro custodibus. Item habemus censum dicti loci, quem valet xix solidos vi denarios obolum, per manum majoris ipsius loci. Item habemus duos modios terre forestarie, site apud dictum locum de *Challet*, de quibus habemus viii libras per heredes Johannis Monselli et Petri Monselli, ejus fratris; et debent solvi in festo sancti Andree apostoli.

† 1575. 9. — Obiit Johannes Fabri [2], canonicus presbiter, qui cum fuisset a teneris annis puer chori in hac ecclesia, gratiam serenissime Anne, regine de Britannia, promeruit, largissima munera illius liberalitate consecutus

---

[1] Hugues de Châtillon et de Saint-Paul, comte de Blois en 1292, comme héritier de la comtesse Jeanne sa cousine, mort en 1307.

[2] Il est question de ce chanoine Fabri dans la curieuse pièce de vers intitulée : *L'entrée de la royne de France en la ville et cité de Chartres*, 1532. (Bibl. Imp. Lb, $\frac{30}{60}$ 2e.)

est et campanam que Anna dicitur ab illa obtinuit. Instituit autem solemnitatem officii Commemorationis beate Marie seu Dedicationis ecclesie Carnotensis. Summam mille et ducentarum librarum Capitulo largitus est, ad anniversarium suum solemne singulis annis celebrandum DCCC libras emendis fundis destinatas concedens.

XI KALENDAS MAII (21 avril).

1. — Obiit Haldimarus, presbiter et canonicus Sanctę-Marię.

4. — Anniversarium Hersendis, matris magistri Milonis de Castellione, canonici nostri, qui multa bona dedit huic ecclesie, prout in die obitus sui plenarie continetur; de quorum bonorum proventibus habemus sexaginta solidos canonicis qui huic anniversario intererunt distribuendos.

4. — Obiit Galterus de *Vois*, miles, pro cujus anniversario annuatim faciendo Milo, capicerius Carnotensis, ejus filius, dedit nobis C solidos ad emendos redditus.

† 1606. 7. — Obiit bone memorie nobilis vir magister Augustinus *le Prévost*, presbiter, in utroque jure licentiatus, hujus insignis ecclesie decanus et canonicus, qui huic ecclesie donavit testamento XXX libras turonenses annui redditus, cum onere celebrandi, singulis annis et in perpetuum, anniversarium solenne secundum consuetudinem die supradicto et pridie kalendas septembris, quo die obitus sancti Augustini, ecclesie doctoris, memoria recolitur, recitando in magna missa orationem *Deus qui inter apostolicos*, et post missam psalmum *De profundis,* cantu musico, deinde has tres orationes *Deus qui inter apostolicos,* et *Deus venie largitor,* et *Fidelium.*

X KALENDAS MAII (22 avril).

1. — Obiit Rodulfus, sacerdos et canonicus almę Marię et prepositus;

3. — Et Theobaldus [1], Blesis et Clarimontis comes illustris, qui dedit ecclesie Beate-Marie Carnotensis septem libras et decem solidos annui redditus capiendos annis singulis ad festum sancti Remigii, in redditu quem habet in perreia Carnotensi, ab illo videlicet qui predictam tenebit perreiam reddendos; de quibus centum solidi distribuentur die anniversarii

---

[1] Voir vol. II, p. 15, note 2.

sui canonicis et clericis; ita quod canonici habebunt quatuor libras et clerici qui servitio intererunt viginti solidos; residui vero quinquaginta solidi, die obitus matris sue Katherine [1], comitisse, cum quinquaginta solidis quos pater ejusdem comitis eidem contulerat ecclesie pro anniversario predicte Katherine, distribuentur canonicis et clericis, sicut superius prenotatum est.

† 1306. 5. — Obiit Philippus de *Cornillan*, archidiaconus Dunensis in ecclesia Carnotensi et diaconus, qui dedit ecclesie Carnotensi, pro anniversario suo annis singulis in ecclesia Carnotensi de mane et sero solempniter celebrando, duodecim libras et decem solidos turonenses annui et perpetui redditus capiendos super majoriam de Peseyo; de qua summa matutinarii et horarii percipient quilibet qui presens erit, de sero videlicet duos denarios et de mane duos denarios. Item legavit eidem ecclesie pro uno horario perpetuo decem libras et decem solidos carnotenses redditus, percipiendos septem libras super majoria de Dompna-Maria et sexaginta et decem solidos super majoria de Pesiaco predicta; item duodecim libras carnotenses redditus pro uno matutinario percipiendas super majoria de Dompna-Maria.

5. — Obiit Martinus Salnerius, qui dedit nobis c solidos ad emendos redditus pro suo anniversario annuatim celebrando.

VIIII kalendas maii (23 avril).

1. — Obiit Hildradus sacerdos, qui dedit canonicis tres agripennos vinearum;

1. — Et Bernardus, levita et canonicus Sanctę-Marię;

1. — Et Gislebertus Bertinus, canonicus et prepositus Sancti-Carauni, factus ex clerico monachus.

4. — Anniversarium Simonis Jumelli, archidiaconi Blesensis, (ad quod habemus L libras super precaria de Buxello per tenentem ipsam. — 6).

4. — Anniversarium Nicholai de Castro-Theoderici, sacerdotis; ad quod habemus proventus unius modii terre semeure site apud Ballolium-Pini, que terra fuit Johannis dicti Diaconi et Robini de Faiaco; (de quibus habemus IIII libras x solidos per Johannem Quadrigam, clericum fabrice, vel

---

[1] Voir vol. II, p. 15, note 1.

ejus heredes, et debent reddi in festo Purificationis beate Marie virginis; item habemus super matutinas xx solidos. — 6). Super quibus proventibus canonici presbiteri habent xx solidos, (pro quodam anniversario quod faciunt apud Sanctum-Nicolaum pro dicto Nicolao. — 6).

4. — Obiit Hugo de Galardone, succentor, qui dedit nobis c solidos ad emendos redditus pro suo anniversario annuatim celebrando.

9. — Anniversarium Joannis *Piedefer*, canonici presbiteri, ad quod habemus xv libras super majoriam de Fontibus-Guidonis pro certis repationibus ibidem factis et c scuta aurea per eum Capitulo tradita.

VIII kalendas maii (24 avril).

1. — Obiit Hugo [1], vicedominus, hujus ęcclesię fidelis;

1. — Et Herbertus, sacerdos et canonicus alme Marię, qui post mortem nepotum suorum, Alberti videlicet et Tescelini, concanonicis suis reliquit tres agripennos vinearum et dimidium cum torculari, et domum in claustro positam, et calicem argenteum huic ęcclesię dedit;

1. — Et Hugo, presbiter et canonicus;

1. — Et Germundus, canonicus, qui reliquit nobis domum in claustro et censum duorum solidorum apud Poevillare;

2. — Et Albertus de *Meiz*, hujus ęcclesie sacerdos et canonicus, qui, pro anima sui et Andree de *Met*, virgultum cum domo sibi adjacente fratribus suis dedit, et ad turris edificationem x libras dimisit, et xenodochio hujus ęcclesie totam capellam suam, excepta infula, contulit. Preterea domum suam in claustro positam et duos agripennos vinearum quas de proprio emerat huic ęcclesie tali tenore dereliquit ut quicumque domum illam possederit simul et vineas habeat, et omnibus tam canonicis quam clericis de choro non canonicis anniversarium ejus celebrantibus singulis annis binos frumenti modios et unum modium vini tam pro frumento quam pro vino distribuat.

4. — Obierunt Alberea de Gurgite et Joscelinus maritus ejus, Osmundus de Mureto et Aubertus de Galardone; qui Osmundus et Aubertus dederunt

---

[1] Deux vidames de ce nom vécurent au XIe siècle : Hugues Ier, fils de Renaud (1048-1068), et Hugues II, fils de Guerry (1089-1100).

nobis x libras, predicti autem Alberea et J[oscelinus] maritus ejus III^{or} libras : de quibus emimus III^{or} solidos annui census in molendino domine Alesis de Friesia, sito in riparia, prope Tres-Molendinos, qui debet reddi die Purificationis beate Marie, et nisi reddatur dicta die sine emenda non recipiatur. Hec autem dederunt predicti III^{or} defuncti pro suis anniversariis annuatim celebrandis.

4. — Obiit Breta de Cuneo-Muri, que dedit nobis c solidos pro suo anniversario annuatim celebrando.

VII KALENDAS MAII (25 avril).

1. — Obiit Radulfus, subdiaconus et canonicus Sanctę-Marię, qui ex canonico factus fuit monachus.

1. — Et Bernardus [1], abbas de Tyro, qui ejusdem loci ęcclesiam a fundamento construxit, et multos ibidem monachos sub sanctitatis et religionis norma congregavit.

3. — Obiit Rogerius *Lisesnes*, pro cujus anniversario celebrando in hac sancta ecclesia Nicholaus *Lisesnes*, hujus ecclesie canonicus, ejusdem R[ogerii] filius, dedit huic sancte ecclesie medietatem census cum justicia et vendis, quem acquisierat apud Cerevillam (et Befouvillam et apud Corbonnias, que valent quibuslibet annis LII solidis, de quibus non canonici habent x solidos. — 6).

4. — Anniversarium Bartholomei, prepositi Andegavensis, canonici Carnotensis, (ad quod habemus decimam quamdam apud Blandenvillam. — 9).

5. — Anniversarium bone memorie Gerardi de Columpna, quondam canonici Carnotensis, qui legavit pro dicto anniversario decem sextarios bladi et decem solidos annui redditus, que habebat ex acquiramento suo in molendino de Mesnilio, sito apud Landeles super Chuinam, et debet solvere predictum granum ille qui tenebat dictum molendinum, ad mensuram et valorem precii Loenii, festo Purificationis beate Marie Virginis.

4. — Obiit Gervasius *Saugier*, qui dedit nobis c solidos ad emendos redditus pro suo anniversario annuatim celebrando.

---

[1] Voir vol. Ier, p. 117, note 7.

7. — Anniversarium bone memorie Gertrudis de..... quondam Carnotensis; que legavit pro dicto anniversario x sextarios bladi et x solidos annui redditus, que habebat ex acquisito suo in molendino sito apud Landelas super Auduram; et debet solvere predictum granum ille qui tenebit illum molendinum, annuatim, per mensuram et valorem Loenii, in festo Purificationis beate Marie Virginis, et solidi debent solvi ad Pascham.

† 1635. 9. — Obiit Simon *Marcel*, presbiter canonicus, tumulatus in Elemosina Beate-Marie, qui ad institutionem anniversarii sui dedit et legavit Capitulo mille et quingentas libras ad emendos redditus.

VI KALENDAS MAII (26 avril).

1. — Obiit Herbertus Brito, qui ex canonico monachus factus fuit, et nobis terram de Manunvilla reliquit.

3. — Et Theobaldus *Ouscort*, presbiter et canonicus Carnotensis, qui dedit ecclesie Carnotensi quinquaginta libras carnotenses, ad emendos reddidus; de quibus fuit empta quedam decima apud Joiacum a Roberto de Piativillari, milite, sociisque ejus habentibus partem in dicta decima, in qua habemus pro dicto anniversario quinquagina solidos annui redditus.

† v. 1285. 5. — Obiit magister Guillelmus de *Monguillon*, dyaconus, canonicus Carnotensis; pro cujus anniversario habet Capitulum circa tresdecim sextariatas terre cum una domuncula in precaria de Britigniaco; que terra cum domuncula tradita est a Capitulo E[rnaldo], presbitero de Sanchevilla, ad vitam ipsius, pro sexaginta solidis annuis, reddendis in festo sancti Andree; item ad idem anniversarium sexaginta solidos annui redditus super avenas, gallinas, forramina et census quos Capitulum emit apud Dampnam-Mariam et ibi prope, a Guillelmo Vicini, et quos Johannes, archidiaconus Dunensis, tenet in precaria a dicto Capitulo.

† 1620. 9. — Obiit Claudius *Couart*, sepultus ad Sanctum-Anianum.

† 1659. 9. — Obiit Simon *Colbert*, canonicus presbiter, consiliarius in suprema Curia senatus Parisiensis, qui, cum fructus prebende sue licet absens propter privilegia dicte Curie percepisset, legavit moriens, per modum cujusdam restitutionis, summam decem mille librarum fabrice hujus ecclesie: quare Capitulum, in memoriam tanti beneficii, statuit ut quotannis celebraretur ejus anniversarium solemne cum representatione.

V KALENDAS MAII (27 avril)

2. — Obiit Adelais, uxor Goscelini Borrelli.

4. — Anniversarium Dionisii, sacerdotis et cancellarii alme Marie.

4. — Anniversarium, Roberti de Loreto, diaconi et canonici Carnotensis; (ad quod habemus xxv solidos super decimam de Beroto, prout in anniversario Hugonis de Chaverneyo continetur; item habemus xxx solidos perpetui redditus in quibusdam terris sitis apud Dangerias, per heredes Petri Cordani, civis Carnotensis, seu Giloti Regis de Boynvilla; item habemus L solidos super terris et pratis sitis apud Nongentum-Fisci precarie de Berchevillari annexis; item etiam habemus xxii solidos super terram que vocatur *le Quarton* per prebendarium de Cathenis. — 6).

4. — Obiit Robertus de Quadrigaria, qui dedit nobis c solidos ad emendos redditus pro suo anniversario annuatim celebrando.

† 1568. 9. — Obiit Matheus *Lallier* [1], presbiter canonicus, qui fundavit capellam Beate-Marie de Victoria ob liberatam civitatem quam obsidione cinxerant et facta murorum confractione premebant jamjam irrupturi Ludovicus, princeps Condæus, et alii rebellium hereticorum duces, instituitque in ecclesia Carnotensi, in memoriam ejusdem liberationis, festivitatem beate Marie, necnon processionem ad locum predicte confractionis murorum certa denariorum distributione dotavit. Instituit quoque anniversarium suum solemne, ad cujus annuam celebrationem summam sexcentarum librarum Capitulo legavit.

IIII KALENDAS MAII (28 avril).

2. — Obiit Sigebertus, presbiter et canonicus alme Marie.

4. — Obiit Lambertus de Brueroliis, presbiter et canonicus ecclesie Carnotensis, qui dedit nobis c solidos ad emendos redditus pro suo anniversario annuatim celebrando.

† v. 1350. 9. — Anniversarium Nicolai de Braia, canonici, ad quod habemus xv libras super domos canonicales que fuerunt Roberti de Villanis. Fuerat

---

[1] La fondation de cette chapelle a été attribuée par Rouillard (*Parthénie*, tome II, fº 153 vº) à Simon Sauquet, chanoine de Saint-André, comme exécuteur testamentaire de Simon Berthelot, son oncle, décédé chanoine de la même église. Il résulte de notre Nécrologe que le véritable fondateur fut le chanoine Mathieu Lallier; Sauquet, qui vivait en 1600, reconstruisit peut-être la chapelle détériorée pendant les guerres de la Ligue.

autem quondam commissus a Capitulo ad executionem testamenti bone memorie Johannis *Paste*[1], episcopi, et Jacobi de *Lioart,* canonici, ad quod habebamus vi libras annui redditus super domos sitas in vico de Cuneo-Raherii juxta parvum vicum per quem itur de claustro ad ecclesiam Sancte-Fidei.

III KALENDAS MAII (29 avril).

2. — Obiit Wido, prepositus et canonicus alme Marie ;

2. — Et Guillelmus, vicedominus Carnotensis ;

2. — Et Johannes, Sancte-Crucis Aurelianensis canonicus et precentor, qui precariam de Bretonviler, quam ab hac ecclesia tenebat, in bono statu quamdiu vixit conservavit et in multis melioravit, et tres arpentos vinee ibidem de novo plantavit, et decimam ejusdem vinee a quibusdam laicis qui eam jure hereditario detinebant propriis sumptibus emit, et eam ad suum anniversarium in hac ecclesia singulis annis faciendum assignavit. Capitulum vero ita ordinavit et statuit quod quicumque eandem precariam ab eodem Capitulo tenebit, singulis annis, xxx solidos carnotensis monete pro decima ejusdem vinee eidem anniversario persolvet. Reliquit preterea nobis xx libras parisienses ad emendos redditus in augmentum ejusdem anniversarii.

4. — Anno Domini millesimo CC° octogesimo secundo, obiit reverendus pater, dominus Guillelmus de Brayo [2], tituli sancti Marci presbiter cardinalis ; de cujus bonis habuit ecclesia Carnotensis trecentas libras turonenses per manus magistri Guillelmi de Esseio, canonici Carnotensis, executoris ipsius cardinalis, ad emendum redditus pro anniversario dicti cardinalis in Carnotensi ecclesia perpetuo faciendo ; de quibus empta fuit quedam decima sita in parrochia Sancti-Symphoriani et Sancti-Martini de Bleuriaco a domino Gervasio *Champelin,* milite, et Adelina ejus uxore, precio ducentarum quadraginta librarum turonensium amortita omnino, valet annis singulis duodecim libris ad minus, et tria arpenta terre cum herbergamento, sita apud Macerias in una pecia, circumcirca clausa fossato, in censiva Capituli Carnotensis, precio sexaginta solidorum, empta a Jacobo de Bosco, canonico Sancti-Martini Turonensis, qui emerat eam a Jacobo

---

[1] Jean Pasté, évêque de Chartres (1327-1332).

[2] Voir ci-dessus, p. 93, note 1, à l'obit de Renaud de *Villa-Nova-Guiardi.*

dicto *le Breton* de Salmereio; pro quibus tribus modiis terre Guillelmus, major de Maceriis, et heredes sui tenentur solvere quatuor libras carnotensium bonorum et legalium, annis singulis, in perpetuum, prout in litteris inde confectis sigillo Capituli Carnotensis sigillatis plenius continetur: que sexdecim libre debent distribui inter canonicos presentes sero et mane in die obitus dicti domini cardinalis. Item de emptione dicte decime et trium arpentorum terre extant littere in Thesauro ecclesie Carnotensis. Item clerici chori habent preter supradicta, sexaginta solidos turonenses, annis singulis, distribuendos inter eos qui anniversario dicti domini cardinalis sero et mane presentes erunt, sicut apparet per litteram inde confectam, que est in Thesauro ecclesie Carnotensis.

5. — Obiit Frogerius sacerdos, qui dedit nobis c solidos ad emendos redditus pro suo anniversario annuatim celebrando.

9. — Obiit Jacobus de Villamauri, canonicus presbiter, qui ad usum et officium magne misse in elevatione corporis Christi dedit duo turribula argentea ponderis septem marcarum cum dimidia. Et fiet de eis officium et durabit sicut est de torchis consuetum. Et vir venerabilis dominus Guillelmus de Narbona, dicte ecclesie decanus, dedit thus et promisit emere redditus ad dictum officium perpetuo faciendum, et istud idem fuit in elevatione corporis Christi, quoties celebrabitur missa diebus lune in honore gloriose Virginis; si vero dicta turribula contingat frangi in aliquo, opus ecclesie ad reparationem eorumdem tenetur. Legavit etiam c solidos fabrice ecclesie, et ad anniversarium suum solemne domos suas que fuerant Petri de Sorguiis, canonici, quas ab executoribus testamenti ejusdem canonici emerat, sitas in vico Vassallorum.

† 1629. 9. — Obiit Florentius *Mathieu*, canonicus presbiter, in ecclesia Elemosine Beate-Marie sepultus, qui ad anniversarium suum dedit Capitulo summam mille quingentarum librarum, ea lege ut exonerentur heredes ejus a solutione impensarum ad reparationem precariarum suarum, et cantaretur responsorium *Libera* post suum et fratris sui uterini Johannis *Doyet*, canonici presbiteri, anniversarium.

II KALENDAS MAII (30 avril).

2. — Obiit Ebrardus, levita et canonicus alme Marie;

2. — Et Hugo de *Boconviller*, miles, pater Thome, Pissiacensis archidiaconi, et Simonis de Sancto-Dionisio, presbiteri et canonici Carnotensis; pro cujus anniversario celebrando in hac sancta ecclesia dictus Symon, ejusdem Hugonis filius, acquisivit huic sancte ecclesie quicquid major de Nogento-Fisci habebat in granica de Gaesvilla, videlicet unum trituratorem, et stramina, et foragia, et paleas, et pilonem, et veciacum, et pesat, et favat, et duos trituratores quos major de *Joi* habebat in granica de *Joi;* quorum proventus distribuetur canonicis quos ejus anniversario celebrando contigerit interesse.

4. — Obiit magister Galterius de Chevriaco, camerarius Carnotensis; pro cujus anniversario habemus centum solidos, de quibus non canonici habent viginti solidos percipiendos super acquiramentis que fecit apud Vilois.

† 1302. 5. — Obiit Johannes de Albigniaco, presbiter subdecanus hujus ecclesie, qui dedit huic ecclesie domum suam quam habebat sitam in claustro nostro Carnotensi retro Elemosinam; ita quod de pensione que de dicta domo poterit haberi solventur quatuordecim libre cuidam matutinario presbitero vel qui infra annum se faciat ad sacerdotium promoveri, instituendo a Capitulo, qui quotidie surgat ad matutinas et bis in ebdomada celebret, pro anima defuncti et parentum suorum in altari sibi a Capitulo assignando. De residuo vero dicte pensionis fiet ejus anniversarium.

† 1560. 7. — Obiit Jacobus *Lamy*, prius puer chori ecclesie Sancti-Quintini, et post fuit puer chori ecclesie Beate-Marie Carnotensis.

† v. 1348. 7. — Anniversarium Jacobi de *Lioart*, canonici Carnotensis, ad quod habemus, de perpetuo redditu, vi libras super quasdam domos sitas in vico de Cuneo-Raherii, juxta ruellam per quam itur de claustro Beate-Marie ad ecclesiam Sancte-Fidis, per Jacobum *Laisie*, civem Carnotensem, et ejus heredes, et debent solvi in Nativitate Domini.

† 1514. 9. — Anniversarium solemne Joannis Mileti [1], qui ex canonico Carnotensi electus Suessionensis episcopus, sedit annos septuaginta duos, et dum viveret dedit Capitulo summam quingentarum librarum, ad suum et parentum et amicorum et benefactorum anniversarium instituendum; pro

---

[1] Suivant le *Gallia Christiana*, Jean Millet, aurait été évêque de Soissons, du 22 février 1443 au 1ᵉʳ avril 1503. Il aurait donc siégé 60 ans et non 72 ans comme le dit le Nécrologe.

quibus assignavimus super precariam de Altovillari tria modia grani, cum semiporco estimato xx solidis et semimodio vini estimato xxv solidis. Erat autem anniversarium solemne representationis pulsatione Marie et Gabrielis.

KALENDIS MAII (1er mai).

2. — Obiit Milo, levita et archidiaconus Beate-Marie, qui huic ecclesie villam adquisivit que dicitur Carnotivillare, et dedit eo tenore ut, post decessum unius heredis xx^{ti} solidos annuatim reddentis, omnes redditus illius ville cedant in usus canonicorum qui ejus anniversario interfuerint. Acquisivit etiam et ecclesie dedit censum vi solidorum apud Drocensem portam cum vendis, et furnum apud Novigentum-Fiscum, et medietatem pastuum de Hismeriaco et de Bonvilla et de Giroldeto. Capitellum ecclesie a sinistra parte decenti pictura decoravit. Duas capas sericas dedit, et vineas de Spina cum vendis, que reddunt annuatim xx^{ti} et ix solidos et viii denarios.

4. — Obiit Nicholaus *Hoel*, canonicus Carnotensis, qui dedit nobis c solidos ad emendos redditus pro suo anniversario annuatim celebrando.

7. — Anniversarium patris et matris Petri de Paluello, canonici, et benefactorum ejusdem Petri, ad quod habemus unum modium grani, videlicet ix sextarios bladi et iii sextarios avene, super quibusdam terris sitis apud Nicorbinum et Malum-Lupum, cum portione vendarum dictarum terrarum; et debet reddi dictum granum apud Nicorbinum et Malum-Lupum, in parrochia de Theuvilla, die dominica post festum beati Remigii.

† v. 1316. 9. — Anniversarium Raginaldi de Buxeio, canonici Carnotensis et decani Magdunensis, ad quod habemus octo libras super domos sitas in claustro, quas habuerat et Capitulo ad suum anniversarium legaverat.

VI NONAS MAII (2 mai).

3. — Obiit Matheus de Belviaco; (pro cujus anniversario habemus xxxv solidos super fourraigia de Cerneyo per prebendarium de Marchevilla; item habemus x solidos per prebendarium de Landellis; item habemus xv solidos per prebendarium de Charronvilla pro decima quam acquisivit Goslinus cantor. — 6).

5. — Obiit Guillelmus de Scronis, canonicus Carnotensis, qui dedit huic ecclesie L libras ad emendum centum solidos annui redditus in terra Capituli; de quibus debent distribui canonicis quatuor libre et non canonicis viginti solidi sine diminucione.

V NONAS MAII (3 mai).

1. — Obiit Eubrardus, primo devotus matris Dei canonicus ac studiosus cancellarius, post vero totius obediencię monachus et abbas assidue evangelizans omnibus.

4. — Obiit Hugo de Sancto-Leobino, presbiter; (ad quod habemus super matutinas L solidos; item habemus super majoriam de Chenunvilla per prebendarium de Maigneriis xx solidos. — 6).

5. — Anniversarium magistri Roberti, presbiteri de Valle-Sancti-Germani, quondam canonici Carnotensis; ad quod habemus unum modium terre semeure cum parte cujusdam domus site apud *Merroles*, et duo sextaria terre site apud Guionvillam; que omnia emerat Symon de Belsia a vassore de Guionvilla, et hec omnia retraxit J[ohannes] de Sancto-Mederico, succentor Carnotensis, a dicto Symone de Belsia, et ea assignavit idem succentor anniversario dicti magistri Roberti; et decem solidos super unum stallum ad Portam-Novam, per manum clerici Loegnii.

5. — Obiit Gaufridus de Aurelianis, qui dedit nobis c solidos ad emendos redditus pro suo anniversario annuatim celebrando.

† 1602. 7. — Obiit venerabilis vir magister Johannes *Doyet*, insignis ecclesie Carnotensis canonicus, qui, vivens, diversis in negotiis ecclesie predicte non parum servivit, et moriens eandem reddito annuo L scutorum solarium, pro fundatione solemnis anniversarii die sui obitus celebrandi, donavit.

IIII NONAS MAII (4 mai).

2. — Obiit Tetbertus, sacerdos alme Marie.

3. — Obiit, in senectute bona, vir venerande memorie Hugo [1], decanus ac sacerdos alme Marie, litterarum scientia et naturalis simul ingenii sapiencia preditus, qui dignitatem suam vultus adeo et sermonis gravitate et

---

[1] Voir vol. II, p. 111, note 1.

reverentia multisque tam animi quam corporis dotibus adornabat ub ab ipso dignitas non minus honoris acciperet quam ipse ab eadem dignitate consequi videretur. Hujus ecclesie libertatem et jura omnia conservare et contra omnes adversantium impetus tueri et defensare modis omnibus laborabat, et ad idem fratres et concanonicos universos non tam sui exemplo quam crebris exhortationibus commonebat. Capam sericam optimam sed et magno comparatam precio huic ecclesie contulit, et tria sermonum pariter et omeliarum volumina calamo grossiori conscripta, usibus et officiis matutinalibus perpetuo deputanda. Adquisivit autem huic ecclesie, pro anniversario suo annuatim in ea celebrando, terras in parrochia de Vileis sitas, sationis IIII^{or} modiorum vel amplius susceptibiles, et in eadem parrochia, apud Manuvillam, quandam cum suis appendiciis granchiam pene dirutam quam de novo, sumptibus non modicis, reparavit, et locum illum muris, edificiis et plantationibus plurimum decoravit. Apud Piativillare muros circa domum suam pene dirutos reparavit et novum ibidem construxit edificium. Adquisivit etiam decimam quamdam apud eandem villam, quam Almaricus de Levesvilla [1], miles, possidebat et a decano tenebat in feodum; de qua scilicet decima monachis de Josaphat unum modium pro anniversario suo annuatim celebrando legavit; residuum vero huic ecclesie sub ea conditione reliquit quod duos ejusdem modios ille semper habeat qui annuam canonicis anniversarii sui solverit pensionem, post istos modios quicquid supererit decanus percipiet. Super his autem omnibus supradictis que huic ecclesie pro suo adquisierat anniversario unicum sibi heredem constituit, qui, quamdiu viveret, singulis annis IIII^{or} libras canonicis, ejusdem anniversarii die, redderet, ita scilicet quod post illius heredis decessum supradicta semper omnia canonicus ille possideat qui majorem obtulerit in capitulo pensionem. Reliquit preterea XL^{ta} libras ad emendos redditus non canonicis, eis scilicet annuatim distribuendos qui anniversario suo intererunt. Centum libras et centum solidos et omnia vasa sua argentea XX^{ti} marchas appendentia ad hujus ecclesie fabricam dereliquit, excepto quod tantummodo frons unius capse, que sola inter ceteras minus decenter lignea apparebat, argento cooperta est. Die vero quo ejus exequie celebrate sunt, singuli canonicorum quinque solidos, singuli non canonici duos, etiam hii

---

[1] Voir vol. II, p. 168, note 1.

qui exequiarum officiis non interfuerant, perceperunt. Multa quoque alia beneficia et legata multis personis, ecclesiis et domibus religiosis in Carnotensi diocesi constitutis pro ejus anima distributa sunt.

4. — Obiit Guillelmus *Pinart* de Burgo, qui dedit nobis c solidos ad emendos redditus pro suo anniversario annuatim celebrando.

7. — Anniversarium solemne, sero et mane, cum luminari, bone memorie domini Guillelmi Judicis [1], sancti Clementis presbiteri cardinalis, et Johannis de Beffeteria, presbiteri, quondam istius ecclesie canonici; quod semper debet fieri iiii^a die maii, si commode est, nam tali die dictus dominus cardinalis diem suum clausit extremum. Qui quidem Johannes, noster concanonicus, non immemor beneficiorum que ab eodem cardinali recepit, istud anniversarium, pro remedio animarum suarum et aliorum benefactorum suorum, in hac ecclesia fundavit, et elemosinam in eadem ecclesia fieri ordinavit, in die jovis sancta, omnibus pauperibus qui signum mandati habebunt, videlicet cuilibet duos panes capituli, quales ipsius ecclesie canonicis distribuuntur; pro quibus dedit xvi libras et viii solidos turonenses annui et perpetui redditus, videlicet iii libras et x solidos super quandam domum sitam in vico Pelliparie istius civitatis Carnotensis, solvendos per Guillelmum Moteti, vitrarium, qui in eadem moratur, et ejus successores, xl et v solidos in festo beati Johannis-Baptiste, et alios xlv solidos in festo Nativitatis Domini; atque xl solidos super unam domum sitam in vico Asinorum, per Petrum *Bonnedosse*, carnificem, et ejus successores, in festo Nativitatis Domini; item in parrochia Sancti-Sergii, in majoria de Caudis, xxv solidos per Johannem Perrerii, super certas hereditates, persolvendos ipso festo; item, in eisdem parrochia et majoria, per Girardum *Moriau*, super pratum vocatum de Via, xxx solidos, eodem termino persolvendos; item, in parrochia et majoria de Corveis, per Petrum *Belin* et Clarissam ejus uxorem ac eorum successores, l solidos, super diversis hereditatibus, in festo beati Remigii persolvendos; item, in eisdem parrochia et majoria, per Pasquerium *Cornilleau*, super diversis hereditatibus, xxx solidos, in eodem festo beati Remigii, persolvendos; item, in villa de Ermenonvilla-Parva, super Petrum Vassoris, supra omnes hereditates suas,

---

[1] Guillaume de la Jugie, neveu par sa mère du pape Clément VI, cardinal de la promotion de 1342, mort le 4 mai 1374, et non le 28 avril, comme le dit Moréri.

xx solidos, predicto termino, persolvendos; item, in villa de Vovella, in majoria de Landellis, per Nicholaum Majoris, super omnes hereditates suas, xx solidos, prefato termino, persolvendos; item, per Guillelmum de *Berou*, scutiferum, super omnes hereditates suas, xxiiii solidos, in festo Pasche, persolvendos. De quibus quidem pecunie summis fiet elemosina predictis pauperibus in Cena Domini, anno quolibet, ut dictum est.

III NONAS MAII (5 mai).

1. — Obiit Hugo Adolescens, canonicus Sanctę-Marię;
2. — Et Philippus de Galardone, ejusdem pie matris Domini levita et canonicus, qui ad opus hujus ecclesie c solidos dedit.
4. — Anniversarium Petri Menerii, sacerdotis et canonici; (ad quod habemus super matutinas L solidos. — 6).
5. — Obiit defunctus nobilis vir dominus Hugo de Tyengiis, canonicus Carnotensis; pro cujus anniversario faciendo donavit et contulit ecclesie nobilis vir dominus Erardus, dominus de Valeriaco, miles, ejus frater, quadraginta sex libras cum dimidia turonenses; pro qua pecunia concessimus eidem anniversarium dicti fratris sui quinquaginta solidorum carnotensium, percipiendorum singulis annis super acquiramento quod fecit Johannes de Autoyo apud Ymeriacum.
5. — Obiit Maria, mater Agathes de Aurelianis, que dedit nobis c solidos ad emendos redditus pro suo anniversario annuatim celebrando.

II NONAS MAII (6 mai).

1. — Obiit Magenardus, sacerdos et canonicus Sanctę-Marię;
1. — Et Grimoldus, miles, qui fuit huic ęcclesię fidelis; pro cujus anima Gauscelinus, filius ejus, dedit usibus fratrum alodum suum qui vocatur Tecleisvilla.
5. — Obiit Hugo *Sanglier*, canonicus Carnotensis, qui dedit ecclesie Carnotensi decem libras annui redditus pro anniversario suo solempni faciendo; item duodecim libras pro uno matutinario, super domum et terras quas acquisivit apud Brayacum; et hec omnia per manum capellani capelle Sancti-Gaciani in ecclesia Carnotensi.

. 4. — Obiit Gaufridus *Coupechoue*, presbiter; de cujus acquisitione abacia de Josefas reddit nobis annuatim, in die sancti Remigii, x solidos pro dicti presbiteri anniversario annuatim celebrando.

NONIS MAII (7 mai).

1. — Obiit Winemandus, sacerdos et canonicus almę Marię;
1. — Et Herbertus, canonicus Sancti-Aniani.

† 1241. 4. — Obiit Johannes de Castillione, comes Blesensis; ad cujus anniversarium habemus viginti libras carnotenses in prepositura de Castriduno, (per prepositum loci, et debent reddi septima aprilis. — 6).

7. — Anniversarium Luce de Urbe-Veteri, canonici presbiteri; ad quod habemus x libras super domos suas sitas in vico Vassellorum, prope portam Sancti-Johannis-in-Valleya, per tenentes ipsas.

7. — Anniversarium Reginaldi de Villa-Nova et Johannis de Braya, canonici; ad quod habemus x libras de perpetuo redditu super majoriam de Amilliaco per majorem loci, et debent reddi in festo Purificationis beate Marie Virginis.

VIII IDUS MAII (8 mai).

1. — Obiit Ratherius Casatus, qui dedit canonicis Sanctę-Marię alodum quem tenebat ad Cereisvillam;

1. — Et Rodulfus, qui dedit eisdem fratribus II arpennos vinearum, et restructioni hujus aecclesię multas impensas devotus attribuit;

1. — Et Fulcherius, qui dedit nobis alodum quem habebat in Briteniaco.

4. — Exivit de regione nostra magister Petrus de Campis, cancellarius Carnotensis, indutus denique stola candida confessionis merito, tamquam verus christiane religionis professor, unde credendum est firmiter quod eum celestis chorus exceperit; vir genere nobilis, animo nobilior, inter ceteros percipuus fidelitatis cultor et amator: probavit hunc pre ceteris actibus suis officii sibi commissi fidelis et commendabilis exequtio, in quo sane adeo grata ejus presentia extitit ut etiam memoria in benedictione perduret. Agens igitur in extremis, testamentum fecit, et hujus sancte ecclesie canonicis, volens ipsos bonorum suorum participes fieri, pro an-

niversario suo centum libras legavit. De qua pecunie summa empti sunt quinque trituratores in granchia de Amilliaco a majore loci illius; quorum proventus annua revolutione distribui debent canonicis quibus ejus anniversario placuerit interesse.

† 1311. 5. — Obiit Nicholaus de Lusarchiis [1], quondam prepositus de Auversio, qui fuit episcopus Abrincensis. Pro cujus anniversario assignati sunt nobis centum decem solidi redditus super quadam domo cum celario et pertinenciis sita ante Moncellum-Sancti-Mauricii Carnotensis, juxta domum Johannis de Granchia et domum Nicholai Bovis presbiteri, in censiva Sancti-Johannis-in-Valleya, ad tres solidos et sex denarios census quos debet solvere relicta Johannis de Granchia; item et super duobus arpentis vinearum vel circa cum borda et duabus cuppis in dicta borda, in clauso *Ysaquart*, juxta vineam Guillelmi de Yvreio et domini Nicolai Bovis, in censiva Symonis de Feritate et Guillelmi de Roiseiis, ad duos solidos census quos debet solvere dicta relicta. Item dicta relicta obligatur per litteras comitis Carnotensis ad solvendum dictos centum decem solidos reddendos ad Decollationem sancti Johannis. Item assignata est nobis pro eodem anniversario quedam domus sita Carnoti in mercato Petrarum, in quo venduntur panni lanei quolibet sabbato, juxta domum Guillelmi de Belvaco et domum Martini de Balneolis, solvens sex denarios census priori Sancti-Michaelis Carnotensis, in festo sancti Remigii, prout continetur in litteris nobis traditis sigillo comitis Carnotensis sigillatis.

5. — Reverendus in Christo pater dominus Armandus de Narcesio [2], nuper canonicus et prepositus de Ingreyo ac decanus in ista sancta ecclesia Carnotensi, capellanus ac familiaris sanctissimi patris domini J[ohannis] pape xxii, auditorque sacri palacii, et nunc archiepiscopus Acquensis in Provencia, dum Capitulum istius ecclesie in curia Romana litigaret contra dominum R[obertum], quondam episcopum Carnotensem, jura et libertates ac privilegia hujus ecclesie fideliter custodivit, et non solum sui diligencia, adjutorio sed etiam amicorum et potentia, totis viribus se exhibuit precipuum defensorem, ac concanonicos suos istius ecclesie in curia Romana existentes laudabiliter confortavit et sustinuit in adversis. Hiis vero non

---

[1] Nicolas de Luzarches, évêque d'Avranches (1307-1311).

[2] Armand de Barces ou Narces, archevêque d'Aix (1335-1348).

contentus, beneficii accepti non immemor seu ingratus, anno Domini M°CCC°XX°IX, dicte ecclesie dedit centum libras turonenses; de qua summa pecunie Capitulum assignavit et assedit eidem pro quadam missa de Sancto-Spiritu pro ipso celebranda in nostra ecclesia Carnotensi, ad majus altare, octava die maii, scilicet in vigilia sancti Nicolai estivalis, super terra Sancti-Georgii-super-Auduram a Capitulo acquisita et per dominum episcopum Carnotensem admortizata, sex libras; si vero contigerit dictam terram a Capitulo retrahi seu extra manum suam poni, Capitulum voluit et ordinavit quod dicte sex libre accipientur super matutinas ecclesie, pro dicta missa celebranda et per matutinarios distribuende : et post ejus decessum fiat ejus anniversarium sollempne, prout moris est fieri, in ecclesia Carnotensi; (ad quod habemus ad presens c solidos super precaria Sancti-Georgii-super-Auduram per tenentem ipsam. — 6).

4. — Obiit Johannes *Haudri*, qui dedit nobis c solidos ad emendos redditus pro suo anniversario annuatim celebrando.

VII idus maii (9 mai)

5. — Obiit Gaufridus de Aurelianis, clericus, pro cujus anniversario celebrando habuimus c solidos.

† v. 1470. 9. — Anniversarium Mathurini *Gauguin*, canonici diaconi, qui ad hujus anniversarii celebrationem annuam dedit Capitulo centum scuta auri: quare assignata est summa vii librarum et xiii solidorum super domum que fuit Raginaldi de Senunchiis, que de dicta peccunia edificata fuit; item summa xx solidorum super domos que fuerunt Hugonis *Gast*.

VI idus maii (10 mai).

1. — Obiit Richardus, diaconus;

1. — Et Adhelais, matrona, que dedit usibus canonicorum alodum de Sarniaco cum appenditiis ejus;

1. — Et Robertus, subdiaconus et canonicus Sancte-Marie.

4. — Obiit Richerius *Bellegreue*, qui dedit nobis c solidos ad emendos redditus pro suo anniversario annuatim celebrando.

† v. 1468. 9. — Anniversarium Thuriaci *Vinsart*, canonici presbiteri, qui cum exonerasset domum canonicalem Florentini d'*Illiers* et precariam de Malo-

Foramine instaurasset, decretum est fieri quotannis ejus anniversarium hac die ; ad quod assignata est summa xl solidorum, item xii solidi et vi denarii apud locum d'*Angles*, item et c solidi in precaria de *Mautrou*.

V idus maii (11 mai).

1. — Obiit Manvaldus, Britto, et carpentarius Sanctę-Marię ;

1. — Et Haudricus, sacerdos et canonicus Sanctę-Marię ;

3. — Et Gillebertus, levita et subdecanus Sancte-Marie, qui edificavit in patrimonio suo huic ecclesie medietatem ville que vocatur Puteolus.

IIII idus maii (12 mai).

1. — Obiit Symon, sacerdos et archidiaconus Beatę-Marię, qui reliquit fratribus hujus ęcclesiae centum solidos denariorum, et domum in claustro positam, quam emerat ex proprio, dedit nobis liberam ab omni consuetudine, post decessum unius heredis : cujus anima ęternam requiem possideat.

7. — Anno Domini M°V°LVIIII°, magister Nicholaus *Thiersault*, insignis ecclesie nostre cantor et canonicus, dedit eidem ecclesie elegantem baculum cantorialem, argenteum auratum, ponderis vii librarum cum dimidia et v unciarum argenti, sibi et sue dignitatis successoribus usui futurum in magnis et solennibus festivitatibus, ad decus et ornamentum ejusdem ecclesie nostre. Quem quidem baculum ordinavimus asservandum in cellula sanctarum reliquiarum in choro nostro existente.

† 1471. 9. — Anniversarium Roberti *Mouschard*, armigeri, majoris de Campis et de Chevarderia, qui ad anniversarii sui celebrationem dedit majoriam de Chevarderia.

III idus maii (13 mai).

7. — Anniversarium solemne, sine luminari, Johannis Bonnelli, ad quod habemus, de proprio redditu, super omnia bona et hereditates quascumque, quibuscumque locis existentes, defuncti Petri de Boyvilla et Marote, ejus uxoris, per heredes ipsorum, xii libras, reddendas medietatem ad festum Nativitatis Domini et beati Johannis-Baptiste residuum.

† v. 1404. 9. — Anniversarium Simonis de Mairoliis, dicti *Maupin*, militis, ad quod habemus campipartagium et census de Villaribus-Bosci.

II idus maii (14 mai).

7. — Obiit Petrus Archerii, archidiaconus Vindocinensis; ad cujus anniversarium, quod est solenne cum luminari, habemus quasdam vineas cum hebergamento sitas apud Remenunvillam, de quibus habemus xii libras; de quibus cadunt pro luminari x solidi et pro grossis campanis pulsandis v solidi.

14 mai 1610. 9. — Obierunt serenissimi et augustissimi principes, Henricus Quartus,
14 mai 1643. re et nomine Magnus, et ejus filius Ludovicus Tertius-decimus, Justus merito appellatus, uterque Francie et Navarre rex christianissimus, ille nefandi parricide gladio confossus, hic lenti morbi tabe confectus, uterque bellicosissimus et invictissimus. Henricus exterorum factiones devicit et exercitus profligavit, Gallorum suorum ceco religionis amore rebellantium tumultus compressit, et debitum sibi originis jure Francorum regnum, armorum vi et belli jure, acquisitum obtinuit. Ludovicus exteris princibus sortis arbiter fuit, subditorum suorum propter heresim rebellium vires fregit, arces expugnavit et pacem perpetuam Gallie conciliavit. Ambo hanc sanctam ecclesiam, predecessorum suorum regum et progenitorum principum Borboniorum, comitum Vindocinensium, ejusdem ecclesie alumnorum, exemplum imitati, singulari dilectione prosecuti sunt et multis privilegiis auxerunt atque munierunt. Henricus in hoc sancto templo inaugurationis regalis chrismate inunctus, reliquias sanctorum martyrum Sergii et Bachi argentea et deaurata theca inclusas dedit, et alia multa immunitatum dona, si morte preventus non fuisset, concedere meditabatur. Ludovicus, beate Marie in hocce templo celebrate precibus et singulari munere, geminam prolem, augustissimum scilicet Ludovicum Magnum regem et serenissimum principem Philippum, Aurelianensem et Carnotensem ducem, pene preter nature ordinem nec sine miraculo adeptus, quod ejus gloriosissimus pater in votis habuerat executus est et anniversarium ejus hac die festumque sancti Ludovici regis solemne instituit, addita salis gratuiti largitione. Dedit etiam casulam, dalmaticam et tunicam, quinque cappas, pallia et vela altaris rubei coloris, omnia holoserica, opere phrygionico, aureis et argenteis filis acu picta, solemni Pentecostes officio deputanda. Duo preterea candelabra majora argentea cum annuo censu quingentarum librarum concessit, ea lege ut ardeant in illis cere albe cerei in precipuis anni festivita-

IDIBUS MAII (15 mai).

1. — Obiit Ingelerus, sacerdos et canonicus Sanctę-Marię, qui reliquit canonicis Sanctę-Marię tres aripennos vinearum, uno quadrante minus, post unius heredis sui finem.

4. — Obiit Galterius Alvearius, qui dedit nobis x libras ad emendos redditus pro ipsius et Marie uxoris sue anniversariis annuatim celebrandis.

9. — Anniversarium Petri Viguerii, canonici presbiteri et archidiaconi Santonensis, qui, nomine Alphonsi [1], comitis Tolosani et Pictaviensis, fundavit et dotavit altare Sancti-Theobaldi ; ad cujus anniversarium habemus c solidos in molendino et domibus sitis apud *Challeine*.

XVII KALENDAS JUNII (16 mai).

1. — Obiit Ragenoldus, presbiter et canonicus Sanctę-Marię ;

1. — Et Harduinus, canonicus et subdecanus almę Marię ;

2. — Et Ernaudus de Folieto, subdiaconus et canonicus Beatę-Marię, qui hanc ęcclesiam duabus vitreis decoravit, et ad augmentum tabulę que est a sinistra parte altaris dedit unam marcam auri, et xx solidos ad opus ęcclesię et quatuor anulos aureos cum lapidibus preciosis scrinio beate Marię affixit.

† 1344. 9.. — Anniversarium Joannis de Cantumerula, succentoris et canonici presbiteri, ad quod habemus septem quarteria vinearum in territorio de Galardone, apud Remenonvillam, cum quadam domo ad dictas vineas pertinente.

XVI KALENDAS JUNII (17 mai).

1. — Obiit Letericus, sacerdos et canonicus Dei genitricis Marię.

9. — Anniversarium Simonis de Villanova, armigeri, ad quod habemus iiii libras super precaria Sancti-Georgii.

---

[1] Alphonse, frère de saint Louis, mort le 21 août 1271.

XV KALENDAS JUNII (18 mai).

1. — Obiit Gelduinus, ex vice-comite monachus [1], qui, pro sua et filii sui Harduini anima, reddidit nobis terram Ciconiolas nomine, et longam nobis inde factam injuriam tali satisfactione correxit.

9. — Anniversarium Guidonis de Culturis, canonici, ad quod habemus xx solidos super domos de Cuneo-Muri-Episcopi.

XIIII KALENDAS JUNII (19 mai).

1. — Obiit Warinus, sacerdos et canonicus Sanctę-Marię, qui dedit nobis duos agripennos vinearum apud Moncellum;

1. — Et Ingelrannus [2], hujus aecclesię decanus, et prepositus fidelis, et cancellarius utilis.

1. — Obiit Stephanus [3], palatinus comes, in defensione Jerosolimitanę ecclesię; qui libertatem episcopalibus domibus contulit, et pro cujus anima uxor ejus Adela nobis, comitissa, concessit canonicis Beatę-Marię vicariam quam eis Gaufridus Britto vendidit, et alia multa bona fecit.

4. — Obiit Milo, presbiter Sancti-Johannis-de-Cripta, qui dedit nobis c solidos ad emendos redditus pro suo anniversario annuatim celebrando.

XIII KALENDAS JUNII (20 mai).

1. — Obiit Albertus, hujus sanctę ęcclesię primum decanus et rerum ęcclesiasticarum procurator egregius, qui, postea Majoris-Monasterii factus abbas, monastice regulę fuit observator diligentissimus;

3. — Et Gauterius, vir magne mansuetudinis et humilitatis, nepos Roberti episcopi, hujus sancte ecclesie canonicus, levita et Pissiacensis archidiaconus.

4. — Obiit Ermeniardis, filia Furmondi *Sechier*, qui dedit nobis c solidos ad emendos redditus pro suo anniversario annuatim celebrando.

9. — Anniversarium Bernardi de Maiseio, canonici presbiteri, ad quod habemus c solidos super quasdam domos sitas ante Elemosinam Beate-Marie.

---

[1] Voir vol. Ier, p. 91, note 1.
[2] Ingelranus, doyen du Chapitre (1072-1083).
[3] Voir vol. Ier, p. 98, note 2.

XII kalendas junii (21 mai).

1. — Obiit Ernustus, clericus et canonicus almę Marię;

1. — Et Godeleia, sanctimonialis, quę religiosam vitam duxit, et ornamenta multa huic ęcclesię tribuit.

† 1308. 7. — Anniversarium Nicholai de Domo-Maugis, canonici, ad quod habemus viii libras super matutinas. Item habemus xl solidos super majoria de Pareyo-Sancti-Ebulfi, per majorem loci. Item habemus quamdam parvam domum in Magno-Bello-Videre, juxta domum Almarrici de Monte-Pipello, de qua habemus v solidos annui redditus, per Yvonem *Coleau*, Britonem, et ejus uxorem, et debent reddi ad festum Trinitatis estivalis.

9. — Anniversarium Petri *Mariette*, canonici, et parentum ejus, ad quod habuimus centum scuta auri in emptionem reddituum convertenda, que inservierunt reparationi trium stagnorum Male-Domus, que tradita sunt Raginaldo *Chamart*, civi Carnotensi, nepoti dicti *Mariette*, ad pensionem xv librarum, unde x libre huic anniversario deputantur.

XI kalendas junii (22 mai).

1. — Obiit Herveus [1], nobilissimus abbas Sancti-Carauni et canonicus almę Marię;

1. — Et Eiricus, sacerdos et canonicus Sanctę-Marię.

† 1374. 9. — Anniversarium Garnerii Gueroudi, canonici Carnotensis et archidiaconi de *Jozas* in ecclesia Parisiensi, pro animabus Guidonis [2], cardinalis Boloniensis, Joannis [3], comitis Boloniensis, fratris ejus, et Petri Gueroudi, patris dicti Garnerii, ad quod habemus xxviii libras circiter annui proventus assignatas super granicas de Charonvilla et de Chauneto, predia quedam sita apud Solerias in parrochia de *Imereiz*, et apud Berjovillam, super pressorium de Uno-Pilo, majorias de Mineriis et Luco-Plantato, atque apud Halervillam : videlicet vi libras super granchiam de Charonvilla, xl solidos

---

[1] Cet abbé est probablement Hervé III qui vivait en 1069 et auquel les listes des abbés de Saint-Cheron donnent le titre de chanoine de Chartres.

[2] Guy d'Auvergne et de Boulogne, dit le Cardinal de Boulogne, archevêque de Lyon, mort le 25 novembre 1373.

[3] Jean Ier, comte d'Auvergne et de Boulogne, mort le 24 mars 1386.

super granchiam de Chauneto per prebendarium, IIII libras super hereditabus Guioti de Scronis apud *Soulerres*, item quoddam herbergamentum cum pertinentiis in parrochia de Imereio, xv solidos super herbergamentum L...... apud Barjovillam, LX solidos super pressorium de Uno-Pilo et pertinentiis, L solidos super majoriam de Migneriis, et de Luco-Plantato xxv solidos, item VI libras apud Halervillam super heredibus Johannis de *Guernay*, armigeri.

X KALENDAS JUNII (23 mai).

1. — Obiit Guillelmus, subdiaconus et canonicus Sanctę-Marię, qui dedit huic ęcclesię domum in claustro quam emerat, et suo labore et industria acquisivit Herveivillam et Albam-Spinam, et Vallem-Granorum, et antiphonarium.

4. — Obiit Ermeniardis, uxor Galteri *Lescuer*, que dedit nobis unum staulum in foro comitis Carnotensis pro suo anniversario annuatim celebrando; pro quo staulo debemus annuatim in die Nativitatis beati Johannis-Baptiste II denarios Gaufrido nuncio, et nisi eadem die redderetur, emenda propter hoc eidem deberetur.

VIIII KALENDAS JUNII (24 mai).

5. — Obiit magister Guerricus de Virduno, canonicus hujus ecclesie, dyaconus, qui nobis, pro anniversario faciendo, dedit decem sextaria terre semeure sita in territorio de Harchevillari, pro quibus habemus LX solidos per tenentem precariam dicti loci de Harchevillari; item dimidium modium terre semeure situm apud Gressus; item dimidium arpentum prati, quod vocatur *Plante-folie;* item dimidium arpentum prati, quod emit a dicto *Gambelin;* item quarterium et dimidium prati, quod emit a Vincencio dicto *Gayville;* item quarterium et dimidium prati, quod emit a Petro Grandi; item proprietatem domus sue site in claustro retro Elemosinam Beate-Marie : (de quibus habemus VII libras per tenentes ipsas. — 6).

9. — Anniversarium Hugonis de Berthovillari, ad quod habemus duo loca in granchia de Joyaco et unum locum in granchia de Gayvilla, per prebendarium de Nogento-Fisci.

VIII kalendas junii (25 mai).

1. — Interfectus est Bernerius, levita et canonicus almę Marię;

2. — Et obiit Vulgrinus[1], cancellarius hujus ęcclesię, postea vero Sancti-Johannis canonicus, qui capsam quandam deargentari fecit et xxx libras eidem ęcclesię dedit.

3. — Obiit etiam Theobaldus, comes Campanie (palatinus; ad cujus anniversarium habemus lx solidos per prebendarium de Maigneriis super majoria de Chenonvilla. — 6).

7. — Anniversarium Garnerii de Ocquis, canonici presbiteri, ad quod habemus duos modios terre site apud Amilliacum, que solent tradi pro vi libris certo termino solvendis; quas tenuit Johanna Regine ejusdem loci de Amilliaco. Item habemus super domum Johannis Benedicti vii libras iiii solidos, per tenentem ipsas, et quas tenet, ad presens, Reginaldus de Buxiaco, canonicus hujus ecclesie.

7. — Anno Domini M°V°XXXVI°, obiit magister Petrus *Dallonville*, dum viveret canonicus Carnotensis, qui dedit dominis de Capitulo xxxv libras turonenses; qui domini de Capitulo assignaverunt dictam summam, percipiendam super precaria de Migneriis, pro fundatione servicii beati Claudii, quod celebratur duplex vi ͣ junii, si commode.

VII kalendas junii (26 mai).

1. — Obiit Hugo, sacerdos et canonicus Sanctę-Marię, qui ex canonico factus est monachus.

5. — Anniversarium Symonis de Sancto-Clodoaldo, canonici presbiteri, qui obiit anno Domini M°CCC°XLVII°, sabbato post festum sancti Saturnini; ad quod habemus quasdam domos, sitas in claustro, ante ecclesiam, a parte introitus loci Sanctorum-Fortium; de quibus habemus xviii libras per tenentes ipsas. De quibus cedunt pro officio matutinarum et ad antiphonarium beate Marie virginis, que cantatur qualibet die sabbati post vesperas, vi libre; item pro anniversario patris et matris dicti Symonis xl solidi; et sic pertinent x libre ad ejus anniversarium. Item habemus

---

[1] Voir vol. Ier, p. 103, note 2.

xv solidos de perpetuo redditu super quibusdam terris sitis apud Chaunetum; item habemus vi solidos de perpetuo redditu super quodam herbergamento sito apud *Bancevin,* et debent reddi in festo Omnium-Sanctorum, per relictam defuncti Leobini *le Bancevin;* item habemus tria sextaria terre arabilis in parrochia de Franccevilla; item habemus LX solidos de perpetuo redditu super quasdam terras apud Bouvillam in terra Capituli, que fuerunt olim Guillelmi Morelli, et duo sextaria bladi et unum avene per Johannem Danielem et Johannem *Perdriau,* de quibus non canonici habent XL solidos.

VI KALENDAS JUNII (27 mai).

5. — Statuerunt decanus et Capitulum, ad supplicationem magistri Johannis Lamberti, canonici Carnotensis, in capitulo Carnotensi, quod de cetero fieret annuatim in ecclesia Carnotensi anniversarium Raginaldi Lamberti et Ysabelle uxoris sue, civium Carnotensium, parentum ejusdem magistri. Dictus autem magister assignavit Capitulo redditum sexaginta solidorum carnotensium distribuendorum annuatim canonicis Carnotensibus qui dicto anniversario intererunt, quos solvet annuatim idem magister quamdiu vixerit. Assignavit autem dictum redditum post ipsius decessum super quartam partem pratorum de *Memoucon* sitorum apud Pontem-*de-Trenchefeteu,* in censiva canonicorum percipiencium pro tempore prebendas suas apud Fontanetum-super-Auduram, nec solvuntur pro dicta quarta parte annuatim pro censu nisi sex denarii : emit autem dictus magister dictam quartam partem pratorum cum Milone, quondam capicerio Carnotensi, qui emit alias tres partes. Habet autem dictus magister pro fructibus quarte partis annuatim quadraginta solidos annuos : residuum autem dictorum sexaginta solidorum annuorum assignavit idem magister super quamdam peciam terre sitam apud Chaunetum, que appellatur Campus-Canis.

V KALENDAS JUNII (28 mai).

1. — Obiit Rotbertus, sacerdos et canonicus alme Marie;

1. — Et Gauterius Blesensis, canonicus et archidiaconus Sanctę-Marię; qui dedit huic ęcclesię filacterium aureum xv^{cim} librarum, et redemit xx^{ti} libris unum argenteum candelabrum.

4. — Anno Domini M°CCL° sexto, obiit Gaufridus de Orrevilla [1], canonicus et subdiaconus hujus ecclesie, vir venerabilis, largus, providus et discretus, ex nobili prosapia ortus, curialis, affabilis et benignus; qui ab annis puerilibus nutritus et canonicatus in hac ecclesia sancta, eidem ecclesie matri sue, in bona senectute decedens, reliquit terciam partem cujusdam decime vini-vinearum sitarum apud Moncellum-Leugarum, valentem duodecim libras redditus et plus, ex hereditate sua moventem. De quo redditu precepit distribui LX solidos ad anniversarium bone memorie Gosleni, quondam cantoris Carnotensis, avunculi sui, et LX solidos ad anniversarium bone memorie Hugonis de Bosco-Rufini, consanguinei dicti Gaufridi, et residuum ad anniversarium ipsius Gaufridi, tali modo quod de eo residuo habebunt non canonici XX solidos.

5. — Obierunt Theobaldus de Blesis et Petronilla, uxor ejus, qui dederunt nobis C solidos ad emendos redditus pro anniversariis.

IIII KALENDAS JUNII (29 mai).

4. — Anno Domini M°CC°L° quinto, obiit Guido de Milliaco, canonicus diaconus hujus sancte ecclesie, vir venerabilis, providus et discretus, nobilis quidem genere, sed morum nobilior venustate; fuit enim animo mansuetus, pacificus et quietus, amicabilis et benignus: qui dedit huic sancte ecclesie centum libras carnotenses ad anniversarium suum annuatim faciendum ; de quibus centum libris empta fuit terra apud Amilliacum, de assensu Capituli, circa viginti sex sextarios terre semeure; cujus terre proventus distribuentur canonicis qui ejus anniversario interfuerint; ita tamen quod clerici de choro qui ejus anniversario interfuerint habebunt viginti solidos de proventibus dicte terre; (pro quibus habemus VI libras X solidos per Georgium *Baille-vache*, et debent reddi in festo Ascensionis Domini, ad penam V solidorum turonensium pro qualibet ebdomada pro qua idem Georgius defecerit in solutione requisitus; de qua non canonici habent XX solidos. — 6).

4. — Obiit Aaales, cordubernaria, que dedit nobis C solidos ad emendos redditus pro suo anniversario annuatim celebrando.

---

[1] Voir vol. Ier, p. 174, note 3, et vol. II, p. 168, note 2.

NECROLOGIUM B. M. CARNUTENSIS.

III KALENDAS JUNII (30 mai).

4. — Anniversarium Gervasii Regine, canonici Carnotensis, qui reliquid sexaginta libras pro anniversario suo (in hac sancta ecclesia faciendo; pro quibus habemus L solidos super matutinas. — 6).

4. — Obiit Daniel de Domo, capicerius, qui dedit nobis c solidos ad emendos redditus pro suo anniversario annuatim celebrando.

5. — Obiit vir nobilis genere, morum probitate conspicuus, acceptus Deo et hominibus, in elemosinis largus et sacerdos venerabilis, Johannes de Milliaco, (qui legavit ad anniversarium suum sex sextarios avene super oblitum avenarum Loenii per clericum ipsius officii. Item habemus super quamdam decimam vini quam habet Capitulum circa Banleugam Carnotensem, super matutinas quinquaginta solidos. Item habemus quartam partem locorum et forragiorum granchie de Mandris et de Guillonvillari in prebenda de Landellis, et alia quarta pars spectat ad pulsationem campane que vocatur *Bordaux* diebus dominicis et aliis diebus quibus solet pulsari. — 7).

7. — Anniversarium Gaufridi de Plesseyo, ad quod habemus, super precariam Sancti-Georgii, sex libras per ipsam tenentem.

7. — Anniversarium Bertaudi de *Kalemandrane*, canonici, ad quod habemus octo libras super domos que fuerunt dictorum *les Grappes* per manum Guioti de Carnoto, speciarii, et debent reddi et solvi in festo Omnium Sanctorum. Item cum predictis habemus orrea et celarium magne domus dictorum *les Grappes*, que solent locari quantum potest ad augmentacionem istius anniversarii.

II KALENDAS JUNII (31 mai).

1. — Obiit Dada, matrona, que dedit fratribus Sancte-Marie alodum qui vocatur Murcincus, in pago Dunensi.

4. — Anniversarium defuncti Hugonis de Bosco-Rufini[1], canonici Carnotensis; (ad quod habemus quartam partem tercie partis decime vini supradicte, de Graveriis-Leugarum. — 6).

5. — Anno Domini M°CCC° vicesimo sexto, in senectute bona, obiit, magne sapientie et discretionis vir, Petrus Divitis, presbiter, Senonensis

---

[1] Voir ci-dessus, au V des calendes de juin, page 120.

dyocesis oriundus, subdecanus Carnotensis, quondam Senonensis decanus. Qui, propter sui bonam famam, que in pluribus partibus vigebat, et merito, a clero et populo electus fuit unanimiter et concorditer in episcopum Venitie civitatis, sed nolens ecclesiam Carnotensem dimittere episcopatum totaliter recusavit. Ipse vero jurium et libertatum ecclesie Carnotensis defensor fuit indefessus, et nunquam potencium terroribus nec adulantium blandiciis movebatur, sed potius quanto majores tribulationum et persecutionum patiebatur incursus, tanto securior et firmior permanebat. Beneficii accepti non immemor, multa bona per ipsum suis sumptibus acquisita dedit huic ecclesie et concessit: primo duodecim libras annui redditus apud Berjou-villam, pro quodam matutinario perpetuo in ecclesia Carnotensi. Item acquisivit de terceolis, in clauso Beate-Marie et clauso Sancti-Martini, circa decem modios vini annui redditus, qui valent anno quolibet x libras et plus. Item acquisivit majoriam de Gardeis, que valet circa xxviii libras turonenses annui redditus. Item acquisivit taxamentum avenarum de Bercheriis-Maingoti amortizatum, quod valet xx libras annui redditus vel circa. Item acquisivit xl solidos annui redditus super virgulto sito juxta precariam que vocatur Infernus. Item acquisivit domum Britonum sitam in claustro, quam tenet Petrus de Sancto-Mauricio pro x libris annui redditus. Que omnia dedit ecclesie Carnotensi; et voluit quod in ecclesia Carnotensi fiat ejus anniversarium, ter in anno, de luminari sollempniter et de missa. Voluit etiam et precepit in ipsa ecclesia Carnotensi quoddam altare fundari cum sufficienti redditu, pro vita cujusdam perpetui capellani qui ter in ebdomada pro ejus anime remedio tenebitur celebrare. (Pro fundatione altaris supradicti, de consensu Capituli et executorum dicti defuncti, assignate fuerunt xx libre redditus pro capella de Vado-Longi-Regis. — 7); ad cujus altaris decorem, dedit calicem, buretas argenteas et alia ornamenta convenientia ad altare. Anima ejus requiem obtineat sine fine, amen. Ipse testator, in quolibet trium anniversariorum suorum, voluit pecuniam sic distribui, videlicet canonicis qui sero et mane anniversario intererunt xii libre, clericis chori xxv solidi, sacerdoti qui missam celebrabit ad majus altare ii solidi, dyacono xii denarii, subdyacono xii denarii, pro luminari x solidi, et pro campanis pulsandis v solidi. Primum anniversarium semper erit secunda die mensis januarii; secundum erit in crastino octabarum Pasche, et tertium erit ultima die mensis maii; qua die ab hac luce substractus est.

4. — Obiit Auburgis *la Torte*, que dedit nobis c solidos ad emendos redditus pro suo anniversario annuatim celebrando.

CRASTINO ASCENSIONIS DOMINI (mai).

5. — Fit missa pro excellentissima domina Johanna Ebroicensi [1], Francie et Navarre regina, et fit alternatim uno anno de beata Maria et altero subsequenti anno de Sancto-Spiritu. Et post ejus obitum fiet anniversarium solempne pro excellentissimo domino rege Karolo, ejus marito, et dicta domina conjunctim; et quandiu vivit in humanis fiet memoria pro dicto domino rege cum oratione de Defunctis. Et propter hoc habemus octo libras turonenses annui et perpetui redditus.

KALENDIS JUNII (1er juin).

1. — Obiit Martinus, sacerdos et canonicus Sanctę-Marię, qui dedit concanonicis suis duos aripennos vinearum et quadrantem unum;

1. — Et Fulbertus, canonicus et sacerdos Sanctę-Marię, qui dedit custodibus hujus ęcclesię duos agripennos vinearum et dimidium in Argillaribus, et unum in clauso de Spina.

7. — Anniversarium Bertaudi Clausarii, aliter de Blesis, ad quod habemus super precariam Sancti-Georgii-super-Auduram VII libras V solidos, per tenentem ipsam.

7. — Ordinatum est a Capitulo hujus sancte ecclesie Carnotensis quod, in crastinum festi Sancti-Sacramenti, fiet missa *de Beata-Maria*, pro salute et remedio anime venerandi viri magistri Petri *Guete* Junioris, quamdiu ipse vixerit in humanis, et post ejus decessum, ipsa die, fiet ejus anniversarium, si debite fieri possit, vel die sequenti. Pro qua missa facienda dedit nobis et assignavit idem magister Petrus III libras X solidos.

IIII NONAS JUNII (2 juin).

1. — Obiit Bernardus, subdiaconus et cancellarius Sancte-Marie, qui dedit huit ecclesie xx^{ti} IIII^{or} volumina librorum;

1. — Et Gilebertus, levita, canonicus et camerarius Beate-Marie, qui

---

[1] Jeanne, fille de Louis, comte d'Evreux, épouse de Charles le Bel, décédée en 1370.

huic ecclesie reliquit octoginta libras andegavensis monete ad emendum redditum qui distribueretur fratribus qui interfuerint ejus anniversario.

III nonas junii (3 juin).

1. — Obiit Garinus, clericus et canonicus Sancte-Marie;

1. — Et Adam, ejusdem pie matris Domini levita et canonicus, qui fratribus ad matutinas surgentibus xl^a solidos reliquit, et ad opus turris l solidos, et ad reparandum ciborium vi libras dedit.

4. — Obiit Johannes de Cuneo-Muri, presbiter et canonicus ecclesie Carnotensis, qui dedit nobis c solidos ad emendos redditus pro suo anniversario annuatim celebrando, (ex quibus empta sunt apud Macerias nova quedam a majore loci et decima ab Ivone *de Meigny*. — 9).

II nonas junii (4 juin).

1. — Obiit Johannes, carpentarius Sancte-Marie, qui inter alia hujus ecclesie restaurationi necessaria signum etiam quinque milia librarum composuit;

1. — Et Gauterius, archidiaconus, qui dedit huic ecclesie aureum calicem trium marcarum, breviarium optimum, capam de purpura, duos lumbos de aurifriso, duas areas in claustro quibus domos canonicales amplificavit, villam etiam que dicitur Busseellum xx agripennorum in via Perticensi, ad opus turris xx libras, unicuique concanonicorum suorum v^{que} solidos.

4. — Obiit Goslenus de Orrevilla [1], cantor Carnotensis, cui promisimus et concessimus anniversarium suum annuatim celebrare.

Nonis junii (5 juin).

1. — Obiit Ingrannus, clericus et canonicus Sancte-Marie;

1. — Et Haldricus, prepositus, qui dedit fratribus hujus ecclesie unum alodum in Lucisvilla.

5. — Anniversarium Egidii de Condeto, archidyaconi quondam Vindocinensis hujus ecclesie et presbiteri; ad quod habemus vi libras super pedagium leprosarie de Orgeriis per tenentem ipsum.

---

[1] Voir ci-dessus, au V des calendes de juin, page 120.

5. — Anniversarium Hugonis [1], ducis Francie, ad quod habemus in camera XL solidos.

8. — Anniversarium Radulphi de Bello-Videre [2], camerarii Carnotensis et subdiaconi, ad quod habemus IIII^{or} modios et IIII sextarios bladi, ad mensuram et ad valorem Loenii, super precariam de Chauneto et super restaulagia pratorum de Joiaco.

VIII IDUS JUNII (6 juin).

4. — Obiit Isabellis *Guepin*, que dedit nobis vineam.

5. — Anniversarium Johannis *Sequence*, canonici presbiteri; ad quod habemus quasdam domos sitas in cuneo vici Savaterie, quas solebat tenere Johannes dictus *Tullon*, de quibus habemus ad presens XII libras, de qua summa cadunt L solidi pro anniversario Gilonis archidiaconi superius facto : item debentur clericis Loenii pro pane XX solidi; item debentur majori Banleuge pro censu domus Pontis-Archarum XXV solidi; residuum vero pertinet ad anniversarium dicti Johannis. Item habemus quandam rippariam sitam in parrochia de Sancto-Prisco, tenentem ex una parte ripparie Johannis *Pidoe*. Item cum dicta ripparia habemus quendam fontenellam versus ruppem de Molendinis-Novis, de quibus habemus XIIII libras. Item habemus V quarteria vinearum sitarum apud Ymereyum, de quibus habemus C solidos. Item habemus VI libras super majoria de Domna-Maria per majorem loci.

VII IDUS JUNII (7 juin).

4. — Obiit Johanna *Haudrici*, que dedit nobis C solidos ad emendos redditus pro anniversario suo annuatim celebrando.

5. — Obiit, bone memorie, Guillermus de Pictavia, de nobili prosapia ortus, filius nobilis domini domini Karoli de Pictavia militis, domini de Sancto-Valerico, quondam hujus ecclesie Carnotensis canonicus ac archidiaconus Pissiacensis in eadem ecclesia, qui huic predicte ecclesie legavit ducentas et duodecim libras cum decem solidis turonensibus.

5. — Anniversarium Gauffridi de Gayvilla, episcopi.

---

[1] Voir vol. Ier, p. 74, note 4.
[2] Voir vol. II, p. 82, notes 1 et 2.

VI idus junii (8 juin).

1. — Obiit Guillelmus, hujus sancte ecclesie prepositus, qui quante utilitatis et honestatis apud prefatam ecclesiam extiterit non tam verborum quam operum exhibitione declaratur : ex uno enim alodum qui vocatur Brittonaria usibus canonicorum tribuit, et ex alio antiphonarium argento decoravit, ex utroque vero missalem et martirologium honeste scribere fecit, et multa alia ad hec simul pertinentia dum viveret exhibere curavit, quia post unius heredis obitum omnia que videbatur habere sine exceptione huic ecclesie dereliquit.

4. — Obiit Alermus, sacerdos, qui dedit nobis c solidos ad emendos redditus pro suo anniversario annuatim celebrando.

V idus junii (9 juin).

† v. 1105. 1. — Obiit Hugo de Castronovo [1], pater Mabirie [2], que pro ejus anima dimisit huic ecclesie vicariam de Cathenis et injustas consuetudines nemoris et terre de Torceio, concedentibus omnibus filiis suis.

4. — Obiit Ernaudus, sacerdos et sacristes ecclesie Carnotensis, qui dedit nobis c solidos ad emendos redditus pro anniversario suo annuatim celebrando.

IIII idus junii (10 juin).

1. — Obiit Hugo [3], Turonorum archiepiscopus, qui dedit nobis alodum suum de Vivariis ;

1. — Et Herveus, canonicus, alme Marie subdiaconus.

4. — Obiit Ethardus, presbiter, qui dedit nobis c solidos ad emendos redditus pro anniversario suo annuatim celebrando.

5. — Obiit Guillelmus de Manlia, archidiaconus Landonie in Scotia, qui dedit nobis c solidos ad emendos redditus pro anniversario suo annuatim celebrando.

---

[1] Voir vol. Ier, p. 167, note 2.

[2] Mabile de Châteauneuf, fille de Hugues Ier et de Mabile de Montgommery, épouse de Gervais Ier (1105-1140). — Voir la généalogie de Mabile dans la 261e lettre d'Yves de Chartres.

[3] Hugues de Châteaudun, archevêque de Tours (1005-1023).

III idus junii (11 juin).

Nihil.

II idus junii (12 juin).

1. — Obiit Balduinus, levita et canonicus Sanctę-Marię, abbas Sancti-Carauni et Sancti-Martini.

1. — Anno incarnationis dominice DCCCLVIII, indictione vi^{a}, a paganis Sequanensibus facta est magna cedes Carnotis, in qua interempti sunt : Frotboldus episcopus, Stephanus presbiter, Titulfus presbiter et monachus, Tetbertus presbiter, Rainulfus presbiter, Adalgaudus clericus, Landramnus subdiaconus, Letramnus subdiaconus, Almandus subdiaconus, Ulgarius subdiaconus, Adalbertus clericus, Gauzbertus clericus, et cetera multitudo, pro quibus exorate Dominum.

1. — Et Bloco interfectus est, qui dedit canonicis Sanctę-Marię duos agripennos vinearum et dimidium, cum una domo in eisdem constructa;

1. — Et Sigo, factus ex clerico monachus, et abbas tandem Salmurensis monasterii;

2. — Et Stefanus [1], abbas Sancti-Johannis, postea Jerosolimitanus archiepiscopus.

idibus junii (13 juin).

1. — Obiit donnus Jerardus [2], episcopus. Hic sua impetratione imploravit aput Karolum imperatorem Aloiam, cujus medietatem altari Sanctę-Marię, alteram cessit profuturam fratrum utilitati; qui etiam reddidit fratribus medietatem Alvernis, quam domnus Frotboldus, episcopus, jam olim cesserat primam.

XVIII kalendas julii (14 juin).

1. — Obiit Harduinus [3], vicecomes; pro cujus anima pater ejus Gilduinus reddidit nobis injuste, longo retro tempore, ablatam villam quę dicitur Ciconiolas, cum omnibus appenditiis ejus et servis et ancillis ad eam pertinentibus.

[1] Voir vol. Ier, p. 106, note 7.
[2] Gérard, évêque de Chartres vers 887.
[3] Voir vol. Ier, p. 91, note 1.

XVII kalendas julii (15 juin).

4. — Obiit Petrus de Galardone, clericus, qui dedit nobis duas domos sitas prope Bretescam-Hourici, pro suo anniversario annuatim celebrando.

XVI kalendas julii (16 juin).

1. — Obiit Hugo [1], dux Francorum, qui Sanctę-Marię donavit Fiscum-Novigenti;

1. — Et hujus ęcclesię Hugo, canonicus et archidiaconus, et Sancti-Aniani Aurelianensis decanus.

5. — Obiit Laurencius, presbiter confessor, confrater noster, qui dedit nobis centum solidos ad emendos redditus pro anniversario suo annuatim celebrando.

XV kalendas julii (17 juin).

1. — Obiit Salico, subdecanus et canonicus Sanctę-Marię, qui reliquit concanonicis suis alodum de Bodanivilla;

1. — Et Alcherius;

1. — Atque Milessindis, uxor Gerardi de Guastela, quę dedit Sanctę-Marię quoddam suburbium in parrochia Sancti-Saturnini.

4. — Obiit Herbertus de Porta-Nova, presbiter, qui dedit nobis x solidos annuatim percipiendos in domibus suis apud Portam-Novam, in festo sancti Aviti, ad anniversarium ejus, solvendos; quas domos modo possidet G[uillelmus], camerarius Carnotensis.

5. — Obiit magister Raginaldus, dictus *Molinet*, de Carnoto, canonicus Beate-Marie Carnotensis.

XIIII kalendas julii (18 juin).

1. — Obiit Hunbertus, cantor Sanctę-Marię;

2. — Et Herbertus, hujus sancte ecclesie canonicus et presbiter; qui post incendium domum canonicalem reedificavit et augmentavit. Acquisivit etiam redditus; in campiparte de Perreio v^{que} solidos, in censu juxta Galar-

---

[1] Voir ci-dessus, au jour des nones de juin. La date de l'anniversaire n'était pas toujours celle du décès.

donem vi solidos, et agripennum prati juxta prata Episcopi; eo tenore ut quisquis predictam domum possideret predicta in manu haberet et canonicis presbiteris qui ejus anniversario interessent xx solidos annuatim persolveret (et x solidos presbiteris altarium antiquorum. — 4).

5. — Obiit Acelina *Fausse-d'Amors*, que dedit nobis centum solidos ad emendos redditus pro suo anniversario annuatim celebrando.

XIII KALENDAS JULII (19 juin).

1. — Obiit Guitgerus, miles egregius, episcopi Odonis[1] frater amantissimus; pro cujus anima reddidit idem episcopus abbatiam Sancti-Carauni, cum privilegio jure firmato, hujus ęcclesię fratribus; qui eisdem fratribus prebendas dedit et privilegio firmavit;

1. — Et Guctricus interfectus est, miles, qui reliquit hujus ęcclesię canonicis alodum suum de Britonaria.

1. — Et Walterus interfectus est.

1. — Et Mainardus, canonicus, obiit, pro cujus anima habuit hec ecclesia xxⁱ libras et unam cappam;

3. — Et Gaufridus Cardonelli, ad cujus anniversarium habemus redditus quosdam super majoria de Puteolis et xx libras ad acquirendos alios redditus.

XII KALENDAS JULII (20 juin).

1. — Obiit Alpasia, que dedit canonicis Sancte-Marie alodum suum qui est in Moncellis;

2. — Et Herbrandus de Grandi-Ponte, qui reliquit nobis alodum suum de Paisico;

2. — Et Arnaldus, cognomento Quadrigarius, hujus sancte ecclesie venerabilis presbiter et canonicus, qui hanc ecclesiam decoravit capa serica preciosa et pallio serico et vitrea una, et scrinium beate Marie virginis monili aureo. Adquisivit etiam ad opus fratrum qui ejus anniversario intererunt pastus majoris Afflenville, scilicet xxxv^{que} denarios, et pastus majoris

---

[1] Eudes, évêque de Chartres (968-1004). — Ce passage du Nécrologe indique en vertu de quel titre les chanoines de Notre-Dame possédèrent l'abbaye de Saint-Cheron. (Voir Doyen, *Hist. de Chartres*, vol. Ier, p. 71.)

Corveiarum, videlicet iii solidos et vii denarios, et in granica Marchesville iii^{os} quadrantes decime militum; eo tenore ut non canonici habeant x solidos, reliquum distribuatur canonicis.

XI kalendas julii (21 juin).

4. — Obiit Ansoudus, clericus, qui dedit nobis x libras ad emendos redditus pro ipsius et matris ejus anniversariis celebrandis.

X kalendas julii (22 juin).

1. — Obiit Herbrandus, levita et canonicus Sancte-Marie.
5. — Obiit uxor Guillelmi *Pinart* de Burgo, que dedit nobis c solidos ad emendos redditus pro suo anniversario annuatim celebrando.

VIIII kalendas julii (23 juin).

† 1213. 8. — Anniversarium Symonis de Burgo-Garini, canonici Carnotensis, ad quod habemus super decimam de Giroldeto xxx^a solidos et apud Torceium x solidos.

VIII kalendas julii (24 juin).

1. — Obiit Suggerius [1], qui apud civitatem Carnotum, in archisterio Sancte-Marie decanie curam ministravit; et ex clerico monachus effectus est sub prefata urbe in monasterio Sancti-Petri; et reliquit alodos Sancte-Marie, unum in Mecionis-Villa, alterum vero in Loisvilla.
4. — Obiit Albericus, presbiter, qui dedit nobis c solidos ad emendos redditus pro suo anniversario annuatim celebrando.

VII kalendas julii (25 juin).

1. — Obiit Gaufridus, Sancte-Marie canonicus;
1. — Et Rotbertus, diaconus et canonicus Sancte-Marie, dum dormiret, interfectus;

---

[1] Sugger était doyen du Chapitre en 954.

1. — Et Ansgerius, archidiaconus et sacerdos Beatę-Marię, qui dedit huic ęcclesię domos quas emerat in via quę dicitur Vassalaris, et canones cum quibusdam decretis, et tres anulos aureos ad reparationem crucifixi, et duos obtimos libros, antiphonarium scilicet et gradale, ad cotidianum servicium altaris Crucifixi, et xx solidos ad edificationem turris : et multa alia bona fecit.

VI KALENDAS JULII (26 juin).

Nihil.

V KALENDAS JULII (27 juin).

1. — Obiit Hilgaudus, subdiaconus et canonicus Sanctę-Marię.

1. — Obiit Gaufridus Bonellus, ejusdem ęcclesię canonicus, (ad cujus anniversarium habemus decimam de Ulmeto et xx solidos super majoria Cannaville. — 9.)

IIII KALENDAS JULII (28 juin).

3. — Anniversarium Hugonis, Vindocinensis archidiaconi, [1]. . . . . qui ad horam Prime interfuerit, cotidie duos denarios recipiat, et quod de dictis redditibus post Pascha fuerit residuum, canonici qui predicte bore interfuerint distribuatur quolibet canonico cotidie duos denarios, accipiente ut supra. De dictis vero octoginta libris empta est medietas terre feodi majoris de Nogento-Fisci, videlicet quatuor modii terre semeure.

4. — Obiit Adelicia de Cuneo-Muri, ad cujus anniversarium et ad anniversarium Willelmi de Cuneo-Muri, quondam mariti sui, in ista ecclesia celebranda, acquisierunt Johannes et magister Robertus de Cuneo-Muri [2] fratres, canonici Carnotenses, filii eorumdem, terciam partem quatuor modiorum semeure terre de feodo majoris de Nogento-Fisci, cujus terre proventus possunt valere annuatim circiter unum modium bladi et dimidium modium avene. Acquisierunt etiam predicti fratres ad dicta anniversaria

---

[1] Les lacunes qui existent dans quelques obits de la fin de juin et du commencement de juillet proviennent des altérations qu'a subies par l'humidité le manuscrit n° 26 de la Bibliothèque de Chartres.

[2] Jean du Coin-du-Mur, chanoine, vivait, ainsi que son frère Robert, official de l'évêque, dans la première moitié du XIIIᵉ siècle.

duas partes trium modiorum semeure terre site apud Braheium, de feodo Stephani, majoris de Campo-Seruco; cujus terre proventus possunt valere annuatim duos modios bladi et unum modium avene. Et ordinaverunt dicti fratres quod una medietas proventuum terrarum quas acquisierant cederet ad anniversarium Adelicie, matris sue, et alia medietas ad anniversarium Willelmi de Cuneo-Muri, quondam patris sui, distribuende canonicis qui intererunt anniversariis eorumdem.

4. — Obierunt pater et mater Gervasii Italici, camerarii Carnotensis, qui dedit nobis c solidos ad emendos redditus pro eorum anniversario annuatim celebrando.

III KALENDAS JULII (29 juin).

4. — Anniversarium patris et matris Johannis Haudrici est nunc faciendum;..... ad quod habemus quatuor..... quas dictus magister J[ohannes] dedit et.....

II KALENDAS JULII (30 juin).

1. — Obiit Vitalis, canonicus Sanctę-Marię;

1. — Et Eremburgis, matrona, uxor Fulcherii primicerii.

1. — Et Leodegarius, precelse matris Domini Marię canonicus, in itinere Jherusolimitano est interfectus : cujus animę misereatur universalis Dominus.

2. — Obiit Eustachia, mater Amaurici precentoris, (ad cujus anniversarium habemus ix solidos super prepositum de Normania. — 9).

KALENDIS JULII (1er juillet).

1. — Obiit Zetredus, qui reliquit nobis alodum suum ad Tessoldivillare;

1. — Et Hubertus, utilis et honestus in ministerio sacerdotali et canonicus Sanctę-Marię.

4. — Obiit pater Hugonis de Sancto-Leobino; qui Hugo dedit nobis c solidos ad emendos redditus pro anniversario predicti patris sui annuatim celebrando.

6. — Johannes *Poillequoc,* presbiter, canonicus Carnotensis et ejusdem dyocesis, obiit anno Domini M°IIII° XV° : cujus corpus jacet in choro ęcclesie

Sancti-Petri Carnotensis, ut apparet in tumba. Qui predicte ecclesie Sancti-Petri multa bona dedit, videlicet II*ᶜᵉ* scuta auri ad reponendum caput sancti Philippi apostoli, et anniversarium ibidem fundavit; et multa alia fecit. Cujus anima requiescat in pace, amen.

VI NONAS JULII (2 juillet).

1. — Obiit Haldricus, diaconus et canonicus Sanctę-Marię.

4. — Obiit Petrus de Castriduno, presbiter, hujus ecclesie clericus; ad cujus anniversarium habemus certam summam super furnum Boelli canonicis distribuendam.

4. — Obiit mater Hugonis de Sancto-Leobino, pro cujus anniversario annuatim celebrando idem Hugo dedit nobis c solidos ad emendos redditus.

V NONAS JULII (3 juillet).

1. — Obiit Ragemboldus, presbiter, qui dedit Sanctę-Marię unum optimum missalem et psalterii volumen ac fratrum usibus vineam aripenni unius;

1. — Et Fulbertus, levita et canonicus Sanctę-Marię;

1. — Et Herbertus, clericus et canonicus ejusdem Marię.

4. — Obierunt pater et mater et avunculus ac parentes Petri de Castriduno, presbiteri hujus ecclesie clerici; ad quorum anniversarios habemus..... super furnum Boelli canonicis distribuendos.

IIII NONAS JULII (4 juillet).

1. — Obiit Eirveus, presbiter et canonicus Sancti-Sergii, Brittigena;

1. — Et Odo, dignus Deo sacerdos, sanctę Dei genitricis Marię canonicus, qui huic æcclesię et multis aliis in restauratione plurimum profuit;

1. — Et Lambertus, pro cujus anima date sunt decem librę opere sustentaculi hujus æcclesię;

1. — Et Galerannus, subdiaconus et prepositus Sanctę-Marię.

2. — Obiit Hubertus, levita et canonicus Sanctę-Marię, qui terram, in qua est villa que Franboseria dicitur, emit; quam postea multo labore et expensa optime edificatam, post unius heredis decessum, Sanctę-Marię reliquit ad augendos nummos ad matutinas surgentium usibus deputatos:

pratum quoque, quod ante molendinum de Landellis est, a se emptum, eo pacto idem Hubertus Sanctę-Marię reliquit ut qui haberet molendinum possideret et pratum.

4. — Obiit *Bienvenue*, pro qua habuimus LX solidos.

4. — Et Margarita, uxor Michaelis *Saugier*, pro qua C solidos habuimus, ad emendos redditus pro ejus anniversario annuatim celebrando.

III NONAS JULII (5 juillet).

4. — Obiit Alicia de Sancto-Aniano, que dedit nobis C solidos ad emendos redditus pro anniversario suo annuatim celebrando.

5. — Obiit Simon, condam dominus de Puissato [1]; pro cujus anniversario in oratoriis nostris annuatim celebrando, Guido [2], episcopus Lingonensis et dominus de Puissato, filius ejus, amortificavit nobis quicquid habebamus, ratione emptionis vel donacionis, in feodo suo apud Mondonvillam-Sancti-Johannis vel alibi, et quod possemus quiete et pacifie possidere.

II NONAS JULII (6 juillet).

Nihil.

NONIS JULII (7 juillet).

3. — Obiit Odo de Moustonneria, canonicus Carnotensis, qui dimisit ecclesie Carnotensi, pro anniversario suo faciendo, domos in quibus habitabat tempore..... sibi domos domini Leobini de Sanctolio in censiva..... domos quas habebat cum pertinenciis suis et duobus..... Sandarvillam; item tria sextaria que habebat apud.....

8. — Anniversarium magistri Johannis de Mineriis, hujus ecclesie canonici, ad cujus anniversarium habemus apud Leugas super quadam decima vinearum IIII^{or} libras, de quibus non canonici habent XX solidos, et illam decimam possidet Guillelmus *Goumer*.

---

[1] Simon de Rochefort, vicomte de Chartres et seigneur du Puiset, vivait en 1233. Il avait hérité de la vicomté de Chartres de Gaucher de Bar, son oncle, fils de Milon, comte de Bar-sur-Seine.

[2] Guy, vicomte de Chartres, seigneur du Puiset et évêque de Langres de 1252 à 1266.

VIII idus julii (8 juillet).

1. — Obiit Ilgerius, sacerdos et canonicus misericordissimę matris Domini.

VII idus julii (9 juillet).

1. — Obiit Romoldus, sacerdos et canonicus Sanctę-Marię;

1. — Et Guido, levita et canonicus ejusdem pię matris Domini, qui ad edificium turris dedit c solidos, et ad capsam beati Leobini reparandam septem marchas argenti et septem uncias auri, et fratribus suis in cotidiano chori servitio laborantibus xx solidos sterlingorum, et ad crucifixum reparandum marcam argenti dereliquit.

VI idus julii (10 juillet).

3. — Obiit in senectute veneranda Willelmus [1], sacerdos venerabilis et decanus, hospitalitatis amator..... egregius, vir tam scientia quam morum honestate preclarus, in officio chori tota diligentia nocte dieque devotus et assiduus, libertatum hujus ecclesie, jurium ac rerum suarum defensor ferventissimus et invictus. Qui moriens legavit et dedit huic ecclesie libros, scilicet Psalterium glosatum majori glosatura, Epistolas Pauli glosatas majori glosatura, Decreta, Antiphonarium. Preter hec ornamenta dedit, scilicet duas capas sericas roatas, quarum altera aureo monili refulget. Scrinium beate Virginis anulo aureo cum smaragdine decoravit, decoremque domus Dei non parum diligens, ad decorem capsarii quinquaginta libras contulit. Fabrice hujus ecclesie quadraginta libras dedit, tabule altaris quinque marcas argenti. Acquisivit autem huic ecclesie, pro anniversario suo annuatim in ea celebrando, pastus majoris Cereville et quicquid major solebat habere in granica Cereville, et pastus majoris Dangerii et quicquid major solebat habere in granica Dangerii; item apud Joiacum sex solidos in quodam prato, et apud Carnotum, in Triparia, quinque solidos et quinque denarios censuales; item in parrochia Gambesii viginti quinque solidos reddendos annuatim a presbitero Gambesii de quadam decima et quibusdam pratis; item apud Franvillam arpentum et dimidium vinee emit,

---

[1] Voir vol. II, p. 34, note 1.

que Gileberto de Gambesio, nepoti suo, dedit, ita quod ipse reddet annuatim viginti quinque solidos donec persolverit xxiiii libras ad ejusdem decani anniversarium......

V idus julii (11 juillet).

1. — Obiit Sigo [1], levita, sapientia clarus vitaque venerandus, cantor hujus sanctę matris ęcclesię nominatissimus, ammirandi presulis Fulberti, dum terris execlaret, fidus a secretis, prout datur cerni tumulator liberalis;

1. — Et Genovefa, mater Gerogii archidiaconi; pro cujus anima dedit idem Gerogius alodum de Dolentiaco; cujus anima paradysum possideat.

IIII idus julii (12 juillet).

2. — Obiit Bernardus, levita et canonicus alme Marie atque prepositus;

2. — Et Aregarius, levita et grammaticus;

2. — Et Robertus de Orrevilla [2], concanonicus noster et diaconus, hujus sancte ecclesie servitio devotus et assiduus; qui reliquit lx^a libras carnotensis monete ad emendum redditum ad opus anniversarii sui in hac ecclesia celebrandi, ex quibus emptus est a Gaufrido de Galardone [3], milite, census cum vendis quem habebat inter portam Gillardi et arcum Sancti-Andree, et alii census ac supercensus quos habebat in bannileuga Carnotensi. Unde ad predictum anniversarium assignatus est primo dictus census cum vendis, et insuper tantum de aliis censibus memoratis quod preter vendas predictas perficiatur summa l solidorum. Quod autem superfuerit de illis censibus erit ad anniversarium Johannis de Rupeforti, qui hujus ecclesie fuit canonicus et sacerdos.

III idus julii (13 juillet).

1. — Obiit Henricus, imperator, justicię amator et æcclesiarum defensor;

---

[1] Sigo, l'un des disciples bien-aimés de Fulbert, était un grand musicien. Voir *Adelmanni Scholast, rythmi alphabet.* dans les *Analecta* de Mabillon, p. 382, et la lettre 120 de Fulbert.

[2] Robert d'Ouarville, chanoine, vivait au commencement du XIIIe siècle.

[3] Geoffroy de Gallardon, l'un des fils de Hervé IV, vivait vers 1220.

1. — Et Goslinus, subdecanus et prepositus Sanctę-Marię, qui adquisivit nobis Buslanvillam, et ęcclesiam istam tribus pretiosis decoravit vitreis, et Elemosinę tribuit unum agripennum vineę et dimidium, unde elemosinarius parat lampadem in nocte semper ardentem et tres cereos eidem lampadi suppositos, ad matutinas, in festis dupplicibus;

2. — Et Raginaldus, hujus ecclesie precentor, qui usibus surgentium ad matutinas x libras contulit, et in Muleriis domum cum agripenno uno et terram duorum boum dereliquit;

2. — Et magister Guido, diaconus et canonicus Sancte-Marie, (ad cujus anniversarium habemus decimam quamdam apud Gilenvillam, item xxv solidos supercensuales apud Rachignetum. — 9).

II IDUS JULII (14 juillet).

2. — Obiit Waracco, canonicus Sancte-Marie atque sacerdos;

2. — Et Ricardus, subdiaconus et canonicus Sancte-Marie;

2. — Et Hugo, ejusdem pie matris Domini levita et precentor, qui huic sancte ecclesie tres domos acquisivit in Claustro, c solidos ad opus turris et centum ad opus surgentium ad matutinas dereliquit, capam sericam dedit et tabulam ante altare Trinitatis continentem argenti triginta marchas, auri quindecim uncias;

2. — Et Garnerius *Moreher* [1], miles; pro cujus anima Philippus, filius ejus, hujus ecclesie canonicus, dedit huic ecclesie terciam partem omnium decimarum de Cartenvillari et Sancto-Piato, tam in proprio territorio quam in alieno. Acquisivit etiam apud *Menvoisin* generaliter quicquid major habebat in granica Capituli, scilicet duos trituratores, vechiat, pesat, lentilat, favat, preter unam minam avene quam habet propter submonitionem saccorum, et quicquid idem major habebat in pratis Capituli que sunt apud *Mentenon* et apud Boignevillam, scilicet custodiam et margines que vulgo dicuntur *andeins* et rastragia. Quapropter statutum est publice in capitulo Carnotensi ut quicumque perciperent prebendas suas apud *Menvesin*, pro his omnibus supradictis, redderent solidos quinquaginta carnotenses, quorum (xvi solidi et viii denarii — 4) statuti sunt ad opus hujus anniversarii, scilicet

---

[1] Voir vol. II, p. 32, note 3; p. 39, notes 2, 3 et 4; et p. 113, note 2.

Garnerii *Moreher*, et totidem ad opus anniversarii Crispini cantoris, et totidem ad opus anniversarii ejusdem Philippi, cum obierit.

3. — Anno ab incarnatione Domini millesimo ducentesimo vicesimo tertio, obiit Philippus, Francorum rex illustris, apud castrum Meduntam; qui sensus industria vir prudentissimus, virtute strenuus, gestis magnificus, fama preclarus, victoriosus in bellis ac triumphis multis et magnis plurimum gloriosus, jus et potentiam regni Francorum mirabiliter dilatavit et regalem fiscum ampliavit in multis; multos etiam preclaros principes, terris, militibus, armis et opibus prepotentes, regno suo et sibi graviter adversantes debellavit viriliter et devicit. Ecclesiarum quoque defensor maximus et protector, istam precipue sanctam ecclesiam, speciali favoris gratia et quasi quodam amoris privilegio, fovit propensius et protexit, et quem habebat erga ipsam dilectionis affectum multociens affectu operis comprobavit. Porro ipse ab annis teneris zelator fidei christiane, vexillo crucis affixo humeris, in sua juvenili etate contra Sarracenos in manu valida transfretavit; ubi in obsidione Aconitane urbis usque ad ejus consummatam debellationem plenamque recuperationem preclare et efficaciter laboravit, ac postmodum, vergens in senium, proprio filio primogenito non pepercit quin eum mitteret bis adversus hereticos Albigenses, cum magnis sumptibus et expensis, et alias tam in vita sua quam in suo decessu multa largitus est ad ejusdem negocii Albigensium subsidium et juvamen. Preterea dando pauperibus et dona plurima caritative per loca varia dispergendo elemosinarum fuit largissimus seminator. Sepultus est autem in ecclesia Beati-Dionisii digne et honorifice, sicut tali et tanto principi competebat. Ad ipsius enim exequias, quod non sine nutu et prudentia Dei gestum esse videtur, affuerunt duo (archiepiscopi — 4), videlicet Remensis Willelmus et Senonensis Galterus, et viginti episcopi, videlicet de Romana curia Corradus, Portuensis episcopus cardinalis et sedis apostolice in terra Albigensium tunc legatus; de Anglia, Pandulfus Norvicensis episcopus; de Remensi provintia, Katalaunensis Willelmus, Belvacensis Milo, Noviomensis Girardus, Laudunensis Ansellus, Suessionensis Jacobus, Silvanectensis Gannus, Attrebatensis Pontius, Ambianensis Gaufridus; de provintia Senonensi, Carnotensis Galterus, Altisiodorensis Henricus, Parisiensis Willelmus, Aurelianensis Philippus, Meldensis Petrus, Nivernensis Raginaldus; de provintia Rothomagensi, Baiocensis Robertus, Constantiensis Hugo, Abricensis Willelmus, Lexoviensis Guillel-

mus ; de provintia Narbonensi, Fulco Tolosanus. Qui prelati, de mandato domini pape, immo de ipsa potius, ut credibile est, ordinatione divina, pro negocio Albigensium tunc temporis erant Parisius congregati. Missam autem exequialem celebrarunt simul Portuensis episcopus et Remensis archiepiscopus, una voce, ad duo altaria propinqua, ceteris episcopis cum clericis et monachis, quorum aderat innumera multitudo, assistentibus et eis respondentibus sicut uni : inter quos affuit Johannes, illustris rex Jerosolimitanus, qui in Franciam venerat pro negociis et necessitatibus Terre-Sancte, presentibus ad hoc inclitis predicti regis Philippi filiis, Lodovico primogenito nato et Philippo. Sepedictus autem Philippus rex tale condidit testamentum : legavit ad subsidium Terre-Sancte trecenta milia librarum parisiensium, videlicet prefato regi Johanni centum milia, milicie Templi centum milia, hospitali Jerosolimitano centum milia. Donavit etiam Amalrico, comiti Montis-Fortis, viginti milia librarum parisiensium, ad uxorem ejus et liberos de Albigensi terra et manu hostium reducendos. Preterea dedit quinquaginta milia librarum parisiensium pauperibus eroganda. Magnam etiam summam pecunie dicitur legavisse ad emendas si quas fecerat exactiones injustas. Insuper instituit viginti monachos presbiteros in ecclesia Beati-Dionisii, qui tenentur pro anima ejus singulis diebus celebrare missas et orationes alias, sicut ecclesia orare pro defunctis fidelibus consuevit [1]. Capitulum autem hujus ecclesie, nolens ei esse ingratum, sexaginta solidos annui redditus de camera assignavit et statuit ad ejus anniversarium celebrandum. Et superaddidit Milo de Croceio, canonicus hujus ecclesie (et clericus dicti regis — 4), quadraginta solidos similiter annuos, ex quibus viginti solidi canonicis, quindecim non canonicis qui anniversario interfuerint, et quinque restantes solidi matriculariis et pulsatoribus campanarum (in utraque turre ; habebunt eciam matricularii clerici porcionem in summam que clericis non canonicis deputatur. — 4). Totalis autem summa pecunie una deputabitur ad vigilias precedentis diei, et altera medietas ad missam subsequentis diei, quos assignavit super campipartem de Braiaco, quam emit a Stephano, majore de Campo-Seru, (dictus Milo. — 4).

[1] Les détails contenus dans cet obit sont donnés, avec la chronique de Guillaume-le-Breton, dans le *Recueil des historiens de France.*

IDIBUS JULII (15 juillet).

2. — Obiit Rodulfus [1], episcopus, ecclesiastice discipline cultor admodum strenuus et rerum fratrum instructor sedulus tutorque ferventissimus, omni morum honestate preclarus;

2. — Et Helissendis [2], vicedomina;

2. — Et Henricus, levita et canonicus Beate-Marie;

4. — Et Johannes de Petra-Foncium, subdiaconus et canonicus Sancte-Marie, qui dedit huic ecclesie quinquaginta libras carnotenses, ad emendos redditus distribuendos canonicis quos anniversario suo contigerit interesse.

XVII KALENDAS AUGUSTI (16 juillet).

4. — Obiit magister Philippus, Milliaci dominus et subdecanus ecclesie Carnotensis, vir utique in utroque jure canonico videlicet et civili probatus, ac tandem beneficio prolixioris studii sacre scripture doctor magnus et predicator effectus: ad cujus anniversarium in ecclesia Carnotensi singulis annis faciendum habentur III^{or} libre super nemus de *Pigcom* et xxx solidi carnotenses super precariam de Berconvillari.

XVI KALENDAS AUGUSTI (17 juillet).

2. — Obiit Robertus, sacerdos et succentor Beate-Marie.

7. — Anniversarium Guimundi *Pery*, archidiaconi quondam Drocensis; ad quod habemus XL solidos super gistum de Grandi-Husso, per prebendarium de Charunvilla.

7. — Anniversarium Roberti de Domo-Maugis, canonici, ad quod habemus quasdam domos sitas in Claustro prope portam Perthicanam; de quibus habemus VIII libras per tenentes ipsas.

XV KALENDAS AUGUSTI (18 juillet).

2. — Obiit Fulco, miles, qui dedit canonicis Sancte-Marie villam que vocatur Funtanas cum omnibus adjacentiis suis;

---

[1] Rodolphe, évêque de Chartres, ancien doyen du Chapitre (1004-1007).
[2] Voir vol. Ier, p. 153, note 3.

2. — Et Albertus[1], vicedominus, qui dedit nobis villam que dicitur Piredellium.

XIIII KALENDAS AUGUSTI (19 juillet).

1. — Obiit Ragenfredus[2], episcopus, qui ecclesiam Sancte-Marie ornavit mirifice, et clericis multa bona fecit;

1. — Et Ragenerius, levita et canonicus Sanctę-Marię;

1. — Et Havisa, uxor Guidonis, quę unum monile septem untiarum auri ad ornandum capsam qua tunica beatę Marię est, pro anima sua tribuit.

3. — Obiit Evrardus de Bena, ad cujus anniversarium habemus centum solidos in majoria de Bena, per manum majoris.

4. — Obiit magister Richerus de Blesis, diaconus et canonicus hujus ecclesie; et obierunt pater et mater ejus.

XIII KALENDAS AUGUSTI (20 juillet).

1. — Obiit Rotbertus, rex, sanctę Dei ęcclesię amator precipuus et clericorum procurator operum.

XII KALENDAS AUGUSTI (21 juillet).

1. —. Obiit Stephanus, subdiaconus, canonicus Sanctę-Marię.

4. — Statutum est ut anniversarium Willelmi de Cuneo-Muri, quondam patris Johannis et magistri Roberti de Cuneo-Muri, fratrum, canonicorum Carnotensium, in ista ecclesia singulis annis celebretur; ad quod anniversarium dicti fratres adquisierunt terras sitas apud Nogentum-Fisci et apud Braheium, sicut plenius continetur in anniversario Adelicie, quondam uxoris dicti Willelmi, quod celebratur annuatim quarto kalendas julii.

7. — Anniversarium Ade de Sancto-Mederico, archidiaconi Vindocinensis et presbiteri; ad quod habemus quasdam domos sitas ad cuneum muri Episcopi, de quibus habemus centum decem solidos per tenentes ipsas.

---

[1] Albert, vidame, fils de Hugues Ier (c. 1070).
[2] Voir vol. Ier, p. 77, note 3.

XI kalendas augusti (22 juillet).

5. — Obiit vir bone memorie magister Johannes de Sancto-Mederico, sacerdos et succentor hujus ecclesie, vir siquidem nobilis genere, morum probitate perspicuus, vita laudabilis, pauperibus manus elargiens devote et sine intermissione, divinis insistens obsequiis, circa ecclesie negocia pervigil et prudens; qui legavit huic ecclesie xx solidos ad augmentationem anniversarii magistri Nicolai de Castro-Terrici, et x solidos ad augmentationem anniversarii magistri Roberti de Valle-Sancti-Germani, percipiendos super domibus suis sitis in Claustro Carnotensi; totum vero residuum redditus domorum legavit huic ecclesie pro anniversario suo, patris et matris ac fratrum suorum annualiter celebrandis in ecclesia Carnotensi sollempniter sero et mane.

X kalendas augusti (23 juillet).

1. — Obiit Fulcherius, sanctę Carnotensis æcclesię primicerius, qui dedit canonicis ejus æcclesię alodos suos, Bellum-Montem, Mimarias, Castellaria.

7. — Anniversarium Manasserii de Galanda, canonici hujus ecclesie, ad quod habemus decimam de Joyaco, de qua habemus duos modios bladi, valore precii Loenii, in Ascensione Domini.

7. — Anno Domini M°V°I°, obiit magister Michael *Dumolin*, canonicus et subdecanus Carnotensis, pro quo habemus anniversarium solemne, sero et mane, cum luminari, representatione et pulsatione. Pro cujus anniversarii fundatione, venerabilis et circumspectus vir magister Michael de Colonia, medicine professor, canonicus et cantor Parisiensis, ex singulari devotione ac cordiali dilectione quas gerebat erga Carnotensem ecclesiam et dictum *Dumolin*, nobis dedit et tradidit v libras turonenses, pro quibus super terram nostram de Bellomonte, prope Curvamvillam, assignavimus xx libras turonenses annui et perpetui redditus.

VIIII kalendas augusti (24 juillet).

1. — Obiit Hubertus, archidiaconus et prepositus Sanctę-Marię, qui dedit concanonicis suis alodos quos habebat ad Asconvillam;

2. — Et Robertus de Pignora, hujus sanctę ecclesię sacerdos et canonicus, qui operi hujus ecclesie legavit xx^d libras carnotensis monete et qui acquisivit n^{os} solidos et n^{os} denarios census apud Cantapiam : ejus etiam sumptu acquisiti sunt xxviii solidi et xi denarii et obolus census apud Chavennas, et viii solidi et ix denarii et obolus apud Cuneum-Raherii, et vi sextaria annone et tria avene apud Gronnellos : hec omnia distribuenda fratribus qui ejus anniversario interfuerint.

† 1300. 7. — Anniversarium Theobaldi de Alneto, decani et presbiteri; ad quod habemus quoddam pedagium situm apud *Soignolles,* in parrochia de Vovis, de quo habemus octo libras per tenentem ipsum, et debent reddi in festo Assumptionis beate Marie Virginis.

VIII KALENDAS AUGUSTI (25 juillet).

2. — Goslinus, subdiaconus et hujus ecclesię canonicus, Jerusolima rediens, apud Melitum obiit.

2. — Obiit Hugo de Morvilla, qui dedit huic ecclesie duas vitreas ;

3. — Et Raginaldus [1], illustris comes Montionis, pro cujus anima Raginaldus, Carnotensis ecclesie reverendus antistes, filius ejus, capellam Sanctorum-Sergii-et-Bachi, in curia domorum episcopalium sitam, in ea libertate et inmunitate qua eam possidebat concessit Capitulo Carnotensi, jure plenario perpetuo possidendam : pro cujus beneficii largitione statutum est anniversarium patris ejus et matris et comitis Henrici [2] et ipsius episcopi, cum decesserit, singulis annis celebrari, (et proventum predicte capelle canonicis qui interfuerint distribui. — 4).

VII KALENDAS AUGUSTI (26 juillet).

1. — Obiit Beroldus, subdecanus Sanctę-Marię ;

2. — Et Odo, levita et prepositus, qui huic sancte ecclesię ad opus turrium xv^{cim} libras dedit, et ad decorem sacri scrinii beate Marię anulum cum preciosa smaragdo reliquit.

---

[1] Renaud II, comte de Bar et de Mouçon, père de l'évêque Renaud de Mouçon, mort en 1170.

[2] Henri Ier, comte de Bar et de Mouçon, fils de Renaud II, mort en 1191.

7. — Anniversarium Guidonis de Afflanvilla; ad quod habemus xxv solidos per prebendarium de Daulomonte; item habemus xxv solidos super Matutinas.

VI KALENDAS AUGUSTI (27 juillet).

1. — Obiit Frotmundus, levita et utilis canonicus Sanctę-Marię;

1. — Et Hodierna, quę dedit huic ęcclesię quinque marchas argenti;

2. — Et Audoinus, levita et canonicus Beate-Marie;

5. — Et Henricus, dictus Nobilis, canonicus hujus ecclesie, qui dedit nobis sexaginta libras carnotehses ad anniversarium suum faciendum; de quibus empti fuerunt tres modii et dimidius terre semeure, apud Bercherias-*la-Meingot*, a Garino fratre majoris; ad quod etiam anniversarium legavit medietatem cujusdam virgulti adjacentis cuidam domui site in Valle-Radulfi, quam tenebat ab ista ecclesia, quam virgulti medietatem idem Henricus acquisierat: quorum proventus distribui debent canonicis qui ejus anniversario intererunt.

5. — Anniversarium Stephani Jordanis, subdiaconi; ad quod habemus xL solidos in precaria de Menumvilla, et in molendino sub Sancto-Sergio xL solidos.

V KALENDAS AUGUSTI (28 juillet).

1. — Obiit Alcarius, sacerdos et yppocantor Sancte-Marię;

1. — Et Hugo, archidiaconus;

1. — Et Odo, levita Sanctę-Marię;

1. — Et Restaldus, sacerdos et canonicus, qui reliquit huic ęcclesię unum obtimum missalem;

2. — Et Drogo, hujus ecclesie archidiaconus, qui domui sue canonicali quam in Claustro habebat tres alias domos ei contiguas adquisivit, adjunxit et de proprio emit. Insuper villam quę dicitur Castellio, in pago Sparnonensi, et aliam in Belsica quę dicitur Bussetum huic ecclesie edificavit: de suo quoque proprio puteum, mire profunditatis et magnorum sumptuum, ad usus hospitum hujus ecclesie, in Evrardivilla, fodit: decimam Alteville, sua magna industria multisque laboribus et impensis a quibusdam falsis calumpniatoribus integre liberavit; et moriens ad capsam Sancti-Piati reparandam decem marcas argenti legavit.

IIII KALENDAS AUGUSTI (29 juillet).

1. — Obiit Hugo, hujus ęcclesię sacerdos venerabilis et subdecanus, utilis in amministratione quam vel intus gessit vel foris, sermone vigens, consilio providus, actione strenuus, qui sacrosanctum genitricis Dei templum pretiosa vitrea, et pallio bono et capa decoravit optima; fratribus quoque et concanonicis suis decem libras denariorum moriens distribui fecit.

III KALENDAS AUGUSTI (30 juillet).

1. — Obiit Dodo, presbiter et canonicus Sanctę-Marię;

1. — Et Plastulphus, miles, qui dedit Sanctę-Marię coronam argenteam cum lampade.

4. — Obiit magister Adam de Stampis, canonicus Carnotensis, vir affabilis et discretus et utroque jure provectus; ad cujus anniversarium canonici habent sex libras redditus super majoriam de Marchevilla, cum dampnis et expensis habitis, occasione defectus solutionis eorumdem, prout in litteris curie Carnotensis quas habemus continetur: item ad dictum anniversarium habent non canonici triginta quinque solidos redditus super campipartem quam habent apud Mesnilium-Roberti.

7. — Anniversarium Guerini de *Boucheri;* ad quod habemus medietatem tertie partis totius taxamenti avenarum de Gayvilla; item habemus XVIII solidos per prebendarium de Amiliaco pro censu dicti loci.

II KALENDAS AUGUSTI (31 juillet).

1. — Obiit Gerbertus, canonicus et prepositus alme Marie;

1. — Et Guerricus, canonicus et archidiaconus; qui emit et dedit huic ęcclesię terram quandam censualem apud Teuvas et alteram apud Mesliacum;

1. — Et Raginaldus, presbiter et canonicus, qui dedit nobis medietatem ęcclesię de Charannivilla;

2. — Et Girardus, diachonus, qui dedit huic ęcclesię duos agripennos, tres quadrantes terrę et dimidium agripennum vineę apud Moncellum.

4. — Obiit Goslenus de Orrevilla [1], cantor ecclesie Carnotensis; pro cujus anniversario in ecclesia Carnotensi singulis annis celebrando, bone memorie, Gaufridus de Orrevilla, nepos ejus, canonicus Carnotensis, dedit Capitulo Carnotensi sexaginta solidos annui redditus percipiendos in decima de Moncello, prout in anniversario dicti Gaufridi continetur.

KALENDIS AUGUSTI (1er août).

† v. 1198. 2. — Obiit Petrus, Tusculanus episcopus, canonicus Beate-Marie et abbas Sancti-Andree, qui huic ecclesie sancte legavit centum libras carnotensis monete, unde emerentur redditus ad opus canonicorum qui ejus anniversario interfuerint; inde habemus in vico Sancti-Petri XLVII solidos, in burgo Sancti-Johannis-de-Valeia X solidos et V denarios obolum, circa cuneum muri episcopalis X (I solidos et obolum, — 4), circa Sanctum-Caraunum III solidos et VI denarios; inde etiam habemus decimam Willelmi de *Lislon* obligatam pro C solidis carnotensibus.

7. — Anniversarium Alesie de Frequoto; ad quod habemus XXXVII solidos IIII denarios super quasdam domos sitas in Claustro juxta domum decani Carnotensis, quas tenuit magister Johannes de Acheriis, canonicus hujus ecclesie.

IIII NONAS AUGUSTI (2 août).

2. — Obiit Guillelmus, canonicus et prepositus hujus ecclesie, qui ex clerico factus fuit monachus;

2. — Et Hilduinus, ejusdem ecclesie subdiaconus et prepositus, qui ad ultimum, Deo annuente, factus fuit monacus.

5. — Obiit magister Egidius de Nemore, prepositus ecclesie nostre in Normannia, qui reliquit nobis sexaginta libras turonenses ad emendum redditus pro anniversario suo in ecclesia nostra celebrando.

7. — Anniversarium Guarini de Landorvilla, archidiaconi Vindocinensis; ad quod habemus C solidos super precaria de Bretonvillari, per tenentem ipsam.

---

[1] Voir vol. II, p. 32, note 1.

III NONAS AUGUSTI (3 août).

3. — Obiit Petrus de Limigniaco, nobilis genere, canonicus Carnotensis, subdiaconus; pro cujus anniversario faciendo in ecclesia Carnotensi habemus septem sextaria semeure terre sita inter Vovas et *Boisael* juxta cheminum, in censiva Capituli Carnotensis, que fuerunt empta a Robino Borree, filio Radulphi Borree, et tria sextaria et unam minam semeure terre sita apud Vovas, in censiva Capituli Carnotensis, que fuerunt empta a Radulpho Parvo *Choenel*, et quatuor sextaria terre semeure sita apud Vovas, in censiva Capituli Carnotensis, que fuerunt empta a Michaele Amide et Belino de Vovis; que omnia supradicta magister Raginaldus de Spina, cantor Carnotensis, tenet ad firmam a Capitulo Carnotensi pro sexaginta solidis, reddendis singulis annis ad Natale Domini.

7. — Anniversarium Raginaldi de Brocia, archidiaconi Vindocinensis; ad quod habemus x libras x solidos super domibus ipsius Raginaldi sitis in Parvo Bello-Videre.

II NONAS AUGUSTI (4 août).

1. — Obiit Tetmarus, sacerdos et canonicus sanctę Dei genitricis Marię; cujus anima potiatur aeterna requie;

1. — Et Ansquitillus, caritate precipuus, ejusdem Sanctę-Marię sacerdos et canonicus;

1. — Et Henricus [1], rex, qui hujus ęcclesię lacunar construxit, et omnes consuetudines de Uno-Gradu perdonavit.

3. — Atque vir rectus ac timens Dominum, morum honestate jurisque peritia informatus, Bartholomeus, primum Dunensis archidiaconus, postea cancellarius Carnotensis, vite temporalis egressus est exilium: qui cum domos et terras de Bertumvillari ad ecclesiam Carnotensem pertinentes quas precarie possidebat multis sumptibus adauxisset et in statum dedisset meliorem, ei, recompensatione fraterno et liberali taxata affectu, concessum est a Capitulo et sancitum ut quicumque post ipsum easdem domos et terras possessurus esset, pariterque quendam censum circiter xviii soli-

---

[1] Voir vol. Ier, p. 89.

dorum in Valle-Radulphi ab ipso acquisitum, singulis annis XL solidos solvat ad ejus anniversarium.

5. — Et Bernardus [1], primo hujus ecclesie canonicus, deinde cancellarius, novissime vero Corizopitensis ecclesie episcopus.

NONIS AUGUSTI (5 août).

1. — Anno dominicę incarnationis DCCCCLX°II°, urbs Carnotensis et ęcclesia Sanctę-Marię succensa est [2].

1. — Obiit Frodo, sacerdos et succentor Beate-Marię, qui reliquit nobis quatuor agripennos vinearum et domos suas juxta posterulam.

3. — Obiit Galterius de Vico-Vassellorum, canonicus et diaconus hujus ecclesie, qui moriens reliquit huic ecclesie centum libras carnotenses ad emendos redditus ad opus duorum anniversariorum, sui videlicet et sue matris; ita quod medietas reddituum illorum distribueretur canonicis qui suo, alia medietas qui sue matris anniversario interessent. Domos autem quas habebat in vico Vassellorum et quas emerat a Milone de Fontaneto, presbitero Sancti-Johannis-in-cripta, vendi precepit, ita ut quicumque eas faceret canonicales easdem haberet pro decem libris minus quam alius; et per hoc facte sunt canonicales a Radulfo de Salneriis [3], decano Braiotensi, qui eas a gagiariis ipsius Galterii comparavit. Reliquit etiam non canonicis XX libras carnotenses ad emendos redditus ad anniversaria prenotata, videlicet X libras ad suum et X libras ad sue matris anniversarium.

5 août.

5. — Ad gloriam omnipotentis Dei et beate semper Virginis matris ejus, et presertim ad memoriam illius eximii miraculi de nive pro quo fundata fuit Rome nobilis ecclesia Beate-Marie, instante et promovente venerande discretionis et aprobate devotionis viro domino Eblone de Podio [4],

[1] Bernard II, évêque de Cornouailles (1322-1324).

[2] Prise et incendie de Chartres par Richard, duc de Normandie, en guerre avec Thibault-le-Tricheur. — Voir l'histoire de Guillaume de Jumièges, D. Bouquet, *Historiens de France*, vol. VIII.

[3] Raoul de Saunières, doyen de Brou, vivait en 1224.

[4] Ebles du Puits devint évêque de Chartres en 1376. Il donna à Notre-Dame le vitrail dit de *Notre-Dame-des-Neiges* ou la *Belle-Verrière*, qui est placé dans le latéral droit du chœur.

subdecano hujus ecclesie Carnotensis, Lemovicensis diocesis, generale capitulum ordinavit et statuit quod, die quinta mensis augusti proximo instantis, et deinde perpetuo, fiet per collegium dicte ecclesie, die quinta cujuslibet mensis augusti, festum sollempne et divinum servicium de beata Maria, cum capis sericis, processione, pulsatione grossarum campanarum et organis atque omnibus sollempnitatibus que consueverunt fieri hactenus in aliis festis beate Virginis, cum luminari pertice et quatuor angelorum dumtaxat. Pro quo quidem divino servicio anno quolibet perpetuo, sicut premittitur, sollempniter faciendo, dictus venerabilis, pro remedio et salute anime sue et propinquorum et benefactorum suorum, dedit et assignavit collegio supradicto quindecim libras turonenses perpetui redditus, quas adquisivit amortizatas in villa de Drocis, una cum aliis redditibus amortizatis, per Capitulum ibidem adquisitis a domino comite de Vaudemons et Margarita ejus uxore, prout in litteris inde confectis plenius continetur que in Thesauro ecclesie existunt. De dictis autem xv libris decem libre canonicis in dicto servicio presentibus per . . . . . distributio in hunc modum, videlicet . . . . . presentes fuerint distribuentur cuilibet quinque . . . . .; in secundis totidem. Item illis qui in . . , . . nis presentes fuerint c solidos, et residuum predictarum xv librarum presentibus in processione et in . . . . . Item de c solidis restantibus de dictis xv libris L solidi distribuentur in hunc modum, videlicet horariis et matutinariis presentibus in dicto servicio tantum quantum recipiunt de ordinario et per modum consuetum percipient, videlicet xvi denarios, et si minus accipiant minus habebunt; et residuum dictorum quinquaginta solidorum omnibus non canonicis qui in distributionibus percipere consueverunt presentibus in processione et missa distribuentur : de aliis vero L solidis restantibus taliter est ordinatum quod pro luminari pertice et quatuor angelorum ac corona faciendo et ludo organorum in vesperis primis et secundis et processione et missa provisores fabrice ecclesie percipient et habebunt xxxvii solidos. Item propulsatoribus ecclesie pro campanis grossis et aliis sollempniter per omnes horas pulsandis decem solidi; item matriculariis laicis pro pena caparum xii denarii; item illis qui in processione cruces et textus defferrent ii solidi equaliter distribuentur.

VIII idus augusti (6 août).

1. — Obiit Ascelinus, sacerdos et canonicus sanctę Dei genitricis Marię;

1. — Hugoque[1], episcopus Lingonensis ęcclesię misericordissimęque Dei matris Marię canonicus.

1. — Obiit Hildeburgis, quę adhuc vivens dedit huic sanctę ęcclesię duo aurea monilia scrinio super altare posito affigenda, et unum dorsale optimum ad ornamentum crucifixi, et tunicam atque dalmaticam! Pro cujus etiam anima dedit Fulcherius[2], Nivelonis filius, vir suus, tres scifulos argenteos lampadarum ante crucifixum, et xxii^{os} solidos et vi denarios unoquoque anno ad concinnanda luminaria trium lampadarum quos ei debebamus pro censu de clauso Sancti-Saturnini.

5. — Anniversarium Raginaldi Pillii-Cervi, quondam succentoris Carnotensis, presbiteri; pro quo habemus tresdecim sextaria et minam terre que fuit Dionisii *Pinart* in parrochia de Amenciaco; item septem sextaria Johannis *le Guiardiau;* item terram majorie decem sextariorum et mine; item octo sextaria juxta terram majorie; item sex sextaria terre que fuit illorum de Bunvilla; item dimidium modium quod fuit dicti *Rotier;* item pratum quod dicitur Pratum-Majorie cum chereta *Martin;* item pratum dicti *Rotier* cum cheretra; item quadraginta solidos apud Masengeium in medietate Parvi-Molendini et in medietate prati quod est juxta molendinum.

7. — Anniversarium Gaufridi de Leugis, canonici; ad quod habemus quasdam domos sitas in Claustro juxta puteum; de quibus habemus vi libras per subdecanum hujus ecclesie.

VII idus augusti (7 août).

1. — Interfectus est Gerardus levita, frater Bernardi, apud Caroliventatorium a Normannis;

1. — Et Ragembertus, miles, a Normannis.

---

[1] Hugues de Breteuil, évêque de Langres (c. 1032-1049).

[2] Foucher vivait à la fin du Xe siècle; il tenait de la libéralité du comte Eudes l'abbaye de Saint-Lubin-des-Vignes, située entre le *Clos-Saint-Saturnin* dit aussi *Clos-Notre-Dame* et Luisant. Cette petite abbaye fut donnée, vers le milieu du XIe siècle, au monastère de Saint-Père, par un autre Foucher, fils de Nivelon et petit-fils de Foucher Ier (*Cartul. de Saint Père*, p. 25).

2. — Obiit Agnes [1], comitissa Muntionis.

5. — Obiit Petrus de Sanctolio, diaconus, canonicus Carnotensis et thesaurarius Pictaviensis, vir providus et discretus; mansuetus, largus, curialis, affabilis et benignus; qui dedit canonicis qui anniversario suo in ecclesia Carnotensi faciendo intererunt centum solidos qui sunt assignati in majoria de *Coognoles* cum sex modiis terre ad perticam vel circa, cum herbergamento et granchia et omnibus et singulis aliis rebus ad dictam majoriam pertinentibus; que acquisierunt dictus Petrus et venerabilis vir Leobinus de Sanctolio, fratres, canonici Carnotenses, pro medietate, et venerabilis vir dominus Chinchius de Sancto-Eustachio, canonicus Carnotensis, pro alia medietate, a Matheo dicto *Denise* et Odelina ejus uxore; que majoria cum predictis rebus movebat ex hereditate dicte Odeline.

5. — Anniversarium patris et matris Raginaldi Pillii-Cervi.

9. — Anniversarium Raginaldi *Pare*, ad quod habemus apud Garencerias-in-Belsia unum modium tritici et xviii sextaria avene ad mensuram patrie pro impignoratione.

VI idus augusti (8 août).

4. — Anniversarium Raginaldi Dulcardi, patris magistri Milonis de Castellione, concanonici nostri; qui multa bona dedit huic ecclesie, prout in die obitus dicti Milonis plenius est expressum; de quorum bonorum proventibus dictus Milo precepit distribui sexaginta solidos canonicis qui intererunt anniversario dicti Raginaldi patris sui equaliter dividendos.

8. — Anniversarium Hugonis de Feritate-Ernaudi [2], episcopi Carnotensis; ad quod habemus xl solidos per manum Raginaldi de Bello-Monte et lx solidos per manum episcopi.

V idus augusti (9 août).

1. — Obiit Bernardus, sacerdos et canonicus almę Marię;

1. — Et Frodo, hujus sanctę ęcclesię canonicus et subdiaconus.

---

[1] Agnès, fille de Thibault IV, comte de Chartres et de Champagne, femme de Renaud II, comte de Bar, et mère de l'évêque Renaud de Mouçon. Elle vivait à la fin du XIIe siècle.

[2] Hugues de la Ferté, évêque de Chartres (1234-1236).

2. — Obiit reverentissimus pater Henricus [1] bone memorie, Wintonensis episcopus, illustrissimorum virorum Stephani regis Anglie et Theobaldi comitis palatini frater; qui preclaram generositatem suam animi nobilitate condecorans decoremque domus Dei non parum diligens, specialem ecclesie nostre honorem cum sincero caritatis affectu exhibere curavit, preciosissima et tam materia quam artificio elegantissima eidem conferens ornamenta. Dedit siquidem illi crucem obtimam [2], xxx^{ta} tres marcas auri obrizi in sui compositione continentem gemmarumque varietate distinctam, que pluris esse quam predicta auri summa a plerisque doctioribus viris estimantur; calicem quoque aureum cum patena xiiii marcas appendentem, gemmis optime decoratum, necnon et pontificalia indumenta, capam sericam auro quodammodo stellatam, infulamque, et albam, atque amictum, cum stola et manipulo mitraque et zona : omnia hęc preciosissima et tam materia quam opere prestantissima, palliumque et candelabrum valde insignia prenominatus pontifex ecclesie nostre donavit.

III idus augusti (10 août).

2. — Obiit Leodegarius, hujus ęcclesie fidelissimus;

3. — Et bone memorie Guismundus, Drocensis archidiaconus, qui cum huic ecclesie devotus semper extitisset, in extremis, cum de hujus vite incolatu vocaretur, ejusdem devotionis sue indicia palam exhibuit : de bonis enim suis decrevit et precepit redditus huic ecclesie comparari canonicis distribuendos qui suo et Elisabeth matris ejus anniversariis interessent in Carnotensi ecclesia celebrandis. Per ipsius igitur pecuniam exempta est et liberata parrochia de Grandi-Husso a jeisto et procuratione honerosissima annuatim de consuetudine antea debita comiti Perticensi. Pro qua liberatione universitas dicte parrochie lxi solidos et vi denarios singulis annis tenetur, (in festo sancti Petri ad Vincula, — 4) persolvere; de qua summa xl solidi anniversario prefati archidiaconi sunt deputati, residuum vero anniversario matris ejus cum vino, de quo continetur in obitu ipsius.

[1] Henri, évêque de Wincester en Angleterre, fils du comte Étienne-Henri, et frère du comte Thibault IV, vivait au commencement du XIIe siècle.

[2] On appelait cette croix la croix de Wincestre ou Guincestre; c'était un des joyaux les plus précieux du trésor de Notre-Dame, et le Chapitre l'engagea quelquefois dans ses moments de détresse.

4. — Obiit Galterius (Junior [1], — 5), Philippi regis Francorum camerarius, Galterii Senioris filius, qui, inter ceteros preminentes in aula regia, regisque lateri familiarius adherentes, honore et potentia, virtute et prudentia multum clarus, sed fide clarior et devotione erga Deum et beatissimam Virginem matrem ejus, hanc ejusdem beate Virginis specialem ecclesiam speciali dilexit devocionis affectu, hanc plurima veneratione et prelarga manu excoluit, hanc variis ornamentis que longum esset enumerare copiose ditavit, multis videlicet casulis, dalmaticis, tunicis, capis et palliis aliisque donariis preciosis. Unum etiam cereum perpetuum super majus altare ante sacrum scrinium ejusdem beate Virginis apposuit et donavit cum candelabro argenteo satis eleganter in forma militis fabrifacto. Et anniversarium suum et anniversarium patris sui in hac ecclesia constituit.

III IDUS AUGUSTI (11 août).

5. — Obiit Wuillelmus de Valeia, canonicus et diaconus hujus ecclesie, qui domos suas de Bello-Videre fecit canonicales et de earum vendicione quinquaginta libras assignavit ad emendos redditus canonicis qui ejus intererunt anniversario singulis annis distribuendos.

II IDUS AUGUSTI (12 août).

1. — Obiit Arduinus [2], miles et provisor Carnotane civitatis;

1. — Et Herbertus, hujus ęcclesię canonicus et subdiaconus, ac ultimum effectus monachus, qui, in discessu suo, concanonicis suis decem librarum caritatem fecit, et ad opus fratrum in cotidiano servitio ęcclesię laborantium, totam medietatem suam et messium et ovium apud Bergelvillam dereliquit;

3. — Et Johannes de Ruperforti, hujus sancte ecclesie canonicus et sacerdos, qui contulit huic sancte ecclesie quinquaginta libras carnotensis monete ad emendos redditus pro anniversario suo faciendo.

† 1257. 4. — Celebrabitur major missa de Sancto-Spiritu sollempniter pro viro venerabili Philippo, subdecano Carnotensi, quamdiu vixerit.

[1] Voir vol. II, p. 62, note 2.
[2] Hardouin, prévôt de Chartres, vivait vers 980.

7. — Anniversarium Johannis de Ferosa, prepositi de Masengeyo; ad quod habemus xxii solidos super precariam de Sauvagiis, per tenentem ipsam; item habemus vi libras super parvum molendinum de Masengeyo et dimidium arpentum prati situm juxta dictum molendinum, per prepositum de Masengeyo.

IDIBUS AUGUSTI (13 août).

1. — Obiit Harduinus [1], episcopus Carnotensium;

1. — Et Helpes, nobilis femina, quę fratribus hujus ęcclesię alodum de Osanavilla, pro redemptione animę suę, dedit;

1. — Et Herbertus, levita et canonicus Sanctę-Marię;

1. — Et Milo, canonicus, levita et humilis prepositus hujus ęcclesię.

XVIIII KALENDAS SEPTEMBRIS (14 août).

1. — Obiit Avesgaudus [2], qui dedit canonicis Sanctę-Marię aecclesiam de Illegiis quam sibi dederat Letgardis, comitissa;

1. — Et Fulcherius, sanctę ęcclesię sacristes, qui dedit Beatę-Marię duas cappas, et tunicam unam, et pallium obtimum unum, et cortinulam rubeo serico intextam, et domum suam in Claustro positam, post unius heredis decessum;

2. — Et vir bonę memorię Lanbertus, Beatę-Marię sacerdos et canonicus, qui operi hujus ęcclesię duas domos cum virgulto quas habebat apud portam Drocensem donavit, et alteram domum quam edificaverat juxta molendinos de Pratis, quos dum in manu habuit multum emendavit; virgultum quoque quod ibidem est fratribus suis dedit, ea lege ut quicumque predictos molendinos in manu sua haberet domum cum virgulto possideret. Duos autem libros, gradale et troparium, usui hujus ęcclesię dedit. Hec omnia post nepotis sui discessum sic ordinavit.

[1] Hardouin, évêque de Chartres (c. 955-961).

[2] Avesgaud, chevalier du comte Eudes, figure dans une charte du 5 février 978 (*Cartul. de Saint-Père*, p. 64 et 65). — Voir vol. Ier, p. 85, note 1.

XVIII kalendas septembris (15 août).

6. — Obiit magister Gaufridus de Boinvilla, hujus sancte ecclesie canonicus et sacerdos, qui moriens legavit nobis octoginta libras carnotenses ad emendos redditus, distribuendos equaliter canonicis quos anniversario suo contigerit interesse, et infra civitatem infirmitate detentis, necnon et minutis ultra portionem.

XVII kalendas septembris (16 août).

1. — Obiit Odo, hujus ęcclesię precentor, qui reliquit concanonicis suis tres agripennos vinearum in loco qui dicitur Canalis ;

3. — Et Odo Quadrigarius, hujus sancte ecclesie presbiter venerabilis et canonicus, qui medietatem pastuum de Grandi-Husso et de Dallimonte et duos agripennos vinearum apud Salomonis-Fossam et domos suas in Bello-Videre sitas proprio sumptu et labore acquisivit et huic ecclesie concessit ; eo tenore videlicet ut possessor domorum possideat et vineas, et in die obitus sui singulis canonicis qui anniversario ejus intererunt duodecim denarios donet, non canonicis vero sex denarios. Predictorum autem pastuum proventus officiales matutinarum tantum canonicis equaliter distribuantur. Ad opus etiam turris c solidos contulit, et canonicis qui exequiis ejus interfuerunt xii denarios, non canonicis vi distribui fecit.

XVI kalendas septembris (17 août).

1. — Obiit Harduinus, subdiaconus almę Marię ;

1. — Et Helvisis, matrona, pro cujus anima habemus alodum de Quercu.

5. — Obiit Johannes de Secusa, hujus ecclesie canonicus, nepos reverendi patris Henrici [1], quondam Ebredunensis archiepiscopi, a papa postea vocati in episcopum Hostiensem ; qui legavit domos suas huic ecclesie pro tribus anniversariis annuatim celebrandis, videlicet unum pro se, aliud pro patre et matre, tercium pro dicto venerabili patre episcopo Hostiensi et Huldrico, fratre dicti Henrici episcopi, avunculo dicti Johannis ; quas domos Capitulum vendidit magistro Odoni de Moutonneria, canonico Carnotensi, pro

---

[1] Voir ci-après au XI des calendes de septembre.

ducentis libris, pro quibus assignavit Capitulum ad tria anniversaria facienda xii libras super furnum Boelli, ad unum quodque anniversariorum quatuor libras distribuendas canonicis. Obiit autem anno Domini M°CC° septuagesimo secundo.

7. — Habemus missam solemnem, et fiunt vespere in die precedenti, cantature de victoria regis Philippi, quondam regis Francie, quam habuit contra Flamingos. Et ut in perpetuum in ista sancta ecclesia celebrarentur prefate vespere et missa, assignavit nobis idem rex c libras parisienses, quolibet anno, perpetuo habendas et percipiendas super Thesauro suo Parisiensi [1].

† 1369. 7. — Obiit dominus Carolus de Bouvilla, miles, qui fundavit missam de beata Maria in die mercurii, et pro ea celebranda dedit nobis terram de Sancto-Verano *de Corsi* cum pertinentiis ejus.

8. — Interfectus fuit magister Raginaldus de Spina, cantor ecclesie Carnotensis, quando pergebat ad matutinas [2].

XV KALENDAS SEPTEMBRIS (18 août).

1. — Obiit Lambertus, sacerdos et canonicus almę Marię;

1. — Et Haymo, diaconus;

1. — Et Odo, nepos Walonis, qui dedit canonicis Sanctę-Marię, in pago Dunensi, alodum Bretburas et mansum unum in Loblavilla.

† v. 1251. 5. — Anniversarium Hervei *le Desree*, ad quod habemus (viii libras de precaria Bercheriarum-*la-Meingot*, per manum succentoris. — 8).

† v. 1328. 7. — Anniversarium Guidonis de Personneyo, quondam canonici hujus ecclesie; ad quod habemus super quibusdam domibus sitis ad capdolicias de posterna episcopi, quas tenuit Johannes de Castro-Villano, canonicus, lx solidos.

XIIII KALENDAS SEPTEMBRIS (19 août).

1. — Obiit Hadvisis [3], filia Bertę comitissę;

1. — Et Bernardus, subdiaconus et canonicus Sanctę-Marię.

---

[1] Voir vol. II, p. 246.
[2] Nuit de l'octave de l'Ascension 1253. — Voir vol. II, p. 158, note 1.
[3] Fille inconnue du comte Eudes Ier et de sa femme Berthe (c. 995).

7. — Anniversarium Guillelmi *Babaut*, quondam clerici chori hujus ecclesie, qui certam pecuniam nobis, pro salute et remedio anime sue, reliquit, pro anniversario suo annuatim faciendo; pro qua habemus c solidos super matutinas.

XIII KALENDAS SEPTEMBRIS (20 août).

1. — Obiit Gislebertus, sacerdos et canonicus almę Marię;

1. — Et Odo Rufinus interfectus obiit, qui dedit usibus canonicorum Sanctę-Marię alodum suum de Villeis;

1. — Et Ragenaldus, exorcista et canonicus Sanctę-Marię.

4. — Obiit Alfonsus [1], quondam Pictaviensis et Tholose comes, frater quondam regum, videlicet Ludovici, inclite recordationis quondam regis Francorum, et Karoli, regis Cicilie; qui legavit canonicis hujus ecclesie centum solidos annui redditus pro anniversario suo, quolibet anno, die obitus sui in hac ecclesia faciendo : quos centum solidos Philippus, rex Francorum, assignavit percipiendos quolibet anno in prepositura de Yenvilla, termino Ascensionis Domini, prout in litteris suis patentibus super hoc concessis quas habet Capitulum plenius continetur : de quibus centum solidis debent clerici de choro existentes dicto anniversario xx solidos carnotenses.

5. — Anno Domini M°CCC^mo LIIII°, obiit dominus Godefridus de Boyssiaco, canonicus istius ecclesie, qui dedit nobis pro anniversario suo annuatim et perpetuo faciendo ducentas libras parisienses, pro quibus recepimus c florinos ad scutum de tempore regis Philippi et vi^xx de tempore illustrissimi regis Francie Johannis nunc regnantis.

XII KALENDAS SEPTEMBRIS (21 août).

1. — Obiit Johannes, sacerdos et canonicus Sanctę-Marię;

1. — Et Hatto, miles;

1. — Atque Ragembaldus, diaconus et canonicus Sanctę-Marię;

1. — Et Ebrardus [2], vicecomes, qui dedit nobis casam ęcclesię de Luco-Plantato, et Elemosine censum septem solidorum ad aqueductus.

---

[1] On fixe la mort d'Alphonse, comte de Poitiers, frère de saint Louis, au 21 août 1271. — Voir vol. II, p. 200, et p. 201, note 2.

[2] Probablement Evrard Ier, fils de Gilduin (1050-1060).

5. — Anniversarium patris et matris bone memorie magistri Johannis de Secusa, hujus ecclesie canonici; ad quorum anniversarium habent canonici quatuor libras super furnum Boelli.

7. — Anniversarium Guillelmi de Alneolo, canonici; ad quod habemus super matutinas L solidos.

XI KALENDAS SEPTEMBRIS (22 août).

1. — Obiit Stephanus, subdiaconus;

1. — Et Oda [1], Alberti vice-domini mater, quę dedit Sanctę-Marię canonicis villam quę dicitur Piredellium.

1. — Et Rotbertus, miles, oppetiit; pro cujus anima habemus aloduin de Gondrevilla.

5. — Anniversarium reverendi patris bone memorie Henrici [2], quondam episcopi Hostiensis, et Huldrici, fratris dicti Henrici, avunculorum bone memorie magistri Johannis de Secusa, hujus ecclesie canonici; ad quorum anniversarium habent canonici IIIIor libras super furnum Boelli.

6. — Anniversarium Hugonis de Foilleto [3]; ad quod habemus LIII solidos IIII denarios super precariam de Sauvagiis per tenentem ipsam; de quibus non canonici habent XL solidos.

6. — Anniversarium Jacobi de Cheseyo, matricularii quondam hujus ecclesie et presbiteri; ad quod habemus VIII libras super quasdam domos sitas in Parvo Bello-Videre, quas tenet ad presens magister Johannes *Bagot*, canonicus Carnotensis.

7. — Anniversarium pie recordationis Philippi [4], regis Navarre et comitis Ebroicensis, Johanne, ejus socie, filie regis Francie, patris et matris Blanche, regine Francie, et Johanne de Francia, ejus filie, et amicorum suorum; ad quod habemus C solidos parisienses, perpetui redditus, per prebendarios de Landellis, super molendinum de Landellis de novo constitutum et edifi-

---

[1] Oda, femme de Renaud Ier, vidame, et mère de Hugues Ier et de Albert (1024-1050).

[2] Henri de Suze, archevêque d'Embrun, cardinal de la promotion de 1261, évêque d'Ostie, l'un des plus grands canonistes de son siècle, auteur de la *Somme Dorée* (1250-1271).

[3] Voir vol. Ier, p. 250.

[4] Philippe le Bon, comte d'Eyreux et roi de Navarre, époux de Jeanne, fille de Louis le Hutin, mort en 1343.

catum, de pecuniis huic sancte ecclesie datis et assignatis per illustrissimam dominam dominam Blancham, reginam Francie.

X KALENDAS SEPTEMBRIS (23 août).

1. — Obiit Richardus [1], comes, qui dedit Sanctę-Marię Carnotensi aecclesię, ad stipendia canonicorum, Evrardi-villam cum ęcclesia, Runciam-villam cum ęcclesia, Engliscam-villam cum ęcclesia. Dedit etiam ęcclesiam de Halsvilla, et ęcclesiam de Bonavilla, et ęcclesiam de Sancto-Juliano cum una capella sibi appendente. Addidit etiam decimam venationis de silva quę dicitur Bortis;

1. — Et Ilguisis, uxor Frogerii, pro cujus anima reliquid nobis idem Frogerius terram de Monte-Oduini.

2. — Et Gauslinus, canonicus et prepositus hujus ęcclesię, obiit Jerosolimis, qui ad usus pauperum reliquid unum agripennum vinearum et dimidium cum torculari et terciam partem rerum suarum mobilium.

VIIII KALENDAS SEPTEMBRIS (24 août).

2. — Obiit Walo, miles nobilissimus, qui abbatiam Sancti-Albini [2] quam per preceptum regale possidebat, sue ob anime requiem, Sancte-Marie canonicisque ejusdem loci perpetualiter tradidit possidendam;

2. — Et Fulcherius, levita et canonicus alme Marie;

† v. 1144. 2. — Et Salomon [3], hujus ecclesie decanus et sacerdos devotissimus, qui terram de Locellis cum dimidio molendino, et pratis adjacentibus, domibus, ortis, hospitibus, labore nonnullo et sumptu multo nobis restituit; censum villule que dicitur Bernadavita usibus surgentium ad matutinas contulit; domos suas tam ligneas quam lapideas quas a fundamento refecerat nobis dedit; triginta volumina librorum huic ecclesie dereliquit; ad restaurationem crucifixi moriens septem marchas argenti contribuit; privilegium quod in

---

[1] Voir vol. Ier, p. 85, note 3.

[2] Deux abbayes portaient le nom de Saint-Aubin avant le XIIe siècle; l'une, située à Angers, fut fondée en 534 et reconstruite en 960, l'autre, située au Mans, fut fondée vers 650. Nous ne savons de laquelle il s'agit dans l'obit de Walon, et nous n'avons pas trouvé trace de cette donation dans les archives de Notre-Dame.

[3] Voir vol. Ier, p. 126, note 1.

archivis hujus ecclesie continetur ab apostolica sede impetravit, ut nulli de cetero duo honores in hac ecclesia concedantur, nec prepositure sive personatus istius ecclesie personis alibi commorantibus tribuantur [1].

VIII KALENDAS SEPTEMBRIS (25 août).

1. — Obiit episcopus Odo [2];
1. — Et Ivo, dignus Deo sacerdos et canonicus Sanctę-Marię;
2. — Et Robertus de Timerio, hujus sancte ecclesie sacerdos et capicerius, (ad cujus anniversarium habemus quadraginta solidos perpetui redditus, super quoddam stallum carnificis, situm ad Portam-Novam, per heredes Johannis *Beguin;* de quibus cadunt viginti solidi pro anniversario Guimondi *Pery*. — 7).
4. — Anno Domini millesimo ducentesimo quinquagesimo, obiit magister Constantinus, hujus sancte ecclesie cancellarius, vir utique providus, venerabilis et discretus, fidelitate conspicuus, modestus, abstemius, affabilis et benignus, utriusque juris habens peritiam et in arte phisica peritus plurimum et expertus. Qui de Scala civitate, in terra Laboris posita, ducens originem, per artem phisicam qua precellebat illustris et christianissimi regis Jerosolimitani, domini Johannis de Brenna, postea imperatoris Constantinopolitani, familiaritatem et amicitiam est adeptus; et cum eodem in partibus transmarinis diutius conversatus, ad preces et instantiam ejusdem regis, per dominum papam Honorium Tercium, prebendam Carnotensem obtinuit et ab eodem papa in subdiaconum est promotus : deinde a bone memorie Hugone de Feritate, hujus ecclesie tunc decano, familiariter susceptus, in ipsius familiaritate tamdiu perseveravit quod per eundem Hugonem ad hujus sancte sedis episcopale regimen sublimatum, cancellarie Carnotensis, meritis suis exigentibus, optinuit dignitatem. Cujus officium per quindecim annos et amplius provide et laudabiliter exercuit, pro defensione jurium et libertatum ejusdem cancellarie strenue se opponens. Sed quia nichil sub sole durabile, natura tandem humanum ab eo petente debitum, idem cancella-

---

[1] A moins qu'il n'y ait eu deux bulles sur le même sujet, dont l'une ne nous serait pas connue, cette dernière mention nous semble erronée. La bulle qui a trait aux *deux honneurs* et aux *personats* est d'Alexandre III et a été adressée au doyen Geoffroy (1165-1201). Voir vol. 1er, p 174.

[2] Eudes, évêque de Chartres (968-1004).

rius, mente sana et rationabili, testamentum dignum memoria condidit in extremis. In quo, inter alia que. aliis ecclesiis et pauperibus munifice erogavit, huic sancte ecclesie karissime matri sue, quam tota animi affectione tenerrime diligebat, cujus jura, libertates et privilegia viriliter defendebat, reliquit quadringentas libras turonenses ad emendos redditus, ad anniversarium suum singulis annis in eadem ecclesia celebrandum, quod reverendus pater Matheus, episcopus Carnotensis, Capitulum et capicerius sollempne fieri concesserunt. Et habebunt clerici de choro qui dicto anniversario interfuerunt, quilibet duodecim denarios, medietatem scilicet sero in vigilia et aliam medietatem crastina die in missa, matriculariis clericis annumeratis cum eisdem; matricularii vero laici pro pulsatione campanarum in duabus turribus habebunt quinque solidos; totum residuum distribuetur canonicis qui anniversario interfuerunt supradicto, medietas similiter in vigilia et alia medietas in missa. Quas quadringentas libras turonenses Capitulum habuit et recepit ab exequutoribus testamenti dicti cancellarii, videlicet a magistris Bartholomeo camerario, Raginaldo de Castriduno, Richerio de Blesis, Guillelmo de Alneto, canonicis Carnotensibus, et Johanne Constantini, presbitero; et pro dictis quadringentis libris idem Capitulum dedit et assignavit viginti libras annui redditus in majoria de Sentarvilla, quam emit a Thoma, quondam majore de Sentarvilla, distribuendas die anniversarii dicti cancellarii inter eos qui dicto anniversario interfuerint, secundum ordinationem in superioribus expressam. Voluit etiam et concessit idem Capitulum quod quicumque teneret dictam majoriam in precariam vel alio modo, solvat predictas viginti libras die anniversarii cancellarii memorati; et si de majoria viginti libre habere non possent, idem Capitulum tenetur totum supplere defectum. Precepit etiam predictus cancellarius quamdam coronam auream quam habebat et anulum aureum cum smaragdo imponi et infigi in sacra capsa sive sacro scrinio Virginis gloriose. Duas quoque pelves argenteas dedit eidem ecclesie ad serviendum in missa, ad hunc usum specialiter deputatas. Preterea prefatus vir reliquit et dedit ecclesie prefate libros suos juris, videlicet decreta pulcherrima et totum corpus juris in quinque voluminibus et decretales antiquas. Unum vero admiratione dignum pretermitti non debet, videlicet quod cum supradictus cancellarius letali egritudine laboraret, ipse in ecclesia Beati-Johannis-in-Valleia Carnotensi ubi sepultus est, tercia die ante diem obitus sui, tanquam mortem suam divinitus providisset, suam fecit fieri sepulturam.

5. — Anno Domini M°CC° nonagesimo sexto, contulit dominus Jacobus de Villamauri, canonicus Carnotensis, ad usum et officium magne misse celebrande in ecclesia Carnotensi, in elevatione corporis Christi, duo thuribula argentea, ponderis circa septem marcas cum dimidia, et fiet de eis officium, et durabit sicut est de torchis consuetum : et vir venerabilis dominus Guillelmus de Nerbona, dicte ecclesie decanus, dedit thus, et promisit emere redditus ad dictum officium in dicta ecclesia perpetuo faciendum. Et istud idem fiet in elevatione corporis Christi, quociens celebrabitur missa diebus lune in honore Virginis gloriose. Si vero dicta turibula contingat frangi in aliquo, opus ecclesie ad reparationem eorumdem tenetur.

† v. 1261. 5. — Obiit magister Petrus de Burdegalis [1], archidiaconus Vindocinensis, sacerdos, vir litteratus et honestus, qui fecit fieri ymaginem beate Marie cum duobus angelis argenteis qui sunt super majus altare, et grossam campanam in turri nova; pro cujus pulsatione dedit centum libras ad emendos redditus, et centum libras ad emendos redditus canonicis qui intererunt antiphonie beate Marie decantande qualibet die sabbati post complectorium. Ad cujus anniversarium habemus duos modios bladi super majoria de *Daulemont* ad mensuram Loenii; item unum modium bladi super majoria de Dangeriis; item totam decimam emptam a Guillelmo de Seinvilla, armigero, et Jaquelina uxore sua, sitam in parrochia de Bluriaco, valentem circa sex modios bladi et avene; item decimam sitam in parrochia de Joiaco, emptam a Symone de Trumvalle, milite, valentem circa duos modios. Quorum reddituum tres partes ad anniversarium suum et quarta pars ad anniversarium patris et matris sue die sequenti faciendum distribuentur. Non canonici vero qui ejus anniversario intererunt habebunt proventus unius arpenti prati quod emit apud Joiacum, sero et mane.

6. — Obiit Adam de Duxiaco, Cusentinus electus, canonicus Carnotensis; ad cujus anniversarium habemus vi libras super precariam de Villari-Bosco.

VII KALENDAS SEPTEMBRIS (26 août).

1. — Obiit Adelardus, decanus, hujus ecclesie amator precipuus, qui hoc capitulum construxit, et ad edificationem turris plurimum profuit,

---

[1] Voir vol. II, p. 116, note 1.

atque ęcclesiam istam magnis et necessariis ornamentis decoravit, videlicet libris optimis, una tabula et duobus candelabris argenteis, et fratribus suis abiens caritatem dedit ;

1. — Et Hugo, filius Haganonis, qui hujus ęcclesię canonicis abbatiam de Nielpha, omnibus eandem requirentibus postpositis, tribuit, et ibidem ex milite factus monachus fuit.

5. — Anniversarium patris et matris magistri Petri de Burdigalis, archidiaconi Vindocinensis; (ad quod habemus quartam partem rerum pertinentium ad anniversarium ipsius Petri. — 6).

7. — Anniversarium Johannis Buthicularii, prepositi Normannie; ad quod habemus super matutinas x libras.

VI KALENDAS SEPTEMBRIS (27 août).

3. — Obiit Giraldus, sacerdos et canonicus;

3. — Et Agnes, mulier bone memorie, mater magistri Guidonis, levite et canonici alme Marie.

V KALENDAS SEPTEMBRIS (28 août).

1. — Obiit Herbertus, levita et canonicus Sanctę-Marię.

† v. 1311. 4. — Obiit bone memorie magister Guillelmus de Calvomonte [1], Senonensis dyocesis, quondam Carnotensis archidiaconus, qui, pro anniversario suo quolibet anno sero et mane sollempniter celebrando, luminari et pulsatione grossarum campanarum sero et mane, dedit et assignavit ecclesie Carnotensi duo loca ad triturandum blada in granchia de Charonvilla, que est Capituli Carnotensis; item medietatem stragminum, medietatem palearum, medietatem forragiorum, medietatem veciarum cum grano ad dictam granchiam proveniencium, medietatem pilorum totius grani quod in dicta granchia triturari contingit; item medietatem pisatiorum et fabatiorum : que omnia emit a Gaufrido, dicto *Legouz*, majore de Charonvilla; item domos que fuerunt quondam defuncti Guillelmi de Noviaco, presbiteri capellani dicti archidiaconi, sitas in Claustro Carnotensi juxta portam Perticanam,

---

[1] Par son testament du 22 juillet 1311, Guillaume de Chaumont élut sa sépulture aux Jacobins, et donna au Chapitre de Chartres, pour son anniversaire, 30 livres en fond de terre, sa maison rue des Vasseleurs, et de plus 200 livres pour faire un escalier ou vis de pierre du côté de la sacristie. (*Inv. du Chap.*, C. LXVII, C, 6.)

ante domos defuncti quondam magistri Johannis de Grauchia, quondam Drocensis archidiaconi, que consueverunt tradi in precariam pro quatuor libris carnotensibus. Item emerunt exequtores dicti testatoris ad augmentationem predicti anniversarii quatuordecim sextaria cum octo bussellis vel circa terre semeure sita in territorio de Guillonvilla, tradita ad firmam perpetuam pro septuaginta solidis carnotensibus. De quibus omnibus sunt littere et instrumenta in Thesauro ecclesie Carnotensis sub isto signo M. i. Super quibus omnibus, per manum distributoris percipient episcopus et capicerius pro luminari sero et mane decem solidos, matricularii laici pro pulsatione grossarum campanarum sero et mane octo solidos, non canonici qui anniversario sero et mane interfuerint quadraginta solidos; canonici habebunt residuum. De ducentis autem et viginti tribus libris carnotensibus a dicto archidiacono, dum vivebat, traditis mutuo Capitulo Carnotensi, pro compositione[1] cum domino Karolo, comite Carnotensi, firmanda, ordinavit dictus archidiaconus in modum qui sequitur, videlicet quod de dicta summa, quando haberi poterit, centum viginti tres libre cedant in augmentationem predicti anniversarii sui, et centum libre residue cedant in augmentationem reddituum matutinalium.

4. — Obiit Girardus de Marchevilla, archidiaconus Pyssiacensis; ad cujus anniversarium exequtores sui emerunt quoddam herbergamentum quod fuit appreciatum pro precio xv librarum et circa sex modios terre semeure sitos in parrochia Sancti-Albini; quod herbergamentum cum predicta terra fuerunt tradita in precaria G[uillelmo] *Aures*, canonico Carnotensi, pro x libris annui redditus.

6. — Obierunt Vivianus de Cava et Raimunda ejus uxor, pater et mater Arnulphi de Cava, canonici Carnotensis et presbiteri; pro quorum anniversario dictus A[rnulphus] dedit unum modium grani, quod acquisivit a Petro de Merainvilla, in territorio de Nicorbino, prout apparet per instrumentum publicum quod fuit positum in Thesauro.

7. — Anniversarium Zacharie, sacriste et presbiteri; ad quod habemus vi libras x solidos super quasdam domos, que fuerunt Giloti *Lambert*, sitas in claustro Sancte-Fidis, persolvendum mediocriter in Nativitate Domini et beati Johannis-Baptiste.

---

[1] La composition de mars 1306. — Voir vol. II, p. 248.

IIII KALENDAS SEPTEMBRIS (29 août).

3. — Obiit Garinus de *Boteri*, levita et canonicus alme Marie, qui dedit huic ecclesie quandam terram quam apud Cintreium acquisivit, pro qua singulis annis habemus xviii solidos, et quoddam pratum quod est juxta molendinum de *Torci*, pro quo singulis annis habemus x^{cem} solidos et unum modium avene in tensamento Gaesville, sicut in anniversario Gileberti, avunculi ejus, continetur.

7. — Anniversarium Regnerii, archidiaconi Drocensis; ad quod habemus super matutinas L solidos.

7. — Anniversarium Johannis Egreti [1], quondam archidiaconi Drocensis; ad quod habemus super domum suam, que fuit quondam defuncti Richardi de *Hanesy*, LX solidos per magistrum Stephanum de Sauzeto.

III KALENDAS SEPTEMBRIS (30 août).

3. — Obiit Ernaudus *Foaille*, diaconus et canonicus Beate-Marie, qui reliquid nobis quinquaginta libras, et nos concessimus ei liberaliter ut anniversarium suum in hac ecclesia singulis annis celebraretur.

4. — Obiit bone memorie magister Guillelmus de Alneto [2], quondam canonicus ecclesie Carnotensis, qui, pro remedio anime sue, legavit et dedit, ad opus anniversarii sui in dicta ecclesia dicta die annis singulis faciendi, circa decem et septem arpenta terre arabilis sita apud Amilliacum, in dominio Capituli Carnotensis, videlicet novem arpenta sita prope ecclesiam Amilliaci, quam terram emit ab Aalesia dicta *la Beloce*, et unum arpentum situm retro domum *à la Mularde*, et quatuor arpenta in una pecia que emit a Guillelmo de Hospitali, cive Carnotensi, et circa tria arpenta que retraxit a Cochino; quorum proventus et exitus habebunt canonici qui dicto anniversario intererunt; (de quibus terris habemus LX solidos per heredes Guillelmi *Gillesot* de Amilliaco, et debent solvi in festo Decollationis beati Johannis Baptiste. — 6).

---

[1] Le testament de Jean Egret, alors chanoine de Saint-Piat et secrétaire du Chapitre, est daté du 17 octobre 1450. Les deux maisons engagées par lui étaient situées rue de la Poulaillerie et au coin de la rue des Changes. (*Orig. en parch.*, C. LXVIII, D, 37.)

[2] Guillaume d'Aunay vivait en 1250. — Voir vol. II, p. 146.

II kalendas septembris (31 août).

2. — Obiit Valterius, sacerdos et canonicus alme Marie, qui, ad augmentandam tabulam ejusdem virginis, viii marcas argenti reliquit et unam unciam auri.

4. — Anno Domini M°CC° septuagesimo nono, obiit bone memorie Johannes de Sarcofagis, quondam prepositus de Masengeio in ecclesia Carnotensi : qui Johannes, pro anniversario suo, patris et matris ipsius, simul in ecclesia Carnotensi annuatim celebrando, assignavit Capitulo Carnotensi res que secuntur, videlicet quoddam hebergamentum cum suis pertinenciis situm apud *Sauvages*, contiguum hebergamento precarie de *Sauvages*; quamdam peciam vinee sitam ante dictum hebergamentum continentem arpentum et dimidium vel circa ; tria arpenta prati vel circa, quorum unum arpentum situm est apud locum qui dicitur *le Boucheit*, dimidium arpentum versus ulmum de *Poiers* situm juxta pratum Robini de Belsia, aliud dimidium arpentum situm est juxta Boixeriam-Heraudi, aliud dimidium arpentum situm est in capite garenne versus *Poiers;* et medietatem cujusdam noe de Medunvilla ; et duos modios terre semeure sitos inter viam de Galardone et ulmum de *Poiers*. Que omnia fuerunt appreciata per Capitulum ad sex libras et duodecim solidos annui redditus. Item apud Masengeium medietatem parvi molendini, exceptis iiii°r sextariis, duobus frumenti et duobus siliginis, percipiendis ab abbate de Tyronio, et quadraginta solidis deputatis pro anniversario Raginaldi Pilli-Cervi, succentoris Carnotensis [1]; medietatem molendini fullatorii; medietatem prati siti ante parvum molendinum ; item quatuor denarios censuales sitos super medietatem prati Sancti-Leobini.

kalendis septembris (1er septembre).

Nihil.

IIII nonas septembris (2 septembre).

1. — Obiit Tetoldus, archidiaconus et prepositus Sanctę-Marię.

[1] En 1272, Jean *de Sarcofagis* avait donné au Chapitre de Chartres 15 livres de rente sur ses maisons du cloître, pour l'anniversaire de Renaud Peau-de-Cerf. (*Orig. en parch.*, C. LXVII, B, 28.)

4. — Obiit Guillelmus, dictus *Espaillart*, ad cujus anniversarium habemus IIII°⁺ modios terre semeure apud Judeos, in prebenda de *Rebolin*, valentes circa duos modios bladi et unum avene.

5. — Anno M°CC°LXXXIX°, obiit reverendus pater Egidius *Pasté* [1], Aurelianensis episcopus, quondam prepositus Normannie in ecclesia Carnotensi, nobili prosapia ortus, ecclesiasticorum et secularium negociorum prudentissimus, mansuetus, modestus, sobrius, domui sue bene prepositus, morum venustate preclarus, mitis affatu, patientia insignis, castitate pollens, ecclesie sue defensione egregius, opponens se murum pro domo Domini et scutum inexpugnabile contra quoscumque libertates et consuetudines ecclesiasticas impugnantes; qui, pro anniversario suo in ecclesia Carnotensi singulis annis celebrando, legavit XL° solidos annui redditus percipiendos super domibus suis quas habuit in Claustro Carnotensi, quas vendidit magistro Roberto de Frovilla, decano Carnotensi, cum honere dictorum XL° solidorum : item quatuor libras annui redditus, super majoria de Monte-Odoyni quam emit idem episcopus, dum erat prepositus Normannie, percipiendas et habendas, singulis annis, per manum prepositi Normannie qui erit pro tempore, cui dictus episcopus dictam majoriam legavit cum honere dictarum quatuor librarum annui redditus, ad anniversarium dicti episcopi una cum quadraginta solidis predictis, ut dictum est, deputatarum : de quibus pecunie summis capellani et clerici de choro in die anniversarii sui viginti solidos habebunt, residuum vero inter canonicos dividatur.

III NONAS SEPTEMBRIS (3 septembre).

1. — Obiit Durandus, presbiter et canonicus Beate-Marie, qui reliquit concanonicis suis post mortem unius heredis domum suam in medio arcuum sitam, (de qua habemus XL solidos super cameram. — 6);

1. — Et Radulfus, levita et canonicus Sancte-Marie.

II NONAS SEPTEMBRIS (4 septembre).

3. — Obiit Gislebertus [2], primum canonicus hujus ecclesie, postea can-

---

[1] Gilles Pasté fut appelé au siége d'Orléans en 1282.

[2] La date du *Nécrologe* dans lequel se trouve cet obit nous fait penser qu'il est ici question du fameux Gilbert de la Porée, évêque de Poitiers de 1142 à 1154.

cellarius litteratissimus, postea venerabilis Pictavorum episcopus, qui huic ecclesie duos sciphos argenteos, preciosos et ponderis octo marcarum, ad cotidianum usum altaris dedit, et ne ab eodem usu removerentur sub anathemate firmari fecit, librosque armarii diligenter emendatos modis pluribus melioravit, et omnes clericos hujus ecclesie tam canonicos quam non canonicos ubicumque potuit honoravit.

4. — Obiit Aubertus, dictus Cerarius, clericus de choro; ad cujus anniversarium habemus quadraginta solidos annui redditus in molendino de Condeio, quos magister Galterus de Frescoto nobis ibi assignavit donec eos alibi nobis assignaverit competenter;

4. — Et Stephanus de Brueriis, presbiter et canonicus hujus sancte ecclesie; ad cujus anniversarium habemus LX^a solidos super precaria de *Baigne-chièvre*.

7. — Anno Domini M°V°XXIII°, obiit dominus Laurencius *Pommeraye*, presbiter, Belli-Loci prope Lochas, Turonensis diocesis, ortus, nuper hujus Carnotensis ecclesie canonicus. Qui, paulo ante ejus obitum, dive Barbare duplex officium, die IIII^a decembris, necnon duas vivifice Crucis missas, sextis feriis post festa Ascensionis dominice et Eucharistie sacramenti, post primam, quotannis, ad majus altare, alta voce, cum diacono et subdecano, in eadem ecclesia celebrandas fundavit [1]. Pro quorum fundatione habemus certam domum cum hereditagiis, per eum nobis datis et legatis atque aliis redditibus, tam super feudum nostrum *des Roys*, in precaria Sancti-Verani de Scorciaco [2], quam super precariam de *Bières*.

NONIS SEPTEMBRIS (5 septembre).

2. — Obiit Ingelbaldus, levita et canonicus alme Marie;

[1] La fondation de Laurent Pommeraye est du 23 novembre 1520; il la renouvela par son testament du 18 juin 1521. Il donna à l'œuvre Notre-Dame, pour la célébration de l'office de sainte Barbe, une maison et jardin près le cimetière de l'Hôtel-Dieu, et au Chapitre, pour son anniversaire et pour les messes *de Cruce*, une maison et jardin, rue des Vasseleurs, et une autre dans l'enclos des Carmélites. (*Orig. en parch.*, C. LXIX, E, 17.)

[2] La seigneurie de Saint-Vrain d'Escorcy, donnée au Chapitre le 18 juillet 1369, par Charles, sire de Bouville, fut aliénée le 11 novembre 1575 en faveur d'Adam de Carnazet. En faisant cette aliénation, le Chapitre s'était réservé le droit de mouvance; mais il lui fut contesté par le duc d'Orléans à cause de son comté de Montlhéry, et après un long procès il fut adjugé à celui-ci. (*Inv. du Chap.*, C. LXVI, GG, 1, 9 et 14.)

2. — Et Goslinus, canonicus Sancte-Marie, qui dedit nobis sex agripennos terrę apud Addaicum.

4. — Obiit Maneserius, hujus ecclesie canonicus, frater domini Provemontis, qui moriens reliquit ad celebrandum anniversarium suum annuatim in ista ecclesia viginti et septem arpenta terre arabilis sita apud Offunvillam, in parrochia Booleti-de-Media-Via, que Capitulum Carnotense tradidit ad annuum censum hominibus dicte ville, scilicet pro quatuor libris et duodecim denariis carnotensium annuatim distribuendis canonicis qui ejus anniversario interfuerint. Et sciendum est quod Capitulum habet in illa terra totam justiciam cum vendis.

VIII idus septembris (6 septembre).

2. — Obiit vir magnificus Willelmus [1], Remensis archiepiscopus, illustris ac victoriosi regis Francorum Philippi avunculus, tanto nepote pre sui regalis animi excellentia non indignus. Hic primo hanc Carnotensem rexit ecclesiam, adsumptus postmodum ad cathedram Senonensem, de qua tandem translatus est ad Remensem. Dum vero hujus ecclesie curam gessit, eam multipliciter ampliavit; prebendales omnium canonicorum proventus, qui ante tempus suum ad communem locum Loenii consueverant undique convenire, per loca certa sub certo numero prebendarum secundum valorem annuum eorumdem locorum divisit, per quod prebende singule fere in duplo sunt, sicut a canonicis ipsis compertum est, augmentate. Juridicionem etiam tam secularem quam ecclesiasticam canonicis dedit in locis illis in quibus ipsi fructus percipiunt prebendales, quam juridicionem antea totam III^{or} prepositi obtinebant. Electionem etiam et presentationem personarum ad ecclesias eorumdem locorum eisdem canonicis contulit, que similiter prius ad eosdem III^{or} prepositos pertinebant. Ad speciale vero commodum et augmentum bonorum episcopi Carnotensis, qui pro tempore fuerit, granchiam Busseii, sitam in parrochia Bellivillaris, cum muris et aliis edificiis multis et magnis, maximo sumptu suo, in manu forti construxit, et tres carrucatas terre ad eandem granchiam pertinentes, que temporibus predecessorum suorum, pontificalium Carnotensium, per eorum inpotentiam ab antiquo defecte remanserant et in...... per contentionem

---

[1] Voir vol. Ier, p. 171, note 12.

ac violentiam nobilis viri Ebradi, qui tunc erat dominus Puisati et vicecomes Carnotensis, viriliter ac potenter ad culturam redegit......salia chori sub eleganti opere contexta, continentia historiam incarnationis Domini a dextra parte chori et historiam sancti Stephani a sinistra, huic ecclesie dedit, et alia plura ornamenta contulit et ab aliis conferri solerter procuravit. Hic, dum vixit, regis et regni consiliarius, quasi secundus rex...., atus moribus et scientia commendandus, in omnibus et per omnia tantus erat..... multis cathedralibus ecclesiis, vacantibus earum sedibus, multi de domo sua, maxime consortii sui gratia, episcopi sunt assumpti. Pro ejusdem vero anima, Gaufridus de Alneolo, per eumdem factus canonicus hujus ecclesie Carnotensis, accepti beneficii non immemor nec ingratus, huic ecclesie L solidos annui redditus acquisivit, distribuendos canonicis annuatim quos annuo pro anima ejusdem archiepiscopi anniversario contigerit interesse. Emit enim a Johanne, majore de Campo-Seru, predictus Gaufridus, de Loevilla et de Campo-Garnerii majorias, et quicquid in earumdem villarum territoriis possidebat et granicis, et hec omnia contulit idem Gaufridus huic ecclesie in perpetuum possidenda : tali tamen condicione quod canonici qui in predictis locis fructus percipient prebendales in Nativitate beate Marie solvent annuatim unusquisque xx^{ti} v solidos predicto anniversario distribuendos. Concessit etiam dominus Raginaldus, tunc temporis hujus ecclesie pontifex, et Adam, capicerius, quod ad predictum anniversarium celebrandum sollempne luminare singulis annis perciperetur. Preterea emit idem Gaufridus in parrochia Amanciaci, apud *Salvages*, a Marino de *Girodeth* quoddam herbergamentum cum vinea et virgulto et prato sito apud virgultum illius herbergamenti et terras ab eodem Marino et aliis in territorio de *Salvages* sitas, continentes circa sexdecim sextarios sementis, que omnia tenet Herveus, qui manet in predicto herbergamento, a Capitulo Carnotensi et dicto Gaufrido de Alneolo ad modiationem ad quindecim annos, ita quod ipse Herveus debet solvere eidem Gaufrido vel Capitulo Carnotensi, singulis annis, ad Nativitatem Domini, quatuor libras et dimidiam carnotensis monete. Hec omnia, cum predictis quinquaginta solidis, dedit idem Gaufridus in augmentum anniversarii archiepiscopi supradicti, statuente Capitulo, ad peticionem ipsius, ut, juncto cum premissis quinquaginta solidis hoc augmento, distribuantur inde quadraginta solidi annuatim clericis non canonicis in hunc modum, quod viginti solidos inter se habeant qui ad vigiliam interfuerint et viginti qui ad missam, totum vero residuum distribuatur ita canonicis quod simili modo medietatem inde percipiant existentes ad vigiliam et medietatem existentes ad missam.

> Ad patrie portus Stelle maris hunc regat ortus,
> Fatalem cujus natalis prevenit hujus.

3. — Obiit Milo, hujus sancte ecclesie canonicus et sacerdos.

4. — Et Guido de Crechis, subdiaconus et canonicus Beate-Marie, qui huic ecclesie capam sericam contulit et eamdem ecclesiam optima decoravit vitrea, et singulis canonicis qui exequiis ejus interfuerint xii denarios, vi vero non canonicis distribui fecit.

VII IDUS SEPTEMBRIS (7 septembre).

2. — Obiit Albereda, matrona, que dedit Sancte-Marie unum philacterium;

2. — Et Petrus, presbiter et canonicus alme Marie.

7. — Anno Domini M°CCC°LXX°II°, obiit Lugduni Johannes Brachii-Curtis, scutifer, venerabilis et nobilis vir; qui quidem Johannes, in testamento suo, dimisit nobis c francos auri pro x libris reddituabilus acquirendis pro anniversario suo solemni, in nostra ecclesia, quolibet anno, faciendo. Quas quidem x libras redditualles emimus a Johanne *Lecurier* et Johanneta, ejus uxore, super medietariam suam *des Esroys*, in parrochia Sancti-Mametis, ubi sunt domus, columbarium et arpentum cum dimidio vinearum, et vi modia terre que sunt in censiva nostra, et pro complegamento obligaverunt xii modia terre que spectant ad dictam medietariam cum omnibus bonis suis; et debent nobis reddi, quolibet anno, in vigilia Assumptionis beate Marie virginis.

VI IDUS SEPTEMBRIS (8 septembre).

2. — Obiit in senectute sua Galterius, sacerdos et canonicus Sancte-Marie.

8. — Obiit vir venerabilis Petrus de Reisseio, hujus sancte ecclesie sacerdos et cancellarius, sacre scripture doctor et predicator egregius, multa scientie et facundie gratia perornatus, qui moriens legavit et dedit huic ecclesie libros multos, scilicet hystorias Manducatoris, sentencias Longo-

bardi, psalterium glosatum, epistolas Pauli glosatas, moralitates super bibliothecam, apocalipsim et duodecim minores prophetas, epistolas canonicas et actus apostolorum glosatos in uno volumine, glosas super vetus testamentum in duobus voluminibus, sermones abbatis Clarevallensis, epistolas Gaii, Solini, Apollinaris, et librum Senece de naturalibus questionibus in uno volumine; et fabrice hujus ecclesie quadraginta marchas argenti et quinque anulos aureos; et nobis quinquaginta duas libras monete carnotensis ad emendum redditum ad suum anniversarium celebrandum. De quibus Capitulum hujus ecclesie acquisivit a Roberto de *Mourenthan* decimam quam ipse habebat apud Bronevillam, majorem pariter et minorem, et eam predicto anniversario deputavit.

5. — Anniversarium patris et matris Garnerii de Aquis, canonici Carnotensis; ad quod habemus centum solidos turonenses annui et perpetui redditus super domos Nicholai *Secourant*, clerici, et Guillemete ejus uxoris, moventes ex propria hereditate dicte uxoris, sitas apud Vovas, ante ecclesiam dicti loci in claustro ejusdem, tenentes ex una parte Jaqueto *Hardoyn*, et altera parte vico per quem itur de Aurelianis Carnotum, reddendos quolibet anno ad festum beate Marie virginis, ad penam duorum solidorum qualibet die qua defecerint in solutione, et si sit deffectus in dicta assignatione aliquo casu, dicti venditores obligaverunt domos et hereditates quas possident Balneolis, in territorio Capituli, moventes ex parte dicti Nicholai. Anno M°CCC°XXXVIII°.

V idus septembris (9 septembre).

1. — Obiit Guido, canonicus et archidiaconus Sanctę-Marię;

1. — Et Alcarius, presbiter et canonicus;

1. — Et Morandus, levita et canonicus almę Marię;

1. — Et Guillelmus, rex Anglorum et dux Normannorum, qui huic ęcclesię multa bona fecit;

1. — Et Gaufridus, subdiaconus et canonicus Sanctę-Marię.

5. — Anniversarium venerabilis patris Johannis de Meleduno [1], episcopi Pictaviensis, ad quod habemus c solidos annui redditus.

7. — Anniversarium Arnaldi de Cava, succentoris quondam hujus ec-

---

[1] Jean IV de Melun, évêque de Poitiers (1235-1257).

clesie et presbiteri, quod semper debet fieri in crastino festi Natalis beate Marie virginis, si commode fieri possit ; ad quod habemus c solidos perpetui redditus super majoriam de Bellomonte, per majorem loci et ejus heredes, et debent reddi ac solvi in festo Omnium-Sanctorum. Item habemus decimam partem cujusdam decime cum pertinentibus, sitam apud Putheollas, prout Renaldus de *Messalant* et Johanna de *Richebourc,* ejus uxor, solebant habere et possidere apud dictum locum de Putheollis.

8. — Anniversarium Raginaldi de Vere, qui reliquit ad illud faciendum xl solidos annui redditus in censu de Castelleto, reddendos annuatim, in octabis beati Martini hyemalis, per manum illius qui censum tenebit, sub pena duorum solidorum qualibet septimana qua in solutione defecerit, postquam requisitus fuerit.

IV idus septembris (10 septembre).

1. — Obiit Guillelmus, levita et canonicus Sanctę-Marię, et abbas Sancti-Andreę;

3. — Et Amicia [1], illustris comitissa Liecestrie et domina Montis-Fortis, que centum solidos monete parisiensis de annuo redditu huic ecclesie in perpetuam elemosinam contulit et concessit, expendendos in opus ipsius fabrice dum ipsa viveret, et post ejus obitum distribuendos canonicis ejusdem ecclesie qui ejus anniversario interessent; quos c solidos assignavit in censu suo apud Sanctum-Leodegarium castrum suum, ab ejusdem castri preposito annuatim, in crastino festi sancti Remigii, persolvendos ; hoc tenore quod idem prepositus, nisi eos ad predictum terminum redderet, pro singulis diebus quibus eos reddere differret v^{que} solidos parisienses teneretur reddere huic ecclesie pro emenda; filio suo Symone, illustri comite, hoc totum postea concedente et hoc suis confirmante. Preterea donavit eidem ecclesie vas preciosum, argenteum deauratum, quod largo sumptu de proprio fecit studiose componi et miro opere atque gemmis eleganter formari, ad reponendum caput beati Mathei apostoli et evangeliste.

† v. 1285. . 4. — Obiit Adam de Corbolio, quondam canonicus hujus ecclesie, vir

---

[1] Amicie ou Amiete, fille de Robert de Beaumont, comte de Leicestre, épouse de Simon le Chauve, comte d'Évreux et de Montfort, qui mourut en 1181, et mère de Simon IV, comte de Montfort, tué au siége de Toulouse le 25 juin 1218.

de humili plebe procreatus, sed nomine et fructuosis operibus nobilis et clarus, vita et moribus conspicuus, ac virtutum dotibus presignitus; qui etiam pro suis viribus ecclesie negocia utiliter gessit dum vivebat, ac circa ejus defensionem multis vigiliis ac continuis laboribus insudavit. Qui dedit huic ecclesie domos suas canonicales, sitas in vico Vavassorum, inter domos magistri Petri de Sorquiis et magistri Johannis Fabri, pro anniversario suo in ecclesia ista annis singulis sero et mane sollempniter celebrando; ita tamen quod clerici chori super dictis domibus habebunt XL. solidos distribuendos illis qui sero et mane intererunt. Cum hoc etiam dederunt executores predicti A[de] predictis chori clericis xx libras ad emendos XL solidos annui redditus, distribuendos dictis clericis annis singulis in anniversario predicto, prout superius est ordinatum.

III IDUS SEPTEMBRIS (11 septembre).

1. — Obiit Gazbertus, levita et canonicus alme Marię;

2. — Et Gauterius, archidiaconus et canonicus ejusdem almę Marię, qui domum quam emerat in Claustro sitam huic ecclesię dedit;

4. — Et Adelicia[1], illustris Blesensium comitissa, cujus filius venerabilis, comes Blesensis, Ludovicus, dedit canonicis hujus sancte ecclesie qui anniversario predicte matris sue interfuerint quadraginta solidos annuatim percipiendos.

II IDUS SEPTEMBRIS (12 septembre).

1. — Obiit Hildegarius, subdiaconus atque canonicus alme Marię Carnotensis matris aecclesie, cui dedit proprias res suę hereditatis;

1. — Et fuit interfectus Bernardus, qui reliquit nobis unum agripennem vineę de Submonciis;

1. — Et Adelais, monacha, quę multum laboravit ad cooperturam hujus ęcclesię de plumbo.

IDIBUS SEPTEMBRIS (13 septembre).

1. — Obiit Suggerius, canonicus et prepositus Sanctę-Marię;

4. — Obiit magister Odo de Castro-Nantonis, (ad quod habemus anno

---

[1] Voir vol. Ier, p. 206.

quolibet viii libras viii solidos super precaria de Buxello per tenentem ipsam. — 6).

XVIII kalendas octobris (14 septembre).

1. — Obiit Hildegarius, levita et canonicus alme Marię;
8. — Anniversarium Gaufridi de Alneolo, canonici Carnotensis, ad quod habemus l solidos super matutinas.

XVII kalendas octobris (15 septembre).

1. — Obiit Radulfus, hujus sanctę matris æcclesię sacerdos et canonicus, qui reliquit Sanctę-Marię unum optimum psalterium atque antifonarium cum gradali.
‾, 6. — Obiit Egidius de Condeto [1], sacerdos, quondam archidiaconus Vindocinensis; qui dedit huic ecclesie vi^{xx} libras turonenses ad emendos redditus pro anniversario suo sollempni faciendo in ecclesia Carnotensi; pro quibus habemus sex libras annui redditus super pedagio leprosarie de Orgeriis. Item dedit unum missale pulcherrimum in duabus partibus; item unum breviarium in duabus partibus, emptum ab executoribus bone memorie J[ohannis], quondam episcopi Carnotensis. Item dedit fabrice hujus ecclesie quamdam ymaginem de alabaustra novam de beata Maria, que situata est ante pulpitum a parte dextra. Anima ejus requiescat in pace.

XVI kalendas octobris (16 septembre).

2. — Obiit Radulfus de Curvavilla, hujus ęcclesię fidelis camerarius et levita, vir litteris eleganter eruditus et in servitio ęcclesię frequens et diligentissimus.

XV kalendas octobris (17 septembre).

1. — Interfectus est Gradulfus, clericus et canonicus Sanctę-Marię.
1. — Et Grimundus, sacerdos, obiit;

---

[1] En 1309, Gilles de Condé, archidiacre de Vendôme, acquit sur les exécuteurs testamentaires de Jean de Santeuil, chanoine de Chartres, quelques maisons assises au cloître Notre-Dame, devant le prieuré de Saint-Etienne. (*Orig. en parch.*, C. LX, A, 9.)

1. — Et Gumbertus major, qui dedit Sanctę-Marię alodos suos de Domna-Maria ;

1. — Et Rogerius, subdiaconus et canonicus Sanctę-Marię ;

1. — Et Guillelmus, bonę indolis juvenis, hujus sanctę ęcclesię subdiaconus et canonicus utilis.

. 4. — Obiit magister Guillelmus de Noviaco, canonicus et sacerdos hujus ecclesie, (ad cujus anniversarium habemus sexaginta solidos super masuram de Bouleto, in parrochia de Authoyo-in-Pertico, prope Tyronem. Item habemus xx solidos per prebendarium de Charonvilla, super granchia de Gardees. — 7).

7. — Anniversarium Roberti, cancellarii, ad quod habemus xx solidos per cancellarium hujus ecclesie. Item habemus septem solidos per prebendarium Dunensem. Item habemus novem sextaria bladi in granchia de Novis, per prebendarium loci. Item habemus medietatem decime de Bosco-Sancti-Martini, que decima debet reddi per cancellarium hujus ecclesie; super qua medietate dicte decime debentur cuidam vavassori sex sextaria bladi, que Guarinus de Scronis habere solebat, dum vivebat, de perpetuo redditu, super dicta medietate dicte decime.

XIIII KALENDAS OCTOBRIS (18 septembre).

3. — Obiit Guillelmus, dictus Capellanus, presbiter et canonicus Beate-Marie Carnotensis, qui adquisivit apud Cosenceias terras xi^{cim} modios seminis et amplius continentes et granchiam cum suis appendiciis; quas terras cum granchia dedit et concessit huic ecclesie tali modo quod post obitum ipsius et unius heredis, scilicet Milonis de Croceio, canonici Carnotensis, omnes proventus terrarum illarum cederent ad suum et dicti Milonis anniversarium equaliter. Adquisivit etiam duos trituratores in granchia de Campo-Seru, pro quibus reddunt canonici de Campo-Seru ad suum anniversarium singulis annis xxiiii solidos. Item adquisivit ad Unum-Pillum terram circa x sextarios seminis continentem, quam terram Capitulum Carnotense tradidit ad modiationem presbitero de Uno-Pilo pro vi annone et iiii sextariis avene, reddendis in octabis beate Marie singulis annis ad minam et valorem Loenii ; et ad hoc faciendum tenetur presbiter qui pro tempore fuerit in illo loco per sacramentum suum. De hoc habebunt non canonici die anniversarii sui

xx solidos, et residuum distribuetur canonicis qui anniversario intererunt.

4. — Anno Domini M°CC°XL°V°, obiit Matheus de Tymaro, canonicus Carnotensis; pro cujus anniversario in ecclesia Carnotensi singulis annis celebrando magister Raginaldus dictus Carum-Tempus, canonicus Carnotensis, executor testamenti ipsius Mathei, promisit et tenetur singulis annis solvere quinquaginta solidos carnotenses canonicis qui intererunt anniversario supradicto et dictos quinquaginta solidos in certis redditibus assignare.

† 1298. 5. — Obiit Hugo de Plesseyo, presbiter, hujus ecclesie canonicus, qui legavit, pro anniversario suo in ecclesia Carnotensi celebrando, centum libras carnotenses, quas assignavit in modum qui sequitur, videlicet sexaginta libras pro tercia parte ipsum contingente in domibus sitis in Claustro Carnotensi, que quondam fuerunt bone memorie domini G[uillelmi] de Gressibus, quondam episcopi Autissiodorensis, quas ei et dominis P[etro] de Gressibus, cancellario, et Hugoni, succentori Carnotensi, ejusdem episcopi nepotibus, donavit idem episcopus; quadraginta vero libras voluit capi super bona sua. Voluit etiam quod dicti P[etrus] cancellarius et H[ugo] succentor pre ceteris dictam terciam partem habeant pro dictis sexaginta libris.

7. — Anniversarium Havronis, capicerii; ad quod habemus censum de Friesia, qui valere debet LX solidos.

XIII KALENDAS OCTOBRIS (19 septembre).

2. — Obiit Ludovicus [1], christianissimus rex Francorum, pietate insignis, ecclesiarum precipuus defensor et amator; pro cujus anima, communi assensu Capituli, statutum est annuatim dari de communi camera LX solidos canonicis qui anniversario ejus interfuerint; et Raginaldus, Carnotensis episcopus, instituit dari non canonicis xx solidos de redditibus episcopi.

3. — Obiit Bartholomeus, archidiaconus Matisconensis et canonicus Carnotensis et sacerdos, qui reliquit nobis domos suas quas habebat in Claustro et decem libras in augmento anniversarii sui in nostra ecclesia singulis annis celebrandi.

---

[1] Louis le Jeune, mort en 1180.

4. — Obiit magister Johannes de Gometo, presbiter et canonicus Carnotensis; qui siquidem Johannes legavit ad anniversarium suum et anniversarium patris sui et matris sue sequenti die faciendum triginta duo sextaria terre semeure site apud Merrolias, in parrochia de Alompna, et decem et octo solidos redditus in duabus hostisiis apud Merrolias, scilicet duas partes dictarum rerum ad suum anniversarium et terciam partem ad anniversarium patris sui et matris sue.

5. — Obiit in veneranda senectute Karaunus de Porta-Morardi, presbiter clericus de choro istius ecclesie, vir benignus et fidelis, a juventute in ecclesia ista nutritus et inter majores istius ecclesie conversatus et ab eis dilectus et honoratus et servicio ejusdem ecclesie continuus et devotus. Cujus devotionem et amorem quam erga ecclesiam istam habuit attendentes, statuimus anniversarium ipsius singulis annis in ista ecclesia faciendum. Philippus vero de Porta-Morardi, nepos ejus, concanonicus noster, tenetur et promisit singulis annis solvere nobis sexaginta solidos die anniversarii sui distribuendos, ita scilicet quod de eis habebunt non canonici decem solidos et canonici residuum; et dictos sexaginta solidos promisit dictus Philippus se infra annum in certis redditibus assignare et ad hoc se specialiter obligavit.

XII KALENDAS OCTOBRIS (20 septembre).

1. — Obiit Hugo, subdiaconus et canonicus Sancte-Marię;

2. — Et Katerina [1], nobilis comitissa Blesensis et Clarimontis, que caput beate Anne, matris beatissime Virginis Dei genitricis Marie, a viro suo, illustri comite Ludovico, apud Constantinopolim acquisitum et huic missum ecclesie, cum precioso pallio presentavit et tria alia pallia preciosa eidem ecclesie dedit; ad cujus anniversarium in hac ecclesia celebrandum dictus comes vir suus quinquaginta solidos assignavit, sicut in obitu ejusdem comitis suprascripto plenius continetur; (et ad augmentum ejusdem anniversarii Theobaldus, comes, filius suus, quinquaginta solidos superaddidit, sicut in obitu ejusdem comitis suprascripto plenius continetur. — 4).

4. — Anniversarium patris et matris magistri Johannis de Gometo, canonici Carnotensis.

[1] Voir vol. II, p. 15 et 17.

XI kalendas octobris (21 septembre).

2. — Obiit Arnulfus, cognomine Paganus, de Mongervilla, canonicus et subdiaconus Sanctę-Marię et prepositus de *Alvers,* factus ex clerico monachus; qui ad ędificationem turris xx modios annonę dedit; et cupam auream quę super altare beatę Marię semper penderet ad servandum in ea corpus Domini contulit; et pro communi utilitate multum fideliter atque efficaciter laboravit.

4. — Obiit magister Nicholaus Haudrici, cantor Parisiensis, ortus de civibus civitatis Carnotensis : qui, post magistratum artium Parisius, et studium quo insudavit annis pluribus in phisicis apud Montem-Pessulanum, rexit Bononie postea honorifice in decretis, et postmodum Parisius in theologia studii sui posuit complementum. Vir magni nominis, clare fame, homo sine querela, vita et moribus conspicuus, virtutum dotibus presignitus, mitissimus inter omnes, in senectute veneranda et plenus dierum, feliciter migravit ab hac vita. Ipse nobis reliquit viginti et septem arpenta terrarum arabilium sitarum apud Guillonvillam, scilicet terras de Petraria, et de Alta-Bonna, et cartellum quod fuit Henrici de Reboulino, et terras sitas ad crucem que est inter Boevillam et Guillonvillam cum domo et curia, prout se comportant, cum appenditiis sitis in villa Guillonville, et quadam pecia terre site retro eamdem domum; pro quibus debent nobis reddi Carnoti annuatim, usque ad quinque annos completos a Stephano de Guillonvilla, duo modii et dimidius, medietas bladi et medietas avene, ad valorem bladi et avene granchie Reboulini, ad mensuram mine Loenii, medietas ad festum sancti Remigii et alia medietas ad festum Omnium-Sanctorum. Et super hoc dati sunt plegii et littere confecte apud cancellarium deposite, sigillis dominorum et officialis Carnotensis sigillate. Idem cantor per amicos suos nobis humiliter supplicavit et devote ut, intuitu divine pietatis, anniversarium suum de cetero faceremus annuatim in ecclesia Carnotensi; quod nos concessimus concorditer et gratanter.

X kalendas octobris (22 septembre).

1. — Obiit Sigemundus, dignus Deo sacerdos et canonicus alme Marie;

1. — Et Gaubertus, levita et canonicus, qui dedit nobis domum suam in Claustro positam et tres vineę agripennos.

IX kalendas octobris (23 septembre).

1. — Obiit Graulfus [1], abbas Sancti-Carauni.

2. — Dominice incarnationis anno millesimo C°LX^{mo}IIII^{to}, migravit a seculo Robertus, bone memorie hujus sanctę sedis reverendus antistes; qui huic ecclesię plurima contulit beneficia, videlicet x marcas argenti, tapetum, capam, casulam, sandalia, stolam episcopalem, lapides plurimos preciosos, vas cristallinum artificiose celatum, bacinos cupreos insigni sculptura mirandos, anulum suum benedictum scrinio beate Marie affixum; pavimentum vero in introitu chori mirifice reparavit; domos episcopales ex magna parte emendavit; capellam ibidem satis idoneam in honore beati Martini a fundamento refecit et consecravit; domum quamdam in Claustro positam quam nimis arctam invenerat multo sumptu melioravit, et terram eidem domui contiguam ad amplitudinem ipsius domus a manu laica in honore ecclesię adquisivit; tres abbatias instituit, scilicet abbatiam Beate-Marie de Clarofonte, abbatiam Sancti-Remigii, abbatiam Sancti-Cirici, et libros plurimos et alia multa eisdem moriens dereliquit; apud Bercherias, granicam muro clausit; apud Pontem-Godanum, molendinum unum et parvum stagnum reparavit et villam in multis emendavit; ecclesiam de Balleolo reparavit et domum episcopi ibidem cum multa expensa firmavit; Buxeium cum maximo sumptu et labore ex laicali jure in usum episco-porum perpetuo transfudit et privilegiis firmavit; Basochas a regia exactione, que brennagium dicitur, non sine maximo sumptu liberavit; juxta Ber-cherias super Volgriam sitas terram quandam terrę hujus ecclesię pro-ximam, ad augmentum hujus episcopatus, ad villam ibi edificandam, in-dustria sua et sumptu, a laicis adquisivit; decimam quandam juxta Veosiam, ad locum qui dicitur Capella, retroactis temporibus ab ecclesia alienatam revocavit. In episcopatu vero Ebroicensi, in territorio Illeiarum, decimam valde bonam que communis est cum monachis Beati-Petri adquisivit; quarum decimarum utramque suis successoribus episcopis eo tenore possi-dendam dereliquit ut inde conferant singulis canonicis qui ejus anniversario interfuerint xii denarios, vi autem non canonicis.

4. — Et Balduinus de Mennonvilla, miles, qui dedit fabrice hujus

---

[1] Voir vol. Ier, p. 81.

ecclesie in perpetuum duos sextarios annone in molendino suo de *Sauz*, sito apud *Penchat*, percipiendos.

† v. 1255. **4.** — Obiit in bona senectute, bone memorie, vir venerabilis Yvo de Verdeleio, canonicus Carnotensis, qui, ad anniversarium suum in hac ecclesia singulis annis celebrandum, acquisivit a Gaufrido de *Guillandri* et nepotibus suis quartam partem in minuta decima de *Verigne*, sexdecim sextaria bladi et octo sextaria avene annui redditus de grossa decima de *Verigne* percipienda apud Affonvillam, ubi debet tota dicta grossa decima adduci ad valorem granchié de Affonvilla que est Capituli Carnotensis; pro quibus sexdecim sextariis bladi et octo sextariis avene Capitulum Carnotense tenetur solvere quolibet anno dicto Gaufrido de *Guillandri* et ejus heredibus duos solidos in festo sancti Remigii. Item acquisivit dictus Yvo apud Luatum duos modios et undecim sextaria terre semeure et quamdam domum; et apud Affonvillam decem et octo sextaria terre semeure; et apud Gouvillam viginti sextaria terre semeure; et ea Yvoni, nepoti suo, persone de Clausovillari, in testamento suo legavit, ita quod in diebus in quibus nullum fit anniversarium, sed vigilie Mortuorum, distribuet dictus Yvo duos solidos duodecim clericis de choro qui interfuerint hujusmodi vigiliis, scilicet sex clericis a parte decani et sex clericis a parte cantoris, ita quod quilibet illorum duodecim clericorum habebit duos denarios; et ita etiam quod dictus Yvo, nepos prefati canonici, in septimana Penthecostes clericis de choro qui interfuerint complectoriis in quibus cantatur *Alma chorus* in quolibet complectorio quinque solidos distribuere teneatur, et in quatuor festis beate Marie, scilicet in Assumptione, in Nativitate, in Purificatione et in Annunciatione, clericis de choro qui interfuerint complectoriis vigiliarum dictorum quatuor festorum in qualibet vigilia quinque solidos; item pro cereis duobus qui debent ardere in missa statuta de beata Maria a magistro Nicholao de Cannis, quondam archidiacono Dunensi, viginti solidos; et sacerdoti qui missam anniversarii predicti defuncti Ivonis celebravit duodecim denarios ultra portionem eum contingentem, ratione dicti anniversarii, si interfuerit eidem. Ista autem tenebitur annuatim reddere dictus Yvo, nepos dicti defuncti Yvonis, quandiu vixerit, pro dictis acquiramentis, per manum illius quem ad hoc Capitulum Carnotense statuerit seu ordinaverit. Que etiam acquiramenta, post decessum ejusdem Yvonis, erunt ad servicium ecclesie Carnotensis, tali modo quod duodecim clerici de choro

qui interfuerint vigiliis Mortuorum in diebus illis quibus contigerit nullum fieri anniversarium, habebunt duos solidos, et clerici de choro qui interfuerint complectoriis septimane Penthecostes in quibus cantatur *Alma chorus* habebunt quolibet complectorio quinque solidos, et in vigiliis quatuor festorum beate Marie predictorum qualibet vigilia quinque solidos, et pro duobus cereis solvet Capitulum Carnotense quolibet anno viginti solidos, et presbitero qui missam dicti anniversarii celebravit duodecim denarios, prout superius est expressum; et de residuo quod superfuerit, ad augmentationem dicti anniversarii, quatuor libras, ita quod canonici qui dicto anniversario interfuerint habebunt sexaginta solidos cum predictis sexdecim sextariis bladi et octo sextariis avene et quarta parte dicte minute decime de *Verrigni,* non canonici vero viginti solidos; residuum vero, si quod fuerit ultra premissa, distribuetur per mandatum Capituli, canonicis qui interfuerint sex processionibus que diebus veneris in Quadragesima fient, et si contingerit aliqua die veneris processionem non fieri, porcio que dicta die veneris deberet distribui distribuetur canonicis astantibus processioni diei mercurii precedentis. Ordinatum etiam fuit a Capitulo Carnotensi quod dictum residuum dicte precarie, quam modo tenet Johannes de Pleseio, canonicus Carnotensis, quod residuum est centum et novem solidorum, distribuetur, per dictum Johannem seu alium dictam precariam tenentem, cum triginta sextariis bladi et viginti duobus sextariis et una mina avene annui redditus ad mensuram carnotensem percipiendis singulis annis apud Chaletum, canonicis qui intererunt quinque processionibus que fiunt in Quadragesima qualibet die veneris vel mercurii precedentis vel sequentis, ut commode fieri poterit, et in Ramis-Palmarum, et in duabus processionibus diebus lune et mercurii Rogationum, ita tamen quod dicti canonici eant ad dictas duas processiones ab ecclesia Carnotensi et redeant ad eam processionaliter sine intermissione. Quod residuum cum dictis blado et avena sic distribuetur dictis canonicis equaliter, videlicet due partes ad dictas sex processiones et tercia pars ad duas processiones predictas.

5. — Obiit G[uillelmus] Buticularius, dyaconus, quondam prepositus Normannie, qui dedit ecclesie ducentas libras ad emendos redditus pro anniversario suo faciendo in ecclesia Carnotensi, et voluit quod quilibet clericus de choro die anniversarii sui percipiat quatuor denarios, et canonicis resi-

duum distribuatur : (que pecunia conversa fuit in campartum nemorum de Parvo-Melleio; ad cujus anniversarium Capitulum assignavit decem libras super matutinas. — 6).

VIII KALENDAS OCTOBRIS (24 septembre).

1. — Obiit Martinus, Comes prenomine, qui dedit nobis alodum suum quem habebat in Calniaco ;

3. — Et Agnes Cardonelli.

3. — Obiit magister Johannes de Dyvione, canonicus hujus sancte ecclesie; ad cujus anniversarium habemus quoddam herbergamentum situm apud Veterem-Alompnam cum uno modio terre semeure, que fuerunt Clementis de Veteri-Alompna; de quibus videlicet herbergamento et modio terre se desesivit dictus Clemens in capitulo, et sesivit Capitulum pro debito in quo tenebatur dicto defuncto; item v^{que} minas terre semeure quas dictus defunctus acquisivit ibi prope a Radulpho dicto Gile ; item unum sextarium terre semeure quod acquisivit ibi prope ab Hemardo dicto Fillere : et hec omnia sunt in dominio et censiva Capituli Carnotensis.

r. 1260. 4. — Obiit magister Symon de Monteleterico, bone memorie quondam prepositus de Auversio, qui legavit huic ecclesie in testamento suo majoriam de Medio-Vicini que traditur ad firmam pro lx^a libris annui redditus. Cujus majorie redditus dictus magister Symon ita distribuit in suo testamento : in primis, ad augmentum divini cultus, constituit unum matutinarium perpetuum in hac ecclesia, quem de redditibus dicte majorie xii libras annuatim habere decrevit; item pro suo anniversario in ista ecclesia faciendo annuatim die obitus sui, sero et mane, ita quod sit sollempne in perpetuum, x libras, et pro luminari anniversarii predicti x solidos; item matriculariis clericis et pulsatoribus v solidos de ipsius majorie redditibus assignavit; item pro anniversario patris et matris ipsius annuatim in crastino sui anniversarii celebrando in ista ecclesia centum solidos de redditibus ejusdem majorie dedit. Residuum vero reddituum dicte majorie distribui debet prout infra sequitur, videlicet cuilibet canonico qui interfuerit in vesperis a die qua cantatur *O sapientia* usque ad vigiliam Natalis Domini exclusive tres denarii; item cuilibet canonico qui interfuerit in vesperis a die Cinerum, exceptis dominicis diebus, usque ad sabbatum in Passione

Domini, quo incipitur cantari hymnus *Vexilla regis*, tres denarii, et a dicto sabbato usque ad diem jovis Sanctam cuilibet canonico qui interfuerit in vesperis, etiam dominicis diebus, sex denarii, et quando erunt plures vespere semper distribuentur in ultimis vesperis. Si vero contingeret ita diminui redditus antedictos quod dictum residuum non sufficeret ad omnia supradicta, distribuatur dictum residuum inter canonicos qui interfuerint in vesperis a die Cinerum, exceptis dominicis, usque ad diem jovis Sanctam, scilicet cuilibet canonico tres denarii vel duo secundum quantitatem residui, et alia obmittantur, quia talis fuit intentio testatoris. Quod si ultra omnia supradicta esset aliquod residuum, distributor constitutus a Capitulo teneatur dicere Capitulo quid et quantum sit in illo residuo, ita quod secundum ordinationem Capituli illud residuum ad usum divini officii et non ad aliud convertatur. (Item exequtores dicti prepositi dederunt Capitulo viginti libras turonenses pro reparacione murorum et domorum majorie de Medio-Vicini ; pro quibus Capitulum assignavit quatuor solidos annui et perpetui redditus super dicta majoria, cum sex solidis predictis solvendos annuatim episcopo et capicerio pro luminari in die anniversarii sero et mane, episcopo et capicerio consentientibus. — 5).

5. — Obiit Archembaudus de *Sarclais*, canonicus hujus ecclesie et sacerdos; ad cujus anniversarium habemus domos suas sitas in Claustro, contiguas posteriori parti domorum Elemosine Carnotensis ; de quibus habemus xi libras per Adam de Triangulo ad vitam suam.

7. — Anniversarium sollempne nobilis et circumspecti viri magistri Florentini d'*Illiers* [1], quondam canonici et cancellarii hujus insignis ecclesie Carnotensis, clarus parentibus, sed fide et caritate et elemosinarum largitione clarior, et erga Deum et beatam Virginem ejus matrem devotam gerens voluntatem : legavit pro celebratione ejusdem anniversarii domos, stabula, ortos, curtes insimul contiguas, in suburbiis de Galardone sitas, una cum duobus arpentis et uno carterio vinearum situatarum in territorio dicti loci de Galardone. Item legavit pro hujusmodi fundatione unam domum et unam granchiam prope ecclesiam et ripariam Sancti-Piati situatas, una cum tribus quarteriis vinee in territorio dicti loci Sancti-Piati existen-

---

[1] Florent d'Illiers, fils du chevalier Florent d'Illiers et neveu de l'évêque Miles d'Illiers. — Ce personnage était prévôt d'Ingré en 1472. (Voir *Mémoires de la Société archéologique d'Eure-et-Loir*, t. I, p. 272.)

tibus, et ultra duo alneria, gallice *aulnes*, etiam in ipso loco Sancti-Piati existentia, inter ipsas domos et vineas predictas.

VII KALENDAS OCTOBRIS (25 septembre).

2. — Obiit Simon de Monteforti [1], qui reliquit huic ęcclesię magnę capacitatis calicem aureum, et dorsale preciosum, et consuetudines quas habebat apud Droam et Amanciacum quietas dimisit;

3. — Et Hugo de Folieto [2], subdiaconus et canonicus hujus ecclesie, vir genere nobilis, scientia clarus, in jure peritus et facundus, huic ecclesie multum utilis et devotus, qui dedit nobis centum libras ad emendos redditus ad anniversarium suum faciendum; de quibus empta est medietas molendini de Droia in valle *Amancei*, et duodecima pars relique medietatis, tali modo quod singuli clerici non canonici habebunt sex denarios, canonicis vero residuum distribuetur.

7. — Anniversarium G[uillelmi] de Narbona, canonici; ad quod habemus super cameram XI libras V solidos.

VI KALENDAS OCTOBRIS (26 septembre).

1. — Obiit, in senectute bona, hujus ęcclesię sacerdos Osbertus, qui ex canonico factus fuit monachus.

4. — Obiit Johannes de Frescoto [3], diaconus et Blesensis archidiaconus, qui acquisivit et contulit ecclesie Carnotensi herbergamentum de Meigneriis et circa undecim modios terre semeure et oscham *Gifart* que valet annuatim unum sextarium avene et duodecim denarios fornamentorum et quatuor denarios census, et apud Carnotum censum de *Monpancier* ad Crucem-Armigerorum, et quamdam cortilliam apud Sanctum-Priscum, et quatuor denarios et obolum annui census super quadam domo quam tenet presbiter Sancti-Pauli-in-Cripta apud *Monpancier*, et duos solidos censuales super domum que fuit defuncti Raginaldi, quondam succentoris Carnotensis, cum vendis; (de qua pecunia habebunt clerici de choro centum solidos, matri-

---

[1] Probablement Simon II, dit le Jeune, mort vers 1104.
[2] Voir vol. I er, p. 250.
[3] Voir vol. II, p. 100.

cularii quinque solidos pro grossis campanis pulsandis, et Capitulum habebit totum residuum. — 5).

V kalendas octobris (27 septembre).

1. — Obiit Andreas, sacerdos et canonicus Sancte-Marię, qui ad ędificium vestibuli hujus aecclesię reliquit agripennum vinearum et dimidium;

1. — Et Mainardus, sacerdos et canonicus, in reditu Jerosolimitano;

1. — Et Guinebertus, levita et canonicus.

3. — Obiit Gervasius, camerarius Carnotensis, qui reliquit quinquaginta solidos super acquiramentis que fecit in precaria de Consenceiis, hujus ecclesie canonicis distribuendos qui anniversario suo interfuerint singulis annis in eadem ecclesia celebrando; ita quod quicumque dictam precariam tenuerit dictos quinquaginta solidos solvere tenebitur ad dictum anniversarium celebrandum.

† v. 1340. 6. — Obitus Guillelmi de Feucherolis, canonici et presbiteri, et Regi-
† v. 1364. naldi Sageti, ejus nepotis, archidiaconi Vindocinensis et presbiteri; qui dederunt, pro anniversario eorum faciendo, omnia que habebant in Villa-Mota et que emerant a Guillemo *Mohier*, milite, videlicet quamdam domum cum orto et novem libras census, decem galinas, quatuor arpenta pratorum cum tribus quarteriis, quinque quarteria vinee, octoginta arpenta nemorum et unum vassorem.

7. — Anniversarium solenne, sero et mane, cum luminari, Guillelmi Terrici [1], archidiaconi Vindocinensis; ad quod habemus xxxv libras super quasdam domos sitas in Claustro, juxta domum decani hujus ecclesie, quas tenuit quondam ad istam pensionem magister Johannes de Acheriis, canonicus hujus ecclesie; de qua summa cadunt pro anniversario Petri de Fontanis, canonici, patris et matris ejusdem, lxxiiii solidi viii denarii. Item cadunt pro luminari x solidi et pro grossis campanis pulsandis v solidi.

---

[1] Par son testament du mois de septembre 1336, Guillaume Thierry donna à l'église de Chartres sa maison assise devant la Librairie du Chapitre, pour la fondation de son obit, et 4 livres de rente sur la terre de Saint-Georges, pour la fondation de l'anniversaire de ses père et mère. (*Inv. du Chap.*, C. LXVII, C. 18.)

IIII KALENDAS OCTOBRIS (28 septembre).

3. — Obiit Robertus, beate Dei genitricis Marie levita et cancellarius, tam divinarum scripturarum quam liberalium artium disciplinis ad plenum eruditus, qui, hanc ecclesiam pro captu virium suarum diligens ac venerans, apud Boscum Sancti-Martini, sumptu et industria sua, eidem ecclesie decimam quandam acquisivit, que cum quadam decima ad cancellariam pertinente communis esse dinoscitur. Medietatem siquidem pastuum de Villeis ac pastuum de Fontaneto-in-Pertico, itemque apud Ginumvillam in v^{que} masuris et dimidia terciam jarbam de campiparte a laicali manu in jus ecclesie transfudit; censum preterea ix solidorum et iiii denariorum, quem cancellarius pro granchia sua cuidam militi, Rocelino nomine, annuatim persolvebat, acquisivit et supradictis addidit, ita scilicet ut quicumque cancellarius extiterit prefatum censum canonicis anniversarium ejus celebrantibus singulis annis persolvat : unicuique concanonicorum suorum binos solidos, singulis clericis de choro xii denarios idem moriens legavit : ad opus criptarum ecclesie xv libras fecit distribui. Hec que supra retulimus Alcherio, nepoti suo, tali tenore possidenda reliquit quatinus prenominatus Alcherius canonicis qui anniversario ejus interfuerint singulis annis xl solidos distribuat; post obitum vero Alcherii totum absque ulla diminutione ad supplementum anniversarii redigetur.

7. — Anniversarium Stephani de Sancto-Arnulpho, ad quod habemus lxx solidos perpetui redditus super xviii sextaria terre, cum quodam herbergamento sito apud Sainvillam, prope Vovas, in parrochia loci, videlicet per heredes Guillelmi *Aales,* Macotum *Genest,* Clementem *Lintart,* Petrum *Bourgamel,* Bertaudum *Boudan,* Saincotum *le relieur,* Gilotum *Herbelot,* Colinum *Genest,* Johannem Pagani et heredes defuncti Johannis Cordarii, carnificis, qui debent pro parte sua v solidos, et debent reddi dicti lxx solidi in festo Nativitatis beate Marie virginis. Item habemus super matutinas xxii solidos. Item habemus unum modium terre, cum quadam platea in qua fuit herbergamentum, apud Marolias, in prebenda de Vovis, quod herbergamentum fuit Sarre Anonie; de quibus habemus ad presens xlv solidos per Stephanum *Landri* ad vitam suam; ita tamen quod dictus Stephanus debet in dicta platea, infra sex annos a tempore traditionis sibi facte, edificare unam domum, et solvere dictos xlv solidos in festo beati Remigii.

III KALENDAS OCTOBRIS (29 septembre).

2. — Obiit Haimo, hujus sanctę ęcclesię diaconus et capicerius, qui huic ęcclesię cappam sericam dedit et domum quandam domui suę contiguam in jus ęcclesię transfudit.

7. — Anniversarium parentum Guillelmi Terrici, archidiaconi Vindocinensis, ad quod habemus quatuor libras super precariam Sancti-Georgii-super-Auduram[1], per tenentem ipsam.

7. — Anniversarium Reginaldi Chauvelli[2], quondam canonici hujus ecclesie, et postea episcopi Cathalaunensis; ad quod habemus c solidos super terram acquisitam apud Drocas a comite de *Vaudemont*.

7. — Habemus servitium solenne sancti Michaelis, quod fundavit venerabilis et scientificus vir magister Michael de Colonia, medicine professor, canonicus et cantor Parisiensis[3], qui nobis dedit mille ducentas libras turonenses redditus super terras nostras de Archevillari et *Bieres* distribuendas.

II KALENDAS OCTOBRIS (30 septembre).

3. — Obiit Johannes, sacristes, qui hanc ecclesiam decoravit vitrea, et ad opus ecclesie dedit c solidos, et matricularibus fratribus suis dedit cyphum argenteum unam marcham appendentem, et VI coclearia argentea, eo tenore possidenda ut nullus a mensa pulpiti ea possit alienare.

7. — Anniversarium Egidii *Gilleboust*, cancellarii hujus ecclesie et presbiteri; ad quod habemus quandam domum sitam in Mureto ante domum de Cistercio, de qua habemus LX solidos per Johannem *le Danteur*, de perpetuo redditu, reddendo mediocriter in Nativitate beati Johannis-Baptiste et in Nativitate Domini.

KALENDIS OCTOBRIS (1er octobre).

5. — Obiit Johannes de Sarneio, hujus sancte ecclesie canonicus et sacerdos, qui de matriculario in canonicum, meritis exigentibus, sublimatus,

---

[1] Voir ci-dessus, p. 186, note 1.

[2] Renaud Chauveau, évêque de Châlons-sur-Marne (1352-1356).

[3] L'acte de fondation de Michel *de Colonia* est du mois de mai 1528. (*Orig. en parch.*, C. LXIX, E, 21.)

totus erat, diebus et noctibus, Dei servicio mancipatus. Qui eciam ut vitam quam feliciter duxerat felicius consummaret, juxta evangelicum consilium, omnibus que possidebat renoncians, Fratrum Predicatorum assumpsit habitum, paratus crucem Domini perpetuo bajulare. Legavit autem hujus ecclesie fratribus, fraterne non immemor caritatis, octoginta libras carnotenses; cujus munificencie non ingrati singulis annis ejus anniversarium duximus celebrandum.

7. — Anniversarium Helie de Clota, canonici; ad quod habemus duo modia terre site apud Braiacum, de quibus habemus duo modia bladi et unum modium avene, de quibus cadunt quatuor sextaria bladi ad anniversarium Hugonis *Fouaille*. Item habemus duo modia terre ibidem site, de quibus habemus ad tempus LXX solidos per Stephanum *le Large*.

VI NONIS OCTOBRIS (2 octobre).

1. — Obiit Deo acceptissimus omniumque laudabilium virtutum claritate decoratus, abbas primum postque pontifex sedis istius, Wulfaldus[1];

1. — Et Johannes, presbiter et canonicus Sanctę-Marię;

1. — Et Herveus, filius Teudonis; pro quo habemus unum alodum in Tuetvilla et alterum in Pasegio.

3. — Vindocini vero, plenus dierum, in senectute bona, mortuus est Reinerius, bone memorie archidiaconus, qui dedit huic ecclesie capam obtimam, et ad edificationem turrium c solidos dimisit.

V NONAS OCTOBRIS (3 octobre).

1. — Obiit Ansegesus, sacerdos, qui dedit canonicis duos arpentos vineę in clauso Sancti-Saturnini;

1. — Et Odila, matrona, pro qua habemus alodum de Cussegio.

† v. 1260.   4. — Obiit magister Raginaldus de Villa-Beionis, presbiter, archidiaconus Drocensis; ad cujus anniversarium habent canonici Carnotenses quadraginta quinque solidos in parrochia de Cathenis, per manum magistri Roberti de Lorreto, pro quadam decima que dicitur *li Quateruns* apud Torceium, quindecim solidos pro acquiramentis que fecit a Godefrido de Vadis

---

[1] Vulfrad, évêque de Chartres (962-967).

in molendino de *Bleteel* et aliis, ultra id quod debetur matutinis, et decem solidos in molendino de *Chaalenes,* in parte quam habet ibi magister Nicholaus de Canis, per manum ejusdem magistri Nicholai.

IIII NONAS OCTOBRIS (4 octobre).

8. — Anniversarium Petri de Sancto-Maximino; vii modios bladi pro cujus anniversario Gaufridus de Orrevilla seu archidiaconus Blesensis debet pro Molendino-Novo, sed clericus de Loenio habet super xviii sextarios bladi et xii solidos; residuum est anniversario.

III NONAS OCTOBRIS (5 octobre).

1. — Obiit Constantius, sacerdos, qui dedit canonicis Sancte-Marie duo arpenta vinearum cum tota mansione;

1. — Et Hermannus, levita.

4. — Migravit ab hac vita vir providus et discretus Raginaldus de Bello-Monte [1], canonicus Carnotensis, vir siquidem nobilis genere, de nobilioribus castellanis dyocesis Carnotensis, magnis, strenuis ortum habens, et licet nobilis esset sanguine, nobilior tamen erat mente, humilis et modestus, cujus duplici nobilitati fama boni nominis, morum claritas et honeste conversationis arridebat. Qui siquidem, dum viveret, existens canonicus Carnotensis, se totaliter exposuit in negociis ecclesie Carnotensis fideliter promovendis, et in precaria de Gaudo quam tenebat a Capitulo Carnotensi medietatem justicie acquisivit, et edificavit in ea domos pulcherrimas, et ibi construxit quoddam molendinum propriis sumptibus et expensis, necnon et maxima duo stanna, que sunt et erunt in perpetuum ecclesie Carnotensis. Propter quod Capitulum Carnotense voluit et concessit ut de cetero fieret anniversarium ipsius annuatim in ecclesia Carnotensi, et de redditibus dicte precarie die anniversarii distribuerentur centum solidi canonicis Carnotensibus qui ejus anniversario interessent.

7. — Anniversarium Aymerici de Villereyo, militis, ad quod habemus xl solidos, super furnum Boelli.

---

[1] Voir vol. Ier, p. 164, note 1.

7. — Anniversarium Bertaudi [1], Parisiensis episcopi, ad quod habemus LX solidos super masuram Bouleti, in parrochia de Authoyo-in-Perthico prope Tironem. Item habemus xx solidos super stangnum de Brolio.

II NONAS OCTOBRIS (6 octobre).

1. — Obiit Hugo, levita et subdecanus Beatę-Marię; qui adquisivit atque edificavit huic ęcclesię v^{que} villas, Vilarceium, Pesiacum, Offarvillam, Torturium, Colummare : in terra vero ejusdem ęcclesię edificavit tres villas Luacium, Chavernacum, Villerium. Dedit etiam huic ęcclesię duos libros, martyrologium et librum omeliarum, et ad deaurationem tabulę beatę Marię centum solidos, et canonicis xx^{ti} et duas libras et xv^{cim} solidos, et ad januas ante altare beatę Marię faciendas xx^{ti} libras, et apud Sanctum-Albinum dimidium agripenni terrę quem ipse emit cum domo eidem adjacente. In eadem etiam terra ędificavit torcular ad opus vinearum Sanctę-Marię quę sunt apud Sanctum-Albinum;

2. — Et Odilerius, levita et canonicus Sancte-Marie.

NONIS OCTOBRIS (7 octobre).

1. — Obiit Alburgis, uxor Leodegarii, pro cujus anima dedit ipse Leodegarius fratribus hujus ęcclesię terram suam quę est apud Prata;

1. — Et Gauscelinus, subdiaconus Sanctęquę Marię canonicus.

5. — Obiit Johannes *Barbou*, canonicus Carnotensis, subdiaconus, qui dedit ecclesie centum libras turonenses ad emendos redditus pro suo anniversario celebrando in ecclesia Carnotensi, videlicet octoginta libras pro canonicis et viginti libras pro non canonicis.

7. — Anniversarium Colardi de Mediolano, ad quod habemus quasdam terras sitas apud Unum-Pilum, de quibus habemus per rectorem de Nogento-Fisci, ad vitam suam, VI libras.

VIII IDUS OCTOBRIS (8 octobre).

1. — Obiit Erembertus, canonicus et archidiaconus almę Marię;

1. — Et Walterius, levita et canonicus.

[1] Il n'y a jamais eu à Paris d'évêque du nom de *Bertaud*.

VII.ıɖus octobris (9 octobre).

4. — Anno Domini M°CC°XL° sexto, obiit Guismondus *Fouaille*, presbiter et Blesensis archidiaconus hujus ecclesie, vir justus, providus et discretus, omni morum venustate preclarus, qui caste vixit et sobrie, laudabiliter et honeste ; qui a puericia sua in ista canonicatus ecclesia, Deo et beate virginis Marie, cum omni devotione et humilitate, in psalmis, hymnis, et canticis, servire continue non cessavit ; qui etiam circa fabricam hujus ecclesie promovendam diligens et intentus, ad decorem domus Dei, et exaltationem edificii Virginis gloriose cum cura sedula laboravit ; idemque preterea domus Elemosinarie provisor sollicitus, pauperes et egenos, debiles ac infirmos misericorditer visitavit, et sic tanquam lucerna super candelabrum enituit per opera caritatis. Ipse vero beneficiorum que a gloriosa Virgine matre sua receperat, tanquam bonus filius, non immemor nec ingratus, huic sancte ecclesie legavit et contulit hec subscripta, videlicet viginti solidos annui redditus quos in terra Capituli apud Graveria-Leugarum acquisivit et redditum medietatis cujusdam torcularis siti apud *Dancort*, quod ipse et vir venerabilis bone memorie Thomas, quondam decanus Carnotensis, ad quem pertinebat alia medietas, in terra Capituli edificaverunt et dederunt ad firmam cuidam homini de *Dancort* qui vocatur Thomas *Romer*, ad vitam suam, pro duodecim solidis carnotensibus, et sic ibidem habebat sex solidos annui redditus. Et preterea xl.ᵃ solidos annui redditus in terra Capituli quam emit a Radulpho de *Saunières*, quondam decano de Braioto, quam terram Michaeli Mauricii, fratri suo, dedit tantummodo ad vitam ipsius Michaelis, excepto campo de Brueria; ita tamen quod dictus Michael solveret, quamdiu viveret, post mortem dicti archidiaconi, Capitulo Carnotensi dictos xl.ᵃ solidos ad anniversarium dicti archidiaconi in ecclesia Carnotensi celebrandum ; post mortem vero ipsius Michaelis, voluit idem archidiaconus quod Capitulum Carnotense habeat dictam terram, ita tamen quod dictum Capitulum dictos xl.ᵃ solidos tantummodo habebit pro dicto anniversario faciendo, et quicquid residuum fuerit de proventibus ultra dictos xl.ᵃ solidos distribuatur clericis chori ecclesie Carnotensis qui interfuerint majori misse in ecclesia supradicta. Precepit autem dictus archidiaconus magistris Guismondo et Guillelmo de Alneto, canonicis Carnotensibus, et Stephano, presbitero de Capella-Sancti-Lupi, executoribus suis, ut a Capitulo requirerent ut, si eis placeret, anniversarium dicti archidiaconi facerent singulis annis in ecclesia Carnotensi : quorum exequtorum petitionem dictum Capitulum benigne concessit, volens et concedens ut dicti viginti solidi et vi solidi et xl^a solidi canonicis qui ejusdem archidiaconi anniversario interfuerint distribuantur. Postmodum dicti exequtores censum inventum in bonis dicti archidiaconi, situm in Valle-Radulphi, dederunt et concesserunt cum vendis in agmentationem anniversarii ejusdem archidiaconi. Hii sunt qui debent predictum censum in festo sancti Remigii : Petrus Normannus II solidos et VII denarios, Guillelmus *Rousel* xii denarios, Guillelmus *le Cablier* xii denarios, Johannes de *Nicochet* xii denarios, Philippus presbiter xix denarios, Guillelmus *les Vallez* xix denarios et obolum; summa VIII solidos et IX denarios et obolum.

VI IDUS OCTOBRIS (10 octobre).

3. — Obiit Adelisza, uxor Gofferii de Vireleio, que dedit huic ecclesie duo monilia aurea scrinio beate Marie confixa, et quatuor uncias auri ad decorem campanarii;

4. — Et Robertus[1], Drocensis comes, frater Ludovici regis Francorum.

7. — Anniversarium Reginaldi Cari-Temporis, ad quod habemus CII solidos super quibusdam domibus sitis ad portam Guillelmi, per Johannem *Milet* et ejus heredes ; quod totum nunc est redactum ad aream ob guerras que diu apud Francos viguerunt. Item habemus censum de Clauso-Erardi[2], qui valet LXV solidos. Item habemus censum de plateis Sub-Ulmo, qui valet L solidos. Item habemus III solidos super quandam vineam sitam apud Banleugam, juxta iter de Parisius et Crucem-Theobaldi, que est juxta vineam Johanni de Munis, per heredes Johannis de *Noiers*. Item habemus III solidos supercensus super domum sitam juxta furnum Vicedomini Carnotensis. Item habemus VII solidos super vineam sitam apud *Marcheis-Guyon*. Item habemus medietatem decime de Cinerollis et de Mondovilla.

---

[1] Robert, comte de Dreux, fils de Louis le Gros et frère de Louis le Jeune, mort en 1188.
[2] Au mois de décembre 1274, Mathieu, vidame de Chartres, et Isabelle, dame de Tachainville, amortirent en faveur du Chapitre le clos Erard et ses dépendances, légué par Renaud Chertemps (*Orig. en parch.*, C. LXVII, B, 29.)

V idus octobris (11 octobre).

1. — Obiit Hildegarus, subdecanus et magister scolę hujus ęcclesię; cujus anima potiatur ęterna requie.

4. — Anno Domini M°CC°L° septima, obiit venerabilis vir Guido de Barbeto, cantor et dyaconus hujus ecclesie, vir per omnia laudabilis, honestus, providus et discretus, scientia preditus, in judicio justus, voce canorus, in factis magnanimus, in verbis facundus, in facundia gratiosus, progenie generosus, in conservandis libertatibus hujus ecclesie sollicitus et intentus; qui dedit fabrice hujus ecclesie decem libras. Dedit etiam huic ecclesie centum solidos annui redditus super domos suas sitas in vico Vassellorum, pro anniversario suo in eadem singulis annis faciendo. Pro quibus centum solidis magister Petrus de Barbeto, frater ejus, emit, pro precio quatuor viginti librarum, a Vincentio, majore de Marchevilla, milite, omnia palearia, stramina, forragia, medietatem stoblagiorum et omnes alias res quas habebat dictus Vincentius in granchia Capituli apud Marchevillam, excepto uno sextario bladi redditus; in quibus rebus nichil percipient non canonici, sed habebunt duos modios vini annuatim, unum mane et aliud sero.

7. — Anniversarium Guillelmi de Prato-Grimaudi, canonici, ad quod habemus xvi sextaria terre site apud Guignonvillam prope Bellumvillare, de quibus habemus xl solidos per heredes deffuncti Natalis Guioti, reddendos in festo Omnium-Sanctorum, et l solidos per Johannem et Stephanum, dictos *les Coquonniers*, fratres, de quibus l solidis cadunt v solidi pro redibentiis dictarum terrarum, et debent reddi dicti l solidi in festo beati Remigii. Item habemus xxvii solidos ii denarios super precariam de Sauvagiis. Item habemus decimam canabi de Droa prope Sparnonem, cujus decime tercia pars pertinet rectori ecclesie de Droa et due partes ad anniversarium dicti Guillelmi.

7. — Anno M°CCCC°IIII°, obiit Dominicus de Clocherio, utriusque juris professor, actu regens Aurelianis, canonicus hujus ecclesie Carnotensis et archidiaconus Belgenciasis in ecclesia Aurelianensi. De legato dedit nobis c libras turonenses pro redditibus emendis ad anniversarium suum anno quolibet celebrandum et x libras turonenses fabrice hujus ecclesie, pro remedio anime sue et parentum suorum. Anima ejus requiescat in pace.

IIII idus octobris (12 octobre).

1. — Obiit Raginaldus, presbiter et canonicus Sancte-Marie ;
1. — Et Bernerius, sacerdos atque canonicus Sanctę-Mariae.
7. — Anniversarium Symonis de Perrucheyo [1], quondam episcopi Carnotensis, ad quod habemus, per episcopum Carnotensem, xx libras. Item cadunt pro luminari x solidi et pro grossis campanis pulsandis x solidi.

III idus octobris (13 octobre).

1. — Obiit sacerdos Bernerius, sancte Dei matris canonicus, qui, post discessum unius heredis, fratribus suis reliquit clausum vinearum apud Tabulas-villam, domumque censualem intra Cárnoti civitatem;
2. — Et Raginaldus, presbiter et canonicus, qui, pro anima patris sui et sua, domum suam et agripennum vineę ecclesie Beatę-Marię, ut in obitu patris sui prescriptum est, tribuit; et ad edificationem turris decem libras et duos ciphos argenteos et xii coclearia et ix anulos prebuit.

II idus octobris (14 octobre).

4. — Obiit magister Henricus de Cannis, subdiaconus et canonicus hujus ecclesie, pro cujus anniversario et anniversario magistri Galteri, fratris sui, hujus ecclesie similiter canonici et subdiaconi, habemus apud Giroudetum decimam que empta fuit a Thoma de Bunvilla et participibus suis, scilicet Juliana sorore sua et Garnero nepote eorum, et decimam que empta fuit similiter apud Giroudetum a Gilone de Alneolo et uxore sua; pro quibus decimis habemus singulis annis xvi sextarios bladi et unum modium avene de dictis decimis sine deterioratione reddendos apud Carnotum ad mensuram Loenii, et etiam habemus pro anniversariis dictorum fratrum terciam partem quinque mestivariorum qui acquisiti fuerunt in granchia de Donna-Maria, tali modo quod ad anniversarium utriusque dictorum fratrum distribuantur x solidi non canonicis, totum vero residuum canonicis. Idem etiam magister Henricus decedens fabrice hujus ecclesie centum solidos carnotenses reliquit.

[1] Simon de Perruchey, évêque de Chartres (1280-1298).

IDIBUS OCTOBRIS (15 octobre).

1. — Obiit Hugo, miles, qui dedit nobis alodum suum apud Villeis;

1. — Et Vitalis, artifex hujus sanctę ęcclesię, qui reliquit canonicis ejusdem ęcclesię tres quadrantes vineę, post decessum Ebrardi filii sui.

5. — Anniversarium Johannis de Cessono, quondam subdecani Carnotensis, ad quod habemus vii libras super xl'ii sextariis terre semeure sitis apud Brayum in prebenda de Campo-Seruco, (per heredes Colini de *Mongasson* et heredes Guillelmi de Bonvilla, et debent reddi in festo Omnium-Sanctorum. — 6).

XVII KALENDAS NOVEMBRIS (16 octobre).

1. — Obiit Hilduinus, Ragenoldi vicedomini filius, subdiaconus et canonicus misericordissimę Dei genitricis Marię;

1. — Et Hervisus, pro cujus anima dedit pater ejus domum suam;

3. — Et Petrus Albe, canonicus et sacerdos alme Marie, (ad cujus anniversarium habemus unum modium annone et xviii sextarios avene ad mensuram de Guarenceriis de impignoratione. — 9).

XVI KALENDAS NOVEMBRIS (17 octobre).

1. — Obiit Fromundus, subdiaconus Sanctę-Marię et canonicus.

4. — Anno Domini M°CC°L° octavo, obiit felicis memorie Henricus [1], Senonensis archiepiscopus. Hic enim nepos clare memorie Galteri et Gilonis, archiepiscoporum Senonensium, ac Alberici, Carnotensis episcopi, fraterque Roberti, quondam episcopi Nivernensis, primo archidiaconatus Carnotensis administrationem strenue gessit, et exinde post decessum fratris in episcopum Niveruensem electus eidemque ecclesie per sancte recordationis dominum Innocentium papam Quartum datus vicarius, archidiaconatu et aliis beneficiis suis ecclesiasticis depositis, tandem per concordem electionem in Senonensem archiepiscopum est assumptus.

[1] Henri Cornut, frère et successeur de Robert Cornut, évêque de Nevers, neveu et successeur des deux archevêques de Sens, Gautier et Gilles Cornut, et neveu d'Albéric Cornut, évêque de Chartres.

XV KALENDAS NOVEMBRIS (18 octobre).

4. — Anno Domini M°CC°XL° quarto, obiit venerande memorie Albericus Cornutus, hujus sancte sedis episcopus. Hic enim nobilis genere, ab infantia bone indolis et docilis, etate proficiens profecit et sapientia, et tam vite quam morum strenuitate conspicuus, liberalibus studiis eruditus, thesauro juris civilis ditatus ad plenum, dum ejusdem juris supereminéret Parisius generale gimnasium, in eadem urbe civilis sapientie professor et rector, canonici juris excellencia non mediocriter institutus, adeo cepit toge preconiis preminere quod in regis et regni consilium, exigentibus meritis, est assumptus, fratri suo eximio patri Galtero, tunc archiepiscopo Senonensi, cujus consilio celsitudo regia regebatur, in consilio coadjunctus. Et ut nichil deesset ad episcopatus apicem promovendo, theologie supplementum cumulo litterarum adjecit. Tanto vero consulatu idem Albericus, pro sui magnitudine morumque prerogativa non indignus, dum quondam Senonensis, Carnotensis et Parisiensis canonicus, in nobilissima Beati Martini Turonensi ecclesia, de dono felicis recordationis Ludovici regis Francorum, illustris decani officium exerceret, Lemovicensis ecclesia, in tam remotis partibus ejus vulgatissima fama repersa, eumdem in sedis predicte pastorem elegit, qui, licet non indignus, ut recens spirabat assercio per ora multorum, episcopatus apicem reformidans recipere recusavit : exinde vero per electionem concordem in ecclesia Bituricenci bis ad patriarche fastigium evocatur; quas electiones etsi Nonus papa Gregorius non electi sed electionis vicio non admisit, ad ejusdem Alberici fame preconium bonitatisque meritum non immerito referuntur. Post vero non multum temporis, Carnotensis ecclesia destituta pastore, tollens alterum Josue, scilicet dictum Albericum nutricium suum, eumdem in pastorem et pontificem evocavit. Cujus in cathedra sublimatus, ecclesie sibi commisse tam in spiritualibus quam temporalibus, potens et strenuus extitit gubernator, ejusque cultum, honestatem et jura multis laboribus et expensis conservare studuit et augere. Tandemque vocatus ab Innocentio Quarto presule sedis apostolice, qui post decessum ejus suos fovit multipliciter et dilexit, Romam profecturus iter aggrediens, apud Primeriacum castrum episcopi Nivernensis, venerabili patre Roberto nepote suo Nivernensi ecclesie, pervenit, ibidemque miles jam emeritus, christiano more decenter compositus, a

laboribus et erumpnis hujus seculi beato fine quievit; indeque delatur ad Nivernensem ecclesiam, astantibus ibidem abbatibus, prioribus, presbiterisque parrochialibus, de dyocesi Nivernensi ceterisque prelatis qui tunc ad sanctam synodum ex more debito confluxerant, in eadem ecclesia honorabiliter est sepultus; nec ad tanti patris exequias tantam multitudinem casu fortuito creditur convenisse, sed actum videtur pocius dispensatione superne gratie, ut qui, dum viveret, honoris ecclesie fuerat exactissimus emulator, in fine dierum, dum expectaturi premium corpus tumulo locaretur, ministrorum ecclesie potiretur presencia et honore. Contulit autem huic ecclesie duo peroptima pallia et altare quoddam portatile, triplici genere lapidis preciosi unitum; grauicamque de Frauxineio sumptuosis edificiis reparavit, et majoriam de Bercheriis-Episcopi acquisivit, quam ad anniversarium suum singulis annis celebrandum legavit; pro qua reverendus pater Matheus, Carnotensis episcopus, in capitulo nostro presens, voluit et concessit quod ipse et successores episcopi Carnotenses qui pro tempore fuerint quatuor libras monete currentis solvere teneantur, in die anniversarii canonicis qui anniversario intererunt distribuendas. Item Johannes de Espaillardo, prepositus de Masengeio, dicti Alberici consanguineus et ab eodem specialiter predilectus, dedit et concessit in augmentum quadraginta et quinque solidos, quos assignavit annis singulis percipiendos super hiis que idem prepositus emerat a majore de Masangeio apud Masangeium, et ad hoc ea que emerat esse concessit et voluit obligata; ita quod centum solidi de predictis canonicis, et reliqui viginti clericis de choro qui anniversario in vigiliis et in missa intererunt distribuentur, et quinque solidi qui supersunt pulsatoribus campanarum qui etiam grossiora cimbala in utraque turre in vigiliis et in missa pulsabunt et pulsari facient distribuentur, (salva matriculariis clericis porcione, in summa clericis non canonicis deputata.
— 5). Voluerunt eciam et concesserunt tam dominus episcopus et capicerius quam Capitulum quod dictum anniversarium de cetero cum sollempni luminari et sollempniter celebretur.

5. — Missa de Spiritu-Sancto pro Guidone de Gebennis [1], episcopo Lingonensi, et post ejus obitum ejus anniversarium; in quibus missa de Spiritu-Sancto et anniversario, tercia pars fructuum et proventuum quatuor

---

[1] Guy de Génève, évêque de Langres (1267-1292).

modiorum terre semeure vel circa, site apud *Billeheut* in censiva nostra, equaliter distribuetur.

5. — Anniversarium parentum Symonis de Sancto-Clodoaldo, hujus ecclesie canonici; ad quod anniversarium dedit nobis dictus Sy[mon] residuum pensionis domus site in Claustro, quam de suis bonis reedificavit, videlicet prius vi libris pro priori pensione et x libris pro suo anniversario solutis.

XIIII KALENDAS NOVEMBRIS (19 octobre).

1. — Obiit Sigo, archidiaconus, levita et canonicus Sancte-Marie;

2. — Et Petrus, sacerdos, factus ex canonico monacus, qui dedit huic ecclesie librum epistolarem, et quinque bizantios et tres modios annone.

3. — Obiit Robertus de Genevreia, hujus sacrosancte ecclesie canonicus; ad cujus anniversarium annuatim in hac sancta ecclesia celebrandum habemus terciam partem trium modiorum semeure terre site apud Braheium, de feodo majoris de Campo-Seruco; cujus terre proventus possunt valere annuatim unum modium bladi et dimidium modium avene. Habemus etiam tres trituratores in granchia de Amanceio emptos a Roberto, quondam majore de Amanceio, de quatuor trituratoribus qui sunt in eadem granchia, quorum tres erant prefati majoris et unus canonicorum loci ejusdem.

XIII KALENDAS NOVEMBRIS (20 octobre).

1. — Obiit Stephanus, hujus sancte ecclesie succentor, qui ad ejus restaurationem plurimum profuit.

4. — De carnis ergastulo est egressus venerabilis pater bone memorie Bartholomeus [1], Parisiensis ecclesie reverendus antistes, prius autem hujus sancte ecclesie canonicus, presbiter et decanus, scientia vir illustris et maxime in utroque jure, canonico videlicet et legali, plenissime institutus, honestate vite plurimum commendabilis, et in hujus ecclesie negociis exequendis incessanter attentus et mirabiliter approbatus dignis effectibus eorumdem. Qui cum sibi commissum decanatus officium diu prudenter et laudabiliter ministrasset, mox ab illo culmen altius, hoc est ad prenotatum pontificatum, acclamantibus ipsius meritis, est assumptus. Qui etiam huic

---

[1] Barthélemy, évêque de Poitiers (1224-1227). Il avait été doyen de 1212 à 1224.

ecclesie capam sericam dedit, et de bonis ipsius in parrochia de *Auton*, in loco qui dicitur Booletum, xxx^a solidi annui redditus sunt acquisiti ab illo qui prebendam suam ibi percipit anniversario ejusdem episcopi singulis annis persolvendi. Ad idem etiam anniversarium acquisiti sunt xxx solidi annui redditus apud *Bougelou*, in illa videlicet terra que ad anniversarium bone memorie Radulfi camerarii fuit empta, et sic utraque summa xxx^a solidorum, lx scilicet solidi, huic anniversario sunt assignati.

XII kalendas novembris (21 octobre).

1. — Obiit Grinoldus, diaconus et canonicus Sancte-Marie;

1. — Et Geroardus, sacerdos, qui reliquit concanonicis suis unum agripennum vinearum et dimidium in clauso Sancti-Leobini, et domum lapideam in suburbio quod dicitur Muretum;

2. — Et Symon, diaconus et canonicus Sancte-Marie, qui domos suas in Claustro positas de jure hereditario in jus ecclesie hujus transfudit easque in perpetuum canonicales esse instituit, duarumque domorum, quas Drocis sitas ipse et Goslenus capicerius acquisierunt, medietatem suam huic ecclesie contulit, sicut et prefatus Goslenus suam ante contulerat; xl quoque solidos ad opus turrium dedit.

3. — Obiit Manasserius, miles, cognomine Malus-Vicinus [1], nobilis genere, strenuus armis, qui fabrice hujus ecclesie, que tunc nuper incendio fuerat devastata, precepit, quamdiu viveret, usibus applicari lx solidos parisiensis monete, quos in perpetuam elemosinam huic dedit ecclesie, annuatim, medio aprilis, percipiendos in redditibus suis de Medunta, quos fideliter tenebat a viro nobili Guidone Malo-Vicino, nepote suo. Cujus devotionem attendens, Capitulum hujus ecclesie ejusdem anniversarium, die sui obitus, in ecclesia ista statuit celebrari, eosdemque lx solidos distribui canonicis qui eidem anniversario interessent ordinavit, de ipsius militis assensu et rogatu.

XI kalendas novembris (22 octobre).

1. — Obiit Maino, qui et Ragnoardus proprio nomine, qui dedit canonicis Sancte-Marie hereditatem suam, Tilliacum villam.

---

[1] Voir vol. Ier, p. 252.

8. — Anniversarium Gaufridi *Chardonel*, archidiaconi Dunensis [1], ad quod habemus duos modios bladi in granaria episcopi et tres trituratores in granchia de Marchevilla, qui valent circa IIII^{or} libras et x solidos, emptos a majore dicte ville, et xx solidos qui sunt non canonicis per manum Raginaldi de Bello-Monte.

X KALENDAS NOVEMBRIS (23 octobre).

3. — Obiit Agnes, illustris comitissa de Brenia [2].

VIIII KALENDAS NOVEMBRIS (24 octobre).

1. — Obiit in senectute bona Guibertus, levita et canonicus, capicerius et custos fidelissimus hujus ecclesie, que in quanta dilectione apud eum extiterit ex hoc apparet quod ad ejus decorem unum dorsale contulit, et adhuc sanus vivens, neglecta parentum carnalium cura, bonorum suorum eam fecit heredem, donando unum claustrum vinearum apud Fontanas, cum torculari ibidem posito et cum omnibus torculari appendentibus.

8. — Anniversarium Philippi de *Senz*, ad quod habemus dupplices matutinas vel L solidos.

VIII KALENDAS NOVEMBRIS (25 octobre).

1. — Obiit Arduinus, clericus, nepos duorum episcoporum, Ragenfredi scilicet et Arduini.

2. — Obiit pie recordationis pater noster, Johannes [3], prius Beati-Thome Cantuariensis archiepiscopi et martiris a secretis, postea hujus misericordissime Dei matris ecclesie episcopus venerabilis, vir magne religionis,

---

[1] Voir vol. II, p. 52, note 1. — Geoffroy Chardonel a donné à l'église de Chartres la première verrière du bas-côté du chœur. Il y est représenté dans un médaillon inférieur, revêtu des ornements pontificaux, avec la légende : GAUFRIDUS CHARDONE.

[2] Agnès de Baudement, fille de Gui, seigneur et comte de Braine, épouse en premières noces de Milon II, comte de Bar-sur-Seine, et en secondes noces de Robert de France, comte de Dreux (1152).

[3] Voir vol. Ier, p. 198, note 3.

tociusque scientie radiis illustratus, verbo, vita, moribus pastor omnibus amabilis, soli sibi nimis crudelis, a pedibus usque ad collum cilicio semper carnem domante; qui domum episcopi ab avena quam in ea prepositus Ballioli habebat liberavit ecclesiamque istam toto cordis affectu, tota mentis intentione dilexit et eam diversorum ornamentorum fulgore decoravit, capa optima, tribus palliis, annulo episcopali precioso, vestimentis sacerdotalibus preciosis. Duo vasa preciosa eidem ecclesie contulit, in altero quorum sanguinem gloriosi martiris Thome, Cantuariensis archiepiscopi, videntibus nobis, adhuc stillantem, in altero reliquias sanctorum martirum Crispini et Crispiniani posuit. Reliquias etiam gloriosas nobis contulit de Comitatu sancti Gereomi et de consortio Virginum Coloniensium. Privilegium etiam adquisivit ut servos Carnotensis ecclesie possit pro necessitate vel manifesta utilitate sua manumittere, non impediente secularis violentia potestatis; in quo etiam additur ut si quando pro justicia nostra ante seculares vel ecclesiasticos judices exacti fuerimus, nullus nobis duellum vel judicium candentis ferri vel aque ferventis seu frigide imponat, sed justiciam nostram liceat duobus vel tribus testibus legitimis comprobare. Contulit etiam huic ecclesie hec librorum volumina: Jeronimum super Marcum, super Ysaiam, super Ezechielem, super Danielem, super epistolas Pauli, super xii^{cim} prophetas; minus breviarium ejusdem super psalmos; Jeronimum contra Jovinianum; librum de divinis officiis; librum Hugonis super lamentationes Jeremie; librum de ecclesiastica sive celesti gerarchia; Rabanum de ecclesiasticis officiis et super paralipomenon; Augustinum contra Judeos, et de octoginta tribus questionibus, et de doctrina christiana; Origenem super Josue; Valerium; Lactencium; Vegecium; cronica Sigeberti; psalterium Lombardi; librum Regum glosatum; girarchiam; Lamfrancum de Eucaristia contra Berengarium; historias Johannis Turonensis; hystorias Eutropii; Ysidorum ethimologiarum; omelias Leonis pape; librum benedictionalem et collectarium; Senecam de naturalibus questionibus; Tullium de officiis et de oratore; et preter hec policraticum suum et bibliothecam integram. Ad opus etiam fratrum qui anniversario ejus intererunt, (acquisivit in vico Sancti-Petri-de-Valle xi solidos supercensuales; apud Mongervillam xx sextarios oblitarum cum fornamentis, et campipartem et alios redditus unius et dimidie bovate terre; in parrochia Chaufurni decimam de Chuneio; in majoria Fisci decimam alodorum Genunville. — 3).

VII KALENDAS NOVEMBRIS (26 octobre).

1. — Obiit Gantelmus, sacerdos et canonicus alme Marie;

2. — Et Hamericus de Blandevilla, subdiaconus canonicus, qui ad suum celebrandum anniversarium huic contulit ecclesie torcular de Sub-Montibus, cum duobus adjacentibus agripennis vinearum et tribus terre agripennis, in parrochia Blandeville, salva retentione unius post ipsum successoris, qui pro supradictis tantum XL solidos persolvet.

7. — Obiit magister Angelus, ex nobilium civium Romanorum genere ducens originem, hujus ecclesie canonicus subdiaconus. Hic itaque, in juventute sua universe carnis viam ingrediens, hujus karissime matris sue Carnotensis ecclesie existens filius non ingratus, dimisit eidem c libras turonenses, pro anniversario suo in dicta ecclesia singulis annis celebrando. Pro quibus c libris ordinavit et statuit Capitulum hujus ecclesie ut de VIII libris quas tenetur reddere magister Petrus de Fontaneto, canonicus hujus ecclesie, ratione cujusdam terre continentis III modios terre semeure, cum quadam masura sita apud *Buissael*, que fuerunt Roberti *Bouvart*, quas tenet dictus magister Petrus, nomine precarie, dictus magister Petrus et quicumque eas tenebit teneatur reddere quolibet anno c solidos ad anniversarium predictum, distribuendos quolibet anno canonicis qui dicto anniversario intererunt.

8. — Obiit Renaudus Ligerii de Blesis, archidiaconus Drocensis, ad cujus anniversarium habemus VI libras pro majoria de Villesio per manum camerarii et LX solidos super domum de *Poinchat*.

VI KALENDAS NOVEMBRIS (27 octobre).

1. — Obiit Odo, sacerdos et archidiaconus Sancte-Marie;

2. — Et Fulcherius, sacerdos et canonicus Beate-Marie, qui ad opus hujus ecclesie decem libras dedit.

8. — Anniversarium Galteri [1], camerarii regis Francie, ad quod habemus L solidos assignatos in quindecim libris redditus apud Sanctum-Piatum, quos tenet Raginaldus de Bello-Monte.

[1] Voir vol. II, p. 62, note 2.

V KALENDAS NOVEMBRIS (28 otobre).

1. — Obiit Hivo, frater Gausberti, qui res sue proprietatis omnes quas habebat in pago Carnotensi tradidit fratribus hujus sancte ecclesie, et Morardus et Ansuerus adportaverunt donum.

IIII KALENDAS NOVEMBRIS (29 octobre).

1. — Obiit Berengarius, hujus matris ecclesie artifex bonus.

III KALENDAS NOVEMBRIS (30 octobre).

1. — Obiit Radulfus, puer et canonicus;
2. — Et Philippa, que dedit huic ecclesie duo tapetia optima;
2. — Et Baldoinus, levita et canonicus Beate-Marie.
8. — Anniversarium Henrici de Sancto-Dionisio, presbiteri et canonici Beate-Marie, ad quod habemus redditus stagni de Sarneio; item redditus Charrochii, scilicet xxviii solidos et vi denarios census et iiii sextarios avene et xxiii gallinas et in campiparte ville xx sextarios; item plesseium de Henrici-Villa; item decimam quamdam in parrochia de Ballolio-*le-Pin*, que valet circiter xvi sextarios, et in parrochia de Magneio decimam aliam que valet sex sextarios. De hac summa cedunt ad anniversarium Thome decani lx solidi et ad anniversarium Symonis, fratris sui, xxx solidi.

II KALENDAS NOVEMBRIS (31 octobre).

1. — Obiit Matildis, Anglorum regina[1], que hanc ecclesiam dilectionis privilegio amplectens et venerans, plumbeo tegmine decoravit, et preter alia multa beneficia casulam ei deauratam et xl libras nummorum ad usum fratrum donavit;
1. — Et Airardus, canonicus Sancte-Marie;
2. — Et Robertus de Rupibus, Roma rediens, qui dedit ecclesie nostre domum unam quam labore suo et expensa acquisierat;
2. — Et Ernaldus, levita et cancellarius Beate-Marie, qui duas domos,

---

[1] Mathilde d'Ecosse, femme de Henri Ier, roi d'Angleterre, morte en 1118.

quas sumptu et industria sua acquisierat, huic ecclesie contulit easque in perpetuum canonicales esse instituit, viginti quoque libras fratribus et concanonicis suis moriens legavit, et singulis clericis de choro non canonicis binos solidos distribui fecit, atque ad opus turris c solidos dedit.

KALENDIS NOVEMBRIS (1er novembre).

1. — Obiit Guido, presbiter et canonicus alme Marie.

7. — Anniversarium Stephani *le Tyays*, ad quod habemus xl solidos super redditibus altaris Sancti-Germani in ista ecclesia fundati, per capellanum dicti altaris.

IIII NONAS NOVEMBRIS (2 novembre).

1. — Obiit Hildegarius, archidiaconus et prepositus Sancte-Marie, qui ex clerico factus fuit monachus;

1. — Et Hilduinus, primo hujus ecclesie precentor devotus, postea Sancti-Johannis sacerdos et canonicus, qui huic ecclesie Afflonisvillam donavit, et eandem ecclesiam una cappa optima decoravit, et ad usus pauperum Elemosine Sancte-Marie quicquid habebat in Calphurno donavit.

III NONAS NOVEMBRIS (3 novembre).

1. — Obiit Albericus, filius Humbaldi, qui reliquid fratribus alme Marie in usum ecclesiam de Lureio;

1. — Et Ingelbaldus, qui dedit canonicis Sancte-Marie unum agripennem vinee super fluvium Audure;

2. — Et Herbertus, filius Engelsendis, qui dedit nobis ecclesiam de Bellovillari, et quicquid minute decime habebat in eadem parrochia, et decimam annone quam habebat in Malo-Lupo et in Veteri-Alona, et quinquaginta agripennos terre, liberos ab omni consuetudine, et mansiones quas habebat in Bellovillari et Lu et Martinvilla;

2. — Et Matheus de Rufino, qui pro acquirendo huic ecclesie redditu ad suum et avunculi, sui quondam capicerii, anniversaria celebranda centum libras de bonis suis legavit.

7. — Anniversarium Huguelini de Palma, ad quod habemus, super precariam de Vovis, per tenentem ipsam, vi libras.

II NONAS NOVEMBRIS (4 novembre).

1. — Obiit in senectute bona Ernaldus [1], diaconus et decanus Sancte-Marie, factus ex clerico monachus, qui dedit huic ecclesie domos suas lapideas in Claustro positas ut quicumque eas possidebit det singulis annis, hoc die obitus sui, v^{que} solidos Elemosine hujus ecclesie : dedit'etiam unum agripennem vinearum apud Novigentum-Fiscum, et suo labore et expensa restituit eidem ecclesie terram de Alvillari et molendinos de Ferrariis, et perficiende tabule altaris, vadens ad monachatum, decem libras dedit, et alia plurima bona fecit.

NONIS NOVEMBRIS (5 novembre).

1. — Obiit Guido, subdiaconus et canonicus alme Marie;

1. — Et fuit interfectus Otrannus, pro cujus anima habemus unum alodum in Ossileio, alium in Betane-Corte.

2. — Obiit magister Teodoricus, cancellarius et archidiaconus alme Marie, qui dedit huic ecclesie Bibliothecam septem liberalium artium, et de legibus Romanis librum Institutionum Justiniani, librum Novellarum constitutionum ejusdem et librum Digestorum, et preter hec quadraginta quinque volumina librorum.

VIII IDUS NOVEMBRIS (6 novembre).

1. — Obiit Albertus, canonicus et prepositus alme Marie.

VII IDUS NOVEMBRIS (7 novembre).

7. — Anniversarium Johannis de Autisiodoro, canonici presbiteri, ad quod habemus duodecim quarteria vinearum in territorio de Galardone, in pluribus peciis, videlicet, in territorio quod vocatur *la Garanne,* unum quarterium cum dimidio, tenentem ex una parte vineis Johannis Prioris de Britonneria et ex alia parte vineis Johannis cordarii; item dimidium quarterium, in territorio quod vocatur *Bichallou,* tenentem ex una parte vineis Richardi *Millon* et ex alia vineis Johannis Compani; item unum quarterium apud locum qui dicitur *la Raquante,* tenentem ex una parte

---

[1] Voir vol. Ier, p. 100, note 1.

vineis Johannis de Ruffino et ex alia vineis Johannis *Pepin* ac ex alia vineis Johannis Senioris; item in territorio quod dicitur *les Filliers* dimidium arpentum, tenentem ex una parte vineis Johannis *Nigaut;* item septem quarteria in territorio de *Montflalle* in prebenda de Ymereyo. De quibus omnibus habemus xviii libras per Ludovicum Chauvelli, canonicum, qui ad presens tenet ipsas.

7. — Anniversarium Egidii de Rulliaco, quondam archidiaconi Drocensis, pro quo habemus quasdam hereditates, videlicet terras, domos, prata, cum vineis sitis circa Girodetum, de quibus habemus lxx solidos per Guillelmum *Lambert*, et debent reddi in festo Omnium-Sanctorum.

VI idus novembris (8 novembre).

1. — Obiit Robertus, miles, qui dedit Sancte-Marie alodum suum de Curalis;

1. — Et Odo, subdiaconus et canonicus Sancte-Marie.

7. — Anniversarium Galteri de Urbe-Veteri, quondam archidiaconi Pissiacensis, ad quod habemus super quasdam domos sitas ad portam Aquariam, que fuerunt Johannis *Pasté*, episcopi Carnotensis, xii libras per tenentes ipsas.

V idus novembris (9 novembre).

1. — Obiit Bernerius, qui reliquit canonicis Sancte-Marie novem agripennos vinearum et unam mansionem apud Sanctum-Andream;

1. — Et Arnulfus, levita et precentor noster, factus ex clerico monachus, qui reliquit nobis clausum vinearum decem agripennium cum torculari, et domum in Claustro Sancte-Marie.

IIII idus novembris (10 novembre).

1. — Obiit Antelmus, canonicus et prepositus Sancte-Marie.

III idus novembris (11 novembre).

1. — Obiit Constantinus, sacerdos et canonicus Sancti-Evurtii, qui in domo sua lavare postulavit pedes canonicorum Sancte-Marie de processione redeuntium, et hoc exemplum dominicum et memoriale suum jussit here-

des suos observare in perpetuum, dimittens ad hoc negocium duos arpennos vinearum ;

2. — Et Hugo, levita et canonicus Sancte-Marie, qui ad edificationem turris hujus ecclesie centum solidos, et concanonicis suis centum solidos tribuit.

II IDUS NOVEMBRIS (12 novembre).

7. — Anniversarium Ungari, ad quod habemus tertiam partem locorum granchie de Clusovillari. Item habemus xx solidos super precariam de Berthonvillari, per Capitulum quod ad presens tenet ipsam.

7. — Anniversarium Guillelmi de Mesnilio, canonici, ad quod habemus III libras in bursa Guidonis de Mesnilio, nunc canonici hujus ecclesie.

7. — Anniversarium Johannis, canonici presbiteri, ad quod habemus VII libras super domibus que fuerunt Johannis de Ruperforti, Lingonensis episcopi, per Johannem Ad-Dentes, canonicum hujus ecclesie ad presens tenentem ipsas. Item habemus LX solidos super domibus que fuerunt Petri Divitis, subdecani quondam hujus ecclesie, per Stephanum Belli [1], canonicum hujus ecclesie, qui eas tenet.

IDIBUS NOVEMBRIS (13 novembre).

1. — Obiit Adelelmus, canonicus alme Marie.

7. — Anniversarium Petri de Nova-Curia, quondam subdecani hujus ecclesie et presbiteri, ad quod habemus III libras super matutinas.

7. — Anniversarium Guillelmi de Loigniaco, archidiaconi Pissiacensis; ad quod habemus x libras super pedagium leprosarie de Orgeriis per tenentem ipsum, et debent reddi apud Carnotum in festo Purificationis beate Marie virginis; de quibus cadunt pro anniversario Guillelmi de Puteolis XL solidi, et pro anniversario Guillelmi de Culchitris x solidi.

8. — Anniversarium Johannis de Souvigniaco, canonici Carnotensis, (ad quod habemus L solidos super certos redditus, de quibus fit mentio in anniversario Simonis de Sancto-Dionisio. — 9).

9. — Et Garinus, sacerdos et canonicus.

[1] Le 17 mai 1363, Etienne Lebeau donna au Chapitre 6 livres de rente, à prendre sur tous les biens de Nicolas de Cinq-Ormes, écuyer, à la charge d'un anniversaire pour le repos de l'âme de Guillaume Jean, son oncle. (*Inv. du Chap.*, C. LXVII, C, 29.)

XVIII kalendas decembris (14 novembre).

1. — Obiit Ernoldus, decanus Sancte-Marie;
1. — Et Letgardis, comitissa[1];
1. — Et Bernardus de Buslo[2]; qui, post multum temporis langore oppressus, ecclesiam istam tota mentis intentione dilexit, et alodum suum de Poleio nobis dereliquit.

8. — Anniversarium Henrici de Corbolio[3], subdecani, ad quod habemus in granchia de Nogento-Fisci super canonicos LXII solidos pro VI mestivariis et XX solidis pastuum quos emit a majore, et XXX libras non canonicis ad emendos redditus, de quibus habet obligatam partem decime Hugonis de Booleto-Terrici.

XVII kalendas decembris (15 novembre).

1. — Obiit Odo, palatii comes[4], tum ingenuitate et potentia illustrissimus, tum magnitudine animi et constantia prestantissimus, incognita quidem nostri Jesu dispositione, saluti semper aliquo modo misericordissima, ab inimicis in prelio morte affectus est. Qui plurimis hoc divinitatis templum clarificavit donariis, ac in ejus restauratione multiplices largitus est terras. Pro cujus anime redemptione, preter alia que referre longum ducimus, magne capacitatis aureus ab uxore filiisque datus est calix, et ab Harduino vice-comite, quem sibi idem dederat, alodus de Tessoldivillari.

XVI kalendas decembris (16 novembre).

1. — Obiit Hubertus, subdiaconus et canonicus alme Marie;

---

[1] Voir vol. Ier, p. 82, note 10.

[2] Bernard de Bullou, chevalier, qualifié dans un titre de l'abbaye de Saint-Père, antérieur à 1102, de *vir nobilis, opimatissimus, toto corpore plagis in bello debilitatus*.

[3] La donation d'Henri de Corbeil est du mois de mars 1217. (*Orig. en parch.*, C. LXVII, B, 10.)

[4] Voir vol. Ier, p. 96, note 1. — Eudes II fut tué en combattant contre Gothelon de Lorraine, près de Bar-le-Duc, le 15 octobre 1037, suivant Raoul Glaber; le 13 novembre, suivant le Nécrologe de Pontlevoy. Ne serait-ce pas plutôt le 15 novembre, comme l'indique notre Nécrologe?

2. — Et magister Johannes de Cuneo, concanonicus noster et diaconus, hujus sancte ecclesie servitio devotus et assiduus.

7. — Anniversarium Symonis *Festu*, Meldensis episcopi [1]; ad quod habemus quasdam terras sitas apud Unum-Pilum, de quibus habemus L solidos, per Mauricium *Lubin* et Amelotam, filiam Johannis *Guioteau*, et debent reddi in festo beati Andree. Item habemus quasdam terras apud Braiacum, de quibus habemus c solidos per tenentem ipsas [2].

7. — Anniversarium Johannis de Putheolis, canonici presbiteri, ad quod habemus quasdam domos sitas in Claustro retro Elemosinam, de quibus habemus VIII libras per tenentem ipsas.

8. — Anniversarium Nicholai de Frescoto, archidiaconi Dunensis [3], ad quod habemus LX solidos per manum Galteri de Frescoto.

XV KALENDAS DECEMBRIS (17 novembre).

1. — Obiit Hildegarius, dignus Deo sacerdos et canonicus alme Marie;

1. — Et Fulcherius, filius Girardi, canonicus et primicerius et prepositus Sancte-Marie, qui ad ultimum, Deo annuente, monachus effectus est.

8. — Anniversarium Bobonis, cantoris Carnotensis [4], ad quod habemus XI libras pro mestivariis et aliis rebus quas habebat in granchia de Maingneriis per manum prebendarii loci; et quinque modios super molendinum de Vaucellis, ad mensuram et ad valorem Loenii, per manum magistri Petri de Fontaneto; et c solidos pro stagno et molendino de *Pisselou* per manum magistri Galteri de Frescoto; et XLIIII solidos pro mestivariis de Ysmereio per manum presbiteri ejusdem ville, quamdiu vivet Radulphus presbiter ejusdem loci; et XX solidos per manum Philippi de Millia pro domo que vocatur Infernus quamdiu vivet; et v solidos supercensus in domo defuncti Guillelmi clerici, dicti *Loriau*, que est in Parva-Valeia. De quibus pulsatores campanarum habent x solidos, matricularii v solidos, non canonici sero L

---

[1] Simon Fétu, évêque de Meaux (1308-1317).

[2] L'acte de donation de Simon Fétu fut passé en l'année 1313 : dans cette pièce, il avait émis le désir qu'une messe de *Requiem* fût célébrée pour lui chaque année le lendemain de la Nativité de Notre-Dame. Il renouvela sa donation l'année suivante, en fixant au jour de sa mort le jour de son anniversaire. (*Inv. du Chap.*, C. LXVII, C, 5 et 8.)

[3] Voir vol. II, p. 100, note 1.

[4] Voir vol. Ier, p. 181, note 2.

solidos, mane L solidos, canonici sero x libras, mane x libras. Residuum est equaliter dividendum ad tria anniversaria, scilicet Lupi, patris Bobonis, matris ac fratris ejusdem.

XIIII KALENDAS DECEMBRIS (18 novembre).

1. — Obiit Stephanus, subdiaconus et canonicus alme Marie.

8. — Anniversarium Milonis, capicerii, fratris reverendi patris Mathei, episcopi Carnotensis; ad quod habemus terciam partem quinque mestivariorum de Domna-Maria in Belsia et medietatem furni, L solidos de Domna-Maria et sex libras pro quodam prato quod est apud *Tranche-Festu*, per manum magistri Galteri de Frescoto.

9. — Anniversarium Lupi, patris Bobonis cantoris.

XIII KALENDAS DECEMBRIS (19 novembre).

1. — Obiit Radulphus, subdiaconus et canonicus alme Marie.

9. — Anniversarium Marie, matris Bobonis cantoris.

XII KALENDAS DECEMBRIS (20 novembre).

9. — Obiit Garinus, dignus Deo sacerdos et succentor alme Marie, qui acquisivit huic ecclesie novem agripennos terre apud Amorvillam, et dedit ecclesie suum graduale, et donum acquisivit de XIII agripennis in Cavellone.

9. — Anniversarium Joannis, militis, fratris Bobonis cantoris.

XI KALENDAS DECEMBRIS (21 novembre).

9. — Obiit Amalberga, mater Romoldi canonici, qui reliquit fratribus alodum de Oseinvilla et in Bonciaco et in Flavardivilla;

9. — Et Martinus, carpentarius;

9. — Anniversarium Johannis Benedicti, civis Carnotensis, et Margarete uxoris ejus, ad quod habemus C solidos super quasdam domos que fuerunt Richardi de *Hainsy*, quas tenet Galterius de Bugna, canonicus hujus ecclesie.

X kalendas decembris (22 novembre).

9. — Obiit Hiduinus, clericus, Gauscelini filius et canonicus alme Marie.

VIIII kalendas decembris (23 novembre).

Nihil.

VIII kalendas decembris (24 novembre).

2. — Obiit Johannes, filius Vitalis, hujus ecclesie carpentarius fidelis et utilis, qui tota intentione et studio in opere beate Marie semper laboravit, et ad opus reparandi Crucifixi cyfum argenteum precio sexaginta solidorum, et ad restaurationem turris quadraginta solidos dereliquit;

2. — Et Alcherius, hujus sancte ecclesie levita et canonicus, in servitio hujus ecclesie assiduus et devotus, qui usibus fratrum qui ejus anniversario intererunt decimam quandam apud Fontanetum-in-Pertico, et apud Campum-Fauni censum xiii^{cim} solidorum, et campipartem in terra que adjacet censive de laicali manu in jus ecclesie transfudit.

VII kalendas decembris (25 novembre).

8. — Anniversarium Gaufridi de Benis, qui reliquit decem libras ad anniversarium patris sui et matris sue et uxoris sue; sed quamdiu vivent dicte mulieres decem libre cedent ad anniversarium dicti Gaufridi et patris sui, post decessum vero mulierum cedent cuilibet anniversario l solidi.

VI kalendas decembris (26 novembre).

, 8. — Anniversarium Gaufridi [1], decani, ad quod habemus redditus harum villarum Angunville, Husseii et Charmeti-Gunterii; item xii libras per manus Galteri de Frescoto; item per manum illius qui distribuit panem et vinum Capituli xx solidos; item xxii solidos censuales apud Gravaria; item in prepositura Normannie l solidos redditus; item decimam

---

[1] Geoffroy, doyen du Chapitre de Chartres (1165-1202). — Voir vol. Ier, p. 174.

quamdam apud *Dangers* et terram quamdam apud Charrochia, pro quibus decanus reddit xxx solidos redditus.

V KALENDAS DECEMBRIS (27 novembre).

4. — Anniversarium sollempne Blanche, Francorum regine, [que, virtutibus et prudentia clara, sed fide et devotione erga Dominum et beatissimam virginem Mariam matrem ejus clarior, hanc ejusdem beate Virginis specialem ecclesiam maximo dilexit devocionis affectu, et hanc plurimis necessariis prelarga manu excoluit, ducentas libras parisienses nobis realiter assignando et tradendo pro redditibus perpetuis acquirendis et convertendis ad augmentationem cultus Domini, et specialiter pro una missa de Spiritu-Sancto vel de beata virgine Maria, singulis annis, secunda die mensis aprilis, si commode est, per nos et successores nostros, in hac ecclesia, cum nota, celebranda, pro salute ipsius regine quandiu vitam duxerit in humanis; et post ejus decessum dicta missa convertetur in vigiliis et missa Mortuorum die obitus sui solempniter celebrandis. Ad quod servitium habemus centum solidos parisienses perpetui redditus, reddendos per prebendarios de Landellis super molendinum de Landellis de novo constructum, pro pecuniis supradictis. — 7].

3. — Obiit Albuinus de Castello-Theodorici, qui dedit nobis molendinum de Locellis, cum terra appendente sibi.

IIII KALENDAS DECEMBRIS (28 novembre).

1. — Obiit Herveus de Gualardone [1], qui dedit huic ęcclesię calicem aureum.

III KALENDAS DECEMBRIS (29 novembre).

1. — Obiit Germundus, subdiaconus et canonicus Sanctę-Marię;
1. — Et Teudo, levita et canonicus;
3. — Et Johannes de Marchesvilla, sacerdos et archidiaconus Drocensis, qui huic ecclesia acquisivit herbergamentum quod vocatur Noia, quod debet annuatim vi denarios censuales canonico ejusdem loci et sextam decimam

---

[1] Hervé III, seigneur de Gallardon (1090-1129). — Voir la généalogie des seigneurs de Gallardon, par M. L. Merlet. (*Mém. de la Société Archéol. d'Eure-et-Loir*, vol. II, p. 283.)

garbam in decima et tricesimam secundam garbam in decima et campi parte granice de Marchesvilla, et terram de *Bluglelou* ad tres modios sementis, et terram de Fronceio, et terram Theobaldi viarii apud Quarrogium. Et horum omnium proventus distribui voluit canonicis qui anniversario suo intererunt, preter duos solidos quos presbiteri de antiquis oratoriis ipsa die anniversarii annuatim habebunt.

5. — Anno Domini millesimo trecentesimo vicesimo septimo, obiit nobilis vir et discretus magister Gaufridus *des Foucheiz*, canonicus Carnotensis, qui fuit archidiaconus Blesensis per spacium viginti sex annorum; et postmodum, senio detentus, permutavit cum succentoria dignitate; in cujus succentorie officio fuit per septem annos; et dedit ecclesie Carnotensi triginta libras turonenses annui et perpetui redditus pro anniversario suo quolibet anno solempniter de missa et luminari in dicta ecclesia faciendo prima dominica Adventus. Item ipse dedit quatuordecim libras pro quodam alio anniversario, quolibet anno, solemniter faciendo, in crastino festi Ascensionis Domini, et est utrumque anniversarium sollempne sicut primum; item decem libras pro quadam missa solempniter annuatim celebranda in vigilia festi Nativitatis beate Marie virginis et ad majus altare; item sexaginta solidos turonenses distribuendos dominis qui erunt presentes in missa beati Stephani prothomartiris in crastino festi Nativitatis Domini, et debet dictum majus altare parari et hornari, prout in dicta Nativitate Domini; item ipse fundavit duos cereos ardentes ante majus altare, et dedit pelves argenteos in quibus sunt dicti cerei; item dedit sex libras turonenses annui et perpetui redditus, distribuendas ad processiones beati Martini estivalis et hyemalis ac Quadragesime, prout continetur in quaternis Capituli; item fundavit quoddam altare ante vitrinam beate gloriose virginis Marie, et dottavit dictum altare de quatuordecim libris turonensibus annui et perpetui redditus, et hornavit illud libris et aliis pulcris hornamentis; item dedit duodecim libras turonenses annui et perpetui redditus pro quodam perpetuo matutinario in dicta ecclesia qualibet die et nocte deservienti; item dedit quandam pulcherrimam capam sericam brodatam; item dedit quandam cupam argenteam ad defferendum corpus Domini infirmis; item dedit quoddam jocale de cristallo in quo reponuntur costa beate Marie Magdalene et quedam reliquie beati Blasii, episcopi et martiris. Anima ejus requiem habeat sempiternam.

II kalendas decembris (30 novembre).

1. — Obiit Hardradus, presbiter et canonicus Sanctę-Marię.

4. — Anniversarium Henrici, dicti *Lapie*, quondam abbatis Pontisiarensis, antea canonici Carnotensis, ad quod habemus [c solidos annui redditus in majoria de *Mevoisin*. — 8.]

8. — Anniversarium magistri Petri Blesensis [1], qui reliquit ad anniversarium suum faciendum L libras, pro quibus habemus obligatam terciam decime de Bunvilla, que potest valere annui redditus circa LXX libras.

kalendis decembris (1er décembre).

1. — Obiit Clemens, sacerdos et prepositus Sancte-Marię.

IIII nonas decembris (2 décembre).

1. — Obiit Magenfredus, clericus et hujus sanctę ęcclesie canonicus.

8. — Anniversarium Willelmi de Cantuaria, ad quod habemus super domos domini Rembaudi c solidos carnotenses, quos habuit de pecunia relicta ad acquirendos redditus ad usum anniversarii, quousque acquisierit c solidos redditus in loco competenti. Et isti c solidi dividentur inter canonicos; non canonici habent xx solidos super canonicos qui percipient prebendas apud *Chanseru*, pro mestivariis et aliis que empta fuerunt a majore loci.

III nonas decembris (3 décembre).

5. — Anniversarium Amedei de Gebennis [2], quondam Diensis episcopi; in quo distribuetur tercia pars fructuum et exituum quatuor modiorum terre vel circa, sitorum apud *Billeheut*, in censiva nostra.

II nonas decembris (4 décembre).

4. — Obiit bone memorie reverendus quondam in Christo pater domi-

---

[1] Voir vol. Ier, p. 207, note 1.
[2] Amédée de Genève, évêque de Die, de 1250 à 1275, époque à laquelle son évêché fut réuni à celui de Valence.

nus Symon Festuce de Fontebluaudi [1], quondam canonicus et archidiaconus Vindocinensis in ecclesia ista Carnotensi, postmodum Meldensis episcopus, qui dedit huic sancte ecclesie casulam, dalmaticam, tunicam cum tribus albis paratis munitis, stolis et manipulis et amictis, et tres capas et duos pannos sericos de turquia rubeos ad officium Apostolorum faciendum deputatos; item pro anniversario suo faciendo centum solidos annui redditus, percipiendos et habendos, singulis annis, in festo sanctorum Symonis et Jude apostolorum, super possessionibus infrascriptis, videlicet uno hebergamento, duobus arpentis vinee retro sitis et pluribus peciis terrarum sitis in villa et territorio de *Brey*, que omnia empta fuerunt a Johanne de *Bray*, armigero, per manus possidentis pro tempore possessiones antedictas, et quas ad presens Petrus, dictus *Chaovel*, tenet et possidet. Item dedit nobis apud Unum-Pilum unum hebergamentum et dimidium arpentum vinee et novem sextaria terre sita in territorio de Uno-Pilo, que venerabilis vir dominus Richardus de Hanesiis, concanonicus noster, tenet a nobis in precariam pro quinquaginta solidis reddendis, singulis annis, in festo sanctorum Symonis et Jude, ad usus anniversarii predicti. Summa totalis : septem libre et decem solidi ; de quibus clerici chori habent quintam partem, scilicet viginti solidos, et canonici residuum.

NONIS DECEMBRIS (5 décembre).

1. — Obiit Berlandus, presbiter et canonicus Sancte-Marie, qui concanonicis suis legavit vineam agripennorum III^{or}, et domum subtus portam Aquariam ;

1. — Et Gaufridus, puer et canonicus, pro cujus anima pater ejus Gauterius dedit nobis alodum unum apud Cereisvillam et alterum in Sendardivilla.

4. — Obiit Henricus [2], prius hujus ecclesie Blesensis archidiaconus, postmodum vero in episcopum assumptus. Fuit utique vir iste in spiritualium et temporalium amministratione providus, industrius et discretus, gratiarum quoque multiformi munere copiosus, lenis, pacificus, mansuetus, modestus, sobrius, domui sue bene prepositus, omnium morum ve-

---

[1] Voir ci-dessus au XVI des calendes de décembre.
[2] Voir vol. II, p. 129, note 2.

nustate preclarus, in litterarum scientia et juris maxime peritissimus, eloquentia conspicuus, in judicio justus, in consilio circonspectus, hujus ecclesie defensor egregius, opponens se murum pro domo Domini et scutum inexpugnabile contra quoscumque libertates et consuetudines ecclesiasticas impugnantes. Qui, decurso vite stadio temporalis, apud Mellentum, in ecclesia Sancti-Nichasii, diem clausit extremum; cujus corpus, ad hanc urbem delatum, ante altare Sancti-Jacobi, juxta Stephanum, fratrem suum, hujus ecclesie quondam decanum, habet contiguam sepulturam : hec est enim vera fraternitas, ut quos fraterna dilectio in vita conjunxit, post vitam et locorum distancia non disjungat. Pro cujus anniversario in hac ecclesia singulis annis celebrando reliquit canonicis hujus ecclesie qui anniversario ejus intererunt quatuor libras et decem et octo solidos censuales, super viginti et octo sextariis terre semeure sito inter Bercherias-*la-Meingot* et Joiacum, quos emit a Guilloto de *Mesfolet*, armigero; qui census debet reddi, singulis annis, apud Joiacum, in festo beati Dionisii. Anima ejus requiescat in pace, amen.

4. — Anno Domini millesimo ducentesimo quadragesimo primo, obiit Thomas de Sancto-Dyonisio, decanus hujus ecclesie, vir utique providus et honestus, eloquens et discretus, qui in gremio sancte matris ecclesie Carnotensis ab annis puerilibus enutritus, eidem matri sue dilectionem exhibens filialem, pro ipsa et negociis ipsius pro posse suo promovendis quamdiu vixit fideliter et sollicite laboravit, opponens se murum fortissimum pro domo Domini et pro jure et libertate ecclesie sue integre conservandis, pro suis juribus potentissimum defensorem pro defensione ejusdem ecclesie se et sua viriliter exponere non recusans; in prosecutione cujus defensionis etiam usque ad defectum proprii corporis subire pericula non expavit. Qui etiam in meliorationem precarie molendini de Sarneio posuit sexaginta libras carnotenses de proprio capitali; quam precariam Henricus, venerabilis memorie, avunculus ejus, quondam Dunensis archidiaconus, Carnotensi ecclesie acquisivit : propter quod nos, fraterne caritatis intuitu, eidem Thome liberaliter concessimus anniversarium suum, post decessum ipsius, annuatim in Carnotensi ecclesia celebrandum; ita quod quicumque predictam tenebit molendini precariam sexaginta solidos

---

[1] Thomas de Saint-Denis, doyen du Chapitre de Chartres (1254-1241).

carnotenses annis singulis solvet canonicis distribuendos, quos anniversario predicto contigerit interesse. Qui vero dictus Thomas in meliorationem medietatis granchie de Bercheriis-super-Veugram, in qua percipiebat prebendam suam, posuit centum et quinquaginta libras parisienses, et acquisivit huic ecclesie Beate-Marie Carnotensis restalagium prati de Joiaco quod emit a majore de Joiaco; ita quod Symon de Sancto-Dyonisio, canonicus Carnotensis, frater ejus, dictum restelagium, quoad vixerit, possidebit, et post decessum ipsius Symonis in augmentum anniversarii dicti Thome, decani, revertetur restalagium supradictum.

VIII idus decembris (6 décembre).

1. — Obiit Isaac, sacerdos et canonicus;

3. — Et Clemens Cardonelli.

4. — Obiit vir nobilis genere et moribus Jacobus de Aubona, Drocensis archidiaconus, consanguineus et familiaris bone memorie Raginaldi de Moncione, quondam episcopi Carnotensis; ad cujus anniversarium habemus duodecim libras et dimidiam super decima de Bercheriis-Meingoti, empta a Gaufrido *Aguillon,* milite, usque ad particionem prebendarum; non canonici vero qui dicto anniversario sero et mane intererunt habebunt xx solidos.

VII idus decembris (7 décembre).

1. — Obiit Helgaudus, archidiaconus sanctę Carnotensis ęcclesię;

1. — Et Hilduinus, comes [1], qui dedit canonicis Sanctę-Marię alodum nomine Ulmellos;

1. — Et Adeliza [2], filia regis Anglorum, pro cujus anima pater ejus rex, inter alia clara et regia beneficia quę fecit huic ęcclesię jussit fieri campanarium quod est super ęcclesiam preciosum et bonum.

4. — Obiit in etate matura Johannes de Cuneo-Muri, diaconus et canonicus ecclesie Beate-Marie Carnotensis, vir providus et fidelitatis non ignote, qui, quamdiu fuit canonicus, totaliter se exposuit servitio ecclesie

---

[1] C'est probablement Hilduin III, comte de Montdidier, frère du comte Manassès de Dammartin. — Voir vol. Ier, p. 87, et p. 88, note 4.

[2] Peut-être Adelise, fille de Guillaume le Conquérant et sœur d'Adèle, femme d'Etienne-Henri, comte de Chartres.

Carnotensis. Hic reliquit quinquaginta libras carnotenses ecclesie Carnotensi, ad emendos redditus qui distribuentur annuatim canonicis qui ipsius anniversario intererunt. Insuper ipse et magister Robertus de Cuneo-Muri, frater ejus et canonicus Carnotensis, emerunt unum mestivarium apud Braeium et quartam partem furni, siti apud Nogentum-Fisci, qui fuit majoris de Nogento; quarum rerum emptarum medietas reddituum et proventuum distribuetur, cum aliis redditibus, die anniversarii predicti Johannis, et alia medietas die anniversarii Roberti supradicti.

VI idus decembris (8 décembre).

1. — Obiit Herbertus, vicarius, qui reliquit in usum fratribus Sancte-Marie terram quam possidebat in Stranquilleio;

4. — Et Willelmus Galerani, burgensis Mauritanie, qui huic ecclesie ad opus devotus dedit x libras andegavensis monete.

V idus decembris (9 décembre).

1. — Obiit domnus Agobertus [1], episcopus, mirę simplicitatis vir et innocentię.

† 1489. 9. — Obiit magister Joannes *Toupineau*, qui fuit a summo regis elemosinario deputatus ad reformandum pauperum cœcorum hospitium ad muros urbis Carnotene situm.

IIII idus decembris (10 décembre).

2. — Obiit Milo de Garne, diaconus et canonicus hujus ecclesie, vir magne simplicitatis et innocentie, qui emit huic ecclesie majoriam de Landellis, de qua quicumque canonici prebendas suas ibi perceperint reddere tenentur annuatim eidem anniversario l solidos carnotensis monete in festo Omnium-Sanctorum. Emit etiam quoddam pratum apud Unum-Pilum, quod dedit ad censum xxv^{que} solidorum in ejusdem anniversarii augmento, in Nativitate sancte Marie solvendorum cum justicia et vendis. Ordinavit itaque suum anniversarium sic : canonici qui ejus anniversario interfuerint lx^a percipient, non canonici vero xv^{cim} solidos. Reliquit etiam fabrice hujus

---

[1] Voir vol. Ier, p. 91, note 8.

ecclesie c solidos et singulis canonicis qui ejus obsequio interfuerint precepit distribui xii denarios, non canonicis vero vi denarios.

† v. 1254. 8. — Obiit Milo· de Crociaco, sacerdos et canonicus Beate-Marie, ad cujus anniversarium habemus xi libras super precariam de Consenceis per manum camerarii Carnotensis. [Preterea dedit ad missas beate Marie que celebrantur solenniter die sabbati ab octavis Penthecostes usque ad Adventum Domini unum vestimentum integrum pertinens ad sacerdotem et aliud pertinens ad diaconum et duas capas sericas ad cantandum *Alleluia*. Et legavit unam pelvim argenteam deputatam ad servitium altaris, proprie ad usum expalmationis, que ponderat tres marcas argenti. Dedit etiam unum missale ad usum communem. — 9].

III idus decembris (11 décembre).

1. — Obiit Conanus, Britannorum comes [1], pro cujus anima Berta, comitissa, mater ejus, altare hujus ecclesię decoro exornavit cyborio;

1. — Et Ingelrannus, levita et canonicus Sanctę-Marię;

2. — Et Radulfus, presbiter, qui dedit altari Apostolorum calicem argenteum ponderis unius marce et tredecim argenteorum.

6. — Anniversarium Gaufridi de Ballecoloris, quondam canonici Carnotensis; qui postquam hujus ecclesie prebendam reliquisset, exigentibus ejus meritis, ad unius episcopatus regimen est assumptus. Et cum vidisset se honorifice sublimatum, recolens multa beneficia in hac sancta ecclesia, dum erat canonicus, recepisse, ad ultimam voluntatem deventus, certam pecuniam misit Capitulo ut de propria emeretur redditus ad faciendum anno quolibet suum anniversarium; propter quod habemus super magnam domum de Senonchiis, quam tenet ad presens magister Johannes *Maugars*, canonicus Carnotensis, sex libras turonenses, inter canonicos qui intererunt predicto anniversario distribuendas.

II idus decembris (12 décembre).

1. — Obiit Basinus, sacerdos et canonicus Sancte-Marię, qui reliquit nobis tres agripennos vinearum, et mansionem unam apud Novigentum-Fiscum.

[1] Conan II, duc de Bretagne, fils d'Alain II et de Berthe de Chartres-Blois, mort en 1067.

3. — Obiit magister Johannes Hungari, quondam canonicus Carnotensis; ad cujus anniversarium habemus duos trituratores in granchia de *Clusviller*, et xx solidos solvendos per manum tenentis precariam de *Bretoviller*.

IDIBUS DECEMBRIS (13 décembre).

2. — Obiit nobilis comitissa Mathildis [1], mater reverentissimi archiepiscopi Senonensis Willelmi et illustrium procerum Henrici comitis, Teobaldi comitis atque comitis Stephani, que decorem domus Dei diligens huic ecclesie plura contulit ornamenta.

XVIIII KALENDAS JANUARII (14 décembre).

1. — Obiit Odolricus, miles, qui dedit fratribus Sancte-Marie villam Talenagium, et Sarnœgium atque Sevenivillam, et in pago Dunensi obtimum alodum in villa que vocatur Noeridus;

3. — Et Silvester, canonicus Carnotensis, qui reliquit nobis centum libras carnotenses ad emendum redditus, pro quibus habemus in pignus duas partes decime Mathei de Ballolio, militis; ita tamen quod de proventibus duarum parcium dicte decime habebunt clerici chori quadraginta solidos, singulis annis, die anniversarii sui, dum pignus durabit, et canonici residuum. Contingente autem quod dicta decima redimatur, dicte centum libre debent poni in aliqua emptione, et de proventibus illius emptionis habebunt clerici chori quadraginta solidos singulis annis die anniversarii sui et canonici residuum.

XVIII KALENDAS JANUARII (15 décembre).

1. — Obiit Teudo, qui aureum scrinium composuit in quo est tunica beate Marie, et frontem hujus ecclesie fecit, et ipsam ecclesiam cooperuit, et fiscum de Clausovillari fratribus dedit;

1. — Et Hersendis, uxor Gaufridi, pro cujus anima ipse Gaufridus absolute concessit Elemosine hujus ecclesie furnum quem Guillelmus, prepositus, prius edificaverat et donaverat.

[1] Voir vol. Ier, p. 134, note 4.

XVII kalendas januarii (16 décembre).

3. — Obiit aput Bononiam optime indolis adolescens Hamericus de Folieto, canonicus, qui ad constructionem hujus ecclesie xxx libras devotus legavit.

XVI kalendas januarii (17 décembre).

1. — Obiit Guido, archidiaconus et prepositus.

† v. 1255. '3. — Obiit magister Bartholomeus de Monciaco, hujus ecclesie camerarius et sacerdos, vir honestus, egregiis moribus admodum insignitus ac utriusque juris, canonici scilicet et civilis, eminens facultate, qui in extremis positus, fraterne caritatis non immemor, ad anniversarium suum, patris, matris et avunculi sui Petri, pratum quoddam quod acquisierat apud *Daulemont* legavit, et insuper addidit c libras; de quarum lxv libris exequtores ejusdem emerunt terras quasdam apud Villosium circa xvi sextarios seminis capientes, pro quibus tenetur nobis reddere Odo, dictus *Bechet*, de Villosio c solidos annuatim; de residuo vero dicte pecunie emerunt iidem exequtores quamdam vineam cum tribus sextariis terre apud Nogentum-Fisci, pro quibus magister Richerius de Blesis reddit annuatim xl solidos ad anniversarium predictum.

XV kalendas januarii (18 décembre).

1. — Obiit Gerogius[1], hujus ecclesię decanus, qui omnem hereditatem suam, post unius heredis decessum, canonicis Sanctę-Marię dereliquit;

1. — Et Fulcherius[2], filius Nivelonis, casatus ecclesię presentis, qui preter alia quę huic ecclesię dedit, pro anima uxoris suę, dedit unum agripennem terrę apud Casas, concedente filio suo Nivelone;

2. — Et Berengarius, pro cujus anima Raginaldus, filius ejus, presbiter et canonicus, dedit huic ecclesię domum suam de posterna, et agripennum vineę post excessum unius heredis; tali pacto ut possessor doni det singulis annis in hac die ad caritatem matutinarum v solidos, quę, si defecerit,

[1] Georges, doyen du Chapitre de Chartres (c. 1030).
[2] Voir vol. Ier, p. 94, note 1.

communiter distribuantur canonicis hujus ęcclesię. Dedit etiam capam sericam cum alba et amictu bene paratis;

2. — Et Nicholaus, subdiaconus et canonicus Beatę-Marię, qui ad opus hujus ecclesie xl[a] solidos dedit, et scrinio beate Virginis monile aureum affixit, et omnibus qui exequiis ejus interfuerunt tam canonicis quam non canonicis xii denarios distribui fecit.

XIIII KALENDAS JANUARII (19 décembre).

3. — Obiit Galterius de Booleto, hujus sancte ecclesie subdiaconus et archidiaconus.

XIII KALENDAS JANUARII (20 décembre).

2. — Obiit Galterus, presbiter et canonicus Sanctę-Marię, qui dedit huic ęcclesię librum Epistolarum sancti Augustini.

3. — Obiit Chinchius de Sancto-Eustachio, qui legavit ecclesie Carnotensi, pro anniversario suo in ipsa ecclesia sero et mane sollempniter faciendo, medietatem majorie de Soignoliis et sex modiorum terre ad perticam, medietatem herbergamenti et granchie et omnium et singularum rerum ad dictam majoriam pertinencium. Item legavit centum libras pro emendis redditibus ad augmentationem ipsius anniversarii, reddendas per executores suos : (de quibus centum libris empti fuerunt circa tres modii terre semeure apud Guillonvillam juxta Boisvillam-Sancti-Petri ab Henrico de Porta-Morardi; item medietas cujusdam herbergamenti et trium modiorum terre vel circa ad perticam ab uxore et curatoribus Johannis Loardi, pelliparii, meute capti, apud Sandarvillam, per executores dicti Chinchii ad augmentationem dicti Chinchii anniversarii; de qua augmentatione debent habere pulsatores maignarum campanarum decem solidos pro pulsatione ipsarum sero et mane; — 3) (item v solidi annui redditus super quandam domum sitam prope cuneum muri domini episcopi, juxta domum relicte defuncti Mathei de Breteschia ex una parte, et juxta stabula domus defuncti Guidonis de Culturis, quondam canonici Carnotensis, ab oppositis domus que fuit quondam defuncti Chinchii predicti; item x denarii annui census quos debet dicta relicta pro dicta domo sua; item ii denarii et obolus super stabula domus predicti Guidonis; item unum denarium annui census super eadem domo, que debet dictos quinque solidos reddere in festo sancti Remigii

singulis annis, ad augmentationem anniversarii predicti domini Chinchii — 4). Item legavit clericis de choro quadraginta solidos percipiendos quolibet anno in bursa ipsorum clericorum. Item legavit eisdem clericis xx libras ad emendos redditus ad augmentacionem dicti anniversarii; medietas vero dictorum reddituum debet distribui sero, alia medietas mane.

XII KALENDAS JANUARII (21 décembre).

2. — Obiit Joscelinus, sacerdos et canonicus, qui dedit centum solidos ad opus ecclesie et septem libras canonicis.

6. — Obiit Adam de Graneria, sacerdos et canonicus Carnotensis, qui dedit canonicis pro anniversario suo singulis annis de cetero faciendo quinque quarteria vinearum sita apud *Baglainval*, in territoriis de *Gobienne* et in closo Sancti-Martini, quas emerat a Symone *Grenet* et uxore et matre et a Symone *Coipel* de Sparnone. Item in augmentationem dicti doni, pro eadem causa, ejus executores dederunt dictis canonicis unum quarterium vinearum situm in dicto territorio, quod dictus canonicus emerat a Johanne *Petit, autrement Mignart*, et a Petro *le Faye* et eorum uxoribus.

XI KALENDAS JANUARII (22 décembre).

1. — Obiit Judith, mater Ivonis prepositi, que dedit canonicis Sanctę-Marię alodum quem habebat in Osilleio et alterum in Betanecortę;

3. — Et Teobaldus, hujus sancte ecclesie sacerdos et canonicus, qui ad usum canonicorum ad matutinas surgentium centum solidos reliquit et decem ad opus turris, totidemque Elemosine istius ecclesie dedit.

5. — Obiit Guillelmus de *Goeillons*, olim canonicus Carnotensis, pro cujus anniversario habemus annis singulis quatuor libras et duodecim solidos in decima de Ballolio-juxta-Galardonem, que ultimo fuit empta a domina de *Villetain*.

X KALENDAS JANUARII (23 décembre).

1. — Obiit Silvaniaci Robertus episcopus[1], Roma veniens quo ipse

---

[1] Robert Ier, évêque de Senlis (998-1008).

perrexerat ut ecclesiam istam retro diu inquietatam reduceret in statum pristinę tranquillitatis, consilio et auxilio sanctę matris suę; quam toto corde diligens reddiderat ei redimendo plurima ornamenta male ab aliis distracta, calicem scilicet magnum argentei et dorsalia plura cum cappis et palliis ; dederat quoque ei nova quinque dorsalia caro precio empta, et duo manilia argentea cum urceo, multo pluria et majora dare proponens, si Deus longiorem vitam sibi prestitisset ;

1. — Et Hugo, vicecomes [1].

1. — Dominicę incarnationis anno M°C°XV°, obiit pater Ivo [2], hujus sacratissimę sedis antistes, vir magnę religionis, ecclesiasticorum et secularium negotiorum prudentissimus, mitis affatu, patientia insignis, castitate pollens, et tam in divinis quam in philosophia eruditissimus; qui sex pallia bona et septem capas et infulas tres et tapetia tria decori hujus ęcclesię contulit; librum missalem, et epistolarium, et textum evangeliorum, et unum lectionarium matutinalem dedit, et omnes argento paravit; pulpitrum miri decoris construxit; scolas fecit ; domum episcopalem quam, vilem et ligneam, in obitu vel discessu episcoporum quibusdam pravis consuetudinibus, per violentiam Carnotensium comitum inductis, ancillatam invenerat, speciosam et lapideam a fundamento refecit, et cum omnibus ad ipsam pertinentibus, sive mobilibus sive immobilibus, ex ancilla liberam reddidit, libertatemque ipsam a stipulatione privilegiorum et romanę sedis et regis et comitis, quę in archivis hujus ęcclesię habentur, confirmavit; terram etiam quamdam contiguam eidem domui ad amplitudinem ipsius domus a vicedomino adquisivit et muro clausit : apud Pontem-Godanum alias domos ad usus episcopales edificavit, eandemque villam in multis melioravit. Abatiam Sancti-Johannis ex seculari in regularem convertit, instituit et auxit. Consilio et auxilio ipsius, monasterium infirmorum apud Bellum-Locum constitutum fuit. Junioratus omnes hujus ecclesię et precarias in communes redegit usus, et eas in posterum personis distribui tam suo quam apostolico privilegio vetuit. Angarias et injustas exactiones et pravas servientum discursiones fieri per preposit022ras eisdem privilegiis prohibuit. (Potestatem quam habebat dandę prepositurę de Ebrardivilla et ceteris ad

---

[1] Voir vol. Ier, p. 139, note 2.
[2] Voir vol. Ier, p. 97.

eam pertinentibus huic Capitulo dedit; taxata sepeliendorum precia in toto hujus ęcclesię episcopatu cassare fecit; ad augmentandam tabulam altaris idem moriens centum modios vini reliquit, et in aliis pluribus huic ęcclesię et clericis suis multa bona fecit. — 4)

DICTIONNAIRE TOPOGRAPHIQUE

ET

INDEX GÉOGRAPHIQUE.

DICTIONNAIRE TOPOGRAPHIQUE

ET

INDEX GÉOGRAPHIQUE.

A

ABBÉS (ÉTANG DES), II. 174, commune du Thieulin, canton de la Loupe, arrondissement de Nogent-le-Rotrou [1], tirait son nom de l'ancienne abbaye du Loir. C'était autrefois dans cet étang que la rivière du Loir prenait sa source; mais il fut desséché au XVIIe siècle.

ABONVILLA, I. 173; II. 322. *Abonville*, village, commune de Levesville-la-Chenard, canton de Janville, arrondissement de Chartres.

ABRINCÆ, III. 110. *Avranches*, chef-lieu d'arrondissement du département de la Manche.

ACHERIÆ, II. 38; III. 14. *Achères*, village, commune de Theuvy, canton de Châteauneuf, arrondissement de Dreux; chef-lieu d'une des mairies du Chapitre de Chartres.

ACO, I. 200, 223; III. 138. *Saint-Jean-d'Acre*, dans la Turquie d'Asie, chef-lieu du livah d'Acre, dans l'eyalet de Saïda.

ACONVILLA; ASCONVILLA; ASCUMVILLA; ATONVILLA; OSSONVILLE, I. 161, 230; II. 332, 393; III. 42, 142. *Occonville*, hameau, communes du Gué-de-Longroi et d'Oinville-sous-Auneau, canton d'Auneau, arrondissement de Chartres; chef-lieu d'une prêtrière du Chapitre de Chartres.

ACQUÆ. Voir AQUÆ.

ADEIUM; ADDEIUM; ADEYUM, II. 79, 295, 381, 382; III. 169. *Adey*, hameau aujourd'hui détruit, commune de Bailleau-l'Évêque, canton de Chartres-Nord.

ÆQUALINA silva, I. 70. La forêt d'*Yveline*, ancien nom de la forêt de Rambouillet.

AFFLAINVILLA; AFFLAINVILLE; AFFLAVILLA; AFFLENVILLA; ALLAINVILLA; FELARDIVILLA; FELONVILLA, II. 104, 293, 361, 395, 399; III. 40, 49, 129. *Flainville*, hameau, commune d'Ollé, canton d'Illiers, arrondissement de

---

[1] La plus grande partie des localités mentionnées dans ce *Dictionnaire topographique* étant situées dans le département d'Eure-et-Loir, nous avons jugé inutile de répéter entre parenthèses le nom du département, chaque fois que la localité citée appartient à Eure-et-Loir.

Chartres; chef-lieu d'une prêtrière du Chapitre de Chartres.

AFFONVILLA; AFFLONISVILLA; AFFLUVILLA; AFFUNVILLA, II. 295, 384, 385, 396; III. 16, 181, 205. *Affonville*, village, communes de Vérigny et de Gâtelles, cantons de Courville et de Châteauneuf, arrondissements de Chartres et de Dreux; chef-lieu d'une prêtrière du Chapitre de Chartres.

AFRANCVILLA, I. 120. *Francheville*, ferme, commune de Pontgouin, canton de Courville, arrondissement de Chartres.

AGEN, I. 67, chef-lieu du département de Lot-et-Garonne.

AIESTE (LA), II. 343, terroir, à Bouglainval, canton de Maintenon, arrondissement de Chartres.

AIMPREVILLA. Voir EMPRANI-VILLA.

AINTREVILLA. Voir INTERVILLA.

ALAINVILLA; ALLAINVILLA, II. 349. *Allainville*, chef-lieu de commune, canton de Dreux.

ALBA-SPINA, I. 211; II. 371; III. 117. *L'Aubépine*, village, commune de Saumeray, canton de Bonneval, arrondissement de Châteaudun; chef-lieu d'une mairie du Chapitre de Chartres.

ALBA-TERRA, II. 332. *Aubeterre*, moulin aujourd'hui détruit, commune d'Ymeray, canton de Maintenon, arrondissement de Chartres; chef-lieu d'une prêtrière du Chapitre de Chartres.

ALENA, III. 4. *Allaines*, chef-lieu de commune, canton de Janville, arrondissement de Chartres.

ALENCONIUM, III. 14, 31. *Alençon*, chef-lieu du département de l'Orne.

ALLAINVILLA. Voir AFFLAINVILLA.

ALLEYUM, II. 361. *Ollé*, chef-lieu de commune, canton d'Illiers, arrondissement de Chartres.

ALLUYA. Voir ALOIA.

ALNEOLUM; AUNEEL, I. 148, 160; II. 10, 63, 64, 327, 330; III. 18. *Auneau*, chef-lieu de canton, arrondissement de Chartres.

ALNETUM, I. 133; II. 117, 118, 199. *Aunay-sous-Auneau*, chef-lieu de commune, canton d'Auneau, arrondissement de Chartres. M. Guérard (*Cartulaire de Saint-Père*) a confondu cette localité avec *Aunay-sous-Crécy*, chef-lieu de commune du canton de Dreux.

ALNETUM, II. 374. *L'Aunay*, moulin, commune de Trizay-au-Perche, canton de Nogent-le-Rotrou.

ALNETUM-SANCTI-GUILLELMI, II. 388, 396. *L'Aunay*, ferme, commune de Pontgouin, canton de Courville, arrondissement de Chartres; chef-lieu d'une mairie du Chapitre de Chartres.

ALODIA, II. 378. *Les Fiefs de la Prasle*, champtier, à Mondonville, commune d'Amilly, canton de Chartres-Nord.

ALOIA; ALLUYA; ALOYA; ALUIA, I. 64, 173; II. 20, 43, 44, 68, 184, 209, 371; III. 92, 127. *Alluyes*, chef-lieu de commune, canton de Bonneval, arrondissement de Châteaudun.

ALONA; ALOMPNA; ALONNA; ALUMPNA, I. 80, 114, 148; II. 135, 308, 309; III. 178. *Allonnes*, chef-lieu de commune, canton de Voves, arrondissement de Chartres.

ALPEDAGNUS, I. 80, 114; II. 29. *Saint-Martin-du-Péan*, village, commune de Bonneval, arrondissement de Châteaudun.

ALTA-BONA, II. 135; III. 179, champtier, à Guillonville, commune de Boisville-la-Saint-Père, canton de Voves, arrondissement de Chartres.

ALTARIA, I. 150. *Saint-Pierre-d'Autils*, chef-lieu de commune, canton de Vernon, arrondissement d'Evreux (Eure).

ALTARICI-VILLA, I. 75. *Alleville*, hameau, commune de Saint-Jean-de-la-Ruelle, canton d'Orléans (Loiret).

ALTAVILLA, II. 367. Voir HAUVILLA.

ALTISSIODORUM; AUTISSIODORUM, I. 67; II. 158, 160, 161, 182, 196. *Auxerre*, chef-lieu du département de l'Yonne.

ALTUM-VILLARE; ALTOVILLARE; ALVILLARE; AUVILLER, II. 314, 340, 341; III. 4, 22, 206. *Auvilliers*, ferme, commune de Louville-la-Chenard, canton de Voves, arrondissement de Chartres; chef-lieu d'une seigneurie du Chapitre de Chartres, dont dépendaient les mairies d'Auvilliers, Louville-la-Chenard, Levesville-la-Chenard, la Salle, Intreville et Dignonvillier.

ALUMPNA. Voir ALONA.

ALVERNÆ, III. 125; localité inconnue.

ALVERSIUM. Voir AUVERSIUM.

ALVILLARE. Voir AUVILLARE.

AMAINVILLA. Voir AMOINVILLA.

AMANCIACUM; AMENCEI; AMENCEYUM; AMENSEYUM; EMENSEIUM; VALLIS-AMANCE, I. 140; II. 90, 95, 110, 290, 334, 335, 393, 400; III. 150, 171, 185, 199. *Emancé*, chef-lieu de commune, canton de Rambouillet (Seine-et-Oise); chef-lieu d'une prêtrière du Chapitre de Chartres.

AMBIANI, I. 90; II. 133; III. 72. *Amiens*, chef-lieu du département de la Somme.

AMBOISE, I. 206, chef-lieu d'arrondissement du département d'Indre-et-Loire.

AMILLIACUM; AMILIACUM; AMILLE; AMILLETUM, I. 48, 140, 185, 187, 219, 220, 221, 225, 226, 249; II. 24, 87, 153, 154, 156, 280, 282, 285, 287, 295, 296, 362, 376, 377, 378, 379, 380, 396, 399, 401; III. 5, 9, 12, 33, 44, 47, 48, 53, 64, 79, 81, 93, 94, 109, 110, 118, 120, 145, 165. *Amilly*, chef-lieu de commune, canton de Chartres-Nord; chef-lieu d'une des quatre anciennes grandes prévôtés et d'une prébende du Chapitre de Chartres, qui comprenait les prêtrières d'Amilly, Ouerray, Mondonville et Cintray.

AMOINVILLA; AMAINVILLA; AMOSVILLA, II. 288, 309, 310, 391, 397; III. 27. *Amoinville*, hameau, commune de Fains, canton de Voves, arrondissement de Chartres; chef-lieu d'une prêtrière du Chapitre de Chartres.

AMORVILLA, III. 211. Voir HEMORVILLA.

ANAGNIA, I. 122, 192, 208, 209; II. 12, 14, 130, 157, 159. *Anagni*, petite ville épiscopale d'Italie, dans la campagne de Rome.

ANCENIS, II. 128, chef-lieu d'arrondissement du département de la Loire-Inférieure.

ANCHERI-VILLA, I. 102. *Encherville*, hameau, commune de Francourville, canton d'Auneau, arrondissement de Chartres.

ANDEGAVI, I. 43, 166; II. 200. *Angers*, chef-lieu du département de Maine-et-Loire.

ANDELO, II. 272. *Andelot*, chef-lieu de canton, arrondissement de Chaumont (Haute-Marne).

ANDEVILLA, I. 220; II. 135, 288, 314. *Andeville*, village, commune de Meslay-le-Vidame, canton de Bonneval, arrondissement de Châteaudun.

ANDREVILLARE, II. 23, 353, 377, 378, 394. *Andrevilliers*, hameau, commune de Saint-Georges-sur-Eure, canton de Courville, arrondissement de Chartres.

ANDRINOPLE, I. 225, 255, dans la Roumélie (Turquie d'Europe), chef-lieu du premier eyalet d'Europe, seconde capitale de l'empire turc.

ANETUM, I. 166. *Anet*, chef-lieu de canton, arrondissement de Dreux.

ANGLISCA-VILLA; ENGLISCA-VILLA, I. 86, 150, 197; III. 139. *Angloischeville*, chef-lieu de commune, canton de Fresné-la-Mère, arrondissement de Falaise (Calvados).

ANGONVILLA; ANGOVILLA, II. 312, 313, 314, 317, 389, 422; III. 60, 212. *Augonville*, village, commune de Montboissier, canton de Bonneval, arrondissement de Châteaudun; chef-lieu d'une seigneurie du Chapitre de Chartres, appelée *la seigneurie des dix-sept villes franches* et comprenant : Augonville, Montboissier, le Charmoi-Gontier, Plainville, la Varenne, Vovette, Brehainville, le

232   DICTIONNAIRE TOPOGRAPHIQUE.

Bois-Thibbust, Carouge, Charpinte, le Favril, Saint-Cheron-lès-Chartres, Auconville, Rouvres et Sandarville.

ANGULI, II. 332, 393; III. 112. *Angles*, village, commune du Gué-de-Longroi, canton d'Auneau, arrondissement de Chartres; chef-lieu d'une prêtrière du Chapitre de Chartres.

ANTIBES, I. 67, chef-lieu de canton, arrondissement de Grasse (Alpes-Maritimes).

APT, I. 67, chef-lieu d'arrondissement du département de Vaucluse.

AQUA, II. 29, 127, 168, 357; III. 25. *L'Eau-lès-Chartres*, abbaye de femmes de l'ordre de Citeaux, fondée en 1225 au lieu de Panthoison, commune de Ver-lès-Chartres, canton de Chartres-Sud. Voir PANTHOISON.

AQUÆ; ACQUÆ, I. 27; III. 110. *Aix*, chef-lieu d'arrondissement du département des Bouches-du-Rhône.

AQUILECURIA; ESGLENCULTA, II. 340, 341; III. 35. *Eglancourt*, village, commune de Saint-Martin-de-Nigelles, canton de Nogent-le-Roi, arrondissement de Dreux; une des neuf villes franches du Chapitre de Chartres.

ARCHARUM (PONS); ARCHIIS (PONS DE), II. 412, 414, 416, 417; III. 125. *Le pont du Massacre*, sur la rivière d'Eure, à Chartres.

ARCHEVILLARE; ARCHIVILLARE; ARGELIVILLA; BERCHEVILLARE; HACHEVILER; HARCHEVILER; HARCHEVILLARE, II. 29, 146, 289, 325, 326, 392, 393; III. 17, 32, 45, 65, 100, 117, 118. *Archevilliers*, ferme, commune de Nogent-le-Phaye, canton de Chartres-Sud; chef-lieu d'une prêtrière du Chapitre de Chartres.

ARCIS-SUR-AUBE, I. 88, chef-lieu d'arrondissement du département de l'Aube.

ARDELUTH, I. 102. *Ardelu*, chef-lieu de commune, canton d'Auneau, arrondissement de Chartres.

ARDERIA, II. 383, terroir, au Luat, commune de Vérigny, canton de Courville, arrondissement de Chartres.

AREVILLA, I. 183, 211. *Arville*, chef-lieu de commune, canton de Montdoubleau, arrondissement de Vendôme (Loir-et-Cher).

ARGILLARIA, III. 123, clos, à Chartres, près la Croix-Thibault, à laquelle il a quelquefois donné son nom. Voir CRUX-THEOBALDI.

ARLES, I. 67, chef-lieu d'arrondissement du département des Bouches-du-Rhône.

ARMENTARIÆ, I. 114. *Armentières*, chef-lieu de commune, canton de Verneuil, arrondissement d'Evreux (Eure).

ARONVILLA, II. 26, 27, 364. *Erouville*, ferme, commune de Saint-Germain-le-Gaillard, canton de Courville, arrondissement de Chartres.

ARPENTA, II. 332, champtier, à Occonville, commune du Gué-de-Longroi, canton d'Auneau, arrondissement de Chartres.

ARPENTUM-BAISSE, II. 352, champtier, à Fontenay-sur-Eure, canton de Chartres-Sud.

ARRAS, II. 330, champtier, à Brez, commune d'Umpeau, canton d'Auneau, arrondissement de Chartres.

ASCONVILLA. Voir ACONVILLA.

ASINORUM (VICUS), II. 410; III. 15, 107. *La rue aux Anes*, à Chartres : il y en avait deux : la grande rue (aujourd'hui confondue avec la *rue des Bouchers*), partant de la rue des Bouchers, à la rencontre de la rue du Puits-de-l'Ours, et allant à la rue du Bois-Merrain, et la petite rue (*rue du Petit-Change* actuelle), de la place des Halles à la rue du Puits-de-l'Ours.

ATAYA; ATAIE; ATHAYA, II. 134, 228, 229, 362, 363, 365, 377, 378, 380, 395; III. 19. *La Taye*, hameau, commune de Saint-Georges-sur-Eure, canton de Courville, arrondissement de Chartres; chef-lieu d'une prêtrière du Chapitre de Chartres.

ATHENÆ, III. 93. *Athènes*, capitale du royaume de Grèce.

ATONVILLA. Voir ACONVILLA.

ATTREBATUM, I. 26, 27; III. 71, 72. *Arras*, chef-lieu du département du Pas-de-Calais.

AUDURA; ODURA, I. 73; II. 195, 339, 353, 355, 421; III. 35, 36, 66, 205. *L'Eure*, rivière, prend sa source entre Longny et la Lande (Orne), et se jette dans la Seine près de Pont-de-l'Arche (Eure), après avoir arrosé une grande partie du département d'Eure-et-Loir.

AUFFARVILLA; OFFARVILLA; ORPHARVILLA, II. 360, 394; III. 191. *Aufferville*, village, commune de Luplanté, canton d'Illiers, arrondissement de Chartres; chef-lieu d'une seigneurie du Chapitre de Chartres, dont dépendaient les mairies d'Aufferville, Coulommiers, Harville, Génarville et la Ronce.

AUGERVILLARE, II. 150. *Augerville*, ferme, commune de Prunay-le-Gillon, canton de Chartres-Sud.

AUNEEL. Voir ALNEOLUM.

AURELIANUM, I. 5, 13, 43, 85, 90, 108, 151, 172; II. 12, 13, 148, 158, 160, 161, 162, 193, 212, 304, 306, 309, 319, 320; III. 36, 172, 194. *Orléans*, chef-lieu du département du Loiret.

AURENGIACUM, III. 12. *Orangis*, hameau, commune de Ris-Orangis, canton de Corbeil (Seine-et-Oise).

AUTHON, I. 64; II. 152, chef-lieu de canton, arrondissement de Nogent-le-Rotrou.

AUTISIODORUM. Voir ALTISSIODORUM.

AUTOYUM; AUTHOYUM; AUTOU, I. 140, 221, 222; II. 183, 184, 294, 373, 374, 395; III. 10, 20, 176, 191, 200. *Saint-Denis-d'Authou*, chef-lieu de commune, canton de Thiron, arrondissement de Nogent-le-Rotrou; chef-lieu d'une prêtrière du Chapitre de Chartres.

AUTRESCHE, II. 367, terroir, à Bailleau-le-Pin, canton d'Illiers, arrondissement de Chartres.

AUTUN, I. 67, chef-lieu d'arrondissement du département de Saône-et-Loire.

AUVERSIUM; ALVERS; ALVERSIUM, I. 48, 140, 177, 191, 226, 238, 239, 249, 253; II. 55, 107, 108, 280, 282, 285, 301. *Auvers-Saint-Georges*, chef-lieu de commune, canton de la Ferté-Alais, arrondissement d'Etampes (Seine-et-Oise); chef-lieu d'une des quatre grandes prévôtés de l'église de Chartres.

AUVILLA, II. 343. *Anville*, ferme, commune de Bouglainval, canton de Maintenon, arrondissement de Chartres.

AUVILLARE; ALVILLARE; AUVILER, I. 147; II. 1, 2; III. 104. *Auvillier*, hameau, commune de Meslay-le-Vidame, canton de Bonneval, arrondissement de Châteaudun; une des neuf villes franches du Chapitre de Chartres.

AUVILLER. Voir ALTUM-VILLARE.

AVAZAIUM, I. 218. *Avaray*, chef-lieu de commune, canton de Mer, arrondissement de Blois (Loir-et-Cher).

AVENZIACUM, III. 43. *L'Avancé*, hameau, commune de Bullou, canton de Brou, arrondissement de Châteaudun.

AVINIO, I. 30, 141; II. 276; III. 73. *Avignon*, chef-lieu du département de Vaucluse.

AVRILLY, I. 252, chef-lieu de commune, canton de Damville, arrondissement d'Evreux (Eure).

AVUNDANZ, II. 41. *Abondant*, chef-lieu de commune, canton d'Anet, arrondissement de Dreux.

B

BAATA (LA), I. 181. *La Bâte*, hameau, commune de Raizeux, canton de Rambouillet (Seine-et-Oise).

BABILONE, I. 30. *Babylone*, autrefois capitale de la Chaldée, puis des empires d'Assyrie et de Babylone. Ses ruines, connues aujourd'hui sous le nom de *Babil*, sont situées auprès d'Hellah, dans l'eyalet de Bagdad (Turquie d'Asie).

BAGLENVAL, III. 26, 224. *Baglainval*, village, commune de Gallardon, canton de Maintenon, arrondissement de Chartres; chef-lieu d'une prêtrière du Chapitre de Chartres.

BAIGNEAUX, II. 24, 34, 241, 310, hameau, commune de Sancheville, canton de Bonneval, arrondissement de Châteaudun.

BAIGNE-CHIÈVRE, III. 168. Voir BALNEUM-CAPRÆ.

BAIGNEVILLE. Voir BOIGNEVILLA.

BAIOCÆ, I. 133, 166. *Bayeux*, chef-lieu d'arrondissement du département du Calvados.

BALGENTIACUM, I. 106. *Beaugency*, chef-lieu de canton, arrondissement d'Orléans (Loiret).

BALLOLIUM; BAILLOLIUM-EPISCOPI; BALLEOLUM; BALNEOLUM, I. 140, 170; II. 240, 245, 381, 382; III. 180. *Bailleau-l'Évêque*, chef-lieu de commune, canton de Chartres-Nord.

BALLOLIUM-PINUS; BAILLOLIUM-PINI, II. 98, 99, 197, 293, 352, 353, 361, 366, 367, 369, 395, 398, 401, 424; III. 56, 96, 204. *Bailleau-le-Pin*, chef-lieu de commune, canton d'Illiers, arrondissement de Chartres; chef-lieu d'une prêtrière du Chapitre de Chartres.

BALLOLIUM-JUXTA-GALARDONEM; BALLIOLIUM-SUBTUS-GALARDONEM, II. 345; III. 43, 224. *Bailleau-sous-Gallardon*, chef-lieu de commune, canton de Maintenon, arrondissement de Chartres; chef-lieu d'une prêtrière du Chapitre de Chartres.

BALNEOLIUM; BALNEOLÆ, III. 66, 172. *Baigneaux*, village, commune de Theuville, canton de Voves, arrondissement de Chartres.

BALNEOLUM. Voir BALLOLIUM.

BALNEUM-CAPRÆ; BAIGNE-CHIÈVRE, II. 322; III. 168. *Benechèvre*, ferme, commune de Louville-la-Chenard, canton de Voves, arrondissement de Chartres; chef-lieu d'une prêtrière du Chapitre de Chartres.

BANCEVIN, III. 119, localité inconnue.

BANIOLUS, I. 75. *Bagneaux*, hameau, commune de Sandillon, canton de Jargeau, arrondissement d'Orléans (Loiret).

BANLEUGA, II. 127, 143, 291, 297, 325, 326, 422, 425, 426; III. 68, 121, 125, 193. *La Banlieue*, ferme, commune de Chartres; autrefois léproserie de Saint-Georges.

BARBA, II. 24, champtier, à Fontaine-la-Guyon, canton de Courville, arrondissement de Chartres.

BARDILERLÆ, II. 3. *La Bardillière*, ferme, commune de Trizay-lès-Bonneval, canton de Bonneval, arrondissement de Châteaudun.

BARESTIAU, II. 185, terroir, commune de Fontenay-sur-Eure, canton de Chartres-Sud.

BARJOVILLA; BARJOUVILLA; BERGELVILLA; BERJOUVILLA; BERJOVILLA, II. 51, 68, 69, 76, 79, 134, 135, 291, 357, 358, 390, 397, 399; III. 13, 24, 42, 116, 117, 122, 153. *Barjouville*, chef-lieu de commune, canton de Chartres-Sud; chef-lieu d'une seigneurie du Chapitre de Chartres, qui comprenait les mairies de Barjouville, Moineaux et la Varenne, Morancez, le Coudray et Houdouenne.

BAR-LE-DUC, III. 209, chef-lieu du département de la Meuse.

BAROURETUM, I. 220. *Bois-Rouvray*, hameau, commune de Favières, canton de Châteauneuf, arrondissement de Dreux.

BARRA, II. 136. *La Barre*, bois, près des Aubilleries, commune des Châtelliers-Notre-Dame, canton d'Illiers, arrondissement de Chartres.

BARRA (RUELLA DE), II. 420. *La rue des Grandes-Filles-Dieu*, à Chartres.

BARRÆ, III. 80. *Les Barres*, hameau, aujourd'hui détruit, commune de Béville-le-Comte, canton d'Auneau, arrondissement de Chartres; chef-lieu d'une seigneurie du Chapitre de Chartres, dont dépendaient les mairies des Barres, Villiers, Houville, Sours, Oinville-sous-Auneau, Santeuil et Mongerville.

BARRE-DE-POIFFONDS (LA), II. 105, écart du hameau de Poiffonds, commune de Lucé, canton de Chartres-Nord.

BARRUM, I. 29, 32, 253; II. 51; III. 134, 201. *Bar-sur-Seine*, chef-lieu d'arrondissement du département de l'Aube.

BASCHE, II. 185, terroir, commune de Fontenay-sur-Eure, canton de Chartres-Sud.

BASENVILLA, II. 23. *Baronville*, ferme, commune de Saint-Hilaire-sur-Yerre, canton de Cloyes, arrondissement de Châteaudun.

BASOCHIA-GOETI; BASOCHES, I. 64, 140, 170; II. 241, 374; III. 180. *La Bazoche-Gouet*, chef-lieu de commune, canton d'Authon, arrondissement de Nogent-le-Rotrou.

BASOCHIÆ; BASOCHÆ, I. 151, 256; II. 34. *Bazoches-en-Dunois*, chef-lieu de commune, canton d'Orgères, arrondissement de Châteaudun.

BASOCHIÆ-ALTÆ, III. 7. *Bazoches-les-Hautes*, chef-lieu de commune, canton d'Orgères, arrondissement de Châteaudun.

BASSIGNIACUM, II. 185, 394. *Bassigny*, ferme, commune de Nogent-sur-Eure, canton d'Illiers, arrondissement de Chartres; chef-lieu d'une prêtrière du Chapitre de Chartres.

BASTA, II. 343, vignoble, à Bouglainval, canton de Maintenon, arrondissement de Chartres.

BATENTRETRE, II. 357, clos, à Barjouville, canton de Chartres-Sud.

BAYENCOURT, I. 71, hameau, commune de Ressons-sur-Matz, arrondissement de Compiègne (Oise).

BAZAS, I. 67, chef-lieu d'arrondissement du département de la Gironde.

BEAUCHAUCIÉ, II. 311, champtier, à Villars, canton de Voves, arrondissement de Chartres.

BEAUPRÉ, II. 381, champtier, à Vérouville, commune de Saint-Aubin-des-Bois, canton de Chartres-Nord.

BEAUVOISINE (PORTE), II. 169, à Rouen (Seine-Inférieure).

BEBOUTE, II. 337, hameau, aujourd'hui détruit, commune de Villiers-le-Morhier, canton de Nogent-le-Roi, arrondissement de Dreux.

BECCENSE monasterium, II. 110, abbaye de l'ordre de Saint-Benoît, au *Bec-Hellouin*, chef-lieu de commune, canton de Brionne, arrondissement de Bernay (Eure).

BEFOUVILLA, III. 98. *Beaufour*, hameau, commune de Faverolles, canton de Nogent-le-Roi, arrondissement de Dreux.

BÉGAUDIÈRE (LA), II. 382. *Les Bégaudes*, champtier, à Dallonville, commune de Bailleau-l'Évêque, canton de Chartres-Nord.

BÉHARDIÈRE (LA), II. 75. *La Bréhardière*, hameau, commune de Dampierre-sur-Avre, canton de Brezolles, arrondissement de Dreux.

BELCHIA. Voir BELSIA.

BELEVILLA. Voir BULLAINVILLA.

BELLE-FACE, II. 424. Voir PÉLICAN.

BELLICOURT, I. 71, hameau, commune de Cuvilly, canton de Ressons-sur-Matz, arrondissement de Compiègne (Oise).

BELLI-VIDERE (VICUS MAGNI), II. 86, 408; III. 37, 82, 116, 153, 155. La rue du *Grand-Beauvais*, ou simplement rue de Beauvais, à Chartres.

BELLI-VIDERE (VICUS PARVI), II. 86, 408; III. 49, 147, 158. La rue du *Petit-Beauvais*, à Chartres.

BELLUM-ROBUR, II. 313, 370. *Beaurouvre*, hameau, commune de Blandainville, canton d'Illiers, arrondissement de Chartres.

BELLUM-VILLARE; BELLOVILLARE, I. 157, 160, 200, 201, 202; II. 150, 193, 204, 288, 305, 306, 309, 400; III. 169, 194, 205. *Beauvilliers*, chef-lieu de commune, canton de Voves, arrondissement de Chartres; chef-lieu d'une prêtrière du Chapitre de Chartres.

BELLUS-LOCUS, III. 168. *Beaulieu*, chef-lieu de commune, canton de Loches (Indre-et-Loire).

BELLUS-LOCUS; LOCUS-BELLUS, I. 17, 127, 131, 133, 210, 229, 240; II. 18, 23, 61, 68, 197, 279, 328, 415, 423; III. 225. *Le Grand-Beaulieu*, léproserie, près Chartres, fondée vers 1054, devenue prieuré en 1570, puis transformée en séminaire en 1659. La léproserie du Grand-Beaulieu a laissé son nom au village de *Beaulieu*, communes de Chartres et du Coudray.

BELLUS-LOCUS (PARVUS), I. 17, 99; II. 283, 404. *Le Petit-Beaulieu*, prieuré, près Chartres, dépendant de l'abbaye-de Cluny, fondé vers 1094, aujourd'hui détruit.

BELLUS-MONS; BELMONTUS, I. 79; II. 388; III. 57, 142, 173. *Beaumont*, hameau, commune de Chuisnes, canton de Courville; arrondissement de Chartres; chef-lieu d'une prêtrière du Chapitre de Chartres.

BELLUS-MONS, II. 121, 296, 396, 399. *Beaumont*, hameau, aujourd'hui détruit, commune de Cloyes, arrondissement de Châteaudun; chef-lieu d'une prêtrière du Chapitre de Chartres.

BELLUS-MONS, I. 90; III. 14. *Beaumont-sur-Oise*, chef-lieu de commune, canton de l'Isle-Adam, arrondissement de Pontoise (Seine-et-Oise).

BELLUS-QUOCUS, II. 346. *Buchelet*, hameau, commune de Boutigny, canton de Nogent-le-Roi, arrondissement de Dreux.

BELSIA; BELCHIA; BELSIA, I. 48, 155, 226, 249; II. 107, 280, 282, 285, 287. La prévôté de *Beauce*, une des quatre anciennes grandes prévôtés du Chapitre de Chartres.

BELVACUM, I. 28, 32, 71; II. 182, 200. *Beauvais*, chef-lieu du département de l'Oise.

BENÆ; BENA; BENES, I. 140, 178; II. 9, 98, 104, 126, 287, 293, 360, 361, 362, 363, 365, 367, 395, 399; III. 6, 49, 60, 72, 87, 141. *Bennes*, hameau, communes de Chauffours et d'Ollé, canton de Courville, arrondissement de Chartres; chef-lieu d'une prébende du Chapitre de Chartres, dont dépendaient les prêtrières de Bennes, Cogné, Sérez, Flainville, Hardessé, Loulappe, le Charmoy, Mousseaux, Mérobert, la Taye, Hartencourt, Dolmont, Bailleau-le-Pin, Pouancé et Marigny.

BENEVENTUM, I. 111, 177, 178. *Bénévent*, ville archiépiscopale d'Italie; autrefois chef-lieu de la délégation de Bénévent, appartenant aux États de l'Église et enclavée dans le royaume de Naples.

BENFOU-INGELARDI et BENFOU-PAGANI, III. 40. *Bienfol*, hameau, commune de Magny, canton d'Illiers, arrondissement de Chartres.

BERCHERIÆ-EPISCOPI, I. 19, 107, 140, 170; II. 243, 246, 288; III. 7, 32, 78, 180, 198. *Berchères-l'Évêque*, chef-lieu de commune, canton de Chartres-Sud. M. Douet-d'Arcq (*Inv. des sceaux des Archives de l'Empire*, n° 9260) cite une Emeline, abbesse de Saint-Cyr-de-Berchères; mais c'est évidemment une erreur : jamais il n'y a eu d'abbaye ni même de prieuré à Berchères.

BERCHERIÆ-MAINGOTI, I. 140, 186; II. 71, 92, 117, 147, 233, 287, 289, 291, 292, 297, 338, 339, 340, 342, 394, 398, 402; III. 49, 61, 65, 122, 144, 156, 217, 218. *Berchères-la-Maingot*, chef-lieu de commune, canton de Chartres-Nord; chef-lieu d'une double prébende du Chapitre de Chartres. De la première portion dépendaient les prêtrières de Berchères-la-Maingot, Jouy, Théleville, Fontaine-Louvesse et les prés de Plateau; la seconde portion comprenait les prêtrières de Barjouville, Soulaires, Champhol et Saint-Prest.

BERCHERIÆ-SUPER-VULGRAM, II. 177, 178, 287, 292, 346, 347, 349, 350, 394, 398; III. 24, 29, 180, 218. *Berchères-sur-Vesgre*, chef-lieu de commune, canton d'Anet, arrondissement de Dreux; chef-lieu d'une prébende du Chapitre de Chartres, dont dépendaient les prêtrières de Berchères-sur-Vesgre, Osmeaux, Cussay, Brissard, Mézières-en-Drouais, Marsauceux, Luray, Dancourt, la Musse et Illiers-l'Évêque.

BERCHEVILLA, II. 272. Voir BREHEINVILLA.

BERCHEVILLARE, III. 100. Voir ARCHEVILLARE.

BERCHOT (RUE); BERJOT (RUE), II. 413, 414. *La rue du Puits-Berchot*, à Chartres, de la rue du Puits-d'Or à la porte Guillaume.

BERCONVILLARE. Voir BRETONVILLARE.

BERDIZ, II. 55, terroir, commune d'Auvers-Saint-Georges, canton de la Ferté-Alais, arrondissement d'Etampes (Seine-et-Oise).

BERGELVILLA. Voir BARJOVILLA.

BERGERIE (LA), II. 228, hameau, commune des Choux, canton de Gien (Loiret).

BERNEURE; BERNADAVITA, II. 363, 365; III. 159. *Berneuse*, hameau, commune de Saint-Georges-sur-Eure, canton de Courville, arrondissement de Chartres.

BEROLDI-VILLA, III. 13, hameau, aujourd'hui détruit, dans le canton d'Arpajon, arrondissement de Corbeil (Seine-et-Oise).

BEROTUM; BERO, I. 211, 218, 226, 227, 253, 261; II. 24, 29, 36, 121, 203, 353, 355; III. 100. *Berou*, village, commune de Meslay-le-Grenet, canton d'Illiers, arrondissement de Chartres; chef-lieu d'une seigneurie du Chapitre de Chartres, dont dépendaient les mairies de Berou et Meslay-le-Grenet.

BEROUVILLA. Voir VARONVALLIS.

BEROVILLA, II. 295. Voir VEROVILLA.

BERTONI-VILLARE; BERTHONVILLARE; BERTONVILLARE; BRETONVILLER; BRETOVILLARE, I. 80; II. 90; III. 30, 208, 221. *Bretonvilliers*, hameau, commune d'Aunay-sous-Auneau, canton d'Auneau, arrondissement de Chartres.

BERTOVILERIUM. Voir BRETONVILLARE.

BESANÇON, I. 67, chef-lieu du département du Doubs.

BESONVILLA, II. 427, terroir, à Mondonville, commune d'Amilly, canton de Chartres-Nord.

BETANE-CORTIS; BETTAINCOURT; BETTINCOURT, II. 296, 390, 397; III. 206, 224. *Bétaincourt*, hameau, commune de Chuisnes, canton de Courville, arrondissement de Chartres; chef-lieu d'une prêtrière du Chapitre de Chartres.

BETHLEEM, I. 40. *Beit-el-Lahm*, ville de Syrie (Turquie d'Asie).

BEVILLA, II. 288. *Béville-le-Comte*, chef-lieu de commune, canton d'Auneau, arrondissement de Chartres.

BICHALLOU, III. 206. *Bichaillon*, terroir, à Gallardon, canton de Maintenon, arrondissement de Chartres.

BIERIÆ; BIÈRES, III. 28, 38, 168, 188. *Bierre*, hameau, commune de Moisville, canton de Nonancourt, arrondissem. d'Evreux (Eure).

BILLEHEUT; BILLEHEUST; BILLEHUT, I. 140; II. 384, 390; III. 24, 199, 215. *Bilheux*, village, communes d'Ecublé et de Theuvy, canton de Châteauneuf, arrondissement de Dreux; chef-lieu d'une prêtrière du Chapitre de Chartres.

BITERRÆ, II. 85. *Béziers*, chef-lieu d'arrondissement du département de l'Hérault.

BITURIGÆ, I. 23, 67; II. 200; III. 75. *Bourges*, chef-lieu du département du Cher.

BLANDAINVILLA; BLAINDAINVILLA; BLANDEINVILLA; BLANDENVILLA; BLANDEVILLA, I. 148; II. 6, 7, 119, 294, 313, 341, 370, 395, 399, 401; III. 19, 98, 203. *Blandainville*, chef-lieu de commune, canton d'Illiers, arrondissement de Chartres; chef-lieu d'une prêtrière du Chapitre de Chartres.

BLAPÆ, III. 87. Voir LOLAPES.

BLESENSIS CALCIATUS CALLIS, I. 147. *Chemin de Chartres à Blois et Tours par Châteaudun*.

BLESI, I. 8, 134, 173; II. 125. *Blois*, chef-lieu du département de Loir-et-Cher.

BLETEELLUM; BLETEEL, II. 386; III. 190. *Les Isles*, moulin, commune de Saint-Ange, canton de Châteauneuf, arrondissement de Dreux.

BLÉVY, II. 75, 387, chef-lieu de commune, canton de Châteauneuf, arrondissement de Dreux.

BLUGLELOU. Voir BOUGLELOU.

BLURIACUM; BLEURIACUM; BLURE, II. 116, 117, 333; III. 74, 101, 162. *Bleury*, chef-lieu de commune, canton de Maintenon, arrondissement de Chartres; chef-lieu d'une mairie du Chapitre de Chartres.

BOARVILLA; BORVILLA, II. 80, 347, 348. *Borville*, hameau, communes d'Ormoy et de Serazereux, canton de Châteauneuf, arrondissement de Dreux.

BOASVILLA. Voir BOISVILLA-SANCTI-PETRI.

BOCHIGNIACUM. Voir BOTENEIUM.

BOCULETUM, II. 353. *Béculet*, moulin, aujourd'hui détruit, commune de Fontenay-sur-Eure, canton de Chartres-Sud.

BODANI-VILLA. Voir BOISVILLA-SANCTI-PETRI.

BOELETUM-TERRICI. Voir BOOLETUM-THEODERICI.

BOELLI (FURNUS), II. 410, 411; III. 48, 57, 133, 156, 158, 190. *Le Four-Boël, Four-Boileau, For-Boyau* ou *Grand-Four*, à Chartres, à l'entrée de la rue du Cygne actuelle, du côté de la place Marceau.

BOENVAL, II. 55. *Boinveau*, hameau, commune de Bouray, canton de la Ferté-Alais, arrondissement d'Etampes (Seine-et-Oise).

BOFFERI; BOFERI; BOSFERI, I. 128, 191; II. 75, 376; III. 19. *Bouffry*, chef-lieu de commune, canton de Droué, arrondissement de Vendôme (Loir-et-Cher).

BOGLEINVAL. Voir BUGLAINVALLIS.

BOIGNEVILLA; BAIGNEVILLE; BONERVILLA, I. 70; II. 291, 344, 345; III. 40, 137. *Boigneville*, village, commune d'Yermenonville, canton de Maintenon, arrondissement de Chartres.

BOISAEL. Voir BUSSELLUM.

BOISSELEAU, I. 182; II. 75, village, commune de Droué, arrondissement de Vendôme (Loir-et-Cher).

BOISSIACUM. Voir BUSSIACUM.

BOISSIER (LE), II. 336, champtier, à Sauvage, commune d'Emancé, canton de Rambouillet (Seine-et-Oise).

BOISVILLA-SANCTI-PETRI; BOASVILLA; BODANI-VILLA; BODASI-VILLA; BOEVILLA; BOIVILLA; BOYVILLA, I. 80, 114; II. 135, 193, 306, 319, 320, 321, 393; III. 128, 179, 223. *Boisville-la-Saint-Père*, chef-lieu de commune, canton de Voves, arrondissement de Chartres.

BOIXERIA-HERAUDI, III. 166. *La Boissière*, chef-lieu de commune, canton de Rambouillet (Seine-et-Oise).

BOLETUM. Voir BOOLETUM-THEODERICI.

BOLETUM-ACHESIARUM, II. 295. *Le Boullay-d'Achères*, village, commune de Clévilliers-le-Moutier, canton de Chartres-Nord; chef-lieu d'une prêtrière du Chapitre de Chartres.

BOLETUM-DE-MEDIA-VIA; BOULLETUM-DE-MEDIA-VIA, I. 217; II. 349; III. 13, 169. *Le Boullay-Mivoye*, chef-lieu de commune, canton de Nogent-le-Roi, arrondissement de Dreux; chef-lieu d'une mairie du Chapitre de Chartres.

BOLLETUM. Voir BOULETUM.

BOLONIA, II. 62. *Boulogne-sur-Mer*, chef-lieu d'arrondissement du département du Pas-de-Calais.

BOMERVILLA, III. 91. *Bonville*, village, commune de Gellainville, canton de Chartres-Sud.

BONAVALLIS; BONEVALLIS, I. 107, 108, 115, 148, 169, 200; II. 3, 10, 127, 129, 154, 176, 212, 233, 312, 318. *Bonneval*, chef-lieu de canton, arrondissement de Châteaudun. Abbaye de l'ordre de Saint-Benoît, fondée en 842.

BONA-VILLA, I. 86, 197; III. 159. *La Bonne-ville*, chef-lieu de commune, canton de Conches, arrondissement d'Evreux (Eure).

BONCEYUM; BONCIACUM, II. 392; III. 211. *Boncé*, chef-lieu de commune, canton de Voves, arrondissement de Chartres.

BONERVILLA. Voir BOIGNEVILLA.

BONONIA, III. 179. *Bologne*, ville d'Italie, chef-lieu du Bolonais.

BONVILLA; BOUVILLA; BUNVILLA, II. 290, 332; III. 74, 104, 215. *Bonville*, village, commune de Bleury, canton de Maintenon, arrondissement de Chartres; chef-lieu d'une prêtrière du Chapitre de Chartres.

BOOLETUM-DUARUM-ECCLESIARUM, II. 37. *Boullay-les-Deux-Eglises*, chef-lieu de commune, canton de Châteauneuf, arrondissement de Dreux.

BOOLETUM-THEODERICI; BOELETUM-TERRICI; BOLETUM; BOLLETUM-TERRICI; BOOLETUM; BOULETUM-TERRICI; BOULLETUM-TERRICI, I. 69, 184, 211; II. 52, 80, 203, 347, 348, 349; III. 9, 82. *Le Boullay-Thierry*, chef-lieu de commune, canton de Nogent-le-Roi, arrondissement de Dreux.

BORDÆ, II. 232, 332; III. 87. *Les Bordes*, hameau, commune d'Ymeray, canton de Maintenon, arrondissement de Chartres.

BORDÆ, II. 373. *Les Bordes*, hameau, commune de Saint-Denis-d'Authou, canton de Thiron, arrondissement de Nogent-le-Rotrou.

BORREYUM, II. 380. Voir OREYUM.

BORTIS silva, I. 86, 197; III. 159. La forêt de *Brotonne*, canton de Quillebœuf, arrondissement de Pont-Audemer (Eure).

BORVILLA. Voir BOARVILLA.

BOSCAT (LE), II. 378, champtier, à Amilly, canton de Chartres-Nord.

BOSCHART, II. 362. *Le Bouchard* ou *le Chemin-de-Chazay*, champtier, à Dolmont, commune de Saint-Georges-sur-Eure, canton de Courville, arrondissement de Chartres.

BOSCUS, II. 387. *Le Bois*, moulin, aujourd'hui détruit, commune de Landelles, canton de Courville, arrondissement de Chartres.

BOSCUS-AUGERII; VALLIS-AUGIS; VALLIS-OGIS; VOLOGÆ; VALOGÆ, II. 137, 193, 245, 320, 321; III. 19, 27, 52. *Le Bois-Roger*, ferme, commune de Fruncé, canton de Courville, arrondissement de Chartres; chef-lieu d'une mairie du Chapitre de Chartres.

BOSCUS-CLERICORUM, II. 372. *Le Bois-aux-Clercs*, bois, commune de Thiron, arrondissement de Nogent-le-Rotrou.

BOSCUS-HUNOLDI, I. 152. *Le Bois-Hinoust*, ferme, commune de Cernay, canton d'Illiers, arrondissement de Chartres.

BOSCUS-LEUGARUM, II. 80; III. 16. *Le Bois-de-Lèves*, hameau, commune de Lèves, canton de Chartres-Nord; chef-lieu d'une seigneurie du Chapitre de Chartres, qui comprenait les mairies du Bois-de-Lèves, Coulans, la Grappe et Chavannes.

BOSCUS-QUARRELLI, II. 388, terroir, à l'Aunay, commune de Pontgouin, canton de Courville, arrondissement de Chartres.

BOSCUS-RICHEUDIS; BOSCUS-RICOLDIS; NEMUS-RICHOLDIS, I. 185, 186; II. 340, 341; III. 35. *Bois-Richeux*, hameau, communes de Pierres et de Néron, cantons de Maintenon et de Nogent-le-Roi, arrondissements de Chartres et de Dreux; une des neuf villes franches du Chapitre de Chartres.

BOSCUS-RUFINI, II. 134; III. 9. *Bois-Ruffin*, hameau, commune d'Arrou, canton de Cloyes, arrondissement de Châteaudun.

BOSCUS-SANCTÆ-MARLÆ, II. 386. *Les Bruyères de Sainte-Marie*, bois, à Torceau, commune de Saint-Ange, canton de Châteauneuf, arrondissement de Dreux.

BOSCUS-SANCTI-MARTINI, I. 170; II. 312; III. 28, 176, 187. *Le Bois-Saint-Martin*, village, communes de Boncé et de Montainville, canton de Voves, arrondissement de Chartres.

Boscus-Tibodi; Boscus-Tyboudi, II 313, 370. Le Bois-Thiboust, hameau, commune de Blandainville, canton d'Illiers, arrondissement de Chartres; une des dix-sept villes franches du Chapitre de Chartres.

Bosferi. Voir Bofferi.

Bossonville, I. 257, terroir, commune de Mainvilliers, canton de Chartres-Nord.

Boteneium; Bochigniacum; Botigni, I. 185, 186, 207; II. 80, 291. *Boutigny*, chef-lieu de commune, canton de Nogent-le-Roi, arrondissement de Dreux.

Botrimont, II. 325, 326. *Butarmont* ou *le Buisson-du-Coq*, terroir, à Nogent-le-Phaye, canton de Chartres-Sud.

Bouchage (Le), II. 152, hameau, aujourd'hui détruit, commune de Saint-Denis-d'Authou, canton de Thiron, arrondissement de Nogent-le-Rotrou.

Boucheit (Le), III. 166. *Le Bouchet*, hameau, commune de Marcoussis, canton de Limours, arrondissement de Rambouillet (Seine-et-Oise).

Bouglainvallis. Voir Buglainvallis.

Bouglelou; Bluglelou; Bougelou; Buglelou, II. 368; III. 20, 200, 214. *Le Buglou*, village, commune de Marchéville, canton d'Illiers, arrondissement de Chartres.

Bouletum; Bolletum, II. 373, 395; III. 176, 191, 200. *Le Boulay*, ferme, commune de Saint-Denis-d'Authou, canton de Thiron, arrondissement de Nogent-le-Rotrou.

Bouletum-Terrici. Voir Booletum-Theoderici.

Boulletum-de-Media-Via. Voir Boletum-de-Media-Via.

Bouquerie (Carreria de la), II. 276. *La rue de la Bouquerie*, à Avignon (Vaucluse).

Bourgoignon, II. 335. *Bourguignon*, hameau, aujourd'hui détruit, commune d'Emancé, canton de Rambouillet (Seine-et-Oise).

Bourgueil, I. 37. *Bourgueil-en-Vallée*, ou *Saint-Germain-de-Bourgueil*, abbaye de l'ordre de Saint-Benoît, fondée en 990, commune de Saumur (Maine-et-Loire).

Bouteillerie (La), II. 63, fief, à Loinville, commune de Champseru, canton d'Auneau, arrondissement de Chartres.

Bouvilla, II. 370; III. 119. *Bouville*, chef-lieu de commune, canton de Bonneval, arrondissement de Châteaudun.

Bouvines, II. 74, chef-lieu de commune, canton de Cysoing, arrondissement de Lille (Nord).

Bovis-Coronati (Vicus), III. 27. *La rue du Bœuf-Couronné*, à Chartres.

Boynvilla, III. 100. *Boinville-au-Chemin*, village, communes de Francourville et de Prunay-le-Gillon, cantons d'Auneau et de Chartres-Sud.

Boysardi (Pons); Huon (Pons), II. 413, 414. *Le pont Saint-Thomas*, près de l'église Saint-André, à Chartres.

Boyvilla. Voir Boisvilla-Sancti-Petri.

Braiacum; Braeium; Braheium; Brai; Brayacum; Breium; Brey, I. 138; II. 290, 328, 329, 330, 331, 393; III. 30, 75, 86, 108, 132, 139, 141, 189, 196, 199, 210, 216, 219. *Brez*, hameau, commune d'Umpeau, canton d'Auneau, arrondissement de Chartres; chef-lieu d'une prêtrière du Chapitre de Chartres.

Braiotum; Braotum, I. 64, 148, 149, 173, 194; II. 32, 97, 106. *Brou*, chef-lieu de canton, arrondissement de Châteaudun.

Brane; Brenia, I. 96; III. 201. *Braine-sur-Vesle*, chef-lieu de canton, arrondissement de Soissons (Aisne).

Brandelou; Branderon, II. 121, 293. *Brandelon*, village, commune de Bazoches-les-

Hautes, canton d'Orgères, arrondissement de Châteaudun.

BRAZ-DE-FER (PONS), II. 421. *Le pont Bras-de-fer*, à Chartres, sur les anciens fossés de la ville.

BREESSART. Voir BRIESSARTUS.

BREHAINVILLA; BERCHEVILLA; BREHERVILLA, II. 313, 372; III. 19. *Brehainville*, hameau, communes d'Illiers et de Magny, canton d'Illiers, arrondissement de Chartres; une des dix-sept villes franches du Chapitre de Chartres.

BREIUM. Voir BRAIACUM.

BREMANDIÈRE (LA), II. 203. *La Bremaudière*, fief, commune du Gault-en-Beauce, canton de Bonneval, arrondissement de Châteaudun.

BREMEVILLA, II. 397. *Barmainville*, chef-lieu de commune, canton de Janville, arrondissement de Chartres.

BRENIA. Voir BRANA.

BRETBURÆ, III. 156. *La Brouaze*, hameau, commune de Châteaudun.

BRETESCA-HOURICI, III. 128. *La Bretèche*, hameau, commune de Maillebois, canton de Châteauneuf, arrondissement de Dreux.

BRETIGNIACUM. Voir BRITINIACUM.

BRETONVILLARE; BERCONVILLARE; BERTOVILERIUM; BERTUMVILLARE; BRETONVILER, I. 202; II. 288, 323, 392, 397, 425; III. 101, 140, 146, 147. *Berthouvilliers*, hameau, commune de Neuvy-en-Beauce, canton de Janville, arrondissement de Chartres; chef-lieu d'une prêtrière du Chapitre de Chartres.

BRETONVILLER; BRETOVILLARE. Voir BERTONIVILLARE.

BRÉVAL, I. 173; II. 110, chef-lieu de commune, canton de Bonnières, arrondissement de Mantes (Seine-et-Oise).

BREVILLA, II. 327. *Barville*, champtier, à Villiers-le-Bois, commune de Nogent-le-Phaye, canton de Chartres-Sud.

BRICONVILLA, II. 396. *Briconville*, chef-lieu de commune, canton de Chartres-Nord; chef-lieu d'une des prêtrières du Chapitre de Chartres.

BRIENSAC, II. 46. Sans doute pour BRISSACQ, une des anciennes formes de *Brissard*. Voir BRIESSARTUS.

BRIESSARTUS; BREESSART; BRISSART-IN-DROCENSI; BUSSARDUM, I. 87; II. 41, 65, 178, 292, 347, 390, 397. *Brissard*, village, commune d'Abondant, canton d'Anet, arrondissement de Dreux; chef-lieu d'une prêtrière du Chapitre de Chartres.

BRIMONT, II. 136, ferme, commune de Frétigny, canton de Thiron, arrondissement de Nogent-le-Rotrou.

BRITINIACUM; BRETIGNIACUM; BRITENIACUM; BRITIGNIACUM, I. 120; II. 239, 429; III. 99. 109. *Brétigny*, moulin, aujourd'hui détruit, à Gorget, commune de Saint-Prest, canton de Chartres-Nord.

BRITINIACUM. I. 80; II. 239. *Brétigny*, village, commune de Sours, canton de Chartres-Sud.

BRITOGILUM, I. 88. *Breteuil-sur-Noye*, chef-lieu de canton, arrondissement de Clermont (Oise).

BRITOLIUM, I. 166. *Breteuil-sur-Iton*, chef-lieu de canton, arrondissement d'Evreux (Eure).

BRITONARIA, III. 129. *Les Bretonnières*, village, commune de Saulnières, canton de Dreux.

BRITONE-CORTIS, III. 36. *La Bretonnerie*, hameau, commune de Vendôme (Loir-et-Cher).

BRITONNERIA, III. 206. *La Bretonnière*, faubourg, à Gallardon, canton de Maintenon, arrondissement de Chartres.

BRITTONARIA, III. 126. *La Bretonnerie*, ferme, commune de Lanneray, canton de Châteaudun.

BROGILUS, I. 75. *Le Bruel*, hameau, commune de Marcilly-en-Villette, canton de la

Ferté-Saint-Aubin, arrondissement d'Orléans (Loiret).

BROLIUM, II. 349. *Le Breuil-Benoît*, hameau, commune de Marcilly-sur-Eure, canton de Saint-André, arrondissement d'Evreux (Eure). Abbaye de l'ordre de Citeaux, fondée en 1137.

BROLIUM, II. 368, 369; III. 27, 46, 191. *Le Breuil*, hameau, commune de Marchéville, canton d'Illiers, arrondissement de Chartres; chef-lieu d'une prêtrière du Chapitre de Chartres.

BROMAVILLA; BROMEVILLA; BRUMMEVILLA, II. 289, 312, 392, 397; III. 15, 42, 172. *Bronville*, village, commune du Gault-en-Beauce, canton de Bonneval, arrondissement de Châteaudun; chef-lieu d'une prêtrière du Chapitre de Chartres.

BROLIUM, II. 130; III. 26. *Le Breuil*, moulin, commune de Soulaires, canton de Maintenon, arrondissement de Chartres.

BROYES, I. 91, chef-lieu de commune, canton de Breteuil-sur-Noye, arrondissement de Clermont (Oise).

BRUERIA, I. 168. *Les Bruyères*, hameau, commune de Bérou, canton de Brezolles, arrondissement de Dreux.

BRUERIA, II. 335, champtier, à Chaleine, commune d'Emancé, canton de Rambouillet (Seine-et-Oise).

BRUERIA, III. 192, champtier, à Dancourt, commune de Senantes, canton de Nogent-le-Roi, arrondissement de Dreux.

BRUERLÆ, II. 340, champtier, à Berchères-la-Maingot, canton de Chartres-Nord.

BRUERLÆ, II. 361. *La Bruyère*, champtier, à Hardessé, commune d'Ollé, canton d'Illiers, arrondissement de Chartres.

BRUERLÆ, II. 362, champtier, à Dolmont, commune de Saint-Georges-sur-Eure, canton d'Illiers, arrondissement de Chartres.

BRUERIUM, II. 383. *La Brière*, champtier, au Luat, commune de Vérigny, canton de Courville, arrondissement de Chartres.

BRUEROLÆ, I. 114. *Brezolles*, chef-lieu de canton, arrondissement de Dreux, chef-lieu d'une prêtrière du Chapitre de Chartres. M. Douet-d'Arcq, dans l'*Inventaire des Sceaux des Archives de l'Empire*, a attribué à Bruyères, dans le Hurepoix, deux sceaux d'Hervé de Châteauneuf, *dominus de Bruroles*, et d'Alix sa femme, *Aaliz de Bruerolis*.

BRUIL (LE), I. 148, 207. *Le Breuil*, ferme, commune de Trizay-lès-Bonneval, canton de Bonneval, arrondissement de Châteaudun.

BRUMMEVILLA. Voir BROMAVILLA.

BUCA-DE-AGRE, II. 315. *Bouche-d'Aigre*, village, commune de Romilly-sur-Aigre, canton de Cloyes, arrondissement de Châteaudun.

BUCCELLUM. Voir BUSSELLUM.

BUGLAINVALLIS; BOGLEINVAL; BOUGLAINVALLIS; BUGLAINVILLA; BUGLEINVAL, I. 140, 186; II. 287, 291, 342, 343, 344, 345, 393, 398, 400, 402; III. 25. *Bouglainval*, chef-lieu de commune, canton de Maintenon, arrondissement de Chartres; chef-lieu d'une prébende du Chapitre de Chartres, dont dépendaient les prêtrières de Bouglainval, Chartainvilliers, Dammarche, Grogneul, Houx, Mévoisins, Puiseux, Saint-Piat, Villiers-le-Morhier et Yermenonville.

BUGLELOU. Voir BOUGLELOU.

BUIRAS, I. 75, hameau, aujourd'hui détruit, canton d'Orléans (Loiret).

BUISEIUM, II. 24. *Boissay*, écart, commune de Fontaine-la-Guyon, canton de Courville, arrondissement de Chartres.

BUISSAEL. Voir BUSSELLUM.

BUISSEIUM. Voir BUSSIACUM-EPISCOPI.

BULLAINVILLA; BELEVILLA; BULLANA-VILLA; BUSLAINVILLA; BUSLANVILLA, I. 99, 145; II. 289, 315, 392, 397, 400; III. 83, 137. *Bullainville*, chef-lieu de commune, canton de

Bonneval, arrondissement de Châteaudun; chef-lieu d'une prêtrière du Chapitre de Chartres.

BULLOTUM, II. 20, 294, 295. *Bullou*, chef-lieu de commune, canton de Brou, arrondissement de Châteaudun.

BUNVILLA. Voir BONVILLA.

BURDEGALÆ, I. 18; III. 37. *Bordeaux*, chef-lieu du département de la Gironde.

BURGUS, II. 413, 414, 415. *Le Bourg*, à Chartres, à l'extrémité de la rue des Ecuyers, derrière le Château, le long des murailles du IXe siècle. Ce nom de Bourg paraît s'être appliqué particulièrement, dans toutes les villes du Moyen-Age, au quartier avoisinant le Château.

BURGI (VICUS-MAGNUS), II. 415. *La rue du Bourg*, à Chartres, du Grand-Pont à la rue Saint-Eman.

BURGUS-GARINI; BURGUS-GUARINI, II. 75, 101. *Bourguérin*, hameau, commune de Droué, arrondissement de Vendôme (Loir-et-Cher).

BURGUS-MATHEI. I. 53, 155; II. 410, 418. *Le Bourg-Mahé*, aujourd'hui *quartier de la Porte-Châtelet*, à Chartres.

BURGUS-NOVUS, I. 53; II. 67, 406, 427; III. 49. *Le Bourg-Neuf*, faubourg, à Chartres.

BURGUS-ROBERTI, II. 244, 246. *Le Bourg-Aubert*, hameau, commune d'Ardelles, canton de Châteauneuf, arrondissement de Dreux.

BURIACUM, II. 292, pour LURIACUM. Voir à ce mot.

BURSA, II. 295, 384. *La Bourse*, hameau, commune de Gâtelles, canton de Châteauneuf, arrondissement de Dreux; chef-lieu d'une prêtrière du Chapitre de Chartres.

BURY, I. 217, hameau, commune de Saint-Secondin, canton d'Herbault, arrondissement de Blois (Loir-et-Cher).

BUSE-HAUTE, II. 381. *Brise-Ante*, champtier, à Vérouville, commune de Saint-Aubin-des-Bois, canton de Chartres-Nord.

BUSLANVILLA. Voir BULLAINVILLA.

BUSSARDUM, II. 292. Voir BRIESSARTUS.

BUSSAYUM; BUSSAI-LE-SAIBEUF; BUSSAYUM-LE-SAIBEUF, II. 302, 309, 391, 397; III. 96, 144. *Bessay*, village, commune de Villeau, canton de Voves, arrondissement de Chartres; chef-lieu d'une prêtrière du Chapitre de Chartres.

BUSSEIUM, III. 169. *Bissay*, ferme, commune de Beauvilliers, canton de Voves, arrondissement de Chartres.

BUSSELLUM; BOISAEL; BUCCELLUM; BUISSAEL; BUSSAELLUM; BUSSEELLUM; BUSSETUM; BUXEIUM; BUXELLUM, II. 302, 303, 304, 305, 306, 391, 397; III. 7, 21, 62, 124, 147, 175, 203. *Bisseau*, commune de Villeau, canton de Voves, arrondissement de Chartres; chef-lieu d'une prêtrière du Chapitre de Chartres.

BUSSETUM; BUSSE, I. 184; III. 48. *Boissy*, village, commune de Saint-Laurent-la-Gâtine, canton de Nogent-le-Roi, arrondissement de Dreux; attribué à tort à Bisseau, commune de Villeau, I. 184.

BUSSIACUM; BOISSIACUM; BUSSETUM, II. 45, 314, 349, terroir, à Ormoy, canton de Nogent-le-Roi, arrondissement de Dreux.

BUSSIACUM-EPISCOPI; BUISSEIUM; BUSSEIUM; BUXEIUM, I. 19, 163, 170; II. 54, 243; III. 78, 180. *Boissy-en-Drouais*, chef-lieu de commune, canton de Dreux.

BUTACEAU, II. 378, champtier, à Amilly, canton de Chartres-Nord.

BUXELLUM. Voir BUSSELLUM.

BUXERLÆ, II. 146, 325. *La Boissière*, écart, commune de Nogent-le-Phaye, canton de Chartres-Sud.

BUXETUM, I. 114. *Boissy-le-Sec*, chef-lieu de commune, canton de la Ferté-Vidame, arrondissement de Dreux.

BUXIDUS, I. 75. *Bucy-Saint-Liphard*, chef-lieu de commune, canton de Patay, arrondissement d'Orléans (Loiret).

C

CALNIACUM, I. 92. *Chauny*, chef-lieu de canton, arrondissement de Laon (Aisne).

CALNIACUM, I. 120. Voir CHAUNETUM.

CALPHURNUS. Voir CHAUFURNUS.

CALVUM-VILLARE, II. 316. *Le Vauchauvet*, champtier, à Corancez, canton de Chartres-Sud.

CAMERACUM, I. 43. *Cambrai*, chef-lieu d'arrondissement du département du Nord.

CAMPANIA, II. 344, terroir, à Mévoisins, canton de Maintenon, arrondissement de Chartres.

CAMPCHIACUM, I. 80, hameau, aujourd'hui détruit, commune de Berchères-l'Evêque ou de Corancez, canton de Chartres-Sud.

CAMPELLI-IN-BRIA, II. 311, 312. *Champeaux*, chef-lieu de commune, canton de Mormant, arrondisssement de Melun (Seine-et-Marne).

CAMPI; CHAMPS, I. 219, 225; II. 388, 396, 399; III. 47, 112. *Champ*, hameau, commune de Pontgouin, canton de Courville, arrondissement de Chartres; chef-lieu d'une prêtrière du Chapitre de Chartres.

CAMPIGNIACUS, I. 75. *Champoilly*, hameau, commune d'Ingré, canton d'Orléans (Loiret).

CAMPUS-A-LA-TARTARINE, II. 319, champtier, à Guillonville, commune de Boisville-la-Saint-Père, canton de Voves, arrondissement de Chartres.

CAMPUS-AD-DIVINUM, II. 164, champtier, à Villeau, canton de Voves, arrondissement de Chartres.

CAMPUS-AUS-GAUTIERS, II. 365, terroir, à Sandarville, canton d'Illiers, arrondissement de Chartres.

CAMPUS-CANIS, III. 119, champtier, à Chaunay, commune de Fontenay-sur-Eure, canton de Chartres-Sud.

CAMPUS-CAPITULI, II. 385, champtier, à Dangers, canton de Courville, arrondissement de Chartres.

CAMPUS-CLAUSUS, II. 293, 395, 398; III. 42. *Champclos*, hameau, aujourd'hui détruit, commune de Magny, canton d'Illiers, arrondissement de Chartres; chef-lieu d'une prêtrière du Chapitre de Chartres.

CAMPUS-DE-BOSCHETO, II. 386, champtier, à Torceau, commune de Saint-Ange, canton de Châteauneuf, arrondissement de Dreux.

CAMPUS-DE-CHETEAU, II. 358. *La Butte-de-Cheteaux*, champtier, à Mignières, canton de Chartres-Sud.

CAMPUS-DE-COLLE, II. 320, champtier, à Guillonville, commune de Boisville-la-Saint-Père, canton de Voves, arrondissem. de Chartres.

CAMPUS-DE-PETRA-HUCON, II. 358, terroir, à Chenonville, commune de Saint-Loup, canton d'Illiers, arrondissement de Chartres.

CAMPUS-FABIANI, II. 352, 366, terroir, à Fontenay-sur-Eure, canton de Chartres-Sud.

CAMPUS-FAUNUS; CAMPUS-FOLII; CHAMFOUL, I. 114, 130; II. 147, 422, 429; III. 212. *Champhol*, chef-lieu de commune, canton de Chartres-Nord; chef-lieu d'une prêtrière du Chapitre de Chartres.

CAMPUS-FLORIDUS, II. 311. *Champfour*, champtier, à Villars, canton de Voves, arrondissement de Chartres.

CAMPUS-GARNERII; CAMPUS-GUARNERII, I. 138; II. 63, 328, 393, 401; III. 170. *Champgarnier*, hameau, commune de Champseru, canton d'Auneau, arrondissement de Chartres; chef-lieu d'une prêtrière du Chapitre de Chartres.

CAMPUS-GOHERI, II. 356, terroir, à Chaunay, commune de Fontenay-sur-Eure, canton de Chartres-Sud.

CAMPUS-GUERINI, II. 351, terroir, à Fontenay-sur-Eure, canton de Chartres-Sud.

CAMPUS-HOELLI, II. 423, 426, terroir, commune de Chartres.

CAMPUS-MEDIETARIE, II. 386, champtier, à Torçay, commune de Saint-Ange, canton de Châteauneuf, arrondissement de Dreux.

CAMPUS-PRORERIE, II. 319, champtier, à Guillonville, commune de Boisville-la-Saint-Père, canton de Voves, arrondissement de Chartres.

CAMPUS-RICHARDI, II. 336, terroir, commune d'Emancé, canton de Rambouillet (Seine-et-Oise).

CAMPUS-ROBERTI, II. 358, terroir, à Mignières, canton de Cartres-Sud.

CAMPUS-RONCIOSUS, II. 312. *Champ-Rogneux*, champtier, à Menonville, commune de Villars, canton de Voves, arrondissement de Chartres.

CAMPUS-SALUBI, II. 386, terroir, à Torçay, commune de Saint-Ange, canton de Châteauneuf, arrondissement de Dreux.

CAMPUS-SERUCUS; CAMPUS-SERICUS; CAMPUS-SIRUTUS; CHANSERU, I. 137, 138; II. 63, 67, 92, 154, 287, 290, 328, 329, 331, 393, 398, 400, 401; III. 2, 22, 25, 75, 132, 139, 170, 176, 196, 199, 215. *Champseru*, chef-lieu de commune, canton d'Auneau, arrondissement de Chartres; chef-lieu d'une prébende du Chapitre de Chartres, dont dépendaient les prêtrières de Champseru, Baglainval, Champgarnier, Bailleau-sous-Gallardon, Brez, Loinville, le Coudray près Gallardon, Harleville, Senainville et Umpeau.

CAMPUS-SILVE, I. 87. Voir CUSSIACUM.

CAMPUS-SUCCENTORIS, II. 328, champtier, à Pampol, commune de Champseru, canton d'Auneau, arrondissement de Chartres.

CANDIA, I. 33. *Candie*, île de la Méditerranée, appartenant à la Turquie d'Europe.

CANISGAUDIUM, II. 340, 341; III. 35. *Sainte-Joye*, hameau, aujourd'hui détruit, commune de Villiers-le-Morhier, canton de Nogent-le-Roi, arrondissement de Dreux; une des neuf villes franches du Chapitre de Chartres.

CANNAVILLA, III. 131. Voir CHENONVILLA.

CANTAPIA; CANTUSPICE, II. 314, 340, 341; III. 3, 22, 143. *Chantepie*, hameau, aujourd'hui détruit, commune de Meslay-le-Vidame, canton de Bonneval, arrondissement de Châteaudun; une des neuf villes franches du Chapitre de Chartres.

CANTUARIA, III. 201. *Cantorbéry*, ville archiépiscopale d'Angleterre, capitale du comté de Kent.

CANTUMERULLA; CANTAMERULA, II. 200; III. 58. *Chantemesle*, hameau, commune de Logron, canton de Châteaudun.

CAPELLA, I. 120. *La Chapelle-d'Aunainville*, chef-lieu de commune, canton d'Auneau, arrondissement de Chartres.

CAPELLA, II. 73. *La Chapelle-Vicomtesse*, chef-lieu de commune, canton de Droué, arrondissement de Vendôme (Loir-et-Cher).

CAPELLA, III. 180, terroir, commune de Voise, canton d'Auneau, arrondissement de Chartres.

CAPELLA-DE-TIELIN. Voir THECLIN.

CAPELLA-REGIA, I. 114. *Chapelle-Royale*, chef-lieu de commune, canton d'Authon, arrondissement de Nogent-le-Rotrou.

CAPELLA REGIS PARISIENSIS, I. 190; III. 33. *La Sainte-Chapelle*, à Paris.

CAPELLA-SANCTI-LUPI; SANCTUS-LUPUS, II. 292, 293, 358, 359, 360, 394, 401; III. 192. *Saint-Loup*, chef-lieu de commune, canton d'Illiers, arrondissement de Chartres; chef-lieu d'une prêtrière du Chapitre de Chartres.

CAPELLA-VINDOCINENSIS, I. 120; II. 391. *La Chapelle-Vendômoise*, chef-lieu de commune, canton d'Herbault, arrondissement de Blois (Loir-et-Cher).

CAPROSA, I. 88. *Chevreuse*, chef-lieu de canton, arrondissement de Rambouillet (Seine-et-Oise).

CAPUA, I. 97, 98. *Capoue*, ville archiépiscopale d'Italie, dans la terre de Labour (ancien royaume de Naples).

CARANNIVILLA, I. 120. Voir CHARONVILLA.

CARCASSONNE, II. 249, chef-lieu du département de l'Aude.

CARMELITÆ, I. 210; III. 53, 168. *Les Carmélites*, établies à Chartres en 1619, d'abord dans la rue Saint-Pierre, puis dans la rue des Lisses. Leur ancien couvent sert aujourd'hui de prison. Depuis leur rentrée à Chartres, elles ont habité successivement le haut de la rue de Beauvais, puis le Pélican, où elles sont actuellement.

CARNOTIVILLARE; CARNOTENSEVILLARE; CARTENVILLARE; CHARTAINVILLARE; CHARTENVILLARE, I. 73; II. 11, 39, 82, 338, 340, 345, 346; III. 25, 40, 42, 104, 137. *Chartainvilliers*, chef-lieu de commune, canton de Maintenon, arrondissement de Chartres; chef-lieu d'une prêtrière du Chapitre de Chartres.

CARNOTUM, passim. *Chartres*, chef-lieu du département d'Eure-et-Loir.

CAROLIVENTATORIUM, III. 150. Peu de noms anciens ont donné lieu à des interprétations plus diverses. Dans le *Cartulaire de Notre-Dame de Paris*, Guérard l'indique dubitativement comme pouvant être *Chavenay*, commune du canton de Marly-le-Roi. Dans notre *Cartulaire des Vaux-de-Cernay*, nous l'avons traduit par *Challevanne*, hameau aujourd'hui détruit, près Marly-le-Roi. Enfin une note d'un *Inventaire manuscrit de l'abbaye de Coulombs* donne l'interprétation de *la Chaussée*, hameau de la commune d'Orgeval, canton de Poissy (Seine-et-Oise).

CARROGIÆ; CARROGIUM; CHARROCHIUM; KARROCHIA; QUARROGIUM, II. 313, 369, 370; III. 17, 19, 204, 213, 214. *Carouge*, écart, commune de Luplanté, canton d'Illiers, arrondissement de Chartres; une des dix-sept villes franches du Chapitre de Chartres.

CARTENSIS (VICUS), II. 314. *La rue du Temple*, à Cloyes, arrondissement de Châteaudun.

CARTHAGE, I. 111, ville de la côte septentrionale d'Afrique, dans l'État de Tunis actuel. On en a récemment découvert les ruines.

CASÆ, I. 120; II. 291; III. 222. *Les Chaises*, village, communes de Chartres et du Coudray.

CASA-PICTA, II. 294, 313, 370; III. 19. *Charpinte*, hameau, commune de Blandainville, canton d'Illiers, arrondissement de Chartres; une des dix-sept villes franches du Chapitre de Chartres.

CASNAGIUS, I. 75. *Chamgy*, ferme, commune d'Ingré, canton d'Orléans (Loiret).

CASSIN (LE MONT), I. 66, abbaye fondée par saint Benoît en 539, sur le mont Cassin, en Italie, dans la terre de Labour (ancien royaume de Naples).

CASTELETUS (VICUS), II. 202. *La rue Sainte-Même*, à Chartres.

CASTELLA, II. 422, terroir, à Champhol, canton de Chartres-Nord.

CASTELLARIA, I. 114; II. 398, 401; III. 33. *Les Châtelets*, chef-lieu de commune, canton de Brezolles, arrondissement de Dreux.

CASTELLARIUM-GUERRICI; CASTELLUM-GUERRI, II. 243, 246. *Les Châtelets-Guerriers*, hameau, commune de Fruncé, canton de Courville, arrondissement de Chartres.

CASTELLERIA, II. 386. *Les Châtelets*, champtier, à Torçay, commune de Saint-Ange, canton de Châteauneuf, arrondis. de Dreux.

CASTELLERIÆ; CHASTELERS, II. 92, 293, 369; III. 142. *Les Châtelliers-Notre-Dame*, chef-lieu de commune, canton d'Illiers, arrondissement de Chartres; chef-lieu d'une prêtrière du Chapitre de Chartres.

CASTELLETUM, II. 418; III. 173. *Le Châtelet*, ancien faubourg de Chartres, compris entre la porte Châtelet, le chemin de Mainvilliers, le ravin des Vauroux et la rue de la Couronne.

CASTELLIO, I. 106. *Châtillon*, village, commune de Saint-Aignan-sur-Cher, arrondissement de Blois (Loir-et-Cher).

CASTELLIO; CHASTEILLON, II. 291, 398. *Châtillon*, ferme, commune de Saint-Martin-de Nigelles, canton de Nogent-le-Roi, arrondissement de Dreux.

CASTELLIO, III. 144. *Châtillon*, hameau, commune de Landelles, canton de Courville, arrondissement de Chartres.

CASTELLUM-GUNTERII, I. 133; II. 143. *Château-Gontier*, chef-lieu d'arrondissement du département de la Mayenne.

CASTRÆ, III. 13. *Arpajon*, chef-lieu de canton, arrondissement de Corbeil (Seine-et-Oise).

CASTRIDUNUM; CASTRODUNUM; CASTELLO-DUNIS, I. 5, 67, 68, 128, 142, 194, 195, 218; II. 76, 125, 138, 212, 215, 314; III. 12, 29, 86, 88, 109. *Châteaudun*, chef-lieu d'arrondissement du département d'Eure-et-Loir.

CASTRUM-NOVUM; CASTELLUM-NOVUM, I. 167; II. 19, 20, 32, 97, 98, 349, 385, 386, 387, 427; III. 34, 53. *Châteauneuf-en-Thimerais*, chef-lieu de canton, arrondissement de Dreux.

CASTRUM-RAGINALDI, I. 106. *Château-Renault*, chef-lieu de canton, arrondissement de Tours (Indre-et-Loire).

CASTRUM-THEODERICI, I. 108. *Château-Thierry*, chef-lieu d'arrondissement du département de l'Aisne.

CATHALAUNUM, II. 200. *Châlons-sur-Marne*, chef-lieu du département de la Marne.

CATHENÆ; CATENÆ, I. 120, 140; II. 287, 295, 384, 396, 399, 401; III. 56, 100, 126, 189. *Chêne-Chenu*, chef-lieu de commune, canton de Châteauneuf, arrondissement de Dreux; chef-lieu d'une prébende du Chapitre de Chartres, dont dépendaient les prêtrières de Chêne-Chenu, Ecublé, Bilheux, Gâtelles, Affonville, la Bourse et Dangers.

CAUDÆ, II. 294, 374, 399; III. 107. *Queux*, ferme, commune de Trizay-au-Perche, canton de Nogent-le-Rotrou; chef-lieu d'une prêtrière du Chapitre de Chartres.

CAULMONT, II. 169. *Caumont*, hameau, commune de Gonneville, canton de Tôtes, arrondissement de Dieppe (Seine-Inférieure).

CAVATERIA; CAVETERIA; SAVETERIÆ (VICUS), II. 405, 412, 417; III. 125. *La Saveterie* ou *Petite-Cordonnerie*, à Chartres (*rue au Lait* actuelle).

CAVELLO, III. 211. *Chauvilliers*, ferme, commune de Saint-Léger-des-Aubées, canton d'Auneau, arrondissement de Chartres.

CECI, II. 417. *Les Aveugles* ou *hôpital de Saint-Julien*, rue Neuve-Saint-Julien, à Chartres.

CELLARIA. Voir SELLARIA.

CELLE, II. 308, champtier, à Marolles, commune d'Allonnes, canton de Voves, arrondissement de Chartres.

CELLE (LA), I. 220; III. 67. pré, à Mandres, commune de Billancelles, canton de Courville, arrondissement de Chartres.

CENOMANNUM; CINOMANNUM, I. 82, 166; II. 3, 144, 200. *Le Mans*, chef-lieu du département de la Sarthe.

CENTRIACUM. Voir CINTREIUM.

CEOGNOLIÆ; CEOIGNOLÆ; CEONGNÓLES; CEONGNOLLÆ; CEONOLLIÆ; COOGNOLES; SOGNOLIÆ; SOIGNOLIÆ, II. 288, 308, 309, 321, 391, 397; III. 30, 143, 151, 223. *Soignolles*, hameau, commune de Voves, arrondissement de Chartres; chef-lieu d'une prêtrière du Chapitre de Chartres.

CEPAIUM; CEPAYUM; CEPEIUM; CEPYUM; SPOTMERI-VILLA, I. 80, 181; II. 185, 203, 355,

358, 359, 394. *Spoir*, village, commune de Mignières, canton de Chartres-Sud; chef-lieu d'une prêtrière du Chapitre de Chartres. M. Guérard (*Cart. de Saint-Père*) a traduit *Spotmeri-Villa* par Pommerville, près Voves.

CEPIDUM, I. 80, hameau, aujourd'hui détruit, commune de Fontenay-sur-Eure, canton de Chartres-Sud.

CERASETUM. Voir CERSAYUM.

CEREES; CEREACUM; CERES; CEREZ, II. 229, 293, 363, 364, 395, 399; III. 42, 87. *Sérez*, village, commune d'Orrouer, canton de Courville, arrondissement de Chartres; chef-lieu d'une prêtrière du Chapitre de Chartres.

CEREVILLA; CEREISVILLA; SEREVILLA. I. 21, 257, 259; II. 103, 291, 390, 397, 416, 419, 426, 427; III. 13, 47, 68, 86, 98, 109, 135, 216. *Séresville*, village, commune de Mainvilliers, canton de Chartres-Nord.

CERNEYUM; SARNÆGIUM; SARNEIUM; SARNIACUM; SERNEYUM; SERNI, I. 102; II. 292, 294, 367, 368, 369, 395, 398; III. 32, 104, 111, 203, 221. *Cernay*, chef-lieu de commune, canton d'Illiers, arrondissement de Chartres; chef-lieu d'une prêtrière du Chapitre de Chartres.

CERSAYUM; CERASETUM; CEREZEIUM; CERSEYUM; CERSIACUM, II. 302, 303, 304, 391, 396; III. 1, 14, 64, 69, 90. *Sazeray*, hameau, commune de Voves, arrondissement de Chartres; chef-lieu d'une prêtrière du Chapitre de Chartres.

CERSEYUM, II. 193, 390. *Chazay*, village, commune de Saint-Aubin-des-Bois, canton de Chartres-Nord.

CERTUS, I. 75. *Cercottes*, chef-lieu de commune, canton d'Artenay, arrondissement d'Orléans (Loiret).

CHAINOTRE-A-LANGLOIS (LA), II. 356, champtier, à Chaunay, commune de Fontenay-sur-Eure, canton de Chartres-Sud.

CHAINTRE (LA), II. 336. *Cheintre*, pré, à Sauvage, commune d'Emancé, canton de Rambouillet (Seine-et-Oise).

CHAINTRE (LA), II. 358, terroir, à Mignières, canton de Chartres-Sud.

CHALENNÆ; CHAALENES; CHAALLAINES; CHALAINES; CHALLEINES; KAELENNES, II. 10, 334, 335, 336, 393, 398; III. 61, 114, 190. *Chaleine*, hameau, commune d'Emancé, canton de Rambouillet (Seine-et-Oise); chef-lieu d'une prêtrière du Chapitre de Chartres.

CHALLETUM; CHALETUM, II. 130, 314, 340, 341, 342; III. 22, 84, 94, 182. *Challet*, chef-lieu de commune, canton de Chartres-Nord; chef-lieu d'une seigneurie du Chapitre de Chartres, appelée *la seigneurie des neuf villes franches*, qui comprenait: Challet, Trémemont, Tournainville, Bois-Richeux, Eglancourt, Sainte-Joye, le Fresne, Chantepie et Auvillier.

CHALNIACUM, Voir CALNIACUM.

CHALOELLUM; LE CHAILLOAY; CHAILLOUAY, I. 222; II. 373. *La Chaillois*, écart, commune de Béthonvilliers, canton d'Authon, arrondissement de Nogent-le-Rotrou.

CHALOELLUM, II. 308, champtier, à Maulou, commune de Beauvilliers, canton de Voves, arrondissement de Chartres.

CHALON-SUR-SAONE, I. 36, chef-lieu d'arrondissement du département de Saône-et-Loire.

CHALONGES (LES), II. 349, terroir, au Boullay-Mivoye, canton de Nogent-le-Roi, arrondissement de Dreux.

CHAMBEFRAN, II. 321, champtier, aux Juifs, commune de Prasville, canton de Voves, arrondissement de Chartres.

CHAMBLES, II. 31. *Chamblais*, ferme, commune de Donnemain-Saint-Mamert, canton de Châteaudun; chef-lieu d'une mairie du Chapitre de Chartres.

CHAMBLEUM; CHAMBLEYUM; CHAMBLI, I. 140, 170; II. 243, 244, 302. *Chamblay*, village, commune de Berchères-l'Evêque, canton de Chartres-Sud.

CHAMFOUL. Voir CAMPUS-FAUNUS.

CHAMPHAY, II. 330, champtier, à Brez, commune d'Umpeau, canton d'Auneau, arrondissement de Chartres.

CHAMPLENIAU, II. 326, champtier, à Archevilliers, commune de Nogent-le-Phaye, canton de Chartres-Sud.

CHANANVILLA. Voir CHENAINVILLA.

CHANCELLERIE (LA), I. 250, clos, à Chartres, près du chemin des Vauroux, dans la partie droite du Grand-Faubourg.

CHANGES (RUE DES), à Chartres, III. 165.

CHANTFOUR, II. 224. *Chauffour*, chef-lieu de commune, canton d'Etampes (Seine-et-Oise).

CHAPELETUM; CHAPELET, II. 426; III. 41, terroir, commune de Chartres.

CHAPELLE-SAINT-MAXIME (LA), II. 177. *La Chapelle-Saint-Mesmin*, chef-lieu de commune, canton d'Orléans (Loiret).

CHARANNIVILLA. Voir CHARONVILLA.

CHARISI, I. 184; II. 273. *Cherizy*, chef-lieu de commune, canton de Dreux.

CHARMAYUM; CHERMAYUM, II. 293, 395, 397, 399. *Le Charmoi*, hameau, commune de Saint-Germain-le-Gaillard, canton de Courville, arrondissement de Chartres; chef-lieu d'une prêtrière du Chapitre de Chartres.

CHARMAYUM, II. 90, 336. *Le Charmoy-d'Emancé*, hameau, aujourd'hui détruit, commune d'Emancé, canton de Rambouillet (Seine-et-Oise).

CHARMAYUM, II. 375, terroir, au Gault, canton de Droué, arrondissement de Vendôme (Loir-et-Cher).

CHARMAYUM-GONTERI; CHARMETUM-GUNTERII, II. 313, 389; III. 212. *Le Charmoy-Gontier*, hameau, commune de Digny, canton de Senonches, arrondissement de Dreux; une

des dix-sept villes franches du Chapitre de Chartres.

CHARONVILLA; CARANNIVILLA; CHARANNIVILLA; CHARRONVILLA; CHARUNVILLA, I. 120, 160, 222; II. 6, 21, 287, 288, 294, 369, 370, 371, 372, 374, 395, 399, 401; III. 69, 71, 104, 116, 140, 145, 163, 176. *Charonville*, chef-lieu de commune, canton d'Illiers, arrondissement de Chartres; chef-lieu d'une prébende du Chapitre de Chartres, dont dépendaient les prêtrières de Charonville, Ecurolles, Blandainville, Heaume-Fontaine, les Corvées, Saint-Serge et Queux, Houdoer, Ermenonville-la-Petite, Fontenay-au-Perche, la Pihourdière, Mézières-au-Perche, Grandhoux, Gardais et Saint-Denis-d'Authou.

CHARREIUM-IN-DUNO, II. 87, 203; III. 31, 64. *Charray*, chef-lieu de commune, canton de Cloyes, arrondissement de Châteaudun.

CHARROGIUM. Voir CARROGIÆ.

CHARTAINVILLARE. Voir CARNOTIVILLARE.

CHASTEILLON. Voir CASTELLIO.

CHASTELERS. Voir CASTELLERIÆ.

CHATEAUFORT, II. 65, 66, chef-lieu de commune, canton de Palaiseau, arrondissement de Versailles (Seine-et-Oise).

CHATELERS, II. 55. *Les Châtelliers*, village, commune de Ponthévrard, canton de Dourdan, arrondissement de Rambouillet (Seine-et-Oise).

CHATILLON, II. 21. *Châtillon-en-Bazois*, chef-lieu de canton, arrondissement de Château-Chinon (Nièvre).

CHATULE, II. 372. *Chatulay*, hameau, commune de Nonvilliers, canton de Thiron, arrondissement de Nogent-le-Rotrou.

CHAUCHAT, II. 316. *Cacaulcis*, ferme, aujourd'hui détruite, à Corancez, canton de Chartres-Sud.

CHAUCHEPOT, II. 376. *Chaussepot*, hameau, commune de Saint-Pellerin, canton de Cloyes, arrondissement de Châteaudun.

CHAUCHEYUM, II. 375. *Chaussay*, hameau, commune du Gault, canton de Droué, arrondissement de Vendôme (Loir-et-Cher).

CHAUFURNUS; CALPHURNUS, III. 202, 205. *Chauffours*, chef-lieu de commune, canton d'Illiers, arrondissement de Chartres.

CHAUNETUM; CALNIACUM; CHALNIACUM, CHALNAYUM, I. 120; II. 292, 304, 351, 352, 356, 394; III. 19, 20, 33, 41, 54, 60, 66, 82, 116, 117, 119, 125, 183. *Chaunay*, hameau, commune de Fontenay-sur-Eure, canton de Chartres-Sud; chef-lieu d'une prêtrière du Chapitre de Chartres.

CHAVENNÆ, I. 106; II. 230; 427; III. 143. *Chavannes*, village, commune de Lèves, canton de Chartres-Nord; chef-lieu d'une mairie du Chapitre de Chartres.

CHAVERNAYUM-MAGNUM; CHAVERGNEIUM; CHAVERNACUM; CHAVERNETUM; CHEMERIACUM, I. 184; II. 1, 2, 3, 31, 121 J 158, 160, 175, 288, 318; III. 191. *Chavernay*, village, commune de Montainville, canton de Bonneval, arrondissement de Châteaudun; chef-lieu d'une prêtrière du Chapitre de Chartres.

CHAVERNAYUM-PARVUM, II. 318. *Chavernay-le-Petit*, hameau, commune de Meslay-le-Vidame, canton de Bonneval, arrondissement de Châteaudun; chef-lieu d'une prêtrière du Chapitre de Chartres.

CHEMINUS-BOUSCHIER, II. 352, terroir, à Fontenay-sur-Eure, canton de Chartres-Sud.

CHEMINUS-CHEVALIER, II. 361. *La Ruelle-Chevalier*, champtier, à Loulappes, commune de Saint-Luperce, canton de Courville, arrondissement de Chartres.

CHEMINUS-DE-NOGENTO, II. 340, champtier, à Berchères-la-Maingot, canton de Chartres-Nord.

CHEMINUS-DE-VIA-FURCARUM, II. 229, champtier, à la Taye, commune de Saint-Georges-sur-Eure, canton de Courville, arrondissement de Chartres.

CHEMINUS-LAONNAYS, II. 327, terroir, à Nogent-le-Phaye, canton de Chartres-Sud.

CHENAINVILLA; CHANANVILLA, II. 319, 320. *Chevannes*, village, commune de Boisville-la-Saint-Père, canton de Voves, arrondissement de Chartres.

CHENARDERIA. Voir CHEVARDERIA.

CHÊNE-DORÉ (LE), I. 84; II. 209, hameau, commune de Saint-Denis-des-Puits, canton de la Loupe, arrondissement de Nogent-le-Rotrou.

CHENEVERLÆ; CHEVENERIÆ, II. 75, 387. *Chennevière*, village, commune de Blévy, canton de Châteauneuf, arrondissement de Dreux; chef-lieu d'une mairie du Chapitre de Chartres.

CHENONVILLA; CANNAVILLA; CHANAVILLA; CHENUNVILLA, II. 288, 319, 358, 359, 395; III. 105, 118, 131. *Chenonville*, hameau, commune de Saint-Loup, canton d'Illiers, arrondissement de Chartres; chef-lieu d'une prêtrière du Chapitre de Chartres.

CHENONVILLA; CHENOVILLA, II. 292, 293, 311, 394. *Chenonville*, ferme, commune de Villars, canton de Voves, arrondissement de Chartres.

CHENTUL, II. 362. Voir VIA-DE-CHENCUL.

CHERITE (LA), II. 423, vigne, dans la Vallée des Vauroux, commune de Chartres.

CHERMAYUM. Voir CHARMAYUM.

CHESIA; CHESA, II. 377, 378. *Les Chaises d'Amilly*, champtier, à Amilly, canton de Chartres-Nord.

CHESNEIA, II. 175, 176, lieu sur lequel fut fondée la chapelle de Frécot, commune de Trizay-lès-Bonneval, canton de Bonneval, arrondissement de Châteaudun.

CHESNEYUM, II. 148. *Le Chesnay*, hameau, commune de Moutiers, canton de Voves, arrondissement de Chartres.

CHETELLUM, II. 321, champtier, aux Juifs,

commune de Prasville, canton de Yoves, arrondissement de Chartres.

CHEVAL-BLANC (RUE DU), II, 137, à Chartres. Voir PORTÆ-NOVÆ (VICUS).

CHEVALERIE (LA), II. 63, champtier, à Loinville, commune de Champseru, canton d'Auneau, arrondissement de Chartres.

CHEVARDERIA; CHENARDERIA, I. 220; II. 387, 388; III. 52, 67, 74, 112. La Chevardière, hameau, commune de Billancelles, canton de Courville, arrondissement de Chartres.

CHEVENERIÆ. Voir CHENEVERIÆ.

CHEVINCOURT, I. 72, chef-lieu de commune, canton de Ribecourt, arrondissement de Compiègne (Oise).

CHIREGIUS, I. 75. Les Chiseaux, ferme, commune d'Ingré, canton d'Orléans (Loiret).

CHIVERNY, I. 37. Cheverny, chef-lieu de commune, canton de Contres, arrondissement de Blois (Loir-et-Cher).

CHOICHINS (LES), II. 379, champtier, à Amilly, canton de Chartres-Nord.

CHONIA; CHONA; CHUINA; CHUNIA; CONIA, I. 142; II. 10, 42, 54, 242, 367; III. 98. Chuisnes, chef-lieu de commune, canton de Courville, arrondissement de Chartres; chef-lieu d'une prêtrière du Chapitre de Chartres.

CHOTARD, II. 76, pré, à Barjouville, canton de Chartres-Sud.

CHUNEIUM, III. 202, terroir, commune de Chauffours, canton d'Illiers, arrondissement de Chartres.

CICONIOLÆ, I. 91; III. 66, 115, 127. Cigogne, hameau, commune de Donnemain-Saint-Mamert, canton de Châteaudun.

CINEROLLÆ, III. 193, terroir, commune d'Amilly, canton de Chartres-Nord.

CINOMANNUM. Voir CENOMANNUM.

CINTREYUM; CENTRIACUM; CYNTREIUM, I. 80; II. 295, 362, 378, 379, 380, 396, 401; III. 5, 16, 22, 165. Cintray, chef-lieu de commune, canton de Chartres-Nord; chef-lieu d'une prêtrière du Chapitre de Chartres.

CLAIRVAUX, I. 117, village, commune de Ville-sous-la-Ferté, canton de Bar-sur-Aube (Aube): célèbre abbaye chef d'ordre.

CLAMENGÆ, III. 21. Clamanges, chef-lieu de commune, canton de Vertus, arrondissement de Châlons-sur-Marne (Marne).

CLARETUM, II. 372, bois, à Chatulay, commune de Nonvilliers, canton de Thiron, arrondissement de Nogent-le-Rotrou.

CLARUSFONS, I. 19; III. 180. Abbaye de l'ordre de saint Augustin, fondée, sous le patronage de Notre-Dame, à Clairefontaine, chef-lieu de commune, canton de Dourdan, arrondissement de Rambouillet (Seine-et-Oise).

CLARUS-MONS, II. 316, champtier, à Corancez, canton de Chartres-Sud.

CLARUS-MONS, I. 33. Clermont-Ferrand, chef-lieu du département du Puy-de-Dôme.

CLAUSELLUM, II. 356, champtier, à Chaunay, commune de Fontenay-sur-Eure, canton de Chartres-Sud.

CLAUSUM-VILLARE. Voir CLUVILLARE.

CLAUSUS-BEATÆ-MARIÆ; CLAUSUS SANCTI-SATURNINI, II. 406, 410, 423; III. 150, 189. Clos Notre-Dame ou clos Saint-Saturnin, aujourd'hui les Petits-Blés, à Chartres.

CLAUSUS-EPISCOPI, I. 53; II. 221, 222. Le Clos-l'Evêque, à Chartres. Voir CORTILLA-EPISCOPI.

CLAUSUS-ERARDI, I. 53; II. 146, 147, 418; III. 193. Le Clos-Evrard, dans le faubourg Saint-Maurice, à Chartres.

CLAUSUS-FABRI, I. 53, clos, à Chartres, près le faubourg Saint-Brice.

CLAUSUS-MEDIUS, II. 423, clos, près de Chartres, vers Saint-Lubin-des-Vignes.

CLAUSUS-RUNGIÆ, II. 340. *Le Clos-Rossignol*, champtier, à Berchères-la-Maingot, canton de Chartres-Nord.

CLAUSUS-SANCTI-LEOBINI, III. 35, 200. *Le Clos Saint-Lubin*, près le couvent de Saint-Lubin-des-Vignes, à Chartres.

CLAUSUS-SANCTI-MARTINI, II. 423. *Le Clos Saint-Martin*, attenant le clos Notre-Dame, à Chartres.

CLAUSUS-SANCTI-MARTINI, III. 26, 224, terroir, à Gallardon, canton de Maintenon, arrondissement de Chartres.

CLAUSUS-SANCTI-SATURNINI. Voir CLAUSUS-BEATÆ-MARIÆ.

CLERMONT, I. 109, 111. *Clermont-en-Beauvoisis*, chef-lieu d'arrondissement du département de l'Oise.

CLOIA; CLOYA, II. 87, 109, 314. *Cloyes*, chef-lieu de canton, arrondissem. de Châteaudun.

CLOUETIÈRE (VICUS DE LA), II, 411. *Rue de la Clouterie*, à Chartres, de la rue aux Fèvres à la rue de la Pie.

CLOYPAS (CLAUSUS), II, 421, clos, près les Petits-Prés, à Chartres.

CLUNIACUM, I. 17, 94, 100; II. 144, 279. Célèbre abbaye de l'ordre de saint Benoît, fondée, au commencement du Xe siècle, à *Cluny*, chef-lieu de canton, arrondissement de Mâcon (Saône-et-Loire).

CLUVILLARE; CLAUSUM-VILLARE; CLUSOVILLARE; CLUVILER; CLUVILLARE-MONASTERII, I. 140, 205, 242; II. 287, 383, 396, 399; III. 16, 62, 181, 208, 221. *Clévilliers-le-Moutier*, chef-lieu de commune, canton de Chartres-Nord; chef-lieu d'une prébende du Chapitre de Chartres, dont dépendaient les prêtrières de Clévilliers-le-Moutier, la Brequeille, Bouart, le Boullay-d'Achères, le Luat, Briconville, la Charmoye et Brezolles. M. Guérard *(Cart. de Saint-Père)* a, par erreur, appliqué à Clévilliers-le-Bois, aujourd'hui la Bréqueille, ce qui concerne Clévilliers-le-Moutier.

CLUVILLARE-BOSCI, II. 383, 396, *La Brequeille*, hameau, commune de Clévilliers-le-Moutier, canton de Chartres-Nord; chef-lieu d'une prêtrière du Chapitre de Chartres.

COCHEREL, III. 68, hameau, commune de Boissy-le-Sec, canton de la Ferté-Vidame, arrondissement de Dreux.

CODREIUM, II. 30. *Le Coudray*, chef-lieu de commune, canton de Chartres-Sud; chef-lieu d'une mairie du Chapitre de Chartres.

COGNEYUM; COIGNEYUM; COINGNEYUM, II. 293, 361. *Cogné*, hameau, communes de Chauffours et d'Ollé, canton d'Illiers, arrondissement de Chartres; chef-lieu d'une prêtrière du Chapitre de Chartres.

COGNIÈRES, II. 42. *Coignières*, chef-lieu de commune, canton de Chevreuse, arrondissement de Rambouillet (Seine-et-Oise); chef-lieu d'une mairie du Chapitre de Chartres.

COLDRÆ, I. 166. *Coudres*, chef-lieu de commune, canton de Saint-André, arrondissement d'Evreux (Eure).

COLEMENVILLA, II. 29. *Cormainville*, chef-lieu de commune, canton d'Orgères, arrondissement de Châteaudun. Peut-être plutôt COLETENVILLA, *Coltainville*, canton de Chartres-Nord.

COLETENVILLA; COLLETAINVILLA, II. 35, 393. *Coltainville*, chef-lieu de commune, canton de Chartres-Nord.

COLLES-DE-MONS, II. 353. Voir MONS.

COLLIS, II. 374, terroir, au Gault, canton de Droué, arrondissement de Vendôme (Loir-et-Cher).

COLLIS-DALIMONTIS, II. 378, champtier, à Amilly, canton de Chartres-Nord.

COLLIS-GODERANI; TERTRE-GODERAM; TERTRE-GODERANI, I. 168; II. 244, 245; III. 7, 28. *Le Tartre-Gaudran*, chef-lieu de commune, canton d'Houdan, arrondissement de Mantes (Seine-et-Oise).

COLLIS-SANCTI-HILLARII-DE-ILLESYO, H. 372. *La Colline de Saint-Hilaire d'Illiers*, terroir, commune d'Illiers, arrondissement de Chartres.

COLOMBARIUM, III. 69. *Le Colombier*, écart, commune de Trizay-au-Perche, canton de Nogent-le-Rotrou.

COLOMEL, II. 336, champtier, à la Malmaison, commune de Villiers-le-Morhier, canton de Nogent-le-Roi, arrondissement de Dreux.

COLONIA AGRIPPINA, I. 43. *Cologne*, ville archiépiscopale de Prusse, chef-lieu de régence de la province du Rhin.

COLTA, I. 75. *Coust*, ferme, commune d'Ingré, canton d'Orléans (Loiret).

COLUMBÆ; COLOMBÆ, I. 138; II. 36, 38, 128, 154, 260. *Coulombs*, chef-lieu de commune, canton de Nogent-le-Roi, arrondissement de Dreux.

COLUMMERS; COLOMERIÆ; COLUMMERII; GOVERVILLA, II. 44, 318, 371; III. 92, 191. *Coulommiers*, hameau, commune d'Alluyes, canton de Bonneval, arrondissement de Châteaudun; chef-lieu d'une mairie du Chapitre de Chartres.

COMA, I. 142, pour CONIA. Voir CHUNIA.

CONAYUM, II. 386. *Couvé*, village, aujourd'hui détruit, commune de Crécy, canton de Dreux. Sans doute pour COVAYUM.

CONCRECIÆ, I. 80. *Concrez*, hameau, commune de Dammarie, canton de Chartres-Sud.

CONDEVUM, II. 339; III. 168, moulin, aujourd'hui détruit, commune de Saint-Prest, canton de Chartres-Nord.

CONIA, II. 315, 392. *Conie*, chef-lieu de commune, canton de Châteaudun; chef-lieu d'une prêtrière du Chapitre de Chartres.

CONSENCEÆ. Voir COSENTIACUM.

CONSTANTIÆ, I. 198. *Coutances*, chef-lieu d'arrondissement du département de la Manche.

CONSTANTINOPOLIS, I. 60, 230, 255; II. 19, 248; III. 53, 89, 178. *Constantinople*, capitale de la Turquie d'Europe, et en particulier de la province de Roumélie.

COOGNOLES. Voir CEOGNOLLÆ.

CORBIÈRE, II. 75, hameau, aujourd'hui détruit, commune de Dampierre-sur-Avré, canton de Brezolles, arrondissement de Dreux.

CORBOLIUM; CORBOLLIUM, I. 236; II. 10, 32. *Corbeil*, chef-lieu d'arrondissement du département de Seine-et-Oise.

CORBONES; CORBONNES, II. 427, terroir, à Seresville, commune de Mainvilliers, canton de Chartres-Nord.

CORBONNIÆ, III. 98. *Corbou*, ferme, commune de Digny, canton de Senonches, arrondissement de Dreux.

CORDELLÆ, II. 419, 420, hameau, dépendant de la commune de Chartres, en tirant vers Lucé et Mainvilliers. Cette dénomination est entièrement perdue.

CORDOENARIA, Parisius, I. 231. *La rue de la Cordouannerie*, à Paris, aujourd'hui *rue des Fourreurs*, de la place Sainte-Opportune à la rue des Déchargeurs, quartier Saint-Honoré.

CORDUBENARIA; CORVAISERIA; CORVASERIA; CORVESEIA, II. 404, 412; III. 24. *La Cordonnerie*, à Chartres (*rue Serpente* actuelle).

CORENCELÆ. Voir COSENTIACUM.

CORGENT, I. 253. *Courgent*, chef-lieu de commune, canton de Houdan, arrondissement de Mantes (Seine-et-Oise).

CORILETUM, I. 210, écart de la ville de Chartres, dont le nom a complètement disparu. Le moulin des Rogers, au pont de la Porte-Guillaume, à Chartres, s'appelait autrefois *molendinum de Corileto*.

CORNIÈRES (LES), II. 330, champtier, à Brez, commune d'Umpeau, canton d'Auneau, arrondissement de Chartres.

CORSERAUT, II. 73. *Ecurolles*, village, commune de Charonville, canton d'Illiers, arrondissement de Chartres; chef-lieu d'une prêtrière du Chapitre de Chartres.

CORTILLA-EPISCOPI; CORTILLIA; CURTILLA-EPISCOPI, I. 53; II. 239, 240, 417. *Le Clos-l'Evêque*, à Chartres. Voir CLAUSUS-EPISCOPI.

CORVAISERIA. Voir CORDUBENARIA.

CORVEÆ; CORVELÆ, II. 92, 174, 294, 399; III. 117, 130. *Les Corvées*, chef-lieu de commune, canton de la Loupe, arrondissement de Nogent-le-Rotrou; chef-lieu d'une prêtrière du Chapitre de Chartres.

CORVÉES (LES), II. 273, village, commune de Vernouillet, canton de Dreux.

COSENTIACUM; CONSENCEÆ; CONSENCLÆ, CONSENSIÆ; CORENCELÆ; CUSENCEÆ, I. 80; II. 288, 316, 317, 391, 400; III. 11, 14, 55, 176, 186, 220. *Corancez*, chef-lieu de commune, canton de Chartres-Sud; chef-lieu d'une prêtrière du Chapitre de Chartres.

COSTORA-FOATIER, II. 319, champtier, à Guillonville, commune de Boisville-la-Saint-Père, canton de Voves, arrondissement de Chartres.

COUDIÈRES (LES), II. 372. *Coudelée*, bois, commune de Thiron, arrondissement de Nogent-le-Rotrou.

COUDRAYUM, II. 336, champtier, à Sauvage, commune d'Emancé, canton de Rambouillet (Seine-et-Oise).

COURTENAY, I. 25; II. 248, chef-lieu de canton, arrondissement de Montargis (Loiret).

COUSTURA-MAJORIS; CUSPIS-MAJORIS, II. 308, 309, champtier, à Soignolles, canton de Voves, arrondissement de Chartres.

CRECHÆ, I. 152, 168. *Craches*, hameau, commune de Saint-Prest, canton de Chartres-Nord.

CREMISE, II. 73. *Crémisay*, hameau, aujourd'hui détruit, commune de Saint-Avit, canton de Brou, arrondissem. de Châteaudun.

CRÉPY, I. 90. *Crépy-en-Valois*, chef-lieu de canton, arrondissement de Senlis (Oise).

CROÈNES (LES), II. 379, champtier, à Amilly, canton de Chartres-Nord.

CRONÆ; ESCRONÆ; SCRONÆ, I. 250, 251; II. 83, 334; III. 85. *Ecrosnés*, chef-lieu de commune, canton de Maintenon, arrondissement de Chartres; chef-lieu d'une mairie du Chapitre de Chartres.

CROSEYUM, II. 372. *Le Crouzet*, moulin, commune de Saumeray, canton de Bonneval, arrondissement de Châteaudun.

CRUCIACUM, I. 114. *Crucey*, chef-lieu de commune, canton de Brezolles, arrondissement de Dreux.

CRUX, II. 344, terroir, à Mévoisins, canton de Maintenon, arrondissement de Chartres.

CRUX-ARGILLARIUM. Voir CRUX-THEOBALDI.

CRUX-ARMIGERORUM, II. 412; III. 185. *La Croix des Écuyers* ou *de Beaulieu*, à Chartres, sur le carrefour formé par les rues Saint-Pierre, de la Porte-Cendreuse et des Écuyers.

CRUX-BUSSATA, II. 377, champtier, à Amilly, canton de Chartres-Nord.

CRUX-DE-BERJOUVILLA, II. 357, terroir, à Barjouville, canton de Chartres-Sud.

CRUX-DE-CHALETO, II. 340. *La Croix de Challet* ou *le Moulin de Challet*, champtier, à Berchères-la-Maingot, canton de Chartres-Nord.

CRUX-DE-VERRIGNYACO, II. 383. *La Croix-de-Vérigny*, hameau, commune de Vérigny, canton de Courville, arrondissement de Chartres.

CRUX-DOU-PIERGE, II. 330. *La Croix-de-Brez*, champtier, commune d'Umpeau, canton d'Auneau, arrondissement de Chartres.

CRUX-GARINI, II. 351, terroir, à Fontenay-sur-Eure, canton de Chartres-Sud.

CRUX-GEORGII, II. 355, terroir, au Mée, commune d'Orrouer, canton de Courville, arrondissement de Chartres.

CRUX-GUERINI, II. 336. *La Croix-Charlemagne*, champtier, à Bourguignon, commune d'Émancé, canton de Rambouillet (Seine-et-Oise).

CRUX-HUSSATA, II. 358. *La Croix-Boissée*, champtier, à Mignières, canton de Chartres-Sud.

CRUX-JUMELINI, II. 195. *La Croix-Jumelin*, hameau, commune de Chartres.

CRUX-MONACHORUM, II. 410. *La Croix aux Moines* ou *Croix de Thiron*, en face l'hôtel des moines de Thiron, à l'encoignure des rues du Bois-Merrain et Marceau. La croix, qui avait donné le nom à ce carrefour, existe encore dans une maison particulière de la ville de Chartres.

CRUCIS-MONACHORUM (VICUS), III. 16. *La rue Marceau*, à Chartres.

CRUX-SANCTI-PRISCI, II. 421, terroir, à Saint-Prest, canton de Chartres-Nord.

CRUX-SANDARVILLÆ, II. 353, terroir, à Fontenay-sur-Eure, canton de Chartres-Sud.

CRUX-THEOBALDI; CRUX-ARGILLLARIUM, II. 414, 422; III. 17, 49, 193. *La Croix-Thibaut* ou *aux Ardilliers*, à Saint-Cheron, près Chartres.

CRUX-VIRIDA, II. 327. *La Croix de Caroulle*, champtier, à Nogent-le-Phaye, canton de Chartres-Sud.

CUBITUS, II. 327, 328. *Couttes*, hameau, aujourd'hui détruit, commune de Gasville, canton de Chartres-Nord; chef-lieu d'une prêtrière du Chapitre de Chartres.

CULETUM, II. 15. Voir RECULET.

CULTURA, I. 75. *La Couture*, hameau, aujourd'hui détruit, canton d'Orléans (Loiret).

CUNEO-MURI (VICUS DE), II. 416. *La rue du Coin-du-Mur*, à Chartres, du Marché à la Filasse à la rue Muret, vis-à-vis la rue Chantault; aujourd'hui confondue avec la rue Muret.

CUNEO-RAHERII (VICUS DE), II. 409; III. 101, 103. *La rue des Trois-Degrés*, à Chartres.

CUNEUS-MORINI, II. 422. *Le Coin-Morin*, champtier, à Champhol, canton de Chartres-Nord.

CUNEUS-MURI-EPISCOPI, II. 415, 416, 417; III. 36, 115, 141. *Le Coin du Mur-l'Evêque*, à Chartres, à l'extrémité du Marché à la Filasse.

CUNEUS-RACHERII; CUNEUS-RAHERII, II. 404, 408, 409; III. 16, 143. *Le Coin-Rahier*, à Chartres, à l'extrémité de la rue Percheronne et de la rue des Trois-Degrés; dénomination aujourd'hui disparue.

CURBAVILLA. Voir CURVAVILLA.

CURCELÆ, III. 207. *Courcelles*, ferme, commune de Coudray-au-Perche, canton d'Authon, arrondissement de Nogent-le-Rotrou.

CURIA-ALANI; CURTALANUM, I. 193, 194; II. 376; III. 55. *Courtalain*, chef-lieu de commune, canton de Cloyes, arrondissement de Châteaudun.

CURIA-EVRARDI; PONS-EBRARDI, II. 168, 169; III. 33, 80. *Cottévrard*, chef-lieu de commune, canton de Bellencombre, arrondissement de Dieppe (Seine-Inférieure).

CURIA-RICHEUDIS, II. 408, 409. *La Cour-Richeux*, aujourd'hui *impasse du Cheval-Blanc*, à Chartres.

CURTA-HARAYA, II. 426, terroir, commune de Chartres.

CURTALANUM. Voir CURIA-ALANI.

CURTILLA-EPISCOPI. Voir CORTILLA-EPISCOPI.

CURVAVILLA; CURBAVILLA, I. 93, 103, 108, 131, 133, 207, 225, 258; II. 10, 178, 363, 364, 365, 366, 367, 377, 378, 419; III. 142. *Courville*, chef-lieu de canton, arrondissement de Chartres; chef-lieu d'une seigneurie du Chapitre de Chartres, dont dépendaient les mairies de Courville, l'Aunay, Masselin, Pré-Sainte-Agnès, le Bois-Roger et la Framboisière.

CUSENUBÆ. Voir COSENTIACUM.

CUSPIS, II. 353, terroir, à Fontenay-sur-Eure, commune de Chartres-Sud.

CUSPIS, II. 363. *La Pointe*, champtier, à Mousseaux, commune de Saint-Luperce, canton de Courville, arrondissement de Chartres.

CUSPIS-MAJORIS. Voir COUSTURA-MAJORIS.

CUSSIACUM; CAMPUS-SILVÆ; CUSSE; CUSSEGIUM; CUSSEIUM; I. 87; II. 41, 65, 292, 347, 390, 397; III. 8, 41, 189. *Cussay*, hameau, commune de Montreuil, canton de Dreux; chef-lieu d'une prêtrière du Chapitre de Chartres.

CUSTHA, II. 343; terroir, à Bouglainval, canton de Maintenon, arrondissement de Chartres.

CUSTURA, II. 340. *La Couture*, champtier, à Berchères-la-Maingot, canton de Chartres-Nord.

CUSTURA, II. 313; terroir, commune de Bouglainval, canton de Maintenon, arrondissement de Chartres.

CUSTURA, II. 362. *La Couture*, champtier, à Dolmont, commune de Saint-Georges-sur-Eure, canton de Courville, arrondissement de Chartres.

CUSTURA-DE-MURGERIO, II. 323; champtier, à Berthouvilliers, commune de Neuvy-en-Beauce, canton de Janville, arrondissement de Chartres.

CUSTURA-LIMITIS, II. 306, champtier, à Puiseaux, commune de Montainville, canton de Voves, arrondissement de Chartres.

CYNTREIUM. Voir CINTREIUM.

D

DAGUENET (RUELLA), II. 418, à Chartres, près Rachigny.

DALLEOMONS; DALIMONS; DAILIMONS; DALMONS; DAULEMONT; DAULLOMONS; DAULOMONS, I. 145; II. 133, 134, 293, 361, 362, 378, 394, 399; III. 6, 59, 73, 144, 155, 162, 222. *Dolmont*, village, commune de Saint-Georges-sur-Eure, canton de Courville, arrondissement de Chartres; chef-lieu d'une prêtrière du Chapitre de Chartres.

DAMIETA, II. 95; III. 61. *Damiette*, ville de la Basse-Egypte, sur le Nil.

DAMMARTIN-EN-GOËLE, I. 87, chef-lieu de canton, arrondissement de Meaux (Seine-et-Marne).

DAMPIERRE-SOUS-BLÉVY, II. 75, chef-lieu de commune, canton de Senonches, arrondissement de Dreux.

DAMPNA-MARIA. Voir DOMNA-MARIA.

DAMPNA-PETRA-SUPER-ARVAM, II. 75, 176, 387. *Dampierre-sur-Avre*, chef-lieu de commune, canton de Brezolles, arrondissement de Dreux.

DAMPNI-CURIA; DAMPNA-CURIA; DANCORT; DAONCORTIS, II. 292, 394, 398; III. 91, 192. *Dancourt*, village, commune de Senantes, canton de Nogent-le-Roi, arrondissement de Dreux; chef-lieu d'une prêtrière du Chapitre de Chartres.

DANGERIÆ; DANGERIUM, II. 295, 385, 390, 397; III. 100, 135, 162, 213. *Dangers*, chef-lieu de commune, canton de Courville, arrondissement de Chartres; chef-lieu d'une prêtrière du Chapitre de Chartres.

DANONVILLA; DANUNVILLA, I. 240, 243; II. 312. *Denonville*, chef-lieu de commune, canton d'Auneau, arrondissement de Chartres.

DAULOMONS. Voir DALLEOMONS.

DÉFAIS (LE), II. 346, bois, aux Joncs, commune de Boutigny, canton de Nogent-le-Roi, arrondissement de Dreux.

DÉRAIX (LE), II. 90, bois, entre le Charmoy-d'Emancé et Epernon, canton de Maintenon, arrondissement de Chartres.

DÉFEIS, (LE), II. 55, champtier, commune d'Auvers-Saint-Georges, canton de la Ferté-

Alais, arrondissement d'Etampes (Seine-et-Oise).

DESCONFECTURA; DISCONFECTURA, I. 129, 166, 191, 256; II. 7, 8, 9, 244, 245; III. 19. *La Ville-aux-Clercs*, chef-lieu de commune, canton de Morée, arrondissement de Vendôme (Loir-et-Cher).

DESERTUM-HAMELLI, II. 385, terroir, à Dangers, canton de Courville, arrondissement de Chartres.

DESERTUM-SANCTÆ-MARIÆ, II. 363. *Le Désert-Sainte-Marie* ou *les Girards*, clos, à Loulappe, commune de Saint-Luperce, canton de Courville, arrondissement de Chartres.

DEVINCOURT, I. 72, hameau, commune de Chenicourt, canton de Ribecourt, arrondissement de Compiègne (Oise).

DIA, I. 67; III. 215. *Die*, chef-lieu d'arrondissement du département de la Drôme.

DIEPPE, II. 168, chef-lieu d'arrondissement du département de la Seine-Inférieure.

DIGNE, I. 67, chef-lieu du département des Basses-Alpes.

DIGNE (PONS DE), II. 420. *Le Pont Dinde*, à Chartres, à l'extrémité du faubourg de la porte Guillaume, sur les anciens fossés de la ville.

DIGNIACUM, II. 313, 389. *Digny*, chef-lieu de commune, canton de Senonches, arrondissement de Dreux.

DINNUS-DOMINI, II. 334. *Le Gros-Buisson* ou *le Buisson-Pouilleux*, champtier, à Giroudet, commune d'Ecrosnes, canton de Maintenon, arrondissement de Chartres.

DINNUS-HEMARDI, II. 351, terroir, à Fontenay-sur-Eure, canton de Chartres-Sud.

DINNUS-MAJORIS, II. 335, champtier, à Chaleine, commune d'Emancé, canton de Rambouillet (Seine-et-Oise).

DINNUS-MARTINI; PETRA-MARTINI, II. 378, 379, champtier, à Amilly, canton de Chartres-Nord.

DINNUS-SAUVAGE, II. 378, 379. *Le Buisson-de-Pie*, champtier, à Mondonville, commune d'Amilly, canton de Chartres-Nord.

DIONVILER, II. 48. *Dillonvilliers*, hameau, commune de la Chapelle-d'Aunainville, canton d'Auneau, arrondissem. de Chartres.

DIONVILLARE, I. 120. *Dignonvillier*, hameau, commune de Moutiers, canton de Voves, arrondissement de Chartres; chef-lieu d'une mairie du Chapitre de Chartres.

DISCONFECTURA. Voir DESCONFECTURA.

DOLENTIACUM, III. 136, localité inconnue.

DOLUM, I. 18, 28, 103. *Dol-en-Bretagne*, chef-lieu de canton, arrondissement de Saint-Malo (Ille-et-Vilaine).

DOMNA-MARIA; DAMPNA-MARIA; DOMUS-MARIÆ; DONNA-MARIA, I. 140; II. 29, 165, 287, 288, 312, 315, 316, 317, 318, 391, 397, 400; III. 17, 23, 27, 32, 96, 99, 125, 176, 195, 211. *Dammarie*, chef-lieu de commune, canton de Chartres-Sud; chef-lieu d'une prébende du Chapitre de Chartres, dont dépendaient les prêtrières de Dammarie, Chavernay, Corancez, Nicorbin et Theuville.

DONDAINVILLA; DUNDUNVILLA, I. 140; II. 377, 380. *Dondainville*, hameau, commune d'Amilly, canton de Chartres-Nord.

DONZY, II. 19, chef-lieu de canton, arrondissement de Cosne (Nièvre).

DOULEVANS, II. 272. *Doulevant-le-Château*, chef-lieu de commune, canton de Vassy (Haute-Marne).

DOURDAN, I. 74, chef-lieu de canton, arrondissement de Rambouillet (Seine-et-Oise).

DROA; DROIA, II. 335, 336, 337, 400; III. 11, 185, 194. *Droue*, chef-lieu de commune, canton de Maintenon, arrondissement de Chartres; chef-lieu d'une prêtrière du Chapitre de Chartres.

DROCÆ, I. 21, 30; II. 64, 198, 272, 273, 274, 275, 277, 341; III. 11, 12, 22, 24, 64, 71,

73, 149, 188, 200. *Dreux*, chef-lieu d'arrondissement du département d'Eure-et-Loir, chef-lieu d'une seigneurie du Chapitre de Chartres, appelée *la seigneurie de la Boucherie de Dreux*, dont dépendaient les bois du Gazon et des Corvées.

Droué, I. 182, chef-lieu de canton, arrondissement de Vendôme (Loir-et-Cher).

Drouy, II. 120, sans doute pour Droué. Voir à ce mot.

Dumum, II. 387, hameau, aujourd'hui détruit, commune de Dampierre-sur-Avre, canton de Brezolles, arrondissement de Dreux.

Dundunvilla. Voir Dondainvilla.

Dynoa, I. 43. *L'Escaut*, rivière de France, de Belgique et de Hollande, prend sa source près du Catelet (Aisne), et, après s'être séparé en deux grands bras, se jette dans la mer du Nord au-dessous de Zeriksée et entre Flessingue et l'Ecluse.

E

Eause, I. 67, chef-lieu de canton, arrondissement de Condom (Gers).

Ebrardivilla; Ebrandevilla; Evrardivilla, I. 86, 187, 197; III. 88, 144, 159, 225. On sait combien est fréquente en Normandie la terminaison *ville* pour les noms de localité. Il nous est impossible de déterminer d'une manière certaine à quel bourg ou hameau actuel correspond l'ancien *Ebrardivilla*, mais nous penchons à croire que c'est à *Berville-en-Roumois*, chef-lieu de commune, canton de Bourgtheroulde, arrondissement de Pont-Audemer (Eure).

Ebroicæ, I. 12, 82, 84, 197; II. 110, 133, 182. *Evreux*, chef-lieu du département de l'Eure.

Eclimont, II. 117, 209, village, commune de Saint-Symphorien, canton de Maintenon, arrondissement de Chartres.

Eddevilla, I. 102. *Edéville*, village, commune d'Ouarville, canton de Voves, arrondissement de Chartres.

Elemosina, II. 403 et *passim*. *L'Hôtel-Dieu*, à Chartres, situé dans le cloître près la cathédrale.

Elemosina Cisterciensis, I. 257; II. 103, 129. *L'Aumône*, abbaye de l'ordre de Citeaux, canton de Marchenoir, arrondissement de Blois (Loir-et-Cher).

Elincourt, I. 71, hameau, commune de Morienval, canton de Crépy, arrondissement de Senlis (Oise).

Embrun, I. 67, chef-lieu d'arrondissement du département des Hautes-Alpes.

Emenseium. Voir Amanciacum.

Emerville, I. 87, hameau, commune de Vérigny, canton de Courville, arrondissement de Chartres.

Emprani-Villa; Aimprevilla, I. 80, 392. *Emprainville*, hameau, commune de Dammarie, canton de Chartres-Sud.

Englisca-Villa, III. 139. Voir Anglisca-Villa.

Equorum (Molendinum), III. 48, moulin, aujourd'hui détruit, à Bennes, commune d'Ollé, canton d'Illiers, arrondissement de Chartres.

Ermenodi-Villa; Ermenonvilla; Ermenon-Villa-Parva; Hermenoldi-Villa; Hermenonvilla; Hermenovilla, I. 140, 161, 162, 170; II. 243, 291, 294, 344, 345, 370, 379, 395, 399, 401; III. 7, 8, 107. *Ermenonville-la-Petite*, chef-lieu de commune, canton d'Illiers, arrondissement de Chartres; chef-lieu d'une prêtrière du Chapitre de Chartres.

Ermenonvilla, II. 400. *Yermenonville*, chef-lieu de commune, canton de Maintenon, arrondissement de Chartres; chef-lieu d'une prêtrière du Chapitre de Chartres.

ERMONVILLA. Voir HEMORVILLA.

ESCRONÆ. Voir CRONÆ.

ESCUBLEIUM; ESCUBLEYUM, I. 140; II. 295, 384, 390, 397, 399; III. 24, 34. *Ecublé*, chef-lieu de commune, canton de Châteauneuf, arrondissement de Dreux; chef-lieu d'une prêtrière du Chapitre de Chartres.

ESCUREIUM, II. 48. *Ecuray*, hameau, commune de Chuisnes, canton de Courville, arrondissement de Chartres.

ESGLENCULTA, III. 35. Voir AQUILECURIA.

ESNEIUM, III. 17. *Ainay*, terroir, commune de Chartres.

ESPESONVILLA. Voir SPESONVILLA.

ESPINCIÆ, II. 244. Voir SPINTERIÆ.

ESPINEUS, II. 386. *Epineux*, hameau, communes de Saint-Ange et de Saint-Maixme, canton de Châteauneuf, arrondissement de Dreux.

ESPOMARVILLA, III. 4. *Pommarville*, hameau, aujourd'hui détruit, commune de Beauvilliers, canton de Voves, arrondissement de Chartres; chef-lieu d'une prêtrière du Chapitre de Chartres.

ESROYS (LES), III. 171, ferme, aujourd'hui détruite, commune de Donnemain-Saint-Mamert, canton de Châteaudun.

ESSARTS (LES), II. 169, hameau, commune de Saint-Hellier, canton de Bellencombre, arrondissement de Dieppe (Seine-Inférieure).

ESSARTUM-AMIARDI, II. 336, champtier, à la Malmaison, commune de Villiers-le-Morhier, canton de Nogent-le-Roi, arrondissement de Dreux.

ESSEIUM, II. 199. *Esse*, hameau, commune d'Yèvres, canton de Brou, arrondissement de Chartres.

ESTRILLE-PUTAIN (VICUS). Voir FOUR-DE-THIRON (RUE DU).

ETOILE (L'), II. 33, abbaye de l'ordre de Citeaux, dans la commune d'Authon, canton de Saint-Amand, arrondissement de Vendôme (Loir-et-Cher).

EU, I. 88, chef-lieu de canton, arrondissement de Dieppe (Seine-Inférieure).

EVRARDIVILLA. Voir EBRARDIVILLA.

F

FADAINVILLA; FADEVILLE, II. 49, 347, 348; III. 14. *Fadainville*, hameau, commune de Serazereux, canton de Châteauneuf, arrondissement de Dreux; chef-lieu d'une des mairies du Chapitre de Chartres.

FAIGARMONT, II. 75. *Le Plessis*, village, commune de Dampierre-sur-Avre, canton de Brezolles, arrondissement de Dreux.

FAINVILLA; FAUVILLA; FOVILLA; FROMOLDIVILLA, II. 242, 302, 304, 305, 391. *Foinville*, hameau, commune de Voves, arrondissement de Chartres; chef-lieu d'une prêtrière du Chapitre de Chartres.

FALOISE (LA), II. 273. *La Falaise*, faubourg, à Dreux.

FARCY, II. 25, pré, à Jouy, canton de Chartres-Nord.

FARVILLA, II. 406. Voir FRAINVILLA.

FAUCONNIÈRE (LA), II. 377, 380. *La Fauconnerie*, champtier, à Amilly, canton de Chartres-Nord.

FAUS (LE PETIT-), II. 335. *Le Féau*, hameau, commune d'Emancé, canton de Rambouillet (Seine-et-Oise); chef-lieu d'une mairie du Chapitre de Chartres.

FAVERIÆ, I. 148. *Favières*, chef-lieu de commune, canton de Châteauneuf, arrondissement de Dreux.

FAVERILLUM, II. 242. *Le Favril*, chef-lieu de commune, canton de Courville, arrondissement de Chartres.

FAVRILLIACUM. Voir FRAYILLIACUM.

FELAINVILLA. Voir FLAINVILLA.

FELARDIVILLA, III. 40; FELONVILLA, III. 49. Voir AFFLAINVILLA.

FENA, II. 24, 34, 135, 309, 310. *Fains*, chef-lieu de commune, canton de Voves, arrondissement de Chartres; chef-lieu d'une prêtrière du Chapitre de Chartres.

FEODI, II. 358. *Les Alleux*, fief, commune de Meslay-le-Grenet, canton d'Illiers, arrondissement de Chartres.

FERENTINO, I. 103, petite ville épiscopale d'Italie, dans les États-Romains, délégation de Frosinone.

FERITAS, II. 3. *La Ferté*, ferme, commune de Boisgasson, canton de Cloyes, arrondissement de Châteaudun.

FERITAS-VILLENOLII; FIRMITAS-VILLENOLII, II. 292, 312; III. 27. *La Ferté-Villeneuil*, chef-lieu de commune, canton de Cloyes, arrondissement de Châteaudun.

FERRARIÆ, I. 120; III. 206. *Ferrières*, moulin, aujourd'hui détruit, commune de Saint-Prest, canton de Chartres-Nord.

FERRERIÆ, II. 100, 338, 339. *La Ferrière-au-Val-Germond*, village, commune de Fontaine-Simon, canton de la Loupe, arrondissement de Nogent-le-Rotrou.

FERRETON, II. 325, vignoble, à Nogent-le-Phaye, canton de Chartres-Sud.

FEUILLET, I. 250, hameau, commune de Moutiers-au-Perche, canton de Rémalard, arrondissement de Mortagne (Orne).

FEUILLETS, I. 250; II. 20; hameau, commune d'Autheuil, canton de Cloyes, arrondissement de Châteaudun.

FEULARDE, II. 132, grange, commune du Perray, canton de Rambouillet (Seine-et-Oise).

FEULCHERIOLÆ, II. 73, 74. *Feucherolles*, village, commune de Néron, canton de Nogent-le-Roi, arrondissement de Dreux.

FILIÆ-DEI, II. 127, 143, 421. *Les Filles-Dieu*, abbaye de femmes, fondée à Chartres au commencement du XIIIe siècle. Le couvent est entièrement détruit, mais son nom s'est conservé dans les rues des Grandes et des Petites Filles-Dieu.

FILIARUM-DEI (VICUS), I. 53; III. 39. La rue des Grandes Filles-Dieu, à Chartres.

FILLIERS (LES), III. 207, terroir, à Gallardon, canton de Maintenon, arrondissement de Chartres.

FIRMACURIA; FIRMATUM-COR; FIRMECORT, I. 87, 216, 217; II. 300. *Fermaincourt*, village, communes d'Abondant, de Chérizy et de Montreuil, cantons d'Anet et de Dreux, arrondissement de Dreux.

FIRMITAS, I. 93, 108. *La Ferté-Vidame*, chef-lieu de canton, arrondissement de Dreux.

FIRMITAS-VILLENOLII. Voir FERITAS-VILLENOLII.

FISCUM; FISCUM-NOVIGENTI, III. 128. Voir NOGENTUM-FISCI.

FLAINVILLA; FELEINVILLA, II. 312, 313. *Plainville*, hameau, aujourd'hui détruit, commune de Verdes, canton d'Ouzouer-le-Marché, arrondissement de Blois (Loir-et-Cher); une des dix-sept villes franches du Chapitre de Chartres.

FLAVARDIVILLA, III. 211, *Fleuvarville*, hameau, commune de Villiers-Saint-Orien, canton de Bonneval, arrondissement de Châteaudun.

FOCOIÈRE (LA), II. 374, terroir, commune de Saint-Denis-d'Authou, canton de Thiron, arrondissement de Nogent-le-Rotrou.

FOETELLI, I. 128. *Les Fouteaux*, hameau, commune de Bouffry, canton de Droué, arrondissement de Vendôme (Loir-et-Cher). Prieuré dépendant de l'abbaye de Thiron.

FOILLET (VICUS DE); FOILLETUM; FOLIETUM, I. 53, 250, 251; II. 150, 419, 420. *La rue de Feuillet*, aujourd'hui chemin d'Amilly ou des Vauroux, à Chartres.

FOILLET (VICUS), II. 414. *La rue du Massacre*, à Chartres, du pont des Minimes à la rivière.

FOLIA-BERNARDI, II. 418, maison de plaisance, rue de la Barre-des-Prés, à Chartres.

FOLIA-HERBAUDI; FOLLIA, II. 288, 305, 391, 397. *La Folie-Herbault*, village, commune de Fains, canton de Voves, arrondissement de Chartres; chef-lieu d'une prêtrière du Chapitre de Chartres.

FOLIETUM; FOLET, I. 168, 179, 235, 236; II. 83. *Feuillet*, hameau, aujourd'hui détruit, commune de Brezolles, arrondissement de Dreux.

FONS, II. 24, champtier, à Fontaine-la-Guyon, canton de Courville, arrondissement de Chartres.

FONS-ALBUS, II. 357, terroir, à Barjouville, canton de Chartres-Sud.

FONS-BLUAUDI, III. 216. *Fontainebleau*, chef-lieu d'arrondissement du département de Seine-et-Marne.

FONS-DE-CHAALLAINES, II. 336, champtier, à Chaleine, commune d'Emancé, canton de Rambouillet (Seine-et-Oise).

FONS-GUIDONIS; FONS-GUIONII; FONS-GUYONII; FONTANÆ; FONTES-GUIDONIS, I. 120, 140, 220, 221, 225; II. 18, 24, 81, 295, 381, 382, 396, 399, 401; III. 20, 25, 38, 47, 48, 97, 140, 201. *Fontaine-la-Guyon*, chef-lieu de commune, canton de Courville, arrondissement de Chartres; chef-lieu d'une prêtrière du Chapitre de Chartres.

FONS-HAUDRI, II. 325. *La Fontaine-du-Motier*, champtier, à Nogent-le-Phaye, canton de Chartres-Sud.

FONS-JOHANNIS, I. 22; II. 129. *Fontaine-Jean*, hameau, commune de Saint-Maurice-sur-Aveyron, canton de Châtillon-sur-Loing, arrondissement de Montargis (Loiret). Abbaye de l'ordre de saint Augustin.

FONS-MESENGRIN; FONS-MESENGINI II. 872, 395. *La Fontaine-de-Mirougrain*, pré, à Fontenay-au-Perche, commune d'Illiers, arrondissement de Chartres.

FONS-RADULFI, I. 128. *Fontaine-Raoul*, chef-lieu de commune, canton de Droué, arrondissement de Vendôme (Loir-et-Cher).

FONS-RIBQUDI, II. 385. *Fontaine-les-Ribouts*, chef-lieu de commune, canton de Châteauneuf, arrondissement de Dreux.

FONS-ROTUNDUS, II. 355, champtier, à Fontenay-sur-Eure, canton de Chartres-Sud.

FONS-SANCTI-LAMBERTI, II. 372, 395. *La Fontaine-Saint-Lambert*, pré, à Fontenay-au-Perche, commune d'Illiers, arrondissement de Chartres.

FONS-SANDARVILLÆ, II. 353, terroir, à Fontenay-sur-Eure, canton de Chartres-Sud.

FONTANA-BULLIENS, II. 195. *Fontaine-Bouillant*, moulin, commune de Champhol, canton de Chartres-Nord.

FONTANÆ. Voir FONS-GUIDONIS.

FONTANÆ, I. 129. *Fontaines-Blanches*, abbaye de l'ordre de Citeaux, canton d'Amboise (Indre-et-Loire).

FONTANETUM, I. 114. *Fontenay-Saint-Père*, chef-lieu de commune, canton de Limay, arrondissement de Mantes (Seine-et-Oise).

FONTANETUM-IN-PERTHICO, II. 294, 372, 395, 399; III. 187, 212. *Fontenay-du-Perche*, hameau, aujourd'hui détruit, commune d'Illiers, arrondissement de Chartres; chef-lieu d'une prêtrière du Chapitre de Chartres.

FONTANETUM-SUPER-AUDURAM; FONTENÆTUM; FONTINIDUS, I. 48, 80, 140, 155, 226, 249; II. 104, 107, 153, 233, 239, 280, 282, 285, 287, 292, 295, 318, 351, 352, 353, 354,

355, 356, 357, 359, 394, 398, 401; III. 45, 55, 71, 75, 83, 119. *Fontenay-sur-Eure*, chef-lieu de commune, canton de Chartres-Sud; chef-lieu d'une des quatre anciennes grandes prévôtés et d'une prébende du Chapitre de Chartres. Celle-ci comprenait les prêtrières de Fontenay-sur-Eure, Chaunay, Goindreville, Maindreville, Mont et Bassigny, Nogent-sur-Eure, Thivars, Pont-Tranchefêtu, Pré, Trizay et Villaine.

FONTENELLA; FONTANELLA, I. 182, 183, 191, 254; II. 75, 120, 375, 376; III. 19. *La Fontenelle*, chef-lieu de commune, canton de Droué, arrondissement de Vendôme (Loir-et-Cher); chef-lieu d'une mairie du Chapitre de Chartres.

FONTENELLA, II. 332. *La Fontaine*, champtier, à Occonville, commune du Gué-de-Longroi, canton d'Auneau, arrondissement de Chartres.

FONTES-GUIDONIS. Voir FONS-GUIDONIS.

FONTIUM (MOLENDINUM), I. 194. *Le moulin des Fontaines*, commune de Saint-Pellerin, canton de Cloyes, arrondissement de Châteaudun.

FOR-BOYAU (RUE DE), I. 250, rue, à Chartres, appelée aussi *rue du Four-Boël*, puis *du Cul-Salé, rue de Feuillet*, et enfin aujourd'hui *rues de la Boucherie et du Cygne*. Voir BOELLI (FURNUS).

FORGERIÆ-DE-GASTINA, II. 370, terroir, à Charonville, canton d'Illiers, arrondissement de Chartres.

FORNEES (LES), II. 304, champtier, à Bisseau, commune de Villeau, canton de Voves, arrondissement de Chartres.

FORTIS-DOMUS, II. 195, 339, 422. *La Forte-Maison*, hameau, commune de Saint-Prest, canton de Chartres-Nord; chef-lieu d'une mairie du Chapitre de Chartres.

FORTUNESIUM, II. 9, moulin, aujourd'hui détruit, commune de la Ville-aux-Clercs, canton de Morée, arrondissement de Vendôme (Loir-et-Cher).

FOSSA-A-LA-GALETE; II. 312. *La Fosse-Grêlée*, champtier, à Menonville, commune de Villars, canton de Voves, arrondissement de Chartres.

FOSSA-ALBA, II. 311. *La Fosse-Pleine*, champtier, à Villars, canton de Voves, arrondissement de Chartres.

FOSSA-ALESIS, II. 340. *La Fosse-Benoît*, champtier, à Berchères-la-Maingot, canton de Chartres-Nord.

FOSSA-BEREN, II. 323, champtier, à Ymorville, commune d'Allonnes, canton de Voves, arrondissement de Chartres.

FOSSA-DE-BOECON, II. 378, champtier, à Amilly, canton de Chartres-Nord.

FOSSA-FOUDRE, II. 352, terroir, à Fontenay-sur-Eure, canton de Chartres-Sud.

FOSSA-FRANCICORDIS, II. 302. *Fran-Cœur*, champtier, à Bisseau, commune de Villeau, canton de Voves, arrondiss. de Chartres.

FOSSA-LUCLÆ, II. 309, champtier, à Amoinville, commune de Fains, canton de Voves, arrondissement de Chartres.

FOSSA-LUPORUM, II. 55, terroir, commune d'Auvers-Saint-Georges, canton de la Ferté-Alais, arrondissement d'Etampes (Seine-et-Oise).

FOSSA-MAJORUM, II. 330, champtier, à Brez, commune d'Umpeau, canton d'Auneau, arrondissement de Chartres.

FOSSA-MONACHORUM, II. 356, terroir, à Chaunay, commune de Fontenay-sur-Eure, canton de Chartres-Sud.

FOSSA-MORTUI, II. 356, terroir, à Chaunay, commune de Fontenay-sur-Eure, canton de Chartres-Sud.

FOSSA-PERREUSE, II. 358, terroir, à Mignières, canton de Chartres-Sud.

FOSSÆ-DE-ATAYA, II. 362. *Les Fosses-de-la-Taye*, champtier, commune de Saint-Georges-sur-Eure, canton de Courville, arrondissement de Chartres.

Fossæ-de-Bardon, II. 356, terroir, à Chaunay, commune de Fontenay-sur-Eure, canton de Chartres-Sud.

Fossæ-de-Taresse, II. 311, champtier, à Bois-Saint-Martin, commune de Montainville, canton de Voves, arrondissement de Chartres.

Fossæ-Hache, II. 386. *La Fosse-aux-Rondeaux*, champtier, à Torçay, commune de Saint-Ange, canton de Châteauneuf, arrondissement de Dreux.

Fossata-de-Ortis, II. 342, terroir, à Challet, canton de Chartres-Nord.

Fossata-Huberti, II. 359, terroir, à Mignières, canton de Chartres-Sud.

Fossatum-Johannet, II. 377, terroir, à Amilly, canton de Chartres-Nord.

Fou (Molendinum), II. 364, moulin, détruit en 1780, commune de Saint-Luperce, canton de Courville, arrondissement de Chartres.

Fougeriæ, I. 197; III. 14. *Fougères*, chef-lieu d'arrondissement du département d'Ille-et-Vilaine.

Foulerie (Rue de la), à Chartres, I. 207.

Four-de-Thiron (Rue du); Estrille-Putain (Vicus), II. 137, 415. *Le tertre Saint-Nicolas*, à Chartres. Ce tertre et l'impasse de la Moutonnerie qui autrefois y aboutissait ont reçu successivement les noms de *rue du Four-de-Thiron*, *rue d'Etrille-Putain*, *Clique-Putain*, *Glisse-Putain*, *tertre de la Moutonnerie* et enfin ceux qu'ils portent aujourd'hui.

Fournelli, II. 312, champtier, à Villeneuve-Saint-Nicolas, canton de Voves, arrondissement de Chartres.

Fovea-de-Cubitis, II. 237, terroir, à Couttes, commune de Gasville, canton de Chartres-Sud.

Foveæ-de-Ataya, II. 228, champtier, à la Taye, commune de Saint-Georges-sur-Eure, canton de Courville, arrondissement de Chartres.

Fovilla, II. 242. Voir Fainvilla.

Fractavallis, I. 94, 147, 148; II. 33, 120. *Fréteval*, chef-lieu de commune, canton de Morée, arrondissement de Vendôme (Loir-et-Cher).

Fraimundi-Lucus. Voir Frometi-Lucus.

Frainvilla; Farvilla; Franvilla; Freenvilla; Freinvilla, I. 145; II. 318, 406; III. 135. *Frainville*, village, commune de Prunay-le-Gillon, canton de Chartres-Sud.

Framboseria; Framboiseria, I. 164; II. 389, 390; III. 60, 70, 133. *La Framboisière*, chef-lieu de commune, canton de Senonches, arrondissement de Dreux; chef-lieu d'une mairie du Chapitre de Chartres.

Franccevilla, III. 119. *Francourville*, chef-lieu de commune, canton d'Auneau, arrondissement de Chartres.

Francesches, II. 395. *Fransaches*, hameau, commune de Blandainville, canton d'Illiers, arrondissement de Chartres.

Fratourmeria, II. 344, terroir, à Mévoisins, canton de Maintenon, arrondissement de Chartres.

Fravilliacum; Favrilliacum, II. 313, 370. *Le Favril*, hameau, commune de Blandainville, canton d'Illiers, arrondissement de Chartres; une des dix-sept villes franches du Chapitre de Chartres.

Fraxinetum-Episcopi; Frauxineium; Frauxinetum; Fraxinetum; Fresnaicum; Fresnei; Fresneium, I. 116, 123, 139, 143, 145, 170; II. 67, 169, 241, 245, 299, 323; III. 7, 8, 198. *Fresnay-l'Evêque*, chef-lieu de commune, canton de Janville, arrondissement de Chartres.

Fraxinum, II. 197, 340, 341, 342; III. 22. *Le Fresne*, ferme, commune de Blandainville, canton d'Illiers, arrondissement de Chartres; une des neuf villes franches du Chapitre de Chartres.

FRECHIA-DE-HARCHEVILLARI, II. 236, champtier, à Archevilliers, commune de Nogent-le-Phaye, canton de Chartres-Sud.

FRECHLÆ, II. 373. *Les Friches*, terroir, commune de Saint-Denis-d'Authou, canton de Thiron, arrondissem. de Nogent-le-Rotrou.

FRECHIÆ, II. 307, champtier, à Maulou, commune de Beauvilliers, canton de Voves, arrondissement de Chartres.

FREINVILLA. Voir FRAINVILLA.

FRESCOTUM, I. 182, 211; II. 100, 175, 176, 185. *Frécot*, hameau, commune de Trizay-lès-Bonneval, canton de Bonneval, arrondissement de Châteaudun.

FRESNEIUM-GILMARI; FRESNEYUM, II. 342; III. 52. *Fresnay-le-Gilmert*, chef-lieu de commune, canton de Chartres-Nord.

FRESNEL, II. 80, dîme, au Boullay-Thierry, canton de Nogent-le-Roi, arrondissement de Dreux.

FRIASIA; FRIESIA, I. 91, 225; II. 22, 42, 98, 242, 245, 246; III. 7, 177. *Friaize*, chef-lieu de commune, canton de la Loupe, arrondissement de Nogent-le-Rotrou.

FRIESIA (VICUS), II. 420, rue, à Chartres, de la sente de Cordelles à Nicochet.

FRIGIDA-BOLIA, II. 311. *Froide-Bouillie*, champtier, à Villars, canton de Voves, arrondissement de Chartres.

FROEVILLA; FROOVILLA, I. 148, 149. *Flonville*, village, commune de Fontaine-la-Guyon, canton de Courville, arrondissement de Chartres.

FROIDMONT, I. 72, village, commune de Bailleu-sur-Thérain, canton de Nivillers, arrondissement de Beauvais (Oise). Abbaye de l'ordre de saint Benoît.

FROISSE-POTIÈRE (LA), II. 315, terroir, commune de Donnemain-Saint-Mamert, canton de Châteaudun.

FROMETI-LOCUS; FRAIMUNDI-LUCUS, I. 72, 261; II. 293, 361, 395, 399. *Formeslé*, hameau, commune de Chauffours, canton d'Illiers, arrondissement de Chartres; chef-lieu d'une mairie du Chapitre de Chartres.

FROMOLDI-VILLA, III. 1. Voir FAINVILLA.

FROMUNDI-VILLARE, II. 47. *Fromonville*, chef-lieu de commune, canton de Nemours, arrondissement de Fontainebleau (Seine-et-Marne).

FRONVILLA, II. 358, terroir, à Meslay-le-Grenet, canton d'Illiers, arrondissement de Chartres.

FROOVILLA. Voir FROEVILLA.

FRUNCEIUM; FRONCEIUM, II. 137, 152; III. 214. *Fruncé*, chef-lieu de commune, canton de Courville, arrondissement de Chartres.

FURCÆ, II. 307, champtier, à Marolles, commune d'Allonnes, canton de Voves, arrondissement de Chartres.

FURCHIÆ-BATAILLE, II. 342, champtier, commune de Poisvilliers, canton de Chartres-Nord.

FURCHIÆ-DE-AMILLIACO; FULCHÆ-DE-AMILLIACO, II. 377, 378, terroir, à Amilly, canton de Chartres-Nord.

FURNUS-NEVELONIS, II. 121. *Le Four-Nivelon*, à Chartres, à l'Étape-au-Vin.

G

GAIESVILLA; GAESVILLA; GAIAVILLA; GAIENVILLA; GAISVILLA; GAIVILLA; GAYVILLA, I. 145, 148, 179; II. 48, 49; 240, 289, 290, 307, 327, 328, 393; III. 103, 117, 145, 165. *Gasville*, chef-lieu de commune, canton de Chartres-Nord; chef-lieu d'une des prêtrières du Chapitre de Notre-Dame de Chartres.

GAII, II. 10. *Gas*, chef-lieu de commune, canton de Maintenon, arrondissem. de Chartres.

GALARDO, I. 108, 115, 168, 179, 180, 187, 207; 211, 217, 219, 235; 242, 244; II. 11, 48, 63, 66, 67, 80, 83, 121, 150, 209, 240, 332, 333, 335, 344; III. 14, 48, 87, 114, 128, 166, 184, 206, 213. *Gallardon*, chef-lieu de commune, canton de Maintenon, arrondissement de Chartres; chef-lieu d'une seigneurie du Chapitre de Chartres, dont dépendaient les mairies de Gallardon, Bleury, Ecrosnes et Germonval.

GALDUS-SANCTI-STEPHANI. Voir GAUDUS-SANCTI-STEPHANI.

GALICHET, II. 405, 406, 423, vignoble, au faubourg Saint-Brice, à Chartres.

GALLOTUM. Voir SANCTUS-MAURITIUS-IN-GALLOTO.

GAMBES, II. 314, terroir, à Auconville, commune d'Ormoy, canton de Nogent-le-Roi, arrondissement de Dreux.

GAMBESIUM-IN-PISSIACENSI, II. 349, 350; III. 135. *Gambais*, chef-lieu de commune, canton de Houdan, arrondissement de Mantes (Seine-et-Oise).

GAP, I. 67, chef-lieu du département des Hautes-Alpes.

GARANNE (LA), III, 206, terroir, à Gallardon, canton de Maintenon, arrondissement de Chartres.

GARDEÆ; GARDEYÆ; GUARDEES; VARCEIÆ, I. 117, 118, 140, 222; II. 68, 126, 152, 183, 184, 294, 372, 373, 395, 399; III. 20, 122, 176. *Gardais*, hameau, commune de Thiron, arrondissement de Nogent-le-Rotrou; chef-lieu d'une prêtrière du Chapitre de Chartres.

GARENCERIÆ-IN-BELSIA; GARENCEYÆ-IN-BELSIA, II. 333; III. 151, 196. *Garancières-en-Beauce*, chef-lieu de commune, canton d'Auneau, arrondissement de Chartres.

GARNEIUM; GARNE; GARNI, I. 217, 240; II. 24, 32, 40. *Garnay*, chef-lieu de commune, canton de Dreux.

GASTELLÆ; GUASTELLÆ, I. 140; II. 295, 384, 390, 399. *Gâtelles*, chef-lieu de commune, canton de Châteauneuf, arrondissement de Dreux; chef-lieu d'une prêtrière du Chapitre de Chartres.

GASERANNUM, II. 90, 115. *Gazeran*, chef-lieu de commune, canton de Rambouillet (Seine-et-Oise).

GASTINA, II. 312, champtier, à Menonville, commune de Villars, canton de Voves, arrondissement de Chartres.

GAUDERIÆ, II. 379, champtier, à Amilly, canton de Chartres-Nord.

GAUDIÈRES (LES), II. 344, terroir, à Mévoisins, canton de Maintenon, arrondissement de Chartres.

GAUDUM-THESAURARII; GAUD; GAUDUM, I. 182, 184; II. 374, 375, 376, 395. *Le Gault*, chef-lieu de commune, canton de Droué, arrondissem. de Vendôme (Loir-et-Cher); chef-lieu d'une seigneurie du Chapitre de Chartres, qui comprenait les mairies du Gault, la Gélousière et la Hidouzière et la Fontenelle.

GAUDUS-SANCTI-STEPHANI; GALDUS-SANCTI-STEPHANI; GUALDUM-SANCTI-STEPHANI, I. 170, 191, 193, 195; II. 134; III. 19, 66, 190. *Le Gault-en-Beauce*, chef-lieu de commune, canton de Bonneval, arrondissement de Châteaudun.

GAUGIACENSIS VICARIA, I. 69. *La viquerie de Jouy*, paraît s'être étendue d'un côté jusqu'à Maintenon, de l'autre jusqu'à Auneau. Voir JOYACUM.

GAYVILLA. Voir GAIESVILLA.

GAZON (BOIS DU), II. 273, commune de Vernouillet, canton de Dreux.

GENERVILLA, II. 44, 370, 371; III. 92. *Génarville*, village, commune de Bouville, canton de Bonneval, arrondissement de Châteaudun; chef-lieu d'une mairie du Chapitre de Chartres.

GENÈVE, I. 67, ville de la Suisse, capitale du canton du même nom.

GENUNVILLA, III. 202. *Grouville*, hameau, commune de Saint-Léger-des-Aubées, canton d'Auneau, arrondissement de Chartres.

GERBERTI-VILLARE, III. 13, hameau, aujourd'hui détruit, dans le canton d'Arpajon, arrondissement de Corbeil (Seine-et-Oise).

GERMINIONIS-VILLA; GERMENONIS-VILLA, I. 80, 114. *Germignonville*, chef-lieu de commune, canton de Voves, arrondissem. de Chartres.

GERMONVALLIS, II. 80; III. 14. *Germonval*, hameau, commune de Gallardon, canton de Maintenon, arrondissem. de Chartres; chef-lieu d'une mairie du Chapitre de Chartres.

GESEINVILLA, II. 318. *Gérainville*, village, commune de Pruṇay-le-Gillon, canton de Chartres-Sud.

GILLENI-VILLA; GILENVILLA; GISLENVILLA, I. 253; II. 10; III. 137. *Gellainville*, chef-lieu de commune, canton de Chartres-Sud.

GINONE-VILLA; GINNONI-VILLA; GINUNVILLA, I. 84; III. 72, 187. *Genonville*, village, commune de Voves, arrondissement de Chartres; chef-lieu d'une prêtrière du Chapitre de Chartres.

GIRODETUM; GIROLDETUM, I. 250, 251; II. 83, 333, 334, 393; III. 42, 51, 60, 85, 104, 130, 195, 207. *Giroudet*, hameau, commune d'Ecrosnes, canton de Maintenon, arrondissement de Chartres.

GISIACUM, I. 114. *Juziers-la-Ville*, chef-lieu de commune, canton de Limay, arrondissement de Mantes (Seine-et-Oise).

GISORS, II. 274, chef-lieu de canton, arrondissement des Andelys (Eure).

GLANDÈVE, I. 67, hameau, commune d'Entrevaux, arrondissement de Castellane (Basses-Alpes).

GLANVILLA, I. 197. *Glanville*, chef-lieu de commune, canton de Dozulé, arrondissement de Pont-l'Evêque (Calvados).

GOBIENNE, III. 26, 224, terroir, à Gallardon, canton de Maintenon, arrondissement de Chartres.

GOHOREYUM, II. 376. *Gohory*, chef-lieu de commune, canton de Brou, arrondissement de Châteaudun.

GONDREVILLA; GRINNEITVILLA; GUNDRIVILLA. I. 80; II. 10, 352; III. 83, 158. *Goindreville*, hameau, commune de Thivars, canton de Chartres-Sud; chef-lieu d'une prêtrière du Chapitre de Chartres.

GORGET, I. 73, 106; II. 339, village, commune de Saint-Prest, canton de Chartres-Nord.

GOULLONS, II. 345. *Gouillons*, chef-lieu de commune, canton de Janville, arrondissement de Chartres.

GOUVILLA, II. 396; III. 181. *Gonville*, hameau, commune de Clévilliers-le-Moutier, canton de Chartres-Nord.

GRAFARDIÈRE (LA), II. 376. *La Graffardière*, hameau, commune du Poislay, canton de Droué, arrondissement de Vendôme (Loir-et-Cher).

GRANDCHAMPS, II. 147, terroir, à Berchères-la-Maingot, canton de Chartres-Nord.

GRANDE-HUSSUM; GRANDUM-HUSSUM; GRANTHOUS; MAGNUM-HUSSUM, I. 140, 222, 255; II. 112, 113, 153, 294, 372, 395, 399, 401; III. 67, 68, 140, 152, 155. *Grandhoux*, hameau, commune de Nonvilliers, canton de Thiron, arrondissement de Nogent-le-Rotrou; chef-lieu d'une prêtrière du Chapitre de Chartres.

GRANDIS-CAMPUS, II. 132. *Grandchamp*, chef-lieu de commune, canton de Houdan, arrondissement de Mantes (Seine-et-Oise). Abbaye de l'ordre de Prémontré.

GRASSOTE (FONS), II. 352, fontaine, à Fontenay-sur-Eure, canton de Chartres-Sud.

GRATELOU, I. 256, bois, commune de la Ville-aux-Clercs, canton de Morée, arrondissement de Vendôme (Loir-et-Cher).

GRAVELLA, II. 55. *Gravelle*, hameau, commune d'Auvers-Saint-Georges, canton de la

Ferté-Alais, arrondissement d'Etampes (Seine-et-Oise).

GRAVERIÆ-LEUGARUM; GRAVARIA; GRAVEIA-DE-LEUGIS, II. 105, 427, 428; III. 23, 48, 121, 192, 212. *Les Graviers-de-Lèves*, hameau, commune de Chartres.

GRENET (FURNUS), II. 332, four, aux Bordes, commune d'Ymeray, canton de Maintenon, arrondissement de Chartres.

GRENOBLE, I. 67, chef-lieu du département de l'Isère.

GRENOLLE. Voir GUERNOLIA.

GRES, II. 327. *Les Grais*, champtier, à Archevilliers, commune de Nogent-le-Phaye, canton de Chartres-Sud.

GRESSUS, III. 117. *Les Grez*, hameau, aujourd'hui détruit, commune de Dampierre-sur-Blévy, canton de Senonches, arrondissement de Dreux.

GRINIERGE, II. 340. *Grivierge*, champtier, à Berchères-la-Maingot, canton de Chartres-Nord.

GRINNEITVILLA, III. 83. Voir GONDREVILLA.

GROA, II. 320, champtier, à Guillonville, commune de Boisville-la-Saint-Père, canton de Voves, arrondissement de Chartres.

GROA-NIGRA, II. 316, champtier, à Corancez, canton de Chartres-Sud.

GROIGNELLI; GROIGNEAUS; GROIGNOLLI; GRONNELLI; GRUNGNELLI, II. 17, 18, 295, 381, 382, 390; III. 143. *Grognault*, hameau, commune de Saint-Aubin-des-Bois, canton de Chartres-Nord; chef-lieu d'une prêtrière du Chapitre de Chartres.

GRONDIN, II. 273, pré, commune de Saint-Denis-d'Authou, canton de Thiron, arrondissement de Nogent-le-Rotrou.

GROSMESNIL, II. 169, hameau, commune de Cottévrard, canton de Bellencombre, arrondissement de Dieppe (Seine-Inférieure).

GROSSUM-VERETRUM, II. 342, terroir, à Challet, canton de Chartres-Nord.

GROSSUS-JONCUS, II. 346. *Le Gros-Jonc*, hameau, aujourd'hui détruit, commune de Boutigny, canton de Nogent-le-Roi, arrondissement de Dreux.

GROSSUS-PES. Voir VALLIS-GROSSI-PEDIS.

GROU (LE), II. 193, champtier, à Guillonville, commune de Boisville-la-Saint-Père, canton de Voves, arrondissement de Chartres.

GROYNELLUM, II. 346. *Grogneul*, village, commune de Saint-Piat, canton de Maintenon, arrondissement de Chartres; chef-lieu d'une prêtrière du Chapitre de Chartres.

GRUNGNELLI. Voir GROIGNELLI.

GUALDUM-SANCTI-STEPHANI. Voir GAUDUS-SANCTI-STEPHANI.

GUARDEES. Voir GARDEÆ.

GUASTELLÆ. Voir GASTELLÆ.

GUERNOLIA; GRENOLLE, II. 19, 386. *Le bois de Grenole*, à Torçay, commune de Saint-Ange, canton de Châteauneuf, arrondissement de Dreux.

GUIGNONVILLA, II. 307, 309, champtier, à Marolles, commune d'Allonnes, canton de Voves, arrondissement de Chartres.

GUILLONVILLA; GUIGNONVILLA; GUILLONI-VILLA; GUIONVILLA, II. 51, 134, 135, 193, 318, 319, 320, 321, 391, 392; III. 105, 164, 179, 194, 223. *Guillonville*, hameau, commune de Boisville-la-Saint-Père, canton de Voves, arrondissement de Chartres; chef-lieu d'une prêtrière du Chapitre de Chartres.

GUIMONVILLARE; GUIGNONVILLARE, GUILLONVILLARE, II. 388; III. 56, 121. *Guimonvilliers*, village, communes de Billancelles et de Pontgouin, canton de Courville, arrondissement de Chartres; chef-lieu d'une prêtrière du Chapitre de Chartres.

GUISE, II. 273, chef-lieu de canton, arrondissement de Vervins (Aisne).

GULMARI-CURTIS; VULMARI-CURTIS, I. 71; III. 74. *Gamaricourt*, hameau, aujourd'hui détruit, canton de Ressons-sur-Matz, arrondissement de Compiègne (Oise).

GUNDRIVILLA. Voir GONDREVILLA.

GURZEÆ; GURZEZIÆ, I. 96, 115. *Gourdez*, hameau, commune de Morancez, canton de Chartres-Sud.

H.

HACHEVILER. Voir ARCHEVILLARE.

HADULVILLA, III. 83. Voir HEUDREVILLA.

HAIÆ, II. 245, 375, bois, au Gault, canton de Droué, arrondissement de Vendôme (Loir-et-Cher).

HALÆ-DE-MONDONVILLA, II. 379, champtier, à Mondonville, commune d'Amilly, canton de Chartres-Nord.

HAIÆ-DE-SANDARVILLA, II. 353, terroir, à Fontenay-sur-Eure, canton de Chartres-Sud.

HAIÆ-MAJORIS, II. 351, terroir, à Fontenay-sur-Eure, canton de Chartres-Sud.

HALÆ-PRÆPOSITI, II. 340. *La Haie-de-Saint-Père*, champtier, à Berchères-la-Maingot, canton de Chartres-Nord.

HALÆ-COMITIS, II. 410. *Les Halles du Comte*, à Chartres; aujourd'hui *place des Halles*.

HALO, I. 148. *Hallou*, ferme, commune de Brou, arrondissement de Châteaudun.

HALSVILLA. Voir HAUVILLA.

HAMELLUM, II. 385. *Bois-Hamon*, bois, commune de Dangers, canton de Courville, arrondissement de Chartres.

HANARMONT. Voir HENARMONT.

HANTÆ, II. 351, terroir, à Fontenay-sur-Eure, canton de Chartres-Sud.

HARAIA, II. 7. *La Haye*, hameau, commune d'Ardelles, canton de Châteauneuf, arrondissement de Dreux.

HARCHEVILLARE. Voir ARCHEVILLARE.

HARCOURT, I. 88, chef-lieu de commune, canton de Brionne, arrondissement de Bernay (Eure).

HARDECEYUM, II. 131, 161; III. 6, 60. *Hardessé*, village, commune d'Ollé, canton d'Illiers, arrondissement de Chartres; chef-lieu d'une prêtrière du Chapitre de Chartres.

HAREMONT; HAROLT-MONS, II. 364; III. 55. *Harromont*, moulin, commune de Saint-Luperce, canton de Courville, arrondissement de Chartres.

HARLEVILLA; HALARVILLA; HALERVILLA; HERVILLA, II. 345; III. 43, 116, 117. *Harleville*, hameau, commune de Bailleau-sous-Gallardon, canton de Maintenon, arrondissement de Chartres; chef-lieu d'une prêtrière du Chapitre de Chartres.

HARVILLE, I. 211, village, commune de Civry, canton de Châteaudun.

HASTA-HENRICI, II. 55, champtier, commune d'Auvers-Saint-Georges, canton de la Ferté-Alais, arrondissement d'Etampes (Seine-et-Oise).

HATTENVILLA, II. 340. *Harainville* ou *Hardiville*, champtier, à Berchères-la-Maingot, canton de Chartres-Nord.

HAUDREVILLA, II. 346, terroir, commune de Boutigny, canton de Nogent-le-Roi, arrondissement de Dreux.

HAUME-FONTAINE, II. 395. *Heaume-Fontaine*, hameau, communes de Blandainville et de Charonville, canton d'Illiers, arrondissement de Chartres; chef-lieu d'une prêtrière du Chapitre de Chartres.

HAUTENCOURT, II. 363, 395. *Hartencourt*, village, commune de Saint-Luperce, canton de Courville, arrondissement de Chartres; chef-lieu d'une prêtrière du Chapitre de Chartres.

HAUTEQUEUE, II. 383, bois, à Clévilliers-le-Moutier, canton de Chartres-Nord.

HAUVILLA; HALSVILLA, I. 86; III. 159. *Hauville*, chef-lieu de commune, canton de Routot, arrondissement de Pont-Audemer (Eure).

HAUVILLA; ALTA-VILLA; HOUVILLA, I. 197; II. 367, 395; III. 144. *Hauville*, village, commune de Bailleau-le-Pin, canton d'Illiers, arrondissement de Chartres.

HAYA, II. 312. *La Haye*, champtier, à Menonville, commune de Villars, canton de Voves, arrondissement de Chartres.

HAYA, II. 383, bois, à Clévilliers-le-Moutier, canton de Chartres-Nord.

HEMORVILLA; AMORVILLA; ERMONVILLA, II. 288, 322, 323, 392; III. 211. *Ymorville*, village, communes d'Allonnes et de Prunay-le-Gillon, cantons de Voves et de Chartres-Sud.

HEMORVILLA, II. 346, terroir, commune de Boutigny, canton de Nogent-le-Roi, arrondissement de Chartres.

HENARTMONT; HANARMONT; HENARMONT, I. 140; II. 240, 241, 245. *Sénarmont*, village, communes de Bailleau-l'Evêque, de Briconville et de Fresnay-le-Gilmert, canton de Chartres-Nord.

HENRICI-VILLA, III. 204. *La Henrière*, ferme, aujourd'hui détruite, commune de Chuisnes, canton d'Illiers, arrondissem. de Chartres.

HERBLEYUM, II. 309, champtier, à Amoinville, commune de Fains, canton de Voves, arrondissement de Chartres.

HERLUAT, I. 221. *Le Héleau*, hameau, commune de Coulombs, arrondissement de Nogent-le-Roi.

HERMENOLDI-VILLA. Voir ERMENONVILLA.

HERMET, II. 357, clos, à Barjouville, canton de Chartres-Sud.

HERMIÈRE, II. 133, hameau, commune de Favières, canton de Tournan, arrondissement de Melun (Seine-et-Marne).

HERONDALLE (VICUS), I. 28. *La rue de l'Hirondelle*, quartier de l'École-de-Médecine, à Paris.

HERVILLA; HERVEVILLA; HERVILLE, II. 3, 185, 367. *Harville*, village, communes de Bailleau-le-Pin, de Blandainville et de Magny, canton d'Illiers, arrondissement de Chartres; chef-lieu d'une prêtrière du Chapitre de Chartres.

HERVILLA, II. 304, 305. *Harville*, hameau, aujourd'hui détruit, commune de Voves, arrondissement de Chartres.

HERVILLA; HERVEI-VILLA, II. 322; III. 117. *Herville*, hameau, commune de Louville-la-Chenard, canton de Voves, arrondissement de Chartres.

HERVILLA. Voir HARLEVILLA.

HEUDREVILLA; HADULVILLA, II. 335; III. 83. *Houdreville*, hameau, commune d'Epernon, canton de Maintenon, arrondissement de Chartres.

HEUSA; HOSIA, II. 152. *La Heuse*, hameau, communes de Fruncé et d'Orrouer, canton de Courville, arrondissement de Chartres.

HIBREIUM; IBREIUM, I. 217, 252; II. 82, 119. *Ivry-la-Bataille*, chef-lieu de commune, canton de Saint-André, arrondissement d'Evreux (Eure).

HISLERLÆ. Voir ILLERLÆ.

HISMERIACUM. Voir YMERIACUM.

HOLDOE; HODOER; HOUDOER; HOUDOUER, II. 294, 395, 399; III. 20. *Houdoir*, hameau, commune de Blandainville, canton d'Illiers, arrondissement de Chartres; chef-lieu d'une prêtrière du Chapitre de Chartres.

HOMBLERIÆ. Voir HUMBLERIÆ.

HOSEMIUM, I. 179. *Oisème*, village, commune de Gasville, canton de Chartres-Nord.

HOSIA. Voir HEUSA.

HOSPITALE, II. 303, 304. *Lhopiteau*, village, commune de Voves, arrondissement de Chartres; chef-lieu d'une prêtrière du Chapitre de Chartres.

HOSPITALE, II. 377, champtier, à Amilly, canton de Chartres-Nord.

HOUDAN, II. 271, 272, chef-lieu de canton, arrondissement de Mantes (Seine-et-Oise).

HOUDOUANNE, III. 40, 69. *Houdouenne*, village, commune de Ver-lès-Chartres, canton de Chartres-Sud; chef-lieu d'une mairie du Chapitre de Chartres.

HOUDOER. Voir HOLDOE.

HOUDREPONT, II. 121, hameau, aujourd'hui détruit, commune de Hanches, canton de Maintenon, arrondissement de Chartres.

HOUVILLA. Voir HAUVILLA.

HOUVILLA, II. 147, 150. *Houville*, chef-lieu de commune, canton d'Auneau, arrondissement de Chartres; chef-lieu d'une mairie du Chapitre de Chartres.

HUMBLERIÆ; HOMBLERIÆ; HUMBLERES, I. 142; II. 303; III. 4. *Hombières*, hameau, commune de Beauvilliers, canton de Voves, arrondissement de Chartres.

HUON (PONS). Voir BOYSARDI (PONS).

HUSSEIUM; HOUSSAYUM; HOUSSEYUM, II. 44, 312, 313; III. 92, 212. *Le Houssay*, depuis *Montboissier-lès-Alluyes*, chef-lieu de commune, canton de Bonneval, arrondissement de Châteaudun; une des dix-sept villes franches du Chapitre de Chartres.

HUXUM; HUSSUM, II. 116, 291, 345, 400. *Houx*, chef-lieu de commune, canton de Maintenon, arrondissement de Chartres; chef-lieu d'une prêtrière du Chapitre de Chartres.

HUYMES; VILLIERS, I. 252; II. 39, 341. *Villiers-le-Morhier*, chef-lieu de commune, canton de Nogent-le-Roi, arrondissement de Dreux; chef-lieu d'une prêtrière du Chapitre de Chartres.

HYENVILLA. Voir YENVILLA.

HYLLERIÆ, II. 350. Voir YLLELÆ.

HYMONVILLA. Voir IMMONIS-VILLA.

I

IBREIUM, II. 82. Voir HIBREIUM.

IEI, I. 120, pour JOI. Voir JOIACUM.

ILLELÆ. Voir YLLELÆ.

ILLERIÆ; HISLERIÆ; ILERIUM; ILLEGIÆ; ILLERS; ILLESIÆ-IN-PERTICO; ISELERS, I. 85, 145, 174; II. 51, 52, 119, 341, 361, 372; III. 67, 154. *Illiers*, chef-lieu de canton, arrondissement de Chartres.

ILLOU, II. 176. *Ilou*, hameau, commune de Dampierre-sur-Avre, canton de Brezolles, arrondissement de Dreux.

IMEREIUM. Voir YMERIACUM.

IMMONIS-VILLA; HYMONVILLA; IMONIS-VILLA, I. 80, 114; II. 148, 195, 288, 320. *Ymonville*, chef-lieu de commune, canton de Voves, arrondissement de Chartres.

INFERNUM, II. 406, 418; III. 122, 210. *L'Enfer*, clos, appartenant à l'Hôtel-Dieu de Chartres, rue de la Barre-des-Prés, à Chartres.

INGREYUM. Voir UNUS-GRADUS.

INSULA, I. 129; II. 7, 8. *L'Isle*, hameau, commune de Bauzy, canton de Bracieux, arrondissement de Blois (Loir-et-Cher).

INSULA, II. 25, 248. *Lille*, chef-lieu du département du Nord.

INTERVILLA; AINTERVILLA; AINTREVILLA, II. 288, 324, 392, 397, 400. *Intreville*, chef-lieu de commune, canton de Janville, arrondissement de Chartres; chef-lieu d'une prêtrière du Chapitre de Chartres.

ISELERS. Voir ILLERIÆ.

ISSOUDUN, I. 16, chef-lieu d'arrondissement du département de l'Indre.

J

JANVILLA, I. 145. Voir YENVILLA.

JEROSOLIMA; JERUSOLIMA, I. 28, 30, 39, 40, 101, 106, 107, 231; II. 43, 161; III. 14, 83, 132, 143, 159, 186. *Jérusalem*, ancienne capitale de la Judée, aujourd'hui chef-lieu de la Palestine (Turquie d'Asie), formant un sandjak de l'eyalet de Saïda.

JOIACUM; GAUGIACUM; JOE; JOI; JOYACUM, I. 73, 120, 140; II. 25, 82, 113, 130, 145, 154, 218, 287, 290, 337, 338, 339, 393, 398, 400, 402; III. 5, 49, 86, 99, 103, 117, 125, 135, 142, 162, 217, 218. *Jouy*, chef-lieu de commune, canton de Chartres-Nord; chef-lieu d'une mairie et d'une prêtrière du Chapitre de Chartres. Voir GAUGIACENSIS VICARIA.

JOIGNIACUM; JOYGNIACUM, I. 26; II. 199. *Joigny*, chef-lieu d'arrondissement du département de l'Yonne.

JOINVILLE, II. 271, 272. *Joinville-sur-Marne*, chef-lieu de canton, arrondissement de Vassy (Haute-Marne).

JONCIA, II. 346. *Les Joncs*, hameau, commune de Boutigny, canton de Nogent-le-Roi, arrondissement de Dreux.

JORRA, II. 355. *Joran*, hameau, commune d'Orrouer, canton de Courville, arrondissement de Chartres.

JOSAFAS, I. 18, 19, 20, 21, 26, 64, 138, 151, 251; II. 26, 27, 28, 88, 195, 239, 328, 339; III. 87, 106, 109. *Josaphat*, commune de Lèves, près Chartres. Abbaye de l'ordre de Saint-Benoît, fondée en 1117. Les bâtiments ont été transformés en un hospice, appelé *asile d'Aligre* et *de Marie-Thérèse*.

JOYENVAL, II. 74, note T. XXXIX abbaye de l'ordre de Prémontré, dans la commune de Chambourcy, canton de Saint-Germain-en-Laye, arrondissement de Versailles (Seine-et-Oise).

JOYGNIACUM. Voir JOIGNIACUM.

JUDEI, II. 187, 188, 308, 321, 322, 390; III. 68, 167. *Les Juifs*, hameau, aujourd'hui détruit, commune de Prasville, canton de Voves, arrondissement de Chartres.

JUEVERIA, II. 412. *La Juiverie*, à Chartres; *rue des Changes* actuelle.

JUMELLI, II. 349, terroir, au Boullay-Mivoye, canton de Nogent-le-Roi, arrondissement de Dreux.

JUPAELLUM, II. 315. *Jupeau*, terroir, commune de Donnemain-Saint-Mamert, arrondissement de Châteaudun.

JUPEILLUM; JUPAEL; JUPAELLUM, II. 31, 32, 33, 289, 397. *Jupeau*, hameau, commune de Bonneval, arrondissement de Châteaudun.

JURIACUM; JUREIUM, I. 164, 180. Peut-être pour IVRIACUM, IVREIUM, *Ivry-la-Bataille*, chef-lieu de commune, canton de Saint-André, arrondissement d'Evreux (Eure). Voir HIBREIUM.

JUVISIACUM, I. 108. *Juvisy-sur-Orge*, chef-lieu de commune, canton de Longjumeau, arrondissement de Corbeil (Seine-et-Oise).

K

KAELENNES. Voir CHALENNÆ.

KARITAS, I. 17, 99. *La Charité-sur Loire*, chef-lieu de canton, arrondissement de Cosne (Nièvre). Abbaye de l'ordre de Saint-Benoît.

KARROCHIA. Voir CARROGIÆ.

L

LÁBORIS (TERRA), III. 160. *La Terre de Labour*, province de l'ancien royaume de Naples, dont le chef-lieu est Caserta.

LACUS-SALICIOSUS, II. 89, 347. *Marsauceux*, village, commune de Mézières-en-Drouais, canton de Dreux; chef-lieu d'une prêtrière du Chapitre de Chartres.

LAINVILLE, II. 273. *Loinville*, ferme, commune de Thimert, canton de Châteauneuf, arrondissement de Dreux.

LAMBERT (MOLENDINUM DE), II. 357. *Le moulin Lambert*, commune de Barjouville, canton de Chartres-Sud.

LANCEYUM, I. 22. *Lancé*, chef-lieu de commune, canton de Saint-Amand, arrondissement de Vendôme (Loir-et-Cher).

LANCOURT, II. 340, champtier, à Berchères-la-Maingot, canton de Chartres-Nord.

LANDELLÆ; LANDELÆ, I. 120; II. 40, 79, 287, 296, 387, 388, 389, 396, 399; III. 2, 12, 47, 56, 67, 82, 98, 99, 104, 108, 121, 134, 158, 213, 219. *Landelles*, chef-lieu de commune, canton de Courville, arrondissement de Chartres; chef-lieu d'une prébende du Chapitre de Chartres, dont dépendaient les prêtrières de Landelles, Champ et la Mouchardière, le Bois-de-Pinçon et les Fourchés, Guimonvilliers, Mandres, Chuisnes et les Châtelliers, Bétaincourt et Beaumont.

LANDORVILLA; LANDOVILLA, II. 92, 291, 398; III. 14, 64. *Landouville*, hameau, commune du Tremblay-le-Vicomte, canton de Châteauneuf, arrondissement de Dreux; chef-lieu d'une mairie du Chapitre de Chartres.

LANERIACUM; LANEREYUM, I. 257; II. 48, 121. *Lanneray*, chef-lieu de commune, canton de Châteaudun; chef-lieu d'une seigneurie du Chapitre de Chartres, qui comprenait les mairies de Lanneray et la Forêt.

LARRIS (LES), II. 373, terroir, commune de Saint-Denis-d'Authou, canton de Thiron, arrondissement de Nogent-le-Rotrou.

LATAUSA, I. 254, terroir, à la Fontenelle, canton de Droué, arrondissement de Vendôme (Loir-et-Cher).

LATAVILLA, II. 395. Sans doute *Harville*, village, communes de Bailleau-le-Pin, de Blandainville et de Magny, canton d'Illiers, arrondissement de Chartres. Voir HERVILLA.

LATRONIE, II. 347, hameau, aujourd'hui détruit, commune de Luray, canton de Dreux.

LAUDUNUM; LAUDUN; LOUN, I. 170; II. 243, 245, 347; III. 33, 93. *Laons*, chef-lieu de commune, canton de Brezolles, arrondissement de Dreux.

LAUDUNUM, I. 90, 105; II. 133. *Laon*, chef-lieu du département de l'Aisne.

LAVARDIN, II. 73, 139, chef-lieu de commune, canton de Montoire, arrondissement de Vendôme (Loir-et-Cher).

LEPO, II. 174. *Les Abbayes*, ferme, commune

du Thieulin, canton de la Loupe, arrondissement de Nogent-le-Rotrou. Autrefois abbaye de l'ordre de Saint-Benoît, appelée *Abbaye du Loir*; depuis, prieuré dépendant de l'abbaye de Thiron.

LEMOVICUM, I. 23. *Limoges*, chef-lieu du département de la Haute-Vienne.

LEODIUM, I. 36. *Leyde*, ville de la Hollande Méridionale.

LETORVILLA, II. 319, 320, 321. *Létourville*, ferme, commune de Boisville-la-Saint-Père, canton de Voves, arrondissem. de Chartres.

LEUGÆ; LEVEES, I. 51, 53, 107, 108, 124, 148, 152; II. 38, 115, 150, 172, 195, 241, 406, 427, 428; III. 26, 134. *Lèves*, chef-lieu de commune, canton de Chartres-Nord; chef-lieu d'une seigneurie du Chapitre de Chartres, dont dépendaient les mairies de Lèves et le Mousseau.

LEVAINVILLA, II. 333. *Levainville*, chef-lieu de commune, canton d'Auneau, arrondissement de Chartres.

LEVEIZ, II. 326, champtier, à Villiers-le-Bois, commune de Nogent-le-Phaye, canton de Chartres-Sud.

LEVESI-VILLA, I. 80. *Levéville*, hameau, aujourd'hui détruit, commune de Fontenay-sur-Eure, canton de Chartres-Sud.

LEVESVILLA; LEVEVILLA, I. 227, 238, 262; II. 27, 32, 42, 52, 88, 121, 168, 240, 342, 406. *Levéville*, hameau, commune de Bailleau-l'Évêque, canton de Chartres-Nord.

LEXOVII, I. 12, 86, 149, 166, 174, 197. *Lisieux*, chef-lieu d'arrondissement du département du Calvados.

LICIÆ, II. 407. *Les Lices* ou *le Marché-aux-Chevaux*, aujourd'hui *Marché-à-la-Filasse*, à Chartres.

LIDUS; LIGERUS, I. 194; II. 8. *Le Loir*, rivière, prend sa source à la fontaine Saint-Eman et et se jette dans la Sarthe près de Briolay (Sarthe), après avoir arrosé, dans Eure-et-Loir, une partie du canton d'Illiers et l'arrondissement de Châteaudun.

LIGNIÈRES, I. 182, chef-lieu de commune, canton de Morée, arrondissement de Vendôme (Loir-et-Cher).

LIME (LE), II. 383, terroir, au Luat, commune de Vérigny, canton de Courville, arrondissement de Chartres.

LIMIGNONS, II. 116, 195. *Elumignon*, ferme, commune de Varize, canton d'Orgères, arrondissement de Châteaudun.

LINÆ, I. 230. *Linas*, chef-lieu de commune, canton d'Arpajon, arrondissement de Corbeil (Seine-et-Oise).

LINCOLN, II. 21, ville d'Angleterre, sur la Witham; capitale du comté du même nom.

LINGONES, I. 67; II. 187; III. 25, 36, 134. *Langres*, chef-lieu d'arrondissement du département de la Haute-Marne.

LOBLAVILLA, III. 156. *Nobleville*, hameau, commune de Civry, canton de Châteaudun.

LOCELLÆ; LONCELLÆ; LOUCELES, anciens noms de la prêtrière de *Masselin*, canton de Courville, arrondissement de Chartres. Voir MACELINUM.

LOCHÆ, III. 168. *Loches*, chef-lieu d'arrondissement du département d'Indre-et-Loire.

LOCUS-BELLUS. Voir BELLUS-LOCUS.

LOENIUM; LOEN, I. 162; II. 87, 404, 405, 406, 407. *La mairie de Loens*, à Chartres, à l'extrémité du Marché-à-la-Filasse; ancienne maison appartenant au Chapitre de Chartres. C'était là que s'exerçait la juridiction temporelle des chanoines. Une portion de l'hôtel était affectée aux prisons; mais la majeure partie servait à serrer les blés, orges, avoines, vins, cidres, etc., provenant des prébendes et seigneuries. Cette maison existe encore et est aujourd'hui affectée au service de la *Manutention militaire*.

LOESVILLA, III. 42. *Loisville*, hameau, commune d'Yèvres, canton de Brou, arrondissement de Châteaudun.

LOGIA-HODEBERTI, II. 132, grange, au Perray, canton de Rambouillet (Seine-et-Oise).

LOISVILLA, III. 130. *Loisasville*, ferme, commune de Theuville, canton de Voves, arrondissement de Chartres.

LOINVILLA; LOENVILLA; LOESVILLA; LOEVILLA; LOIVILLA; LOYNVILLA, I. 138, 140, 145; II. 10, 23, 63, 304, 328, 393, 402; III. 170. *Loinville*, village, commune de Champseru, canton d'Auneau, arrondissement de Chartres; chef-lieu d'une prêtrière du Chapitre de Chartres.

LONCELLÆ. Voir MACELINUM.

LONCJUMEL, III. 172. *Longjumeau*, chef-lieu de canton, arrondissement de Corbeil (Seine-et-Oise).

LONGA-LUNA, II. 355, terroir, à Chaunay, commune de Fontenay-sur-Eure, canton de Chartres-Sud.

LONGNY, I. 164; II. 209, chef-lieu de canton, arondissement de Mortagne (Orne).

LONGUA-RAIA, II. 352. *Les Longues-Rayes*, champtier, au Grand-Maindreville, commune de Fontenay-sur-Eure, arrondissement de Chartres-Sud.

LONGUM-VILLARE, II. 369. Voir NONVILLARE.

LONGUS-BOELLUS, II. 378. *Long-Boyau*, champtier, à Amilly, canton de Chartres-Nord.

LONSAUX; LONGSAUX; SAUZ, II. 195; III. 76, 181. *Longsault*, hameau, commune de Lèves, canton de Chartres-Nord.

LONVILLARIUM; LONGUM-VILLARE, I. 167; II. 22, 94. *Louvillier-lès-Perche*, chef-lieu de commune, canton de Senonches, arrondissement de Dreux.

LOOLVILLA; LOINVILLA; LOOSVILLA; LOUVILLA-CHENARDI, I. 122; II. 150, 322; III. 66. *Louville-la-Chenard*, chef-lieu de commune, canton de Voves, arrondiss. de Chartres; chef-lieu d'une mairie du Chapitre de Chartres.

LOTDREIUM, I. 80. *Loché*, hameau, commune de Ver-lès-Chartres, canton de Chartres-Sud.

LOUCELES. Voir MACELINUM.

LOULAPES; BLAPÆ; LOLAPES; LULAPLUM, II. 26, 293, 363, 395; III. 36, 87. *Loulappe*, hameau, commune de Saint-Luperce, canton de Courville, arrondissement de Chartres; chef-lieu d'une prêtrière du Chapitre de Chartres.

LOUN. Voir LAUDUNUM.

LOUPE (LA), II. 21, 209, chef-lieu de canton, arrondissement de Nogent-le-Rotrou.

LOUVET (MOLENDINUM), II. 334. *Le Moulin Louvet*, près Emancé, canton de Rambouillet (Seine-et-Oise).

LU. Voir LUZ.

LUATUM; LUACIUM; LUACUM, II. 295, 383; III. 181, 191. *Le Luat*, hameau, commune de Vérigny, canton de Courville, arrondissement de Chartres; chef-lieu d'une prêtrière du Chapitre de Chartres.

LUATUM, II. 348. *Le Luat-Clairet*, village, commune de Luray, canton de Dreux.

LUATUM, II. 330, 396. *Le Luet*, village, commune de Béville-le-Comte, canton d'Auneau, arrondissement de Chartres.

LUCANNUM; LUZON, II. 243, 365. *Luçon*, hameau, commune d'Ermenonville-la-Grande, canton d'Illiers, arrondissem. de Chartres.

LUCENS; SANCTUS-LAUNOMARUS, II. 76, 240, 423; III. 20, 150. *Luisant*, chef-lieu de commune, canton de Chartres-Sud. On appelait quelquefois cette paroisse *Saint-Laumer*, du nom de son patron.

LUCEYUM; LUCEIACUM; LUCEIUM; LUCETUM; LUCEUM; LUCIACUM; LUCIS-VILLA, I. 21, 53, 79, 102, 124, 140, 215; II. 25, 240; III. 7, 8, 40, 46, 47, 124. *Lucé*, chef-lieu de commune, canton de Chartres-Nord.

LUCQUES, I. 170, ville d'Italie, autrefois capitale de l'ancien duché de ce nom et aujourd'hui chef-lieu de la province de Lucques.

Lucus-Gaudrici; Lugaudreium; Lugaudri, II. 121, 289, 392, 397; III. 42. *Ligaudry*, village, commune de Neuvy-en-Dunois, canton de Bonneval, arrondissement de Châteaudun; chef-lieu d'une prêtrière du Chapitre de Chartres.

Lucus-Plantatus; Luccus-Plantatus; Luppus-Plantatus; Lupus-Plantatus, I. 140, 213, 215; II. 32, 292, 293, 360, 394, 401; III. 90, 116, 117, 157. *Luplanté*, chef-lieu de commune, canton d'Illiers, arrondissement de Chartres; chef-lieu d'une prêtrière du Chapitre de Chartres.

Lugdunum, I. 67; II. 144; III. 64, 171. *Lyon*, chef-lieu du département du Rhône.

Lulaplum. Voir Loulapes.

Luriacum; Lureyum, II. 200, 292, 347, 398; III. 205. *Luray*, chef-lieu de commune, canton de Dreux; chef-lieu d'une prêtrière du Chapitre de Chartres.

Luz; Lu; Luthun, I. 140, 200, 201; II. 288, 397; III. 205. *Lutz*, village, commune de Viabon, canton de Voves, arrondissement de Chartres.

Luzon. Voir Lucannum.

M

Macelinum; Locellæ; Loncellæ; Louceles, II. 26, 364; III. 6, 213. *Masselin*, aujourd'hui moulin, autrefois hameau, commune de Courville, arrondiss. de Chartres; chef-lieu d'une mairie du Chapitre de Chartres.

Macerlæ-in-Drocensi, I. 140, 217; II. 89, 292, 347, 398; III. 101, 102, 124. *Mézières-en-Drouais*, chef-lieu de commune, canton de Dreux; chef-lieu d'une prêtrière du Chapitre de Chartres.

Macerlæ-in-Perthico; Maiserlæ, II. 294, 271, 372, 395, 399, 401; III. 82. *Mézières-au-Perche*, chef-lieu de commune, canton de Brou, arrondissement de Châteaudun; chef-lieu d'une prêtrière du Chapitre de Chartres.

Maclovium, II. 180. *Saint-Malo*, chef-lieu d'arrondissement du département d'Ille-et-Vilaine.

Maconvilla, II. 394. Voir Mecionis-Villa.

Maconvillare, II. 288. *Massonvilliers*, ferme, commune de Beauvilliers, canton de Voves, arrondissement de Chartres.

Magdalena (Beata-Maria) Castridunensis, II. 75, 76. *La Madeleine de Châteaudun*, abbaye de l'ordre de Saint-Augustin, fondée à Châteaudun vers le VIIIe siècle; le couvent a, pendant plusieurs années, servi de sous-préfecture.

Maerolæ. Voir Merroliæ.

Magna-Prata, II. 387, pré, à Landelles, canton de Courville, arrondissem. de Chartres.

Magna-Ruppa. Voir Magnus-Vicus.

Magnæ-Noæ, II. 377, 378. *Les Grandes-Noues*, terroir, à Amilly, canton de Chartres-Nord.

Magnenes. Voir Maigneium.

Magni-Campi, II. 335, champtier, à Chaleine, commune d'Emancé, canton de Rambouillet (Seine-et-Oise).

Magnum-Hussum. Voir Grande-Hussum.

Magnum-Marchesium, II. 360, terroir, à Saint-Loup, canton d'Illiers, arrondissement de Chartres.

Magnus-Campus, II. 340. *Grand-Champ*, champtier, à Berchères-la-Maingot, canton de Chartres-Nord.

Magnus-Campus, II. 356. *Les Grands-Champs*, champtier, à Chaunay, commune de Fontenay-sur-Eure, canton de Chartres-Sud.

Magnus-Pons, I. 51; II. 413, 414, 415. *Le Grand-Pont*, aujourd'hui le *Pont Bouju*, à Chartres, à l'extrémité des rues du Bourg et de Porte-Guillaume.

MAGNUS-VICUS; MAGNA-RUPPA; III, 49, 60. *Là rue du Grand-Cerf*, à Chartres.

MAIGNEIUM; MAGNEIUM; MAGNENES, I. 140; II. 51, 52, 119, 369; III. 17, 19, 204. *Magny*, chef-lieu de commune, canton d'Illiers, arrondissement de Chartres.

MAIGNERIÆ; MAGNERIÆ; MAINGNERIÆ; MEIGNERIÆ; MIGNERIÆ, I. 80,181,185; II. 154, 287, 292, 293, 357, 358, 359, 394, 398, 401; III. 105, 116, 117, 118, 185, 210. *Mignières*, chef-lieu de commune, canton de Chartres-Sud; chef-lieu d'une prébende du Chapitre de Chartres, dont dépendaient les prêtrières de Mignières, Spoir, Vaucelles, Saint-Loup, Luplanté, Messonville et Chenonville.

MAILLEZAIS, II. 200, chef-lieu de canton, arrondissem. de Fontenay-le-Comte (Vendée).

MAINDREVILLA, II. 380. Voir MANDRI-VILLA.

MAINTENO. Voir MESTENO.

MAINVILLARE. Voir MANUVILLARE.

MAJUS-MONASTERIUM, I. 15, 28, 92, 131, 132, 133, 134, 141, 142, 182, 184, 195, 258; II, 181; III. 24, 115. *Marmoutier*, hameau commune de Sainte-Radegonde, canton de Tours (Indre-et-Loire). Célèbre abbaye de l'ordre de Saint-Benoît.

MALA-DOMUS, I. 71; II. 336, 337; III. 11, 48, 79, 116. *La Malmaison*, village, commune de Villiers-le-Morhier, canton de Nogent-le-Roi, arrondissement de Dreux; chef-lieu d'une seigneurie du Chapitre de Chartres, dont dépendaient les mairies de la Malmaison et d'Epernon, du Féau et du Bois-Sauvage.

MALLEAU, II. 332. *Les Maillots* ou *le Plat d'Étain*, champtier, à Occonville, commune du Gué-de-Longroi, canton d'Auneau, arrondissement de Chartres.

MALLIACUM, II. 65, 67. *Mavly* A fief, à Gallardon, canton de Maintenon, arrondissement

de Chartres. M. Douet-d'Arcq, dans la *Collection des Sceaux des Archives de l'Empire*, a confondu ce fief avec Marly-le-Roi (Seine-et-Oise).

MALUM-FORAMEN, III. 111. *Maupertuis*, ferme, aujourd'hui détruite, commune de Coudray-au-Perche, canton d'Authon, arrondissement de Nogent-le-Rotrou.

MALUS-LEO, III. 37. *Mauléon*, chef-lieu d'arrondissement du département des Basses-Pyrénées.

MALUS-LUPUS, II. 288, 307, 308, 394; III. 4, 104, 205. *Maulou*, hameau, commune de Beauvilliers, canton de Voves, arrondissement de Chartres; chef-lieu d'une prêtrière du Chapitre de Chartres.

MAMBEROLLIÆ, II. 3. *Membrolles*, chef-lieu de commune, canton d'Ouzouer-le-Marché, arrondissement de Blois (Loir-et-Cher).

MANCHETI (VICUS), II. 420. *La ruelle du Moulin-à-Tan*, à Chartres, de la ruelle des Fileurs à la rue des Fossés-de-la-Porte-Guillaume.

MANDRÆ, I. 219, 220, 225; II. 296, 388, 396, 399; III. 56, 121. *Mandres*, hameau, commune de Billancelles, canton de Courville, arrondissement de Chartres; chef-lieu d'une prêtrière du Chapitre de Chartres.

MANDRI-VILLA; MAINDREVILLA; MANDREVILLA, I. 80; II. 140, 356, 380. *Maindreville*, hameau, commune de Fontenay-sur-Eure, canton de Chartres; chef-lieu d'une prêtrière du Chapitre de Chartres, quelquefois aussi désignée sous le nom de *Mater-Ave*.

MANEVICINUM. Voir MEDIUM-VICINI.

MANSENGIUM. Voir MASANGEIUM.

MANSUS, I. 75. *Les Masures*, ferme, commune de Cercottes, canton d'Artenay, arrondissement d'Orléans (Loiret).

MANTHENVILLA; MANTHEIN, I. 241, 245. *Manchainville*, hameau, commune de Santeuil, canton d'Auneau, arrondiss. de Chartres.

MANUNVILLA, I. 260. Voir MENONVILLA.

MANUS-ROBERTI; MANSUS-ROBERTI; MESNILIUM-ROBERTI, II. 293, 395, 399; III. 42, 63, 145. *Mérobert*, hameau, commune de Saint-Georges-sur-Eure, canton de Courville, arrondissement de Chartres; chef-lieu d'une prêtrière du Chapitre de Chartres.

MANUVILLARE; MAINVILLARE; MANUM-VILLARE; MANVILLER, I. 53, 114, 130, 242; II. 291, 300, 367, 424, 425; III. 14, 82, 106. *Mainvilliers*, chef-lieu de commune, canton de Chartres-Nord.

MARASII, II. 332. *Les Marais*, champtier, à Occonville, commune du Gué-de-Longroi, canton d'Auneau, arrondissem. de Chartres.

MARASIUM, II. 345. *Le Marais*, écart, commune de Maintenon, arrondissem. de Chartres.

MARASUM, II. 316. *Le Marais*, champtier, à Corancez, canton de Chartres-Sud.

MARCHEREAUX, II. 308, champtier, à Maulou, commune de Beauvilliers, canton de Voves, arrondissement de Chartres.

MARCHESIUM-DE-LUCANNO, II. 365, terroir, à Luçon, commune d'Ermenonville-la-Grande, canton d'Illiers, arrondissem. de Chartres.

MARCHESIUM-FENARE, II. 360, terroir, à Saint-Loup, canton d'Illiers, arrondissement de Chartres.

MARCHESIUM-GUYOMIN; MARCHEIS-GUYON, II. 432; III. 193. *Marchais-Guyomin*, champtier, à Saint-Cheron, commune de Chartres.

MARCHESSETH; MARCHESET; MARCHESETUM, I. 224; II. 244, 246. *Marchezais*, chef-lieu de commune, canton d'Anet, arrondissement de Dreux.

MARCHEVILLA; MARCHAISVILLA; MARCHESVILLA, I. 140; II. 21, 51, 52, 293, 294, 355, 361, 368, 369, 388, 395, 398, 401; III. 32, 53, 81, 83, 87, 104, 130, 145, 194, 201, 214. *Marchéville*, chef-lieu de commune, canton d'Illiers; arrondissement de Chartres; chef-lieu d'une prêtrière du Chapitre de Chartres.

MARCIBLIACUM, III. 23. *Marvilly*, fief, commune de Vert-en-Drouais, canton de Dreux.

MARCOUVILLE, II. 230, hameau, commune de Vitray-sous-Brezolles, arrondissement de Dreux.

MARICORNE, II. 176; III. 68, 80. *Malicorne*, hameau, aujourd'hui détruit, commune de Saint-Lubin-des-Joncherets, canton de Brezolles, arrondissement de Dreux; chef-lieu d'une mairie du Chapitre de Chartres.

MARNERIA, II. 326. *Les Marnières-d'Archevilliers*, champtier, commune de Nogent-le-Phaye, canton de Chartres-Sud.

MARNERIA, II. 356, terroir, à Chaunay, commune de Fontenay-sur-Eure, canton de Chartres-Sud.

MARNERIÆ, II. 362. *La Marnière*, champtier, à la Taye, commune de Saint-Georges-sur-Eure, canton de Courville, arrondissement de Chartres.

MARNERIÆ, II. 386, terroir, à Torçay, commune de Saint-Ange, canton de Châteauneuf, arrondissement de Dreux.

MARREVILLA-IN-DROCENSI, II. 246. *Marville-Moutier-Brûlé*, chef-lieu de commune, canton de Dreux.

MARTELETTE (LA), II. 85, terroir, commune de Mazangé, canton de Vendôme (Loir-et-Cher).

MARTISVILLA; MARTINVILLA, I. 200, 201, 202; III. 205. *Martainville*, ferme, commune de Fains, canton de Voves, arrondissement de Chartres.

MARTREAU (MOLENDINUM), II. 354. *La Martraye*, moulin, aujourd'hui détruit, commune de Fontenay-sur-Eure, canton de Chartres-Sud.

MASCHERAINVILLA; II. 185. *Machelainville*, village, commune de Péronville, canton d'Orgères, arrondissement de Châteaudun.

MASENGEIUM; MANSENGIUM; MASENGEI; MASENGEYUM; MASENGI; MASENGIACUM; MASENGIUM; MASSENGEIUM, I. 48, 140, 224, 226,

227, 248; II. 51, 72, 73, 85, 107, 108, 113, 133, 139, 280, 282, 285, 301, 391; III. 31, 150, 124, 166, 198. *Mazangé*, chef-lieu de commune, canton de Vendôme (Loir-et-Cher); chef-lieu d'une des quatre grandes prévôtés du Chapitre de Chartres.

MASENGIUM; MESENGEON; MESENGON, II. 306, 307, 308. *Mésangeon*, ferme, commune de Beauvilliers, canton de Voves, arrondissement de Chartres.

MASSORA, III. 36. *Mansourah*, ville de la Basse-Egypte, chef-lieu de la province du même nom.

MASTUS, I. 71. *Le Matz*, rivière, prend sa source à Cauny (Oise), et se jette dans l'Oise à Montmacq (Oise), après avoir arrosé une partie de l'arrondissement de Compiègne.

MAURITANIA, I. 218; III. 249. *Mortagne-sur-Huisne*, chef-lieu d'arrondissement du département de l'Orne.

MAUTROU, II. 423, 424; III. 112, terroir, près le faubourg Saint-Brice, à Chartres.

MAUVOISINE, II. 232, clos, à Ymeray, canton de Maintenon, arrondissement de Chartres.

MAVEROLLÆ, II. 395, pour CORSEROLLÆ. Voir à ce mot.

MÉCIONIS-VILLA; MACONVILLA; MONCONVILLA; MOUCOVILLA, I. 200; II. 292, 359, 360, 394; III. 130. *Messonville*, ferme, aujourd'hui détruite, commune de Saint-Loup, canton d'Illiers, arrondissement de Chartres; chef-lieu d'une prêtrière du Chapitre de Chartres.

MEDII-CAMPI, II. 343, terroir, à Bouglainval, canton de Maintenon, arrondissement de Chartres.

MEDIOLANUM, II. 199. *Milan*, ancienne capitale du royaume Lombard-Vénitien, aujourd'hui chef-lieu de la province de Milan (Italie).

MEDIUM-VICINI; MANEVICINUM; MENVESIN, I. 70, 148; II. 46, 291, 344, 346, 393, 398, 400, 402; III. 11, 23, 40, 42, 137, 183, 184, 215.

Mévoisins, chef-lieu de commune, canton de Maintenon, arrondissement de Chartres; chef-lieu d'une prêtrière du Chapitre de Chartres.

MEDUNTA; MEDONTA, I. 252; II. 25, 127, 157, 158, 159, 199, 350; III. 138, 200. *Mantes*, chef-lieu d'arrondissement du département de Seine-et-Marne.

MEDUNVILLA, III. 166, terroir, à Poigny, canton de Rambouillet (Seine-et-Oise).

MEGIUM, II. 384. *Le Mage*, village, communes de Gâtelles et de Thimert, canton de Châteauneuf, arrondissement de Dreux.

MEIGNERIÆ. Voir MAIGNERIÆ.

MELDI, I. 90, 106; II. 158, 160, 161; III. 42. *Meaux*, chef-lieu d'arrondissement du département de Seine-et-Marne.

MELEDUNUM; MILIDUNUM, II. 66, 78, 122; III. 13. *Melun*, chef-lieu du département de Seine-et-Marne.

MELEREIUM, II. 116. *Melleray*, chef-lieu de commune, canton de Montmirail, arrondissement de Mamers (Sarthe).

MELITUM, III. 143. *Malte*, île de la Méditerranée, entre la Sicile et l'Afrique, appartenant à l'Angleterre.

MELLAIUM; MELLEYUM; MERLAIUM, I. 50, 133, 146, 147, 148, 215, 225, 256; II. 121, 149, 150, 151, 197, 289, *Meslay-le-Vidame*, chef-lieu de commune, canton de Bonneval, arrondissement de Châteaudun.

MELLENTUM, I. 167; III. 217. *Meulan*, chef-lieu de canton, arrondissement de Versailles (Seine-et-Oise).

MELLERAYUM, II. 392. *Melleray*, village, commune d'Oinville-Saint-Liphard, canton de Janville, arrondissement de Chartres; chef-lieu d'une prêtrière du Chapitre de Chartres.

MELLEYUM; MELLÉ; MESLIACUM; MILLEYUM; MILLIACUM, II. 203, 293, 313, 353, 355, 358, 366, 395, 398, 401; III. 20, 140, 145.

Meslay-le-Grenet, chef-lieu de commune, canton d'Illiers, arrondissement de Chartres; chef-lieu d'une mairie et d'une prêtrière du Chapitre de Chartres.

MEMMILON. Voir MESMILON.

MEMOUCON, III. 119. Voir MONTMOUCON.

MENAINVILLA, II. 392, 397. *Menainville*, village, commune de Courbehaye, canton d'Orgères, arrondissement de Châteaudun; chef-lieu d'une prêtrière du Chapitre de Chartres.

MENEINVILLA, III. 42. *Menainville*, village, commune de Lutz, canton de Châteaudun.

MÉNILLET, II. 176, hameau, commune de Dampierre-sur-Avre, canton de Brezolles, arrondissement de Dreux.

MENILLIA; MESNILIUM, II. 387; III. 98. *Le moulin aux Rats*, commune de Landelles, canton de Courville, arrondissement de Chartres.

MENONVILLA; MANUNVILLA; MENOVILLA; MENUMVILLA, I. 260; II. 289, 312, 392, 397; III. 144. *Menonville*, hameau, commune de Villars, canton de Voves, arrondissement de Chartres; chef-lieu d'une prêtrière du Chapitre de Chartres.

MENTENO. Voir MESTENO.

MENVESIN. Voir MEDIUM-VICINI.

MEOTIDES-PALUDES, I. 42. *La mer d'Azov* ou *de Zabache*, sur la côte sud de la Russie d'Europe.

MERCATUM-BLADI, II. 411. *Le Marché-au-Blé*, aujourd'hui *place Marceau*, à Chartres.

MERCATI-BLADI (VICUS), II. 411. *La rue du Vieux-Marché-au-Blé*, à Chartres.

MERCATUM-MERRENNI, II. 410. *Le Marché-au-Merrain*, à Chartres, plus tard *le Grenier à sel*, de la rue du Pilori à la place des Halles.

MERCATUM-PERRARUM, III. 110. Voir PERREYA-COMITIS.

MERDOSA VIA, I. 79. *La rue des Fumiers*, à Chartres.

MERELETUM, II. 93. *Melleray*, village, commune d'Outarville, arrondissement de Pithiviers (Loiret).

MERESVILLA; MEREVILLA, I. 108, 152; II. 47. *Méréville*, chef-lieu de canton, arrondissement d'Etampes (Seine-et-Oise).

MERLAIUM. Voir MELLAIUM.

MEROLIÆ, II. 167, 306, 307, 308. *Marolles*, hameau, aujourd'hui détruit, commune d'Allonnes, canton de Voves, arrondissement de Chartres.

MEROUVILLA, II. 323. *Mérouville*, chef-lieu de commune, canton de Janville, arrondissement de Chartres.

MERROLIÆ; MAEROLÆ; MAIROLIÆ; MEROLIÆ, I. 186; II. 74, 288. *Marolles*, hameau, commune de Gas, canton de Maintenon, arrondissement de Chartres.

MERROLIÆ; MEROLIÆ; MEROLLES; MERROLES, II. 311, 391; III. 25, 105, 178. *Marolles*, hameau, commune de Rouvray-Saint-Florentin, canton de Voves, arrondissement de Chartres.

MERROLIÆ, I. 173. *Marolles*, hameau, commune de Saint-Laurent-des-Bois, canton de Marchenoir, arrondissement de Blois (Loir-et-Cher).

MESENGON. Voir MASENGIUM.

MESEYUM, II. 316, pour PESEYUM. Voir ce mot.

MESIUM, II. 3. *Le Mée*, chef-lieu de commune, canton de Cloyes, arrondissement de Châteaudun.

MESIUM, II. 355. *Le Mée*, hameau, commune d'Orrouer, canton de Courville, arrondissement de Chartres.

MESLIACUM. Voir MELLEYUM.

MESMILON; MEMMILON, II. 22. *Mémillon*, ferme, commune de Saint-Maur, canton de Bonneval, arrondissement de Châteaudun.

MESNILIUM. Voir MENILLIA.

MESNILIUM-ROBERTI. Voir MANUS-ROBERTI.

MESNIZ, I. 220, 221, censive, située à Landelles, canton de Courville, arrondissement de Chartres. Ce nom a disparu, mais s'est conservé jusqu'au siècle dernier dans le *moulin du Mesnil*, aujourd'hui *moulin aux Rats*. Voir MENILLIA.

MESTENO; MAINTENO; MENTENO, I. 108, 133, 187, 211; II. 46, 121, 122, 218, 291, 343; III. 40, 43, 137. *Maintenon*, chef-lieu de canton, arrondissement de Chartres.

MEUNG, I. 93; II. 101. *Meung-sur-Loire*, chef-lieu de canton, arrondissement d'Orléans (Loiret).

MIGNERIÆ. Voir MAIGNERIÆ.

MILARDIERS (LES), II. 378, 379, champtier, à Amilly, canton de Chartres-Nord.

MILECEYUM, II. 176. *Milsay*, hameau, aujourd'hui détruit, commune de Trizay-lès-Bonneval, canton de Bonneval, arrondissement de Châteaudun.

MILIACUM, II. 115. *Milly*, chef-lieu de canton, arrondissement d'Etampes (Seine-et-Oise).

MILIDUNUM, III. 13. Voir MELEDUNUM.

MILLIACUM. Voir MELLEYUM.

MIMARIÆ, III. 142. *Minières*, ferme, commune de Pontgouin, canton de Courville, arrondissement de Chartres.

MIMATUM, I. 28; II. 226. *Mende*, chef-lieu du département de la Lozère.

MINIMA-PRATA-EPISCOPI, I. 162. Voir RECULET.

MINORES (FRATRES), I. 25; III. 22. *Les frères Mineurs* ou *Cordeliers*, à Chartres, établis d'abord en 1231 dans le Grand-Faubourg, puis, après la destruction de leur couvent en 1568, transportés provisoirement dans l'hôpital de Saint-Hilaire et de là dans la rue Saint-Michel. Les bâtiments des Cordeliers sont aujourd'hui occupés par le collége communal de Chartres.

MIRVIL, II. 94. *Mirville*, chef-lieu de commune, canton de Goderville, arrondissement du Hâvre (Seine-Inférieure).

MISTEROLIUM, II. 41. Voir MOSTERELLIUM.

MITANI-VILLARE, I. 80, 114. *Mittainvilliers*, chef-lieu de commune, canton de Courville, arrondissement de Chartres.

MITTAINVILLA, II. 350. *Mittainville*, chef-lieu de commune, canton de Rambouillet (Seine-et-Oise).

MODETUS. Voir MOINVILLA-BORELLI.

MODIUS-MAJOR et MODIUS-MINOR, I. 75. *Les Muids*, hameau, commune de la Chapelle-Saint-Mesmin, canton d'Orléans (Loiret).

MODUACENSIS VICARIA. I. 75. *La viguerie des Muids* s'étendait autour d'Ingré, jusqu'à Cercottes et la forêt d'Orléans d'une part et de l'autre jusqu'à la Loire.

MOINVILLA-BORELLI; MODETUS; MOENVILLA; MOENVILLA-JOSLENI; MOINVILLA; MONDONVILLA-GOSLENI; MONZONVILLA, I. 140; II. 195, 241, 321, 392, 397; III. 68. *Moinville-la-Bourreau*, hameau, commune de Réclainville, canton de Voves, arrondissement de Chartres; chef-lieu d'une prêtrière du Chapitre de Chartres.

MOISSAC, II. 110, chef-lieu d'arrondissement du département de Tarn-en-Garonne.

MOLANDON, II. 95. *Montlandon*, chef-lieu de commune, canton de la Loupe, arrondissement de Nogent-le-Rotrou.

MOLENDINA-COMITIS, II. 412. *Le Moulin-le-Comte*, commune du Coudray, canton de Chartres-Sud.

MOLENDINA-NOVA, III. 125. *Le Moulin-Neuf*, hameau, commune de Romilly-sur-Aigre, canton de Cloyes, arrond. de Châteaudun.

MOLENDINA-NOVA, II. 315; III. 190. *Les Moulins-Neufs*, moulin, aujourd'hui détruit, commune de Jouy, canton de Chartres-Nord; chef-lieu d'une mairie du Chapitre de Chartres.

MOLINELLI, II, 132, 133, 334, 421. *Les Moulineaux*, prieuré de l'ordre de Grandmont, supprimé vers la fin du XVIe siècle. Sur son emplacement a été construit le château de Poigny, canton de Rambouillet (Seine-et-Oise).

MOMBANAIN; MONBALAIN; MONS-BANAEN; MONS-BANIER, II. 221, 362. *Le Haut-du-Bavain*, champtier, à la Taye, commune de Saint-Georges-sur-Eure, canton de Courville, arrondissement de Chartres.

MONASTERIA, I. 145; II. 117, 118, 195, 323. *Moutiers*, chef-lieu de commune, canton de Voves, arrondissement de Chartres; chef-lieu d'une prêtrière du Chapitre de Chartres.

MONCELLI, I. 102, 185; II. 330. *Monceaux-Saint-Jean*, hameau, commune de Champseru, canton d'Auneau, arrondissement de Chartres.

MONCELLI, II. 293. *Monceaux*, hameau, commune de Magny, canton d'Illiers, arrondissement de Chartres.

MONCELLI, II. 377; III. 42. *Monceaux-la-Poterie*, village, aujourd'hui détruit, commune de Fontaine-la-Guyon, canton de Courville, arrondissement de Chartres.

MONCELLI-SUPER-AUDURAM, II. 232, 363, 395, 399; III. 87, 129. *Mousseaux*, hameau, commune de Saint-Luperce, canton de Courville, arrondissement de Chartres; chef-lieu d'une prêtrière du Chapitre de Chartres.

MONCELLUM-LEUGARUM; MONCELLUM-BEATÆ-MARIÆ; MONCELLUM-DE-LEUGIS, I. 53; II. 79, 290, 428, 429; III. 5, 9, 78, 115, 120, 145, 146. *Le Mousseau*, village, commune de Lèves, canton de Chartres-Nord; chef-lieu d'une mairie du Chapitre de Chartres.

MONCELLUM-RUBEUM, II. 331. *Le Manteau-Rouge*, champtier, à Brez, commune d'Umpeau, canton d'Auneau, arrondiss. de Chartres.

MONCELLUM-SANCTI-MAURICII, I. 53; II. 291; III. 110. *Le Monceau-Saint-Maurice*, hameau, près Saint-Maurice, faubourg de Chartres.

MONCONVILLA, II. 292. Voir MECIONIS-VILLA.

MONDONIS-VILLA; MONDOVILLA-SANCTI-JOHANNIS; MUNDAVILLA, I. 102; II. 148; III. 91, 134. *Mondonville-Saint-Jean*, chef-lieu de commune, canton d'Auneau, arrondissement de Chartres.

MONDONVILLA; MONDOVILLA; MUNDUNVILLA, I. 140, 170; II. 240, 245, 379, 380, 424; III. 7, 36, 71, 193. *Mondonville*, hameau, commune d'Amilly, canton de Chartres-Nord; chef-lieu d'une prêtrière du Chapitre de Chartres.

MONDONVILLA, II. 195, 323. *Mondonville-Sainte-Barbe*, hameau, communes de Moutiers et de Prasville, canton de Voves, arrondissement de Chartres.

MONDONVILLA-GOSLENI. Voir MOINVILLA-BORELLI.

MONET (MOLENDINUM); MOUVET, II. 352, 353, 354, 367. *Le moulin Monet*, aujourd'hui détruit, commune de Fontenay-sur-Eure, canton de Chartres-Sud.

MONETÆ (MAGNUS VICUS), I. 54; II. 411; III. 49. *La rue de la Pie*, à Chartres.

MONETÆ (VICUS VETERIS), II. 411. *La rue de la Monnaie*, à Chartres, de la rue de la Pie à la place Marceau.

MONETÆ (QUADRIVIUM), II. 411. *Les Quatre-Coins*, à Chartres, carrefour, à l'extrémité des rues des Changes, des Grenets, Porte Cendreuse et de la Pie.

MONFRALLE; MONTFLALLE, II. 232; III. 207, terroir, commune d'Ymeray, canton de Maintenon, arrondissement de Chartres.

MONGERVILLA; MUNGERDIVILLA; MUNGERVILLA, I. 115, 170; II. 242, 245, 331; III. 33, 202. *Mongervillé*, hameau, commune de Santeuil, canton d'Auneau, arrondissement de Chartres; chef-lieu d'une mairie du Chapitre de Chartres.

MONGEVEN, I. 148. *Monjouvin*, hameau, commune d'Illiers, arrondissement de Chartres.

MONPANCIER, III. 185. *L'impasse Montpensier*, à Chartres; autrefois ruelle allant de la rue aux Juifs à la Croix de Beaulieu.

MONS; MONZ, I. 261; II. 185, 353, 354, 355, 394. *Mont*, hameau, commune de Nogent-sur-Eure, canton d'Illiers, arrondissement de Chartres; chef-lieu d'une prêtrière du Chapitre de Chartres.

MONS-ACUTUS, II. 308, champtier, à Soignolles, canton de Voves, arrondiss. de Chartres.

MONS-BANIER. Voir MOMBANAIN.

MONS-CHAUVELLI; MONS-CALVETI, II. 302, 303, 309, 391. *Le Gibet-Chauveau*, champtier, à Voves, arrondissement de Chartres.

MONS-CORVICUS, I. 75. *Montabusard*, ferme, commune d'Ingré, canton d'Orléans (Loiret).

MONS-DUBLELLUS; MONS-DUPLELLUS; MONS-DUPLEX, I. 194; II. 138, 198, 228. *Montdoubleau*, chef-lieu de canton, arrondissement de Vendôme (Loir-et-Cher).

MONSERANT-VALLEYA, II. 375, terroir, au Gault, canton de Droué, arrondissement de Vendôme (Loir-et-Cher).

MONS-FORTIS, I. 88, 187, 197; II. 36, 61, 86, 110; III. 173. *Montfort-l'Amaury*, chef-lieu de canton, arrondissement de Rambouillet (Seine-et-Oise).

MONS-FOULLETI, II. 333, champtier, à Bonville, commune de Bleury, canton de Maintenon, arrondissement de Chartres.

MONS-GUERINI, II. 312. *Mont-Guérin*, champtier, à Menonville, commune de Villars, canton de Voves, arrondissement de Chartres.

MONS-IN-PABULA, II. 247. *Mons-en-Pevèle*, chef-lieu de commune, canton de Pont-à-Marcq, arrondissement de Lille (Nord).

MONS-LECARDI, II. 121. *Molitard*, village, commune de Conie, canton de Châteaudun. M. Guérard (*Cart. de Saint-Père*) a traduit *Mons-Letardi* par Moulhard.

MONS-LEHERICUS, I. 40. *Montlhéry*, chef-lieu de commune, canton d'Arpajon, arrondissement de Corbeil (Seine-et-Oise).

MONS-MEDIANUS, III. 36. *Montméan*, ferme, commune de Souancé, canton de Nogent-le-Rotrou.

MONS-MIRABILIS; MONMIRAIL; MUMMIRALIUM, I. 64, 106, 194, 211, 235, 244, 255; II. 116; III. 59. *Montmirail*, chef-lieu de canton, arrondissement de Mamers (Sarthe).

MONS-MORENCIACUS, I. 88. *Montmorency*, chef-lieu de canton, arrondissement de Pontoise (Seine-et-Oise).

MONS-ODUINI; MONS-ODOYNI, I. 120; II. 144; III. 159, 167. *Montaudouin*, ferme, commune de Saint-Georges-sur-Eure, canton de Courville, arrondissement de Chartres; chef-lieu d'une mairie du Chapitre de Chartres.

MONS-OTRICUS, I. 80. *Montaury*, moulin, commune de Thivars, canton de Chartres-Sud. Le nom latin du moulin de Montaury semble avoir la même origine que celui d'*Autricum*, ancien nom de Chartres, et d'*Autrist*, ancienne dénomination d'Épernon.

MONS-PASTORUM, I. 75. *Montpatour*, hameau, commune d'Ingré, canton d'Orléans (Loiret).

MONS-PESSULANUS, I. 172; II. 11; III. 179. *Montpellier*, chef-lieu du département de l'Hérault.

MONS-PIPELLI, III. 74. *Monpipeau*, hameau, commune d'Huisseau-sur-Mauve, canton de Meung-sur-Loire, arrondissement d'Orléans (Loiret).

MONS-TIRELLI, II. 242. *Montireau*, chef-lieu de commune, canton de la Loupe, arrondissement de Nogent-le-Rotrou.

MONTDIDIER, I. 87, chef-lieu d'arrondissement du département de la Somme.

MONTENCON; MONTANQUON, II. 313, 366, 367. *Montançon*, hameau, canton de Bailleau-le-Pin, canton d'Illiers, arrondissement de Chartres.

MONTENVILLA; MONTISVILLA, II. 312, 318. *Montainville*, chef-lieu de commune, canton de Voves, arrondissement de Chartres.

MONTFLALLE. Voir MONFRABLE.

MONTICII, I. 218. *Les Montils*, chef-lieu de commune, canton de Contres, arrondissement de Blois (Loir-et-Cher).

MONTINIACUM; MONTIGNIACUM, I. 182, 184; II. 175, 200. *Montigny-le-Gannelon*, chef-lieu de commune, canton de Cloyes, arrondissement de Châteaudun.

MONTIO, III. 143, 151. *Mousson*, chef-lieu de commune, canton de Pont-à-Mousson, arrondissement de Nancy (Meurthe).

MONTMOUCON; MEMOUCON, II. 353; III. 119, pré, à Pont-Tranchefétu, commune de Nogent-sur-Eure, canton d'Illiers, arrondissement de Chartres.

MONTMUSSET, III. 79. *Maumusset*, fief, à Blainville, commune de Marville-Moutier-Brûlé, canton de Dreux; chef-lieu d'une mairie du Chapitre de Chartres.

MONTOISON, II. 377, champtier, à Amilly, canton de Chartres-Nord.

MONTORIUM, II. 85. *Montoire*, chef-lieu de canton, arrondissement de Vendôme (Loir-et-Cher).

MONZONVILLA, I. 140. Voir MOINVILLA-BORELLI.

MORELLUM-VICINI, II. 336. *Moreauvoisin*, ferme, commune d'Emancé, canton de Rambouillet (Seine-et-Oise).

MORENESIUM, II. 8. *Morée*, chef-lieu de canton, arrondissement de Vendôme (Loir-et-Cher).

MORENTIACUM; MORENCEÆ, I. 102; II. 60, 165, 214, 357. *Morancez*, chef-lieu de commune, canton de Chartres-Sud; chef-lieu d'une mairie du Chapitre de Chartres.

MORFONTAINE; MORTFONTAINE, I. 257; II. 103, terroir, commune de Mainvilliers, canton de Chartres-Nord.

MORIERS, II. 352, terroir, à Fontenay-sur-Eure, canton de Chartres-Sud.

MORIGNIACUM, II. 54. *Morigny*, chef-lieu de commune, canton d'Etampes (Seine-et-Oise). Abbaye de l'ordre de saint Benoît.

MORIS-VILLA, I. 84. *Morville*, hameau, aujourd'hui détruit, commune de Boisville-la-Saint-Père, canton de Voves, arrondissement de Chartres.

MORONVAL, II. 273. *Saint-Denis-de-Moronval*, chef-lieu de commune, canton de Dreux.

MORTRU, III. 91. *Mouilletrou*, ruisseau, appelé aussi *ruisseau de Senantes* et de *Saint-Lucien*, prend sa source à Brichanteau et se jette dans l'Eure près de Chaudon.

MORVILLA, I. 133, 148. *Morville*, hameau, commune de Hanches, canton de Maintenon, arrondissement de Chartres.

MORVILER, II. 80. *Morvilliers*, chef-lieu de commune, canton de la Ferté-Vidame, arrondissement de Dreux.

MORVILLER, II. 360, terroir, à Saint-Loup, canton d'Illiers, arrondissement de Chartres.

MOSTERELLIUM; MISTEROLIUM, I. 216, 217; II. 41. *Montreuil*, chef-lieu de commune, canton de Dreux.

MOTA, II. 330, champtier, à Brez, commune d'Umpeau, canton d'Auneau, arrondissement de Chartres.

MOTA, II. 358, terroir, à Mignières, canton de Chartres-Sud.

MOTA-DE-CERNEYO, II. 369. *La Motte-Cernay* ou *la Charmoye*, terroir, à Cernay, canton d'Illiers, arrondissement de Chartres.

MOTAIE (LA), II. 354, bois, près le moulin de Pré, commune de Fontenay-sur-Eure, canton de Chartres-Sud.

MOTAY (LE), II. 382, champtier, à Adey, commune de Bailleau-l'Evêque, canton de Chartres-Nord.

MOUCOVILLA, II. 359, 360. Voir MECIONIS-VILLA.

MOUSNÆ, II. 316, champtier, à Corancez, canton de Chartres-Sud.

MOUSTONNERIA, II. 86, 415, 416, 417. L'impasse de la Moutonnerie, à Chartres, à l'extrémité de la rue du Marché-à-la-Filasse.

MOUTONNERIA, II. 199. La Moutonnière, ferme, commune de Vieuvicq, canton de Brou, arrondissement de Châteaudun.

MUCECOART, II. 79, 418. La Grappe, hameau, commune de Lèves, canton de Chartres-Nord; chef-lieu d'une mairie du Chapitre de Chartres.

MUID-HERBAUT (LE), II. 195, fief, commune de Réclainville, canton de Voves, arrondissement de Chartres.

MULCEII; MURCENCIACUM; MURCENCUS, II. 309; III. 52, 121. Morsans, village, commune de Neuvy-en-Dunois, canton de Bonneval, arrondissement de Châteaudun; chef-lieu d'une prêtrière du Chapitre de Chartres.

MULCENS, II. 310, 311. Morsans, champtier, à Villars, canton de Voves, arrondissement de Chartres.

MULCENS; MULSENT, II. 146, 310, 311, 325. Mulsent, terroir, à Archevilliers, commune de Nogent-le-Phaye, canton de Chartres-Sud.

MULCENS, II. 358, terroir, à Mignières, canton de Chartres-Sud.

MULERIÆ, II. 324, 392; III. 187. Meulières, hameau, commune de Neuvy-en-Beauce, canton de Janville, arrondissement de Chartres; chef-lieu d'une prêtrière du Chapitre de Chartres.

MULTONS. Voir MUTTONS (LES).

MUMMIRALIUM. Voir MONS-MIRABILIS.

MUNDAVILLA. Voir MONDONIS-VILLA.

MUNDUNVILLA. Voir MONDONVILLA.

MUNEVILLA, I. 198. Muneville-sur-Mer, chef-lieu de commune, canton de Bréhal, ou Muneville-le-Bingard, chef-lieu de commune, canton de Saint-Sauveur-Lendelin, arondissement de Coutances (Manche).

MUNGERDI-VILLA. Voir MONGERVILLA.

MURCENCUS. Voir MULCEII.

MURE, III. 72. Muzy, village, commune de Dreux.

MURETI (VICUS), I. 35, 91, 242, 243; II. 33, 42, 415, 416; III. 58, 188, 200. La rue et le bourg Muret, à Chartres, de la rue du Marché-à-la-Filasse à la porte Drouaise.

MURGERIÆ, II. 351, terroir, à Fontenay-sur-Eure, canton de Chartres-Sud.

MUSY, I. 165, chef-lieu de commune, canton de Nonancourt, arrondissement d'Evreux (Eure).

MUTERNE (LA), II. 379, champtier, à Mondonville, commune d'Amilly, canton de Chartres-Nord.

MUTTONS (LES); MULTONS; MURTONS (LES), II. 302, 303, 304, 391, champtier, canton de Voves, arrondissement de Chartres.

N

NANTES, I. 67; II. 200, chef-lieu du département de la Loire-Inférieure.

NANTEUIL-LE-HAUDOUIN, I. 88, chef-lieu de canton, arrondissement de Senlis (Oise).

NANTUM. Voir SANCTUS-LUPERCIUS.

NARBONA, II. 85. Narbonne, chef-lieu d'arrondissement du département de l'Aude.

NAZARETH, I. 40. Nasra, ville de la Syrie (Turquie d'Asie).

NEMOURS, II. 227, chef-lieu de canton, arrondissem. de Fontainebleau (Seine-et-Marne).

NEMUS-RICHOLDIS. Voir BOSCUS-RICHEUDIS.

NERO, II. 27, 38, 341; III. 12. *Néron*, chef-lieu de commune, canton de Nogent-le-Roi, arrondissement de Dreux.

NEVERS, II. 19, 97, 161, 184, chef-lieu du département de la Nièvre.

NICÉE, I. 225. *Isnik*, ville de la Bithynie (Turquie d'Asie).

NICOCHETUM; NICHOCHETUM, I. 53; II. 128, 419, 420. *Nicochet*, hameau, communes de Lucé et de Chartres.

NICORBINUM; NIDUS-CORBINI; NIDUS-CORVINUS, II. 288, 392, 397; III. 42, 104, 164. *Nicorbin*, village, commune de Theuville, canton de Voves, arrondissement de Chartres; chef-lieu d'une prêtrière du Chapitre de Chartres.

NIELPHA, III. 163. *Neauphle le-Vieux*, chef-lieu de commune, canton de Montfort-l'Amaury, arrondissement de Rambouillet (Seine-et-Oise). Abbaye de l'ordre de saint Benoît.

NIL, I. 232, grand fleuve de l'Afrique Orientale, paraît prendre sa source dans les monts de la Lune, arrose l'Abyssinie, la Nubie et l'Egypte et se jette dans la Méditerranée.

NOA, II. 64, 378, 379. *La Noue*, ferme, commune d'Amilly, canton de Chartres-Nord.

NOA, II. 363, pré, à Mousseaux, commune de Saint-Luperce, canton de Courville, arrondissement de Chartres.

NOA-ASINORUM, II. 387, pré, à Landelles, canton de Courville, arrondissement de Chartres.

NOA-DE-VIRGULTO, II. 386, pré, à Torçay, commune de Saint-Ange, canton de Châteauneuf, arrondissement de Dreux.

NOA-DECANI, II. 386, pré, à Torçay, commune de Saint-Ange, canton de Châteauneuf, arrondissement de Dreux.

NOA-SANCTÆ-MARIÆ, II. 386. *La Noue-Sainte-Marie*, pré, à Torçay, commune de Saint-Ange, canton de Châteauneuf, arrondissement de Dreux.

NOÆ, II. 330. *Les Noues*, champtier, à Brez, commune d'Umpeau, canton d'Auneau, arrondissement de Chartres.

NOÆ, II. 362, terroir, à Dolmont, commune de Saint-Georges-sur-Eure, canton de Courville, arrondissement de Chartres.

NOÆ-DE-CHENARDERIA, II. 387, pré, à Landelles, canton de Courville, arrondissement de Chartres.

NOALPHA, I. 252; II. 350. *Neauphle-le-Château*, chef-lieu de commune, canton de Montfort-l'Amaury, arrondissement de Rambouillet (Seine-et-Oise).

NOERIDUS; NOERII, II. 111; III. 221. *Noyers*, chef-lieu de commune, canton de Saint-Amand-sur-Cher, arrondissement de Blois (Loir-et-Cher).

NOGENTUM-FISCI; FISÇUM; FISCUM-NOVIGENTI; NONGENTUM-FISCI; NOUGENT-DE-FEIS; NOVIGENTUM-FISCI, I. 48, 138, 140, 148, 152, 226, 249; II. 88, 107, 145, 280, 282, 289, 292, 324, 325, 326, 327, 338, 350, 392, 397, 400; III. 19, 30, 70, 100, 103, 117, 128, 131, 141, 191, 202, 206, 209, 219, 220, 222. *Nogent-le-Phaye*, chef-lieu de commune, canton de Chartres-Sud; chef-lieu d'une des quatre grandes prévôtés et d'une prébende du Chapitre de Chartres, dont dépendaient les prêtrières de Nogent-le-Phaye, Archevilliers, Cinq-Ormes, Couttes, Gasville, Saint-Léger-des-Aubées et Villiers-le-Bois.

NOGENTUM-REGIS; NOGENTUM-EREMBERTI, I. 90; II. 80, 95, 313, 338, 341. *Nogent-le-Roi*, chef-lieu de canton, arrondissement de Dreux.

NOGENTUM-ROTRODI, I. 26; II. 94, 153, 174; III. 41. *Nogent-le-Rotrou*, chef-lieu d'arrondissement du département d'Eure-et-Loir,

NOGENTUM-SUPER-AUDURAM; NOVIGENTUM; NUNGENTUM-SUPER-AUDURAM, I. 154, 155, 180, 183, 218, 237, 239, 240, 261; II. 10, 22, 49, 292, 354, 398; III. 34. *Nogent-sur-Eure*, chef-lieu de commune, canton d'Illiers, arrondissement de Chartres.

NOIA, III. 213. *La Noue*, hameau, commune de Fruncé, canton de Courville, arrondissement de Chartres; chef-lieu d'une mairie du Chapitre de Chartres.

NOIS, II. 363, terroir, à Mousseaux, commune de Saint-Luperce, canton de Courville, arrondissement de Chartres.

NOIZ, II. 358, terroir, à Chenonville, commune de Saint-Loup, canton d'Illiers, arrondissement de Chartres.

NONENTICURIA, I. 252; II. 387. *Nonancourt*, chef-lieu de canton, arrondissement d'Evreux (Eure).

NONVILLARE; LONGUM-VILLARE, II. 369; III. 36, 91. *Nonvilliers*, chef-lieu de commune, canton de Thiron, arrondissement de Nogent-le-Rotrou.

NOVIACUM, II. 148, 164, 199, 311. *Neuvy-en-Beauce*, chef-lieu de commune, canton de Janville, arrondissement de Chartres.

NOVIGENTUM-FISCI. Voir NOGENTUM-FISCI.

NOVIOMUM, III. 44, 68. *Noyon*, chef-lieu de canton, arrondissement de Compiègne (Oise).

NOVUS-BURGUS, I. 166. *Le Neubourg*, chef-lieu de canton, arrondissement de Louviers (Eure).

NOVUS-VICUS; NOVIS, I. 147; II. 121; III. 176. *Neuvy-en-Dunois*, chef-lieu de commune, canton de Bonneval, arrondissement de Châteaudun.

O

OBSEVEFORT, II. 160. *Oxford*, ville d'Angleterre, capitale du comté du même nom.

ODELOTÆ (VICUS), II. 386, rue, à Torçay, commune de Saint-Ange, canton de Châteauneuf, arrondissement de Dreux.

ODURA. Voir AUDURA.

OFFARVILLA. Voir AUFFARVILLA.

OFFUNVILLA, I. 145; III. 169. *Fonville*, village, commune du Boullay-Mivoye, canton de Nogent-le-Roi, arrondissement de Dreux.

OIGNIACUM, I. 182. *Oigny*, chef-lieu de commune, canton de Mondoubleau, arrondissement de Vendôme (Loir-et-Cher).

OINVILLE-EN-BEAUCE, I. 93, 133. Voir UNI-VILLA.

OISY, I. 206, chef-lieu de commune, canton de Wassigny, arrondissement de Vervins (Aisne).

OLORON, I. 67, chef-lieu d'arrondissement du département des Basses-Pyrénées.

ORCEIUM, III. 11. *Orçay*, chef-lieu de commune, canton de Salbris, arrondissement de Romorantin (Loir-et-Cher).

ORCHESIA, I. 134. *Orchaise*, chef-lieu de commune, canton d'Herbault, arrondissement de Blois (Loir-et-Cher).

ORERIUM; OREYUM; OYREIUM, I. 164; II. 228, 300, 362, 364, 390, 397. *Orrouer*, chef-lieu de commune, canton de Courville, arrondissement de Chartres.

OREYUM; BORREYUM; OREIUM, II. 145, 295, 380. *Ouerray*, village, commune d'Amilly, canton de Chartres-Nord; chef-lieu d'une prébende du Chapitre de Chartres.

ORFIN, I. 185. *Orphin*, chef-lieu de commune, canton de Dourdan, arrondissement de Rambouillet (Seine-et-Oise).

ORGERIÆ, III. 25, 124, 175, 208. *Orgères*, chef-lieu de canton, arrondissement de Châteaudun.

ORMERES, II. 381. *Le Hermeil*, champtier, à Vérouville, commune de Saint-Aubin-des-Bois, canton de Chartres-Nord.

ORNEINVILLA, II. 353, terroir, à Fontenay-sur-Eure, canton de Chartres-Sud.

ORPHARVILLA. Voir AUFFARVILLA.

ORREVILLA; HORREIVILLA, I. 174, 226, 230; II. 32, 168, 197; III. 29. *Ouarville*, chef-lieu de commune, canton de Voves, arrondissement de Chartres.

ORVIÉTO, III. 93, ville d'Italie (Etats-Romains); chef-lieu de la délégation du même nom.

OS-PRATORUM-EPISCOPI, I. 53; II. 239, 418, 421. *La Barre-des-Prés*, faubourg, à Chartres.

OSANA-VILLA; OSAINVILLA; OSEINVILLA; OSENVILLA, I. 102; II. 32; III. 154, 211. *Oisonville*, chef-lieu de commune, canton d'Auneau, arrondissement de Chartres.

OSCHIA-BESANGIN, II. 356, champtier, à Chaunay, commune de Fontenay-sur-Eure, canton de Chartres-Sud.

OSCHIA-MAJORIS, II. 378. *Les Ouches de la Mairie de Mondonville*, champtier, commune d'Amilly, canton de Chartres-Nord.

OSCHIÆ-ALTEVILLÆ, II. 367, terroir, à Hauville, commune de Bailleau-le-Pin, canton d'Illiers, arrondissement de Chartres.

OSCHIÆ-DE-AMILLIACO, II. 377, terroir, à Amilly, canton de Chartres-Nord.

OSCHIÆ-DE-CERSEYO, II. 302, champtier, à Sazeray, commune de Voves, arrondissement de Chartres.

OSCHIÆ-DE-CONSENCEIS, II. 316, champtier, à Corancez, canton de Chartres-Sud.

OSCHIÆ-DE-FAINVILLA, II. 305, champtier, à Foinville, commune de Voves, arrondissement de Chartres.

OSCHIÆ-DE-MAIGNERIIS, II. 358, terroir, à Mignières, canton de Chartres-Sud.

OSCHIÆ-DE-MESEYO, II. 316, champtier, à Corancez, canton de Chartres-Sud.

OSCHIÆ-DE-PONSEYO, II. 361. *Les Ouches de Pouancé*, terroir, commune d'Ollé, canton d'Illiers, arrondissement de Chartres.

OSENVILLA. Voir OSANA-VILLA.

OSSILEIUM; OSILEI, III. 65, 91, 206, 224. *Le Houssay*, hameau, commune de Theuville, canton de Voves, arrondiss. de Chartres.

OSSONVILLE, I. 230. Voir ACONVILLA.

OUARVILLE, II. 196, hameau, commune de Lèves, canton de Chartres-Nord.

OYREIUM. Voir ORERIUM.

OYSEMONT, II. 185, 394. *Oisemont*, hameau, aujourd'hui détruit, commune de Nogent-sur-Eure, canton d'Illiers, arrondissement de Chartres.

P

PACIACUM, III. 18. *Pacy-sur-Eure*, chef-lieu de canton, arrondissement d'Evreux (Eure).

PAMPOLIUM; PAINPOLIUM; PENPOVILER, II. 328, 393, 401; III. 24, 25. *Pampol*, hameau, commune de Champseru, canton d'Auneau, arrondissement de Chartres.

PAMPOLIUM-IN-DROCENSI, II. 292, 346, 394, 398. *La Musse*, village, communes de Boutigny et de Prouais, canton de Nogent-le-Roi, arrondissement de Dreux; chef-lieu d'une prêtrière du Chapitre de Chartres.

PANTHOISON, II. 29, 168, ancien nom du territoire où fut fondée l'abbaye de l'Eau. Voir AQUA.

PARAELLUM; PIREOLUM, I. 140; II. 392, 397. *Pareau*, village, commune de Villampuy, canton de Châteaudun; chef-lieu d'une prêtrière du Chapitre de Chartres.

PARAYUM-SANCTI-EBRULPHI; PAREYUM-SANCTI-EBULFI; PERAYUM-SANCTI-EBRULPHI; PUTHEUS-SANCTI-EUVROULDI, II. 289, 392, 397; III. 116. *Pré-Saint-Évroult*, chef-lieu de commune, canton de Bonneval, arrondissement de Châteaudun; chef-lieu d'une prêtrière du Chapitre de Chartres.

PARISII, I. 5, 16, 23, 25, 28, 30, 35, 57, 61, 67, 68, 74, 90, 99, 136, 143, 176, 212, 232, 233, 234, 236, 237; II. 3, 12, 13, 25, 30, 31, 37, 59, 60, 106, 139, 158, 160, 161, 175, 184, 192, 201, 229, 247, 248, 260, 262, 275, 328; III. 30, 77, 139, 179, 197. *Paris*, chef-lieu du département de la Seine; capitale de la France.

PARRUCHIÆ, II. 303, champtier, à Sazeray, commune de Voves, arrondissement de Chartres.

PARVUM-MELLAIUM, III. 183, bois, dont la dénomination actuelle est inconnue.

PARVUM-MOLENDINUM, III. 150, 154, 166, moulin, à Mazangé, canton de Vendôme (Loir-et-Cher).

PASEGIUM, III. 189, localité inconnue.

PATAICUM, I. 149. *Pitheaux*, hameau, commune de Fresnay-l'Evêque, canton de Janville, arrondissement de Chartres.

PATALIACUS, I. 75. *Pailly*, hameau, commune de la Chapelle-Saint-Mesmin, canton d'Orléans (Loiret).

PAULINANUS, I. 82. *Saint-Pol-de-Léon*, chef-lieu de canton, arrondissement de Morlaix (Finistère).

PEIRUSSE, II, 147, terroir, à Berchères-la-Maingot, canton de Chartres-Nord.

PELICAN; BELLE-FACE, II. 424. *Le clos du Pélican*, près la mare Saint-Jean, à Chartres. La rue du Pélican existe encore aujourd'hui, de la mare Saint-Jean à la Croix-Jumelin.

PELLIPARIÆ (QUADRIVIUM), III. 49. *Le carrefour de For-Boyau*, à Chartres, à l'extrémité des rues du Soleil-d'Or, du Cygne, de la Boucherie, du Grand-Cerf et Sainte-Mesme.

PELLIPARIÆ (VICUS), III. 57, 107. *La rue du Soleil-d'Or*, à Chartres.

PENCHAT; POINCHAT, II. 26, 79, 82, 428; III. 181, 203, hameau, aujourd'hui détruit, près le Mousseau, commune de Lèves, canton de Chartres-Nord.

PENEINVILLA, III. 42. *Plainville*, hameau, communes de Coudreceau et de Marolles, canton de Thiron, arrondissement de Nogent-le-Rotrou.

PENNA-GALDARIA, III. 35, ferme, aujourd'hui détruite, commune de Nonvilliers, canton de Thiron, arrondissement de Nogent-le-Rotrou.

PENPOVILER. Voir PAMPOLUIM.

PERAYUM-SANCTI-EBRULPHI. Voir PARAYUM-SANCTI-EBRULPHI.

PERCHIE (LE), II. 423, vigne, près le clos Notre-Dame, à Chartres.

PERONNIÆ, I. 90; III. 18. *Péronne*, chef-lieu d'arrondissement du département de la Somme.

PERREIUM; PERRETUM; PERREYUM, I, 23; II. 132, 133, 139, 140, 369. *Le Perray*, chef-lieu de commune, canton de Rambouillet (Seine-et-Oise).

PERRERIA-DE-VILLARIBUS, II. 316, champtier, à Corancez, canton de Chartres-Sud.

PERRERIA-DE-VOLOGIS; PERRERIA-DE-VALLEOGIS, II. 193, 319, 320, 321, terroir, à Guillonville, commune de Boisville-la-Saint-Père, canton de Voves, arrondissement de Chartres.

PERRERIÆ-DE-NOVIACO, II. 164, champtier, à Villars, canton de Voves, arrondissement de Chartres.

PERREUSES; PERUSSE, II. 147, 340. *Perreuse* ou *Perruche*, champtier et vallée, à Berchères-la-Maingot, canton de Chartres-Nord.

PERREYA-COMITIS; MERCATUM-PERRARUM, II. 412, 420; III. 110. *La Perrée*, dans le faubourg de la Porte-Guillaume, à Chartres.

PERREYUM; PERRAIE; PERREIUM; PIRETUM, I. 140; II. 185, 293, 355, 369, 395, 398; III. 87, 128. *Le Perray*, hameau, commune d'Orrouer, canton de Courville, arrondissement de Chartres; chef-lieu d'une prêtrière du Chapitre de Chartres.

PERRIER (LE), II. 349, terroir, au Boullay-Mivoye, canton de Nogent-le-Roi, arrondissement de Dreux.

PERROTUM, II. 98. *Perraut*, ferme, commune de Souancé, canton de Nogent-le-Rotrou.

PERRUCHIA, II. 352, terroir, à Fontenay-sur-Eure, canton de Chartres-Sud.

PERRUCHIÆ-FOSSÆ-RUBEÆ, II. 343. *La Fosse-Rouge* ou *la Sente-aux-Prêtres*, champtier, à Bennes, commune d'Ollé, canton d'Illiers, arrondissement de Chartres.

PERUMVILLARE, I. 140. *Péronville*, chef-lieu de commune, canton d'Orgères, arrondissement de Châteaudun.

PERUSIUM, II. 183. *Pérouse*, ville d'Italie, chef-lieu de la province et du département du même nom.

PERUSSE. Voir PERREUSES.

PERVEIRECORT, II. 47. Voir POENCEYUM.

PESEYUM; PESEIUM; PESIACUM; PESSIACUM, II. 31, 316, 317, 318, 355; III. 66, 69, 96, 129, 191. *Pezy*, chef-lieu de commune, canton de Voves, arrondissement de Chartres; chef-lieu d'une mairie du Chapitre de Chartres.

PETRA-CARNIFICIS, II. 326. *La Pierre-au-Boucher*, champtier, à Archevilliers, commune de Nogent-le-Phaye, canton de Chartres-Sud.

PETRA-COOPERTA, II. 316. *La Pierre-Couverte* ou *la Pinte-Saint-Martin*, champtier, à Corancez, canton de Chartres-Sud, tire son nom d'un dolmen encore existant.

PETRA-DE-PRATIS, II. 333, champtier, à Bleury, canton de Maintenon, arrondissement de Chartres.

PETRA-FORAMINIS, II. 394; terroir, à Voves, arrondissement de Chartres.

PETRA-GOBERTI; PORTA-GOMBERT, II. 352, 353, terroir, à Fontenay-sur-Eure, canton de Chartres-Sud.

PETRA-MARTINI. Voir DINNUS-MARTINI.

PETRA-VALLE, II. 316, champtier, à Morancez, canton de Chartres-Sud.

PETRÆ, II. 341. *Pierres*, chef-lieu de commune, canton de Maintenon, arrondissement de Chartres.

PETRÆ-DURÆ, II. 316, champtier, à Corancez, canton de Chartres-Sud.

PETRARIA, II. 135; III. 179, champtier, à Guillonville, commune de Boisville-la-Saint-Père, canton de Voves, arrondissement de Chartres.

PETRIPERTUSA, I. 84. *Perthuiset*, hameau, commune de Bazoches-en-Dunois, canton d'Orgères, arrondissement de Châteaudun.

PHILADELPHIE, I. 255. *Alascher*, ville de Syrie (Turquie d'Asie), sur le Cogamus.

PIATUM-VILLARE; POEVILLARE; POINVILLERIUM; PRATUM-VILLARE, I. 107; II. 27, 103, 117, 130, 241, 300, 342, 428; III. 17, 22, 52, 97, 106. *Poisvilliers*, chef-lieu de commune, canton de Chartres-Nord; chef-lieu d'une seigneurie du Chapitre de Chartres, dont dépendaient les mairies de Poisvilliers, la Forte-Maison, les Moulins-Neufs et Jouy.

PICHOT (PRÉ), II. 140, au Perray, canton de Rambouillet (Seine-et-Oise).

PIERRE-SÈCHE (VALLÉE DE), II. 137, commune du Thieulin, canton de la Loupe, arrondissement de Nogent-le-Rotrou.

PIGCOM, II. 178, 388; III. 140. *Pinçon*, ferme, commune de Landelles, canton de Courville, arrondissement de Chartres; chef-lieu d'une prêtrière du Chapitre de Chartres.

PILORI (LE), II. 410, dans le coin de la place des Halles, à Chartres, faisant face à la petite halle aux graines.

PINCELLI, II. 379. *Les Puiseaux*, champtier, à Mondonville, commune d'Amilly, canton de Chartres-Nord.

PINCON, II. 384, terroir, à Bilheux, commune de Theuvy, canton de Châteauneuf, arrondissement de Dreux.

PINCONNIÈRE (LA), II. 428, vigne, à Lèves, canton de Chartres-Nord.

PINUS, II. 382, 396, 397; III. 1. *La Fosse-Neuve*, hameau, commune de Fontaine-la-Guyon, canton de Courville, arrondissement de Chartres; chef-lieu d'une prêtrière du Chapitre de Chartres.

PIREDELLIUM, III. 15, 141, 158. *Poireux*, ferme, commune de Bonneval, arrondissement de Châteaudun.

PIREOLUM, I. 140. Voir PARAELLUM.

PIRETUM, I. 140. Voir PERREYUM.

PISÆ, I. 33. *Pise*, ville d'Italie (ancienne Toscane); chef-lieu de la préfecture du même nom.

PISCIACUM, I. 56, 88. *Poissy*, chef-lieu de canton, arrondissement de Versailles (Seine-et-Oise).

PISSELOU, II. 105, 426, 427; III. 25, 210, terroir, à Seresville, commune de Mainvilliers, canton de Chartres-Nord.

PITHIVIERS, I. 91, chef-lieu d'arrondissement du département du Loiret.

PLAANCHEVILER, I. 161, 162. *Planchevilliers*, hameau, commune d'Ymonville, canton de Voves, arrondissement de Chartres.

PLACE (LA), III. 12, hameau, commune de Néron, canton de Nogent-le-Roi, arrondissement de Dreux.

PLAISSETUM, II. 26. *Le Plessis-Fèvre*, hameau, commune de Saint-Germain-le-Gaillard, canton de Courville, arrondissement de Chartres.

PLANCAVILLA; PLANCHEVILLA, I. 147; II. 289, 392, 397; III. 42. *Plancheville*, village, commune du Gault-en-Beauce, canton de Bonneval, arrondissement de Châteaudun; chef-lieu d'une prêtrière du Chapitre de Chartres.

PLACENTIA, III. 34. *Plaisance*, ville d'Italie (ancien duché de Parme), à l'embouchure de la Trebbia.

PLANCHIA-EBULLANDI, II. 355, champtier, à Fontenay-sur-Eure, canton de Chartres-Sud.

PLANTE (LA), II. 343, champtier, à Bouglainval, canton de Maintenon, arrondissement de Chartres.

PLANTE-FOLIE, III. 117, pré, commune de Dampierre-sous-Blévy, canton de Senonches, arrondissement de Dreux.

PLATA-SCUTELLA, II. 305. *Plate-Ecuelle*, champtier, à Foinville, commune de Voves, arrondissement de Chartres.

PLATELLUM, III. 89. *Plateau*, moulin, commune de Saint-Prest, canton de Chartres-Nord; chef-lieu d'une prêtrière du Chapitre de Chartres.

PLATIER, II. 346, terroir, commune de Boutigny, canton de Nogent-le-Roi, arrondissement de Dreux.

PLESSEYUM, II. 387. *Le Plessis*, village, commune de Dampierre-sur-Avre, canton de Brezolles, arrondissement de Dreux.

PLISSE (LA), I. 37. *La Pelice*, hameau, commune de Cherreau, canton de la Ferté-Bernard, arrondissem. de Mamers (Sarthe).

POENCEYUM; PERVEIRECORT; POANCÉ; POENCI; PONCEIUM; PONSEYUM, I. 243; II. 47, 98,

202, 361, 367; III. 6, 60. *Pouancé*, hameau, communes de Bailleau-le-Pin et d'Ollé, canton d'Illiers, arrondissement de Chartres; chef-lieu d'une prêtrière du Chapitre de Chartres.

POEVILLARE, III. 97, 106. Voir PIATUM-VILLARE.

POHAS, II. 185, terroir, commune de Fontenay-sur-Eure, canton de Chartres-Sud.

POIERS, III. 166. *Poigny*, chef-lieu de commune, canton de Rambouillet (Seine-et-Oise).

POIFFONT; POYFONT, I. 53; II. 291, 380, 425. *Poiffonds*, hameau, commune de Lucé, canton de Chartres-Nord.

POINCHAT. Voir PENCHAT.

POINVILLERIUM, II. 241. Voir PIATUM-VILLARE.

POIRIER-DE-VILLERON (LE), II. 24, champtier, à Villeron, commune de Sancheville, canton de Bonneval, arrondissem. de Châteaudun.

POISSONNERIE (RUELLE DE LA), à Chartres, II. 232.

POITIERS, I. 117, chef-lieu du département de la Vienne.

POLEIUM; POLI; POLLEYUM, I. 191; II. 376; III. 19, 86, 209. *Le Poislay*, chef-lieu de commune, canton de Droué, arrondissement de Vendôme (Loir-et-Cher).

POMERETUM, II. 346. *Pommeray*, hameau, aujourd'hui détruit, commune de Chartainvilliers, canton de Maintenon, arrondissement de Chartres.

POMERETUM, II. 386, terroir, à Torçay, commune de Saint-Ange, canton de Châteauneuf, arrondissement de Dreux.

POMEREYUM, II. 293, 395; III. 42. *Pommeray*, hameau, commune de Bailleau-le-Pin, canton d'Illiers, arrondissem. de Chartres.

PONCEAUS (PONS), II. 414. *Le pont des Minimes*, à Chartres, à l'extrémité de la rue de la Corroierie.

PONCEIUM, II. 98; III. 6. Voir POENCEYUM.

PONCELLI, I. 168, 207; II. 80. *Ponceaux*, hameau, commune de Saint-Martin-de-Nigelles, canton de Maintenon, arrondissement de Chartres.

PONS; PONS-JUXTA-GALARDONEM; PONTES, II. 290, 332; III. 73. *Pont*, village, commune de Bailleau-sous-Gallardon, canton de Maintenon, arrondissement de Chartres; chef-lieu d'une prêtrière du Chapitre de Chartres.

PONS-DE-TRANCHEFESTU; PONS-TRENCHEFESTU, II. 185, 353, 354, 355, 361, 367, 380, 394; III. 119, 211. *Pont-Tranchefétu*, village, communes de Fontenay-sur-Eure et de Nogent-sur-Eure, cantons de Chartres-Sud et d'Illiers; chef-lieu d'une prêtrière du Chapitre de Chartres. M. Guérard (*Cart. de Saint-Père*), en traduisant la dénomination *Pons qui dicitur Incidens festucam*, place à Chartres le Pont-Tranchefétu.

PONS-EBRARDI; PONS-EVRADI; PONS-EVRARDI, I. 170; II. 242, 244, 246. *Ponthévrard*, chef-lieu de commune, canton de Dourdan, arrondissement de Rambouillet (Seine-et-Oise).

PONS-EBRARDI, III. 33. Voir COTTÉVRARD.

PONS-GODANUS; PONS-GADANUS; PONS-GODONIS; PONS-GOENI; PONS-GOENII, I. 19, 29, 32, 102, 140, 170, 251; II. 153, 178, 228, 242, 245, 246, 277, 364; III. 6, 8, 52, 78, 180, 225. *Pontgouin*, chef-lieu de commune, canton de Courville, arrondissement de Chartres.

PONS-SUPER-YONAM, II. 86. *Pont-sur-Yonne*, chef-lieu de canton, arrondissement de Sens (Yonne).

PONS-VILLARIS, II. 367, terroir, à Bailleau-le-Pin, canton d'Illiers, arrondissement de Chartres.

PONTES, II. 290. Voir PONS.

PONTINIACUM, II. 102, 128, 129. *Pontigny*, chef-lieu de commune, canton de Lignyle-Châtel, arrondissem., d'Auxerre (Yonne). Abbaye, une des quatre filles de Citeaux.

PONTISARA; PONTESIA, I. 231; II. 259; III. 215. *Pontoise*, chef-lieu d'arrondissement du département de Seine-et-Oise.

PONTLEVOY, I. 37, chef-lieu de commune, canton de Montrichard, arrondissement de Blois (Loir-et-Cher). Abbaye de l'ordre de saint Benoît.

PONT-SAINT-PIERRE, II. 169, hameau, commune de Saint-Nicolas-de-Pont-Saint-Pierre, canton de Fleury-sur-Andelle, arrondissement des Andelys (Eure).

POPONE-MONS, III. 36, localité inconnue.

PORESAC, II. 63. *Poissac*, écart, commune d'Oinville-sous-Auneau, canton d'Auneau, arrondissement de Chartres.

PORRAIS, II. 113, 337. *Port-Royal-des-Champs*, abbaye de religieuses de l'ordre de Citeaux, détruite en 1709, commune de Magny-les-Hameaux, canton de Chevreuse, arrondissement de Rambouillet (Seine-et-Oise).

PORRAYS, II. 336. *Pouras*, hameau, commune d'Emancé, canton de Rambouillet (Seine-et-Oise).

PORTA-AQUARIA, II. 240, 405, 415; III. 207, 216. *Porte-Evière*, ou *Saint-Etienne*, ou *de la Rôtisserie*, ou *de la Galée*, porte du cloître, à Chartres, détruite en 1843, était située à l'entrée de la rue Saint-Eman.

PORTÆ-AQUARIÆ (VICUS), II. 414. *La rue de la Porte-Evière*, depuis *rue des Trois-Étoiles*, et aujourd'hui *de la Petite-Cordonnerie*, à Chartres, à l'extrémité de la rue au Lait.

PORTA-AUS-CORNEURS. Voir PORTA-GILARDI.

PORTA-CASTELLETI, II. 418. *La porte Châtelet*, à Chartres, à l'extrémité de la rue du Bœuf-Couronné, sur la place Châtelet; aujourd'hui détruite.

PORTA-CINEROSA, I. 78. *La porte Cendreuse*, à Chartres, à la rencontre de la rue des Écuyers et de celle de Saint-Pierre; aujourd'hui détruite.

PORTA-CLAUSA. Voir PORTA-YMBODI.

PORTA-DROCENSIS, II. 416, 417, 418, 427; III. 68, 80, 104, 154. *La porte Drouaise*, à Chartres, au bas de la rue Muret; aujourd'hui détruite.

PORTÆ-DROCENSIS (MAGNUS VICUS), II. 417. *Le faubourg Saint-Maurice*, à Chartres.

PORTA-GILARDI; PORTA-AUS-CORNEURS, II. 414; III. 136. *La porte aux Cornus*, à l'extrémité du Coin-aux-Cornus, vis-à-vis le pont des Minimes, à Chartres; détruite depuis longtemps.

PORTA-GOMBERT, II. 352. Voir PETRA-GOBERTI.

PORTA-NOVA; PORTA-NOVA-CARNIFICUM, II. 403, 405, 408, 409; III. 3, 12, 87, 105, 128, 160. *La porte Neuve*, ou *de la Boucherie*, ou *de l'Horloge*, porte du cloître, à Chartres, détruite en 1732, donnait sur la rue du Cheval-Blanc.

PORTÆ-NOVÆ (VICUS), II. 405; III. 17. *La rue du Cheval-Blanc*, à Chartres.

PORTA-PERTHICANA, II. 403, 404, 410, 411, 412; III. 49, 82, 140, 163. *La porte Percheronne* ou *Savart*, porte du cloître, à Chartres, détruite en 1789, donnait sur le carrefour de la Pelleterie (rue du Soleil-d'Or). M. Guérard (*Cart. de Saint-Père*) l'a confondue avec la porte des Épars.

PORTÆ-PERTHICANÆ (MAGNUS VICUS), II. 409. *La rue Percheronne*, à Chartres.

PORTA-REGALIS, II. 403. *La porte Royale*, porte du cloître, à Chartres, donnait sur la rue Châtelet (rue Sainte-Même); il en reste encore quelques vestiges.

PORTA-RIBALDA, II. 333, champtier, à Giroudet, commune d'Écrosnes, canton de Maintenon, arrondissement de Chartres.

PORTA-SANCTI-JOHANNIS-IN-VALEYA, II. 62; III. 109. *La porte Saint-Jean*, à Chartres, à l'extrémité de la rue des Lisses, tirait son nom de l'abbaye de Saint-Jean-en-Vallée, en face de laquelle elle était située. Elle est entièrement détruite aujourd'hui.

PORTA-SPARRARUM; PORTA-ESPARRARUM, I. 20, 141; II. 202, 216, 410, 419; III. 16, 46. *La porte des Épars*, à Chartres, située à l'extrémité de la rue du Bois-Merrain; aujourd'hui détruite.

PORTA-YMBODI; PORTA-CLAUSA, II. 414, 420. *La porte Imboust*, entre le pont Saint-Thomas et le pont des Sept-Arches, à Chartres; détruite depuis longtemps.

POST-NEMUS, II. 49. *Durbois*, ferme, commune de Favières, canton de Châteauneuf, arrondissement de Dreux.

POTINIACUM. Voir PONTINIACUM.

POUILLI, I. 76. *Pouilly-en-Auxois*, chef-lieu de canton, arrondissem. de Beaune (Côte-d'Or).

POULAILLERIE (RUE DE LA), à Chartres, III. 165.

POULINIÈRE (LA), II. 139, hameau, commune de Savigny-sur-Braye, arrondissement de Vendôme (Loir-et-Cher).

POYFONT. Voir POIFFONT.

PRATA, II. 44; III. 92. *Pré-Saint-Martin*, chef-lieu de commune, canton de Bonneval, arrondissement de Châteaudun; chef-lieu d'une prêtrière du Chapitre de Chartres.

PRATA, III. 191. *Les Prés*, hameau, commune de Maintenon, arrondissement de Chartres.

PRATA. Voir PREEZ.

PRATELLA, II. 332, champtier, à Occonville, commune du Gué-de-Longroi, canton d'Auneau, arrondissement de Chartres.

PRATELLI, II. 340, champtier, à Berchères-la-Maingot, canton de Chartres-Nord.

PRATO (MOLENDINUM DE), II. 79, 387; III. 12, 42, 52, 71. *Pré-Sainte-Agnès*, moulin, commune de Landelles, canton de Courville, arrondissement de Chartres; chef-lieu d'une mairie du Chapitre de Chartres.

PRATUM, III. 154. *Le moulin Leblanc*, commune de Morancez, canton de Chartres-Sud.

PRATUM-FONTIS, II. 381, champtier, à Fontaine-la-Guyon, canton de Courville, arrondissement de Chartres.

PRATUM-MAJORIÆ, III. 150, pré, à Emancé, canton de Rambouillet (Seine-et-Oise).

PRATUM-MOTOSUM, II. 175, 176. *Prémotteux*, hameau, commune de Trizay-lès-Bonneval, canton de Bonneval, arrondissement de Châteaudun.

PRATUM-NOSTRÆ-DOMINÆ, II. 364, pré, à la Taye, commune de Saint-Georges-sur-Eure, canton de Courville, arrondissement de Chartres.

PRATUM-VILLARE. Voir PIATUM-VILLARE.

PRAVILLA; PROEVILLA, I. 145; II. 118, 168, 193, 195, 307, 308, 309, 310, 320, 321, 323, 392. *Prasville*, chef-lieu de commune, canton de Voves, arrondissement de Chartres; chef-lieu d'une prêtrière du Chapitre de Chartres.

PRÆDICATORES (FRATRES), I. 22, 23, 24, 26; III. 78. *Les frères Prêcheurs* ou *Jacobins*, à Chartres. Leur couvent, connu encore aujourd'hui sous le nom de *Saint-Jacques*, est occupé par les sœurs hospitalières de Saint-Paul.

PRÉEZ; PRATA; PRAUZ; PRÉS, II. 185, 318, 352, 354, 355, 394; III. 83. *Pré*, moulin, commune de Fontenay-sur-Eure, canton de Chartres-Sud; chef-lieu d'une prêtrière du Chapitre de Chartres.

PREMETE, II. 410, vigne, dans la vallée des Vauroux, à Chartres.

PRENTENCIÈRE (LA), II. 373. *La Princetière*, hameau, commune de Saint-Denis-d'Authou, canton de Thiron, arrondissement de Nogent-le-Rotrou.

PRÉS (MOLENDINUM DE); PREES, II. 421. *Le*

294 DICTIONNAIRE TOPOGRAPHIQUE.

moulin des Saumons, à Chartres; détruit en 1855. Voir SOLIDUS-MONS.

PRIMERIACUM, I. 23; III. 197. *Prémery*, chef-lieu de canton, arrondissement de Cosne (Nièvre).

PROBATUS-MONS; PROVEMONS, I. 253; II. 348; III. 169. *Prémont*, village, commune d'Ouerre, canton de Dreux.

PROEVILLA. Voir PRAVILLA.

PRULIACUM, II. 129. *Preuilly*, chef-lieu de canton, arrondissement de Loches (Indre-et-Loire).

PRUNERIACUM, I. 23, pour PRIMERIACUM. Voir à ce mot.

PRUNETUM-GILONIS, II. 318. *Prunay-le-Gillon*, chef-lieu de commune, canton de Chartres-Sud.

PRUVINUM, I. 218; II. 91. *Provins*, chef-lieu d'arrondissement du département de Seine-et-Marne.

PUISATUM; PUISAT; PUISIACUM; PUSATUM; PUSIACUM; PUTEACUM; PUTHEOLUM, I. 92, 107, 108, 115, 116, 117, 134, 139, 200, 202, 207, 253; II. 27, 51, 94, 187, 195, 204, 260, 308; III. 53, 134, 170. *Le Puiset*, chef-lieu de commune, canton de Janville, arrondissement de Chartres.

PUISATUM, II. 340. *Le Puiseau*, champtier, à Berchères-la-Maingot, canton de Chartres-Nord.

PUISAYE (LA), I. 164, chef-lieu de commune, canton de Senonches, arrondissement de Dreux.

PUISOLS; PUISOLI; PUTHEOLI, I. 140, 148; II. 347, 348, 349; III. 34. *Puiseux*, chef-lieu de commune, canton de Châteauneuf, arrondissement de Dreux; chef-lieu d'une prêtrière du Chapitre de Chartres et d'une seigneurie, qui comprenait les mairies de Puiseux, le Boullay-Mivoye, le Tremblay-le-Vicomte, Landouville, Saint-Lot, Fadainville, Villemeux, Achères et les bois de Marmousse.

PUSIACUM. Voir PUISATUM.

PUTEOLUS; PUTEOLI; PUTHEOLLÆ; PUTHOLI, II. 52, 167, 288, 306, 308, 391, 397; III. 3, 112, 129, 173. *Puiseaux*, village, aujourd'hui détruit, commune de Montainville, canton de Voves, arrondissement de Chartres; chef-lieu d'une prêtrière du Chapitre de Chartres.

PUTEUS-CINTREII, II. 45. *Le puits de Cintray*, à Cintray, canton de Chartres-Nord. Jusqu'en 1790, le puits communal de Cintray fut une sorte de fief, dont le possesseur était tenu à l'entretien du puits.

PUTEUS-DROETI, II. 423. *Le Puits-Drouet*, village, commune de Chartres.

PUTHEOLI, II. 362. *Les Puiseaux de la Taye*, champtier, commune de Saint-Georges-sur-Eure, canton de Courville, arrondissement de Chartres.

PUTHEOLI, II. 347; III. 34. Voir PUISOLS.

PUTHEOLLÆ. Voir PUTEOLUS.

PUTHEOLUM. Voir PUISATUM.

PUTHEUS-SANCTI-EUVROULDI, II. 289. Voir PARAYUM-SANCTI-EBRULPHI.

PUTHOLI. Voir PUTEOLUS.

Q

QUARGOU (MOLENDINUM DE), II. 372. *Caroou*, moulin, commune de Saint-Avit, canton de Brou, arrondissement de Châteaudun.

QUARELLA, II. 320, champtier, à Létourville, commune de Boisville-la-Saint-Père, canton de Voves, arrondissement de Chartres.

QUARELLUM, II. 311. *La Fosse-Carrée*, champtier, à Menonville, commune de Villars, canton de Voves, arrondissem. de Chartres.

QUARELLUM-SENTERII-DE-NOVIACO, II. 164, champtier, à Villeau, canton de Voves, arrondissement de Chartres

QUARREAUS (LES), II. 362, terroir, à la Taye, commune de Saint-Georges-sur-Eure, canton de Courville, arrondissement de Chartres.

QUARRELLUM, II. 305, champtier, à Foinville, commune de Voves, arrondissement de Chartres.

QUARRELLUM, II. 309, champtier, à Tilleau, commune de Villeau, canton de Voves, arrondissement de Chartres.

QUARRELLUM, II. 383, terroir, au Luat, commune de Vérigny, canton de Courville, arrondissement de Chartres.

QUARROGIUM. Voir CARROGIÆ.

QUARTERON (LE); QUARTON (LE); QUATERUNS (LE), II. 295; III. 100, 189, terroir, à Torçay, commune de Saint-Ange, canton de Châteauneuf, arrondissement de Dreux.

QUERCUS, III. 155. Le Chêne, ferme, commune de Sainville, canton d'Auneau, arrondissement de Chartres.

QUERCUS-SICCUS, II. 382, champtier, à Fontaine-la-Guyon, canton de Courville, arrondissement de Chartres.

QUINQUE-ULMI, II. 289, 327, 331, 393. Cinq-Ormes, village, commune de Houville, canton d'Auneau, arrondissement de Chartres; chef-lieu d'une prêtrière du Chapitre de Chartres.

R

RABLEAUE, II. 343. Herboust, terroir, à Bouglainval, canton de Maintenon, arrondissement de Chartres.

RABOUTIÈRE (LA), II. 352. La Rabotière, terroir, à Fontenay-sur-Eure, canton de Chartres-Sud.

RACHINETUM; RACHIGNETUM; RASCHINE, I. 213; II. 291, 418, 419, 426; III. 3, 49, 137. Rachigny, vallée, commune de Chartres.

RACHINETI (PARVA-VALLEYA), II. 418, 419. La sente de Rachigny, dans le faubourg Saint-Jean, à Chartres.

RADDERETS, III. 76. Les Radrets, hameau, commune de Sargé, canton de Mondoubleau, arrondissement de Vendôme (Loir-et-Cher).

RAIGNEIUM. Voir REGNEIUM.

RAMBOUILLET, II. 204, chef-lieu d'arrondissement du département de Seine-et-Oise.

RAMERU, I. 88. Ramerupt, chef-lieu de canton, arrondissement d'Arcis-sur-Aube (Aube).

RAMLA, I. 98, ville de Syrie (Turquie d'Asie), dans l'eyalet de Damas.

RAOU (LA), II. 356, terroir, à Chaunay, commune de Fontenay-sur-Eure, canton de Chartres-Sud.

RAQUANTE (LA), III. 206, terroir, à Gallardon, canton de Maintenon, arrondissement de Chartres.

RASCHINE. Voir RACHINETUM.

RAVENNAS, I. 27. Ravenne, ville d'Italie, chef-lieu de la province de Romagne.

RAVOI, III. 8. Le Ravoy, moulin, aujourd'hui détruit, commune de Pontgouin, canton de Courville, arrondissement de Chartres.

REATE, II. 199. Rieti, ville d'Italie, sur le Vélinus.

REBOLINUM; REBOLI; REBOLIN, I. 140, 262; II. 134, 156, 193, 287, 288, 318, 319, 320, 321, 322, 323, 324, 392, 397; III. 20, 26, 93, 167. Reboulin, hameau, aujourd'hui détruit, commune de Boisville-la-Saint-Père, canton de Voves, arrondissement de Chartres; chef-lieu d'une prébende du Chapitre de Chartres, qui comprenait les prêtrières de Reboulin, Bènechèvre, Guillonville, Berthouvilliers, Prasville, Ensonville-les-Noyers, Ormeville, Intreville, Melleray, Meulières, Moinville-la-Jeulin, Moutiers-en-Beauce et Réclainville.

RECLAINVILLA; RECLAINVILLARE, I. 114, 133; II. 195, 392. *Réclainville*, chef-lieu de commune, canton de Voves, arrondissement de Chartres; chef-lieu d'une prêtrière du Chapitre de Chartres.

RECULET; CULETUM; RECULETUM, I. 162; II. 15, 105, 239, 420. *Les prés de Reculet* ou *Petits-Prés*, à Chartres. M. Guérard *(Cart. de Saint-Père)* a traduit *Rediculetum* par le Reculet, au sud-ouest de Rochefort.

REDONES, I. 82, 84. *Rennes*, chef-lieu du département d'Ille-et-Vilaine.

REGEART. Voir. RIGART.

REGNEIUM; RAIGNEIUM; REIGNEIUM, II. 136, 137, 152. *Rigny*, hameau, commune de Fruncé, canton de Courville, arrondissement de Chartres.

REINVILLA, III. 11. *Roinville-sous-Auneau*, chef-lieu de commune, canton d'Auneau, arrondissement de Chartres.

REMAST, II. 249, moulin, aujourd'hui détruit, à Tachainville, commune de Thivars, canton de Chartres-Sud.

REMENOVILLA, II. 76, 257, *Remenonville*, hameau, aujourd'hui détruit, commune de Barjouville, canton de Chartres-Sud.

REMENUNVILLA, III. 113, 114. *Armenonville-les-Gâtineaux*, chef-lieu de commune, canton de Maintenon, arrondissement de Chartres.

REMI, I. 5, 21, 37, 67, 128, 143, 171, 197; III. 93. *Reims*, chef-lieu d'arrondissement du département de la Marne.

RENNENCORT, I. 185. *Renancourt*, hameau, commune de Villemeux, canton de Nogent-le-Roi, arrondissement de Dreux.

RENZ (LES), II. 338. *Les Réaulx*, champtier, à Jouy, canton de Chartres-Nord.

RETRO-FURNUM, II. 316, champtier, à Corancez, canton de Chartres-Sud.

RICHEBORCH, I. 253. *Richebourg*, chef-lieu de commune, canton de Houdan, arrondissement de Mantes (Seine-et-Oise).

RIENNE, II. 136, 358. *Riane*, hameau, commune de Fruncé, canton de Courville, arrondissement de Chartres.

RIEZ, I. 67, chef-lieu de canton, arrondissement de Digne (Basses-Alpes).

RIGART; REGEART; REJART, I. 53, 82; II. 421; III. 27, 82. *Rigeard*, hameau, commune de Chartres.

RINIACUM, III. 36. *Rigny*, ferme, commune de Marolles, canton de Thiron, arrondissement de Nogent-le-Rotrou.

RINUS, I. 43. *Le Rhin*, fleuve, prend sa source dans les Alpes Centrales entre le mont Saint-Gothard et le mont Septimer et se jette dans la mer du Nord à Katwyk.

RIPERIA, II. 325, champtier, au Gué-d'Oisème, commune de Gasville, canton de Chartres-Nord.

ROBERT-BLIN (RUE), I. 106, à Chartres.

ROBERTI-CURIA, II. 73, 341, 348. *Robertcourt*, ferme, commune de Saint-Cheron-des-Champs, canton de Châteauneuf, arrondissement de Dreux.

ROBORETUM; ROUVRAYUM, I. 202; II. 302. *Rouvray-Saint-Florentin*, chef-lieu de commune, canton de Voves, arrondissement de Chartres.

ROBUR, II. 313. *Rouvres*, hameau, aujourd'hui détruit, commune de Blandainville, canton d'Illiers, arrondissement de Chartres; une des dix-sept villes franches du Chapitre de Chartres.

ROCHEIA-DE-AMANCEYO, II. 336. *Les Roches-d'Emancé*, champtier, à Emancé, canton de Rambouillet (Seine-et-Oise).

ROCHEVERT (LA), II. 87, fief, commune de Cloyes, arrondissement de Châteaudun.

ROESSELLUM, II. 288, pour BUSSELLUM. Voir ce mot.

ROHERIA, I. 114. *Rohaire*, chef-lieu de commune, canton de la Ferté-Vidame, arrondissement de Dreux.

ROIA, II. 74; III. 13. *Roye*, chef-lieu de canton, arrondissement de Montdidier (Somme).

ROIGORET, II. 384. *Rogeret*, terroir, à Bilheux, commune de Theuvy, canton de Châteauneuf, arrondissement de Dreux.

ROMA, I. 11, 29, 110, 112, 115, 125, 126, 168, 192, 208, 227, 228, 245, 246, 247, 248, 249, 250; II. 11, 127, 162, 166, 203; III. 34, 73, 197, 204, 224. *Rome*, capitale des États de l'Église et chef-lieu de la comarca de Rome.

ROMANIOLA, I. 27; II. 226. *La Romagne* ou *la Romandiole*, province de l'Italie Centrale, dont la capitale est Ravenne.

ROMMINGNE, II. 126. *Romilly-sur-Aigre*, chef-lieu de commune, canton de Cloyes, arrondissement de Châteaudun.

RONCIA, II. 44, 371; III. 92. *La Ronce*, hameau, commune d'Alluyes, canton de Bonneval, arrondissement de Châteaudun; chef-lieu d'une mairie du Chapitre de Chartres.

ROSERORUS, I. 87. *Le Rosier*, hameau, aujourd'hui détruit, commune de Dreux.

ROSEYUM, II. 288. *Rosay-au-Val*, hameau, commune de Theuville, canton de Voves, arrondissement de Chartres; chef-lieu d'une seigneurie du Chapitre de Chartres, qui comprenait les mairies de Rosay-au-Val, Chamblay et Pezy.

ROSNY, I. 252. *Rosny-sur-Seine*, chef-lieu de commune, canton de Mantes (Seine-et-Oise).

ROTHOMAGUS, I. 86, 197; II. 169, 198, 200. *Rouen*, chef-lieu du département de la Seine-Inférieure.

ROUSETUM, II. 367. *Rosay-au-Val*, ferme, commune de Bailleau-le-Pin, canton d'Illiers, arrondissement de Chartres.

ROUSSERIA, II. 427. *La Roussière*, ferme, commune de Lèves, canton de Chartres-Nord.

ROUTIS (LES); ROTIS (LES), II. 295; III. 25. *Les Rostys*, hameau, commune de Saint-Arnoult-des-Bois, canton de Courville, arrondissement de Chartres.

ROUTOER (LE), II. 385, champtier, à Dangers, canton de Courville, arrondissement de Chartres.

ROUVRAYUM, II. 302. Voir ROBORETUM.

ROUVRES, II. 110, chef-lieu de commune, canton d'Anet, arrondissement de Dreux.

ROYAUMONT, I. 37, hameau, commune d'Asnières-sur-Oise, canton de Luzarches, arrondissement de Pontoise (Seine-et-Oise). Abbaye de l'ordre de Cîteaux, fondée en 1228.

ROYS (LES), III. 168, fief, commune de Saint-Vrain, canton d'Arpajon, arrondissement de Corbeil (Seine-et-Oise).

RUAN, II. 75, chef-lieu de commune, canton de Droué, arrondissement de Vendôme (Loir-et-Cher).

RUCHEYUM, II. 340, champtier, à Berchères-la-Maingot, canton de Chartres-Nord.

RUCON (CLAUSUS), II. 422. *Le clos Russon* ou *Fauchet*, à Saint-Cheron, commune de Chartres.

RUELLA-PRATORUM, II. 326, champtier, à Archevilliers, commune de Nogent-le-Phaye, canton de Chartres-Sud.

RUELLI, II. 326. *La Ruelle*, champtier, à Archevilliers, commune de Nogent-le-Phaye, canton de Chartres-Sud.

RUETA, II. 377. *La Ruette*, champtier, à Amilly, canton de Chartres-Nord.

RUFINUM; ROFIN, I. 184; II. 79, 337; III. 9. *Ruffin*, hameau, communes de Bréchamps et de Chaudon, canton de Nogent-le-Roi, arrondissement de Dreux.

RULLIACUM, I. 218, *Ruillé-sur-le-Loir*, chef-lieu de commune, canton de la Chartre-sur-le-Loir, arrondiss. de Saint-Calais (Sarthe).

RUNCEVILLA; RUNTIA-VILLA, I. 86, 150, 197; III. 159. *Roncheville*, hameau, commune de Saint-Martin-aux-Chartrains, canton de Pont-l'Evêque (Calvados).

RUPIS, II. 18. *La Roche*, hameau, commune de Saint-Prest, canton de Chartres-Nord.

RUPISFORTIS, II. 357, terroir, à Barjouville, canton de Chartres-Sud.

RUPPES-EPISCOPI, II. 139. *Les Roches*, chef-lieu de commune, canton de Montoire, arrondissement de Vendôme (Loir-et-Cher).

RUPPESFORTIS, I. 88, 108, 187; II. 150, 199. *Rochefort*, chef-lieu de commune, canton de Dourdan, arrondissement de Rambouillet (Seine-et-Oise).

S

SACRUM-CÆSARIS, II. 21. *Sancerre*, chef-lieu d'arrondissement du département du Cher.

SAINDARVILLA. Voir SANDARVILLA.

SAINT-ANDRÉ, I. 252, chef-lieu de canton, arrondissement d'Évreux (Eure).

SAINT-ANDRÉ-DES-ARCS, I. 37. *Saint-André-des-Arts*, ancienne église, à Paris. Sur son emplacement était la place de Saint-André-des-Arts.

SAINT-BOHAIRE, I. 9, chef-lieu de commune, canton de Blois (Loir-et-Cher).

SAINT-BRISSON, II. 21, chef-lieu de commune, canton de Montsauche, arrondissement de Château-Chinon (Nièvre).

SAINT-GERMAIN-DES-PRÉS, II. 10, 144, abbaye de l'ordre de saint Benoît, fondée en 558 à Paris. L'église abbatiale sert aujourd'hui de paroisse.

SAINT-GERMAIN-LE-GAILLARD, II. 27, chef-lieu de commune, canton de Courville, arrondissement de Chartres.

SAINT-ILLIDIUS DE CLERMONT, II. 144, abbaye de l'ordre de saint Benoît, à Clermont-Ferrand (Puy-de-Dôme).

SAINT-JEAN-DE-LA-RUELLE, I. 109; II. 177, chef-lieu de commune, canton d'Orléans (Loiret).

SAINT-LÉONARD DE DREUX, II. 273, faubourg, à Dreux, tire son nom de l'ancien prieuré de Saint-Léonard, dépendant de l'abbaye de Coulombs.

SAINT-MAUR, I. 136; II. 154, chef-lieu de commune, canton de Bonneval, arrondissement de Châteaudun.

SAINT-PAUL (PALAIS DE), II. 248, à Paris, détruit depuis longtemps, était situé dans la rue Saint-Paul, quartier de l'Arsenal.

SAINT-PAUL-TROIS-CHATEAUX, I. 67, chef-lieu de canton, arrondissement de Montélimart (Drôme).

SAINT-VICTOR DE PARIS, II. 11, abbaye de l'ordre de saint Benoît, fondée vers la fin du XIe siècle. Sur l'emplacement de cette abbaye existe aujourd'hui la Halle-aux-Vins, quartier du Jardin-du-Roi.

SAINTE-GENEVIÈVE DE PARIS, II. 10, abbaye royale de l'ordre de saint Benoît, fondée par Clovis vers 509. L'église abbatiale a été démolie vers 1808, et sur son emplacement passe la rue Clovis; les bâtiments conventuels servent aujourd'hui au lycée Henri IV.

SAINTE-MARIE (BOIS), I. 75, faisait partie de la forêt d'Orléans et était le chef-lieu d'une mairie du Chapitre de Chartres.

SAINTE-MÊME (RUE), à Chartres, II. 86. Voir CASTELETI (VICUS).

SAINTES, I. 67, chef-lieu d'arrondissement du département de la Charente-Inférieure.

SAINVILLA; SENVILLA, II. 116; III. 32, 187. *Sainville*, chef-lieu de commune, canton d'Auneau, arrondissement de Chartres.

SALICES, II. 334. *La Mare-des-Saules*, champtier, à Giroudet, commune d'Écrosnes, canton de Maintenon, arrondissement de Chartres.

SALIX, II. 366, terroir, à Sandarville, canton d'Illiers, arrondissement de Chartres.

SALMEREIUM. Voir SAUMEREYUM.

SALMURIUM, I. 29. *Saumur*, chef-lieu d'arrondissement du département de Maine-et-Loire.

SALNERIORUM (VICUS), II. 356, rue, à Chaunay, commune de Fontenay-sur-Eure, canton de Chartres-Sud.

SALOMONIS-FOSSA, III. 155. Voir SOLIDUS-MONS.

SALUX, II. 73. *Sceaux*, chef-lieu de commune, canton de Ferrières, arrondissement de Montargis (Loiret).

SALVAGES. Voir SAUVAGIÆ.

SANCHEVILLA, II. 310, 314; III. 99. *Sancheville*, chef-lieu de commune, canton de Bonneval, arrondissement de Châteaudun; chef-lieu d'une prêtrière du Chapitre de Chartres.

SANCTA-FIDES CARNOTENSIS, I. 20, 102, 160; II. 410; III. 1, 46, 101, 103, 164. *Sainte-Foi*, prieuré-cure, à Chartres; aujourd'hui couvent de PP. Maristes.

SANCTA-MARIA BLESENSIS, I. 207. *Notre-Dame de Blois* ou *Bourg-Moyen*, abbaye de l'ordre de saint Augustin, à Blois (Loir-et-Cher).

SANCTA-MARIA-IN-SAXIA, II. 11. Église et hôpital de *Sainte-Marie-des-Saxons*, à Rome (Italie); près de la basilique de Saint-Pierre.

SANCTA-MARIA-SUPER-STRATAM, I. 80. *Le Bois-de-Mivoye*, village, communes de Mignières et de Dammarie, canton de Chartres-Sud.

SANCTI-ALBINI (ABBATIA), III. 159. Deux abbayes portaient le nom de *Saint-Aubin* avant le XIIe siècle, l'une située à Angers, l'autre au Mans; nous ne savons de laquelle il s'agit.

SANCTI-ANDRÆÆ (ARCUS), III. 136. *L'arche Saint-André*, à Chartres. L'église paroissiale de Saint-André était située sur les deux rives de l'Eure, au moyen d'une arche jetée sur la rivière.

SANCTI-ANDRÆÆ (VICUS), II. 413, 422; III. 16, 29, 49, 66. *La rue Saint-André*, à Chartres, de l'église de Saint-André à la porte Drouaise.

SANCTI-GERMANI (NEMUS), II. 55, bois, commune d'Auvers-Saint-Georges, canton de la Ferté-Alais, arrondissement d'Étampes (Seine-et-Oise).

SANCTI-LEOBINI (PRATUM), III. 166, pré, à Mazangé, canton de Vendôme (Loir-et-Cher).

SANCTI-MAURICI (MOLENDINUM), II. 418. *Le moulin de Chevecier*, à Chartres.

SANCTI-NICHOLAI (CAPELLA), II. 414. *La chapelle Saint-Nicolas*, située au-dessus de la fontaine Saint-André, à Chartres.

SANCTI-PANTHALEONIS (CAPELLA), II. 413. La chapelle placée sur la porte Guillaume, à Chartres, a toujours été connue sous le nom de *Saint-Fiacre*; d'après le Polyptique, elle aurait eu aussi saint Pantaléon pour patron.

SANCTI-PAULI (VICUS), I. 30. *La rue Saint-Paul*, quartier de l'Arsenal, à Paris.

SANCTI-VINCENTII (BOSCUS), II. 386. *Le bois de Saint-Vincent*, commune de Saint-Maixme, canton de Châteauneuf, arrondissement de Dreux.

SANCTOLIUM, II. 199, 241, 245, 331; III. 30. *Santeuil*, chef-lieu de commune, canton d'Auneau, arrondissem. de Chartres; chef-lieu d'une mairie du Chapitre de Chartres.

SANCTUS-ALBINUS; VILLA-SANCTI-ALBINI, I. 140, 225; II. 287, 295, 381, 382, 396, 399, 401; III. 65, 164, 191. *Saint-Aubin-des-Bois*, chef-lieu de commune, canton de Chartres-Nord; chef-lieu d'une double prébende du Chapitre de Chartres. La première portion comprenait les prêtrières de Saint-Aubin-des-Bois, Grognault, le Pin et Vérouville; de la seconde dépendaient les prêtrières de Bénée, Châtenay, le Mesnil, Chigneaux, Orébin et Fontaine-la-Guyon.

SANCTUS-ANDRÆAS CARNOTENSIS, I. 17, 118, 124, 170, 221; II. 193, 194, 414, 415, 416, 422; III. 10, 17, 81, 146, 207. *Saint-André*, autrefois une des onze paroisses de la ville de Chartres. L'église, aujourd'hui en partie détruite, sert de magasin à fourrages.

SANCTUS-ANGELUS, II. 385. *Saint-Ange*, chef-lieu de commune, canton de Châteauneuf, arrondissement de Dreux.

SANCTUS-ANIANUS CARNOTENSIS, I. 24, 79, 90; II. 230, 231, 411; III. 99. *Saint-Aignan*, autrefois une des onze paroisses de la ville de Chartres, aujourd'hui succursale de la paroisse de Saint-Pierre.

SANCTUS-ANIANUS-IN-BITURIA, III. 78. *Saint-Aignan-des-Noyers*, chef-lieu de commune, canton de Sancoins, arrondissement de Saint-Amand-Mont-Rond (Cher).

SANCTUS-ARNULFUS, II. 199. *Saint-Arnoult-des-Bois*, chef-lieu de commune, canton de Courville, arrondissement de Chartres.

SANCTUS-AVITUS, I. 147, 148. *Saint-Avit*, écart, commune de Saint-Denis-les-Ponts, canton de Châteaudun. Abbaye de femmes de l'ordre de Saint-Benoît.

SANCTUS-BARTHOLOMEUS, II. 406, 422, 423; III. 43. *Saint-Barthélemy*, une des onze paroisses de la ville de Chartres, aujourd'hui détruite.

SANCTUS-CARAUNUS CARNOTENSIS; SANCTUS-KARAUNUS, I. 19, 35, 36, 138, 207, 215, 220, 240, 250; II. 31, 64, 131, 144, 150, 161, 233, 239, 246, 291, 313, 385, 406, 420, 422, 423; III. 16, 18, 63, 69, 84, 96, 116, 127, 129, 146, 180. *Saint-Cheron*, faubourg de Chartres; une des dix-sept villes franches du Chapitre de Chartres. Dans ce faubourg était une abbaye de l'ordre de Saint-Augustin, dont les bâtiments servent aujourd'hui de Petit-Séminaire.

SANCTUS-CARAUNUS-DE-CAMPIS, III. 86. *Saint-Cheron-des-Champs*, chef-lieu de commune, canton de Châteauneuf, arrondissement de Dreux.

SANCTUS-CARAUNUS-DE-CHEMINO, II. 329. *Saint-Cheron-du-Chemin*, hameau, commune du Gué-de-Longroi, canton d'Auneau, arrondissement de Chartres.

SANCTUS-CHRISTOFORUS, II. 92, 289, 392, 397. *Saint-Christophe-en-Dunois*, chef-lieu de commune, canton de Châteaudun; chef-lieu d'une prêtrière du Chapitre de Chartres.

SANCTUS-CIRICUS, I. 19; III. 180. *Saint-Cyr*, chef-lieu de commune, canton de Versailles (Seine-et-Oise). Abbaye de femmes de l'ordre de Saint-Benoît.

SANCTUS-DIONISIUS-DE-CERNELLIS; SERNELLÆ, II. 220, 221, 314, 341. *Saint-Denis-de-Cernelles*, hameau, aujourd'hui détruit, commune du Gault-en-Beauce, canton de Bonneval, arrondissement de Châteaudun.

SANCTUS-DYONISIUS, I. 73; II. 30, 133, 144, 275; III. 139. *Saint-Denis-en-France*, chef-lieu d'arrondissement du département de la Seine. Célèbre abbaye de l'ordre de Saint-Benoît.

SANCTUS-EBRULFUS, I. 174; III. 179. *Saint-Evroult-Notre-Dame-du-Bois*, chef-lieu de commune, canton de la Ferté-Fresnel, arrondissement d'Argentan (Orne). Abbaye de l'ordre de Saint-Benoît.

SANCTUS-EMANUS, III. 36. *Saint-Eman*, chapelle, à Chartres, dépendant de l'abbaye de Bonneval, située dans la rue Saint-Eman : il en reste à peine quelques vestiges.

SANCTI-EMANI (RUELLA), II. 415. *La Tertre-aux-Rats*, à Chartres, de la rue Saint-Eman à la rue de la Petite-Cordonnerie.

SANCTUS-GEORGIUS-SUPER-AUDURAM, I. 261 ; II. 23, 52, 365 ; III. 34, 56, 83, 111, 114, 121, 123, 186, 188. *Saint-Georges-sur-Eure*; chef-lieu de commune, canton de Courville, arrondissement de Chartres ; chef-lieu d'une seigneurie du Chapitre de Chartres, dont dépendaient les mairies de Saint-Georges-sur-Eure, la Motte, Montaudouin, Hartencourt et Formeslé.

SANCTUS-GERMANUS-IN-LAIA, II. 74, 106, 195. *Saint-Germain-en-Laye*, chef-lieu de canton, arrondissement de Versailles (Seine-et-Oise).

SANCTUS-GERMANUS-PROPE-ALLOYAM ; SANCTUS-GERMANUS-JUXTA-ALOIAM ; SANCTUS-GERMANUS-VERSUS-ILLESIAS, II. 312, 313, 318. *Saint-Germain-lès-Alluyes*, village, commune d'Alluyes, canton de Bonneval, arrondissement de Châteaudun.

SANCTUS-HILARIUS CARNOTENSIS, I. 114, 129, 130 ; III. 71. *Saint-Hilaire*, une des onze anciennes paroisses de la ville de Chartres, aujourd'hui détruite.

SANCTUS-INNOCENCIUS PARISIENSIS, I. 25. *Les Saints-Innocents*, à Paris, église supprimée. Son emplacement était occupé par le marché des Innocents.

SANCTUS-JACOBUS, II. 416. *Saint-Jacques*, église des frères Prêcheurs, à Chartres. Sur son emplacement est aujourd'hui la chapelle des sœurs de Saint-Paul. Voir PREDICATORES (FRATRES).

SANCTUS-JOHANNES-IN-VALLEYA, I. 17, 19, 21, 27, 29, 64, 91, 100, 101, 102, 106, 107, 108, 118, 125, 131, 133, 160, 215, 230, 255 ; II. 64, 68, 109, 117, 118, 148, 149, 150, 161, 166, 195, 240, 249, 256, 279, 297, 298, 356, 409, 425, 426 ; III. 13, 18, 39, 50, 110, 118, 127, 161, 205, 225. *Saint-Jean-en-Vallée*, abbaye de l'ordre de Saint-Augustin, à Chartres, fondée en 1036. Le couvent fut détruit en 1568, et les religieux se transportèrent dans le prieuré de Sainte-Foi, puis bientôt dans le prieuré de Saint-Etienne au cloître. Le prieuré de Saint-Etienne, depuis abbaye de Saint-Jean, est aujourd'hui occupé par les dames de la Providence.

SANCTUS-JULIANUS-SUPER-CARLONAM, I. 86, 150, 197 ; III. 159. *Saint-Julien-sur-Calonne*, chef-lieu de commune, canton de Blangy, arrondissement de Pont-l'Evêque (Calvados).

SANCTUS-KARAUNUS. Voir SANCTUS-CARAUNUS CARNOTENSIS.

SANCTUS-KARILELFUS, I. 218 ; II. 116. *Saint-Calais*, chef-lieu d'arrondissement du département de la Sarthe.

SANCTUS-LAUDUS, II. 347. *Saint-Lot*, hameau, aujourd'hui détruit, commune du Boullay-Mivoye, canton de Nogent-le-Roi, arrondissement de Dreux ; chef-lieu d'une mairie du Chapitre de Chartres.

SANCTUS-LAUNOMARUS. Voir LUCENS.

SANCTUS-LAUNOMARUS BLESENSIS, I. 34, 207 ; II. 127 ; III. 37, 78. *Saint-Laumer*, abbaye de l'ordre de Saint-Benoît, à Blois (Loir-et-Cher). L'église abbatiale sert aujourd'hui de paroisse sous le vocable de Saint-Nicolas.

SANCTUS-LAURENTIUS-DE-NEMORE, I. 173, 217 ; II. 289 ; III. 3, 49. *Saint-Laurent-des-Bois*, chef-lieu de commune, canton de Marchenoir, arrondissement de Blois (Loir-et-Cher) ; chef-lieu d'une prêtrière du Chapitre de Chartres.

SANCTUS-LEOBINUS-DE-VINEIS, I. 91, 94, 114, 118 ; II. 423 ; III. 150. *Saint-Lubin-des-Vignes*, abbaye de l'ordre de Saint-Benoît, à Chartres, donnée vers 1050 à l'abbaye de

Saint-Père, puis cédée aux Capucins en 1585.

SANCTUS-LEODEGARIUS-DE-ALBATIS; SANCTUS-LEODEGARIUS-DE-ALBERIIS. I. 191, 203; II. 109, 291, 331. *Saint-Léger-des-Aubées*, chef-lieu de commune, canton d'Auneau, arrondissement de Chartres; chef-lieu d'une prêtrière du Chapitre de Chartres.

SANCTUS-LEODEGARIUS-IN-ACQUILINA, I. 91; II. 35, 350; III. 173. *Saint-Léger-en-Yveline*, chef-lieu de commune, canton de Rambouillet (Seine-et-Oise).

SANCTUS-LEUPERCIUS; NANTUM; SANCTUS-LEUPARCIUS, II. 27, 38, 230, 363, 377. *Saint-Luperce*, chef-lieu de commune, canton de Courville, arrondissement de Chartres.

SANCTUS-LUCIANUS, II. 350. *Saint-Lucien*, chef-lieu de commune, canton de Nogent-le-Roi, arrondissement de Dreux.

SANCTUS-LUPUS. Voir CAPELLA-SANCTI-LUPI.

SANCTUS-MAMES, III. 171. *Donnemain-Saint-Mamert*, chef-lieu de commune, canton de Châteaudun; chef-lieu d'une prêtrière du Chapitre de Chartres.

SANCTUS-MARTINUS-DE-CAMPIS, Parisius, I. 24, 136; III. 77, 78. *Saint-Martin-des-Champs*, prieuré, à Paris. C'est aujourd'hui le Conservatoire des Arts-et-Métiers, rue Saint-Martin.

SANCTUS-MARTINUS-DE-NIGELLIS, II. 341; III. 43. *Saint-Martin-de-Nigelles*, chef-lieu de commune, canton de Nogent-le-Roi, arrondissement de Dreux.

SANCTUS-MARTINUS-IN-VALLE, I. 3, 5, 7, 45, 47, 53, 60, 64, 95, 113, 127, 131, 132, 134, 140, 142, 195, 196; II. 179, 180, 279, 317, 406, 423; III. 79. *Saint-Martin-au-Val*, à Chartres, d'abord abbaye de l'ordre de Saint-Benoît, prieuré dépendant de Marmoutier en 1128, donné ensuite à l'abbaye de Bonne-Nouvelle d'Orléans, puis cédé aux Capucins en 1660. L'antique église de Saint-Martin-au-Val porte aujourd'hui le nom de *Saint-Brice*, en souvenir de l'ancienne paroisse de Saint-Brice, qui existait à côté.

SANCTUS-MARTINUS-VITAM-DANS, II. 411, 412. *Saint-Martin-le-Viandier*, une des onze anciennes paroisses de la ville de Chartres, aujourd'hui détruite.

SANCTUS-MAURICIUS CARNOTENSIS, I. 64, 178, 239, 255, 259; II. 41, 42, 81, 103, 141, 193, 217, 406, 418, 427; III. 27. *Saint-Maurice*, une des onze anciennes paroisses de la ville de Chartres, aujourd'hui détruite.

SANCTUS-MAURITIUS-IN-GALLOTO; SANCTUS-MAURITIUS-DE-GALLO; GALLOTUM, II. 42, 198, 242. *Saint-Maurice-de-Gasloup*, chef-lieu de commune, canton de la Loupe, arrondissement de Nogent-le-Rotrou.

SANCTUS-MAXIMINUS, I. 74. *Saint-Mesmin*, célèbre abbaye de l'ordre de Saint-Benoît, aujourd'hui *Saint-Hilaire-Saint-Mesmin*, chef-lieu de commune, canton d'Orléans (Loiret).

SANCTUS-MICHAEL CARNOTENSIS, II. 406; III. 10. *Saint-Michel*, une des onze anciennes paroisses de la ville de Chartres, aujourd'hui détruite.

SANCTUS-PAULUS, III. 84. *Saint-Pol-sur-Ternoise*, chef-lieu d'arrondissement du département du Pas-de-Calais.

SANCTUS-PETRUS-IN-VALLEYA, I. 37, 47, 53, 77, 82, 84, 91, 94, 108, 113, 114, 129, 130, 131, 133, 134, 146, 161, 162, 165, 166, 225, 229, 234, 235, 236, 240; II. 15, 17, 18, 20, 27, 30, 33, 83, 88, 89, 106, 107, 108, 115, 127, 147, 150, 161, 279, 363, 412; III. 58, 62, 73, 75, 130, 133, 150, 180, 202, 209. *Saint-Père-en-Vallée*, abbaye de l'ordre de Saint-Benoît, à Chartres. Les bâtiments de l'abbaye servent aujourd'hui de quartier de cavalerie, et l'église est devenue paroissiale sous le nom de *Saint-Pierre*.

SANCTUS-PIATUS, II. 82, 343, 345, 346; III. 117, 184, 185, 203. *Saint-Piat*, chef-lieu de commune, canton de Maintenon, arrondissement de Chartres; chef-lieu d'une prêtrière du Chapitre de Chartres.

SANCTUS-PRISCUS; SEINT-PREST, I. 51, 140, 148, 215, 221; II. 137, 290, 338, 339, 393, 398, 402, 422; III. 89, 125, 185. *Saint-Prest*, chef-lieu de commune, canton de Chartres-Nord; chef-lieu d'une prêtrière du Chapitre de Chartres.

SANCTUS-QUINTINUS, I. 37; III. 103. *Saint-Quentin*, chef-lieu d'arrondissement du département de l'Aisne.

SANCTUS-QUINTINUS BELVACENSIS, I. 17. *Saint-Quentin*, abbaye de l'ordre de Saint-Augustin, à Beauvais (Oise).

SANCTUS-REMIGIUS-DE-LANDIS, I. 19; II. 132; III. 180. *Saint-Rémy-des-Landes*, hameau, commune de Sonchamp, canton de Dourdan, arrondissement de Rambouillet (Seine-et-Oise). Abbaye de femmes de l'ordre de Saint-Benoît.

SANCTUS-SATIRUS, I. 108. *Saint-Satur*, chef-lieu de commune, canton de Sancerre (Cher).

SANCTUS-SATURNINUS CARNOTENSIS, I. 141, 142, 191; II. 419. 423; III. 128. *Saint-Saturnin*, autrefois une des onze paroisses de la ville de Chartres. Sur l'emplacement de cette église, aujourd'hui détruite, existe la place Marceau.

SANCTUS-SERGIUS, II. 294, 374; III. 107, 144. *Saint-Serge*, hameau, commune de Trizay-au-Perche, canton de Nogent-le-Rotrou; chef-lieu d'une prêtrière du Chapitre de Chartres.

SANCTUS-STEPHANUS, I. 102; II. 167, 276, 414; III. 35, 175. *Saint-Etienne*, prieuré dépendant de l'abbaye de Saint-Jean-en-Vallée, à Chartres. Voir SANCTUS-JOHANNES-IN-VALLEYA.

SANCTUS-STEPHANUS-DE-GAUDO, II. 314, 341. GAUDUS-SANCTI-STEPHANI.

SANCTUS-SYMPHORIANUS, II. 116, 333; III. 101. *Saint-Symphorien*, chef-lieu de commune, canton de Maintenon, arrondissement de Chartres.

SANCTUS-VEDASTUS ATREBATENSIS, I. 31; II. 276. *Saint-Waast*, abbaye de l'ordre de Saint-Benoît, à Arras (Pas-de-Calais).

SANCTUS-VERANUS-DE-SCORIACO, III. 76, 156. *Saint-Vrain*, chef-lieu de commune, canton d'Arpajon, arrondissem. de Corbeil (Seine-et-Oise).

SANCTUS-VINCENTIUS-DE-BOSCO, I. 167, 216. *Saint-Vincent-aux-Bois*, hameau, commune de Saint-Maixme, canton de Châteauneuf, arrondissement de Dreux. Abbaye de l'ordre de Saint-Augustin.

SANDARVILLA; SAINDARVILLA; SENDARDI-VILLA; SENDARVILLA; SENTARVILLA, I. 140, 176; II. 87, 104, 140, 145, 153, 164, 279, 285, 287, 293, 294, 313, 352, 353, 365, 366, 367, 368, 369, 395, 398, 401, 409; III. 75, 134, 161, 216, 223. *Sandarville*, chef-lieu de commune, canton d'Illiers, arrondissement de Chartres; une des dix-sept villes franches du Chapitre de Chartres; chef-lieu d'une prébende, qui comprenait les prêtrières de Sandarville, le Breuil, Champclos, les Châtelliers-Notre-Dame, Cernay, Léville, Nonroussin, Marchéville, Meslay-le-Grenet, le Perray et la Pommeraye.

SANDREVILLE, II. 224, hameau, commune de Villeconin, canton d'Etampes (Seine-et-Oise).

SARAN, II. 177, chef-lieu de commune, canton d'Orléans (Loiret).

SARMESOLES, II. 195. Voir SERMESOLLES.

SARQUEUSES, II. 363. *Cercleuse*, terroir, à Mousseaux, commune de Saint-Luperce, canton de Courville, arrondissement de Chartres.

SAUMEREYUM; SALMEREIUM, II. 371; III. 102. *Saumeray*, chef-lieu de commune, canton de Bonneval, arrondissem. de Châteaudun.

SAUNERLÆ, II. 32. *Saulnières*, chef-lieu de commune, canton de Dreux.

SAUVAGIÆ; SALVAGES; SAUVAGES, II. 335, 336, 393; III. 154, 158, 166, 171, 194. *Sauvage*, hameau, commune d'Emancé, canton de

Rambouillet (Seine-et-Oise); chef-lieu d'une prêtrière du Chapitre de Chartres.

Sauz (Molendinum de), III. 181. Voir Lonsaux.

Savateriæ vicus, III. 125. Voir Cavateria.

Saxna-Villa. Voir Senénvilla.

Scabiosum pratum, II. 290, pré, à Jouy, canton de Chartres-Nord.

Scala, III. 160, ville d'Italie (Terre de Labour).

Scronæ. Voir Escronæ.

Sechervilla, I. 69; II. 80, 349. *Cherville*, village, commune de Villemeux, canton de Nogent-le-Roi, arrondissement de Dreux.

Séclin, I. 59, chef-lieu de canton, arrondissement de Lille (Nord).

Secoreium, I. 148. *Secouray*, village, commune de Nottonville, canton d'Orgères, arrondissement de Châteaudun.

Séez, I. 67, chef-lieu de canton, arrondissement d'Alençon (Orne).

Sellaria; Cellaria, II. 404, 411, 412. *La Sellerie*, à Chartres; *rue des Trois-Maillets* actuelle.

Senantes, I. 184, chef-lieu de commune, canton de Nogent-le-Roi, arrondissement de Dreux.

Sendardi-Villa. Voir Sandarvilla.

Senenvilla; Saxna-Villa; Senesvilla; Senevilla, I. 80, 138; II. 35, 328, 329, 393, 401. *Senainville*, hameau, commune de Coltainville, canton de Chartres-Nord; chef-lieu d'une prêtrière du Chapitre de Chartres.

Senevilla; Seveni-Villa, II. 289; III. 221. *Senneville*, village, commune de Francourville, canton d'Auneau, arrondissement de Chartres.

Seniz (Le), II. 312. *Le Sureau*, champtier, à Menonville, commune de Villars, canton de Voves, arrondissement de Chartres.

Senonchiæ, II. 389; III. 36, 220. *Senonches*, chef-lieu de canton, arrondissement de Dreux.

Senones, I. 2, 21, 32, 67, 171, 245; II. 48, 157, 158, 159, 160, 161, 228, 229. *Sens*, chef-lieu d'arrondissement du département de l'Yonne.

Senvilla. Voir Sainvilla.

Seresvilla. Voir Ceresvilla.

Sermesolles; Sarmesoles, II. 195, 309, 323. *Sermerolles*, hameau, aujourd'hui détruit, commune de Moutiers, canton de Voves, arrondissement de Chartres.

Sernayum. Voir Valles-Sarnaii.

Serneliæ, II. 220, 221. Voir Sanctus-Dionisius-de-Cernellis.

Serneyum. Voir Cerneyum.

Serpente (Rue), à Chartres, II. 86.

Seveni-Villa. Voir Senevilla.

Sicambria, I. 4, 42, 43, localité inconnue.

Sicheri-Villa, I. 69. *Cherville*, village, commune d'Oinville-sous-Auneau, canton d'Auneau, arrondissement de Chartres.

Silvanectum; Silvaniacum, I. 36, 90, 107, 227; III. 224. *Senlis*, chef-lieu d'arrondissement du département de l'Oise.

Silvestri-Villa, III. 94. *Sevestreville*, village, commune de Germignonville, canton de Voves, arrondissement de Chartres.

Sisteron, I. 67, chef-lieu d'arrondissement du département des Basses-Alpes.

Sodobria, II. 103. *Suèvres*, chef-lieu de commune, canton de Mer, arrondissement de Blois (Loir-et-Cher).

Sognollæ, III. 30. Voir Ceognoliæ.

Solerlæ. Voir Soulerres.

Soliacum, III. 75. *Sully-sur-Loire*, chef-lieu de canton, arrondissement de Gien (Loiret).

Solidus-Mons; Salomonis-Fossa; Somont; Submonciæ; Submons, I. 53; II. 7, 240, 406, 421; III. 34, 155, 174, 203. *Saumon*, écart, commune de Chartres.

Sonvillare, II. 383. *Sonvilliers*, ferme, commune de Fresnay-l'Évêque, canton de Janville, arrondissement de Chartres.

Sorberes, I. 75. *Sorbières*, hameau, aujourd'hui détruit, canton d'Orléans (Loiret).

Sorbières, II. 362, terroir, à Dolmont, commune de Saint-Georges-sur-Eure, canton de Courville, arrondissement de Chartres.

Soulerres; Soleriæ, II. 53; III. 116, 117. *Soulaires*, chef-lieu de commune, canton de Maintenon, arrondissement de Chartres; chef-lieu d'une prêtrière du Chapitre de Chartres.

Soussi (Le), II. 360, terroir, à Saint-Loup, canton d'Illiers, arrondissem. de Chartres.

Souvigny, I. 92, chef-lieu de commune, canton d'Amboise, arrondissement de Tours (Indre-et-Loire). Abbaye de l'ordre de saint Benoît.

Sparno, I. 142, 187; II. 90, 110, 336, 337, 341, 400; III. 27, 194, 224. *Epernon*, chef-lieu de commune, canton de Maintenon, arrondissement de Chartres; chef-lieu d'une mairie du Chapitre de Chartres.

Spedona, I. 16. *Epône*, chef-lieu de commune, canton de Mantes (Seine-et-Oise).

Spesonvilla; Espesonvilla, II. 109, 315. *Péronville*, chef-lieu de commune, canton d'Orgères, arrondissement de Châteaudun.

Spina, III. 104, clos, commune de Chartres.

Spina, II. 307, champtier, à Maulou, commune de Beauvilliers, canton de Voves, arrondissement de Chartres.

Spina, II. 320, champtier, à Guillonville, commune de Boisville-la-Saint-Père, canton de Voves, arrondissement de Chartres.

Spina-Curva, II. 377. *L'Epine-Guiton*, champtier, à Amilly, canton de Chartres-Nord.

Spina-de-Valle-Richardi, II. 326, champtier, à Archevilliers, commune de Nogent-le-Phaye, canton de Chartres-Sud.

Spina-Galais, II. 366, terroir, à Bailleau-le-Pin, canton d'Illiers, arrondissement de Chartres.

Spina-Torta, II. 385, champtier, à Dangers, canton de Courville, arrondissement de Chartres.

Spinæ-Monais, II. 364, champtier, à Serez, commune d'Orrouer, canton de Courville, arrondissement de Chartres.

Spinetum, II. 24, champtier, à Fontaine-la-Guyon, canton de Courville, arrondissement de Chartres.

Spinteriæ; Espenteriæ; Espinciæ, I. 170; II. 244, 245; III. 33. *Les Pinthières*, chef-lieu de commune, canton de Nogent-le-Roi, arrondissement de Dreux.

Spotmeri-Villa. Voir Cepeium.

Stagnum, II. 324. *L'Etang*, écart, commune de Nogent-le-Phaye, canton de Chartres-Sud.

Stampæ, I. 117, 163, 247; II. 159, 200. *Etampes*, chef-lieu d'arrondissement du département de Seine-et-Oise.

Stranquilleium, III. 219, localité inconnue.

Strata, I. 165; II. 127, 129. *L'Estrée*, hameau, commune de Muzy, canton de Nonancourt, arrondissement d'Evreux (Eure). Abbaye de l'ordre de Citeaux.

Submonciæ. Voir Solidus-Mons.

Subritana, I. 84. Peut-être *Sampuits*, village, aujourd'hui détruit, commune de Guilleville, canton de Janville, arrondissement de Chartres.

Subulmi, II. 239, 420; III. 193. *La Motte*, à Chartres, faubourg de la Porte-Guillaume.

Sucrogilas, I. 75, hameau, aujourd'hui détruit, canton d'Orléans (Loiret).

SUESSIONES, III. 103. *Soissons*, chef-lieu d'arrondissement du département de l'Aisne.

SURDÆ, I. 210; II. 260; III. 36. *Sours*, chef-lieu de commune, canton de Chartres-Sud; chef-lieu d'une mairie du Chapitre de Chartres.

SUTORUM (VICUS), II. 412, 413. *La rue aux Sueurs*, à Chartres, aujourd'hui *rue Plunche-aux-Carpes*, de la rue du Chêne-Doré à la rue aux Juifs.

SYVERIUM, II. 175. *Civry*, chef-lieu de commune, canton de Châteaudun; chef-lieu d'une prêtrière du Chapitre de Chartres.

T

TABULAS-VILLA, III. 195. *Les Tables*, hameau, aujourd'hui détruit, commune de Saint-Lucien, canton de Nogent-le-Roi, arrondissement de Dreux.

TACHAINVILLA, I. 51; II. 68, 149, 185, 222, 240; III. 22, 46. *Tachainville*, hameau, commune de Thivars, canton de Chartres-Sud.

TAILLATS (LE), II. 336, champtier, à la Malmaison, commune de Villiers-le-Morhier, canton de Nogent-le-Roi, arrondissement de Dreux.

TALENAGIUM, III. 221. *Tanon*, hameau, commune de Tillay-le-Péneux, canton d'Orgères, arrondissement de Châteaudun.

TANAYS, I. 42. *Le Don*, fleuve de la Russie d'Europe, sort du lac Ivan-Ozeros dans le gouvernement de Toula et se jette dans la mer d'Azov.

TARDEÆ, TARDEES, I. 168, 220, 221, 242. *Tardais*, chef-lieu de commune, canton de Senonches, arrondissement de Dreux.

TECLIN. Voir THECLIN.

TELA (CLAUSUS DOU), II. 422, clos, à Champhol, canton de Chartres-Nord.

TELEVICINUM, II. 290. *Talvoisin*, village, commune d'Ymeray, canton de Maintenon, arrondissement de Chartres.

TELEVILLA; TECLEISVILLA; THELEVILLA, II. 290, 342, 393, 398; III. 108. *Théléville*, hameau, communes de Berchères-la-Maingot et de Bouglainval, cantons de Chartres-Nord et de Maintenon; chef-lieu d'une prêtrière du Chapitre de Chartres.

TELLAU; TELLEAU, II. 304, 309. *Tilleau*, hameau, commune de Villeau, canton de Voves, arrondissement de Chartres.

TELLAYUM-LE-BAVOUT; TELLAY; TILLIACUM, II. 321, 322; III. 200. *Teillay*, ferme, commune de Viabon, canton de Voves, arrondissement de Chartres.

TEMPLARII, III. 37. *Les Templiers*, à Chartres, occupaient dans la rue des Lisses un vaste hôtel cédé par eux aux Carmélites vers 1656 et devenu aujourd'hui *la Prison*.

TENCUL (RUELLA DE), I. 94; II. 413. *Le tertre Saint-François*, à Chartres.

TERRA-ALBA, II. 176. *Terre-Blanche*, hameau, aujourd'hui détruit, commune de Bonneval, arrondissement de Châteaudun.

TERRA-DYABOLI, II. 332, 393. *Les Terres-Noires*, champtier, à Occonville, commune du Gué-de-Longroi, canton d'Auneau, arrondissement de Chartres.

TERRIÈRES (LES), II. 344, terroir, à Mévoisins, canton de Maintenon, arrondissement de Chartres.

TERSIACUM, II. 394. Voir TRISIACUM.

TESSOLDIVILLARE, III. 132, 209. *Tessonville*, hameau, commune de Briconville, canton de Chartres-Nord.

TEXTORUM (VICUS), II. 420. *La ruelle des Fileurs*, à Chartres, de la rue des Trois-

Détours à la rue des Fossés de la Porte-Guillaume.

THECLIN; CAPELLA-DE-TIELIN; CAPELLA-DE-TYELIM; TECLIN, I. 170; II. 137, 242, 246; III, 7, 28. *Le Thieulin*, chef-lieu de commune, canton de la Loupe, arrondissement de Nogent-le-Rotrou.

THELEVILLA. Voir TELEVILLA.

THEUVILLA; THEOVILLA; THEVILLA; TOVILLA; TUETVILLA; TUTVILLA, I. 120, 202; II. 121, 288, 313, 317, 318, 355, 400; III. 4, 11, 90, 93, 104, 189. *Theuville*, chef-lieu de commune, canton de Voves, arrondissement de Chartres; chef-lieu d'une prêtrière du Chapitre de Chartres.

THEVASIUM; TEUVAS; TEUVASIUM; TEVAS; TEVASIUM, I. 80, 233, 239, 240, 241, 242; II. 185, 292, 357, 358, 394; III. 145. *Thivars*, chef-lieu de commune, canton de Chartres-Sud; chef-lieu d'une prêtrière du Chapitre de Chartres.

THIVERVAL, II. 128, 130, chef-lieu de commune, canton de Poissy, arrondissement de Versailles (Seine-et-Oise).

THOISY, II. 85. *Thoisy-la-Berchère*, chef-lieu de commune, canton de Saulieu, arrondissement de Semur (Côte-d'Or).

THOREIUM; THORIACUM, I. 149; II. 148. *Le Thoreau*, hameau, commune de Saint-Denis-les-Ponts, canton de Châteaudun.

TIEVILLA. Voir TYVILLA.

TILLIACUM, III. 200. Voir TELLAYUM-LE-BAVOUT.

TILLIÈRES, I. 87. *Tillières-sur-Avre*, chef-lieu de commune, canton de Verneuil, arrondissement d'Évreux (Eure).

TIMER; TYMARUM, II. 32, 187. *Thimert*, chef-lieu de commune, canton de Châteauneuf, arrondissement de Dreux.

TIRO; TIRONNIUM; TIRUN; TYRO; TYRONIUM, I. 25, 117, 118, 128, 133, 178; II. 27, 68, 126, 152, 174, 373, 376; III. 98, 166, 176, 191. *Thiron*, chef-lieu de canton, arrondissement de Nogent-le-Rotrou. Abbaye de l'ordre de saint Benoît, fondée en 1113.

TORAILLES, II. 245. *Tourailla*, hameau, commune de Pré-Saint-Évroult, canton de Bonneval, arrondissement de Châteaudun.

TORCEELLUM, II. 386. *Torceau*, hameau, aujourd'hui détruit, près Torçay, commune de Saint-Ange, canton de Châteauneuf, arrondissement de Dreux.

TORCEIUM; TORCEYUM, II. 19, 100, 295, 385, 386, 396, 399; III. 64, 86, 126, 130, 165, 189. *Torçay*, village, commune de Saint-Ange, canton de Châteauneuf, arrondissement de Dreux; chef-lieu d'une seigneurie du Chapitre de Chartres, dont dépendaient les mairies de Torçay, Baronval, Chenevières et Malicorne.

TORNACUM, I. 36, 43, 65. *Tournai*, ville de Belgique, dans la province de Hainaut.

TORNESVILLA; TORNAINVILLA; TORNEVILLA, II. 73, 340, 341; III. 35. *Tournainville*, hameau, commune de Néron, canton de Nogent-le-Roi, arrondissem. de Dreux; une des neuf villes franches du Chapitre de Chartres.

TORTEIS, II. 399, pour TORCEIUM. Voir à ce mot.

TORTOIR; TORTOERS; TORTURIUM, II. 24, 310; III. 191. *Tortois*, village, commune de Fains, canton de Voves, arrondissement de Chartres.

TORTON, II. 288. *Courton*, terroir, à Dammarie, canton de Chartres-Sud.

TOSCA, II. 132. *La Touche*, hameau, commune du Perray, canton de Rambouillet (Seine-et-Oise).

TOULON, I. 67, chef-lieu d'arrondissement du département du Var.

TOULOUSE, II. 61, 110, chef-lieu du département de la Haute-Garonne.

TOVI; TOIVI; TUIVI, II. 27, 38, *Theuvy*, chef-lieu de commune, canton de Châteauneuf, arrondissement de Dreux.

TOVILLA, Voir THEUVILLA.

TRAJECTUM-AD-RHENUM, I. 9. *Utrecht*, ville de Hollande, chef-lieu de la province du même nom.

TRANCHEFESTU, III. 211. Voir PONS-DE-TRANCHEFESTU.

TRANCHESAC, II. 364. Le moulin de *Saint-Pierre*, commune de Courville, arrondissement de Chartres.

TRANCRAINVILLE, II. 148, chef-lieu de commune, canton de Janville, arrondissement de Chartres.

TRAPÆ, II. 199. *Trappes*, chef-lieu de commune, canton de Versailles (Seine-et-Oise).

TRECÆ, I. 67, 107; II. 158, 160, 161; III. 93. *Troyes*, chef-lieu du département de l'Aube.

TRÉGUIER, I. 60, chef-lieu de canton, arrondissement de Lannion (Côtes-du-Nord).

TREMBLAIUM-VICECOMITIS; TREMBLEIUM, II. 49, 348; III. 14. *Le Tremblay-le-Vicomte*, chef-lieu de commune, canton de Châteauneuf, arrondissement de Dreux; chef-lieu d'une mairie du Chapitre de Chartres.

TREMBLEIUM, I. 186. *Le Tremblay*, chef-lieu de commune, canton de Montfort-l'Amaury, arrondissement de Rambouillet (Seine-et-Oise).

TREMISMONS; TREMONT, II. 7, 340, 341; III. 86, *Tremémont*, écart, commune de Saint-Chéron-des-Champs, canton de Châteauneuf, arrondissement de Dreux; une des neuf villes franches du Chapitre de Chartres.

TRÉON, II. 18, 209, chef-lieu de commune, canton de Dreux.

TREVERI, I. 43. *Trèves*, ville des États-Prussiens (Prusse Rhénane), chef-lieu de la régence et du cercle du même nom.

TRIA-MOLENDINA, II. 414; III. 98. Les moulins *du Chaume* et *des Cinq-Ruelles*, à l'extrémité de la rue des Trois-Moulins, à Chartres.

TRINITAS VINDOCINENSIS, I. 100. *La Trinité*, abbaye de l'ordre de saint Benoît, à Vendôme, fondée en 1032, réunie à l'évêché de Blois en 1693. Les bâtiments de l'abbaye servent aujourd'hui de quartier de cavalerie, et l'église est devenue paroissiale.

TRIPERIA; TRIPARIA, II. 415; III. 135, *Le Tertre Saint-Éman*, à Chartres, de la rue Saint-Éman à celle de la Corroierie.

TRISIACUM; TERSIACUM; TRISEYUM-PINI, I. 145; II. 175, 295, 352, 367, 394. *Trisay*, village, commune de Nogent-sur-Eure, canton d'Illiers, arrondissement de Chartres.

TROCHA, II. 92, 174. *Saint-Laurent-de-la-Troche*, hameau, commune des Corvées, canton de la Loupe, arrondissement de Nogent-le-Rotrou.

TROIS-FLACONS (RUE DES), à Chartres, autrefois *rue derrière le Four-l'Évêque*.

TRONCHEYUM, II. 347. *Le Tronchay*, hameau, commune de Laons, canton de Brezolles, arrondissement de Dreux.

TROYA, I. 4, 42. *Troie* ou *Ilion*, ville d'Asie-Mineure (Troade), près la côte de l'Hellespont, bâtie au pied de la colline qu'occupe aujourd'hui le village turc de *Bouna-Bachi*.

TRUNCHEIUM, II. 148. *Le Tronchet*, ferme, commune de Lannerdy, canton de Châteaudun.

TRUNCHEIUM, II. 340. *Le Tronchet*, champtier, à Théleville, commune de Berchères-la-Maingot, canton de Chartres-Nord.

TUECHIEN, II. 326, *Tuchain*, champtier, à Archevilliers, commune de Nogent-le-Phaye, canton de Chartres-Sud.

TUETVILLA. Voir THEUVILLA.

TUIVI. Voir TOVI.

TURONES, I. 166, 197, 198. *Tours*, chef-lieu du département d'Indre-et-Loire.

TURRIS-NEVELONIS, II. 120. *La Tour-Nivelon*,

dit aussi *hôtel du Vidame*, au chevet de la cathédrale, à Chartres.

TURRIS-REGIA, Carnoti, I. 35. *La Tour*, ancien château des comtes de Chartres, aujourd'hui complètement détruit. Sur son emplacement est la place Billard.

TUSCHA, II. 335, champtier, à Chaleine, commune d'Emancé, canton de Rambouillet (Seine-et-Oise).

TUSCULUM, I. 107, 190, 198, 199. *Frascati*, ville épiscopale de la campagne de Rome.

TUSSIACUM, III. 3, pour CUSSIACUM. Voir ce mot.

TYLLIE, III. 32, terroir, à Dammarie, canton de Chartres-Sud.

TYMARUM; Voir TIMER.

TYMERAIS (BOSCUS DE), II. 386. Le bois de *Thimerais*, commune de Thimert, canton de Châteauneuf, arrondissement de Dreux.

TYON (BOSCUS), II. 385. Le *Bois-Thion*, bois, à Dangers, canton de Courville, arrondissement de Chartres.

TYRONIUM, Voir TIRO.

TYVILLA; TIEVILLA; TUVILLA, I. 140; II. 31, 32, 37, 87, 315, 392, 397. *Thiville*, chef-lieu de commune, canton de Châteaudun, chef-lieu d'une prébende du Chapitre de Chartres, connue sous le nom de *prébende de Dunois, seconde portion*. Elle comprenait les prêtrières de Thiville, Bapaume, Beaumont-lès-Cloyes, Civry, Donnemain, Conie, Eteauville, Pareau, Saint-Christophe, Saint-Laurent-des-Bois, Varize et Vaudrenet.

U

ULMAYUM; ULMEI; ULMETUM, II. 45, 313, 314, 348, 349. *Ormoy*, chef-lieu de commune, canton de Nogent-le-Roi, arrondissement de Dreux; une des dix-sept villes franches du Chapitre de Chartres.

ULMELLI, I. 87; II. 292; III. 39, 218. *Osmeaux*, village, commune de Cherizy, canton de Dreux; chef-lieu d'une prêtrière du Chapitre de Chartres.

ULMETELLI, II. 377. *L'Ormeteau*, champtier, à Amilly, canton de Chartres-Nord.

ULMETELLUM, II. 302, 304, champtier, commune de Voves, arrondissement de Chartres.

ULMETUM, III. 131. *Ormoy*, hameau, commune de Dammarie, canton de Chartres-Sud.

ULMEVILLA, II. 288, 324, 392, 397. *Ormeville*, village, commune de Baudreville, canton de Janville, arrondissement de Chartres; chef-lieu d'une prêtrière du Chapitre de Chartres.

ULMI, I. 75; IV. 177. *Les Ormes*, chef-lieu de commune, canton de Patay, arrondissement d'Orléans (Loiret).

ULMI, III. 36. *L'Orme*, écart, commune de Nogent-le-Rotrou.

ULMI, II. 153, 377; III. 12, 94. *Les Ormes*, ferme, commune d'Amilly, canton de Chartres-Nord.

ULMI-DE-ALLEYO, II. 361, champtier, à Ollé, canton d'Illiers, arrondissem. de Chartres.

ULMI-DE-CHALAINES, II. 335, champtier, à Chaleine, commune d'Emancé, canton de Rambouillet (Seine-et-Oise).

ULMI-DE-CHARTAINVILLARI, II. 340, champtier, à Berchères-la-Maingot, canton de Chartres-Nord.

ULMI-DE-DONNA-MARIA, II. 346, champtier, à Dammarie, canton de Chartres-Sud.

ULMI-DE-FRAINVILLA, II. 318, champtier, à Frainville, commune de Prunay-le-Gillon, canton de Chartres-Sud.

ULMUS-AGUILLON, II. 423, 424, terroir, commune de Chartres.

ULMUS-DE-CRUCE-ALMAURICI, II. 342, terroir, à Challet, canton de Chartres-Nord.

ULMUS-DE-CRUCIBUS, II. 326, champtier, à Nogent-le-Phaye, canton de Chartres-Sud.

ULMUS-DE-MONDONVILLA, II. 367, 424, terroir, à Mondonville, commune de Mainvilliers, canton de Chartres-Nord.

ULMUS-DE-POYER, II. 337; III. 166, terroir, à Poigny, canton de Rambouillet (Seine-et-Oise).

ULMUS-HALANI, II. 344. *L'Orme-Halé*, moulin, commune de Saint-Piat, canton de Maintenon, arrondissement de Chartres.

ULMUS-HUETI, II. 357, terroir, à Barjouville, canton de Chartres-Sud.

ULMUS-HUGONIS, II. 353, 365, terroir, à Fontenay-sur-Eure, canton de Chartres-Sud.

ULMUS-PLANENS, II. 327, champtier, à Archevilliers, commune de Nogent-le-Phaye, commune de Chartres-Sud.

ULMUS-VETERIS-PUTEI, II. 333, champtier, à Girondet, commune d'Ecrosnes, canton de Maintenon, arrondissement de Chartres.

UNI-VILLA; OINVILLE-EN-BEAUCE, I. 84, 93, 133. *Oinville-Saint-Liphard*, chef-lieu de commune, canton de Janville, arrondissement de Chartres.

UNUM-PILUM; UNUM-PILLUM; UNUS-PILUS, I. 148, 154, 243; II. 290, 329, 330, 393, 398, 400; III. 2, 3, 42, 48, 116, 117, 176, 191, 210, 216, 219. *Umpeau*, chef-lieu de commune, canton d'Auneau, arrondissement de Chartres; chef-lieu d'une prêtrière du Chapitre de Chartres.

UNUS-GRADUS; INGREIUM; INGREYUM; UNGREGIUM; UNGREIUM; UNIGRADUS, I. 48, 75, 89, 93, 109, 140, 192, 226, 248; II. 27, 107, 108, 111, 112, 177, 161, 281, 282, 285, 300; III. 13, 27, 33, 147, *Ingré*, chef-lieu de commune, canton d'Orléans (Loiret); chef-lieu d'une des quatres grandes prévôtés du Chapitre de Chartres.

URBS-VETUS, II. 287. *Vieuvicq*, chef-lieu de commune, canton de Brou, arrondissement de Châteaudun.

URSIVILLARIS; URSIVILLA, I. 80, 114. *Saint-Léonard*, hameau, commune de Germignonville, canton de Voves, arrondissement de Chartres.

V

VADA, II. 75. *Les Gués*, hameau, commune de Boissy-le-Sec, canton de la Ferté-Vidame, arrondissement de Dreux.

VADUM-BLEURIACI, II. 334. *Le Gué-de-Bleury*, village, communes de Bleury et de Saint-Symphorien, canton de Maintenon, arrondissement de Chartres.

VADUM-D'OISÈME, II. 325, 326. *Le Gué-d'Oisème*, hameau, commune de Gasville, canton de Chartres-Nord.

VADUM-LONGI-REGIS; VADUM-DE-LONGO-REGE; VADUM-LONGI-ROGERII, II. 332, 333, 393; III. 76, 79, 122. *Le Gué-de-Longroi*, chef-lieu de commune, canton d'Auneau, arrondissement de Chartres; chef-lieu d'une prêtrière du Chapitre de Chartres.

VADUM-TRONELLI, I. 182. *Le Gué-de-Launay*, hameau, commune de Saint-Avit, canton de Mondoubleau, arrondissement de Vendôme (Loir-et-Cher).

VALAINVILLA, II. 315. *Valainville*, village, commune de Moléans, canton de Châteaudun.

VALANTRU, II. 343, terroir, à Bouglainval, canton de Maintenon, arrondissement de Chartres.

VALBRUN; VALLIS-FUSCA, II. 80, 348. *Vaubrun*, village, communes de Chaudon et de Nogent-le-Roi, arrondissement de Dreux.

VALCELLÆ. Voir VAUCELLÆ.

VALEIA; VALLEYA, I. 102, 107, 146; II. 216, 217, 418, 419 *et passim*. *Vallée*, petit pays autour de Chartres.

VALENCE, III. 215, chef-lieu du département de la Drôme.

VALLÆ, I. 80, Voir VAUCELLÆ.

VALLASSE (LA), I. 37. *Sainte-Marie-le-Vœu* ou *la Valasse*, abbaye de l'ordre de Citeaux, fondée en 1154 dans le canton de Caudebec, arrondissement d'Yvetôt. (Seine-Inférieure).

VALLEÆ, II. 326. *La Vallée-Poulain*, champtier, à Archevilliers, commune de Nogent-le-Phaye, canton de Chartres-Sud.

VALLEÆ, II. 335. *Le Val-de-Chaleine*, champtier, commune d'Emancé, canton de Rambouillet (Seine-et-Oise).

VALLEÆ-DE-BARDON, II. 356, terroir, à Chaunay, commune de Fontenay-sur-Eure, canton de Chartres-Sud.

VALLES-DE-PERREUSE, II. 340. *Péruze*, terroir, à Berchères-la-Maingot, canton de Chartres-Nord.

VALLES-DE-TRAERE, II. 344, terroir, à Mévoisins, canton de Maintenon, arrondissement de Chartres.

VALLES-PIATI-VILLARIS, II. 340. *La Vallée-de-Poisvilliers*, champtier, à Berchères-la-Maingot, canton de Chartres-Nord.

VALLES-SARNAII; SERNAYUM, I. 160, 186; II. 12, 13, 14, 29, 83, 113, 129, 132, 147, 150, 340. *Les Vaux-de-Cernay*, abbaye de l'ordre de Citeaux, fondée en 1118 sur les extrêmes limites de l'ancien diocèse de Paris et de la commune de Cernay-la-Ville, canton de Chevreuse, arrondissement de Rambouillet (Seine-et-Oise).

VALLEYA (LACUS DE), II. 419. *La mare Saint-Jean*, à Chartres.

VALLEYÆ, II. 380, terroir, à Amilly, canton de Chartres-Nord.

VALLIS, II. 370. *La Vallée-Sanqueuse*, terroir, à Ecurolles, commune de Charonville, canton d'Illiers, arrondissement de Chartres.

VALLIS-AMANCD. Voir AMANCIACUM.

VALLIS-AUGIS. Voir BOSCUS-AUGERII.

VALLIS-BRACHIORUM, I. 147. *La Vallée du Veau-Gauthier* ou *Vallée-Verte*, se jette dans le Loir près Alluyes, canton de Bonneval, arrondissement de Châteaudun.

VALLIS-CROTEUS, II. 358, terroir, à Mignières, canton de Chartres-Sud.

VALLIS-DE-CEYO, II. 361. *Les Vaux* ou *les Ouches d'Hardessé*, champtier, commune d'Ollé, canton d'Illiers, arrondissement de Chartres.

VALLIS-DE-LUCANNO, II. 365, terroir, à Luçon, commune d'Ermenonville-la-Grande, canton d'Illiers, arrondissement de Chartres.

VALLIS-FONTIS, II. 353, terroir, à Fontenay-sur-Eure, canton de Chartres-Sud.

VALLIS-FUSCA, II. 348. Voir VALBRUM.

VALLIS-GARENGIS, I. 170; II. 244, 246, 350; III. 9. *Val-Garangis*, hameau, aujourd'hui détruit, commune de Mittainville, canton de Rambouillet (Seine-et-Oise).

VALLIS-GRANORUM, III. 117. *Le Vaugouin*, hameau, commune de Frétigny, canton de Thiron, arrondissem. de Nogent-le-Rotrou.

VALLIS-GRENETI, II. 315. *Vaudrenet*, hameau, commune de Villeneuve-sur-Conie, canton de Patay, arrondissement d'Orléans (Loiret); chef-lieu d'une prêtrière du Chapitre de Chartres.

VALLIS-GROSSI-PEDIS, II. 351, 352, terroir, à Fontenay-sur-Eure, canton de Chartres-Sud.

VALLIS-GUIMONDI, II. 332. *Les Vauquimonts*, champtier, à Occonville, commune du Gué-de-Longroi, canton d'Auneau, arrondissement de Chartres.

VALLIS-MALI-LUPI. Voir MALUS-LUPUS.

VALLIS-MARTINI, II. 336, champtier, à Sauvage, commune d'Emancé, canton de Rambouillet (Seine-et-Oise).

VALLIS-PERRONIS ; VALLE-PERROU ; VALLIS-PARONIS ; VALLIS-PEREIIS ; VALLIS-PERRONNI ; VALLIS-PETROSA, I. 53 ; II. 240, 406, 426 ; III. 43, 45. *Vauperron*, vallée, autrefois hameau, commune de Lucé, canton de Chartres-Nord.

VALLIS-PROFUNDA, II. 424 ; III. 35. *Vauparfonds*, village, commune de Luisant, canton de Chartres-Sud.

VALLIS-PUTREDA, II. 311, 312. *Vaupory*, champtier, à Villars, canton de Voves, arrondissement de Chartres.

VALLIS-RADULFI ; VALLIS-RADULPHI, II. 43, 82, 406, 418, 424, 425, 426 ; III. 10, 24, 144, 148, 193. *Les Vauroux*, vallée, à Chartres.

VALLIS-ROTÆ, II. 305, champtier, à Foinville, commune de Voves, arrondissement de Chartres.

VALLIS-RUELLÆ, II. 344, vignoble, à Mévoisins, canton de Maintenon, arrondissement de Chartres.

VALOGÆ. Voir BOSCUS-AUGERII.

VAL-SAINT-GERMAIN, II. 224, chef-lieu de commune, canton de Dourdan, arrondissement de Rambouillet (Seine-et-Oise).

VANDELICOURT, I. 72, chef-lieu de commune, canton de Ribecourt, arrondissement de Compiègne (Oise).

VARANNA, II. 364. *La Varenne*, moulin, commune de Courville, arrondissement de Chartres.

VARCELÆ. Voir GARDELÆ.

VARENNA, II. 313 ; III. 20. *La Varenne*, hameau, aujourd'hui détruit, commune de Meslay-le-Grenet, canton d'Illiers, arrondissement de Chartres ; une des dix-sept villes franches du Chapitre de Chartres.

VARONVALLIS ; BEROUVILLA, II. 295, 396. *Baronval*, village, commune de Blévy, canton de Châteauneuf, arrondissement de Dreux.

VASSALLORUM (VICUS) ; VASSELLORUM (VICUS) ; VASSALARIS VIA, I. 210 ; II. 194, 407, 408 ; III. 30, 32, 37, 56, 65, 76, 102, 109, 131, 148, 163, 168, 174, 194. *La rue des Vasseleurs*, à Chartres, aujourd'hui *rue des Lisses*.

VASTINA, II. 346. *La Gâtine*, petit pays, d'où Saint-Germain-la-Gâtine, canton de Chartres-Nord, a pris son nom.

VAUCELLÆ ; VALCELLÆ ; VALLÆ ; VAUCELÆ ; VOCELLÆ, I. 80, 181 ; II. 355, 358, 359 ; III. 210. *Vaucelle*, hameau, commune de Thivars, canton de Chartres-Sud ; chef-lieu d'une prêtrière du Chapitre de Chartres.

VELLETRI, I. 199, ville épiscopale des États-Romains.

VENASQUE, I. 67, chef-lieu de commune, canton de Pernes, arrondissement de Carpentras (Vaucluse).

VENDOBRUN, III. 34, localité inconnue.

VENITIA, I. 225 ; III. 122. *Venise*, capitale de la Vénétie, dans la partie de l'Italie appartenant à l'Autriche.

VEOSIA, III. 180. *Voise*, chef-lieu de commune, canton d'Auneau, arrondissement de Chartres.

VERDUN, II. 297, chef-lieu d'arrondissement du département de la Meuse.

VERNEUIL, II. 274, vignoble, à Dreux.

VERNOLIUM, I. 210. *Verneuil-sur-Avre*, chef-lieu de canton, arrondissement d'Evreux (Eure).

VERNUS, I. 80, 114 ; II. 29, 113, 168, 418. *Ver-lès-Chartres*, chef-lieu de commune, canton de Chartres-Sud.

VÉRONE, I. 209, 213, 214, 215, ville de la province de Vénétie, dans la partie de l'Italie soumise à l'Autriche ; chef-lieu de la délégation de Vérone.

DICTIONNAIRE TOPOGRAPHIQUE. 313

VEROVILLA; BEROVILLA, II. 292, 381, 396. *Vérouville*, hameau, aujourd'hui détruit, commune de Saint-Aubin-des-Bois, canton de Chartres-Nord; chef-lieu d'une prêtrière du Chapitre de Chartres.

VERRIGNIACUM; VERIGNE, II. 384; III. 181, 182. *Vérigny*, chef-lieu de commune, canton de Courville, arrondissem. de Chartres.

VERSUS-NOVUM-VICUM, II. 33, champtier, à Villars, canton de Voves, arrondissement de Chartres.

VERT-EN-DROUAIS, I. 173, chef-lieu de commune, canton de Dreux.

VETUS-ALUMPNA; VETUS-ALONA; VETUS-ALUMPNIA, II. 154, 288, 306, 307, 308, 391, 397; III. 183, 205. *Vieil-Allonnes*, hameau, commune de Beauvilliers, canton de Voves, arrondissement de Chartres; chef-lieu d'une prêtrière du Chapitre de Chartres.

VETUS-PONS, I. 198. *Vieuxpont*, chef-lieu de commune, canton de Saint-Pierre-sur-Dive, arrondissement de Lisieux (Calvados).

VETUS-URBS-PUTEUS, II. 384. *Le Champ de Vieux-Puits*, champtier, à Bilheux, commune de Theuvy, canton de Châteauneuf, arrondissement de Dreux.

VIABONUM; VICUS-ABONIS; II. 288; III. 18. *Viabon*, chef-lieu de commune, canton de Voves, arrondissement de Chartres.

VIA-BOSCHERESCE, II. 325. *La Voie-Boucheresse*, champtier, à Coltainville, canton de Chartres-Nord.

VIA-DE-CHIENCUL; CHENTUL, II. 228, 362. *La Voie-de-Chiencul*, champtier, à la Taye, commune de Saint-Georges-sur-Eure, canton de Courville, arrondissem. de Chartres.

VIA-DE-CUSTURIS, II. 342, terroir, à Challet, canton de Chartres-Nord.

VIA-DE-MAINE, II. 377. *La Vallée-de-Maine*, terroir, à Amilly, canton de Chartres-Nord.

VIA-DE-NOA, II. 378, champtier, à Amilly, canton de Chartres-Nord.

VIA-DE-PERRERIA, II. 306, champtier, à Vieil-Allonnes, commune de Beauvilliers, canton de Voves, arrondissement de Chartres.

VIA-DE-RIENNE, II. 358, terroir, à Mignières, canton de Chartres-Sud.

VIA-DE-RUELLA, II. 360, terroir, à Saint-Loup, canton d'Illiers, arrondissement de Chartres.

VIA-DESERTORUM, II. 382. *Les Déserts* ou *la Justice*, champtier, à Fontaine-la-Guyon, canton de Courville, arrondissement de Chartres.

VIA-FONTENELLE, II. 382. *La Fontenelle*, champtier, à Fontaine-la-Guyon, canton de Courville, arrondissement de Chartres.

VIA-PILATA, II. 378, 379, champtier, à Amilly, canton de Chartres-Nord.

VIA-TRAVERSAINE, II. 381, 382, champtier, à Fontaine-la-Guyon, canton de Courville, arrondissement de Chartres.

VIA-VALLIS, II. 308, champtier, à Marolles, commune d'Allonnes, canton de Voves, arrondissement de Chartres.

VICEDOMINI (MOLENDINUM), II. 18, 19. *Le moulin au Vidame*, à Chartres.

VICHERLÆ, III. 81. *Vichères*, chef-lieu de commune, canton de Nogent-le-Rotrou.

VICINI, II. 334. *Voisins-le-Bretonneux*, chef-lieu de commune, canton de Chevreuse, arrondissement de Rambouillet (Seine-et-Oise).

VICINUM, II. 302. *Voisin*, terroir, à Yerville, commune de Voves, arrondissement de Chartres.

VICUS-ABONIS. Voir VIABONUM.

VIEL (MOLENDINUM), II. 364. *Le moulin Vieil*, aujourd'hui détruit, commune de Saint-Luperce, canton de Courville, arrondissement de Chartres.

VIENNE, I. 67, chef-lieu d'arrondissement du département de l'Isère.

VIEUXVICQ, II. 109. *Vieuvicq*, chef-lieu de commune, canton de Brou, arrondissement de Châteaudun.

VILAIS. Voir VILLASIUM.

VILANA. Voir VILLANNIUM.

VILARCEIUM. Voir VILLARCELLI.

VILEMOUT. Voir VILLA-MODIUS.

VILERETUM; I. 211. *Villenay*, ferme, commune de Bazoches-en-Dunois, canton d'Orgères, arrondissement de Châteaudun.

VILETA, I. 165. *Villette*, hameau, commune de Piseux, canton de Verneuil, arrondissement d'Évreux.(Eure).

VILETA, III. 90. *Villette-les-Bois*, hameau, commune de Chêne-Chenu, canton de Châteauneuf, arrondissement de Dreux.

VILLA (MOLENDINUM DE), II. 185, 354. *Le moulin de Villa*, détruit en 1770, commune de Fontenay-sur-Eure, canton de Chartres-Sud.

VILLAELLIS, II. 304. Voir VILLASIUM.

VILLA-BELFODI, I. 134. *Villeberfol*, hameau, commune de Conan, canton de Marchenoir, arrondissement de Blois (Loir-et-Cher).

VILLA-BONA, III. 33. *Villebon*, hameau, commune d'Alluyes, canton de Bonneval, arrondissement de Châteaudun.

VILLA-CONANI, I. 212; II. 224. *Villeconin*, chef-lieu de commune, canton d'Étampes (Seine-et-Oise).

VILLA-DEI-IN-DROGESSINO, II. 347. *La Ville-Dieu*, hameau, commune de Laons, canton de Brezolles, arrondissement de Dreux.

VILLA-GALLI, II. 31. *Villequoy*, hameau, commune de Montainville, canton de Bonneval, arrondissement de Châteaudun.

VILLAINNE-DE-MATON, II. 372. *La rivière de la Mère-Dieu*, commune de Mézières-au-Perche, canton de Brou, arrondissement de Châteaudun.

VILLA-MARCHAIS, III. 89. *Villemars*, hameau, commune d'Épieds, canton de Meung-sur-Loire, arrondissement d'Orléans (Loiret).

VILLA-MODIUS; VILEMOUT; VILLA-MOTA, I. 69, 184; II. 340, 349; III. 52, 186. *Villemeux*, chef-lieu de commune, canton de Nogent-le-Roi, arrondissement de Dreux; chef-lieu d'une mairie du Chapitre de Chartres; primitivement chef-lieu d'un fisc dépendant de l'abbaye de Saint-Germain-des-Prés; ce fisc était divisé en trois décanies, et un sous-doyen résidait à Villemeux.

VILLAMORRUM, I. 108. *Villemore*, hameau, commune de Saint-Denis-les-Ponts, canton de Châteaudun.

VILLANNIUM; VILANA; VILLAINNES, II. 185, 352, 354, 355, 356. *Villaine*, hameau, commune de Fontenay-sur-Eure, canton de Chartres-Sud; chef-lieu d'une prêtrière du Chapitre de Chartres.

VILLA-NOVA, III. 43. *La Villeneuve*, écart, commune de Saint-Martin-de-Nigelles, canton de Nogent-le-Roi, arrondissement de Dreux.

VILLA-NOVA, II. 55. *Villeneuve-sous-Auvers*, chef-lieu de commune, canton de la Ferté-Alais, arrondissement d'Étampes (Seine-et-Oise).

VILLA-NOVA-EPISCOPI, II. 309, 312; III. 54. *Villeneuve-Saint-Nicolas*, chef-lieu de commune, canton de Voves, arrondissement de Chartres.

VILLA-NOVA-SUPER-PINUM; VILLA-NOVA, II. 135, 136, 209, 382, 390. *Villeneuve*, village, commune de Fruncé, canton de Courville, arrondissement de Chartres.

VILLARCELLI; VILARCEIUM, II. 303, 391; III. 66, 191. *Villarceaux*, village, commune de Voves, arrondissement de Chartres; chef-lieu d'une prêtrière du Chapitre de Chartres.

VILLARE; VILLERIUM, III. 91, 191. *Villiers*, hameau, commune de Béville-le-Comte, canton d'Auneau, arrondissem. de Chartres.

VILLARE, I. 149. *Villiers-Saint-Orien*, chef-lieu de commune, canton de Bonneval, arrondissement de Châteaudun.

VILLAREBETON; VILLERBETON, I. 230; II. 3, 36. *Villebeton*, village, commune du Mée, canton de Cloyes, arrondissement de Châteaudun.

VILLARE-BOSCI; VILLARIS, II. 326, 327, 339, 393; III. 10, 112, 162. *Villiers-le-Bois*, hameau, commune de Nogent-le-Phaye, canton de Chartres-Sud; chef-lieu d'une prêtrière du Chapitre de Chartres.

VILLARICHAI, II. 309, champtier, à Amoinville, commune de Fains, canton de Voves, arrondissement de Chartres.

VILLARIS, I. 75. *Villiers*, hameau, commune de Jargeau, arrondissem. d'Orléans (Loiret).

VILLA-SANCTI-ALBINI. Voir SANCTUS-ALBINUS.

VILLASIUM; VILAIS; VILEISES; VILLAELLIS; VILLAIS; VILLARSIUM; VILLEIS; VILLOSIUM, I. 140, 144; II. 24, 32, 33, 164, 289, 304, 310, 311, 312, 314, 392, 397, 400; III. 19, 82, 103, 106, 157, 187, 196, 203, 222. *Villars*, chef-lieu de commune, canton de Voves, arrondissement de Chartres; chef-lieu d'une prébende du Chapitre de Chartres, connue sous le nom de *prébende de Dunois, première partie*. Elle comprenait les prêtrières de Villars, Bronville, Bullainville, Gérainville, Ligaudry, Menainville, Menonville, Pré-Saint-Évroult, Moriers, Plancheville, Morsans, Pré-Saint-Martin et Sancheville.

VILLEAU, I. 184, chef-lieu de commune, canton de Voves, arrondissement de Chartres.

VILLEBOUZON, II. 85, hameau, commune de Villefrancœur, canton d'Herbault, arrondissement de Blois (Loir-et-Cher).

VILLEPREUX, I. 164, chef-lieu de commune, canton de Marly-le-Roi, arrondissement de Versailles (Seine-et-Oise).

VILLERALLUM; VILLERALIUM, II. 204, 306, 308, 309, 310; III. 31. *Villereau*, hameau, commune de Beauvilliers, canton de Voves, arrondissement de Chartres; chef-lieu d'une prêtrière du Chapitre de Chartres.

VILLERBETON. Voir VILLAREBETON.

VILLERIUM. Voir VILLARE.

VILLERON, II. 24, 34, 310, hameau, commune de Sancheville, canton de Bonneval, arrondissement de Châteaudun; chef-lieu d'une prêtrière du Chapitre de Chartres.

VILLERS, III. 7. *Villiers*, hameau, commune de Fresnay-l'Evêque, canton de Janville, arrondissement de Chartres.

VILLETA, I. 80. *Villette*, hameau, aujourd'hui détruit, commune de Fontenay-sur-Eure, canton de Chartres-Sud.

VILLETAIN, III. 224, ferme, commune de Lanneray, canton de Châteaudun.

VILLIERS, I. 52; II. 39, Voir HUYMES.

VILLOSIUM. Voir VILLASIUM.

VINCENNES, I. 232; II. 275, chef-lieu de canton, arrondissement de Sceaux (Seine).

VINDOCINUM, I. 8, 15, 92, 194; II. 12, 73, 85, 138, 139; III. 29, 42, 189. *Vendôme*, chef-lieu d'arrondissement du département de Loir-et-Cher.

VINEA-ALBA, II. 243. *La Haye-Blanche*, champtier, à Bouglainval, canton de Maintenon, arrondissement de Chartres.

VITERBE, I. 175, 208; II. 144, 183, 186, ville épiscopale des Etats-Romains, chef-lieu de la délégation du même nom.

VITREIUM, I. 96. *Vitray*, hameau, commune de Saint-Aignan-sur-Cher, canton de Blois (Loir-et-Cher).

VIVERUS; VIVARIA, III. 89, 126. *Le Vivier*, ferme, commune de Saint-Hilaire-sur-Yerre, canton de Cloyes, arrondissement de Châteaudun.

VOCELLÆ. Voir VAUCELLÆ

VOISIA; VOSIA, II. 195, 339, prés, près la Forte-Maison, commune de Saint-Prest, canton de Chartres-Nord.

VOISIN, II. 382, champtier, à Adey, commune de Bailleau-l'Evêque, canton de Chartres-Nord.

VOISINS, II. 76, écart, commune de Barjouville, canton de Chartres-Sud.

VOROCÉIN, II. 268, sans doute pour NOROCEIN, Nonroussin, hameau, commune des Châtelliers-Notre-Dame, canton d'Illiers, arrondissement de Chartres; chef-lieu d'une prêtrière du Chapitre de Chartres.

VOLOGÆ. Voir BOSCUS-AUGERII.

VOVÆ; VOVA, I. 140, 144; II. 29, 52, 150, 154, 239, 287, 288, 301, 302, 303, 304, 305, 306, 307, 309, 310, 344, 391, 397, 400; III. 17, 22, 54, 58, 60, 62, 64, 73, 143, 147, 172, 187, 205. *Voves*, chef-lieu de canton, arrondissement de Chartres; chef-lieu d'une prébende du Chapitre de Chartres, qui comprenait les prêtrières de Voves, Amoinville, Beauvilliers, Bisseau, Bissay, Fains, Foinville, Genonville, la Folie-Herbaut, Lhopiteau, Maulon et Pommarville, Puiseaux et Vieil-Allonnes, Sazeray, Soignolles, Tortoir, Villarceaux, Villereau, Villeron, Vovelles et Yerville.

VOVELLÆ, II. 302, 303, 305, 308; III. 108. *Vovelles*, hameau, aujourd'hui détruit, commune de Voves, arrondissement de Chartres; chef-lieu d'une prêtrière du Chapitre de Chartres.

VOVETÆ, II. 312, 313, 314, 317. *Vovette*, village, commune de Theuville, canton de Voves, arrondissement de Chartres; une des dix-sept villes franches du Chapitre de Chartres.

VUADREIUM, I. 80. *Gaudrez*, hameau, aujourd'hui détruit, commune de Morancez, canton de Chartres-Sud.

VULMARI-CURTIS, III. 74. Voir GULMARI-CURTIS.

VULMEDUM, III. 58. *Ormoy*, hameau, commune de Courbehaye, canton d'Orgères, arrondissement de Châteaudun.

W

WAREWICH, I. 198. *Warwick*, ville d'Angleterre, capitale du comté du même nom.

WINTONIÆ, I. 108; III. 152. *Winchester*, ville d'Angleterre, capitale du comté de Hants.

Y

YENVILLA; HYENVILLA; JANVILLA, I. 145; II. 201, 228, 324; III. 13, 27, 157. *Janville*, chef-lieu de canton, arrondissement de Chartres.

YLLELÆ; HYLLERIÆ; ILLELÆ, I. 19, 85, 129, 165, 166; II. 16, 106, 107, 350; III. 180. *Illiers-l'Evêque*, chef-lieu de commune, canton de Nonancourt, arrondissement d'Evreux (Eure); chef-lieu d'une prêtrière du Chapitre de Chartres.

YMEREIUM; HISMERIACUM; IMEREIUM; IMEREIZ; ISMERI; ISMERIACUM; YMERÉ; YMEREYUM; YMERIACUM, I. 148, 240; II. 232, 287, 290, 331, 332, 333, 393, 398, 400; III. 74, 76,

86, 87, 104, 108, 116, 125, 207, 210.
Ymeray, chef-lieu de commune, canton de Maintenon, arrondissement de Chartres; chef-lieu d'une prébende du Chapitre de Chartres, qui comprenait les prêtrières d'Ymeray, Angles, le Gué-de-Longroi, Pons et le fief du Cerf, Aubeterre, Occonville, Droue, Emancé, Chaleine, le Monceau et Sauvage.

Ysacart (Clausus); Ysaquart, II. 406, 427; III. 110. *Le clos Acart*, près la Croix-Jumelin, à Chartres.

Yys (Les), I. 257; II. 103, hameau, commune des Corvées, canton de la Loupe, arrondissement de Nogent-le-Rotrou.

TABLE DES NOMS.

TABLE DES NOMS

AALARDI (Jaquetus), II. 382.

AALARDUS, canonicus Carnotensis, II. 236, 236. — claustrarius, I. 241, 242.

AALES (Willelmus), III. 41, 187.

AALIS, cordubernaria, III. 120. — filia Stephani, majoris de Oreio. Voir AALIS, uxor Thomæ, majoris de Sandarvilla. — scutaria, III. 45. — uxor Amaurici (II) de Levesvilla, II. 27. — uxor Bartholomei de Heusa, II. 152. — uxor Gaufridi Frallavoine. Voir VILLOSIO (Aalis de). — uxor Hervei (IV) de Galardone. Voir CHATEAUDUN (Alix de). — uxor Johannis de Ulmis, II. 153. — uxor Nivelonis (IV) de Mellaio, II. 33. — uxor Simonis (IV) de Monteforti. Voir MONTEMORENCIACO (Aalis de). — uxor Thomæ, majoris de Sandarvilla, II. 145.

AALON (Albert), II. 105.

ABDO, filius Gilfredi, I. 69.

ABLÈGES (Robert des), évêque de Bayeux, III. 138.

ABRICORNE (Radulphus), III. 29.

ABSALON, I. 72.

ACHARDUS, miles, I. 230.

ACHATH (Gosbertus), I. 145.

ACHERIIS (Johannes de), canonicus Carnotensis, III. 146, 186.

ACULEUS. Voir AGUILLON.

ADA, monacha de Sancto-Avito, I. 149. — uxor Galterii de Joiaco, II. 361; III. 6, 59.

ADALBERTUS, clericus, III, 127.

ADALBURGIS, uxor Airmanni, I. 69. — uxor Magewardi, I. 69.

ADALGAUDUS, clericus, III. 127.

ADAM, capicerius Carnotensis, II. 62; III. 70. — cocus regis, III. 75.

AD-DENTES (Johannes), canonicus Carnotensis, III. 208.

ADELA, filia Willelmi (I), regis Angliæ, I. 98, 99, 104, 105, 106, 107, 108, 113, 117, 131; II. 71; III. 3, 58, 115, 218. — uxor Henrici-Stephani, comitis Carnotensis. Voir ADELA, filia Willelmi (I), regis Angliæ. — uxor Ludovici (VII), regis Franciæ. Voir CHAMPAGNE (Alix de).

ADELAIDIS, mater Girardi, III. 1. — monacha, III. 174. — uxor Joscelini Borrelli, III. 100.

— uxor Ludovici (VI), regis Franciæ, I. 135; III. 28. — uxor Theobaldi (III), comitis Carnotensis. Voir CRESPIACO (Adelaidis de).

ADELANDUS, canonicus Carnotensis, I. 81; III. 3.

ADELARDUS, capellanus Theobaldi (IV), comitis Carnotensis, I. 133. — decanus Carnotensis, III. 162. — Laudunensis, I. 90.

ADÈLE, femme d'Hilduin II, comte de Montdidier. Voir DAMMARTIN (Adèle de).

ADELELMUS, III. 85. — canonicus Carnotensis, III. 34.

ADELGUDIS, I. 72.

ADELICIA, uxor Arnulphi de Auvers, II. 55. — uxor Gofferii de Vireleio, III. 193. — uxor Theobaldi (V), comitis Carnotensis, I. 206, 229, 244; III. 89, 174. — uxor Willelmi de Cuneo-Muri, II. 327, 331, 393; III. 131, 132, 141.

ADELINA, mater Dionisii, canonici Carnotensis, III. 62. — uxor Fulcherii de Berjovilla, III. 23, 24. — uxor Gervasii Champelin, III. 101. — uxor Legerii, I. 123. — uxor Willelmi de Illesiis, II. 51.

ADELINE, femme de Rogues de Roye. Voir GUISE (Adeline de).

ADELMUS, canonicus Carnotensis, III. 27. — levita, I. 85.

ADELOTA, filia Stephani, majoris de Oreio, II. 145.

ADOLESCENS (Hugo), canonicus Carnotensis, III. 108.

ADRIANUS (IV); papa, I. 170, 171, 269.

ADVENTINUS, archidiaconus Dunensis, I. 5. — episcopus Carnotensis, I. 1, 2, 3, 44.

AFFLAINVILLA (Guido de), II. 294; III. 144.

AFLATGIA, I. 72.

AGATHA, uxor Nivelonis (I) de Mellaio, I. 149.

AGATHEUS, episcopus Carnotensis, I. 9.

AGLEDULFUS, I. 72.

AGNES, cordaria, II. 379. — femme de Jean Lesueur, II. 165. — femme de Robert du Tertre, II. 103. — filia Theobaldi (IV), comitis Carnotensis. Voir AGNES, uxor Raginaldi (II) de Moncione. — mater Guidonis de Afflainvilla, II. 294. — mater Guidonis, canonici Carnotensis, III. 163. — uxor Amaurici (IV) de Monteforti. Voir GALLANDIA (Agnes de). — uxor Clementis de Loche, II. 134. — uxor Galcherii de Rupeforti, II. 195. — uxor Johannis de Voisia, II. 195. — uxor Milonis (II), comitis de Barro. Voir BRENIA (Agnes de). — uxor Odonis (I) de Montiniaco, I. 182. — uxor Raginaldi (II) de Moncione, I. 223, 226; III. 151. — uxor Roberti (I); comitis Drocensis. Voir BRENIA (Agnes de). — uxor Simonis de Chevarderia, I. 220. — uxor Willelmi, majoris de Maigneriis, I. 181.

AGNUS (Jacobus), III. 65.

AGOBERTUS, episcopus Carnotensis, I. 15, 91, 92, 93; III. 219.

AGUILLON (Aalis), II. 68. — (Gaufridus), II. 117; III. 218. — (Helissendis), II. 69. — (Isabellis), II. 69. — (Philippus), II. 152. — (Robertus), I. 106, 107; II. 68. — (Willelmus I), I. 106, 107, 148; II. 68. — (Willelmus II), II. 68, 69, 76, 121.

AIFRADA, I. 72.

AILBERTUS, subdiaconus, I. 85.

AIMBERTUS, I. 69.

AIMERICUS. Voir AYMERICUS.

AIMO. Voir AYMO.

AIRARDUS, canonicus Carnotensis, III. 204.

AIRBERTUS. Voir HERBERTUS.

AIRMANNUS. I. 69.

ALAIN (Jacques), II. 193.

ALANUS (II), comes Britanniæ, I. 92, 95; III. 220.

ALARIA, uxor Radulphi, majoris Manunvillæ, I. 260.

ALBE (Petrus), canonicus Carnotensis, III. 196.

ALBEREA, mater Simonis de Sancto-Dionisio, II. 338; III. 27.

ALBEREDA, matrona, III. 171. — uxor Hugonis (II) de Castronovo. Voir MELLENTO (Albereda de).

ALBERICUS, camerarius regis, I. 136, 137. — constabularius regis, I. 91. — decanus Turonensis. Voir CORNUTUS (Albericus), episcopus Carnotensis. — episcopus Carnotensis. Voir CORNUTUS (Albericus). — filius Humbaldi, III. 205.

ALBERTUS, abbas Majoris-Monasterii, I. 92, 93; III. 115. — abbas Sancti-Johannis, I. 102; III. 13. — canonicus Carnotensis, I. 103. — cardinalis Sancti-Laurentii-in-Lucina. Voir GREGORIUS (VIII), papa. — decanus Carnotensis. Voir ALBERTUS, abbas Majoris-Monasterii. — vice-dominus Carnotensis, III. 141, 158.

ALBIGNIACO (Johannes de), subdecanus Carnotensis, II. 199, 303, 355, 370, 391, 395; III. 50, 69, 71, 103.

ALBINUS, episcopus Albanensis, I. 192.

ALBOINUS, I. 69.

ALBRET (Jeanne d'), reine de Navarre, I. 198.

ALBRITONE (Raginaldus de), decanus Carnotensis, II. 346, 347.

ALBURGIS, mater Willelmi, cerarii, I. 152. — uxor Joscelini, majoris de Pesiaco, II. 31. — uxor Leodegarii, III. 191.

ALBUS (Hildegarius), canonicus Carnotensis, III. 23. — (Hugo), I. 106. — (Willelmus), I. 106.

ALBUTIUS, I. 69.

ALCHARIUS, canonicus Carnotensis, III. 172. — succentor Carnotensis, III. 144.

ALCHERIUS. Voir AUCHERIUS.

ALENA (Philippus de), III. 4.

ALERMUS, episcopus Meldensis. Voir CUISI (Alerme de), évêque de Meaux. — sacerdos, III. 126.

ALEXANDER, capellanus Henrici-Stephani, comitis Carnotensis, I. 106. — (II), papa, I. 16. — (III), papa, I, 168, 169, 170, 171, 172, 174, 175, 177, 178, 188, 189, 190, 191, 193, 198, 199; III. 160. — (IV), papa, I. 94, 189, 208; II. 159, 163, 165, 177. — (VII), papa, I, 33.

ALEXANDRI (Aubertus), II, 329.

ALFONSUS, camerarius regis. Voir BRIENNE (Alphonse de). — comes Pictaviensis, II. 201, 324; III. 114, 157. — (I) Jourdain, comes Tolosanus, I. 198. — (II), comes Tolosanus, I. 197, 198.

ALGRINUS, cancellarius regis, I. 144.

ALICIA, uxor Michaelis Medi, III. 27.

ALISA, mater Mathei de Juffivo, III. 22.

ALIX, femme de Guillaume Volant, maire d'Amilly, II. 156. — femme de Jean de Mignières, II. 154. — femme d'Yves Chollet. Voir SAINT-GERMAIN (Alix de).

ALLEC (Adam), præpositus de Yenvilla, I. 145; II. 304. — (Hugo), I. 253. — (Radulphus), II. 86, 87; III. 50. — (Ricardus), I. 145.

ALLUCINGOLI (Hubald). Voir LUCIUS (III), papa.

ALMANDUS, subdiaconus, III. 127.

ALNEOLO (Gaufridus de), canonicus Carnotensis, II. 63, 64; III. 170, 175. — (Gilo de), III. 195. — (Guido de), II. 63. — (Joscelinus de), I. 148, 160; II. 63; III. 18. — (Willelmus de), canonicus Carnotensis, III. 158, 161.

ALNETO (Ansellus de), II. 118. — (Garinus de), I. 133. — (Galterius de), I. 133. — (Galterius de), filius Galterii, I. 133. — (Gunherius de), I. 133. — (Gunherius de), filius Gunherii, I. 133. — (Johannes de), II. 428. — (Philippus de), II. 117, 118. — (Stephanus de), II. 406, 415. — (Willelmus de), canonicus Carnotensis, II. 146, 377, 376; III. 165, 192.

ALLONA (Odo de), I. 148.

ALPASIA, III. 129.

ALPHONSE (X), roi de Castille; III. 57.

ALSACE (Ide d'), II. 60. — (Mathieu d'), II. 60.

ALTA-VILLA (Johannes de), II. 183.

ALTINUS, I. 2, 41, 42.

ALTO-VILLARI (Dionisius de), III. 4. — (Fulcherius de), III. 4.

ALVEARIUS (Galterius), III. 114.

ALVEUS, abbas Sancti-Petri, I. 78, 79, 81; III. 73.

ALVIA, uxor Dionisii Jouar, III. 73.

AMALBERGA, I. 70. — mater Romoldi, canonici Carnotensis, III. 211.

AMAURICUS, præcentor Carnotensis. Voir GOALDI (Amauricus).

AMBASIA (Mathildis de), comitissa Carnotensis, II. 140, 148, 162. — (Sulpicius de), I. 206; II. 140.

AMEDEUS, episcopus Diensis. Voir GEBENNIS (Amedeus de).

AMELINA, uxor Stephani de Brimont. Voir REGNEIO (Amelina de).

AMELINE, femme de Simon Guyet, II. 232.

AMELOTA, filia Mathei, majoris de Perroto, II. 98.

AMELOTE, femme de Gervais Chaperon, II. 229. — femme d'Herbelot de Moncal, II. 228.

AMICI (Willelmus), episcopus Carnotensis, I. 27; II. 54.

AMICIA, uxor Rotrodi (II), comitis Pertici. Voir SALISBURY (Amicie de). — uxor Simonis (III) de Monteforti. Voir BELLOMONTE (Amicia de).

AMIDE (Michael), III. 147.

AMILLIACO (Hugo de), II. 10. — (Martinus de), II. 379.

ANACLETUS, antipapa, I. 18.

ANDEVILLA (Mauricius de), II. 135.

ANDREAS, barbitonsor, III. 79. — clericus, II. 37. — cubicularius Yvonis, episcopi Carnotensis, I. 124. — diaconus, I. 103. — presbiter, I. 146. — serviens Germundi de Levesvilla, canonici Carnotensis, I. 227.

ANETO (Simon de), I. 166. — (Theobaldus de), decanus Carnotensis, II. 199; III. 143.

ANGELART (Arnaldus), III. 47.

ANGELUS, canonicus Carnotensis. Voir GREGORIUS (XII), antipapa.

ANGENNES (Claude d'), évêque du Mans, II. 200.

ANGERENTE (Johannes de), episcopus Carnotensis, I. 28; III. 27.

ANGLICUS (Johannes), II. 142. — (Robertus), II. 302, 304. — (Willelmus), II. 146.

ANIANUS, episcopus Carnotensis, I. 3, 18.

ANNA, uxor Willelmi de Harville. Voir COUTTES (Anna de).

ANSEGESUS, sacerdos, III. 189.

ANSELLUS, dapifer regis. Voir GALLANDIA (Ansellus de). — episcopus Laudunensis. Voir MAUNY (Anselme de).

ANSELMUS, prior Hospitalis, I. 212.

ANSGERIUS, archidiaconus Blesensis, I. 118, 123, 132, 142, 148; III. 131.

ANSOLDUS, clausarius episcopi Carnotensis, I. 176. — clericus, III. 45. — pater Pipini d'Héristal, I. 9. — præpositus Ebrardivillæ,

I. 187. — puer, I. 108. — serviens Milonis, archidiaconi, I. 239. — telonearius, I. 133.

ANSQUITILLUS, canonicus Carnotensis, III. 147.

ANSUERUS, III. 204.

ANTELMUS, præpositus, III. 207.

ANTENOR, I. 42.

ANTIOCHE (Jean d'), I. 261.

AQUA (Yvo de), II. 40.

AQUARI (Matheus), II. 200.

AQUARIOT (Jean), II. 154. — (Mathieu), II. 154.

ARBOASTUS, episcopus Carnotensis, I. 5.

ARBRISSELLES (Robert d'), I. 117.

ARCARIUS, presbiter, I. 81.

ARCEYO (Garinus de), episcopus Carnotensis, I. 28.

ARCHERII (Petrus), archidiaconus Vindocinensis, III. 113.

ARDEA (Radulphus), I. 145.

ARDICIO, diaconus cardinalis Sancti-Theodori, I. 171.

ARDRADUS, canonicus Carnotensis, III. 70. — subdiaconus, I. 81, 84.

ARDUINUS. Voir HARDOINUS.

AREGARIUS, grammaticus, III. 136.

AREMBERTUS. Voir EREMBERTUS.

AREMBURGIS. Voir EREMBURGIS.

ARMANDUS, archiepiscopus Acquensis. Voir NARCESIO (Armandus de). — decanus Carnotensis. Voir NARCESIO (Armandus de), archiepiscopus Acquensis.

ARNALDUS, archidiaconus Carnotensis, I. 164, 180, 183. — archidiaconus Drocensis. Voir FOAILLE (Arnaldus). — cancellarius Carnotensis, III. 204. — decanus Carnotensis, I. 100, 103, 114, 115, 117, 118; III. 206. — episcopus, III. 30. — frater Roscelini, famuli Gaufridi de Leugis, episcopi Carnotensis, I. 153. — pater Gaufridi, majoris de Auviller, II. 2. — presbiter de Sanchevilla, III. 99. — quadrigarius, II. 293, 294. — salinarius, I. 145. — telonearius, I. 107. — vicedominus Carnotensis, III. 86, 97, 196.

ARNOLDUS, abbas Bonevallensis, I. 169.

ARNULPHUS, abbas Sancti-Petri-in-Valle, III. 58. — canonicus Magdalenæ Castridunensis, II. 76. — canonicus Carnotensis, nepos Yvonis, episcopi Carnotensis, I. 107. — episcopus Lexoviensis, I. 12, 149, 166. — filius majoris, II. 55. — miles, II. 303. — nepos Richerii, archidiaconi, I. 149. — præcentor Carnotensis, I. 91, 92; II. 207. — senescallus, II. 352.

ARRALDUS, episcopus Carnotensis, I. 16, 93, 94, 95; II. 324; III. 39, 91.

ARRAS (Marguerite d'), III. 55.

ARRENVILLA (Gaufridus de), III. 9.

ARRESVARDUS (Raginaldus), II. 124.

ARROLDUS, serviens Yvonis, episcopi Carnotensis, I. 124.

ARUNDEL (Laurentius), II. 357.

ASCELINA, uxor Adæ, coci regis, III. 75.

ASCELINUS, canonicus Carnotensis, III. 150. — præpositus, III. 20.

ASCELINUS (Johannes), II. 309; III. 31.

ASINARIUS (Rogerius), II. 385.

ASTIN (Foulques d'), évêque de Lisieux, I. 174.

ATAYA (Pasquerus de), II. 362.

ATRIO (Hugo de), I. 241.

ATTO. Voir HATTO.

AUBONA (Jacobus de), archidiaconus Drocensis, III. 218.

AUBUSSON (Raoul d'), doyen de Chartres, II. 172, 174, 177, 178.

AUCHERI (Arnulphus), II. 307.

AUCHERIUS, canonicus Carnotensis. Voir POSTERNA (Aucherius de). — filius Aloni, I. 142. — miles, III. 43. — præpositus, III. 45.

AUDUINUS, canonicus Carnotensis, I. 211; III. 144.

AUFFRICANUS, episcopus Carnotensis, I. 4.

AUGERIVILLARI (Johannes de), II. 150, 224.

AUNAARIUS, episcopus Altissiodorensis, I. 66.

AURELIANIS (Agathes de), III. 108. — (Gaufridus de), III. 105, 111. — (Johannes de), III. 81. — (Willelmus de), II. 199.

AURES (Willelmus), canonicus Carnotensis, III. 164.

AUSTRIACA (Anna-Maria-Mauricia), regina Franciæ, III. 26.

AUTHOLIO (Johannes de), canonicus Carnotensis, III. 58.

AUTISSIODORO (Johannes de), canonicus Carnotensis, II. 232; III. 206. — (Odo de), canonicus Carnotensis, III. 64.

AUTOYO (Johannes de), III. 108.

AUVERGNE (Gui d'), archevêque de Lyon. Voir

BOULOGNE (Gui de). — (Guillaume d'), évêque de Paris, II. 69.

AUVERS (Ansellus de), II. 55. — (Arnulphus de), II. 55. — (Hugo de), II. 55. — (Philippus de), II. 55.

AVAZAIO (Raginaldus de), I. 218.

AVELINA, uxor Nicholai Maquerel, III. 7.

AVENART (Colinus), II. 385.

AVENNIA (Henricus de), canonicus Carnotensis, II. 199.

AVESGAUDUS, I. 85.

AVESGOTH (Girardus), I. 145.

AVESNIS (Maria de), comitissa Carnotensis, III. 84.

AYMERICUS, cantor Carnotensis, III. 3. — diaconus cardinalis, I. 141. — (I), episcopus Carnotensis, I. 11. — (II), episcopus Carnotensis. Voir CASTRO-LUCII (Aymericus de). — filius Herbranni, III. 38, 48. — frater Gilduini, III. 36. — præpositus, I. 118.

AYMO, caligarius, II. 423. — capicerius Carnotensis, I. 180; II. 410, 420; III. 188. — diaconus, III. 156. — episcopus Carnotensis, I. 11. — miles, I. 81. — presbiter, I. 118. — subdiaconus, I. 85.

B

BABAUDE (Isabelle la), II. 138.

BABAUT (Willelmus), III. 157.

BABOU DE LA BOURDAISIÈRE (Isabellis), III. 37.

BACHELER (Johannes), III. 55.

BADEHILDIS, III. 55.

BAGOT (Johannes), canonicus Carnotensis, III. 158.

BAIGNEAUX (Christophe de), II. 24, 34.

BAILLE-VACHE (Georgius), III. 120. — (Johannes), III. 64.

BAIOCIS (Nicholaus de), monachus Majoris-Monasterii, I. 133.

BALAUM (Johannes de), I. 149.

BALDIMUNT (Gilo de), II. 23.

BALDUINUS, abbas Sancti-Carauni, III. 127. — abbas Sancti-Launomari Blesensis, I. 207. — cancellarius regis, I. 89, 91. —

canonicus Carnotensis, III. 204. — serviens Guerrici, vicedomini Carnotensis, III. 17. — subdiaconus. Voir CHARISI (Balduinus de).

BALGENTIACO (Radulphus de), I. 106.

BALLECOLORIS (Gaufridus de), canonicus Carnotensis, III. 220.

BALLOLIO (Matheus de), III. 221.

BALNEOLIS (Martinus de), III. 110.

BALZAC (Charles de), II. 89.

BANCEVIN (Leobinus de), III. 119.

BARBA (Petrus), I. 134.

BARBEREAU (Jean), II. 274, 314.

BARBETO (Guido de), præcentor Carnotensis, III. 194. — (Petrus de), archiepiscopus Remensis, II. 194; III. 194.

BARBOU (Johannes), canonicus Carnotensis, III. 191. — (Raginaldus), ballivus de Rothomago, I. 134; II. 195, 198. — Raginaldus), ballivus de Rothomago, filius Raginaldi, II. 198.

BARBULEE (Raginaldus), III. 54.

BARDILERIIS (Willelmus de), II. 3.

BARDOIN (Willelmus), II. 365.

BARDULFUS (Hugo), I. 91.

BARETEL (Michael), III. 71.

BARRA (Henricus de), II. 136.

BARRE (Johannes), canonicus Carnotensis, III. 30.

BARRO (Gaucherius de), II. 51, 94, 95; III. 134. — (Milo (II) de), III. 201. — (Milo (III) de) I. 253; II. 30, 50, 95; III. 134. — (Petronilla de), I. 253; II. 51.

BARTHOLOMEUS, archidiaconus Dunensis, I. 207, 211. — archidiaconus Matisconensis, III. 177. — (II), archiepiscopus Turonensis. Voir VENDÔME (Barthélemy de). — camerarius Carnotensis. Voir MONCY (Barthélemy de). — camerarius regis. Voir ROIA (Bartholomeus de). — cancellarius Carnotensis, III. 147. — capellanus Magdalenæ Castridunensis, II. 76. — decanus Carnotensis. Voir BARTHOLOMEUS, episcopus Parisiensis. — episcopus Parisiensis, II. 69, 78, 87, 88, 89, 95, 101; III. 199. — filius Bertæ de Insula, I. 129. — nepos Galterii de Boeto, capicerii Carnotensis, I. 218. — præpositus Andegavensis, II. 294; III. 98. — rex Ægypti, I. 39. — subdecanus Carnotensis, II. 90.

BASENVILLA (Michael de), II. 23.

BASINA, uxor Childerici (I), regis Franciæ, I. 43.

BASINUS, canonicus Carnotensis, III. 220.

BASOCHES (Gérard de), évêque de Noyon, III. 138. — (Jacques de), évêque de Soissons, III. 138.

BASOCHIA (Odo de), I. 256.

BASTA (Nivelo de), II. 334.

BAUDEMENT (Agnès de). Voir BRENIA (Agnes de).

BAUDRY (Cheron), II. 154. — (Franciscus), camerarius Carnotensis, III. 79. — (Gaufridus), II. 307. — (Michel), II. 154. (Willelmus), camerarius Carnotensis, III. 79.

BAUDOUIN, empereur de Constantinople, I. 255.

BAUDOUYN (Mathurinus), canonicus Carnotensis, III. 71.

BEATRIX, femme d'Évrard de Villepreux, I. 164. — uxor Ansoldi, præpositi Ebrardivillæ, I. 187. — uxor Burgundii de Merlaio, I. 148. — uxor Caroli, regis Siciliæ. Voir PROVENCE (Béatrix de). — uxor Juliani Sarradin, III. 87. — uxor Mathei Cholet, II. 38.

BEATRIX (Macotus), II. 306.

BEAUJEU (Blanche de), I. 261.

BEAUNE (Renaud de), archevêque de Bourges, II. 200.

BEAUVENTRE (Étienne), II. 193.

BEAUVOIR (Richard de), évêque d'Évreux, II. 110.

BEC (Philippe du), évêque de Nantes, II. 200.

BECHART (Odo), castellanus Carnotensis, II. 32, 33.

BÈCHEBIEN (Petrus), archidiaconus Drocensis, III. 69. — (Petrus), episcopus Carnotensis, I. 35; II. 53; III. 69.

BECHET (Odo), III. 222.

BECKET (Thomas), archevêque de Cantorbéry, I. 19, 20, 147, 172, 198; III. 201, 202.

BEDIERS (Willelmus de). Voir STRIGONIO (Willelmus de).

BEFFETERIA (Johannes de), canonicus Carnotensis, III. 107.

BEGO (Galterius), I. 148.

BÈGUE (Jean le), notaire, II. 271. — (Pierre le), notaire, II. 271.

BEGUINI (Johannes), III. 12, 160.

BELEVILLA (Simon dé), I. 145.

BELINUS (Petrus), III. 107. — (Raginaldus), I. 230. — (Robertus), I. 106; III. 79. — (Simon), I. 148.

BELLE-GRUE (Guiardus), III. 7. — (Richerius), III. 111.

BELLE-VASCHE (Michael), II. 379. — Voir BAILLE-VACHE.

BELLI (Johannes), II. 366. — (Stephanus), canonicus Carnotensis, III. 32, 208.

BELLO-CASTRO (Sobiranus de), subdecanus Carnotensis, III. 9, 33.

BELLO-LOCO (Robertus de), II. 23. — (Simon de), archiepiscopus Bituricensis, II. 165, 197, 349; III. 112.

BELLO-MONTE (Amicia de), II. 35, 61, 350; III. 173. — (Raginaldus de), canonicus Carnotensis, I. 164; III. 151, 190, 201, 203. — (Raginaldus de), subdecanus Carnotensis, II. 146, 167, 181, 376, — (Ricardus de), II. 140. — (Robertus de), II. 35; III. 29, 173. — (Rotrodus de), episcopus Ebroicensis, I. 12, 164, 166, 197, 198, 231. — (Yvo (I), comes de), I. 90, 92. — (Yvo (II) de), I. 92.

BELLO-VIDERE (Ansoldus de), I. 148. — (Bretellus de), I. 234. — (Gaufridus de), decanus Carnotensis. Voir BEROTO (Gaufridus de). — (Nicholaus de), serviens Auberti de Galardone, I. 231, 234, 236, 238, 239, 241. — (Radulphus de), camerarius Carnotensis, I. 187, 211, 221, 227, 234, 235, 236, 244, 249; II. 25, 26, 41, 79, 82, 92, 118, 290, 345, 356; III. 125, 200. — (Raginaldus de), II. 11. — (Willelmus de), I. 148.

BELLOVILLARI (Gilduinus de), I. 202. — (Herbertus de), I. 200, 202. — (Hugo de), I. 202. — (Johannes de), II. 150. — (Julduinus de), I. 199, 200.

BELLUS-CHARTONNUS (Willelmus), II. 302.

BELNA (Petrus de), canonicus Carnotensis, I. 407; II. 199.

BELO (Herveus), I. 106.

BELOCE (Aales la), III. 165. — (Jacques la), II. 158, 160, 161.

BELON (Guillotus), II. 303.

BELOT (Gilo), I. 145.

BELOTINUS (Herbertus), canonicus Carnotensis, I. 148; III 81.

BELSIA (Andreas de), II. 134. — (Bartholomeus de), II. 134. — (Herbertus de), II. 134. — (Laurentius de), II. 134. — (Milo de), canonicus Carnotensis, I. 211. — (Robinus de), III. 166. — (Simon de), III. 105.

BELVACO (Matheus de), II. 294, 296; III. 104. — (Willelmus de), III. 110.

BENA (Evrardus de), II. 360; III. 141. — (Gaufridus de), II. 360; III. 212. — (Johannes de), II. 76.

BENEDICTII(Johannes), II. 408; III. 34, 118, 211.

BENEDICTUS (sanctus), I. 66. — canonicus Carnotensis, III. 31. — cardinalis, I. 102, 103. — (XII), papa, I. 32, 33.

BENE-VENIT (Robertus), I. 133.

BERAUDUS (Johannes), canonicus Carnotensis, III. 16.

BERBELLUS (Ansoldus), I. 106. — (Hugo), I. 106.

BERCHERIIS (Aymo de), I. 107. — (Matheus de), III. 7.

BERENGARIUS, artifex, III. 204. — præpositus, I. 134.

BERJOUVILLA (Arnulphus de), canonicus Carnotensis, II. 76, 173, 174, 186; III. 6, 23, 24, 60. — (Fulcherius de), II. 357; III. 23, 24. — (Gilo de), II. 51; III. 42. — (Goherius de), II. 352. — (Johannes de), III. 24. — (Maria de), II. 300. — (Stephanus de), III. 42.

BERLANDUS, canonicus Carnotensis, III. 216.

BERMUNDUS, bajulus Majoris-Monasterii, I. 134.

BERNARDI (Clemens), II. 304. — (Robertus), II. 421.

BERNARDUS, abbas Clarevallensis, I. 16, 117, 170. — abbas Tironensis, I. 117, 128; III. 98. — cancellarius Carnotensis. Voir BERNARDUS (II), episcopus Corisopitensis. — capicerius Carnotensis, III. 58. — carpentarius de Auviller, II. 2. — decanus Carnotensis, I. 126. — (II), episcopus Corisopitensis, I. 231; III. 148. — episcopus Portuensis, I. 170. — foristerius, I. 106. — nepos Agoberti, episcopi Carnotensis, I. 92. — præpositus, I. 149. — presbiter, I. 81. — senescallus regis, I. 91.

BERNERIUS, canonicus Carnotensis, III. 118. — Herberti, I. 145.

BERNIER (Jean), garde de la prévôté de Paris, II. 271.

BERNO (Galterius de), I. 134.

BERNOLDUS, canonicus Carnotensis, III. 13.

BEROLDUS, subdecanus Carnotensis, III. 143.

BERONA (Matheus de), canonicus Carnotensis, I. 31; III. 16.

BEROTO (Gaufridus (II) de), I. 218; II. 24; III. 43, 45. — (Gaufridus de), decanus Carnotensis, I. 174, 176, 179, 180, 181, 183, 184, 185, 187, 191, 195, 196, 199, 202, 203, 207, 208, 209, 211, 213, 216, 217, 231, 238, 250, 252, 253, 255, 259, 260, 261; II. 3, 6, 15, 24, 186, 299, 314; III. 17, 88, 160, 212. — (Gaufridus de), frater Roberti, cancellarii Carnotensis, II. 29. — (Henricus de), canonicus Carnotensis, I. 211, 227, 234, 235, 250; II. 9, 10, 27, 32, 34, 51, 52, 68, 83, 98. — (Robertus de), cancellarius Carnotensis, I. 180, 183, 253; II. 10, 24, 29, 50, 67, 71, 300, 312; III. 52, 176, 187. — (Simon de), canonicus Carnotensis, I. 226, 227, 253, 261; II. 24, 30, 36, 37, 292, 421; III. 43, 44, 45, 48. — (Willelmus de), II. 121, 203, 354; III. 55, 108.

BERTA, filia Odonis (II), comitis Carnotensis. Voir BERTA, uxor Alani (II), ducis Britanniæ. — uxor Alani (II), ducis Britanniæ, et Hugonis (II), comitis Pertici, I. 95; III. 220. — uxor Odonis Borrelli. Voir ISLERIIS (Berta de). — uxor Odonis (I), comitis Carnotensis, III. 23, 86, 156. — uxor Philippi (I), regis Franciæ, I. 17. — uxor Ricardi de Cuneo-Muri, III. 35. — uxor Roberti, regis Franciæ. Voir BERTA, uxor Odonis (I), comitis Carnotensis.

BERTE (Willelmus), II. 358.

BERTEGILDIS, I. 72.

BERTHELOT (Simon), chanoine de Chartres, III. 100.

BERTHERIUS, episcopus Parisiensis, II. 373, 395.

BERTHIER (David-Nicolas de), évêque de Blois, I. 173.

BERTHONVILLARI (Guido de), canonicus Carnotensis, III. 57.

BERTINUS (Gislebertus), canonicus Carnotensis, III. 96.

BERTOVILERIO (Amiardus de), I. 202.

BERTRADA, uxor Hugonis, comitis Cestriensis. Voir MONTEFORTI (Bertrada de).

BERTRANDA, uxor comitis Andegavensis, I. 17.

BERTRANDUS, præpositus de Yngreio, II. 27.

BERTRANDUS (Petrus), episcopus Augustodunensis, III. 72.

BERUAT (Petrus), I. 50.

BETHARIUS, episcopus Carnotensis, I. 8, 9, 10, 13, 45, 60.

BETHEGRANNUS, episcopus Carnotensis, I. 9.

BIART (Johannes), III. 47.

BICHETE (Marie la), II. 311.

BICHOT (Barthélemy), II. 154.

BIGOT (François le), I. 182.

BILHEUX (Guillaume), II. 146.

BILLY (Jean de), II. 114.

BISELLI (Aalis), I. 218. — (Aanor), I. 218. — (Garnerius), I. 218. — (Gaufridus), I. 218. — (Gobilla), I. 218. — (Hugo), I. 218. — (Isaut), I. 218. — (Petrus), I. 217, 218. — (Tristannus), I. 218.

BLANCHA, uxor Ludovici (VIII), regis Franciæ. Voir CASTILLE (Blanche de).

BLANCHE, femme d'Alphonse (X), roi de Castille, III. 57. — femme de Guy le Bouteiller. Voir CHAUVIGNY (Blanche de). — femme de Philippe VI, roi de France. Voir ÉVREUX (Blanche d').

BLANCHE (Petrus), II. 411.

BLANDEVILLA (Adam de), II. 7. — (Aymericus de), II. 6, 7, 406; III. 203. — (Escorfaudus de), II. 119. — (Henricus de), II. 426. — (Moreherius de), I. 148. — (Odo de), II. 7. — (Yvo de), II. 7.

BLAVIA (Robertus de), camerarius Carnotensis, I. 216; II. 295; III. 45.

BLENIAU (Robert de), II. 369.

BLESIS (Bertaudus de). Voir CLAUSARIUS (Bertaudus). — (Petrus de), II. 333. — (Raginaldus de), canonicus Carnotensis, II. 87, 300, 380. — (Richerius de), præcentor Carnotensis, I. 128, 129, 138, 148, 179, 180, 183, 193, 196, 202, 207, 210, 211, 217; II. 29, 88, 146, 161, 163, 189, 326, 350; III. 17, 19, 79, 141, 161, 222. — (Theobaldus de), III. 120.

BLÉZY (Oudard de), II. 228.

BLOCO, III. 127.

BLONDE (Robinus), II. 331.

BOBO, præcentor Carnotensis, I. 181; II. 293, 331, 359, 369, 406, 419; III. 210, 211.

BOBOCARD (Hyacinthe). Voir CELESTINUS (III), papa.

BOCHIGNIACO (Robertus de), II. 291.

BOCONVILER (Hugo de), III. 103.

BODOANNE (Venotus), II. 304, 305.

BOEL (Bartholomeus), I. 106. — (Girardus), I. 106, 107, 174; II. 51. — (Hermengardis), I. 174. — (Ledgardis), I. 107; II. 51. — (Raginaldus), II. 314, 349.

BOELETO-TERRICI (Galterius de), cancellarius Carnotensis, I. 207, 211, 217; III. 223. — (Hugo (I) de), II. 80. — (Hugo (III) de), II. 80; III. 209. — (Radulphus de), I. 184, 185; II. 80. — (Theodericus de), II. 80.

BOETO (Galterius de), capicerius Carnotensis, I. 211, 217; II. 289, 426; III. 3, 41, 49.

BOINVILLA (Gaufridus de), canonicus Carnotensis, III. 155.

BOISSIACO (Gaufridus de), canonicus Carnotensis, III. 157.

Boisson (Hugo), II. 37.

Bonavalle (Achardus de), I. 108. — (Dionisius de), II. 10. — (Galterius de), I. 115. — (Garinus de), I. 108. — (Henricus de), II. 3. — (Hugo de), III. 91. — (Odo de), II. 3. — (Robertus de), I. 148. — (Willelmus de), II. 10; III. 91.

Bonellus (Gaufridus), canonicus Carnotensis, I. 183; III. 131.

Bonevaletus, canonicus Carnotensis, II. 67, 406; III. 23.

Bonido Lombardus, I. 96.

Bonne (Hélène), II. 89.

Bonnedosse (Petrus), carnifex, III. 107.

Bonne-Femme (Jean), II. 188. — (Thibaut), II. 145.

Bonnelli (Johannes), III. 212.

Bonnerius (Garinus), II. 314.

Bonto (Gaufridus de), III. 33. —(Simon de), III. 34.

Bonum-Genus (Venotus), II. 377.

Bonus-Homo (Willelmus), II. 303.

Bonvilla (Juliana de), III. 195. — (Thomas de), III. 195. — (Willelmus de), III. 196.

Borbonio (Droco de), capicerius Carnotensis, II. 197.

Bordenay (Johannes de), II. 346.

Bordier (Tenotus le), II. 305.

Borellus (Thomas), II. 320.

Borree (Radulphus), III. 147. — (Robinus), III. 147.

Borrelli (Atho), I. 134. — (Hugo), I. 193. — (Hugo), filius Odonis, I. 193. — (Joscelinus), III. 100. — (Odo), I. 193, 195.

Borreto (Robertus de), II. 325. — (Stephanus de), episcopus Parisiensis, III. 72.

Borromeus (Carolus), III. 38.

Bos (Nicolaus), III. 110.

Bosco (Garinus de), II. 116. — (Jacobus de), canonicus Sancti-Martini Turonensis, III. 101. — (Johannes de), III. 42. — (Petrus de), canonicus Carnotensis, II. 200.

Bosco-Giroudi (Philippus de), episcopus Carnotensis, I. 33, 34, 190.

Bosco-Hunoldi (Gaufridus de), I. 152.

Bosco-Rohardi (Robertus de), II. 169.

Bosco-Rufini (Hugo de), canonicus Carnotensis, II. 428; III. 120, 121. — (Matheus de), III. 9. — (Simon de), III. 9.

Boso, cardinalis Sanctorum-Cosmæ-et-Damiani, I. 171.

Boteneio (Aymericus de), I. 186. — (Hugo de), I. 185, 186. — (Otrannus de), I. 185, 186. — (Robertus de), I. 185, 186. — (Willelmus de), I. 185, 186.

Botereau (Johannes), II. 303.

Boteri (Garinus de), canonicus Carnotensis, II. 45, 295, 328; III. 145, 165.

Botiniaco (Berthelinus de), I. 207. — (Henricus de), II. 80.

Boucher (Ludovicus), decanus Carnotensis, III. 11, 85.

Boucher (Robertus le), III. 16.

Boudan (Bertaudus), III. 187.

Boudier (Johannes), canonicus Carnotensis, III. 14.

Bouguier (Jean), chanoine de Chartres, I. 25; III. 34.

Boulart (Renaud), II. 228.

Boulogne (Geoffroy de), évêque de Paris, I. 95. — (Gui de), archevêque de Lyon, III. 116. — (Marie de), II. 60.

Bouniol de Montégut (Hyacinthe de), chanoine de Chartres, I. 190.

BOURBON (Antoine de), roi de Navarre, I. 198. — (Charles de), archevêque de Rouen, II. 200. — (Charles de), comte de Soissons, II. 200. — (Jeanne de), III. 36. — (Louis) de), comte de Vendôme, I. 33. — (Marie de), II. 64.

BOURGAMEL (Petrus), III. 187.

BOURGIGUE (Petrus), II. 305.

BOURGINA, domicella, II. 321.

BOURGINE, femme d'Etienne, maire d'Amilly, II. 156.

BOURGOGNE (Yolande de), II. 184.

BOUTON (Perrinus), II. 307.

BOUVART (Robert), I. 184; III. 203.

BOUVILLA (Carolus de), III. 156, 168. — (Clemens de), II. 302.

BOYVILLA (Petrus de), III. 112.

BRAC (Etienne de), II. 63. — (Nicolas de), II. 63.

BRACHII-CURTIS (Johannes), III. 171.

BRAJA (Nicholaus de), canonicus Carnotensis, III. 100.

BRANA (Fulco de), I. 96.

BRANCHE (Robinus), II. 326.

BRANDERON (Odo de), II. 121.

BRAYACO (Willelmus de), II. 117, 330, 331.

BRAYO (Ermengardis de), I. 149. — (Galterius de), I. 149. — (Johannes de), canonicus Carnotensis, II. 376; III. 93, 109, 216. — (Raginaldus de). Voir VILLA-NOVA-GUYARDI (Raginaldus de). — (Robertus de), I. 148. — (Willelmus de), decanus Laudunensis, III. 93, 101.

BREBENCIA (Maria de), III. 18.

BRENIA (Agnes de), III. 201. — (Evrardus de), III. 70. — (Guido de), III. 201.

BRETAGNE (Anne de), III. 94.

BRETELLUS (Richerius), monetarius. III. 17. — (Robertus), II. 33. — (Simon), I. 241. — (Stephanus), II. 33, 168.

BRETESCHIA (Matheus de), III. 223.

BRETEUIL (Petrus), rector de Piatovillari, III. 17.

BRETOLIO (Hugo de), episcopus Lingonensis, III. 150. — (Raginaldus de), III. 7.

BRETON (Michael), I. 50, 51.

BRETON (Jacobus le), III. 101.

BRETONVILLARI (Hugo de), II. 290, 327; III. 117.

BRIENNE (Alphonse de), II. 172. — (Jean de), roi de Jérusalem, II. 172; III. 75, 139, 160.

BRIENNIUS, canonicus Carnotensis, I. 180, 187.

BRIMONT (Stephanus de), II. 136.

BRITANNIA (Gaufridus de), I. 92. — (Raginaldus de), I. 92.

BRITO (Ascelinus), III. 81. — (Gaufridus), III. 115. — (Guyomardus), II. 420. — (Herbertus), canonicus Carnotensis, III. 99. — (Herveus), I. 242. — (Stephanus), III. 29. — (Willelmus), II. 322, 323. — (Yvo), I. 187.

BRITOGILO (Evrardus de), I. 88. — (Hilduinus de), I. 88.

BROCHARDI (Stephanus), canonicus Carnotensis, III. 30.

BROCIA (Johannes de), canonicus Carnotensis, II. 194; III. 18. — (Radulphus de), archidiaconus Vindocinensis, II. 263. — (Raginaldus de), archidiaconus Vindocinensis, II. 199; III. 147.

BROLIO (Gaufridus de), II. 130. — (Willelmus de), II. 130.

BROLIO-MEDIO (Emma de), III. 13.

BROU (Geoffroy de), II. 164.

BROYES (Isembard de), évêque d'Orléans, I. 90, 93.

BRUERIA (Gervasius de), I. 168. — (Nicholaus de), II. 134; III. 85.

BRUERIIS (Amauricus de), secretarius capituli Carnotensis, II. 200. — (Johannes de), II. 150, 172. — (Stephanus de), canonicus Carnotensis, II. 322; III. 168. — (Thomas de), II. 150.

BRUEROLIIS (Lambertus de), canonicus Carnotensis, III. 100.

BRUIL (Simon del), I. 148.

BRUILLART (Guillotus), II. 308. — (Theobaldus), II. 301, 304.

BRUL (Radulphus de), I. 207.

BRUNEL (Odo de), II. 121.

BRUNO, filius Hebroini, I. 134.

BUCHARDUS, cancellarius, I. 202. — clericus, I. 90. — episcopus Carnotensis, I. 10, 13. — miles, I. 81, 84.

BUGNA (Galterius de), canonicus Carnotensis, III. 211.

BUISSEAU (Raimbaud de), I. 184.

BUISSON (Louis), chanoine de Chartres, I. 190.

BULLION (Jean de), prévôt d'Ingré, I. 75.

BULLOU (Bernard de), II. 20; III. 209. — (Evrard de), II. 20. — (Eudes de), II. 20. — (Geoffroy de), II. 20.

BURDEGALIS (Petrus de), archidiaconus Vindocinensis, II. 116, 130, 133, 333, 337, 362; III. 162, 163.

BURDICIUS, archipincerna Adelaidis, comitissæ Carnotensis, I. 108.

BURDINUS, magister Theobaldi (IV), comitis Carnotensis, I. 107.

BURDUM (Garinus), I. 164. — (Radulphus),- major de Framboseria, I. 164.

BUREAU (Guillaume), évêque d'Avranches, III. 138.

BUREL (Jean), II. 228.

BURGO-GUARINI (Joia de), II. 76. — (Maria de), II. 76. — (Mathildis de), II. 76. — (Nicholaus de), II. 75. — (Nivelo de), II. 75. — (Simon de), canonicus Carnotensis, II. 76, 101, 334; III. 85, 86, 130.

BURGUNDELLUS (Guido), I. 88.

BURGUNDIO (Willelmus), I. 152.

BURI (Philippus de), I. 217.

BURSARIIS (Vivianus de), I. 167.

BUSSELLUS, I. 152.

BUTERIUS, parens Yvonis, episcopi Carnotensis, I. 124.

BUTICULARIUS (Gaufridus), cancellarius Carnotensis, III. 58. — (Guido), I. 261. — (Johannes), præpositus Normanniæ, III. 163. — (Willelmus), præpositus Normanniæ, II. 177; III. 182.

BUTTIN (Nicolas), II. 114.

BUXEIO (Raginaldus de), decanus Magdunensis, III. 104, 118.

BUXIIS (Odo de), decanus Aurelianensis, III. 37, 41. — (Radulphus de), cantor Attrebatensis, III. 40. — (Willelmus de), canonicus Carnotensis, III. 37, 40, 41. — (Willelmus de), episcopus Aurelianensis, II. 145, 148, 158, 160, 161, 162; III. 37, 41.

BYER, rex Normannorum, I. 10, 11.

C

CABLIER (Willelmus le), III. 193.

CACCIANEMICI (Hubald). Voir HUBALDUS, cardinalis Sanctæ-Crucis-in-Jerusalem.

CADURCUS, cancellarius regis, I. 151.

CADUS (Garinus), III. 13.

CAILLE (Amelota la), II. 306.

CALCEYA (Gervasius de), II. 385.

CALETRICUS, episcopus Carnotensis, I. 5, 6, 60.

CALIDO-FURNO (Georgius de), II. 353.

CALIXTUS (II), papa, I. 126, 128.

CALNIACO (Raimbaudus de), archidiaconus Vindocinensis, I. 118, 123; III. 41. — (Willelmus de), I. 92.

CALVO-MONTE (Hugo de), I. 117, 136, 137, 144. — (Johannes de), II. 193, 405; III. 67, 75. — (Willelmus de), archidiaconus Carnotensis, II. 146, 193, 198, 199, 319, 370, 392, 404; III. 163.

CAMERARII (Garinus). Voir TUIVI (Garinus de).

CAMPIS (Galterius de). Voir JOIACO (Galterius de). — (Matheus de), episcopus Carnotensis, I. 23; II. 139, 145, 151, 152, 161, 166, 169, 172, 173, 174, 175, 299, 361; III. 5, 9, 59, 60, 63, 84, 161, 198, 211. — (Milo de), capicerius Carnotensis, II. 123, 316, 353; III. 58, 119, 211. — (Petrus de), armiger, III. 59, 60. — (Petrus de), cancellarius Carnotensis, II. 361, 377; III. 6, 109. — (Robertus de), I. 185.

CANARDI (Philippus), I. 202.

CANDIA (Petrus de). Voir ALEXANDER (VII), papa.

CANNIS (Galterius de), canonicus Carnotensis, II. 316, 334; III. 195. — (Henricus de), canonicus Carnotensis, II. 316, 334; III. 195. — (Nicholaus de), archidiaconus Dunensis, II. 100, 335, 340; III. 61, 181, 190.

CANTUARIA (Gervasius de), I. 211. — (Willelmus de), I. 138; II. 32, 338; III. 215.

CANTUMERULA (Ansellus de), canonicus Carnotensis, II. 232. — (Johannes de), succentor Carnotensis, III. 114. — (Willelmus de), canonicus Carnotensis, II. 200.

CANTUS (Gaufridus), I. 142.

CANUTUS, rex Anglorum, 1. 14.

CAPELLA (Adam de), I. 180. — (Guiburgis de), I. 180. — (Willelmus de), canonicus Carnotensis, II. 73, 79, 90, 92; III. 176.

CAPICERII (Henricus), canonicus Carnotensis, I. 236, 262; II. 32, 76.

CAPITULO (Yvo de), I. 262.

CAPOUE (Pierre de), II. 12.

CAPPIS (Petrus de), episcopus Carnotensis, I. 26; III. 71.

CAPRIACO (Johannes de), episcopus Carcassonensis, II. 113, 232, 249, 405. — (Radulphus de), canonicus Carnotensis, II. 199.

CAPROSIA (Cecilia de), I. 252. — (Gila de), I. 90. — (Guido de), I. 252. — (Milo de), I. 88. 90.

CARDAILLACO (Bernardus de), decanus Carnotensis, II. 200; III. 89.

CARDINALIS (Agnes), III. 183. — (Clemens), III. 218. — (Gaufridus), archidiaconus Dunensis, II. 52, 288, 299, 368, 386; III. 82, 129, 201. — (Nicholaus), II. 73. — (Petrus), canonicus Carnotensis, II. 52. — (Simon), canonicus Carnotensis, I. 138; II. 52, 290; III. 64, 80.

CARELLUS (Hugo), III. 53. — (Odo), canonicus Carnotensis, III. 82.

CARIBERTUS, rex Franciæ, I. 68

CARINTHIE (Engilbert (II) de), I. 134. — (Mathilde de), I. 134; III. 18, 23, 221.

CARNAZET (Adam de), III. 168.

CARNOTO (Adelicia de), II. 29. — (Clemens de), I. 207. — (Eremburgis de), II. 50. — (Evrardus de), II. 29, 168. — (Gaufridus de), II. 29. — (Girardus de), I. 71; II. 29, 49, 50, 104. — (Girardus de), filius Girardi, II. 104. — (Guiotus de), III. 121. — (Heloysa de), II. 29. — (Herbertus de), II. 50. — (Isabellis de), II. 30, 50. — (Jacobus de), II. 50. — (Judoinus de), II. 50. — (Mathildis de), II. 29. — (Philippus de), II. 50, 361. — (Raginaldus de), II. 29, 168. — (Robertus de), II. 28, 29, 30, 50, 168; III. 17. — (Robertus de), filius Roberti, II. 29. — (Willelmus (I) de), II. 30, 50. — (Willelmus (II) de), II. 29, 113, 121, 168, 222. — (Willelmus (III) de), II. 168.

CAROLUS (III), archiepiscopus Rothomagensis. Voir BOURBON (Charles de), archevêque de Rouen. — (II), comes de Alenconio, III. 57. — comes Andegavensis, II. 138, 139. — comes Stamparum, III. 57. — comes Vallesiensis, I. 25, 50, 161; II. 248, 260, 262; III. 164. — (le Gros), imperator, I. 11; III. 55, 127. — (V), imperator, I. 36. — (I), rex Franciæ, I. 10, 45, 71. — (II), rex Franciæ, I. 10, 11, 46, 71, 73; III. 127. — (III), rex Franciæ, I. 11, 12, 46. — (IV), rex Franciæ, I. 26; II. 133, 248; III. 55, 123. — (V), rex Franciæ, I. 28, 29, 30, 56; II. 197, 273; III. 10, 36, 68. — (VI), rex Franciæ, I. 29, 32, 33, 34, 56, 87, 189; II. 228; III. 44, 62, 68. — (VII), rex Franciæ, I. 34, 35, 56. — (VIII), rex Franciæ, I. 36, 56. — (IX), rex Franciæ, I. 190. — rex Siciliæ, III. 14, 157. — de Pace, comes Provinciæ, I. 30. — Martelli, I. 9, 10.

CARUM-TEMPUS (Raginaldus), canonicus Carnotensis, II. 146, 195, 323, 415, 418, 420, 422; III. 73, 177, 193.

CASATUS (Goslinus), I. 91. — (Raherius), III. 109.

CASTELLIONE (Dulcardus de), II. 325; III. 151. — (Galcherius (IV) de), II. 72; III. 78, 79. — (Germundus de), I. 106. — (Guido (II) de), comes Blesensis, II. 72, 262, 266. — (Herbertus de), I. 106. — (Hugo de), comes de Sancto-Paulo, III. 84. — (Johanna de), comitissa Carnotensis, II. 231; III. 31. — (Johannes de), comes Carnotensis, I. 54, 187; II. 140, 162, 181, 186, 188, 231, 257, 314; III. 109. — (Maria de), II. 72. — (Mathildis de), II. 262. — (Milo de), canonicus Carnotensis, II. 88, 134, 138, 325; III. 69, 70, 95, 151. — (Raginaldus de), canonicus Carnotensis, III. 70, 161.

CASTELLO (Lambertus de), legum professor, II. 199.

CASTELLO-GUNTERII (Raginaldus de), monachus Majoris-Monasterii, I. 133.

CASTILLE (Blanche de), I. 22; II. 127, 171, 299; III. 8, 213.

CASTOR, episcopus Carnotensis, I. 4.

CASTRA (Petrus de), cancellarius Carnotensis, I. 144; II. 146, 162, 193, 202, 320, 391, 392; III. 37, 54.

CASTRIDUNO (Aalis de), II. 67, 150. — (Petrus de), II. 411; III. 133. — (Raginaldus de), canonicus Carnotensis, II. 163, 382.

CASTRIS (Eustachius de), II. 199. — (Petrus de), canonicus Carnotensis, II. 308, 338, 349, 368; III. 13, 66. — (Simon de), canonicus Carnotensis, II. 349; III. 13.

CASTROFORTI (Mabilia de), II. 65, 66. — (Mathildis de), II. 56, 66.

CASTRO-LANDONIS (Odo de), II. 305.

CASTRO-LUCII (Aymericus de), episcopus Carnotensis, I. 27, 37; III. 16.

336 TABLE DES NOMS.

CASTRO-NANTONIS (Odo de), III. 174.

CASTRO-NOVO (Gervasius (I) de), I. 167; III. 126. — (Gervasius (III) de), I. 60; II. 19, 20, 32, 97, 387; III. 53. — (Gervasius de), canonicus Carnotensis, II. 32, 75, 97, 98. — (Herveus de), II. 20, 97. — (Hugo (I) de), I. 167; III. 126. — (Hugo (II) de), I. 167. — (Hugo (III) de), III. 19, 20. — (Hugo (IV) de), II. 97. — (Johannes de), canonicus Carnotensis, III. 57.

CASTRO-RAGINALDO (Guicherius de), I. 106.

CASTRO-THEODERICI (Albuinus de), III. 213. — (Hugo de), I. 108. — (Nicholaus de), II. 366, 367; III. 96, 97, 142.

CASTRO-VILLANO (Johannes de), canonicus Carnotensis, III. 156.

CATHERINA, uxor Caroli, comitis Vallesiensis. Voir COURTENAY (Catherine de). — uxor Johannis de Illesiis. Voir MAILLY (Catherina de). — uxor Ludovici, comitis Carnotensis. Voir CLERMONT (Catherine de).

CATHINDES, I. 69.

CAUVIN (Petrus), canonicus Carnotensis, III. 53.

CAVA (Arnaldus de), succentor Carnotensis, II. 263; III. 172. — (Arnulphus de), canonicus Carnotensis, III. 164. — (Vivianus de), III. 164.

CECILIA, uxor Roberti Mali-Vicini. Voir CAPROSIA (Cecilia de).

CELESTINUS (III), papa, I. 48, 171, 192, 227.

CELLIS (Petrus de), episcopus Carnotensis, I. 20, 37, 199, 203, 205, 216; II. 295, 296; III. 46, 76. — (Raginaldus de), canonicus Sancti-Salvatoris Blesensis, III. 50.

CENSERIE (Jean de la), I. 259.

CERARIUS (Aubertus), III. 168. — (Johannes), II. 73. — (Petrus), canonicus Magdalenæ Castridunensis, II. 76.

CERDA (Ferdinand de la), III. 57.

CESARIUS, presbiter, I. 149.

CESSONO (Johannes de), subdecanus Carnotensis, III. 196.

CHAALONS (Raginaldus de), III. 20.

CHAILLOU (Nicholaus), II. 198. — (Stephanus), III. 82. — (Theobaldus), II. 198.

CHALLES (Willelmus), II. 349.

CHALLETO (Gaufridus de), III. 130. — (Philippus de), II. 130.

CHALNAYO (Willelmus de), II. 304.

CHAMART (Raginaldus), III. 116.

CHAMBLEYO (Roseta de), II. 302.

CHAMETEL (Benedictus), II. 385.

CHAMPAGNE (Alix de), I. 229, 237, 244. — (Guillaume de). Voir WILLELMUS (I), episcopus Carnotensis.

CHAMPELIN (Gervais), II. 116; III. 101. — (Willelmus), I. 185.

CHAMPIGNY (Dreux de), II. 80. — (Philippe de), II. 80.

CHAPE (Robin), III. 74.

CHAPELET (Robertus), II. 288, 289.

CHAPERON (Gervais), II. 229.

CHAPIFOL (Droinus), II. 363.

CHARBONNEAU (Berthaut), chanoine de Chartres, I. 63.

CHARBONNIÈRE (Marie la), II. 228.

CHARDONEL (Guiburgis), III. 56.

CHARDONNEL. Voir CARDINALIS.

CHARISI (Balduinus de), I. 180, 183.

CHARLES-le-Mauvais, roi de Navarre, II. 228.

CHARNI (Gaufridus de), II. 200.

CHARON (Jean), II. 272.

CHARRON (Stephanus le), III. 54.

CHARTENVILLARI (Michael de), II. 336.

CHATILLON (Miles de), évêque de Beauvais, III. 138.

CHAUCHEFAIN (Odo), II. 321.

CHAUVELLI (Isabellis), III. 21. — (Ludovicus), canonicus Carnotensis, II. 200; III. 207. — (Petrus), III. 216. — (Raginaldus), episcopus Catalaunensis, II. 200; III. 188. — (Willelmus), II. 302.

CHAUVIGNY (Blanche de), I. 261.

CHAVERNEIO (Colinus de), II. 158, 160. — (Gaufridus de), II. 1. — (Henricus de), II. 1, 121. — (Hugo de), canonicus Carnotensis, II. 135, 146, 158, 160, 356; III. 70, 108. — (Milo de), II. 31. — (Nicholaus de), II. 353, 394. — (Philippus de), II. 1. — (Willelmus de), I. 184; II. 304.

CHEMART (Willelmus), II. 324.

CHENACO (Fulco de), episcopus Parisiensis, I. 28. — (Willelmus de), episcopus Carnotensis, I. 28. — (Willelmus de), episcopus Parisiensis, I. 28.

CHENARD (Aymericus), I. 108; II. 150. — (Odo), II. 150. — (Willelmus), III. 90. — (Yvo), II. 76.

CHERET (Arnulphus), II. 425.

CHERISENDIS, mater Bertranni, III. 82.

CHERON (Gaufridus), II. 321.

CHESEYO (Egidius de), II. 263, 311; III. 82. — (Herbertus de), canonicus Carnotensis, II. 193; III. 82. — (Jacobus de), III. 158.

CHESNAY (Guillaume du), II. 76. — (Mathieu du), II. 148.

CHEVALER (Robertus), II. 55.

CHEVARDERIA (Simon de), major de Mandris, I. 220; III. 67.

CHEVENGE (Pierre de), I. 220.

CHEVREL (Raoul), II. 167.

CHEVRIACO (Galterius de), camerarius Carnotensis, II. 311; III. 103. — (Willelmus de), præpositus de Auversio, II. 199.

CHICOINEAU (Louis), II. 87.

CHILDEBERTUS (I), rex Franciæ, I. 5. — (II), rex Franciæ, I. 8, 9. — (III), rex Franciæ, I. 10.

CHILDERICUS (I), rex Franciæ, I. 5, 43. — (II), rex Franciæ, I. 9.

CHILPERICUS (I), rex Franciæ, I. 6, 68. — (II), rex Franciæ, I. 9.

CHINTIUS, cardinalis Sancti-Adriani, I. 171.

CHOENEL (Radulphus), III. 147.

CHOLET (Andreas), II. 38. — (Hugo), II. 27. — (Matheus), II. 38. — (Raginaldus), II. 28. — (Yvo), II. 27.

CHONA (N. de), II. 54.

CHONIE (Robinus), II. 10.

CHOTARDI (Hubertus), camerarius Carnotensis, I. 168, 238. — (Hugo), I. 168.

CHRACIACO (Raginaldus de), III. 68.

CHRISTIANA, uxor Girardi, majoris Barjovillæ, II. 134.

CLAINCHART (Willelmus), II. 347.

CLARISSA, uxor Petri Belin, III. 107.

CLARONIS (Theobaldus), I. 134.

CLAUDIANUS, évêque de Riez, I. 67.

CLAUSARIUS (Bertaudus), III. 56, 123.

CLAUSO (Audoenus de), II. 334.

CLEMENCIA, uxor Ludovici (X), regis Franciæ, I. 26, 75. — uxor Theobaldi (VI), comitis Carnotensis, et Gaufridi (V), vicecomitis Castridunensis. Voir RUPIBUS (Clemencia de).

CLEMENS, filius Ansoldi, telonearii, I. 133. — (II), papa, I. 15. — (III), papa, I. 192. — (IV), papa, I. 175, 208; II. 181, 183, 185. — (V), papa, I. 27. — (VI), papa, I. 63,

190; III. 78, 107. — (VII), papa, I. 29, 30, 32. — præpositus, III. 215. — præpositus Carnotensis, I. 240. — textor, II. 307. — tonnelarius, II. 321.

CLEMENTINUS, episcopus Aptensis, I. 67.

CLERMONT (Catherine de), II. 15, 17, 48, 412; III. 89, 96, 178. — (Raoul (I) de), II. 17.

CLISSON (Simon de), évêque de Saint-Malo, II. 180.

CLOCHERIO (Dominicus de), archidiaconus Balgenciensis, III. 194.

CLODIO, rex Franciæ, I. 5, 43.

CLODOVEUS (I), rex Franciæ, I. 5, 43, 44, 45, 55. — (II), rex Franciæ, I. 8. — (III), rex Franciæ, I. 9.

CLOTA (Helias de), canonicus Carnotensis, II. 330; III. 189. — (Petrus de), II. 330. — (Willelmus de), II. 330.

CLOYES (Oudard de), II. 109.

CLUVILER (Gervasius de), I. 242.

COCUS (Gilbertus), II. 158, 160, 161.

CODREIO (Albertus de), II. 30.

COICHESSE (Johanna la), II. 303.

COICHIN (Thomas), II. 377, 379.

COILLART (Garinus), II. 307. — (Johannes), II. 308.

COILLELLE (Amelota la), II. 323.

COINTETUS (Gaufridus), I. 229, 230, 237.

COIPEL (Simon), III. 26, 224.

COLAS (Etienne de), II, 185.

COLBERT (Simon), canonicus Carnotensis, III. 99.

COLEAU (Yvo), III. 116.

COLEMENVILLA (Willelmus de), II. 29.

COLIN, maire de Berchères-sur-Vesgre, II. 177.

COLLE-GODERANI (Robertus de), III. 7.

COLLUM-RUBEUM (Dionisius), II. 182, 428, — (Gilbertus), II. 182. — (Gilo), præpositus Carnotensis, I. 239, 240, 243. — (Gilotus), I. 239; II. 182. — (Guido) abbas Sancti-Petri Carnotensis, I. 138; II. 15, 30, 88, 106, 181. — (Johannes), præpositus Carnotensis, II. 33, 195, 230; III. 15. — (Raginaldus), I. 239 ; II. 181, 182, 317, 335; III. 11.

COLONIA (Michael de), cantor Parisiensis, III. 38, 64, 142, 188.

COLUMBIS (Theobaldus de), monachus Majoris-Monasterii, I. 133.

COLUMNA (Girardus de), canonicus Carnotensis, II. 388; III. 98. — (Landulphus de), canonicus Carnotensis, II. 199. — (Petrus de), canonicus Carnotensis, III. 35.

COMES (Martinus), III. 183. — (Perrotus), II. 378. — (Willelmus), subdecanus Carnotensis, I. 148, 230, 243, 252, 259; II. 69.

COMITISSA, uxor Hugonis (III), vicecomitis Dunensis. Voir MELLAIO (Comitissa de).

COMPANI (Johannes), III. 206.

CONANUS (II), comes Britanniæ, III. 220.

CONDETO (Egidius de), archidiaconus Vindocinensis, II. 199; III. 124, 175.

CONO, episcopus Prenestinus, I. 119.

CONRAD le Pacifique, roi d'Arles, III. 86.

CONRADUS, episcopus Portuensis, II. 110; III. 138. — prior Sancti-Martini-de-Campis. Voir GRESSU (Conradus de).

CONSTANTIA, uxor Hugonis, comitis Cestriensis. Voir FOUGÈRES (Constance de). — uxor Roberti, regis Franciæ, I. 88.

CONSTANTIIS (Galterius de), archiepiscopus Rothomagensis, I. 197, 198.

CONSTANTINI (Johannes), III. 161.

CONSTANTINUS, cancellarius Carnotensis, II. 294; III. 160. — canonicus Sancti-Evurtii, III. 207.

CONSTANTIUS, episcopus Parisiensis, I. 82. — sacerdos, III. 190.

CONSTITUTUS, archiepiscopus Senonensis, I. 67.

CONTI (Jean). Voir JOHANNES, cardinalis Sanctæ-Mariæ-in-Porticu.

COPIN (Martinus), III. 65.

COQUONNIER (Johannes), III. 194. — (Stephanus), III. 194.

CORBEIL (Bouchard (II) de), I. 88.

CORBEL (Arnulphus), I. 218.

CORBOLIO (Adam de), canonicus Carnotensis, II. 407; III. 173, 174. — (Henricus de), subdecanus Carnotensis, I. 236; II. 10, 32, 74, 88, 289; III. 209. — (Michael de), archiepiscopus Senonensis, I. 185, 227, 229, 244, 255, 257, 258. — (Petrus de), archiepiscopus Senonensis, II. 47. — (Raginaldus de), episcopus Parisiensis, II. 158, 160, 161. — (Theodoricus de), canonicus Carnotensis, II. 88; III. 73.

CORDARIUS (Johannes), carnifex, III. 187. — (Petrus), II. 54; III., 100. — (Robertus), III. 62. — (Simon), II. 147.

CORGENT (Nivardus de), canonicus Carnotensis, I. 253.

CORILETO (Albertus de), I. 210. — (Gaufridus de), I. 210. — (Juquellus de), I. 210, 211.

CORNILLEAU (Pasquerius), III. 107.

CORNILLON (Philippe de), archidiacre de Dunois, II. 105, 407, 408; III. 96.

CORNU (Florent), II. 139. — (Guillaume), chanoine de Chartres, I. 25.

CORNUTUS (Albericus), episcopus Carnotensis, I. 23; II. 132, 133, 199, 301; III. 196, 197, 198. — (Galterius), archiepiscopus Senonensis, I. 23; III. 138, 196, 197. — (Gilo),

archiepiscopus Senonensis, II. 157, 158, 369; III. 20, 196. — (Henricus), archiepiscopus Senonensis, II. 159, 160, 161, 348; III. 196. — (Robertus), episcopus Nivernensis, II. 199; III. 45, 196, 197.

CORRARIO (Angelus). Voir GREGORIUS (XII), antipapa.

CORSERAUT (Willelmus de), II. 73.

CORTIEL (Jean de), II. 76.

COSTE (Tenotus), II. 306.

COUART (Claudius), III. 99.

COUCY (Enguerrand (III) de), I. 255.

COULON (Stephanus), III. 43.

COUPECHOUE (Gaufridus), III. 109.

COURNET (Stephanus), II. 327.

COURSIER (Johannes), canonicus Carnotensis, III. 21.

COURTENAY (Catherine de), I. 25; II. 248. — (Mathilde de), II. 43, 44; III. 92. — (Robert de), doyen de Chartres, II. 140, 143; III. 91.

COURTILS (Philippe des), II. 53.

COUSIN (Martinus), canonicus Carnotensis, III. 51.

COUTTES (Anna de), III. 52. — (Catherina de), III. 52. — (Johannes de), III. 52.

CRASSUS (Gaufridus), I. 238.

CRATON (Raimbaudus), canonicus Carnotensis, I. 107, 238, 261; II. 24, 32, 92, 318; III. 74.

CRECHIS (Guido de), canonicus Carnotensis, I. 152, 168; III. 171.

CREMISE (Gaufridus de), II. 73.

CRESPIACO (Adelaidis de), I. 90, 95, 96; II. 412. — (Radulphus de), I. 90, 95.

CRESTÉ (Archidiaconus), II. 89. — (Willelmus), II. 89.

CRISPERIIS (Petrus de), canonicus Carnotensis, II. 199; III. 47.

CRISPINI (Raginaldus), marescallus Ludovici, comitis Carnotensis, I. 207.

CROCEIO (Milo de), canonicus Carnotensis, II. 83, 317; III. 139, 176, 220.

CROHANNUS, notarius, I. 74.

CRONERIUS (Willelmus), II. 315.

CROUY (Drouetus de), III. 15.

CRUCE (Adam de), I. 108. — (Guillotus de), II. 307. — (Nivelo de), I. 146, 148. — (Philippus de), II. 315.

CUGNERIIS (Petrus de), III. 72.

CUISI (Alerme de), évêque de Meaux, II. 160, 161. — (Pierre de), évêque de Meaux, II. 158; III. 138.

CUISINIER (Etienne le), II. 138.

CULCHITRIS (Willelmus de), III. 208.

CULTURIS (Guido de), canonicus Carnotensis, II. 416; III. 223.

CUNEO-MURI (Berta de), III. 98. — (Johannes de), canonicus Carnotensis, I. 187; II. 289, 290, 294; III. 30, 124, 131, 141, 210, 218, 219. — (Petrus de), canonicus Carnotensis, I. 79; II, 32, 43. — (Ricardus de), III. 35. — (Robertus de), canonicus Carnotensis, II. 108, 289, 290; III. 29, 30, 35, 131, 141, 219. — (Willelmus de), II. 327, 331, 393; III. 131, 132, 141.

CURBAVILLA (Gerogius de), I. 93. — (Herveus de), I. 207. — (Radulphus de), camerarius Carnotensis, III. 175. — (Yvo (I) de), I. 93, 133. — (Yvo (III) de), I. 225.

CURETO (Herveus de), I. 186. — (Radulphus de), I. 186.

D

DADA, matrona, III. 121.

DAGOBERTUS (I), rex Franciæ, I. 7, 8. — (II), rex Franciæ, I. 9.

DAGON (Johannes), III. 31. — (Simon), II. 198.

DAIMBERTUS, archiepiscopus Senonensis, I. 112, 116, 125.

DALEMENT (Petrus), II. 304.

DALLEOMONTE (Herbertus de), I. 145.

DALLONVILLE (Petrus), canonicus Carnotensis, III. 71, 118.

DALPHINATES (Robertus), episcopus Carnotensis, I. 34, 35.

DAMMARTIN (Adèle de), I. 87. — (Renaud de). Voir RAGINALDUS, comes Boloniensis.

DANGEUIL (Miles de), doyen de Chartres, II. 99, 211.

DANIEL, capellanus Rotrodi, episcopi Ebroicensis, I. 166.

DANIEL (Johannes), III. 119.

DANTEUR (Johannes le), III. 188.

DANUNVILLA (Aubertus de), I. 243. — (Gaufridus de), II. 312. — (Raginaldus de), canonicus Carnotensis, III. 11.

DECANI (Balduinus), I. 184. — (Girardus), canonicus Carnotensis, II. 200. — (Gislebertus), III. 18. — (Robertus), canonicus Carnotensis, I. 211. — (Simon), canonicus Carnotensis, I. 211. — (Theobaldus), I. 207.

DELAMARE (Guillaume), sergent à Dreux, II. 273.

DENISE (Hugues), II. 87. — (Mathieu), III. 151.

DEODATUS, episcopus Carnotensis, I. 7.

DESERTO (Robertus de), I. 108.

DESIDERIUS, évêque de Toulon, I. 67.

DESRAE (Herveus), canonicus Carnotensis, II. 88, 147; III. 156. — (Hugo), I. 149; II. 147.

DIACONUS (Johannes), III. 96.

DICY (Érard de), chantre de Chartres, I. 99.

DIE (Hugues de), légat d'Urbain II, I. 16.

DIONISIUS, cancellarius Carnotensis, II. 305, 335. — canonicus Carnotensis, III. 29. — cordarius, II. 346. — persona Bercheriarum-Maingoti, II. 71, 117.

DIONVILER (Gaufridus de), II. 11, 48, 49; III. 136. — (Radulphus de), II. 48.

DISCHEMBRUN, I. 72.

DIVES (Andreas), II. 37. — (Petrus), subdecanus Carnotensis, III. 19, 79, 121, 208.

DIVIONE (Johannes de), canonicus Carnotensis, II. 306, 391; III. 183.

DODO, canonicus Carnotensis, III. 145.

DOMELLUS, II. 10.

DOMETI (Willelmus de), II. 304.

DOMO (Daniel de), capicerius Carnotensis, III. 121.

DOMO-MAUGIS (Nicholaus de), canonicus Carnotensis, II. 403, 408; III. 116. — (Robertus de), canonicus Carnotensis, III. 140.

DONDAINVILLA (Catherina de), II. 377.

DONJON (Rahier de), I. 165.

DONNA-MARIA (Raginaldus de), II. 317.

DONZY (Hervé (III) de), II. 43. — (Hervé (IV) de). Voir HERVEUS, comes Nivernensis. — (Marguerite de), II. 20. — (Renaud de). Voir MONTE-MIRABILI (Raginaldus de).

DOUBLET (Johannes), II. 308.

DOYET (Johannes), canonicus Carnotensis, III. 102, 105.

DRAC (Johannes du), archidiaconus Vindocinensis, III. 33.

DROCIS (Bartholomeus de), II. 131. — (Crispinus de), præcentor Carnotensis, I. 21, 211, 217, 221, 237, 243, 252; II. 32, 39, 47, 291; III. 39, 40, 42, 138. — (Johannes de), II. 64. — (Petrus de), II. 198. — (Philippus de), episcopus Belvacensis, II. 61.

DROCO, archidiaconus, I. 142, 148; II. 301; III. 35, 144. — canonicus Carnotensis, III. 91. — capicerius Carnotensis. Voir BORBONIO (Droco de). — constabularius regis, I. 227; II. 67. — Juvenis, nepos Yvonis, episcopi Carnotensis, I. 124.

DROETI (Robertus), II. 372.

DRONIUS, episcopus Carnotensis, I. 8.

DROUAIRE (Petrus le), III. 46.

DROUÉ (Geoffroy de), I. 182; II. 120.

DUBOIS (Colinus), III. 16.

DUDO, dapifer Theobaldi (III), comitis Carnotensis, I. 96.

DULCARDUS (Raginaldus). Voir CASTELLIONE (Dulcardus de).

DURAND (Guillaume), évêque de Mende, II. 226.

DURANDUS, canonicus Carnotensis, III. 34. — diaconus, I. 103. — filius Magewardi, I. 69.

DUX (Johannes), II. 408.

DUXIACO (Adam de), canonicus Carnotensis, III. 162.

DYNERE (Johannes), magister fabricæ Carnotensis, II. 200.

DYONISII (Simon), II. 333.

DYOVILLER (Petrus), II. 150.

E

EBO, cancellaruis, I. 74.

ECOSSE (Mathilde d'), III. 204.

EDELNOTHUS, episcopus Cantuariensis, I. 14.

EDOALDUS, I. 2, 41, 42.

EDUALDUS, canonicus Carnotensis, II. 292, 358, 411, 412, 425; III. 24.

EDUARDUS (I), rex Angliæ, I. 196. — (III), rex Angliæ, III. 72.

EFFORCEI, maritus Mathildis de Burgo-Guarini, II. 76.

EGIDIUS. Voir GILO.

EGLENTINA, uxor Johannis de Montorio, II. 85.

EGRETI (Johannes), archidiaconus Drocensis, III. 165.

ELIGIUS, III. 74.

ELISABETH, femme de Guillaume (I) de Ferrières, vidamesse de Chartres, I. 153; III. 86, 91. — filia Theobaldi (III), comitis Carnotensis. Voir ELISABETH, uxor Hugonis Bardulphi. — mater Guismondi, archidiaconi Drocensis, III. 81. — uxor Girardi de Carnoto, II. 50. — uxor Gosleni (III) de Leugis, III. 50. — uxor Harduini, filii Gilduini, vicecomitis Carnotensis, I. 91. — uxor Hugonis Bardulphi, I. 91. — uxor Roberti Mauvoisin. Voir MOREHER (Elisabeth). — uxor Roberti (III) de Mellento. Voir VERMANDOIS (Elisabeth de).

EMELINA, uxor Gilduini, vicecomitis Carnotensis, I. 91.

EMERVILLE (Jeanne d'), I. 87.

ENJOSSENDIS, mater Girardi de Carnoto, II. 50.

ENNOR, uxor Girardi Pulchri-Filii, II. 196.

ENNORMA, uxor Michaelis, filii Stephani, majoris de Oreio, II. 145.

ENVISSENT (Herbertus), I. 145. — (Julduinus), I. 145.

EOLOPADIUS, I. 36.

EPI-D'AVOINE (Raoul), II. 154.

EPIEVENT (Stephanus), II. 240.

ERASMUS, I. 36.

ERBOLD, I. 108.

EREMBERTUS, canonicus Carnotensis, I. 239, 241; III. 41. — subdiaconus, I. 85.

EREMBURGIS, janitrix, II. 53. — uxor Fulcherii, primicerii, III. 132. — uxor Gaufridi de Dionviler, II. 48. — uxor Hugonis de Vilais, II. 33. — uxor Roberti de Fontaneto, III. 63. — uxor Roberti de Milliaco, III. 21. — uxor Stephani, majoris de Campo-Seruco, II. 63. — uxor Willelmi de Boteneio, I. 185, 186.

ERGARIUS, I. 79.

ERMENGARDIS, uxor Raginaldi (II) de Orrevilla. Voir BOEL (Ermengardis).

ERMENIARDIS, ceraria, III. 64. — uxor Galteri Lescuer, III. 117.

ERMENOLDUS, serviens Amaurici, præcentoris Carnotensis, I. 235, 241.

ERMENTRUDIS, uxor Nivelonis (I) de Mellaio, I. 91; III. 29.

ERNALDUS. Voir ARNALDUS.

ERNOLDUS, decanus Carnotensis, III. 209.

ERNULPHUS. Voir ARNULPHUS.

ERNUSTUS, canonicus Carnotensis, III. 116.

EROUVILLE (Geoffroy d'), II. 27. — (Yves d'), II. 26.

ESCATE (Tenotus), II. 304.

ESCHANZ (Girardus), I. 153.

ESCHIVARDUS, famulus Majoris-Monasterii, I. 134.

ESCOPART (Willelmus), I. 234, 239.

ESCOMBART (Willelmus de), III. 31.

ESCOUBLEAU (Franciscus d'), archiepiscopus Burdegalensis, III. 37. — (Franciscus d'), marchio de Sourdis, III. 37. — (Henri d'), évêque de Maillezais, II. 200.

ESCUREIO (Willelmus de), II. 58.

ESPAGNE (André d'), II. 87.

ESPAILLARD (Johannes), præpositus Masangeii, II. 85, 139, 301; III. 31, 198. — (Willelmus), canonicus Carnotensis, II. 135, 329, 336, 392; III. 167.

ESPECHEL (Odo), I. 210.

ESSARTS (Jacques des), II. 169. — (Martin des), II. 169. — (Pépin des), II. 169.

ESSEA (Hugo de), II. 51.

ESSEYO (Johannes de), II. 405. — (Willelmus de), II. 167, 199, 408; III. 3, 14, 101.

ESTALART (Yvardus), II. 361.

ESTAMPES (Léonor d'), évêque de Chartres, I. 37; II. 175.

ESTOUTEVILLE (Jacques d'), II. 109.

ETHARDUS, presbiter, III. 126.

ETHERIUS, episcopus Carnotensis, I. 5.

ETIENNE, duc de Philadelphie. Voir STEPHANUS, filius Rotrodi (III), comitis Perticensis.

ETIENNETTE, mère de Philippe de Champigny, II. 80.

EU (Geoffroy d'), évêque d'Amiens. III. 138. — (Guillaume d'), I. 88.

EUGENIUS (III), papa, I. 17, 103.

EUSTACHIA, uxor Godescalli Goaldi, II. 301. — uxor Johannis de Brueriis, II. 172.

EUSTACHIUS, comes Boloniensis, I. 95.

EVA, uxor Galterii (I), comitis Wilcassini, III. 21.

EVRARDUS, abbas, III. 105. — capicerius Carnotensis, I. 118. — filius Vitalis, III. 196. — major de Benis, II. 98, 126. — monachus, I. 89. — rex Scothiæ, III. 13. — subdecanus Carnotensis, III. 4, 49. — (I), vicecomes Carnotensis. Voir PUTHEOLO (Evrardus de).

EVREUX (Blanche d'), III. 158, 159. — (Jeanne d'), III. 55, 123.

F

FABIEN (Laurencius), III. 50.

FABRI (Johannes), canonicus Carnotensis, III. 94, 174. — (Johannes), episcopus Carnotensis, I. 1, 29, 30, 31; II. 275, 276.

FACETUS (Herbertus), I. 134.

FAI (Hugo de), I. 185; II. 28, 80.

FAIACO (Robinus de), III. 96.

FAINS (Gilot de), II. 135. — (Hubert de), II. 135. — (Pierre de), II. 435.

FALCA, filia Hugonis, majoris de Vovis, I. 144, 145.

FAUSSE-D'AMORS (Ascelina), III. 129.

FAVERIIS (Hugo de), I. 148.

FAYE (Petrus le), III. 26, 234.

FELIX, archiepiscopus Bituricensis, I. 67. — episcopus Nannetensis, I. 67.

FELIX (Henricus), archiepiscopus Moguntensis, I. 171.

FERITATE (Hugo de), episcopus Carnotensis, I. 22, 91, 92, 93; II. 27, 30, 32, 103, 104, 111, 112, 115, 118, 119, 124, 125, 126, 168, 299, 300, 349; III. 105, 151, 160. — (Hugo Oliver de), II. 3, 76. — (Simon de), III. 110.

FEROSA (Johannes de), præpositus de Maṣengeio, III. 154.

FERRANT (Jacques), chanoine de Saint-Piat, I. 164; III. 60. — (Petrus), canonicus Sancti-Piati, III. 17.

FERRIÈRES (Arnaud de). Voir ARNALDUS, vicedominus Carnotensis. — (Guillaume de), clerc, II. 164. — (Guillaume (III) de). Voir WILLELMUS, vicedominus Carnotensis. — (Hélissende de), I. 106. — (Jean de), I. 106. — (Robert de), I. 106; II. 18.

FESTU (Simon), episcopus Meldensis, III. 210, 216.

FEUCHEROLIIS (Willelmus de), canonicus Carnotensis, III. 52, 186.

FILLASTRE (Guillotus), II. 363.

FILLERE (Hemardus), III. 183.

FIRMITATE (Arnaudus de), III. 88. — (Hubertus de), I. 93. — (Hugo de), archiepiscopus Turonensis, I. 108; II. 88, 89, 126. — (Willelmus de), I. 91, 108.

FITZ-URSE (Renaud). Voir MELLAIO (Raginaldus de).

FLAVIUS (I), episcopus Carnotensis, I. 5. — (II), episcopus Carnotensis, I. 9.

FLOIER (Guillaume), II. 182.

FOAILLE (Arnaudus), archidiaconus Drocensis, I. 207, 223, 236; II. 116, 338, 410, 411, 413, 414, 416, 422; III. 54, 165. — (Aymericus), II. 290, 330; III. 86. — (Evrardus), archidiaconus Dunensis, III. 49. — (Guismondus), archidiaconus Blesensis, II. 292, 361, 395, 416, 425; III. 192. — (Hugo), canonicus Carnotensis, I. 211, 236; II. 338; III. 87, 189. — (Stephanus), II. 23. — (Willelmus), canonicus Carnotensis, I. 211.

FOATIER (Johannes), II. 321.

FOLIETO (Albinus de), I. 250. — (Arnaudus de), canonicus Carnotensis, I. 168, 179, 250, 251; III. 114. — (Aymericus de), canonicus Carnotensis, I. 250; III. 222. — (Hugo de), canonicus Carnotensis, I. 235, 236, 250, 251; II. 83, 336; III. 158, 185. — (Willelmus de), II. 20, 150.

FOLIS (Garinus), II. 323.

FONTANETO (Johannes de), II. 352. — (Milo de), presbiter Sancti-Johannis-in-Cripta, III. 148. — (Petrus de), canonicus Carnotensis, II. 146, 153, 156, 161, 416; III. 63, 203, 210. — (Robertus de), III. 63.

FONTANGES (François de), chanoine de Chartres, I. 190.

FONTANIS (Galterius de), præpositus de Ingreyo, II. 317; III. 90. — (Garinus de), I. 220, 221. — (Gislebertus de). Voir TARDEIS (Gislebertus de), camerarius Carnotensis. — (Petrus de), canonicus Carnotensis, II. 405; III. 71, 186. — (Willelmus de), I. 220, 221.

FONTE-BETONIS (Hugo de), canonicus Carnotensis, II. 146.

FOREAU (Perrinus), II. 365.

FORESTA (Willelmus de), III. 61.

FORGET (Florentinus), archidiaconus Pissiacensis, II. 27. — (Johannes), archidiaconus Pissiacensis, III. 3.

FORGIIS (Petrus de), canonicus Carnotensis, III. 64.

FORNIVAUT (Girardus de), I. 217.

FOSSA (Johannes de), canonicus Carnotensis, III. 22.

FOUBERT (Robin), II. 272.

FOUCHEIS (Geoffroy des), archidiacre de Blois, I. 29, 144; II. 76; III. 214. — (Gui des), chanoine de Chartres, II. 153, 156, 200.

FOUCHER (Etienne), II. 228.

FOUGÈRES (Constance de), I. 197. — (Raoul (II) de), I. 197.

FOUGEU (Pierre), chancelier de Chartres, II. 87.

FOUQUAUT (Alix), II. 154. — (Robert), II. 154.

FOVILLA (Robinus de), II. 242.

FRACTAVALLE (Nivelo de). Voir MELLAIO (Nivelo (IV) de).

FRALLAVOINE (Gaufridus), II. 164.

FRANCISCUS, archiepiscopus Burdegalensis. Voir ESCOUBLEAU (Franciscus d'), archiepiscopus Burdegalensis. — (I), rex Franciæ, I. 36, 56. — (II), rex Franciæ, I. 56.

FRANS (Mauricius li), II. 103.

FRAXINETO (Aymericus de), II. 67. — (Willelmus de), I. 123.

FRAXINO (Robertus de), II. 98.

FREDERICUS, canonicus Carnotensis, III. 65. — presbiter, I. 148.

FREE (Garinus de), I. 145.

FREENVILLA (Joscelinus de), I. 145. — (Yvo de), I. 145.

FREMILLUM (Willelmus), I. 184.

FRESCOTO (Aalis de), III. 146. — (Galterius de), canonicus Carnotensis, II. 100, 175, 185, 355; III. 42, 55, 83, 168, 210, 211, 212. — (Johannes de), archidiaconus Blesensis, I. 211; II. 100, 102, 359; III. 42, 83, 185. — (Maria de), II. 175, 355. — (Nicholaus de), archidiaconus Dunensis, I. 182; II. 100, 120, 185, 355; III. 42, 83, 210. — (Philippa de), II. 185.

FRESNAICO (Fulcherius de), I. 145.

FRETIGNIACO (Johannes de), episcopus Carnotensis, I. 34; II. 265.

FREZET (Johannes), III. 16.

FRIESIA (Aalis de), III. 98. — (Fulcherius de), II. 98. — (Garinus de), I. 225; II. 22. — (Gauterius de), I. 91. — (Johannes de),
I. 225; II. 22, 98; III. 93. — (Yvo de), III. 54.

FROBOLDUS, episcopus Carnotensis, I. 10, 45; III. 127.

FRODEVINUS, I. 72.

FRODO, canonicus Carnotensis, III. 151. — succentor Carnotensis, III. 148.

FROEVILLA (Paganus de), I. 149.

FROMONT (Garinus), II. 308. — (Garnerius), II. 307.

FROTGENTIUS, canonicus Carnotensis, III. 94.

FROTGERIUS, sacerdos, III. 102.

FROTLANDUS, episcopus Silvanectensis, I. 90.

FROTMUNDUS, canonicus Carnotensis, III. 144.

FROTUINUS, I. 72.

FROVILLA (Robertus de), decanus Carnotensis, I. 148; II. 193, 230; III. 167.

FRUMENGARIUS, I. 72.

FRUNCEIO (Paulinus de), II. 137, 152. — (Petrus de), II. 152.

FULBERTUS, episcopus Carnotensis, I. 14, 15; III. 46, 85, 136. — miles, III. 85. — nepos Agoberti, episcopi Carnotensis, I. 92.

FULCAUDUS, fullo, I. 241.

FULCHERIUS, abbas Sancti-Petri, I. 161, 162. — archidiaconus, I. 93. — filius Bertæ de Insula, I. 129. — major de Amilliaco, I. 185. — presbiter de Orerio, I. 164, 180, 183. — primicerius, III. 132, 142, 210. — prior Magdalenæ Castridunensis, II. 76. — sacristes, III. 154. — serviens Aucherii de Posterna, canonici Carnotensis, I. 231, 232, 233, 234, 235, 236, 238, 239, 240, 241, 242, 243.

FULCO, archidiaconus, I. 103, 115. — camerarius Theobaldi (V), comitis Carnotensis, I. 207. — canonicus Carnotensis, III. 65. — episcopus Lexoviensis. Voir ASTIN (Foulques d'), évêque de Lisieux. — (II), epis-

copus Parisiensis. Voir CHENACO (Fulco de).
— episcopus Tolosanus. Voir MARSEILLE (Foulques de), évêque de Toulouse. — miles, III. 140. — subdecanus Carnotensis, III. 74.

FULCRADUS, cancellarius regis, I. 144.

FUMÉE (Nicolas), évêque de Beauvais, II. 200.

FURNERII (Johannes), II. 340.

G

GAIIS (Garnerius de), II. 10.

GAISVILLA (Gaufridus de), III. 125. — (Hugo de), I. 145, 148, 179. — (Pasquerius de), II. 325. — (Robertus de), I. 179, 180.

GAIVILLE (Aymericus), II. 326. — (Vincentius), III. 117.

GALARDONE (Aalis de), II. 67. — (Adam de), II. 67, 150. — (Aubertus de), canonicus Carnotensis, I. 231, 235, 236, 238, 244; II. 301; III. 88, 97. — (Galerannus de), canonicus Carnotensis, I. 219; II. 67. — (Galerannus de), filius Hervei (III), II. 67. — (Galterius de), I. 115. — (Garinus de), I. 168. — (Gaufridus de). Voir DIONVILER (Gaufridus de). — (Gervasius de), II. 83. — (Herveus (I) de), I. 108. — (Herveus (III) de), I. 207, 219; II. 65, 66, 67; III. 213. — (Herveus (IV) de), II. 67, 150; III. 136. — (Herveus de), subdiaconus, I. 242. — (Hugo de), I. 179, 180, 219; II. 65, 66, 67. — (Hugo de), subdiaconus, I. 180, 187, 211, 217. — (Hugo de), succentor Carnotensis, III. 97. — (Idonia de), II. 67. — (Isembardus de), I. 207; II. 240, 413. — (Johannes de), II. 67. — (Margarita de), II. 67. — (Petrus de), III. 128. — (Philippus de), III. 84. — (Philippus de), canonicus Carnotensis, I. 207; II. 67; III. 108. — (Robertus de), II. 67.

GALASTUS, I. 70.

GALERANDUS, filius Manerii, militis, II. 10.

GALERANNI (Willelmus), III. 219.

GALERANNUS, frater prædicator, II. 162. — præpositus, I. 133.

GALEVERUS, episcopus Carnotensis, I. 11.

GALLANDIA (Agnes de), I. 133. — (Ansellus de), I. 117. — (Johannes de), episcopus Carnotensis, I. 25, 50; II. 199; III. 65, 175. — (Manasserius de), archidiaconus Dunensis, I. 25; II. 146, 337, 385; III. 142. — (Manasses de), episcopus Aurelianensis, I. 172; II. 77. — (Mathildis de), II. 65. — (Stephanus de), I. 117.

GALLER (Guillaume), II. 109.

GALLOMAGNUS, episcopus Trecensis, I. 67.

GALLOT (Jean de), II. 18.

GALLOTO (Dionisius de), magister carnificum Carnotensium, II. 198, 228.

GALTERIUS, abbas de Josaphat, I. 138; II. 26. — abbas de Stella, II. 33. — archidiaconus Carnotensis, I. 118, 123, 133. — archidiaconus Pissiacensis, I. 180, 207, 211; III. 115. — archiepiscopus Rothomagensis. Voir CONSTANTIIS (Galterius de). — (III), archiepiscopus Senonensis. Voir CORNUTUS (Galterius). — canonicus Carnotensis, I. 211, 234, 235, 236; III. 17. — capicerius Carnotensis. Voir BOETO (Galterius de). — clericus Richerii, præcentoris Carnotensis, I. 210. — comes Vilcassini, III. 21. — constabularius regis, I. 91. — dapifer Yvonis, episcopi Carnotensis, I. 123. — episcopus Albanensis, I. 170, 171. — episcopus Carnotensis, I. 21, 22, 23, 129, 166, 257; II. 102, 110, 114, 116, 123, 127, 128, 129, 299, 365; III. 5, 6, 138. — (I), episcopus Meldensis. Voir SAVOIR (Gautier). — filius Garini, I. 107. — filius Hugonis, majoris de Vovis, I. 144. — filius Stephani, majoris

de Amilliaco, II. 154. — minutor, I. 149.
— officialis Carnotensis, II. 116. — præpositus, I. 91. — presbiter, I. 118, 142. — serviens Raimbaudi Craton, I. 238. — subhospitalarius Majoris-Monasterii, I. 133. — Blesensis, canonicus Carnotensis, I. 152; III. 119. — Cenomannensis, I. 96. — Compendiensis, monachus Majoris-Monasterii, I. 133. — Juvenis, camerarius regis, II. 62, 63; III. 153, 208. — Senior, camerarius regis, II. 63; III. 153.

GAMBESIO (Gislebertus de), III. 136.

GANCELMUS, canonicus Carnotensis, I. 91; III. 203.

GARENNE (Willelmus), II. 308.

GARINUS, abbas Sancti-Johannis-in-Valleia, II. 118. — diaconus, I. 103. — episcopus Silvanectensis, II. 77; III. 138. — filius Arnaldi, I. 179, 180. — filius Petri, majoris de Guardees, II. 126. — frater majoris Bercheriarum-la-Maingot, III. 144. — granetarius, I. 230. — major de Puisato, II. 52. — miles Carnotensis, I. 91. — presbiter. Voir HAVART (Garinus). — presbiter sanctorum Sergii et Bachi, I. 118, 122, 123. — serviens Gaufridi de Bello-Videre, decani Carnotensis, I. 231, 238, 239, 240, 241, 242, 243. — succentor Carnotensis, I. 103, 115, 118; III. 211.

GARNEIO (Johannes de), III. 117. — (Milo de), canonicus Carnotensis, I. 217, 240; II. 24, 32, 40, 290, 296; III. 2, 219.

GARNERIUS, abbas de Josaphat, II. 88. — nepos Thomæ de Bonvilla, III. 195. — prior de Conia, I. 142. — prior de Sparnone, I. 142.

GASERANNO (Balduinus de), II. 90. — (Simon de), II. 115. — (Willelmus de), II. 90.

GAST (Hugo), capicerius Carnotensis, III. 38, 111.

GASTELLARIA (Agnes), II. 308.

GASTELLARIUS (Herbelotus), II. 307.

GAUBERTUS, episcopus Carnotensis, I. 7. — prior Sancti-Martini-in-Valle, I. 142.

GAUCELINUS, episcopus Carnotensis, I. 11, 12, 13, 46; III. 32. — filius Grimoldi, III. 108.

GAUDINI (Johannes), II. 384. — (Petrus), I. 256. — (Robertus), I. 254.

GAUDINUS, decanus Blesensis, I. 207. — miles, I. 134.

GAUFANGIUS (Johannes), II. 307.

GAUFRIDUS, I. 69. — abbas Bonevallensis. Voir GODESCALLUS, abbas Bonevallensis. — abbas Vindocinensis, I. 100, 118. — archidiaconus Dunensis, II. 52. — archidiaconus Parisiensis. Voir LANDA (Gaufridus de). — archidiaconus Vindocinensis, II. 262. — cambitor, II. 33. — carpentarius, II. 380. — clericus, III. 7. — (II), comes de Pertico, I. 106; II. 21, 22, 389. — (III), comes de Pertico, I. 218, 254, 255; III. 81, 83. — comes Redonensis, I. 92. — decanus Carnotensis. Voir BEROTO (Gaufridus de). — diaconus, I. 180. — (I), episcopus Ambianensis. Voir EU (Geoffroy d'). — (I), episcopus Carnotensis, I. 16, 95, 97, 98; II. 106. — (II), episcopus Carnotensis. Voir LEUGIS (Gaufridus de). — episcopus Parisiensis. Voir BOULOGNE (Geoffroy de), évêque de Paris. — filius Efforcei, II. 76. — filius Gaufridi (III), comitis de Pertico, I. 255. — filius Herberti, III. 26. — filius Stephani, majoris de Orerio, II. 145. — major de Auviler, II. 1, 2. — major de Daullomonte, II. 134. — major de Vovis, I. 144. — miles Carnotensis, I. 91; III. 10. — monetarius, I. 148. — nuncius, III. 117. — præpositus Ebrardivillæ, I. 187; III. 86. — præpositus de Masengeyo, II. 301. — præpositus de Nogento, I. 118, 152, 155, 164, 168, 178, 180, 238. — presbiter. Voir LEUGIS (Gaufridus de). — presbiter Sancti-Sergii, I. 152. — serviens monachorum Majoris-Monasterii, I. 134. — subdecanus Sancti-Aniani, I. 90. — subdiaconus, I. 180. — thesaurarius Turonensis, III. 89. — (II), vicecomes Dunensis, I. 128; III. 86. — (V), vicecomes

Dunensis, II. 138. — Martelli, comes Andegavensis, I. 15, 94, 198.

GAUGUIN (Johannes), III. 65. — (Mathurinus), canonicus Carnotensis, III. 111.

GAUSBERTUS, canonicus Carnotensis, III. 43. — diaconus, III. 31. — levita, I. 85. — miles, I. 85.

GAUTERIUS. Voir GALTERIUS.

GAZEL (Aucherius), I. 134.

GEBENNIS (Amedeus de), episcopus Diensis, III. 215. — (Guido de), episcopus Lingonensis, III. 198.

GELASIUS, papa, I. 111.

GELVISA, monacha, III. 58.

GENDRON (Johannes), decanus Castridunensis, III. 68.

GENESIUS, évêque de Sisteron, I. 67.

GENEST (Colinus), III. 187. — (Macotus), III. 187.

GENEVRIA (Robertus de), canonicus Carnotensis, II. 331, 334; III. 199.

GENEZ (Petrus de), II. 305.

GENOVEFA, mater Gerogii, archidiaconi, III. 136.

GEOFFROY, neveu d'Aimery de Louceles, II. 26.

GERBERTUS, canonicus Carnotensis, III. 145.

GERMANUS, episcopus Parisiensis, I. 67.

GERMUNDUS, canonicus Carnotensis, III. 97. — lorismarius, I. 241. — viarius, I. 238, 239, 240, 241.

GEROARDUS, sacerdos, III. 200.

GEROGIUS, archidiaconus, III. 136. — camerarius Carnotensis, I. 103, 118. — decanus Carnotensis, III. 222. — præcentor Carnotensis, I. 178; III. 40.

GEROLDUS, filius Giefredi, I. 69.

GERTRANNUS, frater Alvei, abbatis Sancti-Petri, III. 73.

GERVASIUS, camerarius Carnotensis, II. 317; III. 186. — canonicus Magdalenæ Castridunensis, II. 76. — major, I. 142, 145, 148. — presbiter Sancti-Emani, III. 36. — subdiaconus, I. 180.

GESBERTUS, abbas, III. 22.

GIBOSUS (Marchesius), I. 148.

GIEFREDUS, I. 69.

GILDUINUS, miles, III. 20. — monachus Majoris-Monasterii, I. 133. — vicecomes Carnotensis. Voir PUTHEOLO (Gilduinus de). — Blesensis, I. 96.

GILE (Jodinus), II. 307. — (Radulphus), III. 183.

GILLA, filia Leodegarii Parent, II. 154, 155. — uxor Rollonis, ducis Normannorum, I. 12, 46. — uxor Yvonis, comitis de Bellomonte. Voir CAPROSIA (Gilla de).

GILLEBOUST (Egidius), cancellarius Carnotensis, III. 188.

GILLENIVILLA (Galterius de), I. 253.

GILLESOT (Willelmus), III. 165.

GILLET (Marin), I. 181.

GILO, archidiaconus Blesensis, I. 187, 211; II. 288, 329, 412; III. 18, 25, 125. — (I), archiepiscopus Senonensis. Voir CORNUTUS (Gilo). — constabularius regis. Voir TRASEGNIES (Gilles de). — (I), episcopus Ebroicensis. Voir PERCHE (Gilles du), évêque d'Evreux. — frater Willelmi, majoris de Villemout, I. 184. — major de Fraxino, II. 197. — miles, III. 94. — præpositus de Normannia. Voir PASTÉ (Gilles), évêque d'Orléans. — succentor Carnotensis, I. 202. — Altissiodorensis, canonicus Carnotensis, III. 69.

GILOTE (Johannes), II. 329.

GIRARDI (Laurentius), II. 370.

GIRARDUS, bursarius Magdalenæ Castridunensis, II. 76. — cocus, III. 91. — diaconus, I. 81. — episcopus Carnotensis, I. 11; III. 127. — episcopus Noviomensis. Voir BASOCHES (Girard de), évêque de Noyon. — frater Bernardi, III. 150. — major, I. 96. — major Barjovillæ, II. 134. — marescallus, I. 238, 239, 240, 241, 242. — prior de Castriduno, I. 142. — tinturarius, II. 374.

GIRODETH (Marinus de), III. 170.

GIROUD (Hugues), II. 87.

GIROUDUS, major, I. 186.

GISLARDUS, canonicus Carnotensis, III. 46.

GISLEBERTUS, camerarius Carnotensis. Voir TARDEIS (Gislebertus de). — cancellarius Carnotensis, I. 142. — canonicus Carnotensis, I. 27. — episcopus Pictaviensis. Voir PORÉE (Gilbert de la). — nepos episcopi Parisiensis, I. 103, 107. — nepos Gisleberti, subdecani Carnotensis, I. 164, 180. — serviens Henrici, archidiaconi, I. 227, 228. — subdecanus Carnotensis. Voir TARDEIS (Gislebertus de), subdecanus Carnotensis.

GISLENUS, cancellarius, I. 73.

GISLEVERTUS, episcopus Carnotensis, III. 10.

GLANVILLA (Galterius de), I. 197. — (Robertus de), I. 197.

GOALDI (Amauricus), præcentor Carnotensis, I. 164, 168, 180, 183, 185, 186, 187, 234, 235; II. 73, 74, 301, 355; III. 35, 43, 50. — (Godescallus), II. 301; III. 43, 50.

GOBINEAU (François), chanoine de Chartres, I. 190.

GODASSALDUS, episcopus Carnotensis, I. 9.

GODE (Gaufridus), II. 175.

GODEBERTUS, episcopus Carnotensis, I. 7.

GODEFFROY (François de), II. 204.

GODEFRIDUS. Voir GAUFRIDUS.

GODELEIA, monacha, III. 116.

GODESCALLUS, abbas Bonevallensis, I. 169.

GODET DES MARAIS (Paul), évêque de Chartres, II. 4, 200, 229.

GODIER (Johannes), II. 243.

GOET (Guillaume), II. 43. — (Mathilde), II. 43.

GOINDREVILLA (Jordanus de), II. 356. — (Mauritius de), II. 10.

GOLFERIUS (Willelmus), I. 166.

GOMETO (Johannes de), canonicus Carnotensis, II. 307, 391; III. 178.

GON (Robertus), I. 108. — (Willelmus), I. 108.

GONDREA, I. 39, 40.

GONERAN, évêque de Tréguier, I. 60.

GONTBERTUS, I. 72.

GONTFREDUS, I. 72.

GONTRANDUS, rex Burgundiæ, I. 6, 67, 68.

GOSBERTUS, diaconus, I. 148. — presbiter de Illeiis, I. 166.

GOSCELINUS, canonicus Sancti-Martini, I. 96.

GOSLINUS, archidiaconuus, I. 103, 118, 152. — archidiaconus Vindocinensis, I. 207, 211. — capellanus Yvonis, episcopi Carnotensis, I. 115. — capicerius Carnotensis, I. 115; III. 9, 200. — episcopus Carnotensis. Voir LEUGIS (Goslenus de). — major de Maigneriis, I. 185. — monachus, III. 35. — præcentor Carnotensis. Voir ORREVILLA (Goslenus de). — præpositus, I. 102, 103, 142, 145, 148. — præpositus de Auversio, I. 232, 233, 235, 236, 238, 239, 252. — presbiter, I. 142. — subdecanus Carnotensis, I. 100; III. 137. — succentor Carnotensis, III. 55.

GOUCET (Caraunus), III. 21. — (Johannes), III. 21. — (Willelmus), III. 21, 64.

GOUGE (Martinus), episcopus Carnotensis, I. 33.

GOULLONS (Willelmus de), canonicus Carnotensis, II. 345; III. 224.

GOUMER (Willelmus), III. 134.

GOUPIL (Petrus), canonicus Carnotensis, III. 40.

GOUYNE (Claudius), archidiaconus Vindocinensis, III. 34.

GRADULFUS, canonicus Carnotensis, I. 96; III. 175.

GRAMART (Radulphus), II. 146.

GRANCHIA (Johannes de), archidiaconus Drocensis, II. 133, 333, 404; III. 110, 164.

GRANDINI (Girardus), III. 12.

GRANDI-PONTE (Herbrandus de), III. 129.

GRANDIS (Petrus), III. 117.

GRANDPUY (Guillaume de), évêque de Nevers, II. 161.

GRAONS (Gaufridus), I. 230.

GRATIANUS, cardinalis Sanctorum-Cosmæ-et-Damiani, I. 192. — notarius romanus, I. 192.

GRAULFUS, abbas Sancti-Carauni, I. 81, 84; III. 180.

GRAVELLA (Bartholomeus de), canonicus Carnotensis, II. 55.

GRAVERIA (Adam de), canonicus Carnotensis, III. 26, 224.

GREGORIUS, cardinalis Sanctæ-Mariæ-in-Aquiro, I. 192. — cardinalis Sanctæ-Mariæ-in-Porticu, I. 192. — cardinalis Sanctorum-Sergii-et-Bachi, I. 141. — (V), papa, III. 87. — (VII), papa, I. 111. — (VIII), papa, I. 171. — (IX), papa, II. 126, 130; III. 197. — (XI), papa, I. 28, 29; II. 177; III. 73. — (XII), antipapa, I. 33; III. 203.

GRENET (Claudius), archidiaconus Pissiacensis, III. 48. — (Etienne), II. 154. — (Simon), III. 26, 224.

GRESSU (Conradus de), prior Sancti-Martini-de-Campis, I. 24; III. 77. — (Floria de), III. 53. — (Gervasius de), III. 42. — Henricus de), episcopus Carnotensis, I. 23, 24; II. 115, 129, 133, 199, 338, 404; III. 51, 77, 206. — (Hugo de), succentor Carnotensis, I. 261; II. 27, 32; III. 142, 145, 148, 177. — (Petrus de), canonicus Carnotensis, II. 199; III. 177. — (Stephanus de), decanus Carnotensis, I. 23, 24; II. 83, 101, 106, 115, 129, 131, 404; III. 42, 51, 77, 217. — (Willelmus de), episcopus Altissiodorensis, II. 196, 198, 199, 201, 290, 291, 295, 350, 415, 424; III. 32, 177.

GRIMOLDUS, III. 32. — miles, III. 108.

GRIMUNDUS, sacerdos, III. 175.

GRINOLDUS, canonicus Carnotensis, III. 200.

GRISOGONUS, diaconus cardinalis, I. 128.

GROHENDA, uxor Clodovei (I), regis Francorum, I. 44.

GROIGNAULT (Guillaume de), II. 17.

GROIGNET (Jean), chanoine de Chartres, II. 167.

GUACELME, évêque de Winchester, I. 108.

GUALO, subdiaconus, III. 10.

GUALTERIUS. Voir GALTERIUS.

GUASTELA (Girardus de), III. 128.

GUAZZO, diaconus, I. 81.

GUBIL (Archembaldus), I. 134.

GUCTRICUS, miles, III. 129.

GUÉPIN (Benedictus), III. 10. — (Isabellis), III. 125.

GUERCHE (Nivelo de la), II. 121.

GUERIN (Guiardus), II. 335.

GUERINUS. Voir GARINUS.

GUEROUDI (Garnerius), archidiaconus de Jozas, III. 116. — (Petrus), III. 116.

GUERRE (Pierre le), II. 12.

GUERRICUS, archidiaconus, III. 145. — vicedominus Carnotensis, I. 93, 106; III. 17, 97.

GUETTE (Petrus), junior, canonicus Carnotensis, III. 48, 49, 123. — (Petrus), senior, canonicus Carnotensis, II. 200; III. 48.

GUIARDIAU (Johannes le), III. 150.

GUIBERTUS, capicerius Carnotensis, III. 201.

GUIBURGE, femme d'Etienne Foucher, II. 228.

GUIDO, abbas Sancti-Johannis-in-Valleia, III. 13. — abbas Sancti-Petri-in-Valleia. Voir COLLUM-RUBEUM (Guido). — archidiaconus, I. 85. — (II), archiepiscopus Lugdunensis. Voir BOULOGNE (Gui de), archevêque de Lyon. — buticularius regis. Voir SENLIS (Gui de). — camerarius regis, I. 117. — cancellarius Capituli Carnotensis, I. 148. — canonicus Carnotensis, II. 10; III. 10. — cardinalis Sanctorum-Cosmæ-et-Damiani, I. 141. — (II), episcopus Altissiodorensis. Voir MELLO (Gui de), évêque d'Auxerre. — (I), episcopus Lingonensis. Voir RUPEFORTI (Guido de). — (II), episcopus Lingonensis. Voir GEBENNIS (Guido de). — filius Aalis, II. 83. — filius Willelmi, I. 92. — frater prædicator, III. 75. — major de Donna-Maria, II. 165. — major de Fontanis, II. 24. — præpositus Carnotensis, I. 107. — subdiaconus, I. 180. — Blesensis, canonicus Carnotensis, III. 36. — Galeranni, I. 164.

GUILLANDRI (Gaufridus de), III. 181.

GUILLARD (Charles), évêque de Chartres, I. 36, 37. — (Louis), évêque de Chartres, I. 36; II. 204.

GUILLAUME, chapelain de la comtesse de Dunois, II. 25.

GUILLELMUS. Voir WILLELMUS.

GUILLEMETA, uxor Nicholai Secourant, III. 172.

GUILLONVILLA (Dionisius de), II. 321. — (Garinus de), II. 51. — (Gaufridus de), II. 135, 320. — (Lucas de), II. 193, 318, 319, 320, 321; III. 55. — (Robinus de), II. 319, 320. — (Stephanus de), III. 179.

GUILLOTUS. Voir WILLOTUS.

GUIMONDUS (Gaufridus), II. 154. — (Laurentius), II. 329.

GUINEBERTUS, canonicus Carnotensis, I. 103, 115; III. 186. — major, I. 123.

GUIOTEAU (Amelota), III. 210. — (Johannes), III. 210.

GUIOTUS (Johannes), II. 312, 353; III. 54. — (Macotus), II. 352. — (Natalis), III. 54, 191.

GUISE (Adeline de), II. 74.

GUISMUNDUS, archidiaconus Drocensis. Voir PERI (Guismundus).

GUITELIDIS, femme d'Erbold, I. 108.

GUITGERUS, frater Odonis, episcopi Carnotensis, III. 129.

GUITONIS (Garinus), I. 187.

GUMBERTUS, major, III. 176.

GUNHARDUS, episcopus Ebroicensis, I. 82, 84.

GURGITE (Alberea de), III. 97, 98.

GURZEIS (Ilbertus de), I. 96, 115.

GUYET (Simon), II. 232.

H

HADEBERTUS, I. 71, 72.

HADEBOURT (Perrotus), II. 352.

HADO, episcopus Carnotensis, I. 9.

HAGANUS, episcopus Carnotensis, I. 12, 46, 78; III. 1.

HAGENON (Matheus), II. 100.

HAICIUS, serviens Milonis, archidiaconi, I. 239, 240.

HAIMO. Voir AYMO.

HAINGRE (Johannes le), II. 383.

HALDIMARUS, canonicus Carnotensis, III. 95.

HALDRICUS, canonicus Carnotensis, III. 133. — præpositus, III. 124.

HAMELINA, uxor Avesgoti (I) de Sancto-Prisco, I. 216.

HAMELINUS, episcopus Cenomannensis, II. 6. — filius Bertæ de Insula, I. 129. — præcentor Carnotensis, III. 16, 91.

HAMELLO (Supplicius de), II. 385.

HANESIIS (Johannes de), III. 48. — (Ricardus de), canonicus Carnotensis, II. 199; III. 30, 165, 211, 216.

HAOIS, filia Yvonis l'Outelier, III. 79. — uxor Gaufridi Pagani. Voir RILLIACO (Haois de).

HARCOURT (Christophe de), I. 35. — (Lesceline de), I. 88. — (Philippe de), évêque de Bayeux, I. 166.

HARDOYN (Jaquetus), III. 172.

HARDUINUS, archiclavus, I. 81. — carnifex, II. 3. — decanus Carnotensis, III. 57. — episcopus Carnotensis, I. 13, 44, 45, 47, 53, 55, 114; III. 154, 201. — præpositus Carnotensis, III. 153. — subdecanus Carnotensis, III. 114. — subdiaconus, III. 155.

— vicecomes Carnotensis. Voir PUTHEOLO (Harduinus de).

HARDY (Guillaume), I. 261. — (Johannes), II. 136. — (Pierre), I. 261.

HARENC. Voir ALLEC.

HARENGIUS (Odo), I. 210.

HARIER (Gilotus), II. 326.

HARLEVILLA (Robinus de), III. 43.

HARVILLE (Spiritus de), subdecanus Carnotensis, III. 52. — (Willelmus de), III. 52.

HASTINGUS, dux Normannorum, I. 10, 11, 45, 53.

HATTO, miles, III. 157. — præpositus, I. 85.

HAUDRICUS, canonicus Carnotensis, III. 112.

HAUDRY (Antoine), I. 138. — (Johannes), II. 381; III. 111, 125, 132. — (Michael), II. 321. — (Nicholaus), cantor Parisiensis, II. 135, 392; III. 49, 179.

HAUTEVRE (Garnerius), II. 323. — (Hugo), II. 322.

HAUVILLA (Hubertus de), I. 71. — (Isabellis de), I. 71. — (Johannes de), I. 71.

HAVART (Garinus), I. 180, 184. — (Guillotus), II. 332. — (Terricus), I. 184.

HAVISIS, filia Odonis (I), comitis Carnotensis, III. 156. — uxor Guidonis, III. 141.

HAVRO, capicerius Carnotensis, III. 177.

HAYGRANDUS, episcopus Carnotensis, I. 9.

HAYNIUS, episcopus Carnotensis, I. 9.

HELGAUDUS, archidiaconus, III. 218.

HÉLÈNE, femme de Charles de Balzac. Voir BONNE (Hélène).

HELIAS, episcopus Carnotensis, I. 10, 13, 45, 47, 83.

HÉLISSENDE, femme de Geoffroy de Meslay. Voir TACHAINVILLE (Hélissende de). — femme de Thibaut Bonne-Femme, I. 145.

HELISSENDIS, filia Stephani, majoris de Orerio. Voir HÉLISSENDE, femme de Thibaut Bonne-Femme. — uxor Gaucheri de Barro. Voir JOIGNIACO (Helissendis de). — uxor Guerrici, vicedomini Carnotensis, et Bartholomei Boel, I. 93, 106, 153; III. 17, 140. — uxor Milonis (III) de Barro, II. 94. — uxor Simonis de Pincon. Voir MOREHER (Helissendis).

HELPES, III. 154.

HELVISA, reclusa, III. 15. — uxor Gaufridi, vicecomitis Dunensis, I. 128.

HEMERICUS. Voir AYMERICUS.

HENRI, comte de Vaudemont, II. 64, 271, 272, 275.

HENRICUS, archidiaconus Carnotensis. Voir BEROTO (Henricus de). — archidiaconus Dunensis. Voir SANCTO-DIONISIO (Henricus de). — archiepiscopus Ebredunensis. Voir SECUSA (Henricus de), episcopus Ostiensis. — archiepiscopus Moguntensis. Voir FELIX (Henricus). — (II), archiepiscopus Senonensis. Voir CORNUTUS (Henricus). — canonicus Carnotensis. Voir GRESSU (Henricus de). — cardinalis, Sanctorum-Nerei-et-Achillei, I. 171. — (V), comes Campaniæ, I. 134; III. 55, 64, 221. — episcopus Altissiodorensis. Voir VILLENEUVE (Henri de), évêque d'Auxerre. — episcopus Carnotensis. Voir GRESSU (Henricus de). — episcopus Nivernensis. Voir CORNUTUS (Henricus), archiepiscopus Senonensis. — episcopus Ostiensis. Voir SECUSA (Henricus de). — episcopus Wintonensis. Voir HENRICUS, filius Henrici-Stephani, comitis Carnotensis. — filius Guidonis, prepositus, I. 107, 119. — filius Henrici-Stephani, comitis Carnotensis, II. 331; III. 152. — filius Theobaldi (IV), comitis Carnotensis. Voir HENRICUS (V), comes Campaniæ. — (I), imperator, III. 136. — nepos capicerii Carnotensis, II. 10. — officialis Carnotensis, II. 101. — portarius episcopi, II. 42. — præpositus Ingreii, I. 133, 142, 145, 148, 180, 232, 243; II. 404, 417; III. 68, 80. — presbiter, I. 164, 180. — (I), rex Angliæ, I. 12, 196; III. 59, 204. — (II), rex Angliæ, I. 12, 147, 166, 176, 187, 197, 198. — (I), rex Franciæ, I. 15, 16, 88, 89, 90, 91, 92; III. 2, 147. — (II), rex Franciæ, I. 56, 190. — (III), rex Franciæ, I. 56, 190. — (IV), rex Franciæ, I. 56, 190; III. 113. — Stephanus, comes Carnotensis, I. 17, 95, 98, 99, 104, 106, 125, 121; III. 3, 58, 115, 152, 218.

HERACLIUS, évêque de Digne, I. 67.

HERAUT (Perrinus), II. 352.

HERBALDUS, miles, III. 94.

HERBELOT (Gilotus), III. 187.

HERBERTUS, canonicus Carnotensis, I. 103; III. 1. — canonicus Rothomagensis, I. 198. — canonicus Sancti-Aniani, III. 109. — comes Tricassinus, I. 76. — filius Clementis, II. 154. — filius Engelsendis, III. 205. — frater Gaufridi, majoris de Vovis, I. 144. — major de Baigneaus, II. 34. — marescallus Theobaldi (V), comitis Blesensis, I. 207. — nepos Alberti, abbatis Majoris-Monasterii, I. 93. — nepos Ascelini Britonis, III. 81. — poterius, I. 231, 238, 239, 242. — presbiter. Voir PORTA-NOVA (Herbertus de). — presbiter de Illeiis, I. 149, 166. — sacrista Ebroicensis, I. 166. — scutarius, I. 239, 240, 241. — subdiaconus, I. 142. — vicarius, III. 219. — Arnulfi, cancellarius Capituli Carnotensis, I. 148.

HERBRANDUS, canonicus Carnotensis, III. 130.

HERLUAT (Adam de), II. 73. — (Droco de), II. 73. — (Germundus de), II. 73, 74. — (Hubertus de), I. 186. — (Johannes de), I. 186.

HERMANNUS, levita, III. 190.

HERMENGARDIS. Voir ERMENGARDIS.

HERNAUDUS. Voir ARNALDUS.

HERNOYNUS, episcopus Carnotensis, I. 10.

HERON (Willelmus), canonicus Carnotensis, II. 408; III. 50.

HERSENDIS, mater Hervei Desrae, canonici Carnotensis, II. 147. — uxor Gaufridi, III. 221. — uxor Manerii, militis, II. 10. — uxor Milonis de Castellione, III. 95. — uxor Raginaldi de Castellione, III. 70.

HERVEI (Guillotus), II. 378.

HERVEUS (III), abbas Sancti-Carauni, III. 116. — canonicus Carnotensis, I. 176, 177; III. 13. — canonicus Sancti-Sergii, III. 133. — comes Nivernensis, II. 19, 43, 371; III. 27, 92. — comes Trecensis, II. 403. — filius Arnaldi, I. 99; III. 80, 82. — filius Teudonis, III. 189. — lanarius, I. 231, 241, 242. — marescallus Yvonis, episcopi Carnotensis, I. 123. — major de Kaelennes, II. 10. — presbiter, II. 340.

HERVEVILLA (Theobaldus de), II. 3.

HERVIN (Robert), II. 67.

HEUSA (Bartholomeus de), II. 152.

HILDEARDIS, monacha de Sancto-Avito, I. 149.

HILDEBRANTE, femme d'Herbert (II) de Vermandois, I. 76.

HILDEBURGIS, uxor Fulcherii (I) de Mellaio, III. 150. — uxor Gaufridi Mordens, II. 18.

HILDEGARDIS, uxor Hugonis (I), vicecomitis Castriduni, et Arnaudi de Firmitate, III. 88.

HILDEGARIUS, canonicus Carnotensis, III. 174. — frater Pagani, majoris, I. 134. — præpositus, III. 205.

HILDEMANNUS, archiepiscopus Senonensis, I. 81.

HILDERIUS, marescallus Adelaidis, comitissæ Carnotensis, I. 108.

HILDRADUS, sacerdos, III. 96.

HILDRICUS, cancellarius Theobaldi (V), comitis Carnotensis, I. 207, 218.

HILDUINUS, canonicus Carnotensis, III. 61. — filius Ragenoldi, vicedomini Carnotensis, III. 196. — levita, I. 85. — præcentor Carnotensis, I. 96, 100, 103; III. 205. — præpositus, I. 103; III. 146.

HILGAUDUS, canonicus Carnotensis, III. 130.

HILO, canonicus Carnotensis, III. 16.

HISDOMEI, uxor Gaufridi, I. 69.

HISMERIACO (Johannes de), I. 148, 240. — (Radulphus de), I. 148.

HISPANIA (Maria de), III. 57.

HODEARDIS, soror Michaelis, majoris de Rebolin, I. 262. — uxor Pabuerii, carpentarii, II. 146.

HODEBURGIS, uxor Gaufridi, majoris de Vovis, I. 144.

HODIERNA, III. 144.

HOEL (II), rex Britonum, I. 60. — servus Savarici de Mureto, II. 42.

HOLIER (Thomas), II. 228.

HONGRIE (Clémence de). Voir CLEMENCIA, uxor Ludovici (X), regis Franciæ.

HONORIUS (II), papa, I. 18, 132, 133; III. 28. — (III), papa, I. 22, 189; III. 160.

HORAN (Willelmus), canonicus Carnotensis, II. 199.

HORTOLANUS (Hubertus), I. 179.

HOSATUS (Gaufridus), I. 198.

HOSPITALI (Willelmus de), III. 165.

HOUDOUIN (Robinus), II. 146.

HOUEL (Gaufridus), II. 293. — (Nicholaus), canonicus Carnotensis, II. 27, 32; III. 104.

HOUVILLA (Johannes de), II. 147. — (Simon de), II. 150.

HUART (Jaquetus), II. 322. — (Perrinus), II. 322.

HUBALDUS, cardinalis Sanctæ-Crucis-in-Jerusalem, I. 171. — episcopus Ostiensis. Voir LUCIUS (III), papa.

HUBÉ (Etienne), II. 232.

HUBELIN (Raginaldus), III. 55.

HUBERTUS, archidiaconus, III. 142. — cambitor, I. 210. — camerarius Carnotensis, I. 180. — canonicus Carnotensis, I. 103. — cerarius, II. 32, 386. — episcopus Silvanectensis, I. 107, 108. — frater Pagani, majoris, I. 134. — presbiter, I. 91.

HUBERTUS (Johannes), II. 361.

HUET (Guillaume), II. 205.

HUGO, abbas Beccensis, II. 110. — abbas Cluniacensis, I. 99. — abbas Sancti-Andreæ, I. 221. — archidiaconus, I. 212. — archidiaconus Vindocinensis, II. 102; III. 131. — archiepiscopus Bituricensis, I. 82, 83; III. 10. — (II), archiepiscopus Turonensis. Voir FIRMITATE (Hugo de). — camerarius regis, I. 143. — cancellarius regis, I. 105. — cancellarius Theobaldi (V), comitis Carnotensis, I. 218. — canonicus Carnotensis, II. 77. — comes Cestriensis, I. 197. — constabularius regis. Voir CHAUMONT (Hugues de). — constabularius Theobaldi (III), comitis Carnotensis, I. 96. — conversus Vallium-Sarnaii, II. 128, 129. — cubicularius Theobaldi (III), comitis Carnotensis, I. 96. — (II), decanus Carnotensis, II. 406. — (III), decanus Carnotensis. Voir FERITATE (Hugo de), episcopus Carnotensis. — decanus Parisiensis, II. 30. — decanus Rothomagensis. Voir LENVOISIE (Hugo), canonicus Carnotensis. — decanus Sancti-Aniani Aurelianensis, III. 128. — diaconus, I. 142, 148. — dux Francorum, I. 74, 75, 76, 82, 84; II. 261; III. 125, 128. — episcopus Carnotensis. Voir FERITATE (Hugo de). — (II), episcopus Constantiensis. Voir MORVILLE (Hugues de), évêque de Coutances. — (I), episcopus Lingonensis. Voir BRETEUIL (Hugues de), évêque de Langres. — episcopus Parisiensis, I. 16. — filius Agnetis, II. 55.

— filius Bertæ de Insula, I. 129. — filius Efforcei, II. 76. — filius Gaufridi, vicecomitis Dunensis, I. 128. — filius Haganonis, III. 163. — filius Manerii, militis, II. 10. — filius Morini, pincerna Yvonis, episcopi Carnotensis, I. 124. — filius Rotrochi, I. 96. — frater Guidonis, præpositi Carnotensis, I. 107. — frater Marthæ, uxoris Milonis de Chavernaio, II. 31. — frater Rispaudi, cubicularii Yvonis, episcopi Carnotensis, I. 124. — frater prædicator, II. 162. — hospitalarius Majoris-Monasterii, I. 133, 134. — major de Vovis, I. 144. — miles, I. 91. — monetarius, I. 107. — panetarius Adelaidis, comitissæ Carnotensis, I. 108. — præcentor Carnotensis, I. 155, 168, 186; III. 137. — præpositus, nepos Arnaldi, decani Carnotensis. Voir HUGO (II), decanus Carnotensis. — præpositus de Amilliaco. Voir MONTE-MIRABILI (Hugo de). — præpositus Novigenti. Voir MONETA (Hugo de). — subdecanus Carnotensis, I. 103, 118, 148, 154, 155, 168, 187; III. 91, 145, 191. — subdecanus Sanctæ-Crucis Aurelianensis, I. 173. — subdiaconus. Voir GALARDONE (Hugo de), subdiaconus. — succentor Carnotensis. Voir GRESSU (Hugo de). — (III), vicecomes Dunensis, I. 146, 195; III. 86. — (I), vicedominus Carnotensis, III. 97, 141, 158. — (II), vicedominus Carnotensis, I. 93, 102; III. 17, 97. — Berengarii, I. 152. — Blesensis, presbiter, I. 103, 118, 123. — Capeti, rex Franciæ, I. 13, 47, 76, 82, 84.

HUGOLINA, filia Alariæ, I. 260.

HULDUINUS Juvenis, major de Luceio, I. 124.

HUMBALDUS, miles, III. 35.

HUMBERGA, uxor Goslini, III. 50.

HUMBERTUS, levita, I. 85. — præcentor Carnotensis, I. 84; III. 128.

HUMBLERES (Radulphus de), I. 142; III. 4.

HUNGARI (Johannes), II. 324; III. 221.

HURAULT (Philippe), comte de Cheverny, II.

200, — (Philippe), évêque de Chartres, I. 37; II. 207.

Hurez (Galterius), I. 142.

Huve (Claudius), canonicus Carnotensis, III. 34.

Huxo (Simon de), II. 116.

I

Ibreio (Gaufridus de), canonicus Carnotensis, I. 217. — (Hugo de), II. 119. — (Radulphus de), II. 82. — (Willelmus de), canonicus Carnotensis, I. 207.

Ide, femme de Renaud de Dammartin. Voir Alsace (Ide d').

Ip (Nicholaus d'), canonicus Carnotensis, III. 34.

Ilgerius, canonicus Carnotensis, III. 135.

Ilguisis, uxor Frogerii, III. 159.

Illesiis (Berta de), I. 193. — (Carolus de), decanus Carnotensis, III. 67. — (Florentinus de), I. 34; III. 67, 111, 184. — (Florentinus de), cancellarius Carnotensis, III. 184. — (Gaufridus de), II. 51. — (Johannes de), III. 76. — (Milo de), episcopus Carnotensis, I. 35; II. 6, 170, 300; III. 52, 67, 184. — (Milo de), succentor Carnotensis, III. 76. — (Renatus de), episcopus Carnotensis, I. 35, 36, 64; II. 205; III. 52, 67, 83. — (Willelmus de), I. 193; II. 51, 52. — (Yvo (II) de), I. 107, 174; II. 51.

Illou (Robin d'), II. 176.

Infernoto (Gaufridus de), III. 83.

Ingelbaldus, III. 205. — canonicus Carnotensis, III. 94.

Ingelbertus, cellararius, I. 134.

Ingelerus, canonicus Carnotensis, III. 114.

Ingelrannus, comes, I. 90. — decanus Carnotensis, I. 95, 96; III. 115. — episcopus Suessionensis, I. 96.

Ingeltrudis, filia Airmanni, I. 69.

Ingrannus, canonicus Carnotensis, III. 124.

Innocentius (II), papa, I. 139, 141, 171; III. 28. — (III), papa, I. 18; II. 11, 12, 14. — (IV), papa, I. 189; II. 143, 144, 146, 156, 157, 159; III. 196, 197.

Insula (Berta de), I. 129. — (Gaufridus de), II. 7. — (Raginaldus de), II. 7, 9. — (Robertus de), II. 7.

Ira-Dei (Adelaidis), I. 123. — (Ilbertus), I. 123. — (Robertus), canonicus Carnotensis, I. 123. — (Stephania), I. 123.

Isaac, sacerdos, I. 85; III. 218.

Isabelle, femme de Bouchard (II) de Corbeil et de Gui de Montlhéry. Voir Montdidier (Isabelle de).

Isabellis, abbatissa de Sancto-Avito, I. 149. — comitissa Carnotensis. Voir Isabellis, uxor Supplicii de Ambasia. — filia Stephani, majoris de Orerio. Voir Isabellis, uxor Dionisii de Joiaco. — filia Theobaldi (V), comitis Carnotensis. Voir Isabellis, uxor Supplicii de Ambasia. — mater Guismondi Peri, II. 406; III. 68. — uxor Benedicti Gaipin, III. 10. — uxor Dionisii de Joiaco, II. 145. — uxor Francisci d'Escoubleau. Voir Babou de la Bourdaisière (Isabellis). — uxor Galcherii de Barro, II. 94. — uxor Gaufridi de Beroto. Voir Carnoto (Isabellis de). — uxor Germundi de Herluat, II. 73. — uxor Girardi de Carnoto. Voir Hauvilla (Isabellis de). — uxor Girardi de Carnoto, filii Girardi, II. 104. — uxor Henrici (II) de Truncheio, II. 148. — uxor Herberti de Belsia, II. 134. — uxor Johannis de Oisiaco. Voir Isabellis, uxor Supplicii de Ambasia. — uxor Raginaldi Lamberti, III. 65, 119.

⊢— uxor Supplicii de Ambasia, I. 206, 207; II. 140, 145; III. 5. — uxor Willelmi de Carnoto. Voir TACHAINVILLE (Isabelle de).— uxor Willelmi de Folieto, II. 20. — uxor Willelmi Regis, III. 85. — uxor Yvonis (III) de Curbavilla, I. 225.

Isardus Drocensis, I. 107.

Iselers (Bodardus de), I. 145.

Isembardi (Philippus), II. 33.

Isembardus, episcopus Aurelianensis. Voir Broyes (Isembard de), évêque d'Orléans.

Isembertus, I. 69.

Isychius, évêque de Grenoble, I. 67.

Italicus (Gervasius), camerarius Carnotensis, III. 132.

Ivo. Voir Yvo.

J

Jacintus, cardinalis Sanctæ-Mariæ-in-Cosmedin. Voir Celestinus (III), papa.

Jacobus, archidiaconus Drocensis, II. 87, 100, 102, 291. — episcopus Suessionensis. Voir Basoches (Jacques de). — filius Gaufridi, majoris de Daullomonte, II. 134. — major de Grandi-Husso, II. 113; III. 67. — nepos Raginaldi, episcopi Carnotensis, II. 78. — presbiter de Maceriis, II. 89. — thesaurarius Belvacensis, II. 182.

Jacqueline, femme de Thomas Holier, II. 228.

Jacques, seigneur de Château-Gontier, II. 153.

Jacquin (Johannes), abbas Sancti-Johannis-in-Valleia, III. 18.

Jambet (Lucas), II. 371.

Jamenvia, I. 149.

Jams (Hugo), I. 108.

Jaquelina, uxor Jacobi, majoris Grandis-Hussi, III. 67. — uxor Johannis Hardi. Voir Regneio (Jaquelina de). — uxor Willelmi de Seinvilla, III. 162.

Javele (Giroius), I. 241.

Jean le Roux, duc de Bretagne, II. 184. — maire de Berchères-sur-Vesgre, II. 178.

Jeanne, femme d'Étienne Beauventre, II. 193. — femme de Gilbert de Tillières. Voir Emerville (Jeanne d'). — femme de Guillot le Maçon, II. 193. — femme de René, drapier, II. 229. — femme de Robert Fouquaut. Voir Saint-Maur (Jeanne de). — femme de Robin Lucas, II. 193.

Jeubert (Gilotus), II. 425.

Jodocus, archiepiscopus Turonensis, I. 166. — episcopus Saresberensis, I. 166.

Joduinus, major de Bullainvilla, I. 99.

Johanna, comitissa de Alénconio, III. 93. — comitissa Carnotensis, II. 342; III. 94. — filia Gaufridi, majoris de Vovis, I. 144. — filia Ludovici, comitis Carnotensis, II. 15. — filia Ludovici (X), regis Franciæ, III. 158. — filia Stephani, majoris de Orerio, II. 145. — uxor Caroli (IV), regis Franciæ. Voir Evreux (Jeanne d'). — uxor Caroli (V), regis Franciæ, III. 36. — uxor Dionisii de Galloto, II. 128. — uxor Johannis Gauguin, III. 65. — uxor Johannis Lecurier, III. 171. — uxor Juquelli de Corileto, I. 210. — uxor Petri Biselli, I. 218. — uxor Petri, comitis de Alenconio, III. 31. — uxor Petri, filii Ludovici (IX), regis Franciæ. Voir Castellione (Johanna de). — uxor Philippi (IV), regis Franciæ, II. 247. — uxor Philippi, regis Navarræ. Voir Johanna, filia Ludovici (X), regis Franciæ. — uxor

358   TABLE DES NOMS.

Raginaldi Hubelin, III. 55. — uxor Raginaldi de Messalant. Voir RICHEBOURG (Johanna de). — uxor Raginaldi de Orrevilla, II. 196.

JOHANNES (I), abbas Sanctæ-Mariæ Blesensis, I. 207. — archidiaconus Blesensis. Voir FRESCOTO (Johannes de). — archidiaconus Dunensis, III. 99. — archidiaconus Vindocinensis, I. 154; II. 3, 32. — (I), archiepiscopus Bituricensis. Voir SOLIACO (Johannes de). — (II), archiepiscopus Lugdunensis. Voir TALARU (Johannes de). — burgensis de Medonta, II. 127. — buticularius regis. Voir BRIENNE (Jean de). — canonicus Carnotensis, I. 152; III. 21. — cantor Aurelianensis, II. 89, 90. — capellanus Sancti-Hilarii Carnotensis, III. 71. — cardinalis Sanctæ-Mariæ-in-Porticu, I. 171, 192. — cardinalis Sancti-Theodori, I. 192. — carpentarius, II. 329; III. 124. — clericus Henrici de Corbolio, II. 10. — (I), comes Boloniensis, III. 116. — comes Dunensis, I. 34. — (III), comes Vindocinensis, II. 72, 85. — (IV), comes Vindocinensis. Voir MONTORIO (Johannes de). — cordarius, III. 206. — dapifer, I. 148. — decanus Sanctæ-Crucis Aurelianensis, I, 173. — diaconus cardinalis, I. 110, 115. — (II), episcopus Atrebatensis. Voir PASTÉ (Johannes), episcopus Carnotensis. — (II), episcopus Aurelianensis, I. 116. — (I), episcopus Carcassonensis. Voir CAPRIACO (Johannes de). — (I), episcopus Carnotensis. Voir SALISBURY (Jean de), évêque de Chartres. — (II), episcopus Carnotensis. Voir GALLANDIA (Johannes de). — (III), episcopus Carnotensis. Voir PASTÉ (Johannes). — (I), episcopus Lingonensis. Voir RUPEFORTI (Johannes de). — (IV), episcopus Morinensis. Voir TABARI (Johannes). — (IV), episcopus Pictaviensis. Voir MELEDUNO (Johannes de). — episcopus Suessionensis. Voir MILETI (Johannes). — episcopus Tusculanus, I. 102, 103, 107, 192. — filius Falconis, I. 108. — filius Ludovici (IX), regis Franciæ, II. 184. — filius Ludovici (X), regis Franciæ, I. 26. — filius Stephani, magistri carnificum, II, 409. — frater Bobonis, cantoris Carnotensis, III. 211. — hostiarius, II. 321. — imperator Constantinopolitanus. Voir BRIENNE (Jean de), roi de Jérusalem. — major Boulleti-de-Media-Via, II. 349. — major de Campo-Seruco, III. 170. — major de Chevarderia, III. 52. — major de Daullomonte, II. 133, 134. — major de Menvesin, II. 46. — major de Moncellis-super-Auduram, II. 232. — mariscalcus Majoris-Monasterii, I. 134. — matricularius, II. 199. — medicus, I. 93; III. 2. — (XXI), papa, I. 189. — (XXII), papa, I. 27; III. 71, 72, 110. — pater Bobonis, cantoris Carnotensis, II. 359. — præcentor Carnotensis, II. 324; III. 101. — presbiter de Scronis, I. 250. — rex Francorum, I. 28, 30, 56; II. 200, 275; III. 68, 157. — rex Jerosolimitanus. Voir BRIENNE (Jean de), roi de Jérusalem. — sacristes, III. 188. — succentor Carnotensis. Voir CAPRIACO (Johannes de), episcopus Carcassonensis. — Blesensis, archidiaconus Carnotensis, II. 106, 164, 165, 173, 174. — Felix, cardinalis Sanctæ-Susannæ, I. 192.

JOHANNIS (Willelmus), canonicus Carnotensis, II. 200; III. 208.

JOIACO (Galterius de), II. 361; III. 5, 6, 59.

JOIGNIACO (Gaufridus de), canonicus Carnotensis, II. 199. — (Helissendis de), II. 51. — (Robertus de), episcopus Carnotensis, I. 25, 26, 27; II. 4, 6, 263, 268; III. 93, 110.

JOINVILLE (Guillaume de), archevêque de Reims, III. 138. — (Jean de), II. 271, 272.

JORDANUS, frater prædicator, II. 124, 125.

JORGE (Johannes), II. 323.

JOSCELINUS, major de Pesiaco, II. 31. — maritus Albereæ de Gurgite, III. 97, 98.

JOSEPH (II), archiepiscopus Turonensis, I. 81, 84.

JOUAR (Dionisius), III. 73.

JOUDART (Guillaume), II. 87.

JOUEZ (Johannes), I. 230.

JOUGAN (Johannes), canonicus Carnotensis, III. 35.

JOURDAIN (Blasius), canonicus Carnotensis, III. 21. — (Eligius), canonicus Carnotensis, III. 21. — (Johannes), II. 322, 356; III. 12, 94. — (Stephanus), canonicus Carnotensis, II. 312, 374; III. 144. — (Willelmus), II. 411, 413, 429.

JOUY (Denis de), II. 145. — (Philippe de), évêque d'Orléans, III. 138.

JUDEIS (Goherius de), II. 187. — (Willotus de), II. 187.

JUDEUS (Radulphus), II. 424.

JUDICIS (Willelmus), canonicus Carnotensis, III. 107.

JUDITH, mater Yvonis, præpositi, III. 224.

JUFFIVO (Matheus de), III. 22.

JULIANA, soror Petri, majoris de Daullomonte, III. 73. — uxor Garini de Sancto-Prisco, I. 216. — uxor Johannis Colli-Rubei, III. 15. — uxor Radulphi, carpentarii, III. 14. — uxor Robini, fratris Girardi, majoris Barjovillæ, II. 135.

JULIENNE, femme de Renaud Boulart, II. 228.

JUMELLUS (Simon), archidiaconus Blesensis, III. 96.

JUPAELLO (Gaufridus de), II. 33. — (Johanna de), II. 33. — (Johannes de), II. 33. — (Matheus de), II. 33. — (Theobaldus de), II. 32. — (Villanus de), II. 32. — (Willelmus de), II. 31, 33.

JURIACO (Willelmus de), I. 164, 180.

JUVISIACO (Rogerius de), I. 108.

K.

KALEMANDRANE (Berthaudus de), canonicus Carnotensis, III. 121.

KARAUNUS, I. 8.

L

LABAN, archiepiscopus Elenensis, I. 67.

LAGUINA (Petrus), I. 149.

LAISIE (Jacobus), III. 103.

LAISNÉ (Johannes), II. 291; III. 23.

LALLIER (Matheus), canonicus Carnotensis, III. 100.

LAMBERTI (Andreas), II. 372. — (Gilotus), III. 164. — (Johannes), canonicus Carnotensis, II. 135, 197, 292, 302, 353, 383; III. 49, 62, 119. — (Raginaldus), I. 50; III. 65, 119. — (Willelmus), III. 207.

LAMBERTUS, archidiaconus, I. 81, 84. — canonicus Carnotensis, III. 154. — presbiter, I. 142, 180, 207, 217.

LAMER (Clémence), II. 194. — (Girard), II. 194. — (Hugues), II. 194. — (Hugues), fils de Hugues, II. 194. — (Lucie), II. 194.

LAMY (Jacobus), puer chori, III. 103.

LANCEGISILLUS, episcopus Carnotensis, I. 7.

LANCERI, I. 69.

LANDA (Gaufridus de), archidiaconus Parisiensis, II. 30.

LANDORVILLA (Aymericus de), II. 294. — (Garinus de), archidiaconus Vindocinensis, II. 326, 396; III. 146.

LANDRAMNUS, subdiaconus, III. 127.

LANDRI (Stephanus), III. 187.

LANDRICUS, abbas Sancti-Petri, III. 62. — archidiaconus, I. 103, 118, 168. — comes de Drocis, III. 21.

LANERIACO (Goherius de), II. 48. — (Robertus de), I. 257.

LANERIUS (Johannes), II. 320.

LAPIE (Henricus), abbas Pontisiarensis, II. 345; III. 215.

LARCHER (Hubert), II. 42.

LARDELERIUS (Johannes), II. 10.

LARGE (Odelina la), II. 331. — (Stephanus le), III. 189.

LATE (Thomas), II. 307.

LAUNOMARUS, I. 7, 45.

LAURENCE, femme de Jean Guiton, II. 228.

LAURENCIA, uxor Martini Copin, III. 65.

LAURENCIUS, canonicus Carnotensis, III. 128. — major, II. 316. — prior Majoris-Monasterii, I. 134. — serviens Hugonis, canonici Carnotensis, II. 77, 78. — serviens Raginaldi, præpositi de Masengeio, I. 227.

LAVANNA (Andreas de), præpositus Normanniæ, II. 367, 388; III. 56.

LAVARZINO (Gaufridus de), II. 72, 139. — (Johannes de). Voir JOHANNES, comes Vindocinensis.

LAYSIE (Jacobus), II. 200.

LEBEL (Claude), chanoine de Chartres, II. 139.

LECLERC (Nicholaus), canonicus Carnotensis, III. 19.

LECURIER (Johannes), III. 171.

LEDEMIUS, I. 72.

LEDEVIA, I. 72.

LEDGARDIS, uxor Goherii de Laneriaco, II. 48. — uxor Petri, majoris de Guardees, II. 126. — uxor Willelmi (II), ducis Normanniæ, et Theobaldi (I), comitis Carnotensis. Voir VERMANDOIS (Ledgarde de). — uxor Yvonis (II) de Illesiis. Voir BOEL (Ledgardis).

LÉGER (Renaud), chanoine de Chartres, II. 167.

LEGOUZ (Gaufridus), major de Charonvilla, III. 163.

LEGRAND (Jean), moine de Thiron, I. 25.

LEGROS (Bertrand), moine de Thiron, I. 25.

LEJAY (Nicolas), II. 85.

LEMAIRE (Gervasius), III. 74.

LENOIR (Robert), II. 45. — (Thomas), I. 73; II. 82.

LENVOISIE (Hugo), canonicus Carnotensis, III. 80.

LEO (X), papa, II. 177.

LEOBERTUS, episcopus Carnotensis, I. 9.

LEOBINUS, carpentarius episcopi Carnotensis, II. 84. — episcopus Carnotensis, I. 5, 6, 59.

LEODEGARIUS, canonicus Carnotensis, III. 132.

LEOVILLA (Willelmus de), baillivus Andegavensis, II. 262.

LEPRINCE (Lambert), II. 79.

LEPUS (Durandus), I. 149. — (Gaufridus), monachus Majoris-Monasterii, I. 133, 134.

LEROY (Perrin), II. 229. — (Robert), doyen de Beauvais, III. 34.

LERSIDA, I. 72.

LESCELINE, femme de Guillaume d'Eu et d'Hilduin (III) de Montdidier. Voir HARCOURT (Lesceline d').

TABLE DES NOMS.

Lescot (Jacques), évêque de Chartres, I. 2, 37; III. 205.

Lescuer (Galterius), III. 117.

Lesesne (Johannes), III. 11. — (Nicholaus), canonicus Carnotensis, II. 102, 103, 342, 362; III. 11, 13, 98. — (Rogerius), II. 427; III. 98.

Lesueur (Jean), II. 165.

Letart (Clemens), II. 307. — (Philippus), II. 306. — (Robertus), II. 307. — (Tenotus), II. 307.

Letburgis, uxor Gilonis, III. 65.

Letericus, canonicus Carnotensis, III. 114.

Letmirus, I. 72.

Letorvilla (Guilleminus de), II. 321. — (Isnardus de), II. 321.

Letramnus, subdiaconus, III. 127.

Leudobaudis, episcopus Sagiensis, I. 67.

Leugis (Gaufridus de), canonicus Carnotensis, III. 150. — (Gaufridus de), episcopus Carnotensis, I. 3, 18, 19, 37, 60, 101, 103, 107, 118, 124, 128, 131, 132, 135, 137, 138, 139, 140, 143, 144, 145, 148, 152, 155, 157, 169, 178; II. 174, 223, 299, 301, 405; III. 9, 28. — (Goslenus (I) de), I. 107, 108, 124. — (Goslenus (II) de), I. 107, 152; II. 174; III. 50. — (Goslenus de), episcopus Carnotensis, I. 18, 19, 48, 104, 107, 153, 154, 155, 157, 160, 167, 238, 240, 251; II. 223, 299; III. 9, 32, 91. — (Goslenus de), frater Johannis, II. 115. — (Guido de), abbas Sancti-Johannis-in-Valleia, III. 50. — (Johannes de), II. 115. — (Milo de), I. 107. — (Philippus de), archidiaconus Dunensis, III. 66. — (Radulphus de), I. 148. — (Villanus de), II. 405. — (Willelmus de), canonicus Carnotensis, II. 183, 405.

Levees (Guido de), II. 38.

Leveis (Philippus de), archidiaconus Pissiacensis, II. 288.

Levesvilla (Aelina de), II. 28. — (Amauricus (I) de), II. 27; III. 106. — (Amauricus (II) de), II. 27, 28, 29, 168. — (Beatrix de), II. 28. — (Eustachia de), II. 28. — (Evrardus (I) de), II. 27. — (Evrardus (II) de), II. 27, 168. — (Evrardus (III) de), II. 28, 121. — (Germondus de), canonicus Carnotensis, I. 227, 238, 239, 262; II. 27, 28, 32, 52, 88. — (Girardus de), II. 27. — (Isabellis de), filia Amaurici (II), II. 28. — (Isabellis de), filia Evrardi (II), II. 28. — (Johannes de), II. 349. — (Margarita de), II. 28. — (Petronilla de), II. 28. — (Philippa de), II. 28.

Levice (Gislebertus), II. 328.

Lialdi (Gradulphus), I. 218.

Licerius, évêque d'Oloron, I. 67.

Lidericus, cancellarius regis. Voir Cadurcus, cancellarius regis.

Liepvre (Ludovicus le), canonicus Carnotensis, III. 14, 43.

Ligerii (Johannes), canonicus Carnotensis, III. 71. — (Raginaldus), archidiaconus Drocensis, II. 311; III. 84, 203.

Limigniaco (Petrus de), canonicus Carnotensis, II. 305; III. 147. — (Willelmus de), archidiaconus Pissiacensis, II. 182.

Limignons (Johannes de), II. 118, 195.

Limogiis (Girardus de), canonicus Carnotensis, II. 199, 332, 364, 369, 421; III. 87.

Linières (Godmart de), II. 228.

Linis (Gaufridus de), I. 230.

Lintart (Clemens), III. 187.

Lioart (Jacobus de), canonicus Carnotensis, II. 101, 103.

Liseus (Hugo de), I. 108.

Lisiardus, decanus Carnotensis, I. 126.

Lislon (Willelmus de), III. 146.

Loardi (Johannes), III. 223.

LOBE (Renaud), II. 228.

LOCHE (Clemens de), II. 134.

LOCHONNUS, major de Buissael, III. 62.

LOENVILLA (Matheus de), II. 317.

LOESVILLA (Aymericus de), II. 10. — (Gauterius de), I. 145. — (Hugo de), II. 10, 23. — (Willelmus de), II. 10.

LOGIIS (Gaufridus de, III. 62, 64.

LOIGNIACO (Willelmus de), archidiaconus Pissiacensis, III. 208.

LOISON (Stephanus), II. 319.

LOMBARDUS (Petrus), II. 382; III. 25.

LONCJUMEL (Roger de), prêtre, II. 271, 272.

LONVILLARIO (Baldricus de), I. 167. — (Philippus de), I. 167. — (Raherius de), I. 167. — (Stephanus de), I. 167. — (Willelmus de), I. 167.

LORETA, soror Elisabeth, vicedominæ Carnotensis, I. 153. — uxor Jodoini Testu, II. 314.

LORIAU (Willelmus), III. 210.

LORIN (Simon), II. 352.

LORRAINE (Gothelon de), III. 209.

LORRETO (Nicholaus de), II. 385. — (Robertus de), II. 295, 356; III. 100, 189.

LOTHARIUS (I), rex Francorum, I. 5, 6, 68. — (II), rex Francorum, I. 6, 7. — (III), rex Francorum, I. 8, 45. — (IV), rex Francorum, I. 9. — filius Ludovici (IV), rex Franciæ, I. 13.

LOUDUN (Mathieu de), évêque d'Angers, I. 166.

LOULAPES (Johannes de), II. 363.

LUATO (Claretus de), II. 348.

LUBERSAC (Jean-Baptiste Joseph de), évêque de Chartres, I. 5.

LUBIN (Mauricius), III. 210.

LUCAS, cardinalis Sanctorum-Johannis-et-Pauli, I. 141. — cordarius, II. 302.

LUCAS (Robin), II. 193.

LUCÉ (Guillaume de), II. 25.

LUCENTI (Guillotus de), III. 7.

LUCI (Ricardus de), I. 166.

LUCIUS (II), papa, I. 171, 175. — (III), papa, I. 170, 189, 199, 208, 209, 213.

LUCO-PLANTATO (Gaufridus de), I. 215; II. 32.

LUCRETIUS, episcopus Diensis, I. 67.

LUDOVICUS, buticularius regis. Voir SENLIS (Louis de). — cancellarius, I. 73. — comes Carnotensis, I. 60, 206, 207, 225, 255; II. 1, 14, 15, 17, 19, 403, 412, 420; III. 89, 174, 178. — (I), comes Ebroicensis, III. 55, 57, 123. — comes Stamparum, III. 57. — comes Vindocinensis, III. 114. — dux Andegavensis, I. 30, 31; II. 276; III. 12. — princeps Condæus, III. 100. — (I), rex Francorum, I. 10. — (II), rex Francorum, I. 11. — (IV), rex Francorum, I. 12, 13, 46. — (V), rex Francorum, I. 13, 77. — (VI), rex Franciæ, I. 17, 18, 106, 115, 116, 117, 118, 121, 124, 135, 136, 137, 139, 141, 143, 208, 222; III. 28, 33, 193. — (VII), rex Franciæ, I. 18, 19, 20, 21, 105, 143, 145, 148, 151, 152, 163, 168, 171, 172, 176, 229; II. 299, 320; III. 33, 177, 193. — (VIII), rex Franciæ, I. 22; II. 105, 106, 110, 138, 171; III. 139. — (IX), rex Franciæ, I. 22, 23, 136, 232; II. 121, 122, 133, 138, 167, 168, 169, 172, 174, 184, 187, 271, 392; III. 5, 8, 14, 31, 37, 57, 61, 78, 84, 114, 157, 197. — (X), rex Franciæ, I. 25, 26, 75; II. 169; III. 158. — (XI), rex Franciæ, I. 56. — (XII), rex Franciæ, I. 36, 56. — (XIII), rex Franciæ, I. 37, 56; III. 26, 113. — (XIV), rex Franciæ, III. 26, 113.

LUIGNI (Willelmus de), II. 416.

LUISANT (Gérard de), II. 76. — (Guillaume de), II. 76.

LUNA (Petrus de). Voir BENEDICTUS (XIII), papa.

LUPUS, pater Bobonis, cantoris Carnotensis, II. 359; III. 211.

LUPUS (Raginaldus), II. 52.

LUREYO (Petrus de), advocatus. II. 200.

LUSARCHIIS (Nicholaus de), episcopus Abrincensis, III. 110.

LUTHER, I. 36.

LUXEMBOURG (Marie de), I. 222; II. 272, 275; III. 11, 22, 149.

M

MABBO, episcopus Paulinani. I. 82.

MABILIA, uxor Gervasii (I) de Castro-Novo, I. 167; III. 126. — uxor Hugonis (I) de Castro-Novo. Voir MONTGOMMERY (Mabile de). — uxor Mathei de Malliaco. Voir CASTROFORTI (Mabilia de). — uxor Roberti de Vadis, II. 75.

MACERIIS (Petrus de), I. 217.

MAÇON (Guillot le), II. 193. — (Raginaldus le), III. 29.

MACOTUS, furnerius, II. 353.

MADICO (Girardus de), canonicus Carnotensis, II. 200.

MAEROLIS (Paganus de), I. 186.

MAGENARDUS, abbas Sancti-Petri, III. 75. — canonicus Carnotensis, III. 108.

MAGENFREDUS, canonicus Carnotensis, III. 215.

MAGEWARDUS, I. 69.

MAGOBODUS, episcopus Carnotensis, I. 6.

MAGUS (Willelmus), I. 240.

MAHAUT, femme de Charles, comte de Valois. Voir CASTELLIONE (Mathildis de).

MAIGNAC (G. de), canonicus Carnotensis, II. 54.

MAIGNEIO (Hubertus de). Voir VIARIUS (Hubertus). — (Yvo de), II. 119.

MAILLARDE (Laurence la), II. 147.

MAILLY (Catherina de), III. 76.

MAINARDUS, I. 115. — canonicus Carnotensis, III. 129. — episcopus Cenomannensis, I. 82.

MAINGO, I. 88.

MAINGOT (Garnerius), I. 106.

MAINTERNE (Michel), chancelier du Chapitre de Chartres, I. 25.

MAIROLIIS (Milo de), canonicus Carnotensis, III. 21. — (Simon de), II. 74; III. 112.

MAISEIO (Bernardus de), canonicus Carnotensis, III. 115.

MAJORIS (Nicholaus), III. 108.

MALARDUS, episcopus Carnotensis, I. 7, 8, 10, 45.

MALA-TERRA (Roscelinus), I. 148.

MALETI (Willelmus), canonicus Carnotensis, III. 12.

MALLIACO (Buchardus (I) de), II. 65. — (Buchardus (II) de), II. 65, 66, 67. — (Buchardus de), filius Buchardi (II), II. 66. — (Matheus de), II. 65, 67. — (Matheus de), filius Buchardi (II), II. 66. — (Petrus de), II. 66. — (Theobaldus de), II. 66.

MALUS-VICINUS (Guido), I. 252; III. 200. — (Manasserius), I. 252; II. 350; III. 200. — (Petrus), I. 252. — (Robertus), I. 252; II.

113. — (Sansom), decanus Carnotensis, I. 126. — (Willelmus), I. 252.

MAMBEROLIIS (Mauricius de), II. 3.

MANASSERIUS, frater Elemosinæ, Carnotensis, II. 17.

MANASSES, archidiaconus Senonensis, I. 227, 229, 244. — capicerius Sanctæ-Crucis Aurelianensis, I. 173. — comte de Dammartin, I. 87, 88; III. 218. — (II), episcopus Aurelianensis. Voir GALLANDIA (Manasses de).

MANDRES (Jaquelot de), III. 74.

MANDREVILLA (Leodegarius de), II. 140, 141.

MANERIUS, miles, II. 10.

MANEVICINO (Hildegarius de), I. 148.

MANTEL (Nicholaus), III. 88.

MANVILLER (Herveus de), I. 242.

MAQUEREL (Nicholaus), III. 7.

MARC-D'ARGENT (Nicolas), II. 168.

MARCEL (Simon), canonicus Carnotensis, III. 99.

MARCHAIS (Pierre du), II. 166, 167.

MARCHEVILLA (Girardus de), archidiaconus Pissiacensis, II. 381; III. 164. — (Johannes de), archidiaconus Drocensis, II. 368; III. 213.

MARCOMIRUS, I. 4, 43.

MARCOUVILLE (Gilbert de), II. 230.

MARESCHAL (Adam), canonicus Carnotensis, I. 211.

MARGARITA, comitissa Carnotensis. Voir MARGARITA, uxor Galterii de Avesnis. — filia Gaufridi, majoris de Vovis, I. 144. — filia Petri, majoris de Guardees, II. 126. — filia Theobaldi (V), comitis Carnotensis. Voir MARGARITA, uxor Galterii de Avesnis. — sororia Willelmi (III), vicedomini Carnotensis, III. 18. — uxor Avesgoti (II) de Sancto-Prisco, II. 137. — uxor Galterii de Avesnis, I. 206, 207; III. 84. — uxor Garini de Friesia. Voir MELLAIO (Margarita de). — uxor Gervasii de Castro-Novo. Voir DONZY (Marguerite de). — uxor Hugonis (III) de Boeleto-Terrici. Voir TRIE (Marguerite de). — uxor Johannis Benedicti, II. 408; III. 211. — uxor Johannis Symi, III. 62. — uxor Ludovici, comitis Ebroicensis. Voir ARRAS (Marguerite d'). — uxor Ludovici (IX), regis Franciæ. Voir PROVENCE (Marguerite de). — uxor Michaelis Saugier, III. 134. — uxor Philippi de Alena, III. 4. — uxor Willelmi (II) Aguillon, II. 69.

MARGUARITE (Carolus), II. 263.

MARGUERITE, femme de Charles, comte de Valois, II. 259, 260. — femme de Jacques le Prévost, II. 228.

MARIA, comitissa Campaniæ, III. 55. — mater Agathes de Aurelianis, III. 108. — mater Bobonis, cantoris Carnotensis, II. 359; III. 211. — mater Simonis de Beroto, III. 48. — regina Siciliæ, I. 30. — soror Mathei, majoris de Perroto, II. 98. — uxor Caroli (II), comitis de Alenconio. Voir HISPANIA (Maria de). — uxor Caroli, comitis Stamparum. Voir HISPANIA (Maria de). — uxor Galterii de Frescoto, III. 83. — uxor Garnerii Rufi, I. 173. — uxor Gaufridi Gode. Voir FRESCOTO (Maria de). — uxor Gisleberti Decani, III. 18. — uxor Henrici (I), comitis Campaniæ. Voir MARIA, comitissa Campaniæ. — uxor Hugonis de Castellione. Voir AVESNIS (Maria de), comitissa Carnotensis. — uxor Johannis (III), comitis Vindocinensis. Voir CASTELLIONE (Maria de). — uxor Johannis de Senonchiis, III. 36. — uxor Philippi (III), regis Franciæ. Voir BREBENCIA (Maria de). — uxor Stephani Chaillou, III. 82. — uxor Willelmi de Monte-Duplici. Voir CHARBONNIÈRE (Marie de). — uxor Yvonis (III) de Curbavilla. Voir VENDÔME (Marie de). — Magdalena, I. 41.

MARIE, femme de Claude de Moulins. Voir ROCHECHOUART (Marie de). — femme d'Eudes de Salary, I. 257. — femme d'Eudes le

Saunier, II. 103. — femme de Henri, comte de Vaudemont. Voir LUXEMBOURG (Marie de). — femme de Mathieu d'Alsace. Voir BOULOGNE (Marie de).

MARIETTE (Petrus), canonicus Carnotensis, III. 116.

MARKA (Erardus de), episcopus Carnotensis, I. 36.

MARLINUS, I. 70.

MAROTA, uxor Petri de Boyvilla, III. 112.

MAROTTE (Agnès la), II. 321.

MARREGNY (Engolrandus de), I. 26.

MARSEILLE (Foulques de), évêque de Toulouse, III. 139.

MARTHA, uxor Milonis de Chavernaio, II. 31.

MARTINE (Odeline la), II. 322.

MARTINI (Henricus), II. 322. — (Lorinus), II. 322. — (Petrus), carnifex, II. 134, 143.

MARTINUS, carpentarius, III. 211. — cellararius Magdalenæ Castridunensis, II. 76. — episcopus Carnotensis, I. 3. — (IV), papa, I. 24, 25, 208; II. 226.

MARTISVILLA (Raimbaldus de), I. 202.

MARVILLERII (Albertus), I. 92.

MASCHERAINVILLE (Geoffroy de), II. 185. — (Gohier de), II. 185.

MASOIER (Philippus), III. 19.

MATHEUS, cambitor, I. 210. — camerarius regis, I. 105, 151, 227. — canonicus Carnotensis, III. 1. — constabularius regis. Voir MONTEMORENCIACO (Matheus de). — diaconus, I. 148. — episcopus Albanensis, I. 132. — episcopus Andegavensis. Voir LOUDUN (Mathieu de), évêque d'Angers. — episcopus Carnotensis. Voir CAMPIS (Matheus de). — filius Stephani, majoris de Campo-Seruco, I. 138; II. 63. — major de Masengeio, II. 51. — major de Perroto, II. 98, 139. — subdecanus Carnotensis, II. 126, 129, 131, 133.

MATHIAS, archidiaconus, I. 180.

MATHIEU (Florentius), canonicus Carnotensis, III. 102.

MATHILDE, femme d'Hervé (III) de Donzy. Voir GOET (Mathilde). — femme d'Hervé, comte de Nevers. Voir COURTENAY (Mathilde de). — femme de Hugues de Gallardon et de Bouchard de Marly. Voir GALLANDIA (Mathildis de).

MATHILDIS, comitissa Perticensis. Voir MATHILDIS, uxor Rotrodi (III), comitis de Pertico. — filia Aalis, II. 83. — filia Hersendis de Villare, I. 149. — filia Theobaldi (IV), comitis Carnotensis. Voir MATHILDIS, uxor Rotrodi (III), comitis de Pertico. — monacha de Sancto-Avito, I. 149. — uxor Buchardi (II) de Malliaco. Voir CASTROFORTI (Mathildis de). — uxor Gaufridi (III), comitis de Pertico, et Ingelranni (III) de Cociaco. Voir SAXE (Mathilde de). — uxor Henrici (I), regis Angliæ. Voir ECOSSE (Mathilde d'). — uxor Herberti, fratris Gaufridi, majoris de Vovis, I. 144. — uxor Lucæ de Guillonvilla, II. 193. — uxor Odonis, comitis Nivernensis. Voir NEVERS (Mahaut (II) de). — uxor Ricardi de Bellomonte. Voir AMBOISE (Mathilde d'). — uxor Rotrodi (III), comitis de Pertico, I. 222; II. 21, 22, 294, 389; III. 10. — uxor Simonis de Huxo, II. 116. — uxor Theobaldi (IV), comitis Carnotensis. Voir CARINTHIE (Mathilde de).

MATINGUS (Guillaume). Voir WILLELMUS, cardinalis Sancti-Petri-ad-Vincula.

MAUCLERC (Pierre), II. 128.

MAUGARS (Johannes), canonicus Carnotensis, III. 220.

MAULIA (Willelmus de), canonicus Carnotensis, II. 167; III. 12, 126.

MAUNY (Anselme de), évêque de Laon, III. 138.

MAUPIN (Simon). Voir MAIROLIIS (Simon de).

MAURICII (Michael), III. 192.

MAURITANIA (Radulphus de), I. 218.

MAUVALDUS, carpentarius, III. 112.

MAXIMINUS, I. 41.

MAYE (Simon le), episcopus Carnotensis, I. 28.

MAYNULPHUS, episcopus Carnotensis, I. 6.

MEDÈNE (Geoffroy de), II. 20.

MEDI (Michael), II. 37; III. 27.

MÉDICIS (Marie de), II. 200.

MEDIOLANO (Conradus de), canonicus Carnotensis, II. 199; III, 191.

MEDONTA (Radulphus de), capicerius Carnotensis, II. 199, 271; III. 48.

MEGEWARDUS, I. 69.

MELEDUNO (Johannes de), episcopus Pictaviensis, III. 172. — (Ludovicus de), canonicus Carnotensis, II. 271.

MELENTHO. I. 36.

MELIOR, legatus papæ, I. 15, 226; II. 281.

MELLAIO (Aymericus de), II. 150. — (Beatrix de), I. 147, 149. — (Comitissa de), I. 146. — (Fulcherius (I) de), I. 91; III. 150, 222. — (Fulcherius (II) de), I. 91, 94, 148; III. 150. — (Fulcherius de), canonicus Carnotensis, II. 33. — (Gaufridus de), II. 149, 197. — (Hamelinus de), I. 147, 148. — (Hersendis de), I. 149. — (Hugo de), I. 50. — (Margarita de), I. 225. — (Matheus de), vicedominus Carnotensis, II. 149, 151, 167; III. 193. — (Nivelo (I) de), I. 91, 94, 146, 256; III. 150, 222. — (Nivelo (II) de), I. 147, 148. — (Nivelo (III) de), II. 33. — (Nivelo (IV) de), II. 24, 33. — (Philippus de), I. 147, 148, 150. — (Pollinus de), II. 121. — (Raginaldus de), I. 147, 148. — (Ursio de), I. 133, 146, 147, 148, 149, 215, 225; II. 33, 120. — (Willelmus de), II. 149, 150, 151.

MELLENTO (Albereda de), I. 167. — (Robertus (III) de), I. 167.

MELLO (Gui de), évêque d'Auxerre, II. 158, 160, 161.

MÉNAGE (Jean), II. 147.

MENART (Johannes), II. 363. — (Robinus), II. 353.

MENERII (Petrus), canonicus Carnotensis, III. 108. — (Willelmus), I. 142; II. 36, 37.

MENNONVILLA (Balduinus de), III. 180.

MENOU (Simon de), II. 117.

MENTON (Willelmus), II. 348.

MERAINVILLA (Petrus de), III. 164.

MERCATO (Aalis de), II. 405.

MERESVILLA (Goslinus de), I. 152. — (Guido de), I. 108. — (Ursio de), camerarius regis, II. 47.

MERLAIO (Burgundio de), I. 148. — (Girardus de), I. 148.

MEROVEUS, rex Francorum, I. 5, 43.

MERULIS (Dionisius de), II. 307.

MESCHINE (Gaufridus), II. 308.

MESFOLET (Guiotus de), III. 217.

MESIO (Robertus de), II. 3.

MESMILON (Willelmus de), II. 22.

MESNAGIER (Philippus), II. 353.

MESNILIO (Catherina de), II. 87. — (Guido de), canonicus Carnotensis, II. 200, 208. — (Willelmus de), canonicus Carnotensis, III. 208.

MESOT (Guillotus), II. 327.

MESSALANT (Raginaldus de), III. 173.

MESTENONE (Amauricus (I) de), I. 108, 133. — (Amauricus de), II. 122. — (Milo de), I. 180, 187, 211.

MESTRE (Radulphus le), II. 407.

MEZ (Andreas de), III. 97. — (Aubertus de), canonicus Carnotensis, II. 404; III. 97.

MICHAEL, archiepiscopus Senonensis. Voir CORBOLIO (Michael de). — filius Stephani, majoris de Orerio, II. 145. — major de Rebolin, I. 262, 263.

MICHEAU (Gilotus), II. 305.

MICHEL (Guillaume), II. 228.

MIDY (Simon), II. 415.

MIGNART (Johannes). Voir PETIT (Johannes).

MIGNERIIS (Johannes de), canonicus Carnotensis, II. 154, 428; III. 70, 134. — (Stephanus de), II. 154.

MILARDUS, pelliparius, I. 142.

MILES (Arnulphus), III. 69.

MILESENDIS, mater Johannis, canonici, III. 35. — soror Mathei, majoris de Perroto, II. 98. — uxor Girardi de Guastela, III. 128.

MILETI (Johannes), episcopus Suessionensis, III. 103, 193.

MILLECOT (Guillotus), III. 16.

MILLIA (Philippus de), III. 210.

MILLIACO (Guido de), canonicus Carnotensis, II. 378; III. 74, 120. — (Johannes de), canonicus Carnotensis, II. 186, 388, 406; III. 121. — (Philippus de), subdecanus Carnotensis, II. 164; III. 140. — (Robertus de), III. 21, 74. — (Willelmus de), II. 115.

MILLON (Ricardus), II. 332; III. 206.

MILO, archidiaconus, I. 103, 155, 180, 183, 191, 207, 239; II. 82, 103, 289, 290, 316, 346, 418, 426; III. 104. — capicerius Carnotensis. Voir CAMPIS (Milo de). — clericus decani de Alneolo, II. 10. — (I), episcopus Belvacensis. Voir CHATILLON (Miles de), évêque de Beauvais. — filius Stephani, majoris de Orerio, II. 145. — præpositus, III. 91. — presbiter Sancti-Johannis-de-Cripta, III. 115. — presbiter de Villasio, I. 146;

168. — subdiaconus. Voir MESTENONE (Milo de).

MILOTE (Aubertus), II. 329. — (Georgius), II. 329. — (Johanna), II. 329.

MINCIACO (Berthaudus de), canonicus Carnotensis, III. 19. — (Johannes de), canonicus Carnotensis, II. 326, 426; III. 45. — (Nicholaus de), canonicus Carnotensis, II. 199. — (Petrus de), archidiaconus Blesensis, I. 220; II. 199, 407; III. 56. — (Petrus de), episcopus Carnotensis, II. 133, 179, 180, 186, 193, 300, 427; III. 76.

MINTTEIO (Willelmus de), II. 199.

MIRON (Charles), évêque d'Angers, II. 200.

MODESTA, filia Quirini, I. 41.

MOLENDINIS (Johannes de), castellanus Carnotensis, II. 186.

MOLINET (Raginaldus), canonicus Carnotensis, III. 128.

MONACHUS (Girardus), II. 320. — (Theobaldus), episcopus Carnotensis, I. 35.

MONASTERIIS (Gaufridus de), major de Trisiaco, I. 145. — (Johannes de), II. 117, 118. — (Villanus de), I. 145.

MONCAL (Herbertus de), II. 228.

MONCELLIS (Willelmus de), archidiaconus Drocensis, II. 184, 232, 363.

MONCIACO (Bartholomeus de), camerarius Carnotensis, II. 134, 145, 311, 312, 324, 325, 365; III. 161, 222. — (Petrus de), III. 222.

MONCIONE (Henricus (I) de), I. 223; III. 143. — (Raginaldus (II) de), I. 223; III. 143, 151. — (Raginaldus de), archidiaconus Blesensis, II. 186, 304, 327. — (Raginaldus de), episcopus Carnotensis, I. 15, 21, 48, 101, 189, 203, 204, 211, 212, 213, 215, 216, 218, 220, 223, 224, 225, 226, 231, 250, 251, 252, 257, 260, 261, 262; II. 9, 11, 12, 14, 17, 21, 22, 25, 26, 31, 34, 35, 37, 39, 40, 41, 45, 48, 49, 50, 52, 53, 61, 62, 69,

70, 71, 72, 74, 78, 83, 103, 225, 281, 329; III. 9, 39, 92, 143, 151, 170, 177, 218.

MONEIO (Robertus de), I. 187; III. 86.

MONETA (Hugo de), præpositus Novigenti, I. 211, 240. — (Robertus de), succentor Carnotensis, I. 155, 164, 168, 196, 233; III. 89, 140.

MONGASSON (Colinus de), III. 196.

MONGEVEN (Herbertus de), I. 148.

MONGUILLON (Willelmus de), canonicus Carnotensis, III. 99.

MONOS (Gislebertus), II. 23.

MONSELLI (Johannes), III. 94. — (Petrus), III. 94.

MONTDIDIER (Hilduin (II) de), I. 87. — (Hilduin (III) de), I. 88; III. 218. — (Hilduin (IV) de), I. 88. — (Isabelle de), I. 88. — (Manassès de). Voir MANASSÈS, comte de Dammartin. — (Manassès de), fils d'Hilduin (III), I. 88. — (Raginaldus de), ballivus Carnotensis, II. 230.

MONTE (Gervasius de), I. 107.

MONTEACUTO (Johannes de), episcopus Carnotensis, I. 31, 32, 64; II. 276.

MONTE-DUPLICI (Willelmus de), clericus, II. 198, 228.

MONTEFORTI (Amauricus (II) de), I. 88. — (Amauricus (III) de), I. 133. — (Amauricus (IV) de), I. 133. — (Amauricus (V) de), I. 133. — (Amauricus (VI) de), II. 110; III. 139. — (Bertrada de), I. 197. — (Peronella de), II. 74. — (Simon (II) de), III. 185. — (Simon (III) de), I. 186, 197; II. 35, 61, 74; III. 173. — (Simon (IV) de), II. 36, 61, 65, 86, 110; III. 173. — (Simon de), comes de Clara, I. 197.

MONTE-GUILLONNI (Willelmus de), canonicus Carnotensis, II. 357.

MONTE-LETHERICO (Guido de), I. 88. — (Johannes de), canonicus Carnotensis, II. 145,

380. — (Nicholaus de), canonicus Carnotensis, II. 377, 380, 396; III. 53. — (Simon de), præpositus de Auversio, II. 46, 345; III. 13, 183.

MONTE-MAURI (Johannes de), camerarius Carnotensis, II. 200.

MONTE-MIRABILI (Adam de), capicerius Carnotensis, I. 211, 244; III. 59, 92. — (Galcherius de), I. 106. — (Hugo de), præpositus de Amilliaco, I. 187, 211, 219, 232, 234, 235, 243; II. 24. — (Raginaldus de), II. 43, 44, 371; III. 92. — (Willelmus de), canonicus Sancti-Mauricii, I. 255.

MONTEMORENCIACO (Aalis de), II. 110. — (Burcardus (III) de), I. 88. — (Matheus de), I. 105, 151.

MONTE-PIPELLO (Amauricus de). Voir PAGANUS (Amauricus), canonicus Carnotensis.

MONTE-TYRELLI (Johannes de), III. 6.

MONTGOMMERY (Mabile de), III. 126.

MONTIBUS (Philippus de), II. 198.

MONTICIIS (Harduinus de), I. 218.

MONTINIACO (Hugo de), I. 182, 184; II. 175. — (Johannes de), I. 184; II. 175. — (Johannes de), archidiaconus Drocensis, II. 200. — (Odo (I) de), I. 182. — (Odo (II) de), I. 182, 184. — (Raherius de), I. 182, 183, 184. — (Raherius de), filius Raherii, I. 182, 183, 184.

MONTORIO (Agnes de), II. 85. — (Johannes de), II. 85. — (Johannes de), filius Johannis, II. 85.

MONTPELLIER (Gui de), II. 11. — (Guillaume (VII) de), II. 11.

MONULFUS, episcopus Trajectensis, I. 9.

MORA (Albert de). Voir GREGORIUS (VIII), papa.

MORANDUS, canonicus Carnotensis, III. 172. — levita, I. 85.

MORARDI (Garinus), I. 145.

MORARDUS, III. 204.

MORDENS (Gaufridus), II. 17, 18. — (Girardus), canonicus Carnotensis, II. 25, 153, 338, 378, 379, 380, 396, 429; III. 5, 79. — (Hubertus), I. 146; II. 18. — (Willelmus), II. 18.

MORE (Aymericus), II. 55.

MOREAU (Girardus), III. 107.

MOREHER (Elisabeth), II. 113. — (Galterius), II. 291. — (Garnerius), II. 32, 39, 46, 113, 131; III. 40, 137, 138. — (Garnerius), canonicus Carnotensis, II. 39, 332, 346. — (Helissendis), II. 113. — (Johannes), II. 39. — (Philippus), canonicus Carnotensis, II. 32, 39, 40, 46, 47, 49, 108, 113, 291, 346, 349, 393; III. 40, 42, 137, 138. — (Thecla), II. 113. — (Willelmus), I. 252; II. 39; III. 52, 186.

MOREL (Hugo), II. 67.

MORELLE (Macota la), II. 382.

MORELLI (Simon), II. 384. — (Willelmus), III. 119.

MORELLUS, clericus chori Carnotensis, II. 48. — tonellarius, I. 237, 239, 240, 241, 242.

MORICOTTI (Henri). Voir HENRICUS, cardinalis Sanctorum-Nerei-et-Achillei.

MORISEAU (Guillotus), II. 342. — (Robinus), II. 342.

MORVILER (Garinus de), II. 80.

MORVILLA (Gunherius de), I. 133. — (Hugo de), III. 143. — (Willelmus de), I. 133, 148.

MORVILLE (Hugues de), évêque de Coutances, III. 138.

MOSTIER (Blavet du), II. 379. — (Leobinus), II. 379.

MOTA (Gaillardus de), II. 232; III. 11, 22.

MOTETI (Willelmus), vitrarius, III. 107.

MOULINS (Claude des), II. 203. — (Michael des), subdecanus Carnotensis, III. 142. — (Philippe des), évêque de Noyon, III. 68. — (Renaud des), évêque de Nevers, II. 12; III. 68. — (Roger des), grand-maître de l'Hôpital, I. 212.

MOURETHAN (Robertus de), III. 172.

MOUSCHARD (Robertus), major de Chevarderia, III. 52, 112.

MOUTONNERIA (Odo de), canonicus Carnotensis, II. 199, 366, 385, 416; III. 134, 155.

MOY (Johannes de), præpositus Sancti-Vedasti, I. 31.

MOYSANZ (Galterius), I. 149.

MOYSES, subdiaconus Romanus, I. 192.

MULART (Johannes), III. 21. — (Willelmus), II. 377.

MUNEVILLA (Gaufridus de), canonicus Rothomagensis, I. 198.

MUNGERVILLA (Paganus de), I. 115.

MUNIS (Johannes de), III. 193.

MURETO (Henricus de), I. 243. — (Hilduinus de), I. 243. — (Osmundus de), III. 97. — (Savericus de), II. 33, 42.

MURTONS (Rogerius de), II. 303.

N

NAMANT (Jean), I. 261.

NANTEUIL (Raoul de), I. 88. — (Thibaut de), chanoine de Chartres, I. 101; II. 327, 362; III. 73.

NARBONA (Willelmus de), decanus Carnotensis, III. 102, 162, 185.

NARCESIO (Armandus de), archiepiscopus Acquensis, III. 110.

NASART (Willelmus), II. 366.

NEALPHA (Gaufridus de), I. 252. — (Guido de), decanus Sancti-Martini Turonensis, II. 182.

NEMORE (Gilo de), præpositus de Normannia, II. 340; III. 146.

NEMOURS (Gautier de), II. 227.— (Pierre de), évêque de Paris, II. 77.

NERON (Ysavia de), II. 38.

NEUFVILLE (Ferdinand de), évêque de Chartres, II. 50, 53, 114.

NEUVY (Mathieu de), curé d'Ymonville, II. 148.

NEVERS (Mahaut (II) de), II. 184. — (Renaud de), évêque de Nevers, III. 138.

NEVEU (Stephanus), canonicus Carnotensis, I. 210; III. 32.

NEYMER (Arnoul), II. 147.

NICHOLAA, uxor Stephani Coulon, III. 43.

NICHOLAUS, camerarius Raginaldi, episcopi Carnotensis, II. 10. — decanus Cenomannensis, II. 3. — episcopus Abrincensis. Voir LUSARCHIIS (Nicholaus de). — episcopus Noviomensis. Voir ROIA (Nicholaus de). — episcopus Trecensis, II. 158, 160, 161. — filius Manerii, militis, II. 10. — major Sancti-Petri, III. 60. — marescallus, II. 26. — monetarius, I. 207. — (III), papa, I. 208; II. 203. — physicus, III. 50. — præpositus de Auversio. Voir LUSARCHIIS (Nicholaus de), episcopus Abrincensis. — prior Prædicatorum Carnotensium, II. 125. — subdiaconus, I. 180, 184.

NICOCHET (Johannes de), III. 193. — (Stephanus de), II. 128.

NICOLE (Girardus), II. 361.

NIGAUT (Johannes), III. 207.

NIVELO, diaconus, I. 180. — maritus Mariæ de Burgo-Guarini, II. 76.

NOA (Hubertus de), II. 64.

NOAILLES (Louis, duc de), I. 70, 185; II. 11, 46.

NOBILIS (Henricus), canonicus Carnotensis, III. 144. — (Johannes), II. 169.

NOEL (Michael), III. 57. — (Simon), II. 307.

NOERIIS (Johannes de), II. 406; III. 193. — (Milo de), II. 111.

NOGENTO (Garinus de), I. 261; II. 23, 49. — (Gervasius de), I. 261; II. 23. — (Gileta de), II. 23. — (Herveus de), I. 261; II. 22, 23. — (Ledgardis de), II. 23. — (Maria de), II. 23. — (Martha de), II. 23. — (Nicholaus de), II. 23. — (Philippa de), II. 23. — (Robertus de), I. 261; II. 10, 23. — (Sibilla de), II. 23. — (Willelmus de), I. 152.

NOIR (Robert le), I. 184.

NOLIN (Johannes), canonicus Carnotensis, III. 28.

NORDOARDUS, episcopus Redonensis, I. 82, 84.

NORMANNUS, notarius Romanus, I. 170.

NORMANNUS (Andreas), II. 366. — (Gaufridus), II. 366. — (Guiotus), II. 356. — (Jaquetus), II. 364. — (Johannes), I. 187. — (Petrus), III. 193. — (Ricardus), II. 67. — (Willelmus), I. 243; III. 44.

NORRI (Tenotus), II. 382.

NOVA-CURIA (Petrus de), subdecanus Carnotensis, III. 208.

NOVAVILLA (Willelmus de), archidiaconus Blesensis, II. 198, 199, 228, 360, 363, 392.

NOVIACO (Willelmus de), canonicus Carnotensis, II. 199, 294, 373, 395; III. 163, 176.

NOVION (Raginaldus de). Voir MONTDIDIER (Raginaldus de).

NOVO-BURGO (Raginaldus de), canonicus Rothomagensis, I. 198. — (Robertus de), canonicus Ebroicensis, I. 166. — (Robertus de), decanus Rothomagensis, I. 198.

NULLIACO (Philippus de), subdecanus Carnotensis, II. 324.

O

OCTAVIANUS, episcopus Ostiensis, I. 192; II. 12.

ODA, uxor Arnaldi, vicedomini Carnotensis, III. 158.

ODELINA, mater Willelmi (II) de Carnoto, II. 168. — soror Michaelis, majoris de Rebolin, I. 262. — uxor Henrici (I) de Truncheio, II. 148. — uxor Mathei Denise, III. 151. — uxor Mauricii de Andevilla, II. 135. — uxor Milonis, filii Stephani, majoris de Orerio, II. 145. — uxor Roberti de Carnoto, II. 29.

ODENEHAM (Arnulphus de), marescallus regis, II. 200.

ODILA, matrona, III. 189. — uxor Teduini, III. 41.

ODILERIUS, canonicus Carnotensis, III. 191.

ODO, abbas de Fontanis, I. 129. — abbas Magdalenæ Castridunensis, II. 75. — abbas Majoris-Monasterii, I. 134, 141, 142. — archidiaconus, I. 103, 115, 118. — buclarius, I. 123. — canonicus Carnotensis, nepos Theobaldi (III), comitis Carnotensis, I. 91; III. 61. — canonicus Sancti-Mauricii Turonensis, II. 73. — cardinalis Sancti-Nicholai-in-Carcere-Tulliano, I. 171. — clericus, III. 17. — (I), comes Carnotensis, I. 47, 55, 82, 84; III. 86, 150, 154, 156. — (II), comes Carnotensis, I. 90, 91, 95, 96; III. 23, 209. — comes Nivernensis, II. 184. — diaconus, II. 3. — dux Burgundiæ, I. 76, 82. — episcopus Carnotensis, I. 2, 13, 47, 48, 53, 71, 82, 84; III. 74, 129, 160. — filius Henrici-Stephani, comitis Carnotensis, I. 106; III. 3. — filius Theobaldi (III), comitis Carnotensis, I. 95. — frater Henrici (I), regis Franciæ, I. 91. — levita, II. 318, 404. — major Novigenti-Fisci, I. 148. — nepos Walonis, III. 156. — præcentor Carnotensis, III. 155. — præpositus de Fontaneto, I. 155, 168; II. 116. — presbiter, I. 164, 168.

— quadrigarius, II. 293, 294, 408. — rex Francorum, I. 73, 74.

ODOLRICUS, cellararius Columbensis, II. 128. — miles, III. 221.

OFFUNVILLA (Beroldus de), I. 145.

OGERI (Petrus), II. 382.

OISIACO (Johannes de), I. 206.

OLFARDUS, I. 69.

OPTATUS, episcopus Carnotensis, I. 3. — évêque d'Antibes, I. 67.

OQUIS (Garnerius de), canonicus Carnotensis, II. 153, 379; III. 62, 118, 172.

ORCHESIA (Willelmus de), I. 134.

ORDONE (Willelmus de), canonicus Carnotensis, II. 199.

ORFIN (Radulphus de), I. 185.

ORREVILLA (Gaufridus de), canonicus Carnotensis, I. 174; II. 79, 87, 168, 428; III. 120, 146, 190. — (Gaufridus de), miles, II. 168. — (Goslenus de), præcentor Carnotensis, I. 226; II. 32, 54, 90, 294; III. 9, 120, 124, 146. — (Mathildis de), III. 29. — (Raginaldus (I) de), I. 230; II. 32. — (Raginaldus (II) de), I. 174, 230; II. 32, 196, 197. — (Robertus de), II. 32, 414, 416, 427; III. 136.

ORTEYO (Hugo de), I. 107.

OSBERTUS, canonicus Carnotensis, III. 185.

OSBRENA, uxor Vutardi, I. 69.

OSCULANS-DEMONIUM (Guerricus), I. 152.

OSEMIO (Petrus de), I. 170.

OSENNA, mater Galterii de Vico-Vassellorum, III. 63.

OSENVILLA (Garinus de), II. 32.

OSMUNDI (Robertus), canonicus Rothomagensis, I. 198.

OSTILLEIO (Willelmus de), I. 198.

OSULFUS, diaconus, III. 25.

OTRANNUS, III. 206.

OTTO, cardinalis Sancti-Georgii, I. 141. — imperator, I. 13.

OUDINEAU (Bonaventure), chanoine de Chartres, III. 30. — (Jacobus), archidiaconus Pissiacensis, III. 30. — (Julianus), archidiaconus Carnotensis, III. 30.

OUSCORT (Theobaldus), canonicus Carnotensis, II. 338; III. 99.

P

PABUERIUS, carpentarius, II. 146.

PAGANELLUS (Fulco), I. 197. — (Gervasius), I. 197.

PAGANI (Johannes), III. 187.

PAGANUS, archidiaconus, I. 145, 168. — camerarius Majoris-Monasterii, I. 134. — capicerius Sancti-Mauricii, II. 42. — diaconus, I. 142. — filius Durandi, I. 107. — filius Gaufridi, vicecomitis Dunensis, I. 128. — major, I. 134, 142.

PAGANUS (Amauricus), canonicus Carnotensis, III. 74, 82, 116. — (Arnulphus), præpositus de Auvers, III. 179. — (Gaufridus) III. 74.

PAJOT (Robertus), I. 183.

PALLADIUS, episcopus Carnotensis, I. 5. — episcopus Santonensis, I. 67.

PALMA (Hugo de), canonicus Carnotensis, II. 360; III. 205.

PALUELLO (Petrus de), canonicus Carnotensis, II. 100; III. 104. — (Simon de), canonicus Carnotensis, I. 25.

PANDULFUS, cardinalis Basilicæ-XII-Apostolorum, I. 192. — episcopus Norvicensis, III. 138.

PAPI (Cinthio). Voir CHINCHIUS, cardinalis Sancti-Adriani.

PAPULUS, episcopus Carnotensis, I. 8, 67. — episcopus Lingonensis, I. 67.

PARE (Raginaldus), II. 411; III. 154.

PAREDO (Radulphus de), cantor Meldensis, III. 42.

PARENT (Leodegarius), II. 154, 155.

PARIS (Jean de), secrétaire du comte de Dunois, II. 205.

PARISIUS (Matheus de), II. 3. — (Sibilla de), III. 80. — (Theodo de), III. 3.

PARMENTIER (Jacques), II. 169.

PARVUS (Galterius), II. 74.

PASCARIUS, I. 70.

PASCHALIS (II), papa, I. 16, 17, 48, 103, 107, 108, 109, 110, 111, 112, 113, 114, 115, 120, 121, 122, 124, 125, 129, 131, 136, 140, 155.

PASSAVANT (Guillaume de), évêque du Mans, I. 166.

PASSEMER (Raymond), II. 168. — (Roger), II. 168.

PASTÉ (Gilles), évêque d'Orléans, II. 144, 199, 301, 403; III. 167. — (Johannes), episcopus Carnotensis, I. 27; III. 72, 101, 207.

PATAICO (Godefridus de), I. 149.

PATEIO (Petrus de), II. 32.

PATRAS (Theobaldus), I. 240.

PEIGNÉ (Claude-Jacques), chanoine de Chartres, I. 190.

PELET (Geoffroy), II. 105.

PELLIPARIUS (Arnulphus), II. 178. — (Johannes), carnifex, II. 143.

PEPIN (Johannes), III. 207.

PERCHE (Gilles de), évêque d'Evreux, I. 166.

PERDRIAU (Guillotus), II. 319. — (Johannes), III. 119.

PERI (Guismondus), archidiaconus Drocensis, I. 180, 233, 243, 261; II. 32, 67, 89, 294, 406, 409; III. 12, 23, 68, 79, 81, 140, 152, 160, 192.

PÉRONELLE, femme de Barthélemy de Roye. Voir MONTEFORTI (Peronella de).

PERRERII (Johannes), III. 107. — (Martinus), II. 198. — (Radulphus), II. 198. — (Stephanus), II. 198.

PERRIN (Robert de), II. 218.

PERRINUS, carpentarius, II. 322.

PERROTUS, faber, II. 302.

PERRUCHEYO (Simon de), episcopus Carnotensis, I. 24, 25; II. 225; III. 195.

PERSONNEYO (Guido de), canonicus Carnotensis, III. 156.

PERTHICO (Gaufridus de), II. 421. — (Stephanus de). Voir STEPHANUS, filius Rotrodi (III), comitis Perticensis.

PESCAUT (Bartholomeus), II. 304.

PESEYO (Natalis de), III. 69, 71.

PETIT (Johannes), III. 26, 224.

PETITUS, I. 69.

PETRA-FONTIS (Johannes de), II. 32; III. 140.

PETRESIDA, I. 72.

PETRIS (Odo de), canonicus Carnotensis, III. 85.

PETRONILLA, filia Willelmi de Thoriaco, II. 148. — uxor Andreæ de Belsia, II. 134. — uxor Milonis (III) de Putheolo. Voir BARRO (Petronilla de). — uxor Theobaldi de Blesis, III. 120.

PETRUS, abbas Sancti-Johannis-in-Valleia. Voir PETRUS, episcopus Tusculanus. — archidiaconus, I. 211. — (I), archiepiscopus Remensis. Voir BARBET (Petrus de). — (II), archiepiscopus Senonensis. Voir CORBOLIO (Petrus de). — armiger, II. 3. — capellanus Roberti (II), comitis Drocensis, I. 217. — capellanus Sodobrii, I. 218. — cardinalis Sanctæ-Ceciliæ, I. 192. — cardinalis Sancti-Laurencii-in-Damaso, I. 192. — cardinalis Sancti-Marcelli. Voir GAPOUE (Pierre de). — cardinalis Sancti-Petri-ad-Vincula, I. 192. — clericus Amaurici, præcentoris Carnotensis, I. 186. — comes de Alenconio, II. 80; III. 14, 31. — comes Belli-Fortis. Voir GREGORIUS (XI), papa. — comes Vindocinensis, II. 138, 139. — decanus Cenomannensis, II. 182. — episcopus Atrebatensis. Voir CAPPIS (Petrus de), episcopus Carnotensis. — (I), episcopus Augustodunensis. Voir BERTRANDUS (Petrus). — (I), episcopus Carnotensis. Voir CELLIS (Petrus de). — (II), episcopus Carnotensis. Voir MINCIATO (Petrus de). — (III), episcopus Carnotensis. Voir CAPPIS (Petrus de). — (III), episcopus Meldensis. Voir CUISI (Petrus de). — (II), episcopus Parisiensis. Voir NEMOURS (Pierre de), évêque de Paris. — episcopus Tusculanus, III. 146. — famulus Majoris-Monasterii, I. 134. — filius Ludovici (IX), regis Franciæ, II. 231. — frater Prædicator, II. 125. — major Columbarum, II. 154. — major de Daulomonte, II. 133; III. 73. — major de Guardees, II. 126. — notarius episcopi Carnotensis, II. 164. — presbiter, I. 142, 180. — sacristes Carnotensis, III. 13. — Blesensis, canonicus Carnotensis, I. 207; III. 215.

PEURIER (Robinus le), II. 332.

PHARAMONDUS, rex Francorum, I. 4, 42, 43, 44, 55.

PHILIPPAI, III. 204. — uxor Évrardi de Brene, III. 70. — uxor Roberti de Nogento, I. 261 ; II. 23.

PHILIPPUS (I), abbas Sanctæ-Mariæ Blesensis, T. 207. — archidiaconus Dunensis, II. 76. — archidiaconus Pissiacensis, I. 243; II. 32. — archiepiscopus Vienhensis, I. 67. — canonicus Carnotensis, T. 103. — cellararius Sancti-Mauricii Turonensis, II. 73. — conversus, III. 83, — (I), dux Aurelianensis, III, 26, 113. — (II), dux Aurelianensis, III. 26. — dux Burgundiæ, III. 62. — (I), episcopus Aurelianensis. Voir JOUY (Philippe de). — episcopus Baiocensis. Voir HARCOURT (Philippe de). — (I), episcopus Belvacensis. Voir DROCIS (Philippus de). — episcopus Ebroicensis. Voir MOULINS (Philippe des) évêque de Noyon. — (I), episcopus Nannetensis. Voir BEC (Philippe du), évêque de Nantes. — episcopus Noviomensis. Voir MOULINS (Philippe des), évêque de Noyon. — filius Ludovici (VII), regis Franciæ, I. 18, 135, 136; III. 28. — filius Philippi (II), regis Franciæ, III. 139. — filius Stephani, majoris de Campo-Seruco, I. 138. — filius Theobaldi (V), comitis Carnotensis, II. 15. — major de Masengeyo, II. 85. — officialis Senonensis, II. 64. — (I), rex Franciæ, I. 16, 17, 96, 105, 125. — (II), rex Franciæ, I. 20, 21, 22, 48, 99, 172, 227, 247, 252; II. 25, 26, 36, 51, 58, 59, 60, 63, 66, 95, 110, 138, 330; III. 138, 139, 153, 169. — (III), rex Franciæ, I. 23, 24, 136; II. 168, 183, 188, 200, 203, 257; III. 18, 57, 157. — (IV), rex Franciæ, I. 24, 25, 134; II. 195, 227, 246, 248, 261, 271; III. 57, 156. — (V), rex Franciæ, I. 26, 75; II. 169. — (VI), rex Franciæ, I. 27; III. 72, 157. — rex Navarræ, III. 158. — subdecanus Carnotensis, III. 153.

PIART (Ansold), II. 135. — (Houdouin), II. 135.

PIATIVILLARI (Garinus de), I. 107. — (Robertus de), II. 130; III. 99. — (Stephanus de), II. 117. — (Theobaldus de), II. 130, 415.

PIATUS, I. 59, 65.

PICHARD (Geoffroy), châtelain de Blois, I. 184; II. 311.

PICHE (Leobinus), III. 73.

PICHEEUR (Johannes), II. 380.

PICTAVIA (Carolus de), III. 125. — (Willelmus de), archidiaconus Pissiacensis, III. 125.

PICTORIS (Ricardus), III. 3.

PIDOE (Johannes), III. 125.

PIEDEFER (Johannes), III. 97.

PIÉ-DE-LIÈVRE (Gaufridus), II. 198.

PIERRE, fils de Charles le Mauvais, roi de Navarre, II. 228.

PIGEON (Willelmus), canonicus Carnotensis, III. 64.

PIGNART (Michel), II. 228.

PIGNORA (Robertus de), II. 381, 408, 409, 427; III. 143.

PIGUERRE (Miles), II. 63.

PILLUM-CERVI (Raginaldus), succentor Carnotensis, II. 335, 336; III. 150, 151, 166.

PINART (Dionisius), III. 150. — (Willelmus), III. 107, 130.

PINCON (Simon de), II. 113.

PIPINUS (d'Héristal), I. 9. — rex Francorum, I. 10, 70.

PISON (Willelmus), canonicus Carnotensis, III. 30.

PIUS (V), papa, I. 17.

PLAISSETO (Maria de), II. 26.

PLASTRARIUS (Gervasius), II. 183.

PLASTULPHUS, miles, III. 145.

PLESSEYO (Gaufridus de), III. 121. — (Hugo de), canonicus Carnotensis, II. 199; III. 177. — (Johannes de), canonicus Carnotensis, II. 199; III. 182.

PLOMBARIUS (Radulphus), II. 41, 82. — (Thomas), II. 325, 326.

POCARD (Renaud), II. 25.

PODIO (Eblo de), episcopus Carnotensis, I. 29, 31; III. 148. — (Johannes de), II. 276.

POILLECOQ (Johannes), canonicus Carnotensis, III. 12, 132.

POLEMIUS, évêque d'Agen, I. 67.

POLIÇON (Pierre), II. 177.

POLIIS (Johannes de), II. 355.

POLITA, I. 70.

POLOCRONIUS, episcopus Carnotensis, I. 4.

POMERIIS (Bertrandus de), canonicus Carnotensis, III. 38. — (Girardus de), canonicus Carnotensis, III. 38, 59. — (Hugo de), canonicus Carnotensis, II. 200; III. 38, 59.

POMMERAYE (Laurencius), canonicus Carnotensis, III. 168.

PONCEIO (Gaufridus de), canonicus Carnotensis, I. 243; II. 98, 202, 203.

PONCELLIS (Arnaudus de), I. 168. — (Henricus de), II. 80. — (Vincentius de), I. 207.

PONT-DE-L'ARCHE (Guillaume de), évêque de Lisieux, III. 138.

PONTE (Binetus de), III. 69.

PONTESIA (Petrus de), canonicus Carnotensis, I. 231.

PONTILEVIO (Willelmus de), canonicus Carnotensis, III. 65.

PONTIUS, episcopus Atrebatensis, III. 138.

PONTOGNIACO (Poncius de), capicerius Carnotensis, III. 91.

PONTOISE (Jean de), official de Saint-Germain-des-Prés, II. 144.

POPPA, filia Giefredi, I. 69.

PORÉE (Gilbert de la), évêque de Poitiers, III. 166.

PORESAC (Willelmus de), II. 63.

PORTA-MORARDI (Garamnus de), II. 23, 294; III. 178. — (Henricus de), canonicus Sancti-Aniani Aurelianensis, II. 193; III. 50, 223. — (Philippus de), canonicus Carnotensis, II. 119, 164, 294; III. 178.

PORTA-NOVA (Herbertus de), canonicus Carnotensis, I. 180, 183, 202, 207; III. 128.

PORTIS (Lorellus de), II. 164.

POSSESSOR, episcopus Carnotensis, I. 4.

POSTERNA (Aucherius de), canonicus Carnotensis, I. 180, 184, 187, 202, 207, 211, 231, 232, 233, 236, 238, 241; II. 294, 422; III. 187.

POST-NEMUS (Garinus de), II. 49.

POTARDI (Albertus), I. 151. — (Hugo), I. 151. — (Petrus), I. 151. — (Robertus), I. 151. — (Willelmus), I. 149.

POTENCIANUS, I. 2, 3, 41.

POTERIUS (Gilbertus), II. 385.

POTERONS (Hugo), I. 148.

POTET (Gervasius), III. 55.

POTIER (Guillaume), clerc, II. 183. — (Philippus), II. 308.

POULIES (Geoffroy des), II. 146.

POULIN (Colinus), II. 340. — (Johannes), II. 352.

POULINIÈRE (Guillaume de la), bailli des Roches, II. 139.

POULLEQUIN (Gaufridus), II. 411.

PRATIS (Odo de), II. 334.

PRATO-GRIMAUDI (Willelmus de), canonicus Carnotensis, II. 164, 320, 321, 337, 392; III. 194.

PRAVILLA (Robertus de), II. 307.

PRECENTORIS (Willelmus), I. 262.

PRESSORIO (Calvellus de), II. 43.

PRESTATUS, armiger, II. 303.

PRESTRE (Tenotus le), II. 305.

PRÉVOST (Augustinus le), decanus Carnotensis, III. 95. — (Gautier le), II. 42. — (Guillaume le), II. 42. — (Jacques le), II. 228. — (Renaud le), II. 42.

PRIAMUS, I. 42. — filius Priami, I. 4, 42, 43, 55.

PRIOR (Johannes), III. 206.

PRISCUS, I. 5. — archiepiscopus Lugdunensis, I. 67.

PRIVET (Johannes), II. 347.

PROBATO-MONTE (Manasses de), canonicus Carnotensis, II. 348; III. 169.

PROBUS-HOMO (Stephanus), II. 307, 308.

PROEVILLA (Willelmus de), II. 195. — (Willelmus de), filius Willelmi, II. 195.

PROMOTUS, episcopus Dunensis, I. 67. — évêque de Glandève, I. 67.

PRONIUS, episcopus Carnotensis, I. 8.

PROVENCE (Béatrix de), III. 14. — (Marguerite de), II. 171.

PRUNELLE (Philippus), abbas Sancti-Launomari, I. 34.

PRUVINO (Aymo de), III. 53. — (Raginaldus de), I. 218.

PUCELINA, mater Philippi de Chaverneto, II. 1, 3.

PUCELLITA, I. 69.

PUCELME (Nicolas), II. 119.

PUISAYE (Arnaud de la), I. 164. — (Evrard de la), I. 164.

PUISEAUX (Jean de), II. 167.

PUISOLIS (Arnulphus de), I. 148.

PULCHRA-AVIS (Fulcherius), II. 32.

PULCHRUS-FILIUS (Girardus), II. 98, 196. — (Petrus), II. 197.

PUSATO (Henricus de), I. 207.

PUTEO-CINTREII (Willelmus de), II. 45.

PUTEOLO (Evrardus (I) de), I. 91, 92; III. 157. — (Evrardus (IV) de), vicecomes Carnotensis, I. 202; III. 170. — (Galerannus de), I. 108. — (Gilduinus de), vicecomes Carnotensis, I. 90, 91; III. 115, 127, 157. — (Guido de), canonicus Carnotensis, I. 107. — (Harduinus de), vicecomes Carnotensis, I. 91; III. 115, 127, 207. — (Hugo (IV) de), vicecomes Carnotensis, I. 108, 116, 117, 134, 139, 253; II. 27, 51; III. 225. — (Milo de). Voir BARRO (Milo (III) de).

PUTHEOLIS (Gaufridus de), canonicus Carnotensis, II. 303, 391. — (Johannes de), canonicus Carnotensis, III. 210. — (Willelmus de), III. 208.

PUTHOME (Petrus), canonicus Carnotensis, III. 53.

Q

QUADRIGA (Johannes), III. 96.

QUADRIGARIA (Robertus de), III. 100.

QUADRIGARIUS (Arnaldus), canonicus Carnotensis, III. 129. — (Odo), canonicus Carnotensis, III. 155.

QUATREHOMMES (Raoul), II. 147.

QUATREMINS (Benedictus), II. 67. — (Guillotus), II. 67. — (Hugo), II. 67.

QUETONIÈRE (Richeudis la), II. 404; III. 66.

QUINIDIUS, évêque de Bazas, T. 67.

QUINQUE-ULMIS (Berengarius de), II. 327. — (Nicholaus de), III. 208.

QUIRINUS, præses Romanorum, I. 2, 3, 41.

QUITART (Radulphus), II. 243.

QUOQUART (Colinus), III. 74. — (Raginaldus), II. 383.

R

RADULPHUS l'Aumucier, III. 30. — camerarius Carnotensis. Voir BELLO-VIDERE (Radulphus de). — canonicus Carnotensis, I. 103. — capellanus Evrardi (IV) de Puteolo, I. 203. — capicerius Carnotensis, I. 154. — carpentarius, I. 239, 240; III. 14. — coquus Majoris-Monasterii, I. 134. — dapifer regis. Voir VERMANDOIS (Raoul (I) de). — decanus de Braioto, II. 126; III. 20. — (II), decanus Carnotensis. Voir AUBUSSON (Raoul d'). — decanus Curvævillæ, II. 10. — diaconus, I. 148. — episcopus Carnotensis, I. 14; III. 46, 140. — filius Adelandi, III. 18. — filius Ludovici, comitis Carnotensis, II. 15. — filius Theobaldi, canonicus Carnotensis, I. 123. — frater Mathei, majoris de Perroto, II. 98. — magister Leprosorum Vindocinensium, II. 73. — major Manunvillæ, I. 260. — monachus Majoris-Monasterii, III. 24. — nepos Mathei, majoris de Perroto, II. 98. — præpositus de Nogento, I. 85, 154; III. 20. — presbiter, I. 81. — presbiter de Ymereio, III. 210. — rex Francorum, I. 12. — subdecanus Carnotensis, II. 262.

RAGABU (Robertus), II. 314, 356; III. 60.

RAGAN (Robertus), archidiaconus, III. 66.

RAGEMBALDUS, canonicus Carnotensis, III. 23.

RAGEMBERTUS, miles, III. 150.

RAGEMBOLDUS, canonicus Carnotensis, III. 88. — presbiter, III. 133.

RAGENFREDUS, abbas Sancti-Andreæ, III. 81. — episcopus Carnotensis, I. 12, 13, 46, 47, 77, 80, 81, 82, 83, 114; III. 73, 141, 201.

RAGENERIUS, canonicus Carnotensis, III. 141.

RAGINALDUS, abbas Sancti-Karileffi, II. 116. — abbas de Spanaio, I. 108. — archidiaconus Belsiæ, I. 148; II. 118. — (II), archiepiscopus Bituricensis. Voir BEAUNE (Renaud de), archevêque de Bourges. — camerarius regis, I. 90, 92. — canonicus Carnotensis, I. 103. — capellanus Henrici-Stephani, comitis Carnotensis, I. 106. — capellanus Magdalenæ Castridunensis, II. 76. — clericus Nicholai de Monte-Letherico, canonici Carnotensis, III. 53. — clericus Richerii, præcentoris Carnotensis, I. 210. — comes Boloniensis, II. 60. — custos capellæ regis, I. 92. — decanus Carnotensis. Voir ALBRITONE (Raginaldus de). — episcopus Carnotensis. Voir MONCIONE (Raginaldus de), — episcopus Cathalaunensis. Voir CHAUVELLI (Raginaldus). — (I), episcopus Nivernensis. Voir NEVERS (Renaud de). — (II), episcopus Nivernensis. Voir MOULINS (Renaud des), évêque de Nevers. — (III), episcopus Parisiensis. Voir CORBOLIO (Raginaldus de). — filius Berengarii, canonicus Carnotensis, III. 222. — filius Roscæ, II. 55. — frater Vitalis, I. 134, 145. — major de Ismereio, III. 86. — major de Moncellis, I. 185. — marescallus Ludovici, comitis Carnotensis, II. 3. — præcentor Carnotensis, I. 151; III. 137. — præpositus de Mesengeio, I. 207, 227, 256. — presbiter, I. 118, 142. — serviens Bernardi, cancellarii Carnotensis, I. 231. — serviens Willelmi de Calvo-Monte, camerarii Carnotensis, II. 198. — succentor Carnotensis, II. 92; III. 185. — vicedominus Carnotensis. Voir ARNALDUS, vicedominus Carnotensis. — Blesensis, canonicus Carnotensis, I. 244.

RAGONDIS, mater Willelmi Galler, II. 109.

RAHERIUS, præpositus de Belsia, I. 155, 164, 168, 179, 180, 183, 187, 202, 207, 211, 217, 232; III. 25.

RAIMBAUDUS, archidiaconus Vindocinensis. Voir CALNIACO (Raimbaudus de). — clericus Hugonis, subdecani Carnotensis, I. 148. — serviens Huberti Chotardi, camerarii Carnotensis, I. 238.

RAIMUNDA, uxor Viviani de Cava, III. 164.

RAINALDUS. Voir RAGINALDUS.

RAINERIUS, archidiaconus Blesensis, III. 91. — archidiaconus Drocensis, III. 165, 189. — clericus Blesensis, I. 96. — notarius sacri palatii, I. 115.

RATERII (Raginaldus), I. 218.

RAYGNIER DE BOISSELEAU (Louise-Françoise de), I. 182.

RAYMOND (V), comte de Toulouse, I. 198; II. 65, 110.

REATE (Johannes de), canonicus Carnotensis, II. 199, 232.

REBOULINO (Henricus de), III. 179.

REGINE (Colinus), II. 379. — (Galterius), I. 262. — (Gervasius), canonicus Carnotensis, II. 23, 32; III. 121. — (Jaquetus), II. 377. — (Johanna), III. 118. — (Raginaldus), II. 23, 32; III. 23.

REGNEIO (Amelina de), II. 136. — (Jaquelina de), II. 136. — (Johannes de), II. 136, 137, 152. — (Petrus de), II. 136. — (Theophania de), II. 135, 136. — (Willelmus de), II. 136, 137, 152.

REGUARDE (Maria la), III. 76.

REINERIUS (Caraunus), II. 364.

REISSEIO (Petrus de), cancellarius Carnotensis, III. 171.

REMBAUDI (Radulphus), II. 33.

REMIGIUS, archiepiscopus Remensis, I. 5. — diaconus, I. 152.

RENÉ, drapier, II. 228.

RENNENCORT (Petronilla de). Voir RUFINO (Petronilla de).

RESSONNO (Villanus de), canonicus Carnotensis, I. 220; III. 67.

RESTALDUS, canonicus Carnotensis, III. 144.

RETTICULATUS (Robertus), pincerna Yvonis, episcopi Carnotensis, I. 124.

REX (Gilotus), III. 100. — (Johannes), canonicus Sancti-Andreæ, III. 17. — (Willelmus), III. 85.

REYNES (Johannes de), canonicus Carnotensis, III. 39.

RICARDUS, abbas Sancti-Ebrulphi, I. 174. — capellanus regis, I. 90, 92. — (I), dux Normanniæ, I. 13. — (II), dux Normanniæ, I. 12, 85, 197; III. 148, 159. — episcopus Albanensis, I. 111, 119. — episcopus Ebroicensis. Voir BEAUVOIR (Richard de), évêque d'Evreux. — major de Campo-Seruco, I. 137. — pincerna, I. 230. — presbiter, I. 118.

RICBODO, I. 73, 74.

RICHEBOURC (Johanna de), III. 173. — (Petrus de), canonicus Carnotensis, I. 253.

RICHELIEU (Armand-Jean, cardinal de), I. 37.

RICHERIUS, archidiaconus Dunensis. Voir BLESIS (Richerius de). — archiepiscopus Senonensis, I. 94, 97. — cambitor, I. 210. — præcentor Carnotensis. Voir BLESIS (Richerius de). — præcentor Rothomagensis, I. 198.

RICHEUDIS, uxor Johannis de Calvo-Monte. Voir QUETONNIÈRE (Richeudis la).

RICHILDIS, I. 72.

RICHOLDIS, soror Mathei, majoris de Perroto, II. 98.

RIGAUT (Willelmus), canonicus Carnotensis, II. 199, 405.

RILLIACO (Haois de), III. 74.

RISPAUDUS, cubicularius Yvonis, episcopi Carnotensis, I. 124.

ROBERTUS, abbas Morigniacensis, II. 54. — abbas Sancti-Carauni, I. 138; II. 31. — archidiaconus Blesensis, I. 152, 180, 202, 211. — archidiaconus Drocensis, I. 243. — aurifaber, III. 52. — cancellarius Carnotensis. Voir BEROTO (Robertus de). — canonicus Rothomagensis, I. 198. — capellanus Theobaldi (III), comitis Carnotensis, I. 96. — clericus Richerii, archidiaconi Dunensis, I. 148, 210. — comes Atrebatensis, II. 171, 299; III. 8, 36. — (I), comes Drocensis, I. 208; III. 193, 201. — (II), comes Drocensis, I. 216. — (III), comes Drocensis, II. 45. — (IV), comes Drocensis, II. 64. — (V), comes Drocensis, II. 65. — (I), decanus Carnotensis, I. 126, 152, 154, 155. — (II), decanus Carnotensis. Voir COURTENAY (Robert de). — dux Burgundiæ, I. 88. — dux Francorum, I. 46. — episcopus Baiocensis. Voir ABLÈGES (Robert des). — (I), episcopus Carnotensis, I. 15, 16; III. 224. — (II), episcopus Carnotensis, I. 19, 37, 161, 162, 163, 166, 168, 169, 238, 240, 241; II. 223, 299; III. 180. — (III), episcopus Carnotensis. Voir JOIGNIACO (Robertus de). — (I), episcopus Nivernensis. Voir CORNUTUS (Robertus). — filius Ansoldi, præpositi Ebrardivillæ, I. 187. — filius Johannis, II. 55. — filius Teduini, III. 41. — frater Mathei, majoris de Perroto, II. 98. — frater Theobaldi, cancellarii Ludovici, comitis Carnotensis, II. 3. — granchiarius, II. 333. — legis doctus, I. 96. — major de Amanceio, III. 199. — major Sancti-Mauricii, I. 239, 259. — officialis Carnotensis, II. 120. — præpositus de Masangeio, II. 85. — presbiter de Valle-Sancti-Germani, III. 105. — prior Majoris-Monasterii, I. 195, 196. — (I), rex Franciæ, I. 13, 14, 15, 47, 85, 86, 87, 88, 89; III. 141. — serviens monachorum de Valle-Sancti-Martini, I. 134. — serviens Radulphi de Bello-Videre, canonici Carnotensis, I. 227. — succentor Carnotensis. Voir MONETA (Robertus de).

ROBINUS, filius Petri, majoris de Guardees, II. 126. — frater Girardi, majoris Barjovillæ, II. 135. — nepos Mathei, majoris de Perroto, II. 98.

ROBORETO (Reginaldus de), I. 102.

ROCHECHOUART (Marie de), II. 203.

RODIER (Pierre), chancelier de France, II. 133.

RODIQUOIS (Robinus), III. 32.

RODULPHUS. Voir RADULPHUS.

ROGERII (Stephanus), canonicus Carnotensis, III. 21, 61. — (Willelmus), canonicus Carnotensis, II. 263; III. 21, 61.

ROGERIUS, filius Roberti, majoris de Sancto-Mauricio, I. 259. — major, II. 74. — sacerdos, III. 10.

ROGLIN (Jaquetus), II. 352.

ROIA (Bartholomeus de), II. 66, 74, 300; III. 13. — (Nicholaus de), episcopus Noviomensis, III. 44. — (Rogues de), II. 74.

ROISEIIS (Willelmus de), III. 110.

ROISSOLE (Gaufridus), I. 238.

ROLLANDUS, I. 70, 71.

ROLLO, dux Normannorum, I. 11, 12, 46, 53, 78.

ROMER (Thomas), III. 192.

ROMOLDUS, canonicus Carnotensis, III. 135. — subdiaconus, I. 85; III. 211.

RONDEAU (Jean), II. 177.

RORICO, canonicus Carnotensis, III. 30.

ROSCELINA, matrona, III. 72.

ROSCELINUS, famulus Gaufridi de Leugis, episcopi Carnotensis, I. 152, 153. — filius Teciæ, II. 55. — miles, III. 187.

ROSIÈRE (Guillaume de la), II. 184.

ROTFREDUS, notarius, I. 73.

380   TABLE DES NOMS.

ROTLINDIS, mater Odonis, episcopi Carnotensis, III. 74.

ROTRODUS, archiepiscopus Rothomagensis. Voir BELLO-MONTE (Rotrodus de). — canonicus Ebroicensis, I. 166. — (II), comes de Pertico, I. 106, 222. — (III), comes de Pertico, I. 208, 218, 222, 254; III. 10, 20. — episcopus Catalaunensis. Voir ROTRODUS, filius Rotrodi (III), comitis de Pertico. — episcopus Ebroicensis. Voir BELLO-MONTE (Rotrodus de). — filius Rotrodi (III), comitis de Pertico, I. 255.

ROUCY (Blanche de), femme de Louis de Bourbon, comte de Vendôme, I. 33.

ROUSEL (Gaufridus), II. 73.

ROUSSELLI (Gaufridus), II. 344. — (Raginaldus), II. 304. — (Stephanus), II. 29. — (Willelmus), III. 193.

RUCHEVILLA (Hugo de), III. 47.

RUE (Yvard de la), II. 117.

RUFINO (Johannes de), III. 207. — (Matheus de), I. 184, 185; II. 79, 416, 427; III. 9, 205. — (Petronilla de), I. 185.

RUFINUS (Odo), III. 157.

RUFUS (Adelardus), I. 134. — (Albertus), I. 108. — (Garnerius), I. 173. — (Garnerius), filius Garnerii, I. 173. — (Gauterius), I. 92. — (Hermannus), I. 134. — (Hubertus), I. 134; II. 412; III. 79. — (Johannes), carnifex, II. 121, 202. — (Mainardus), I. 122, 123. — (Unfredus), presbiter de Loolvilla, I. 122.

RULLIACO (Egidius de), archidiaconus Drocensis, III. 207. — (Hugo de), I. 218.

RUMONT (Willelmus), II. 199.

RUPE (Gaufridus de), II. 175. — (Hubertus de), II. 18.

RUPEFORTI (Aalis de), I. 116, 117. — (Galcherius de), II. 187, 195, 204. — (Guido de), I. 108; II. 150. — (Guido de), episcopus Lingonensis, II. 187; III. 25, 134. — (Johannes de), episcopus Lingonensis, II. 292, 293, 295, 384, 416; III. 24, 136, 153, 208. — (Johannes de), vicecomes Carnotensis, III. 25. — (Petrus de), episcopus Lingonensis, II. 199; III. 36. — (Simon de), vicecomes Carnotensis, III. 134.

RUPIBUS (Clemencia de), II. 138. — (Robertus de), III. 204. — (Theobaldus de), I. 96.

S

SABRAN DE FORCALQUIER (Louis-Hector-Honorat-Maxime de), chanoine de Chartres, I. 190.

SACCUS (Lambertus), I. 218.

SACRO-CÆSARIS (Johannes de), II. 21. — (Maria de), II. 177. — (Stephanus de), II. 21, 306, 389; III. 66, 221. — (Stephanus de), filius Stephani, II. 21. — (Theobaldus de), II. 21.

SAIGET (Petrus), canonicus Carnotensis, II. 200. — (Raginaldus), archidiaconus Vindocinensis, II. 200; III. 52, 60, 186.

SAILEMBIEN (Johannes), II. 333.

SAINCETTE, femme de Perrin Leroy, II. 229.

SAINCOTUS le relieur, III. 187.

SAINT-BRISSON (Jean de), II. 203.

SAINT-MESMIN (Guillaume de), châtelain de Chartres, II. 201. — (Pierre de), II. 87.

SALARY (Eudes de), I. 257.

SALICO, subdecanus Carnotensis, I. 84; III. 128.

TABLE DES NOMS.

SALISBURY (Amicie de), I. 222; II. 294; III. 201. — (Edouard de), I. 222. — (Jean de), évêque de Chartres, I. 19, 20, 37, 198, 199, 207; II. 289, 293, 331; III. 201.

SALLÉ (Étienne), II. 176.

SALNERIIS (Radulphus de), decanus Braiotènsis, III. 148, 192.

SALNERIUS (Martinus), III. 96.

SALOMON, decanus Carnotensis, I. 126, 133, 142, 145, 148; III. 159.

SALONIUS, archiepiscopus Ebredunensis, I. 67. — episcopus Gebennensis, I. 67.

SALUCE (Petrus de), II. 73.

SALVUS (Gaufridus), I. 187, 231, 232, 234, 235, 236, 240, 241, 242.

SAMSON, decanus Carnotensis. Voir MAUVOISIN (Samson de).

SANCTA-MARIA (Eblo de), canonicus Carnotensis, II. 200.

SANCTIO, miles, III. 46.

SANCTIUS (Michael), II. 311.

SANCTO-ANDREA (Hugo de), I. 118.

SANCTO-ANIANO (Adam de), II. 23. — (Alicia de), III. 134.

SANCTO-ARNULPHO (Stephanus de), canonicus Carnotensis, II. 199, 306, 308, 345, 391; III. 187.

SANCTO-AVITO (Odo de), I. 149.

SANCTO-BENEDICTO (Gaufridus de). Voir CARDINALIS (Gaufridus).

SANCTO-CAHAUNO (Gislebertus de), III. 94. — (Joucius de), III. 42. — (Vincentius de), II. 328.

SANCTO-CLODOALDO (Simon de), canonicus Carnotensis, II. 76; III. 118, 199.

SANCTO-CRISPINO (Bertrandus de), canonicus Carnotensis, II. 200.

SANCTO-DEODATO (Ysembardus de), ballivus Carnotensis, II. 186.

SANCTO-DIONISIO (Henricus de), archidiaconus Dunensis, I. 235, 236; II. 369; III. 27, 204, 217. — (Johannes de), II. 407. — (Simon de), canonicus Carnotensis, II. 51, 88, 316, 338, 369, 421; III. 5, 27, 103, 204, 208, 218. — (Thomas de), decanus Carnotensis, II. 89, 102, 290, 292, 369; III. 27, 103, 192, 204, 217, 218.

SANCTO-EUSTACHIO (Cinchius de), canonicus Carnotensis, II. 193, 309, 319, 320, 366, 392, 415; III. 151, 223, 224.

SANCTO-GEORGIO (Yvo de), II. 52.

SANCTO-GERMANO (Aalis de), II. 27. — (Robertus de), II. 27, 391.

SANCTO-LAUNOMARO (Franciscus de), canonicus Carnotensis, III. 69. — (Johannes de), canonicus Carnotensis, III. 25.

SANCTO-LEOBINO (Hugo de), II. 291, 292; III. 105, 132, 133. — (Simon de), I. 148.

SANCTO-LEODEGARIO (Droco de), I. 203. — (Garinus de), I. 203. — (Robertus de), I. 91.

SANCTO-MARTINO (Guido de), canonicus Carnotensis, I. 142, 148. — (Willelmus de), II. 29, 33.

SANCTO-MAURICIO (Petrus de), III. 122.

SANCTO-MAURO (Bernardus de), II. 154. — (Johanna de), II. 154. — (Robertus de), capellanus Roberti, decani Carnotensis, II. 230.

SANCTO-MAXIMINO (Petrus de), canonicus Carnotensis, II. 27, 387; III. 12, 190.

SANCTO-MEDERICO (Adam de), archidiaconus Vindocinensis, III. 141. — (Johannes de), succentor Carnotensis, II. 199, 417; III. 105, 142.

SANCTO-OCULO (Gelduinus de), I. 96.

SANCTO-PAULO (Guido (III) de), II. 342. — (Hugo de), comes Blesensis, II. 342; III. 94.

382 TABLE DES NOMS.

Sancto-Petro (Barbodus de), I. 134.

Sancto-Prisco (Avesgotus (I) de), I. 215, 216, 221. — (Avesgotus (II) de), I. 215, 216; II. 137; III. 7. — (Galterius de), I. 148, 215. — (Garinus de), I. 216.

Sancto-Salvatore (Johannes de), physicus, III. 63.

Sancto-Stephano (Simon de), I. 146.

Sancto-Yonio (Ansellus de), III. 79. — (Henricus de), I. 73.

Sanctolio (Johannes de), canonicus Carnotensis, III. 175. — (Leobinus de), canonicus Carnotensis, II. 199; III. 30, 63, 134, 151. — (Petrus de), thesaurarius Pictaviensis, II. 309; III. 30, 151.

Sandrevilla (Willelmus de), II. 224.

Sanglier (Hugues), chanoine de Chartres, II. 194, 329, 330; III. 108.

Santia, uxor Michaelis, majoris de Rebolin, I. 262.

Sapaudus, archiepiscopus Arelatensis, I. 67.

Saradin (Julianus), II. 364; III. 87.

Sarasin (Stephanus), canonicus Carnotensis, III. 65.

Sarcellis (Willelmus de), canonicus Carnotensis, III. 93.

Sarcleis (Archambaudus de), canonicus Carnotensis, II. 403; III. 184.

Sarcofagis (Johannes de), præpositus de Masengeyo, II. 301, 336; III. 166.

Sarneio (Johannes de), canonicus Carnotensis, III. 188.

Saugerius (Gervasius), III. 98. — (Gilo), I. 237. — (Hugo), castellanus Carnotensis, II. 33, 77. — (Michael), II. 33; III. 134.

Sauneriis (Radulphus de), camerarius episcopi, II. 32.

Saunier (Eudes le), II. 103.

Sauquet (Simon), chanoine de Chartres, III. 100.

Sauzeto (Stephanus de), III. 165.

Savagius (Philippus), II. 3.

Savericus, serviens Gosleni, præpositi, I. 233, 238, 239, 240.

Savigniaco (Johannes de), presbiter de Virginibus, II. 199.

Savinianus, I. 2, 3, 41.

Savoir (Gautier), évêque de Meaux, I. 90.

Saxe (Mathilde de), I. 255; III. 81, 83.

Sazanio (Gazo de), I. 108.

Scholastica, I. 66.

Scotus (Michael), II. 408, 409.

Scronis (Garinus de), III. 176. — (Guiotus de), III. 117. — (Willelmus de), canonicus Carnotensis, III. 105.

Sechier (Ermeniardis), III. 115. — (Furmondus), III. 115.

Seconne (Jean de), sous-doyen de Chartres, II. 232, 331.

Secoreio (Johannes de), I. 148.

Secourant (Nicholaus), III. 172.

Secusa (Henricus de), episcopus Ostiensis, II. 411; III. 155, 158. — (Huldricus de), III. 155, 158. — (Johannes de), canonicus Carnotensis, II. 388, 411; III. 155, 158.

Seignelay (Guillaume de), évêque de Paris, III. 138.

Seinvilla (Willelmus de), II. 116; III. 162.

Sejorne (Gaufridus), I. 210. — (Osbertus), I. 210.

Seneux (Petrus le), canonicus Carnotensis, III. 86.

Senior (Johannes), III. 207.

SENLIS (Étienne de), I. 144. — (Gui de), I. 105, 117, 227; II. 66. — (Guillaume de), I. 143, 151. — (Louis de), I. 136, 137.

SENONCHIIS (Johannes de), III. 36. — (Raginaldus de), III. 111.

SENZ (Philippus de), III. 201.

SEPTEM-FONTIBUS (Helias de), III. 52. — (Petrus de), III. 52. — (Stephanus de), II. 183, 184.

SEQUARDI (Egidius), II. 352. — (Petrus), II. 406. — (Vincentius), II. 411; III. 30.

SÉQUENCE (Jean), chanoine de Chartres, II. 232, 360, 416, 417; III. 25, 125.

SERANNUS, præpositus, I. 118, 123; III. 93. — subdecanus Carnotensis, I. 103, 107.

SEREZ (Jean de), II. 229.

SERIGNAN (Guillaume de), chanoine de Chartres, II. 193.

SEVERUS, episcopus Carnotensis, I. 4.

SICBERTA, uxor Lanceri, I. 69.

SICCUS (Raginaldus), II. 33.

SICHERUS, I. 72.

SIGEBERTUS, canonicus Carnotensis, III. 100. — rex Francorum, I. 67, 68.

SIGEBODUS, III. 55.

SIGEMUNDUS, canonicus Carnotensis, III. 179.

SIGO, abbas Salmurensis, III. 127. — præcentor Carnotensis, III. 136.

SIGOALDUS, episcopus Carnotensis, I. 6.

SILVESTER, canonicus Carnotensis, II. 346; III. 3, 224. — episcopus Vesuntinensis, I. 67.

SILVESTRI (Johannes), II. 379.

SILVINIACO (Johannes de), canonicus Carnotensis, III. 27.

SIMON, archidiaconus, I. 103. — archidiaconus Carnotensis. Voir BELLO-LOCO (Simon de), archiepiscopus Bituricensis. — archidiaconus Vindocinensis. Voir FESTU (Simon), episcopus Meldensis. — (II), archiepiscopus Bituricensis. Voir BELLO-LOCO (Simon de). — cambitor, I. 210. — cancellarius regis, I. 137, 144. — carpentarius, II. 199; III. 38. — clericus Johannis Lamberti, canonici Carnotensis, II. 197. — (I), episcopus Carnotensis. Voir PERRUCHEYO (Simon de). — episcopus Macloviensis. Voir CLISSON (Simon de), évêque de Saint-Malo. — (II), episcopus Meldensis. Voir FESTU (Simon). — filius Robini, fratris Girardi, majoris Barjovillæ; I. 135. — major Nogenti-Fisci, II. 145. — prior Prædicatorum Parisiensium, II. 182. — subdiaconus, I. 142. — sutor, II. 353.

SOFFREDUS, cardinalis Sanctæ-Mariæ-in-Via-Lata, I. 192.

SOILIE-RAT (Radulphus), I. 241, 242.

SOLEMPNIS, episcopus Carnotensis, I. 5, 44, 45, 59.

SOLIACO (Johannes de), archiepiscopus Bituricensis, II. 328, 419; III. 75.

SOREL (Anne), II. 139. — (Johannes), canonicus Carnotensis, III. 43. — (Petrus), canonicus Carnotensis, III. 86.

SORQUIS (Petrus de), canonicus Carnotensis, II. 379, 396; III. 79, 81, 102, 174.

SOURD (Jean le). Voir JOHANNES, medicus.

SOUVIGNIACO (Johannes de), canonicus Carnotensis, III. 27, 208.

SPECULA (Robertus de), I. 180.

SPESONVILLA (Willelmus de), II. 109.

SPINA (Raginaldus de), præcentor Carnotensis, I. 144; II. 157, 158; III. 147, 156.

STAMPIS (Adam de), canonicus Carnotensis, II. 349, 368; III. 145. — (Hodeburgis de), III. 47.

STEPHANUS, abbas Sancti-Johannis-in-Valleia. Voir STEPHANUS, vicedominus Carnotensis.
— archidiaconus. Voir GRESSU (Stephanus de). — archiepiscopus Jerosolimitanus. Voir STEPHANUS, vicedominus Carnotensis. — camerarius Theobaldi (IV), comitis Carnotensis, I. 134. — cancellarius regis. Voir GALLANDIA (Stephanus de). — cancellarius regis, I. 144. Voir SENLIS (Etienne de). — capellanus Innocencii (IV), papæ, I. 189. — clericus Guidonis, canonici Carnotensis, II. 10. — comes de Pertico, II. 369. — (I), decanus Carnotensis. Voir GRESSU (Stephanus de). — (II), decanus Carnotensis. Voir BORRETO (Stephanus de), episcopus Parisiensis. — decanus Dunensis, II. 75. — decanus Magdunensis, II. 101. — episcopus Belvacensis. Voir GALLANDIA (Stephanus de).
— (I), episcopus Parisiensis. Voir SENLIS (Etienne de). — (III), episcopus Parisiensis. Voir BORRETO (Stephanus de). — filius Rotrodi (III), comitis de Pertico, I. 255; II. 20, 21; III. 91. — magister carnificum Carnotensium, II. 143, 409. — major Amilliaci, II. 156; III. 93. — major de CampoSeruco, I. 138; II. 63; III. 132, 139. — major Nogenti-Fisci, I. 138, 237, 239; II. 88. — major de Oreio, II. 145. — major Rebolini, II. 156. — matricularius, II. 199.
— pelliparius, II. 302. — præpositus de Auvers, II. 55. — præpositus Carnotensis, I. 107. — presbiter de Capella-Sancti-Lupi, III. 192. — presbiter de Vi, II. 73. — rex Angliæ, I. 106, 108, 133; III. 152. — subdiaconus, I. 103. — succentor Carnotensis, III. 199. — vicecomes Meldentis, I. 106. — vicedominus Carnotensis, I. 106, 107, 118; III. 127. — Carnotensis, II. 198.

STRIGONIO (Willelmus de), II. 365; III. 75.

SUB-ULMO (Ansoldus de), I. 238, 239, 240. — (Girardus de), I. 231, 238, 239, 240, 241.

SUGGERIUS, claviger, I. 85. — decanus Carnotensis, I. 82, 84; III. 130. — præpositus, III. 174.

SULLY (Maximilien de Béthune de), II. 174.

SUPPLICIUS, cambitor, I. 210. — placitator, I. 262.

SURGE (Johannes), II. 332.

SUZANNE, sœur de Raoul le Plombier, II. 41, 82.

SYAGRIUS, episcopus Augustodunensis, I. 67.

SYMI (Johannes), III. 62.

T

TAARIS (Petrus de), cancellarius Carnotensis, II. 146.

TABARI (Johannes), episcopus Morinensis, III. 44.

TACHAINVILLE (Hélissende de), II. 149. — (Isabelle de), II. 222; III. 193.

TAGENARDUS, I. 72.

TALARU (Johannes de), archiepiscopus Lugdunensis, III. 64. — (Petrus de), I. 189. — (Philippus), decanus Carnotensis, II. 100, 211; III. 64.

TARDEIS (Gislebertus de), I. 168, 220, 221. — (Gislebertus de), camerarius Carnotensis, I. 183, 185, 187, 207, 217, 220, 221, 233, 242; III. 123. — (Gislebertus de), subdecanus Carnotensis, I. 164, 180, 183, 185, 196, 202, 207, 217, 220, 234, 238; III. 112.

TARDIVUS (Galterius), I. 134.

TARENNA (Mainerius), I. 152.

TAUPIN (Robertus), II. 130.

TELERIIS (Odo de), III. 48.

TENOTUS, religator, II. 321.

TERREE (Robertus), præpositus Carnotensis, I. 232.

TERRICI (Willelmus), archidiaconus Vindocinensis, III. 186, 188.

TERTRE (Renaud du), II. 103. — (Robert du), II. 103.

TESCELINUS, nepos Herberti, canonici Carnotensis, III. 97. — serviens Petri de Pontesia, canonici Carnotensis, I. 231.

TESSON (Herveus), II. 67. — (Radulphus), II. 67.

TESTIVAN (Geoffroy), II. 154.

TESTU (Jodoinus), II. 314.

TETBERTUS, canonicus Carnotensis, III. 19. — presbiter, III. 127. — sacerdos, III. 105.

TETMARUS, canonicus Carnotensis, III. 147.

TETOLDUS, præpositus, III. 166.

TETRADIUS, évêque de Venasque, I. 67.

TEUDO, I. 115; III. 221.

TEVAS (Radulphus de), I. 233, 238, 239, 240, 241, 242.

TEXIER (Johannes le), III. 74.

THECLA, uxor Willelmi de Carnoto. Voir MOREHER (Thecla).

THÉLIS (Gui de), chanoine de Chartres, I. 190.

THEOBALDUS, caligarius, III. 27. — cancellarius Ludovici, comitis Carnotensis, II. 3, 17. — canonicus Carnotensis, II. 76. — (I), comes Carnotensis, I. 13, 48, 53, 82, 84; III. 148. — (III), comes Carnotensis, I. 17, 90, 91, 95, 96; III. 28, 61, 118. — (IV) comes Carnotensis, I. 106, 107, 108, 113, 117, 124, 125, 131, 132, 133, 222, 223, 229, 240; III. 18, 23, 152. — (V), comes Carnotensis, I. 20, 21, 105, 163, 185, 206, 207, 217, 219, 229, 231, 232, 234, 238; II. 14, 15, 29, 273; III. 18, 23, 221. — (VI), comes Carnotensis, I. 51; II. 15, 77, 90, 138, 140; III. 46, 95, 178. — dapifer regis. Voir THEOBALDUS (V), comes Carnotensis. — episcopus Carnotensis, I. 6, 7; II. 369. — filius Rotrodi (III), comitis de Pertico, I. 255. — filius Theobaldi (V), comitis Carnotensis, I. 206. — filius Willelmi, majoris de Campo-Seruco, II. 154. — monachus Sancti-Petri Carnotensis, I. 133. — monetarius, II. 105. — textor, II. 308. — viarius, III. 214.

THEODERICUS, canonicus Carnotensis, III. 206. — episcopus Carnotensis, I. 15, 90, 213; II. 307, 415, 426; III. 90. — presbiter, I. 81. — (II), rex Francorum, I. 8, 9, 45. — (III), rex Francorum, I. 9.

THEODORUS, diaconus, I. 103.

THEOVILLA (Willelmus de), II. 121; III. 4.

THERRICUS, cancellarius Theobaldi (VI), comitis Carnotensis, II. 91.

THIBAULT (Jean), II. 229. — (Johannes), astrologus, I. 36.

THIBOUST (Robert), III. 33.

THIERSAULT (Medardus), præcentor Carnotensis, III. 56. — (Nicholaus), præcentor Carnotensis, III. 56, 112.

THIMARO (Matheus de), canonicus Carnotensis, II. 32, 326, 345; III. 177. — (Robertus de), capicerius Carnotensis, II. 409; III. 160.

THINNERIIS (Willelmus de), canonicus Carnotensis, III. 20.

THIVILLE (Jacques de), II. 87.

THOMAS, archiepiscopus Cantuariensis. Voir BECKET (Thomas). — cancellarius Henrici (II), regis Angliæ, I. 166. — clericus, II. 141, 142. — comes de Pertico, I. 255; II. 21. — decanus Carnotensis. Voir SANCTO-DIONISIO (Thomas de). — filius Stephani, I. 108. — major Sandarvillæ, II. 145; III. 161. — tinturarius, II. 373.

THORIACO (Raginaldus de), canonicus Carnotensis, II. 377, 428; III. 48. — (Salomon de), I. 149. — (Simon de), II. 296. — (Willelmus de), II. 148.

THOU (Nicolas de), évêque de Chartres, I. 37; II. 200.

THUMESNIL (Laurentius de), canonicus Carnotensis, III. 90.

TIBERIUS Romanus, legatus papæ, I. 108.

TILLIÈRES (Gilbert de), I. 87.

TINEAU (Girardus), II. 356.

TITULFUS, monachus, III. 127.

TIVERVALLE (Simon de), II. 130.

TONSUS (Stephanus), II. 42.

TORCULARI (Johannes de), I. 211.

TORNANT (Petrus de), canonicus Carnotensis, III. 21.

TORNODORENSIS (Petrus), II. 13.

TOROTA (Guido de), canonicus Carnotensis, II. 186, 355; III. 71.

TORTE (Auburgis la), III. 123.

TOUPINEAU (Johannes), III. 219.

TOURNEBEUF (Ricardus de), canonicus Carnotensis, III. 36.

TRACORTEIS (Ansoldus), I. 213.

TRANCRAINVILLE (Girard de), II. 148.

TRAOLLIER (Johannes le), II. 142.

TRAPIS (Petrus de), canonicus Carnotensis, II. 199.

TRASCAILLE (Clemens), canonicus Sancti-Piati, III. 60.

TRASEGNIES (Gilles de), II. 172.

TRECIS (Robertus de), I. 107.

TREMBLAY (Jacobus), canonicus Carnotensis, III. 71. — (Petrus). Voir DALLONVILLE (Petrus).

TREMBLEIO (Hugo de), II. 49. — (Robertus de), I. 186.

TREMOILLE (Guido de la), III. 63.

TRIA (Margarita de), II. 80. — (Matheus de), III. 65.

TRIANGULO (Adam de), III. 184.

TRITEN (Mauricius), II. 323.

TROCHU (Jean), II. 232.

TROELLEBOUT (Robertus), II. 33.

TRONELLUS (Fulcaudus), I. 148.

TRUBERT (Jean), I. 164.

TRUMVALLE (Simon de), III. 162.

TRUNCI (Willelmus), II. 262.

TRUNCHEIO (Henricus (I) de), II. 148. — (Henricus (II) de), II. 148.

TUEBOUF (Willelmus), canonicus Magdalenæ Castridunensis, II. 76.

TUGDUALUS, I. 60.

TUIVI (Garinus de), canonicus Carnotensis, I. 233, 234, 261; II. 38.

TULLON (Johannes), III. 125.

TULLOT (Lucas), II. 347.

TULLOUE (Mathurin), chevecier de Chartres, II. 205.

TURGAULT (Petrus), II. 55.

TURNOINNO (Petrus de), II. 305.

TURONO (Stephanus de), I. 197.

TURPIN (Philippus), III. 21.

TUSCHIS (Petrus de), canonicus Carnotensis, II. 372; III. 67.

TUVILLA (Willelmus de), I. 202; II. 32.

TYAYS (Stephanus le), III. 205.

TYENGIIS (Hugo de), canonicus Carnotensis, II. 408; III. 108.

TYERCELIN (Caraunus), II. 352.

TYERRI (Macotus), II. 353, 366.

TYLLIA (Johannes de), canonicus Carnotensis, III. 50.

TYOIN (Lucas), II. 308.

U

ULGARIUS, subdiaconus, III. 127.

ULMEIA (Galterius de), I. 166.

ULMIS (Hubertus de), II. 377. — (Johannes de), II. 153. — (Miletus de), II. 378.

ULTEGERIUS, I. 69.

UNGARIUS, III. 208.

UNO-PILO (Robertus de), I. 148.

URBANUS (II), papa, I. 16, 17, 95, 96, 97, 109, 124. — (III), papa, I. 209, 213, 214. — (IV), papa, I. 208; II. 144. — (V), papa, I. 28. — (VI), antipapa, I. 29, 32. — (VIII), papa, II. 177.

URBE-VETERI (Galterius de), archidiaconus Pissiacensis, III. 207. — (Lucas de), canonicus Carnotensis, II. 200; III. 109.

URSO, canonicus Carnotensis, III. 59.

V

VAASSART (Willelmus), II. 313.

VADIS (Gaufridus de), III. 189. — (Robertus de), II. 75.

VALEIA (Gaufridus de), I. 107. — (Willelmus de), canonicus Carnotensis, II. 23, 32, 405; III. 153.

VALENCIUS, imperator, I. 43.

VALENTINIANUS, imperator, I. 4, 42, 43.

VALENTINUS, episcopus Carnotensis, I. 3.

VALERIACO (Evrardus de), III. 108.

VALLE (Aalardus de), serviens Hugonis de Moneta, præpositi Novigenti, I. 146, 240, 241. — (Radulphus de), I. 233, 238, 239, 240, 241, 242.

VALLE-RADULFI (Leodegarius de), II. 43.

VALLE-SANCTI-GERMANI (Robertus de), II. 307, 409, 417; III. 142.

VALLEE (Willelmus), capicerius Carnotensis, III. 85.

VALLEZ (Willelmus les), III. 193.

VALLIBUS (Jacobus de), II. 229.

VANA (Guidardus de), I. 96.

VARENNIS (Willelmus de), III. 73.

VASSORIS (Nicholaus), canonicus Carnotensis, III. 22, 46. — (Petrus), III. 107.

VAUCEMAIN (Ludovicus de), episcopus Carnotensis, I. 28; II. 199; III. 13.

VAUDEMONT (Hugues (III) de), III. 11, 22.

VENDÔME (Barthélemy de), archevêque de Tours, I. 197. — (Marie de), I. 225.

VENDOSMELUS (Gillotus), II. 304.

VERDELAYO (Simon de), II. 383. — (Yvo de), canonicus Carnotensis, II. 385; III. 181.

VERE (Gislebertus de), I. 164, 180; II. 418; III. 5, 27. — (Raginaldus de), III. 173.

VERMANDOIS (Elisabeth de), I. 167. — (Herbert (II) de), I. 76, 82. — (Ledgarde de), I. 82, 84, 85; III. 209. — (Raoul (I) de), I. 143, 151.

VERNOLIO (Rogerius de), I. 210.

VERZIACO (Paganus de), I. 106. — (Robertus de), archidiaconus Dunensis, II. 302; III. 58, 73.

VETERI-ALONNA (Clemens de), III. 183.

VETERI-PONTE (Willelmus de), II. 104. — (Yvo de), canonicus Rothomagensis, I. 198.

VIACO (Isabellis de), II. 315.

VIARIUS (Hubertus), II. 51. — (Robinus), II. 73.

VICINI (Johannes), III. 65. — (Laurentius), capicerius Carnotensis, II. 233, 351; III. 65. — (Willelmus), III. 99.

VICO-VASSELLORUM (Galterius de), canonicus Carnotensis, II. 292, 409, III. 63, 148.

VICTOR, episcopus Tricastinus, I. 66.

VIENNA (Gamaldus de), I. 107.

VIEUXVICQ (Geoffroy de), II. 109.

VIGERII (Petrus), canonicus Carnotensis, II. 334.

VIGNERON (Perrinus le), II. 307.

VIGUERII (Petrus), archidiaconus Santonensis, III. 114.

VILAIS (Aalina de), II. 33. — (Agnes de), II. 33. — (Eremburgis de), II. 33. — (Hugo de), II. 32, 33, 34. — (Jocelinus de), II. 33. — (Johanna de), II. 33. — (Maria de), II. 33. — (Odoinus de), II. 24, 33. — (Simon de), II. 33. — (Theobaldus de), II. 33.

VILCOSIER (Raginaldus de), major de Fontibus-Guidonis, III. 38.

VILERETO (Galterius de), I. 211.

VILLA-BEIONIS (Raginaldus de), archidiaconus Drocensis, II. 295, 335, 386; III. 189.

VILLA-BELFODI (Paganus de), I. 134.

VILLA-DEI (Raginaldus de), II. 332. — (Robinus de), III. 87.

VILLA-GALLI (Garinus de), II. 31. — (Odo de), II. 31. — (Radulphus de), II. 31. — (Theobaldus de), II. 31.

VILLA-MAURI (Jacobus de), canonicus Carnotensis, III. 102, 162.

VILLAMORRO (Henricus de), I. 108.

VILLANA, mater·Wiltelmi Potardi, I. 151.

VILLANIS (Robertus de), III. 100.

VILLA-NOVA (Garnerius de), canonicus Carnotensis, II. 25. — (Henricus de), episcopus Altissiodorensis, III. 138. — (Simon de), III. 114.

VILLANOVA-COMITIS (Garinus de), camerarius Carnotensis, II. 199, 311, 408; III. 11, 94.

VILLANOVA-GUYARDI (Raginaldus de), II. 153, 156, 376; III. 92, 101, 109.

VILLANUS (Evrardus), I. 239, 240.

VILLARCELLIS (Petrus de), canonicus Carnotensis, II. 177, 346; III. 29.

VILLARE (Girardus de), I. 149. — (Hersendis de), I. 149.

VILLARIBETON (Petrus de), I. 230; II. 3, 36.

VILLEDÉ (Johannes de), III. 61.

VILLEPREUX (Evrard de), I. 164.

VILLER (Petrus de), II. 3.

VILLERALLO (Clemens de), II. 306. — (Guillelminus de), II. 204, 309.

VILLERAYO (Aymericus de), II. 411; III. 190.

VILLEREAU (Henri de), II. 204.

VILLETE (Gillotus de), III. 16.

TABLE DES NOMS.

VILLOSIO (Aalis de), II. 164. — (Lucia de), II. 164. — (Theobaldus de), II. 164. Voir VILAIS.

VINCENTIUS, major de Marchevilla, III. 194. — præpositus comitis Carnotensis, I. 185, 231.

VINDOCINO (Robertus de), I. 92.

VINSART (Thuriacus), canonicus Carnotensis, III. 111.

VIRDUNO (Guerricus de), canonicus Carnotensis, II. 88, 146, 193; III. 117.

VIRELEIO (Gofferius de), III. 193.

VIRZILIACO (Henricus de), canonicus Altissiodorensis, II. 133, 182.

VITALIS, artifex, III. 196. — canonicus Carnotensis. III. 132. — filius Algardis, I. 134, 135.

VITREIO (Radulphus de), I. 96.

VIVIANUS, archidiaconus, III. 27.

VIVIEN (Gaufridus), II. 356.

VOIS (Galterius de), III. 95. — (Hugo de), capicerius Carnotensis, III. 95.

VOISIA (Johannes de), II. 195; III. 45.

VOLANT (Guillaume), maire d'Amilly, II. 156.

— (Johannes), II. 318, 319, 320. — (Petrus), III. 54.

VOLET (Henricus), II. 340.

VOVA (Philippus de), II. 150.

VOVAIS (Willelmus de), II. 305.

VOVIS (Adam de), II. 239. — (Belinus de), III. 147.

VRILLIÈRE (Louis-Phelippeaux, duc de la), I. 190.

VUALERANNUS, miles, I. 81, 84.

VUANEMBERTUS, I. 72.

VUARENTRAMNUS, I. 72.

VUARNERIUS, levita, I. 85.

VUISCELINUS, capellanus regis, I. 90.

VUITBERTUS, canonicus Carnotensis, III. 12.

VULFALDUS, abbas Sancti-Benedicti, I. 79. — episcopus Carnotensis, I. 13, 47; III. 189.

VULGRINUS, abbas Sancti-Evurtii Aurelianensis, II. 93. — archiepiscopus Dolensis, I. 103, 115, 118; III. 118. — cancellarius Carnotensis. Voir VULGRINUS, archiepiscopus Dolensis.

VULPILLA, filia Hugonis, majoris de Vovis, I. 144.

VUTARDUS, I. 69.

W

WALO, miles, III. 159.

WALTERIUS. Voir GALTERIUS.

WARACCO, canonicus Carnotensis, III. 137.

WAREWICH (Rogerius de), canonicus Rothomagensis, I. 198.

WASNEVILLA (Robertus de), canonicus Rothomagensis, I. 198.

WILLELMUS, abbas Sancti-Andræ, III. 173. — abbas Sancti-Dionisii, II. 30. — (I), abbas Sancti-Petri Carnotensis, I. 113, 129. — abbas de Sancto-Satiro, I. 103, 108. — Ad-Albas-Manus. Voir WILLELMUS (I), episcopus Carnotensis. — archidiaconus Carnotensis, I. 103, 107, 115; III. 4, 5. — archidiaconus Dunensis, II. 102. — archidiaconus Verzenensis, II. 126. — (I) archiepiscopus Remensis. Voir WILLELMUS (I), episcopus Carnotensis. — (II), archiepiscopus Remensis. Voir JOINVILLE (Guillaume de). — armiger, II. 325. — buticularius regis. Voir SENLIS (Guillaume de). — camerarius Carnotensis, I. 154, 202; III. 128. — cancellarius Carnotensis, II. 106. — cantor Sanctæ-Crucis Aurelianensis, I. 173. — capellanus episcopi Carnotensis, II. 73, 82, 83, 290, 317. — capellanus Magdalenæ Castridunensis, II. 76. — capellanus regis, I. 92. — cardinalis Sancti-Petri-ad-Vincula, I. 171. — carpentarius, I. 240. — cerarius, I. 152. — clericus Radulphi de Mauritania, I. 218. — clericus Richerii, præcentoris Carnotensis, I. 210. — comes de Pertico. Voir WILLELMUS II, episcopus Catalaunensis. — (I) decanus Carnotensis, II. 24, 30, 32, 34, 38, 40, 41, 42, 45, 46, 56, 63, 82, 83; III. 135. — (II), decanus Carnotensis. Voir GRESSU (Willelmus de), episcopus Altissiodorensis. — (III), decanus Carnotensis. Voir DURAND (Guillaume), évêque de Mende. — decanus Ebroicensis, I. 166. — diaconus, I. 142. — (I), dux Normanniæ. Voir WILLELMUS (I), rex Angliæ. — (II, dux Normanniæ, I. 82. — (IV), episcopus Abricensis. Voir BUREAU (Guillaume), évêque d'Avranches. — (I), episcopus Aurelianensis. Voir BUXIIS (Willelmus de). — (III), episcopus Aurelianensis. Voir GRESSU (Willelmus de), episcopus Altissiodorensis. — (I), episcopus Carnotensis, I. 21, 37, 48, 171, 173, 174, 178, 182, 188, 197, 211, 226, 229, 231, 235, 244; II. 290, 336; III. 169, 221. — (II), episcopus Carnotensis. Voir AMICI (Willelmus). — (II), episcopus Catalaunensis, I. 255; II. 93, 94, 374; III. 40, 138. — (I), episcopus Cenomannensis. Voir PASSAVANT (Guillaume de), évêque du Mans. — (II), episcopus Lexoviensis. Voir PONT-DE-L'ARCHE (Guillaume de), évêque de Lisieux. — (II), episcopus Nivernensis. Voir GRANDPUY (Guillaume de), évêque de Nevers. — (II), episcopus Parisiensis. Voir SEIGNELAY (Guillaume de). — (III), episcopus Parisiensis. Voir AUVERGNE (Guillaume d'). — (V), episcopus Parisiensis. Voir CHENACO (Willelmus de). — filius Ansoldi, I. 148. — filius Henrici-Stephani, comitis Carnotensis, I. 106, 107. — frater Tiquet, II. 33. — magister domus elemosinariæ Castridunensis, II. 75. — major de Campo-Seruco, II. 154. — major de Maceriis, III. 102. — major de Maigneriis, I. 181. — major de Villemout, I. 184. — pelliparius, II. 304. — præpositus Carnotensis, I. 95, 96. — præpositus de Galardone, I. 180. — præpositus Normanniæ, I. 244; III. 35. — presbiter de Nogento, I. 148, 180, 183. — prior Elemosinæ Carnotensis, II. 27. — (I), rex Anglorum, I. 46, 98; III. 58, 218. — senescallus regis. Voir FIRMITATE (Willelmus de). — serviens, I. 96. — serviens Simonis de Beroto, canonici Carnotensis, I. 227. — subdecanus Carnotensis. Voir COMES (Willelmus). — succentor Carnotensis, I. 185, 187, 207, 211, 217. — textor, II. 307. — (I), vicedominus Carnotensis, I. 153; III. 86, 101. — (II), vicedominus Carnotensis, I. 106, 153; III. 91. — (III), vicedominus Carnotensis, I. 51, 106; II. 18, 149, 417. — Cantuariensis, II. 290.

WILLOTUS, filius Mathei, majoris de Perroto, II. 98. — filius Petri, majoris de Guardees, II. 126. — nepos Mathei, majoris de Perroto, II. 98.

WINEMANDUS, canonicus Carnotensis, III. 109.

Y

YMONVILLA (Guillelminus de), II. 320, 321.

YNARDUS, clericus, II. 370.

YOLENDIS, uxor Johannis, filius Ludovici (IX), regis Franciæ. Voir BOURGOGNE (Yolande de).

YSACAR, serviens monachorum de Valle-Sancti-Martini, I. 134.

YSAVIA, uxor N. Cholet. Voir NERON (Ysavia de).

YSPANUS (Johannes), II. 312.

YVA, mater Michaelis, majoris de Rebolin, I. 262.

Yvo, cambitor, I. 210. — decanus Carnotensis, I. 162, 164, 168, 231, 238. — episcopus Carnotensis, I. 16, 17, 18, 19, 37, 38, 95, 97, 98, 99, 100, 101, 102, 103, 104, 107, 108, 109, 110, 111, 112, 114, 115, 116, 117, 118, 119, 120, 121, 122, 123, 124, 125, 131, 139, 155, 160, 168; III. 9, 225. — filius Gazonis, III. 15. — frater Gausberti, III. 204. — monetarius, I. 148. — l'outelier, III. 79. — persona de Clausovillari, III. 181. — placitator, I. 262. — præpositus, III. 224. — prior Sancti-Petri, II. 89.

YVREIO (Johannes de), II. 46. — (Willelmus de), III. 110.

YYS (Hugues des), I. 257; II. 103.

Z

ZACHARIAS, decanus Carnotensis, I. 126, 138, 141, 142, 144, 145, 148; III. 22. — sacrista Carnotensis, III. 1.

ZETREDUS, III. 132.

POUILLÉ

DU DIOCÈSE DE CHARTRES

AU XVIIIᵉ SIÈCLE.

POUILLÉ

DU DIOCÈSE DE CHARTRES

AU XVIIIᵉ SIÈCLE.

M. Guérard a déjà publié, en tête du *Cartulaire de Saint-Père*, un Pouillé du diocèse de Chartres au XIIIᵉ siècle; mais l'érection de l'évêché de Blois en 1697, la création de nouvelles paroisses et surtout de nouvelles communautés avaient apporté au diocèse primitif de tels changements; le plan du Pouillé du XIIIᵉ siècle est si différent du nôtre, le nombre des paroissiens, le chiffre du revenu s'étaient tellement modifiés, les noms mêmes enfin sont souvent si défigurés, que nous avons jugé qu'il serait infiniment utile de présenter le relevé des paroisses et des communautés du *grand diocèse*, telles qu'elles existaient au XVIIIᵉ siècle, c'est-à-dire au moment même où elles allaient disparaître. Cet exemple nous avait été donné d'ailleurs par notre savant et bien-aimé maître, M. Guérard, qui, à la fin de son *Cartulaire de Notre-Dame de Paris*, avait publié aussi un Pouillé du diocèse de Paris au XVIIIᵉ siècle.

Nous l'avons donc imité, heureux de marcher encore là sur ses traces, et nous avons rédigé ce Pouillé, d'après celui publié en 1738, par Nicolas Doublet, libraire à Chartres, et aussi d'après l'état des visites des paroisses du diocèse en 1716, manuscrit conservé aujourd'hui par un des plus savants bibliophiles de notre ville. Nous avons complété les renseignements puisés à ces deux sources, au moyen des notes que nous avons pu nous-mêmes rassembler depuis les longues années déjà que nous étudions les Archives d'Eure-et-Loir. C'est ainsi que nous publions pour la première fois la liste des anciennes Maladreries; c'est ainsi encore que nous avons entièrement refondu l'énumération des Chapelles, etc.

VILLE ET BANLIEUE DE CHARTRES.

L'église cathédrale de Chartres a pour patronne la Sainte-Vierge. L'autel de l'abside est sous l'invocation de saint Jean-Baptiste.

Le Chapitre est composé de 17 dignités et de 76 chanoines et a de revenu 150,000 livres. L'Évêque donne et confère de plein droit 16 dignités et tous les canonicats.

CHAPELLES DANS L'ÉGLISE DE CHARTRES.

Patrons.	Collateurs.
Saint Laurent.	
Le Crucifix.	
Les Apôtres.	
Les Confesseurs.	
Saint Vincent.	Ces chapelles sont dites des *dix autels* : il y en a 5 dans l'église
Saint Potentien et saint Savinien.	d'en haut et 5 dans l'église d'en bas. Elles sont conférées par
Saint Denis.	le sous-doyen sur la présentation du chevecier.
Saint Léon.	
Saint Pierre-ès-Liens.	
Saint Christophe.	
Saint Etienne.	
Saint Thomas de Cantorbéry.	
La Trinité-ès-Cryptes.	Ces chapelles sont dites des *six autels* : il y en a une dans l'é-
Saint Clément.	glise d'en haut et 5 dans l'église d'en bas. Le collateur est le
Sainte Catherine-ès-Cryptes.	chevecier.
Saint Paul et sainte Marguerite.	
Sainte Catherine.	Le Chapitre.
Saint Jean-Baptiste.	Id.
Saint Santin.	Id.
La Madeleine.	Id.
Les Anges.	Id.
Notre-Dame à l'autel Saint-Vincent.	Id.
Notre-Dame-la-Blanche.	Le duc d'Orléans.
Sainte Pellegrue, ou sainte Mesme, ou saint Jacques et saint Christophe (2 portions).	Le chanoine mis sur la feuille de l'aigle du chœur *ad præsentandum*.
Sainte Anne.	Id.
Saint Germain.	Id.
Sainte Honorine.	Id.
Saint Fiacre et saint Amateur.	Id.
Saint Mathurin (2 portions).	Id.
Saint Jean l'Evangéliste (2 portions).	Id.
Saint Gilles et saint Loup.	Id.
Saint Eustache.	Id.
Notre-Dame des Comtes de Dreux.	Id.
Saint Lubin.	Id.
La Conception.	Id.
Saint Julien.	Id.
Saint Gratien ou Notre-Dame-des-Vertus.	Id.
Saint Cloud.	Id.
Saint Thibault.	Id.
Saint Mamert, saint Cosme et saint Damien.	Id.
Les Onze mille Vierges.	Id.
Saint Louis.	Id.
Saint Vrain.	Id.
Notre-Dame-de-la-Belle-Verrière.	Id.
Les Chevaliers ou les Apôtres.	Id.
Saint Eloi.	Id.
Saint Jean-le-Blanc.	Id.
La Trémoille ou la Trinité.	Id.
Saint Guillaume.	Id.
Saint Michel.	Id.

ABBAYES.

	Patrons.	Ordre.	Collateurs.	Paroisses où sont les bénéfices.	Revenu.
S.-Père-en-Vallée.	S. Pierre.	S.-B.	Le Roi.	S.-Hilaire de Chartres.	15,000 l.
S.-Cheron.		S.-A.	Le Roi.	S.-Cheron de Chartres.	1,200.
Josaphat.	Notre-Dame.	S.-B.	Le Roi.	Lèves.	2,000.
S.-Jean-en-Vallée.		S.-A.	Le Roi.	S.-Foi de Chartres.	3,000.

PRIEURÉS.

	Patrons.	Ordre.	Collateurs.	Paroisses où sont les bénéfices.	Revenu.	Réunis.
S.-Martin-au-Val.		S.-B.	L'abbé de Marmoutier.	S.-Brice de Chartres.	4,000 l.	A Bonne-Nouvelle d'Orléans.
Le Grand-Beaulieu.	La Madeleine.		Le Roi.	Le Coudray.	3,600.	Au Grand-Séminaire de Chartres.
S.-Michel.		S.-B.	L'abbé de S.-Laumer de Blois.	S.-Michel de Chartres.	1,100.	Au collége de Chartres.
S.-Lubin-des-Vignes.		S. B.	L'abbé de S.-Père.	S.-Hilaire.	100.	A l'abbaye de S.-Père.
Le Petit-Beaulieu.	La Madeleine.	Cl.	Le prieur de la Charité-sur-Loire.	S.-Brice.	1,200.	•
S.-Vincent.		S.-B.	L'abbé de Bonneval.	S.-Aignan de Chartres.	400.	Au Petit-Séminaire de Chartres.
Le Bois-de-Lèves.	S. Loup.	S.-A.	L'abbé de S.-Vincent-aux-Bois.	Lèves.	120.	
S.-Étienne.		S.-A.	L'abbé de S.-Jean.	S.-Foi.	60.	A l'abbaye de S.-Jean.
Oisème.	La Madeleine.	S.-B.	L'abbé de Thiron.	Gasville.	800.	
Gourdez.	S. Croix.	S.-A.	L'abbé de S.-Jean.	Morancez.	360.	
S.-Eman.		S.-B.	L'abbé de Bonneval.	St-André de Chartres.	80.	
Les Filles-Dieu (femmes).	S. Jean l'Evangéliste.	S.-A.	Le Roi.	Id.	2,000.	

CHAPITRES.

Saint-André, composé d'un doyen, de deux chanoines, d'un vicaire perpétuel ou curé, d'un semi-prébendé et d'un marguillier-clerc.
Saint-Maurice, composé de neuf chanoines et d'un marguillier-clerc.
Saint-Aignan, composé de sept chanoines.

CURES.

	Patrons.	Présentateurs.	Communiants	Revenu.
S.-André (2 vicaires).	S. André.	Le chapitre de S.-André.	2,000.	1,000 l.
S.-Aignan (vic.).	S. Aignan.	L'évêque.	1,000.	1,000.
S. Foi. P. C. [1] (vic.).	S. Foi.	L'abbé de S.-Jean.	1,160.	1,000.
S.-Hilaire (vic.).	S. Hilaire.	L'abbé de S.-Père.	2,000.	800.
S.-Saturnin (vic.).	S. Saturnin.	Le Chapitre.	1,800.	1,000.
S.-Martin-le-Viandier (vic.).	S. Martin.	Le sous-doyen.	500.	500.
S.-Michel (vic.).	S. Michel.	L'évêque.	700.	700.
S.-Maurice (vic.).	S. Maurice.	Le chapitre de S.-Maurice.	750.	650.

[1] Prieuré-cure.

	Patrons.	Présentateurs.	Communiants.	Revenu.
S.-Julien-des-Aveugles.	S. Julien.	La famille Le Tunais.	17.	350 l.
Lèves (vic.).	S. Lazare.	Le chapitre de S.-Maurice.	600.	650.
S.-Barthélemy. P. C.	S. Barthélemy.	L'abbé de S.-Cheron.	300.	400.
S.-Cheron. P. C.	S. Cheron.	L'abbé de S.-Cheron.	350.	400.
S.-Brice.	S. Brice.	Le prieur de S.-Martin-au-Val.	400.	500.
Champhol.	S. Denis.	L'abbé de S.-Père.	400.	500.
Lucé. P. C.	S. Pantaléon.	L'abbé de S.-Jean.	280.	700.
Luisant.	S. Laumer.	Les religieux de Bonne-Nouvelle.	300.	500.
Mainvilliers (vic.).	S. Hilaire.	L'abbé de S.-Père.	360.	800.
Le Coudray.	S. Julien.	L'évêque et le prieur de S.-Martin-au-Val alternativement.	450.	400.
Barjouville.	S. Jacques.	Le sous-doyen.	100.	400.
Gellainville.	S. Jean-Baptiste.	Les religieux de Bonne-Nouvelle.	140.	400.

CHAPELLES.

	Présentateurs.	Paroisses où elles sont situées.	Revenu.	Réunies.
S.-Jérobol.	Le chapitre de S.-André.	S.-André de Chartres.	30 l.	
S.-Fiacre.	Id.	Id.	20.	
S.-Blanchard (2 portions).	Le duc d'Orléans.	S.-Martin de Chartres.	40.	
S.-Sauveur (2 portions).	Le sous-doyen.	Id.	900.	
S.-François.	Les Cordeliers.	S.-Saturnin de Chartres.	200.	Aux Cordeliers de Chartres.
S.-Georges.	L'Evêque.	S.-Cheron de Chartres.	1,000.	A l'Hôtel-Dieu de Chartres.
S.-Lubin.	Les Capucins.	S.-Brice de Chartres.		A Bonne-Nouvelle d'Orléans.
N.-D.-de-la-Brèche.		S.-André de Chartres.		.
S.-Louis.		S.-Hilaire de Chartres.		A l'Hôpital des Orphelins.
S.-Bruno.		S.-Brice de Chartres.		

COMMUNAUTÉS RELIGIEUSES.

Les Jacobins, paroisse Saint-André.
Les Cordeliers, paroisse Saint-Michel.
Les Minimes, paroisse Saint-André.
Les Capucins, paroisse Saint-Brice.
Le Séminaire du Grand-Beaulieu ou Grand-Séminaire, paroisse du Coudray.
Le Séminaire Saint-Charles ou Petit-Séminaire, paroisse Saint-André.
Les Frères des Écoles Chrétiennes de Saint-Yon-lès-Rouen, paroisse Saint-Hilaire.
Les Ursulines, paroisse Saint-Michel.
La Providence, paroisse Saint-André.
Les Carmélites, paroisse Sainte-Foi.
La Visitation, paroisse Sainte-Foi.
L'Union Chrétienne ou Filles de Saint-Chaumont de Paris, paroisse Saint-Hilaire.
Les Sœurs des Écoles de Charité, paroisse Saint-Maurice.

DIOCÈSE DE CHARTRES.

ABBAYES.

	Patrons.	Ordre.	Collateurs.	Paroisses où elles sont situées.	Revenu.
ABBECOURT.	Notre-Dame.	Pr.	Le Roi.	Poissy.	6,000 l.
ARCISSES (femmes).	Id.	S.-B.	Id.	Brunelles.	5,000.
BONNEVAL.	S. Florentin.	Id.	Id.		6,000.
CLAIREFONTAINE.	Notre-Dame.	S.-A.	Id.		1,650.
LES CLAIRETS (femmes).	Id.	Cit.	Id.	Masle.	5,000.
COULOMBS.	Id.	S.-B.	Id.		8,500.
L'EAU (femmes).	Id.	Cit.	Id.	Ver-lès-Chartres.	4,000.
GRANDCHAMPS.	Id.	Pr.	Id.		2,000.
JOYENVAL.	S. Barthélemy.	Id.	Id.	Chambourcy.	10,000.
LA MADELEINE.	La Madeleine.	S.-A.	Id.	Châteaudun.	6,000.
NEAUPHLE-LE-VIEUX.	S. Pierre.	S.-B.	Id.		15,000.
S.-AVIT (femmes).			Id.	Id.	S.-Denis-les-Ponts.	3,000.
S.-CORENTIN (femmes).			Id.	Id.	Septeuil.	2,500.
S.-CYR (femmes).			Id.	Id.		6,000.
S.-CYR.	S. Louis.	S.-A.			167,000.
S.-RÉMY-DES-LANDES (femmes).		S.-B.	Le Roi.	Sonchamp.	2,000.
S.-VINCENT-DES-BOIS.		S.-A.	Id.	S.-Maixme.	4,000.
THIRON.	La Trinité.	S.-B.	Id.		10,000.

PRIEURÉS.

	Patrons.	Ordre.	Collateurs.	Paroisses où ils sont situés.	Revenu.	Réunis.
ABLIS.	S. Epain et S. Blaise.	S.-B.	L'abbé de Thiron.		240 l.	
ABONVILLE.	S. Eloi et Notre-Dame.	Id.	L'abbé de S.-Père.	Levéville-la-Chenard.	400.	
ACHÈRES.	S.-Brice.	S.-A.	L'abbé de S.-Jean.			
AIGREMONT.	S.-Eloi.	Id.	Id.			
ALLUYES.	Notre-Dame.	S.-B.	L'abbé de Bonneval.		60.	A l'abbaye de Bonneval.
ARMENTIÈRES.	S. Christophe.	Id.	L'abbé de S.-Père.		750.	
AUNEAU.	S. Nicolas.	Id.	L'abbé de Bonneval.		1,600.	Au Petit-Séminaire de Chartres.
AUTHON.	S. André.	Id.	L'abbé de S.-Calais.		900.	
BAIGNOLET.	S. Sébastien.	Id.	L'abbé de Bonneval.		150.	
BAZAINVILLE.	Id.		L'abbé de Marmoutier.		3,500.	
LA BAZOCHE-GOUET.		Id.	L'abbé de Pontlevoy.		400.	
BAZOCHES-EN-DUNOIS.		Id.	L'abbé de Bonneval.		400.	

400　　　　　　　　POUILLÉ DU XVIIIᵉ SIÈCLE.

	Patrons.	Ordre.	Collateurs.	Paroisses où ils sont situés.	Revenu.	Réunis.
Beaumont-le-Chartif (femmes).	S. Michel.	S.-B.	L'abbesse de S.-Avit.		1301.	A l'abbaye de S.-Avit.
Belhomert (femmes).		F.	L'abbesse de Fontevrault.		7,500.	
Bois-S.-Martin.	Notre-Dame.	Gr.		Montainville.		Au prieuré de Louye.
Boisseleau (femmes).		S.-B.	L'abbesse de S.-Avit.	Bourguérin.	350.	
Boissets.	S. André.	Id.	L'abbé de Coulombs.		300.	
Boisville-la-S.-Père.	S. Laurent.	Id.	L'abbé de S.-Père.		1,800.	
Bonnelles.		Id.	Le prieur de S.-Martin-des-Champs.		3,500.	
Les Bonshommes.		Gr.	L'abbé de Chesnegallon.	Authon.		
Bouafle.		S.-B.	L'abbé de Jumièges.		1,300.	
Bouche-d'Aigre.		Id.	L'abbé de Thiron.	Romilly-sur-Aigre.		
La Bourdinière.	S. Loup.	S.-A.	L'abbé de S.-Cheron.	S.-Loup.	300.	A l'abbaye de S.-Cheron.
Bouville.		S.-B.	L'abbé de Bonneval.		150.	
Brétencourt.	S. Martin.	Id.	L'abbé de Marmoutier.	S.-Martin de Brétencourt.	1,100.	
Brezolles.	S. Germain.	Id.	L'abbé de S.-Père.		3,550.	
Brou.	S. Jean.	S.-A.	L'abbé de S.-Jean.		800.	
Brou.	S. Romain.	S.-B.	L'abbé de S.-Père.		1,800.	
Bu.	S. Jean.	Id.	L'abbé de Jumièges.		2,400.	
Carrières-sous-Bois.	S. Pierre.	Id.	L'abbé de Coulombs.	Mesnil-le-Roi.	400.	
Cernay.	S. Crépin et S. Crépinien.	S.-A.	L'abbé de S.-Jean.			
Chalo-Saint-Mars.		S.-B.	L'abbé de Josaphat.		450.	A l'abbaye de Josaphat.
Chamars.	S. Martin.	Id.	L'abbé de Marmoutier.	Châteaudun.		
Chambourcy.	S. Saturnin.	S.-A.	L'abbé de S.-Jean.			
Champrond-en-Gatine.		Cl.	Le doyen de S.-Denis de Nogent-le-Rotrou.		550.	
Charencey-le-Vieux.	S. Barthélemy.	S.-B.	L'abbé de Thiron.	S.-Maurice-lès-Charencey.	480.	
Les Chataigniers.	S. Gilles.	Id.	Id.	Soizé.	1,200.	A l'abbaye de Thiron.
Chateaudun.	S. Gilles.	Id.	L'abbé de la Trinité de Vendôme.		500.	
Chateaudun.	S. Lubin.	Id.	L'abbé de S.-Père.		150.	

POUILLÉ DU XVIIIe SIÈCLE.

	Patrons.	Ordre.	Collateurs.	Paroisses où ils sont situés.	Revenu.	Réunis.
CHATEAUDUN.	S. Pierre.	S.-B.	L'abbé de Bonneval.		200 l.	
CHATEAUDUN.	S. Valérien.	Id.	L'abbé de Pontlevoy.		1,600.	
CHAUFFOURS.		Id.	L'abbé de S.-Wandrille.		850.	A l'abbaye de S.-Germain-des-Prés.
CHESNEBRUN.	S. Etienne.	Id.	L'abbé de S.-Père.	Armentières.	450.	
CHUISNES.	S. Gervais et S. Protais.	Id.	Le Roi.		2,000.	
CORMAINVILLE.	S. Pierre.	Id.	L'abbé de Bonneval.		130.	
LE COUDRAY.	S. Léonard.	S.-A.	L'abbé de Clairefontaine.	S.-Martin-la-Garenne.	130.	
COURBEHAYE.	S. Sulpice.	S.-B.	L'abbé de Bonneval.		250.	
COURVILLE (femmes).	S. Bernard.	S.-Bd.	Le Roi.			
DANGEAU.		S.-B.	Id.		400.	Au prieuré de Vieuvicq.
DAVRON.	La Madeleine.	Id.	L'abbé de Josaphat.		4,000.	Aux Missions Etrangères.
DIGNY.	S. Roch.	Id.	L'abbé de S.-Martin de Seéz.		1,200.	
DOURDAN.	S. Germain.	Id.	Le grand archidiacre.		200.	
DOUY.	S. Julien.	Id.	L'abbé de S.-Lomer de Blois.		1,700.	A l'abbaye de Bonne-Nouvelle.
DREUX.	S. Léonard.	Id.	L'abbé de Coulombs.		663.	
DREUX.	S. Martin.	Id.	L'abbé d'Ivry.		200.	
DREUX.	S. Thibault.	Id.	L'abbé du Breuil-Benoît.			
ECLIMONT.		Cél.		S.-Symphorien.		
EPEAUTROLLES.	S. Etienne.	S.-B.	L'abbé de Bourgueil.		450.	
EPERNON.	S. Thomas.	Id.	Le Roi.		2,400.	
FERMAINCOURT.	Les sept Joies	Pr.	L'abbé de S.-Yved de Braine.	Montreuil.	500.	
FLACEY.		Cl.	Le doyen de S.-Denis de Nogent.		250.	
FLACOURT.		S.-B.	L'abbé de Neauphle-le-Vieux.		200.	
FONTENAY-SUR-CONIE (femmes).	Notre-Dame.	Id.	L'abbesse de S.-Avit.		60.	
FOSSARD.	S. Robert.	Id.	L'abbé de Josaphat.	Moulicent.	350.	
FRÉVILLE.	La Madeleine.	Id.	L'abbé d'Ivry.	S.-Lubin de la Haye.	170.	
GALLARDON.	S. Pierre.	Id.	L'abbé de Bonneval.		369.	
GARNAY.	S. Martin.	S.-A.	L'abbé de S.-Jean.			

III.

402   POUILLÉ DU XVIIIᵉ SIÈCLE.

	Patrons.	Ordre.	Collateurs.	Paroisses où ils sont situés.	Revenu.	Réunis.
LA GAUDAINE.	Notre-Dame.	S.-A.	L'abbé de S. Cheron.			
GERMAINVILLE.		S.-B.	L'abbé de Coulombs.		550 l.	
GERMIGNONVILLE.	S. Pierre.	Id.	L'abbé de S.-Père.		450.	
GIVAIS.	S. Nicolas.	Id.	L'abbé de Bonneval.	S.-Maur.	350.	
GOHORY.	S. Croix.	S.-A.	L'abbé du Mont-S.-Michel.		700.	
GOUSSAINVILLE.	S. Thibaut.	S.-B.	L'abbé de Bourgueil.		850.	
GROSLU.	La Madeleine.	Id.	L'abbé de S.-Père.		550.	
LE HAMEL.		S.-B.	L'abbé du Bec-Hellouin.	Breval.	650.	
HANNEMONT.		S.-A.	L'abbé de S.-Catherine du Val-des-Ecoliers.	Les Fonds-S.-Léger.	2,000.	
HAPPONVILLIERS.	S. Pierre.	Cl.	Le doyen de S.-Denis de Nogent.		200.	
HAUTES-BRUYÈRES. (femmes).		F.	L'abbesse de Fontevrault.	S. - Rémy - l'Honoré.	13,000.	
HERBEVILLE.	Notre-Dame.	S.-B.	L'abbé de Coulombs.		2,000.	
HOUDAN.	S. Jean.	Id.	Id.		890.	A l'abbaye de Coulombs.
ILOU.		Id.	L'abbé de S.-Lomer de Blois.	Dampierre-sur-Avre.	5,000.	A l'évêché de Blois.
LONGNY.		Id.	Le Roi.		1,000.	
LOUYE.	Notre-Dame.	Gr.	Id.	Les Granges-le-Roi.	3,200.	
MAGNY.		S.-B.	L'abbé de Bonneval.		150.	A l'abbaye de Bonneval.
MAINTENON.	Notre-Dame.	Id.	Le Roi.		1,800.	
MAISONS-EN-BEAUCE.		Id.	L'abbé de Morigny.		1,000.	A l'archevêché de Paris.
MAISONS-SUR-SEINE.	S. Germain.	Id.	L'abbé de Coulombs.		800.	
MANTES.	La Madeleine.	Id.	Id.		1,200.	
MANTES.	S. Georges.	Id.	Le Roi.		1,550.	
MANTES.	S. Martin.	Id.	Id.		800.	
MAULE.		Id.	L'abbé de S.-Évroult.		2,000.	
MÉDAN.					400.	
MELLERAY.		S.-B.	L'abbé de S.-Calais.		1,800.	Aux Petits-Séminaires du diocèse.
MESLAY – LE – VIDAME.	S. Nicolas.	Id.	Le Roi.		400.	A l'abbaye de Marmoutier.
MEULAN.	S. Côme et S. Damien.	Id.	L'abbé de Coulombs.		700.	Au Petit-Séminaire de Chartres.
MEULAN.	S. Nicaise.	Id.	L'abbé de Neauphle-le-Vieux.		4,000.	

POUILLÉ DU XVIIIe SIÈCLE.

	Patrons.	Ordre.	Collateurs.	Paroisses où ils sont situés.	Revenu.	Réunis.
MOINEAUX.	S. Laurent.	S.-B.	L'abbé de Josaphat.	Gas.	550 l.	A l'abbaye de Josaphat.
MOLITARD.	S. Étienne.	Id.	L'abbé de S.-Mesmin.		350.	
MONTCHAUVET.	•	Id.	L'abbé de Pontlevoy.		400.	A l'abbaye de S.-Germain-des-Prés.
MONTFORT-L'AMAURY.	S. Laurent.	Id.	L'abbé de S.-Magloire.		1,300.	A l'archevêché de Paris.
MONTFORT-L'AMAURY.	S. Nicolas.	Id.	Le seigneur.		150.	
MONTIGNY-LE-GANNELON.	S. Gilles.	Id.	Le Roi.		300.	
LES MOULINEAUX.	Notre-Dame.	Gr.		Poigny.		Au prieuré de Louye.
MOUTIERS-AU-PERCHE.		S.-B.	L'abbé de S.-Lomer de Blois.		7,000.	A l'évêché de Blois.
MOUTIERS-EN-BEAUCE.		Id.	L'abbé de Coulombs.		400.	
NAZARETH (femmes).	Notre-Dame.	Id.		Nogent-le-Rotrou.		
NEAUPHLE-LE-CHATEAU.	S. André.	Id.	L'abbé de Bourgueil.		800.	A l'oratoire S.-Honoré, à Paris.
NOTTONVILLE.		Id.	L'abbé de Marmoutier.			
OIGNY.		Id.	L'abbé de S.-Calais.		1,500.	
OSMOY.		Id.	L'abbé de Josaphat.		320.	
OUARVILLE.		S.-A.	L'abbé de S.-Jean.			
OUERRAY.	S. Michel.	S.-B.	L'abbé de S.-Lomer de Blois.	Amilly.	1,100.	Au collége de Chartres.
PATAY.		Id.	L'abbé de Bonneval.		850.	
LA PLACE.			Le Roi.	Néron.		
PLAISIR.		S.-B.	L'abbé de Bourgueil.		2,500.	
POISSY.	S. Louis.	S.-D.	Le Roi.	•	60,000.	
PONTGALLET.		S.-B.	L'abbé de Josaphat.	La Bazoche-Gouet.	50.	
PONTGOUIN.		S.-A.	L'abbé de S.-Jean.			
RÉMALARD.		S.-B.	L'abbé de S.-Lomer de Blois.		950.	
RÉVEILLON.	S. Pierre.	Id.	L'abbé de S.-Père.		450.	
ROINVILLE-SOUS-AUNEAU.	Id.	Id.	Le prieur de S.-Martin-des-Champs.		1,300.	
LA RONDE.	Notre-Dame.	Id.	L'abbé de Coulombs.	Montreuil.		
ROSNY (femmes).	S. Antoine.	Id.	L'abbesse de S.-Cyr.	ɼ	300.	
ROSNY.	Notre-Dame.	Id.	L'abbé de Jumièges.		1,000.	

404   POUILLÉ DU XVIII° SIÈCLE.

	Patrons.	Ordre.	Collateurs.	Paroisses où ils sont situés.	Revenu.	Réunis.
Rosny.	S. Étienne.	S.-B.	L'abbé de Jumièges.		45 l.	
Rouvray-S.-Florentin.		Id.	L'abbé de Bonneval.		200.	
Rouvres.		Id.	L'abbé du Bec-Hellouin.		2,000.	A l'abbaye du Bec.
S.-Ange.		Id.	L'abbé de S.-Lomer de Blois.		950.	A l'évêché de Blois.
S.-Antoine-des-Bois.		Id.	L'abbé de S.-Calais.	Montmirail.	60.	
S.-Arnoul-en-Yveline.		Id.	L'abbé de S.-Maur-des-Fossés.		1,000.	A l'archevêché de Paris.
S.-Avit-les-Guépières.		Id.	L'abbé de S.-Calais.		850.	
S.-Blaise-de-la-Brosse.		Id.	L'abbé de Josaphat.	Neauflette.	975.	
S.-Calais.		Id.	L'abbé de Bonneval.	Romilly-sur-Aigre.		
S.-Denis-des-Puits.		S.-A.	L'abbé de S.-Jean.			
S.-Éliph.		Id.	L'abbé de S.-Vincent-aux-Bois.			
S.-Évroult (femmes).		S.-B.	L'abbesse de S.-Rémy-des-Landes.	S.-Cheron-Mont-Couronne.	50.	
S.-Gemme.		Id.	L'abbé de Coulombs.	S.-Denis-de-Moronval.	1,000.	
S.-Germain-des-Ajoux.		S.-A.	L'abbé de Clairefontaine.		100.	
S.-Germain-de-Secval.		Pr.	ABBÉCOURT	Guerville.	100.	
S.-Germain-le-Gaillard.		Pr.	L'abbé de Grandchamp.	Guainville.	75.	
S.-Germain-lès-Alluyes.		S.-B.	L'abbé de S.-Père.		200.	
S.-Gilles et S.-Leu.		Id.	L'abbé de Coulombs.	Meulan.	40.	
S.-Hilaire.				Chalo-S.-Mars.	395.	
S.-Jean-de-Houel-le-Bois.		Pr.	L'abbé de Grandchamp.	Bourdonné.	150.	
S.-Julien-de-la-Croix-le-Roi.		Id.	L'abbé de Notre-Dame-de-l'Isle.	Mantes.	400.	
S.-Lubin-de-la-Haye.		S.-B.	L'abbé d'Ivry.		400.	
S.-Lubin-d'Isigny.		S.-A.	L'abbé de la Madeleine de Châteaudun.			
S.-Martin-de-la-Chaine.		S.-B.	Le Roi.	Châteaudun.	1,500.	
S.-Martin-du-Péan.		Id.	L'abbé de S.-Père.		450.	
S.-Rémy-sur-Avre.		Id.	L'abbé de Coulombs.		650.	

POUILLÉ DU XVIIIᵉ SIÈCLE.

	Patrons.	Ordre.	Collateurs.	Paroisses où ils sont situés.	Revenu.	Réunis.
S.-Rémy-sur-Avre.	S. Ursin.	S.-A.	L'abbé de S.-Vincent-aux-Bois.		300 l.	
S.-Sépulcre.	S. Flambourg et S.-Roch.	Cl.	Le doyen de S.-Denis de Nogent.	Châteaudun.	650.	
S.-Thomas.		S.-B.	L'abbé de Bonneval.	Thimert.	500.	
Saumeray.		Id.	Id.		200.	
Senonches.	Notre-Dame.	Id.	L'abbé de S.-Père.		600.	
Septeuil.		Id.	L'abbé de S.-Germain-des-Prés.		1,350.	A l'abbaye de S.-Germain-des-Prés.
Theuvy.		S.-A.	L'abbé de S.-Jean.			
Thimert.		S.-B.	L'abbé de Bonneval.		5,000.	
Thiron (Le Petit).		Id.	L'abbé de Thiron.	Bréval.	348.	
Les Tonnes.	S. Étienne.	Id.	Le grand archidiacre.	Brou.	300.	
Le Tremblay-le-Vicomte.		S.-A.	L'abbé de S.-Jean.			
Tréon.	Notre-Dame.	S.-B.	L'abbé de S.-Père.		1,100.	
Valguyon.	Id.	Id.	L'abbé de Bellozane.	Freneuse.	450.	
Vieuvicq.		Id.	Le Roi.		850.	
Villaines.		Id.	L'abbé de Coulombs.		850.	
Villemeux.	Notre-Dame.	Id.	L'abbé de Coulombs.		1,600.	
Villiers.		Id.	L'abbé de S.-Père.	Prunay-sous-Ablis.	350.	
Yron.		Id.	L'abbé de Thiron.	Cloyes.		

DOYENNÉS.

Gassicourt.	S. Sulpice.	Cl.	L'abbé de Cluny.		3,500.	
Nogent-le-Rotrou.	S. Denis.	Id.	Id.		6,000.	

CHAPITRES.

Saint-André de Chateaudun, composé d'un doyen, un prévôt, un trésorier, quatre chanoines titulaires, quatre chanoines honoraires et quatre vicaires-perpétuels.

La Sainte-Chapelle du Dunois, à Châteaudun, composé d'un prévôt, un chantre et huit chanoines.

Les Frères condonnés de Chateaudun, composé d'un maître, six frères et un novice.

Saint-Etienne de Dreux, composé de onze chanoines et deux semi-prébendés.

Notre-Dame de Maillebois, composé d'un doyen et deux chanoines.

Saint-Nicolas de Maintenon, composé d'un doyen, cinq chanoines et un marguillier-clerc.

Notre-Dame de Mantes, composé d'un doyen, sept chanoines, huit vicaires-perpétuels, un diacre, un sous-diacre et un maître des cérémonies.

Saint-Pierre de Montfort-l'Amaury, composé de six prébendés.

SAINT-NICOLAS DE MONTMIRAIL, composé d'un doyen et trois chanoines.
SAINT-JEAN DE NOGENT-LE-ROTROU, composé d'un doyen, un chantre, un chevecier, un trésorier, un prévôt et huit chanoines.
NOTRE-DAME DE POISSY, composé d'un chevecier, six chanoines et six vicaires-perpétuels.

CURES.

	Patrons.	Archidiaconé.	Doyenné.	Présentateurs.	Revenu.	Communiants.
ABLIS (vic.).	S. Pierre et S. Paul.	Grand.	Rochefort.	L'abbé de Josaphat.	800 l.	600.
ABONDANT (vic.).	S. Pierre.	Dreux.	Dreux.	L'abbé de Coulombs et le chapitre de Dreux alternativement.	900.	400.
ACHÈRES-EN-DROUAIS.	S. Brice.	Id.	Id.	L'abbé de S.-Jean.	800.	100.
ACHÈRES-EN-PINSERAIS.	S. Martin.	Pinserais.	Poissy.	Le chapitre de Poissy.	700.	150.
ADAINVILLE.	S. Denis.	Id.	Mantes.	Le prieur d'Argenteuil.	500.	150.
AIGREMONT.	S. Eloi.	Id.	Poissy.	L'abbé de S.-Jean.	500.	60.
ALLAINVILLE-EN-BEAUCE.	S. Pierre.	Grand.	Rochefort.	L'archidiacre.	650.	200.
ALLAINVILLE-EN-DROUAIS.	S. Samson.	Dreux.	Brezolles.	L'abbé de Coulombs.	1,200.	100.
ALLONNES.	S. Jacques.	Grand.	Auneau.	L'abbé de S.-Père.	500.	200.
LES ALLUETS-LE-ROI.	S. Nicolas.	Pinserais.	Poissy.	L'archidiacre.	850.	200.
ALLUYES (vic.).	Notre-Dame.	Dunois.	Beauce.	L'abbé de Bonneval.	700.	340.
AMILLY.	S. Pierre et S. Paul.	Grand.	Courville.	Le Chapitre.	550.	200.
ANDEVILLE.	La Madeleine.	Id.	Brou.	L'abbé de Josaphat.	500.	75.
ANET (vic.).	S. Cyr et S. Julitte.	Pinserais.	Mantes.	L'abbé de S.-Père.	1,000.	800.
ANGERVILLE-LA-GASTE (vic.).	S. Pierre.	Grand.	Rochefort.	L'archidiacre.	1,000.	700.
ANGERVILLIERS.	S. Etienne.	Id.	Id.	Id.	500.	150.
ARDELLES.	Notre-Dame.	Dreux.	Dreux.	L'abbé de Bonneval.	800.	150.
ARDELU.	S. Pierre.	Grand.	Rochefort.	L'abbé de S. Jean.	800.	100.
ARGENVILLIERS (vic.).	S. Pierre.	Id.	Perche.	L'abbé de Thiron.	850.	385.
ARMENONVILLE-LES-GATINEAUX.	S. Pierre et S. Paul.	Id.	Epernon.	L'abbé de Josaphat et le Seigneur.	500.	175.
ARMENTIÈRES.	S. Martin.	Dreux.	Brezolles.	L'abbé de S.-Père.	600.	200.
ARNOUVILLE.	S. Aignan.	Pinserais.	Mantes.	Le comte de Mantes.	800.	350.
ARROU (2 vic.).	S. Lubin.	Dunois.	Perche.	L'abbé de S.-Père.	1,500.	1,800.
ARVILLE.	Notre-Dame.	Id.	Id.	Le commandeur de Sours.	600.	150.
AUBERGENVILLE.	S. Ouen.	Pinserais.	Poissy.	L'abbé de Josaphat et l'archidiacre.	600.	250.
AUFFARGIS.	S. André.	Id.	Id.	Le prieur de Longpont.	850.	250.
AUNAY-SOUS-AUNEAU (vic.).	S. Eloi.	Grand.	Auneau.	L'archidiacre.	500.	560.
AUNAY-SOUS-CRÉCY. Couvé, annexe.	S. Martin.	Dreux.	Dreux.	L'abbé de S.-Père.	900.	160.

POUILLÉ DU XVIIIe SIÈCLE.

	Patrons.	Archidiaconé.	Doyenné.	Présentateurs.	Revenu.	Communiants.
Auneau (vic.).	S. Remy.	Grand.	Auneau.	L'abbé de Bonneval.	800 l.	600.
Les Autels-S.-Eloi.	S. Eloi.	Dunois.	Perche.	Le seigneur.	350,	100.
Les Autels-Tubœuf.	Notre-Dame.	Grand.	Perche.	L'archidiacre.	600.	71.
Auteuil.	S. Eparche.	Pinserais.	Poissy.	L'abbé de Neauphle.	1,000.	160.
Autheuil.	Notre-Dame.	Dreux.	Brezolles.	L'abbé de S.-Evroult.	500.	200.
Authon-du-Perche (vic.).	S. André.	Dunois.	Perche.	L'abbé de S.-Calais.	700.	700.
Authon-la-Plaine.	S. Aubin.	Grand.	Rochefort.	L'abbé de S.-Benoît-sur-Loire.	750.	450.
Autouillet.	Notre-Dame.	Pinserais.	Poissy.	L'abbé de S.-Magloire.	1,500.	150.
Baignolet.	S. Sébastien.	Dunois.	Beauce.	L'abbé de Bonneval.	450.	150.
Bailleau-le-Pin (vic.).	S. Cheron.	Grand.	Brou.	Le Chapitre.	1,200.	450.
Bailleau-l'Evêque (vic.).	S. Etienne.	Id.	Epernon.	L'Evêque.	450.	300.
Bailleau-sous-Gallardon.	S. Martin.	Id.	Id.	L'archidiacre.	1,000.	350.
Bailly (vic.).	S. Sulpice.	Pinserais.	Poissy.	L'archidiacre.	1,000.	200.
Barmainville.	S. Etienne.	Grand.	Rochefort.	L'archidiacre.	400.	60.
Baudreville.	S. Fiacre.	Id.	Id.	Id.	700.	250.
Bazainville.	S. Nicolas.	Pinserais.	Mantes.	Le prieur.	550.	200.
Bazemont.	S. Hilaire.	Pinserais.	Poissy.	L'abbé de Neauphle.	800.	200.
La Bazoche-Gouet (vic.).	S. Jean-Baptiste.	Dunois.	Perche.	L'Evêque.	1,100.	1,100.
Bazoches-en-Dunois.	S. Martin.	Id.	Beauce.	L'abbé de Bonneval.	600.	200.
Bazoches-en-Pinserais.	S. Martin.	Pinserais.	Poissy.	L'abbé de S.-Magloire.	950.	200.
Les Mesnuls, annexe.						
Beauche.	S. Martin.	Dreux.	Brezolles.	L'abbé de S.-Père.	850.	250.
Beaumont-le-Chartif (vic.).	Notre-Dame.	Grand.	Perche.	L'archidiacre.	1,000.	450.
Beauvilliers.	S. Martin.	Id.	Auneau.	Le Chapitre.	850.	350.
La Béhardière.	S. Antoine.	Dreux.	Brezolles.	L'abbé de S.-Magloire.	600.	100.
Behoust.	S. Hilaire.	Pinserais.	Poissy.	L'abbé de Coulombs et le prieur de S.-Martin-des-Champs.	500.	150.
Belhomert (vic.).	S. Jean.	Dreux.	Brezolles.	La prieure.	600.	250.
Berchères-la-Maingot.	S.-Pierre et S.-Rémy.	Grand.	Epernon.	L'archidiacre.	750.	140.
Berchères-l'Evêque.	Notre-Dame.	Id.	Auneau.	L'Evêque.	550.	300.
Berchères-sur-Vesgre.	S. Remy.	Pinserais.	Mantes.	Le Chapitre.	650.	300.
Berou.	S. Sulpice.	Dreux.	Brezolles.	L'abbé du Bec.	600.	200.
Béthonvilliers.	S. Martin.	Grand.	Perche.	L'archidiacre.	1,200.	195.
Béville-le-Comte.	S. Martin.	Grand.	Auneau.	L'archidiacre.	1,000.	400.
Beynes (vic.).	S. Martin.	Pinserais.	Poissy.	L'abbé de S.-Magloire.	900.	450.
Billancelles.	S. Martin.	Grand.	Courville.	L'abbé de S.-Père.	1,000.	180.
Bizou.	S. Germain.	Dreux.	Brezolles.	L'Evêque.	650.	150.

POUILLÉ DU XVIIIᵉ SIÈCLE.

	Patrons.	Archidiaconé.	Doyenné.	Présentateurs.	Revenu.	Communiants.
BLANDAINVILLE.	S. Aignan.	Grand.	Brou.	Le Chapitre.	700 l.	200.
BLEURY (*vic.*).	S. Martin.	Id.	Epernon.	L'archidiacre.	800.	280.
BLÉVY (*vic.*).	S. Pierre.	Dreux.	Brezolles.	Le seigneur.	800.	400.
BOINVILLE-EN-PINSERAIS.	S. Martin.	Pinserais.	Poissy.	Le prieur de Bazainville.	550.	150.
BOINVILLE-LE-GAILLARD.	Notre-Dame.	Grand.	Rochefort.	L'abbé de Bonneval.	700.	250.
BOINVILLIERS.	S. Clément.	Pinserais.	Mantes.	Le comte de Mantes.	600.	200.
BOISGASSON.	Notre-Dame.	Dunois.	Perche.	L'Evêque.	550.	150.
BOISSELEAU (*vic.*).	Notre-Dame.	Id.	Id.	L'abbesse de S.-Avit.	1,000.	600.
Droué, *annexe*.						
BOISSETS.	S. Hilaire.	Pinserais.	Mantes.	L'abbé de Coulombs.	300.	120.
LA BOISSIÈRE.	S. Barthélemy	Id.	Id.	L'abbé de S.-Magloire.	700.	200.
BOISSY-EN-DROUAIS.	Notre-Dame.	Dreux.	Dreux.	L'abbé de Coulombs.	600.	120.
BOISSY-LE-SEC.	S. Louis.	Grand.	Rochefort.	L'abbé de Clairefontaine.	700.	250.
BOISSY-LE-SEC (*vic.*).	S. Pierre.	Dreux.	Brezolles.	L'abbé de S.-Père.	1,000.	450.
BOISSY-MAUGIS (*vic.*).	S. Germain.	Id.	Id.	Le prieur du Vieux-Bellême.	700.	500.
BOISSY-MAUVOISIN.	S. Pierre.	Pinserais.	Mantes.	L'abbé de Fécamp.	550.	500.
BOISSY-SANS-AVOIR.	S. Sébastien.	Id.	Poissy.	L'abbé de S.-Magloire.	750.	160.
BOISVILLE-LA-SAINT-PÈRE (*vic.*).	S. Laurent.	Grand.	Auneau.	L'abbé de S.-Père.	1,000.	800.
BOISVILLETTE.	S. Pierre et S. Paul.	Id.	Brou.	Le doyen de S.-Denis de Nogent.	500.	140.
BONCÉ.	S. Sulpice.	Id.	Id.	Le prieur de S.-Martin-au-Val.	600.	75.
BONCOURT.	S. Martin.	Pinserais.	Mantes.	L'abbé de Bourgueil.	500.	50.
BONNELLES.	S. Gervais et S. Protais.	Grand.	Rochefort.	L'archidiacre.	500.	300.
BONNEVAL (*vic.*).	Notre-Dame.	Dunois.	Beauce.	L'abbé de Bonneval.	750.	750.
BONNEVAL.	S. Michel.	Id.	Id.	Id.	600.	150.
BONNEVAL.	S. Sauveur.	Id.	Id.	Id.	500.	350.
BONVILLIERS.	La Madeleine.	Dreux.	Brezolles.	Le commandeur de la Ville-Dieu-en-Drugesin.	300.	10.
BOUAFLES.	S. Martin.	Pinserais.	Poissy.	Les abbés de Jumièges et de S.-Magloire.	700.	400.
BOUGLAINVAL.	Id.	Grand.	Épernon.	Le Chapitre.	500.	200.
BOULLAY-LES-DEUX-EGLISES.	S. Aignan.	Dreux.	Dreux.	L'abbé de Coulombs.	700.	200.
LE BOULLAY-MIVOYE.	S. Rémy.	Id.	Id.	Id.	500.	200.
LE BOULLAY-THIERRY (*vic.*).	S. Lubin.	Id.	Id.	Le seigneur et l'abbé de Coulombs.	1,000.	400.
BOURDONNÉ.	S. Martin.	Pinserais.	Mantes.	Le prieur d'Argenteuil.	700.	200.
BOURNEVILLE.	Id.	Dunois.	Beauce.	L'abbé de Bonneval.	300.	100.
BOUTERVILLIERS.	S. Jean-Baptiste.	Grand.	Rochefort.	Le seigneur et l'abbé de Josaphat.	400.	60.

	Patrons.	Archidiaconé.	Doyenné.	Présentateurs.	Revenu.	Communiants.
BOUTIGNY (*vic.*).	S. Pierre.	Pinserais.	Mantes.	L'abbé de Coulombs.	3,000 l.	250.
BOUVILLE.	S. Cheron.	Grand.	Brou.	L'abbé de Bonneval.	750.	460.
BRÉCHAMPS.	S. Lô.	Dreux.	Dreux.	L'abbé de Coulombs.	600.	80.
BRÉTENCOURT.	S. Martin.	Grand.	Rochefort.	L'Evêque.	650.	300.
BRETONCELLES (*vic.*).	S. Pierre.	Id.	Perche.	L'abbé de S.-Lomer de Blois.	950.	800.
BREUILLET.	Id.	Id.	Rochefort.	L'archidiacre.	700.	260.
BREUX.	S. Martin.	Id.	Id.	Id.	650.	160.
BRÉVAL (*vic.*).	S. Laurent.	Pinserais.	Mantes.	L'abbé du Bec.	700.	350.
LES BRÉVIAIRES (*vic.*).	S. Sulpice.	Id.	Poissy.	L'abbé de Claire-Fontaine.	850.	200.
La Grange-du-Bois, *annexe*.						
BREZOLLES (*vic.*)	S. Nicolas.	Dreux.	Brezolles.	L'abbé de S.-Père.	800.	450.
LA BRICHE.	S. Gilles.	Grand.	Rochefort.	L'archidiacre.	250.	50.
BRICONVILLE.	S. Sulpice.	Grand.	Epernon.	L'archidiacre.	500.	46.
BRIÈRES-LES-SCELLÉS.	S. Quentin.	Id.	Rochefort.	Id.	900.	150.
BROST.	Notre-Dame.	Dreux.	Brezolles.	L'archidiacre.	350.	100.
BROU.	La Madeleine.	Dunois.	Perche.	L'abbé de S.-Père.	550.	100.
BROU (*vic.*).	S. Lubin.	Grand.	Brou.	Id.	950.	1,300.
BROUÉ (*vic.*).	S. Martin.	Dreux.	Dreux.	L'abbé de Coulombs et le chapitre de Meung.	700.	360.
BRUNELLES (*vic.*).	S. Martin.	Grand.	Perche.	L'archidiacre et le doyen de S.-Denis de Nogent.	700.	328.
BU (*vic.*).	Notre-Dame.	Pinserais.	Mantes.	L'abbé de Jumièges.	700.	600.
BULLAINVILLE.	S. Georges.	Dunois.	Beauce.	Le Chapitre.	400.	120.
BULLION (*vic.*).	S. Vincent.	Grand.	Rochefort.	L'archidiacre.	950.	300.
BULLOU.	S. Pierre et S. Paul.	Id.	Brou.	Id.	750.	200.
LA BURGONDIÈRE.	S. Etienne.	Dreux.	Brezolles.	L'abbé de Thiron.	100.	20.
CERNAY.	S. Crépin et S. Crépinien.	Grand.	Courville.	L'abbé de S.-Jean.	550.	100.
LES CHAISES.	S. Blaise.	Dreux.	Dreux.	L'abbé de S.-Vincent-aux-Bois.	650.	20.
CHALLET.	S. Gilles et S. Loup.	Id.	Id.	L'abbé de Coulombs.	350.	160.
CHALO-SAINT-MARS (*vic.*).	S. Médard.	Grand.	Rochefort.	L'abbé de Josaphat.	800.	450.
CHALOU-MOULINEUX.	S. Aignan.	Id.	Id.	Le chapitre de S.-Aignan d'Orléans.	500.	150.
CHAMBOURCY (*vic.*).	S. Saturnin.	Pinserais.	Poissy.	L'abbé de S.-Jean.	1,500.	360.
CHAMPAGNE.	S. Croix.	Id.	Mantes.	Le commandeur de la Ville-Dieu-en-Drugesin.	400.	100.
CHAMPROND.	S. Martin.	Dunois.	Perche.	L'abbé de S.-Calais.	450.	150.
CHAMPROND-EN-GATINE (*vic.*).	S. Sauveur.	Grand.	Brou.	Le doyen de S.-Denis de Nogent.	1,700.	450.
CHAMPROND-EN-PERCHET.	S. Aubin.	Dunois.	Perche.	Id.	400.	110.

	Patrons.	Archidiaconé.	Doyenné.	Présentateurs.	Revenu.	Communiants.
Champseru.	S. Martin.	Grand.	Epernon.	Le Chapitre.	600 l.	120.
La Chapelle-d'Aunainville.	S. Lubin.	Id.	Auneau.	L'archidiacre.	650.	140.
La Chapelle-des-Noyers.	Notre-Dame.	Dunois.	Beauce.	L'abbé de Bonneval.	600.	220.
La Chapelle-Forainvilliers.	S. Martin.	Dreux.	Dreux.	L'abbé de Coulombs.	600.	120.
La Chapelle-Fortin.	S. Pierre.	Id.	Brezolles.	L'abbé de S.-Père.	500.	200.
Chapelle-Guillaume.	Notre-Dame.	Dunois.	Perche.	L'Evêque.	600.	250.
Chapelle-Royale.	Id.	Id.	Id.	L'abbé de S.-Père.	750.	260.
Charbonnières (vic.).	S. Jean-Baptiste.	Id.	Id.	L'abbé de S.-Calais.	600.	450.
Charonville.	S. Gilles.	Grand.	Brou.	Le Chapitre.	550.	200.
Charpont.	S. Hilaire.	Dreux.	Dreux.	L'abbé de Coulombs.	1,000.	140.
Chassant.	S. Lubin.	Grand.	Brou.	Les religieux de Bonne-Nouvelle d'Orléans.	650.	120.
Chataincourt (vic.).	S. Martin.	Dreux.	Brezolles.	L'abbé de Coulombs.	2,200.	200.
Chateaudun. (vic.).	La Madeleine.	Dunois.	Beauce.	L'abbé de la Madeleine.	600.	400.
Chateaudun.	S. Aignan.	Id.	Id.	Id.	400.	160.
Chateaudun.	S. Lubin.	Id.	Id.	L'abbé de S.-Père.	550.	150.
Chateaudun.	S. Médard.	Id.	Id.	L'Evêque.	450.	150.
Chateaudun.	S. Pierre.	Id.	Id.	L'abbé de Bonneval.	500.	340.
Chateaudun (2 vic.).	S. Valérien.	Id.	Id.	L'évêque de Blois et l'abbé de Pontlevoy.	1,000.	1,500.
Chateauneuf (vic.).	Notre-Dame.	Dreux.	Dreux.	Le prieur de Thimert.	600.	500.
Les Chatelets. La Mancelière, annexe.	S. Pierre.	Id.	Brezolles.	L'abbé de S.-Père.	900.	50.
Les Chatelliers.	Notre-Dame.	Grand.	Brou.	Le Chapitre.	450.	80.
Chatenay.	S. Sulpice.	Id.	Rochefort.	L'archidiacre.	600.	200.
Chatignonville.	S. Mamert.	Id.	Id.	Id.	650.	100.
Chatillon (vic.).	S. Hilaire.	Dunois.	Perche.	L'archidiacre.	950.	750.
Chaudon (vic.).	S. Médard.	Dreux.	Dreux.	L'archidiacre.	600.	400.
Chauffours.	S. Pierre et S. Paul.	Grand.	Brou.	Le maître de l'Hôtel-Dieu de Chartres.	600.	100.
Chauffours-en-Pinserais.	S. Sauveur.	Pinserais.	Mantes.	L'abbé de S.-Vandrille.	500.	100.
Chavenay.	S. Pierre.	Id.	Poissy.	Le prieur d'Argenteuil.	750.	150.
Chêne-Chenu.	S. Paul.	Dreux.	Dreux.	Le Chapitre.	600.	150.
Cherisy.	S. Pierre.	Id.	Id.	Le chapitre de Dreux.	700.	150.
Chuisnes (vic.).	S. Marin.	Grand.	Courville.	L'abbé de Marmoutier.	650.	380.
Cintray.	S. Ouen.	Id.	Brou.	Le Chapitre.	350.	50.
Civry.	S. Martin.	Dunois.	Beauce.	Id.	600.	200.
Civry-la-Forêt.	S. Barthélemy.	Pinserais.	Mantes.	Les religieuses de Haute-Bruyère.	800.	250.

POUILLÉ DU XVIIIᵉ SIÈCLE.

	Patrons.	Archidiaconé.	Doyenné.	Présentateurs.	Revenu.	Communiants.
Claire-Fontaine.	S. Nicolas.	Grand.	Rochefort.	L'abbé.	350 l.	120.
Les Clais.	S. Martin.	Pinserais.	Poissy.	L'abbesse de S.-Cyr.	1,200.	120.
Clévilliers-le-Moutier.	Id.	Dreux.	Dreux.	Le Chapitre.	650.	300.
Coignières.	S. Germain.	Pinserais.	Poissy.	L'abbé de Coulombs.	2,000.	100.
Coltainville.	S. Lubin.	Grand.	Épernon.	L'abbesse de Jouarre.	800.	200.
Combres.	Notre-Dame.	Id.	Brou.	L'abbé de Thiron.	650.	250.
Condé-sur-Huisne (vic.).	Notre-Dame.	Id.	Perche.	L'abbé de S.-Lomer de Blois.	1,000.	670.
Condé-sur-Vesgre.	S. Germain.	Pinserais.	Mantes.	L'archidiacre.	900.	100.
Congerville.	S. Gilles.	Grand.	Rochefort.	L'archidiacre.	450.	100.
Conie.	Notre-Dame.	Dunois.	Beauce.	Le Chapitre.	500.	160.
Corancez.	S. Laurent.	Grand.	Brou.	Id.	450.	90.
Corbreuse.	Notre-Dame.	Id.	Rochefort.	Le chapitre de Notre-Dame de Paris.	650.	250.
Cormainville.	S. Pierre.	Dunois.	Beauce.	L'abbé de Bonneval.	500.	220.
Les Corvées.	S. Georges.	Grand.	Brou.	Le Chapitre.	450.	150.
Coudray-au-Perche (vic.).	S. Pierre.	Id.	Perche.	L'archidiacre.	800.	360.
Coudreceau.	S. Lubin.	Id.	Id.	Le doyen de S.-Denis de Nogent.	700.	70.
Coulombs (vic.).	S. Cheron.	Dreux.	Dreux.	L'abbé.	800.	350.
Coulonges (vic.).	S. Germain.	Grand.	Perche.	L'abbé de Thiron.	900.	410.
Courbehaye.	S. Sulpice.	Dunois.	Beauce.	L'abbé de Bonneval.	500.	200.
Courgent.	S. Cloud.	Pinserais.	Mantes.	L'archidiacre.	450.	150.
Courtalain.	S. Jean-l'Évangéliste.	Dunois.	Perche.	Le seigneur.	550.	200.
Courville (vic.).	S. Nicolas et S. Pierre.	Grand.	Courville.	L'abbé de S.-Jean.	800.	750.
Coutretot.	S. Brice.	Id.	Perche.	L'archidiacre.	450.	85.
Craches.	Notre-Dame.	Id.	Rochefort.	Id.	500.	100.
Crespières (vic.).	S. Martin.	Pinserais.	Poissy.	Le prieur de S.-Martin-des-Champs.	1,400.	360.
Croisilles.	S. Pierre.	Dreux.	Dreux.	L'Évêque.	500.	340.
La Croix-du-Perche.	S. Martin.	Grand.	Brou.	Les religieux de Bonne-Nouvelle d'Orléans.	450.	230.
Crucey.	S. Aignan.	Dreux.	Brezolles.	L'abbé de S.-Père.	750.	200.
Dammarie (vic.).	Notre-Dame.	Grand.	Brou.	Le Chapitre.	900.	800.
Dammartin.	S. Martin.	Pinserais.	Mantes.	L'abbé de Saint-Germain-des-Prés.	550.	200.
Dampierre-sous-Brou.	S. Pierre.	Grand.	Brou.	L'abbé de S.-Père.	850.	300.
Dampierre-sur-Avre (vic.).	Id.	Dreux.	Brezolles.	L'Évêque.	750.	550.
Dampierre-sur-Blévy (vic.).	Id.	Id.	Id.	Le seigneur.	1,050.	200.
Dancy.	S. André.	Dunois.	Beauce.	L'abbé de Bonneval.	600.	150.
Dangeau (vic.).	S. Pierre.	Id.	Perche.	L'abbé de Marmoutier.	850.	800.
Dangers.	S. Rémy.	Grand.	Epernon.	L'archidiacre.	550.	100.

412 POUILLÉ DU XVIII° SIÈCLE.

	Patrons.	Archidiaconé.	Doyenné.	Présentateurs.	Revenu.	Communiants.
DANNEMARIE.	S. Anne.	Pinserais.	Mantes.	L'archidiacre.	800 l.	50.
DENONVILLE (vic.).	S. Léger.	Grand.	Auneau.	L'archidiacre.	700.	400.
DIGNY (2 vic.).	S. Germain.	Dreux.	Brezolles.	L'abbé de S.-Martin de Séez.	1,500.	1,000.
DOMMERVILLE.	Id.	Grand.	Rochefort.	L'archidiacre.	550.	100.
DONNEMAIN.	S. Mamert.	Dunois.	Beauce.	L'archidiacre.	700.	220.
DORCEAU (vic.).	S. Etienne.	Dreux.	Brezolles.	L'Évêque.	800.	360.
DOURDAN (2 vic.).	S. Germain.	Grand.	Rochefort.	L'abbé de S.-Cheron.	1,850.	1,400.
DOURDAN.	S. Pierre.	Id.	Id.	L'abbé de Morigny.	500.	220.
DOUY.	La Trinité.	Dunois.	Perche.	L'Évêque.	550.	150.
DREUX (vic.).	S. Jean.	Dreux.	Dreux.	Le chapitre de Dreux.	600.	1,000.
DREUX (2 vic.).	S. Pierre.	Id.	Id.	Id.	1,000.	3,000.
DROUE.	Id.	Grand.	Epernon.	Le Chapitre.	650.	140.
La Madeleine d'Épernon, annexe.						
ECLUZELLES.	S. Jean.	Dreux.	Dreux.	Le seigneur.	450.	100.
ECQUEVILLY.	S. Martin.	Pinserais.	Poissy.	L'abbé du Bec.	850.	300.
Chappet, annexe.						
EGROSNES (vic.).	S. Martin.	Grand.	Epernon.	L'archidiacre.	1,500.	250.
ECUBLÉ (vic.).	S. Sulpice.	Dreux.	Dreux.	Le doyen de N.-D. de Chartres.	500.	400.
ELANCOURT.	S. Médard.	Pinserais.	Poissy.	Le prieur d'Argenteuil.	700.	-150.
EMANCÉ.	S. Rémy.	Grand.	Epernon.	Le Chapitre.	650.	95.
EPEAUTROLLES.	S. Etienne.	Id.	Brou.	L'abbé de S.-Père.	600.	100.
EPERNON.	S. Jean-Baptiste.	Id.	Epernon.	Le prieur d'Epernon.	600.	140.
EPERNON.	S. Nicolas.	Id.	Id.	Id.	500.	150.
EPERNON (vic.).	S. Pierre.	Id.	Id.	Id.	500.	200.
EPÔNE (vic.).	S. Piat.	Pinserais.	Mantes.	Le chapitre de Notre-Dame de Paris.	1,500.	500.
Aulnay, La Falaise, Nézel, } annexes.						
ERMENONVILLE - LA - GRANDE.	S. Martin.	Grand.	Brou.	L'Evêque.	600.	250.
ERMENONVILLE - LA - PETITE.	S. Barthélemy.	Id.	Id.	Le Chapitre.	400.	140.
ESCORPAIN.	S. Germain.	Dreux.	Brezolles.	L'abbé de Coulombs.	700.	120.
LES ESSARTS-LE-ROI.	S. Corneille et S. Cyprien.	Pinserais.	Poissy.	L'abbé de S.-Magloire.	750.	220.
LES ETILLEUX.	Notre-Dame.	Grand.	Perche.	Le seigneur.	500.	170.
FADAINVILLE.	S. Rémy.	Dreux.	Dreux.	L'archidiacre.	550.	50.
FAINS.	S. Julien.	Dunois.	Beauce.	L'archidiacre.	550.	250.
FAVERIEUX.	Notre-Dame.	Pinserais.	Mantes.	L'archidiacre.	500.	80.
FAVEROLLES.	S. Rémy.	Id.	Id.	L'abbé de Coulombs.	850.	250.
FAVIÈRES.	S. Martin.	Dreux.	Dreux.	Le prieur de Thimert et l'abbé de Bonneval.	900.	150.

POUILLÉ DU XVIIIᵉ SIÈCLE.

	Patrons.	Archidiaconé.	Doyenné.	Présentateurs.	Revenu.	Communiants.
Le Favril (vic.).	S. Pierre.	Grand.	Courville.	L'abbé de Marmoutier.	750 l.	350.
La Ferrière.	S. Symphorien.	Dreux.	Brezolles.	Le prieur de Thimert.	250.	40.
Fessanvilliers.	S. Sulpice.	Id.	Id.	L'abbé de S.-Père.	800.	100.
Feucherolles. Davron, *annexe*.	S. Geneviève.	Pinserais.	Poissy.	L'abbé de Josaphat.	800.	100.
Feuilleuse.	S. Rémy.	Dreux.	Brezolles.	L'abbé de S.-Vincent-aux-Bois.	600.	30.
Flacey.	S. Lubin.	Dunois.	Perche.	Le doyen de S.-Denis de Nogent.	600.	110.
Flacourt.	S. Clément.	Pinserais.	Mantes.	L'abbé de Neauphle.	600.	100.
Flexanville (vic.).	S. Germain.	Id.	Poissy.	L'archidiacre.	2,000.	200.
Flins-Neuve-Eglise.	S. Denis.	Id.	Mantes.	L'abbé de Josaphat et l'archidiacre.	450.	50.
Flins-sur-Seine (vic.).	S. Cloud.	Id.	Poissy.	L'abbé de Josaphat.	1,100.	300.
La Folie-Herbault.	S. Jacques.	Dunois.	Beauce.	Le Chapitre.	500.	100.
Les Fonds-de-Saint-Léger.	S. Léger.	Pinserais.	Poissy.	Le prieur d'Hannemont.	400.	60.
Fontaine-la-Guyon (vic.).	S. Martin.	Grand.	Courville.	Le Chapitre.	650.	400.
Fontaine-les-Ri-boust.	S. Aignan.	Dreux.	Brezolles.	Le prieur de Thimert.	650.	120.
Fontaine-Simon.	Notre-Dame.	Grand.	Perche.	L'abbé de S.-Lomer de Blois.	750.	330.
Fontenay-le-Fleuri.	S. Germain.	Pinserais.	Poissy.	L'archidiacre.	1,000.	200.
Fontenay-Mauvoisin.	S. Nicolas.	Id.	Mantes.	Le doyen de Gassicourt.	600.	100.
Fontenay-sur-Conie.	S. Cyr et S. Julitte.	Dunois.	Beauce.	Le chapitre de S.-Croix d'Orléans.	600.	100.
Fontenay-sur-Eure.	S. Séverin.	Grand.	Brou.	Le Chapitre.	600.	150.
La Fontenelle (vic.).	S. Loup et S. Gilles.	Dunois.	Perche.	Id.	700.	450.
La Forêt-le-Roi.	S. Nicolas.	Grand.	Rochefort.	L'archidiacre.	700.	150.
Fourqueux.	S. Croix.	Pinserais.	Poissy.	L'abbé de Coulombs.	1,500.	200.
La Framboisière.	La Madeleine.	Dreux.	Brezolles.	Le Chapitre.	450.	220.
Francourville (vic.).	S. Etienne.	Grand.	Auneau.	L'archidiacre.	1,300.	450.
Frazé (vic.).	Notre-Dame.	Id.	Brou.	Id.	800.	700.
Freneuse (vic.). Méricourt, *annexe*.	S. Martin.	Pinserais.	Mantes.	L'archidiacre.	2,000.	550.
Fresnay-le-Comte.	Id.	Grand.	Brou.	Les religieux de Bonne-Nouvelle d'Orléans.	600.	220.
Fresnay-l'Evêque (vic.).	S. Jean-Baptiste.	Id.	Rochefort.	L'Evêque.	650.	550.
Fresnay-le-Gilmert.	S. Just.	Id.	Epernon.	L'abbé de Coulombs et l'archidiacre.	700.	80.
Frétigny (vic.).	S. André.	Id.	Perche.	L'archidiacre.	1,200.	520.
Friaize.	S. Maurice.	Id.	Courville.	L'Evêque.	600.	200.
Fruncé (vic.).	S. Martin.	Id.	Id.	L'archidiacre.	900.	320.
La Gadelière.	Id.	Dreux.	Brezolles.	L'archidiacre.	600.	100.

414   POUILLÉ DU XVIIIe SIÈCLE.

	Patrons.	Archidiaconé.	Doyenné.	Présentateurs.	Revenu.	Communiants.
GALLARDON (vic.).	S. Pierre et S. Paul.	Grand.	Epernon.	L'abbé de Bonneval.	800 l.	750.
GALLUIS (vic.). La Queue, *annexe*.	S. Martin.	Pinserais.	Poissy.	L'abbé de S.-Magloire.	1,200.	200.
GAMBAIS (vic.).	S. Aignan.	Id.	Mantes.	L'archidiacre.	1,800.	350.
GAMBAISEUIL.	S. Croix.	Id.	Id.	L'abbé de Grandchamp.	300.	25.
GARANCIÈRES (vic.).	S. Pierre.	Id.	Poissy.	Le prieur de Bazainville.	900.	350.
GARANCIÈRES-EN-BEAUCE.	S. Etienne.	Grand.	Rochefort.	L'archidiacre.	800.	200.
GARANCIÈRES-EN-DROUAIS.	S. Martin.	Dreux.	Brezolles.	Le chapitre de Dreux et l'abbé de Coulombs.	900.	250.
GARDAIS.	Notre-Dame.	Grand.	Perche.	Le Chapitre.	600.	450.
LA GARENNE.	S. Michel.	Pinserais.	Poissy.	L'archidiacre.	600.	50.
GARNAY (vic.).	S. Martin.	Dreux.	Dreux.	L'abbé de S.-Jean.	1,200.	300.
GAS.	Notre-Dame.	Grand.	Epernon.	L'abbé de Josaphat.	800.	260.
GASSICOURT.	S. Anne.	Pinserais.	Mantes.	Le doyen.	500.	80.
GASTELLES (vic.).	S. Blaise.	Dreux.	Dreux.	Le doyen de Chartres.	1,200.	300.
GASVILLE (vic.).	S. Grégoire.	Grand.	Epernon.	Le chancelier de Chartres.	750.	400.
LA GAUDAINE.	Notre-Dame.	Id.	Perche.	L'abbé de S.-Cheron.	800.	120.
GAUDREVILLE.	La Trinité.	Id.	Rochefort.	L'archidiacre.	500.	180.
LE GAULT-AU-PERCHE (vic.).	S. Anne.	Dunois.	Perche.	Le Chapitre.	700.	600.
LE GAULT-EN-BEAUCE (vic.).	S. Etienne.	Id.	Beauce.	L'abbé de Marmoutier.	600.	600.
GAZERAN (vic.).	S. Germain.	Grand.	Epernon.	Le prieur d'Epernon.	950.	330.
GERMAINVILLE.	S. Martin.	Dreux.	Dreux.	L'abbé de Coulombs.	600.	200.
GERMIGNONVILLE. S.-Léonard, *annexe*.	S. Pierre.	Dunois.	Beauce.	L'abbé de S.-Père.	650.	300.
GILLES.	S. Aignan.	Pinserais.	Mantes.	L'archidiacre.	800.	260.
GIRONVILLE.	S. Martin.	Dreux.	Dreux.	L'abbé de Coulombs.	1,200.	300.
GOHORY.	S. Michel.	Dunois.	Perche.	L'abbé du Mont-S.-Michel.	750.	160.
GOMMERVILLE.	S. Martin.	Grand.	Rochefort.	L'archidiacre.	800.	350.
GOUILLONS.	S. Mamert.	Id.	Auneau.	Le prieur de S.-Martin-des-Champs.	800.	180.
GOUPILLIÈRES.	S. Germain.	Pinserais.	Poissy.	L'abbé de Neauphle.	1,300.	200.
GOUSSAINVILLE.	S. Aignan.	Id.	Mantes.	L'abbé de Bourgueil.	650.	300.
GOUSSONVILLE.	S. Denis.	Id.	Id.	L'abbé de Neauphle.	650.	150.
GRANDCHAMP.	S. Blaise.	Id.	Id.	L'abbé.	700.	50.
GRANDHOUX.	S. Vincent.	Grand.	Brou.	Le Chapitre.	450.	120.
GRANDVILLE.	S. Germain.	Id.	Rochefort.	L'archidiacre.	450.	150.
LES GRANGES-LE-ROI.	S. Léonard.	Id.	Id.	L'abbé de S.-Cheron.	800.	300.
GRESSEY.	S. Pierre.	Pinserais.	Mantes.	L'abbé de Coulombs.	600.	120.
GROSROUVRE.	S. Martin.	Id.	Id.	L'abbé de S.-Magloire.	1,000.	320.

POUILLÉ DU XVIIIᵉ SIÈCLE. 415

	Patrons.	Archidiaconé.	Doyenné.	Présentateurs.	Revenu.	Communiants.
GUAINVILLE (*vic.*).	S. Pierre.	Pinserais.	Mantes.	L'archidiacre.	1,600 l.	350.
GUÉHOUVILLE.	S. Eloi.	Grand.	Perche.	L'abbé de S.-Jean.	350.	42.
GUERVILLE (*vic.*).	S. Martin.	Pinserais.	Mantes.	L'abbé de Coulombs.	900.	650.
Senneville, *annexe*.						
GUILLERVAL.	S. Gervais et S. Protais.	Grand.	Rochefort.	L'archidiacre.	700.	300.
GUILLONVILLE.	S. Pierre.	Dunois.	Beauce.	L'abbé de Bonneval.	600.	220.
HANCHES (*vic.*).	S. Germain.	Grand.	Epernon.	Le prieur d'Epernon.	700.	550.
Raiseux, *annexe*.						
HAPPONVILLIERS.	S. Pierre.	Id.	Brou.	Le doyen de S.-Denis de Nogent.	1,000.	230.
HARGEVILLE.	S. André.	Pinserais.	Poissy.	Le seigneur.	1,200.	110.
HATHONVILLE.	S. Germain.	Grand.	Rochefort.	L'archidiacre.	850.	100.
HAUTERIVE.	S. Nicolas.	Dreux.	Dreux.	Le prieur de Thimert.	300.	60.
LA HAUTEVILLE.	La Madeleine.	Pinserais.	Mantes.	L'abbé de S.-Magloire.	450.	350.
HAVELU.	S. Blaise.	Id.	Id.	L'archidiacre.	700.	100.
HERBEVILLE.	S. Clair.	Id.	Poissy.	L'abbé de Coulombs.	600.	100.
HERMERAY.	S. Germain.	Grand.	Epernon.	Le prieur d'Epernon.	600.	250.
L'HOSME.	S. Martin.	Dreux.	Brezolles.	L'abbé de S.-Evroult.	500.	180.
HOUDAN (*vic.*).	S. Jacques.	Pinserais.	Mantes.	L'abbé de Coulombs.	1,500.	900.
HOUDREVILLE.	Notre-Dame.	Grand.	Epernon.	Id.	750.	12.
LE HOUSSAY.	S. Claude.	Id.	Brou.	Le seigneur.	800.	180.
HOUVILLE.	S. Léger.	Grand.	Auneau.	L'abbé de Marmoutier.	700.	200.
HOUX.	Id.	Id.	Épernon.	Le Chapitre.	700.	130.
ILLIERS (*vic.*).	S. Hilaire.	Id.	Brou.	L'archidiacre.	900.	520.
ILLIERS (2 *vic.*).	S. Jacques.	Id.	Id.	Id.	800.	1,800.
INTREVILLE.	S. Laurent.	Id.	Rochefort.	Le Chapitre.	550.	180.
JALLANS.	La Madeleine.	Dunois.	Beauce.	L'abbesse de S.-Avit.	600.	120.
JAUDRAIS.	S. Jean.	Dreux.	Brezolles.	Le prieur de Thimert.	750.	150.
JEUFOSSE.	Notre-Dame.	Pinserais.	Mantes.	L'archidiacre.	750.	150.
JOUARS – PONTCHARTRAIN (*vic.*).	S. Martin.	Id.	Poissy.	L'abbé de Neauphle.	1,000.	500.
JOUY (*vic.*).	S. Cyr et S. Julitte.	Grand.	Épernon.	Le Chapitre.	750.	340.
JOUY-MAUVOISIN.	S. Foi.	Pinserais.	Mantes.	Le doyen de Gassicourt.	550.	120.
JUMEAUVILLE.	S. Pierre.	Id.	Poissy.	L'abbé de S.-Évroult.	800.	280.
LAMBLORE.	S. Martin.	Dreux.	Brezolles.	L'abbé de S.-Vincent-aux-Bois.	850.	300.
La Ferté – Vidame, *annexe*.						
LA LANDE.	S. Jean.	Id.	Id.	L'Evêque.	750.	300.
LANDELLES.	S. Médard.	Grand.	Courville.	Le Chapitre.	600.	100.
S.-Marc-des-Bois, *annexe*.						
LANDOUVILLE.	S. Nicolas.	Dreux.	Dreux.	Id.	300.	50.

	Patrons.	Archidiaconé.	Doyenné.	Présentateurs.	Revenu.	Communiants.
LANGEY.	S. Pierre.	Dunois.	Perche.	L'Évêque.	700 l.	300.
LANNERAY.	Id.	Id.	Id.	L'abbé de la Madeleine de Châteaudun.	650.	400.
LAONS.	S. Martin.	Dreux.	Brezolles.	L'Évêque.	600.	300.
LÉTHUIN.	S. Gervais et S. Protais.	Grand.	Auneau.	L'abbé de Marmoutier.	600.	150.
LEVAINVILLE.	S. Gilles.	Id.	Épernon.	L'archidiacre.	500.	240.
LEVASVILLE.	S. Martin.	Dreux.	Dreux.	Le prieur de Thimert.	600.	60.
LEVÉVILLE–LA–CHENARD.	Id.	Grand.	Rochefort.	L'archidiacre.	700.	250.
LOGNES (vic.).	S. Pierre.	Pinserais.	Mantes.	L'abbé de S.-Germain-des-Prés.	700.	400.
LOGRON.	S. Martin.	Dunois.	Perche.	L'archidiacre.	550.	160.
LOIGNY.	S. Lucain.	Id.	Beauce.	L'Evêque.	500.	200.
LOLON.	S. Martin.	Id.	Id.	L'abbé de Bonneval.	700.	40.
LOMMOYE.	S. Léger.	Pinserais.	Mantes.	L'abbé de Coulombs.	800.	150.
LONGNY (vic.).	S. Martin.	Dreux.	Brezolles.	L'abbé de S.-Jean.	1,800.	2,500.
LONGVILLIERS.	S. Pierre.	Grand.	Rochefort.	L'abbé de Josaphat.	800.	200.
LE LOREAU.	La Trinité.	Id.	Epernon.	Le seigneur.	500.	20.
LORMOYE.	S. Jean-Baptiste.	Dreux.	Dreux.	L'abbé de Coulombs.	700.	200.
LA LOUPE (vic.).	S. Thibaut.	Grand.	Perche.	L'abbé de S.-Vincent-aux-Bois.	1,600.	700.
LOUVILLE-LA-CHENARD.	S. Cheron.	Id.	Auneau.	L'archidiacre.	800.	330.
LOUVILLIERS – EN – DROUAIS.	S. Léger.	Dreux.	Dreux.	L'abbé de S.-Vincent-aux-Bois.	650.	100.
LOUVILLIERS-LÈS-PERCHE.	Notre-Dame.	Dreux.	Brezolles.	L'Evêque.	600.	140.
LUIGNY.	S. Jean-Baptiste.	Grand.	Perche.	L'abbé de S.-Père.	800.	300.
LUPLANTÉ.	S. Georges.	Id.	Brou.	Le Chapitre.	600.	250.
LURAY.	S. Rémy.	Dreux.	Dreux.	Id.	500.	120.
LUTZ.	S. Pierre.	Dunois.	Beauce.	L'abbé de la Madeleine de Châteaudun.	800.	360.
LA MADELEINE-BOUVET.	La Madeleine.	Dreux.	Brezolles.	Le seigneur.	500.	250.
LE MAGE (vic.).	S. Germain.	Id.	Id.	L'Évêque.	1,000.	400.
MAGNANVILLE.	S. Jacques.	Pinserais.	Mantes.	Le seigneur.	500.	50.
MAGNY (vic.).	S. Didier.	Grand.	Brou.	L'abbé de Bonneval.	650.	310.
MAILLEBOIS.	S. François.	Dreux.	Brezolles.	Le seigneur.	650.	500.
MAINTENON.	S. Nicolas.	Grand.	Epernon.	L'abbé de Marmoutier.	420.	55.
MAINTENON (vic.).	S. Pierre.	Id.	Id.	L'archidiacre.	750.	600.
MAINTERNE.	S. Laurent.	Dreux.	Dreux.	L'abbé de S.-Vincent-aux-Bois.	950.	120.
MAISONS-EN-BEAUCE.	S. Anne.	Grand.	Auneau.	L'abbé de Morigny.	500.	220.
MAISONS – SUR – SEINE (vic.).	S. Nicolas.	Pinserais.	Poissy.	L'abbé de Coulombs.	700.	600.
MALE (vic.).	S. Martin.	Grand.	Perche.	L'archidiacre.	850.	500.

POUILLÉ DU XVIIIe SIÈCLE.

	Patrons.	Archidiaconé.	Doyenné.	Présentateurs.	Revenu.	Communiants.
MALÉTABLE.	S. Laurent.	Dreux.	Brezolles.	L'abbé de S.-Evroult.	700 l.	110.
MANOU.	S. Pierre.	Id.	Id.	L'Evêque.	650.	400.
MANTES (*vic.*).	S. Croix.	Pinserais.	Mantes.	Le comte de Mantes.	1,000.	1,400.
MANTES (*vic.*).	S. Maclou.	Id.	Id.	Id.	1,000.	1,600.
MANTES.	S. Pierre.	Id.	Id.	L'archidiacre.	200.	50.
MANTES - LA - VILLE (*vic.*).	S. Etienne.	Id.	Id.	Le comte de Mantes.	900.	550.
Le Breuil, *annexe*.						
MARBOUÉ (*vic.*).	S. Pierre et S. Martin.	Dunois.	Beauce.	L'archidiacre.	900.	300.
MARCHAINVILLE.	Notre-Dame.	Dreux.	Brezolles.	L'abbé de S.-Evroult.	650.	300.
MARCHÉVILLE.	S. Cheron.	Grand.	Courville.	Le Chapitre.	700.	300.
MARCHEZAIS.	La Madeleine.	Pinserais.	Mantes.	L'Evêque.	700.	100.
MARCQ.	S. Rémy.	Id.	Poissy.	L'abbé de S.-Evroult.	650.	250.
MAREIL-LE-GUYON.	S. Martin.	Id.	Id.	L'abbé de S.-Magloire.	700.	100.
MAREIL-SUR-MAULDRE (*vic.*).	Id.	Id.	Id.	L'archidiacre.	700.	220.
MARGON.	Notre-Dame.	Grand.	Perche.	Le doyen de S.-Denis de Nogent.	750.	358.
MAROLLES.	S. Vincent.	Id.	Id.	L'abbé de Thiron.	750.	260.
MARVILLE-LES-BOIS.	Notre-Dame.	Dreux.	Dreux.	L'abbé de S.-Vincent-aux-Bois.	650.	200.
MARVILLE - MOUTIER - BRULÉ (*vic.*).	S. Pierre.	Id.	Id.	L'abbé de Coulombs et le chapitre de Dreux.	900.	500.
MATTANVILLIERS.	Notre-Dame.	Id.	Brezolles.	L'Evêque.	600.	50.
MAULE - SUR - MANDRE (*vic.*).	S. Nicolas.	Pinserais.	Poissy.	L'abbé de S.-Evroult.	1,100.	450.
MAULE-SUR-MANDRE.	S. Vincent.	Id.	Id.	Id.	550.	200.
MAULETTE.	S. Pierre.	Id.	Mantes.	L'archidiacre.	600.	60.
MAUREPAS.	S. Sauveur.	Pinserais.	Poissy.	L'abbé de Neauphle.	950.	150.
MEAUCÉ.	S. Léonard.	Grand.	Perche.	Les religieuses de Belhomert.	800.	170.
MEDAN.	S. Germain.	Pinserais.	Poissy.	L'abbé de Neauphle.	500.	60.
MELLERAY (*vic.*).	Notre-Dame.	Dunois.	Perche.	L'abbé de S.-Calais.	800.	700.
LES MENUS.	S. Laurent.	Dreux.	Brezolles.	L'Evêque.	900.	250.
MÉRÉ (*vic.*).	S. Denis.	Pinserais.	Poissy.	L'abbé de S.-Magloire.	1,000.	380.
MÉRÉGLISE.	Notre-Dame.	Grand.	Brou.	L'archidiacre.	450.	70.
MÉROBERT.	Id.	Id.	Rochefort.	L'abbé de Claire-fontaine.	750.	250.
MÉROUVILLE.	S. Benoît.	Id.	Id.	L'abbé de S.-Benoît-sur-Loire.	600.	250.
MESLAY-LE-GRENET.	S. Orient.	Id.	Brou.	L'archidiacre.	650.	200.
MESLAY-LE-VIDAME.	S. Etienne.	Id.	Id.	L'abbesse de S.-Avit.	400.	160.
LE MESNIL - LE - ROI (*vic.*).	S. Vincent.	Pinserais.	Poissy.	Le chapitre de Poissy.	600.	260.
LE MESNIL - RENARD (*vic.*).	Notre-Dame.	Id.	Mantes.	L'archidiacre.	800.	500.
Bonnières, *annexe*.						

III.

53

418 POUILLÉ DU XVIII° SIÈCLE.

	Patrons.	Archidiaconé.	Doyenné.	Présentateurs.	Revenu.	Communiants.
Le Mesnil-Simon.	S. Nicolas.	Pinserais.	Mantes.	L'archidiacre.	1,200 l.	240.
Le Mesnil-Thomas (vic.).	S. Barthélemy.	Dreux.	Brezolles.	L'abbé de S.-Père.	1,000.	360.
Meulan.	S. Jacques.	Pinserais.	Poissy.	L'abbé du Bec.	500.	200.
Mévoisins.	S. Hilaire.	Grand.	Epernon.	Le Chapitre.	500.	130.
Mézières-au-Perche.	Notre-Dame.	Id.	Brou.	Id.	500.	150.
Mézières-en-Drouais.	S. Martin.	Dreux.	Dreux.	Id.	700.	250.
Mézières-sur-Seine (vic.).	S. Nicolas.	Pinserais.	Mantes.	Le chapitre de Notre-Dame de Paris.	800.	700.
Miermaigne.	S. Pierre.	Grand.	Brou.	L'archidiacre.	800.	200.
Mignières.	S. Gervais et S. Protais.	Id.	Id.	Le Chapitre.	600.	250.
Millemont.	S. Martin.	Pinserais.	Poissy.	L'archidiacre.	350.	100.
Mittainville.	S. Rémy.	Id.	Mantes.	L'abbé de S.-Père.	600.	250.
Mittainvilliers.	La Madeleine.	Grand.	Epernon.	Id.	650.	112.
Moinville-la-Jeulin.	S. Maur.	Id.	Auneau.	L'Évêque.	450.	106.
Moissons (vic.).	S. Léger.	Pinserais.	Mantes.	L'archidiacre.	700.	500.
Moléans.	S. Pierre.	Dunois.	Beauce.	L'archidiacre.	700.	200.
Molitard, annexe.						
Monceaux.	S. Jean.	Dreux.	Dreux.	L'abbé de S.-Jean.	600.	150.
Mondonville-la-S.-Jean.	S. Martin.	Grand.	Auneau.	Id.	900.	80.
Mondreville.	S. Christophe.	Pinserais.	Mantes.	L'abbé de Coulombs.	600.	150.
Monnerville.	S. Aignan.	Grand.	Rochefort.	Les religieux de S-Denis en France.	600.	200.
Montainville.	Notre-Dame.	Pinserais.	Poissy.	L'archidiacre.	700.	250.
Montainville-en-Beauce.	S. Hilaire.	Grand.	Brou.	Le chancelier de Chartres.	600.	300.
Montchauvet.	La Madeleine.	Pinserais.	Mantes.	L'abbé de S.-Germain-des-Prés.	600.	240.
Montemain.	S. Pierre.	Grand.	Brou.	L'archidiacre.	500.	80.
Montfort-l'Amaury (vic.).	Id.	Pinserais.	Poissy.	L'abbé de S.-Magloire.	1,000.	1,500.
Montharville.	Notre-Dame.	Dunois.	Perche.	L'archidiacre.	550.	50.
Montigny-le-Bretonneux.	S. Martin.	Pinserais.	Poissy.	L'abbé de Bourgueil.	1,500.	100.
Montigny-le-Chartif (vic.).	S. Pierre et S. Paul.	Grand.	Brou.	L'archidiacre.	700.	540.
Montigny-sur-Avre.	S. Martin.	Dreux.	Brezolles.	L'abbé de S.-Vincent-aux-Bois.	800.	150.
Montireau.	S. Barthélemy.	Grand.	Perche.	L'Évêque.	600.	160.
Montlandon.	S. Jacques.	Id.	Id.	L'archidiacre.	450.	140.
Montlouet.	S. Eloi.	Id.	Epernon.	L'abbé de Bonneval.	500.	200.
Montmirail (vic.).	Notre-Dame.	Dunois.	Perche.	L'abbé de S.-Calais.	700.	500.
Montreuil.	S. Pierre.	Dreux.	Dreux.	L'abbé de S.-Père.	800.	300.
Morainville.	S. Eutrope.	Grand.	Auneau.	Le seigneur.	400.	60.
Morainvilliers.	S. Léger.	Pinserais.	Poissy.	L'abbé du Bec.	700.	180.
Morancez.	S. Germain.	Grand.	Brou.	L'abbé de S.-Jean.	750.	200.
Moriers.	Notre-Dame.	Dunois.	Beauce.	L'abbé de Bonneval.	600.	200.
Morvilliers.	S. Denis.	Dreux.	Brezolles.	L'abbé de S.-Père.	650.	160.

POUILLÉ DU XVIII⁰ SIÈCLE. 419

	Patrons.	Archidiaconé.	Doyenné.	Présentateurs.	Revenu.	Communiants.
Mottereau.	S. Antoine.	Grand.	Brou.	L'archidiacre.	450 l.	125.
Moulhard.	Notre-Dame.	Dunois.	Perche.	L'abbé de S.-Père.	650.	220.
Moulicent (vic.).	S. Denis.	Dreux.	Brezolles.	L'abbé de S.-Evroult.	1,800.	320.
Moulinneuf.	S. Thomas.	Grand.	Rochefort.	Le Chapitre de S.-Aignan d'Orléans.	450.	40.
Mousseaux - aux - Boeufs.	S. Léger.	Pinserais.	Mantes.	L'archidiacre.	800.	300.
Moussonvilliers.	Notre-Dame.	Dreux.	Brezolles.	L'abbé de S.-Père.	655.	200.
Moutiers-au-Perche (vic.).	Id.	Id.	Id.	L'Évêque.	700.	600.
Moutiers-en-Beauce.	S. Jean-Baptiste.	Grand.	Auneau.	L'archidiacre.	900.	300.
Mulcent.	S. Etienne.	Pinserais.	Mantes.	L'archidiacre.	900.	50.
La Mulotière.	Notre-Dame.	Dreux.	Brezolles.	L'abbé de S.-Vincent-aux-Bois.	300.	100.
Les Mureaux.	S. Pierre et S. Paul.	Pinserais.	Poissy.	L'abbé du Bec.	750.	350.
Les Murgers.	S. Jean-Baptiste.	Grand.	Perche.	L'abbé de Thiron.	650.	60.
Nantilly.	S. Pierre.	Pinserais.	Mantes.	L'abbé de S.-Père.	700.	200.
La Chaussée-d'Ivry, annexe.						
Neauphle-le-Chateau.	S. Nicolas.	Id.	Poissy.	L'abbé de Bourgueil.	650.	350.
Neauphle-le-Vieux (vic.).	Id.	Id.	Id.	L'abbé.	750.	500.
Neauphlette.	S. Martin.	Id.	Mantes.	L'abbé de S.-Germain-des-Prés.	550.	180.
Néron.	S. Léger.	Grand.	Epernon.	L'archidiacre et l'abbé de Coulombs.	1,500.	250.
Neuilly.	S. Germain.	Dreux.	Brezolles.	L'Évêque.	800.	400.
Neuvy-en-Beauce.	S. Julien.	Grand.	Rochefort.	L'archidiacre.	800.	220.
Neuvy - en - Dunois (vic.).	S. Martin.	Dunois.	Beauce.	L'archidiacre.	800.	500.
Nogent-le-Phaye.	S. Pierre et S. Paul.	Grand.	Auneau.	Le Chapitre.	550.	340.
Nogent-le-Roi (2 vic.).	S. Sulpice.	Dreux.	Dreux.	L'abbé de Coulombs.	1,000.	900.
Nogent - le - Rotrou (vic.).	Notre-Dame.	Grand.	Perche.	Le doyen de S.-Denis.	800.	1,300.
Nogent - le - Rotrou (vic.).	S. Hilaire.	Id.	Id.	Id.	900.	1,800.
Nogent - le - Rotrou (vic.).	S. Laurent.	Id.	Id.	Id.	900.	1,100.
Nogent-sur-Eure.	S. Silvain.	Id.	Brou.	Le Chapitre.	600.	200.
Noisy-le-Roi.	S. Lubin.	Pinserais.	Poissy.	L'archidiacre.	700.	250.
Nonvilliers.	S. Anastase.	Grand.	Brou.	Le doyen de S.-Denis de Nogent.	750.	150.
Normandel.	S. Firmin.	Dreux.	Brezolles.	L'archidiacre.	750.	100.
Nottonville.	S. Pierre.	Dunois.	Beauce.	L'abbé de Marmoutier.	600.	350.
Oigny.	Notre-Dame.	Id.	Perche.	L'abbé de S.-Calais.	500.	150.

	Patrons.	Archidiaconé.	Doyenné.	Présentateurs.	Revenu.	Communiants.
OINVILLE - SAINT - LIPHARD.	S. Liphard.	Grand.	Rochefort.	Le chapitre de Meung.	800 l.	330.
OINVILLE - SOUS - AUNEAU.	S. Rémy.	Id.	Auneau.	L'archidiacre.	750.	200.
OLLÉ (*vic.*).	S. Martin.	Id.	Courville.	Les religieux de Bonne-Nouvelle d'Orléans.	700.	270.
ORCEMONT.	S. Eutrope.	Id.	Epernon.	L'archidiacre.	700.	80.
ORGÈRES.	S. Pierre.	Dunois.	Beauce.	L'abbé de la Madeleine de Châteaudun.	450.	140.
ORGERUS (*vic.*).	Id.	Pinserais.	Mantes.	Le prieur de Bazainville.	900.	400.
ORGEVAL (*vic.*).	S. Pierre.	Id.	Poissy.	L'abbé de Coulombs.	1,000.	600.
ORLU.	S. Médard.	Grand.	Rochefort.	L'abbé de Morigny.	450.	80.
ORMOY.	S. Pierre.	Dreux.	Dreux.	Le prieur d'Epernon.	500.	120.
ORPHIN.	S. Monegonde.	Grand.	Epernon.	L'archidiacre.	500.	130.
ORROUER.	S. Martin.	Id.	Courville.	L'abbé de Josaphat.	900.	200.
ORSONVILLE.	S. André.	Id.	Rochefort.	Le prieur de S.-Martin-des-Champs.	550.	200.
ORVILLIERS.	S. Martin.	Pinserais.	Mantes.	Le seigneur.	650.	170.
OSMOY.	S. Cloud.	Id.	Id.	L'abbé de Josaphat.	600.	70.
OUARVILLE (*vic.*).	S. Martin.	Grand.	Auneau.	L'abbé de S.-Jean.	1,200.	450.
OUERRE.	S. Cyr et S. Julitte.	Dreux.	Dreux.	L'Evêque.	750.	230.
OULINS.	S. Pierre.	Pinserais.	Mantes.	L'abbé de S.-Père.	650.	120.
OYSONVILLE.	S. Pierre et S. Paul.	Grand.	Rochefort.	L'archidiacre.	700.	300.
PARAY-DOUAVILLE.	S. Pierre.	Id.	Id.	L'abbé de Clairefontaine.	800.	200.
LE PAS-S.-LOMER.	S. Lomer.	Id.	Perche.	L'Evêque.	350.	130.
PATAY.	S. André.	Dunois.	Beauce.	L'abbé de Bonneval.	800.	400.
PERDREAUVILLE.	S. Martin.	Pinserais.	Mantes.	Le doyen de Gassicourt.	600.	450.
PÉRONVILLE.	S. Pierre.	Dunois.	Beauce.	L'abbé de la Madeleine de Châteaudun.	1,000.	250.
LE PERRAY (*vic.*). Vieille - Eglise, *annexe*.	S. Eloi.	Pinserais.	Poissy.	L'Evêque.	1,200.	350.
PEZY.	S. Taurin.	Grand.	Auneau.	Le Chapitre.	500.	100.
PIERRES.	S. Gervais et S. Protais.	Id.	Epernon.	L'abbé de Marmoutier.	600.	350
LES PINTHIÈRES.	S. Martin.	Pinserais.	Mantes.	L'Evêque.	700.	100
PLAISIR (*vic.*).	S. Pierre.	Grand.	Epernon.	L'abbé de Bourgueil.	1,000.	600
LE PLESSIS-DORIN.	S. Jean.	Dunois.	Perche.	L'abbé de S.-Calais.	700.	260.
POIGNY.	S. Pierre.	Grand.	Epernon.	L'abbé de S.-Magloire.	500.	100.
LE POISLAY.	S. Pelerin et S. Celerin.	Dunois.	Perche.	Le Chapitre.	700.	350.
POISSY (2 *vic.*).	Notre-Dame.	Pinserais.	Poissy.	Le Chapitre et le Seigneur.	1,100.	2,000.

POUILLÉ DU XVIIIᵉ SIÈCLE. 421

	Patrons.	Archidiaconé.	Doyenné.	Présentateurs.	Revenu.	Communiants.
POISVILLIERS.	S. Etienne.	Grand.	Epernon.	Le doyen de Chartres.	650 l.	80.
PONTEVRARD.	Notre-Dame.	Id.	Rochefort.	L'Evêque.	300.	100.
PONTGOUIN (vic.).	S. Lubin.	Id.	Courville.	L'abbé de S.-Jean.	750.	900.
LA POTERIE.	S. Pierre.	Dreux.	Brezolles.	L'archidiacre.	500.	150.
PRASVILLE.	S. Lubin.	Grand.	Auneau.	L'archidiacre.	800.	260.
PRÉ-S.-EVROULT.	S. Evroult.	Dunois.	Beauce.	Le Chapitre.	700.	240.
PRÉ-S.-MARTIN.	S. Martin.	Id.	Id.	L'abbé de Bonneval.	550.	200.
PROUAIS (vic.).	S. Rémy.	Pinserais.	Mantes.	Le prieur d'Epernon.	750.	360.
PRUDEMANCHE.	S. Lubin.	Dreux.	Brezolles.	L'abbé de Coulombs.	1,800.	260.
PRUNAY-LE-GILLON (vic.).	S. Denis.	Grand.	Auneau.	L'abbé de Marmoutier.	900.	750.
PRUNAY-LE-TEMPLE.	S. Martin.	Pinserais.	Mantes.	L'archidiacre et l'abbé de Josaphat.	550.	270.
PRUNAY-SOUS-ABLIS (vic.).	S. Pierre.	Grand.	Rochefort.	L'archidiacre.	1,200.	280.
LA PUISAYE.	S. Jean Baptiste.	Dreux.	Brezolles.	L'abbé de S.-Père.	600.	400.
PUISEUX.	La Madeleine.	Id.	Dreux.	Le chapitre de Dreux et l'abbé de Coulombs.	400.	120.
PUSSAY.	S. Vincent.	Grand.	Rochefort.	L'archidiacre.	900.	260.
RAMBOUILLET (2 vic.).	S. Lubin.	Id.	Epernon.	Le prieur d'Epernon.	1,000.	800.
RANDONNAI.	S. Malo.	Dreux.	Brezolles.	L'Evêque.	450.	200.
RÉCLAINVILLE.	S. Pierre.	Grand.	Auneau.	L'abbé de S.-Père.	600.	260.
RÉMALARD (vic.).	S. Germain.	Dreux.	Dreux.	L'Evêque.	700.	540.
LES RESSUINTES.	Notre-Dame.	Id.	Brezolles.	L'abbé de S.-Père.	500.	200.
RETZ.	S. Jacques.	Pinserais.	Poissy.	Le chapitre de Poissy.	300.	200.
RÉVEILLON.	S. Pierre.	Dreux.	Brezolles.	L'abbé de S.-Père.	400.	100.
REVERCOURT.	S. Rémy.	Id.	Id.	L'abbé de S.-Vincent-aux-Bois.	650.	60.
RICHARVILLE.	S. Lubin.	Grand.	Rochefort.	L'archidiacre.	650.	140.
RICHEBOURG.	S. Georges.	Pinserais.	Mantes.	L'archidiacre.	1,200.	160.
ROCHEFORT (vic.).	S. Gilles.	Grand.	Rochefort.	Le seigneur.	700.	350.
ROHAIRE.	S. Martin.	Dreux.	Brezolles.	L'abbé de S.-Père.	600.	200.
ROINVILLE-SOUS-AUNEAU.	S. Georges.	Grand.	Auneau.	L'abbé de S.-Martin-des-Champs.	600.	200.
ROINVILLE-SOUS-DOURDAN.	S. Denis.	Id.	Rochefort.	L'archidiacre.	550.	300.
ROLLEBOISE.	S. Michel.	Pinserais.	Mantes.	L'archidiacre et l'abbé de S.-Vandrille.	400.	150.
ROSNY (vic.).	S. Lubin.	Id.	Id.	L'abbé de S.-Vandrille.	600.	350.
Buchelay, annexe.						
ROUVRAY-SAINT-DENIS (vic.).	S. Denis.	Grand.	Rochefort.	Les religieux de S.-Denis en France.	700.	450.
ROUVRAY-SAINT-FLORENTIN.	S. Pierre et S. Paul.	Id.	Brou.	L'abbé de Bonneval.	550.	120.
ROUVRES (vic.).	S. Martin.	Pinserais.	Mantes.	L'abbé du Bec.	650.	400.
RUEIL.	S. Denis.	Dreux.	Brezolles.	L'abbé de S.-Père.	560.	150.

	Patrons.	Archidiaconé.	Doyenné.	Présentateurs.	Revenu.	Communiants.
S.-Ange.	S. Michel.	Dreux.	Brezolles.	L'Évêque.	600 l.	250.
S.-Arnoul-des-Bois (vic.).		Grand.	Courville.	L'abbé de Josaphat.	600.	350.
S.-Arnoul-en-Yveline (vic.).	S. Nicolas.	Id.	Rochefort.	L'archevêque de Paris.	850.	800.
S.-Aubin.		Pinserais.	Poissy.	L'abbé de Neauphle.	600.	20.
S.-Aubin-des-Bois.		Grand.	Épernon.	Le Chapitre.	600.	200.
S.-Avit-au-Perche.		Dunois.	Perche.	L'abbé de S.-Calais.	550.	200.
S.-Avit-les-Guépières.		Grand.	Brou.	L'abbé de Marmoutier.	750.	250.
S.-Cheron-des-Champs.		Dreux.	Dreux.	L'abbé de Coulombs.	1,800.	100.
S.-Cheron-du-Chemin.		Grand.	Épernon.	L'abbé de S.-Cheron.	800.	650.
S.-Cheron-Montcouronne (vic.).		Id.	Rochefort.	L'archidiacre.	850.	100.
S.-Christophe.		Dunois.	Beauce.	Le Chapitre.	450.	100.
S.-Cloud.		Id.	Id.	Le chapitre de S.-Cloud.	550.	150.
S.-Cyr.		Pinserais.	Poissy.	L'abbesse.	800.	400.
S.-Cyr-sous-Dourdan.		Grand.	Rochefort.	L'archidiacre.	750.	240.
S.-Denis-d'Authou.		Id.	Perche.	Le Chapitre.	550.	260.
S.-Denis-de-Cernelles.		Id.	Brou.	L'abbesse de S.-Avit.	450.	30.
S.-Denis-de-Moronval.	S. Symphorien.	Dreux.	Dreux.	Le Chapitre de Meung.	700.	180.
S.-Denis-des-Puits.		Grand.	Courville.	L'abbé de S.-Jean.	800.	200.
S.-Denis-les-Ponts.		Dunois.	Beauce.	L'abbesse de S.-Avit.	650.	400.
S.-Eliph (vic.). Vaupillon, annexe.		Grand.	Perche.	L'abbé de S.-Lomer de Blois.	1,200.	1,050.
S.-Eman.		Id.	Brou.	L'abbé de Bonneval.	300.	68.
S.-Escobille.		Id.	Rochefort.	L'archidiacre.	900.	250.
S.-Gemmes.	S. Martin.	Pinserais.	Poissy.	Le chapitre de S.-Cloud.	700.	160.
S.-Georges-sur-Eure.		Grand.	Courville.	L'archidiacre.	900.	200.
S.-Germain-de-la-Grange.		Pinserais.	Poissy.	L'archidiacre.	650.	110.
S.-Germain-de-Lézeau.		Dreux.	Brezolles.	Le prieur de Thimert.	650.	100.
S.-Germain-de-Profondval.		Id.	Id.	L'abbé de S.-Martin de Séez.	120.	50.
S.-Germain-le-Désiré.		Grand.	Auneau.	L'archidiacre.		
S.-Germain-le-Gaillard.		Id.	Courville.	Id.	500.	200.
S.-Germain-la-Gatine.		Id.	Épernon.	L'abbé de S.-Père.	300.	30.
S.-Germain-lès-Alluyes.		Id.	Brou.	Id.	750.	120.
S.-Hilaire.		Id.	Rochefort.	La prieure.	350.	120.

	Patrons.	Archidiaconé.	Doyenné.	Présentateurs.	Revenu.	Communiants.
S. - Hilaire - des - Noyers.		Grand.	Perche.	Le doyen de S.-Denis de Nogent.	500 l.	120.
S.-Hilarion.		Id.	Épernon.	L'archidiacre.	550.	120.
S.-Illiers-la-Ville.		Pinserais.	Mantes.	L'abbé de Coulombs.	500.	100.
S.-Jean-de-la-Chaine (vic.).		Dunois.	Perche.	L'Evêque.	750.	600.
S. - Jean - de - Rebervilliers.		Dreux.	Dreux.	L'abbé de S.-Vincent-aux-Bois.	500.	100.
S.-Jean-Pierrefixte.		Grand.	Perche.	Le doyen de S.-Denis de Nogent.	500.	180.
S.-Laurent-la-Gatine.		Dreux.	Dreux.	L'abbé de Coulombs.	700.	150.
S. - Léger - des - Aubées.		Grand.	Auneau.	Le Chapitre.	600.	150.
S.-Léger-en-Yveline.		Pinserais.	Poissy.	L'archidiacre.	550.	220.
S.-Loup.		Grand.	Brou.	Le Chapitre.	550.	200.
S. - Lubin - des - Cinq - Fonds.		Dunois.	Perche.	L'abbé de Thiron.	500.	200.
S.-Lubin-de-Cravant.		Dreux.	Brezolles.	L'abbé de Coulombs.	900.	100.
S.-Lubin-de-la-Haye.		Pinserais.	Mantes.	L'abbé d'Ivry.	550.	230.
S.-Lubin-d'Isigny.		Dunois.	Perche.	L'abbé de la Madeleine de Châteaudun.	900.	280.
S.-Lubin-des-Joncherets (vic.).		Dreux.	Brezolles.	L'archidiacre.	800.	800.
S.-Lucien.		Grand.	Épernon.	L'abbé de S.-Père.	550.	150.
S.-Luperce.		Id.	Courville.	L'archidiacre.	700.	170.
S. - Martin - des - Champs.		Pinserais.	Poissy.	L'abbé de Josaphat.	650.	200.
S.-Martin-de-Lézeau.		Dreux.	Brezolles.	Le prieur de Thimert.	500.	40.
S.-Martin-de-Nigelles.		Grand.	Épernon.	L'archidiacre.	750.	290.
S.-Martin-du-Péan.		Dunois.	Beauce.	L'abbé de S.-Père.	600.	160.
S.-Martin-du-Vieux-Verneuil.		Dreux.	Brezolles.	L'abbé de Jumièges.	850.	160.
S.-Maur.		Dunois.	Beauce.	L'abbé de Bonneval.	450.	200.
S.-Maurice-de-Gallou.		Grand.	Courville.	L'Évêque.	700.	200.
S.-Maurice-lès-Bonneval.		Dunois.	Beauce.	L'abbé de Bonneval.	450.	100.
S.-Maurice-les-Charencey.		Dreux.	Brezolles.	Le prieur.	650.	140.
S.-Maurice-Montcouronne (vic.).		Grand.	Rochefort.	Le prieur de S.-Arnoul-en-Yveline.	800.	300.
S.-Maixme.		Dreux.	Dreux.	Le prieur de Thimert.	550.	200.
S.-Même.		Grand.	Rochefort.	L'abbé de Josaphat.	600.	350.
S.-Ouen-Marchefroi.		Pinserais.	Mantes.	L'abbé du Bec.	550.	130.
S.-Piat (vic.). Chartainvilliers, annexe.		Grand.	Épernon.	L'abbé de Josaphat.	900.	850.

	Patrons.	Archidiaconé.	Doyenné.	Présentateurs.	Revenu.	Communiants.
S.-Pellerin.		Dunois.	Perche.	L'Évêque.	650 l.	240.
S.-Prest (vic.).		Grand.	Epernon.	L'abbesse de Jouarre.	700.	350.
S.-Projet.		Pinserais.	Mantes.	L'abbé de Grandchamp.	550.	50.
S.-Rémy-l'Honoré.		Id.	Poissy.	Les religieuses de Haute-Bruyère.	800.	200.
S.-Rémy-sur-Avre (vic.).		Dreux.	Brezolles.	L'abbé de Coulombs.	900.	300.
S.-Sauveur.		Id.	Dreux.	Le prieur de Thimert.	550.	220.
S.-Serge.		Grand.	Perche.	Le Chapitre.	350.	50.
S.-Sulpice-de-la-Aye.		Pinserais.	Mantes.	L'abbé d'Ivry.	700.	100.
S.-Symphorien.		Grand.	Epernon.	L'abbé de Bonneval.	750.	250.
S.-Victor-sur-Avre.		Dreux.	Brezolles.	Le commandeur de la Ville-Dieu-en-Drugesin.	650.	100.
S.-Victor-de-Buthon (vic.).		Grand.	Perche.	Les religieux de Bonne-Nouvelle d'Orléans.	900.	500.
Sainville.	S. Pierre.	Id.	Rochefort.	L'abbé de S.-Benoît-sur-Loire.	1,100.	330.
Sancheville (vic.).	S. Léger.	Dunois.	Beauce.	L'archidiacre et l'abbé de Thiron.	900.	500.
Sandarville.	S. Martin et S. Jouvin.	Grand.	Brou.	Le Chapitre.	550.	150.
Santeuil.	S. Georges.	Id.	Auneau.	L'Évêque.	400.	230.
La Saucelle.	S. Anne.	Dreux.	Brezolles.	L'abbé de S.-Vincent-aux-Bois.	600.	200.
Saulnières.	S. Pierre.	Dreux.	Brezolles.	L'abbé de Coulombs.	700.	160.
Saulx-Marchais.	S. Pierre.	Pinserais.	Poissy.	L'abbé de Neauphle.	500.	200.
Saumeray.	S. Jean-Baptiste.	Grand.	Brou.	L'abbé de Bonneval.	800.	230.
Saussay.	S. Pierre.	Pinserais.	Mantes.	L'abbé de S.-Père.	850.	100.
Senantes.	S. Aignan.	Dreux.	Dreux.	L'abbé de Coulombs.	600.	150.
Senonches (vic.).	Notre-Dame.	Id.	Brezolles.	L'abbé de S.-Père.	800.	1,100.
Septeuil (vic.).	S. Nicolas.	Pinserais.	Mantes.	L'abbé de S.-Germain-des-Prés.	700.	550.
Serazereux.	S. Denis.	Dreux.	Dreux.	L'abbé de Coulombs.	700.	250.
Sermaise (vic.).	Notre-Dame.	Grand.	Rochefort.	L'archidiacre.	950.	350.
Serville.	S. Pierre.	Dreux.	Dreux.	L'abbé de Coulombs.	550.	100.
Soindres.	S. Martin.	Pinserais.	Mantes.	Le doyen de Gassicourt.	650.	120.
Soizé (vic.).	S. Thomas.	Grand.	Perche.	L'archidiacre.	750.	400.
Sonchamps (vic.).	S. Georges.	Id.	Rochefort.	L'abbé de S.-Benoît-sur-Loire.	1,800.	550.
Greffiers, annexe.						
Sorel (vic.).	S. Nicolas.	Pinserais.	Mantes.	L'abbé de S.-Père.	900.	200.
Le Moussel, annexe.						
Souancé (vic.).	S. Georges.	Grand.	Perche.	L'archidiacre.	900.	700.

	Patrons.	Archidiaconé.	Doyenné.	Présentateurs.	Revenu.	Communiants.
Soulaires.	S. Jacques et S. Philippe.	Grand.	Epernon.	Le Chapitre.	500 l.	180.
Sours (vic.).	S. Germain.	Id.	Auneau.	L'abbé de Marmoutier.	650.	650.
Souzy-aux-Bœufs.		Pinserais.	Poissy.	L'abbé de S.-Geneviève de Paris.	2,000.	
Souzy-la-Briche.	S. Martin.	Grand.	Rochefort.	L'abbé de Morigny.	450.	70.
Tacoignières.	Notre-Dame.	Pinserais.	Mantes.	Le prieur de Bazainville.	450.	100.
Tardais.	S. Maurice.	Dreux.	Brezolles.	L'abbé de S.-Vincent-aux-Bois.	300.	120.
Le Tartre-Gaudran.	S. Pancrace.	Pinserais.	Mantes.	L'Evêque.	350.	25.
Le Tertre-Saint-Denis.	S. Laurent.	Id.	Id.	L'abbé du Bec.	550.	60.
Theuville.	S. Barthélemy.	Grand.	Auneau.	Le Chapitre.	500.	330.
Theuvy.	Notre-Dame et S. Quitaire.	Dreux.	Dreux.	L'abbé de S.-Jean.	1,100.	100.
Le Thieulin.	S. Eustache et S. Fiacre.	Grand.	Courville.	L'Evêque.	450.	250.
Thimert (vic.).	S. Pierre.	Dreux.	Dreux.	Le prieur.	650.	500.
Thionville-sur-Opton.	S. Nicolas.	Pinserais.	Mantes.	L'archidiacre.	750.	50.
Thivars.	S. Hilaire.	Grand.	Brou.	L'abbé de Josaphat.	400.	180.
Thiverval.	S. Martin.	Pinserais.	Poissy.	L'abbé de Coulombs.	2,500.	150.
Thiville (vic.).	Notre-Dame.	Dunois.	Beauce.	Le Chapitre.	600.	400.
Thoiry (vic.).	S. Martin.	Pinserais.	Poissy.	L'abbé de Clairefontaine.	900.	150.
Tilly.	Notre-Dame.	Id.	Mantes.	L'abbé de Coulombs.	500.	200.
Tourouvre (vic.).	S. Aubin.	Dreux.	Brezolles.	L'archidiacre.	1,200.	800.
Trancrainville.	S. Pierre.	Grand.	Rochefort.	L'archidiacre.	650.	180.
Trappes (vic.).	S. Georges.	Pinserais.	Poissy.	Les religieux de S.-Denis-en-France.	900.	250.
Le Tremblay (vic.).	S. Loup et S. Gilles.	Id.	Id.	L'archidiacre.	1,500.	260.
Le Tremblay-le-Vicomte (vic.).	S. Martin.	Dreux.	Brezolles.	L'abbé de S.-Jean.	1,000.	280.
Tréon.	S. Blaise.	Id.	Dreux.	L'abbé de S.-Père.	600.	300.
La Trinité.	La Trinité.	Id.	Brezolles.	L'archidiacre.	800.	60.
Trizay-au-Perche.	S. Martin.	Grand.	Perche.	L'archidiacre.	700.	150.
Trizay-lès-Bonneval.	Id.	Dunois.	Id.	L'archidiacre.	500.	150.
Umpeau.	S. Lubin.	Grand.	Auneau.	Le Chapitre.	500.	197.
Unverre (vic.).	S. Martin.	Dunois.	Perche.	Le doyen de S.-Denis de Nogent.	1,000.	1,700.
Vacheresses-les-Basses.	Notre-Dame.	Dreux.	Dreux.	L'abbé de Coulombs.	800.	120.
Le Val-Saint-Germain (vic.).	S. Germain.	Grand.	Rochefort.	L'archidiacre.	900.	350.
Varize (vic.).	S. Pierre et S. Paul.	Dunois.	Beauce.	Le Chapitre.	600.	200.
La Ventrouze.	La Madeleine.	Dreux.	Brezolles.	L'archidiacre.	300.	100.

	Patrons.	Archidiaconé.	Doyenné.	Présentateurs.	Revenu.	Communiants.
Ver-lès-Chartres.	S. Victur.	Grand.	Brou.	L'abbé de S.-Père.	700 l.	230.
Vérigny (vic.).	S. Rémy.	Id.	Epernon.	L'abbé de S.-Père.	800.	150.
Verneuil (vic.).	S. Martin.	Pinserais.	Poissy.	Le prieur de Deuil.	750.	280.
Vernouillet.	S. Sulpice.	Dreux.	Dreux.	Le chapitre de Dreux.	550.	300.
Vernouillet (vic.).	S. Etienne.	Pinserais.	Poissy.	L'abbé de S.-Magloire.	1,100.	330.
Vert.	S. Martin.	Id.	Mantes.	L'Evêque.	600.	200.
Vert-en Drouais.	S. Pierre.	Dreux.	Dreux.	Le prieur de Thiron.	800.	300.
Viabon (vic.).	S. Martin.	Dunois.	Beauce.	L'abbé de Josaphat.	700.	360.
Vichères (vic.).	Notre-Dame.	Grand.	Perche.	L'archidiacre.	1,000.	400.
Vicq.	S. Martin.	Pinserais.	Poissy.	L'abbé de S.-Père.	650.	100.
Vierville.	S. Hilaire.	Grand.	Rochefort.	L'Évêque.	350.	60.
Vieuvicq.	S. Martin.	Id.	Brou.	L'abbé de Marmoutier.	700.	300.
Villaines.	S. Nicolas.	Pinserais.	Poissy.	L'abbé de Neauphle.	700.	240.
Villampuy.	Notre-Dame.	Dunois.	Beauce.	L'Evêque.	600.	250.
Villars.	Id.	Id.	Id.	Le Chapitre.	550.	150.
Villeau.	S. Jean-Baptiste.	Id.	Id.	L'abbé de Marmoutier.	350.	240.
La Ville-aux-Nonains.	S. Pierre.	Dreux.	Brezolles.	Les religieuses de Belhomert.	600.	100.
Villebon.	S. Anne, S. Jean-Baptiste et S. Denis.	Grand.	Courville.	Le seigneur.	600.	
Villeconin (vic.).	S. Aubin.	Id.	Rochefort.	Le commandeur de S.-Jean-de-Latran, à Paris.	800.	300.
La Ville-l'Évêque.	Notre-Dame.	Pinserais.	Mantes.	L'Evêque.	650.	60.
Villemeux (vic.).	S. Maurice.	Dreux.	Dreux.	L'abbé de Coulombs.	1,200.	460.
Villemeux.	S. Pierre-de-Cappes.	Id.	Id.	Id.	600.	150.
La Villeneuve-en-Chevrie.	S. Nicolas.	Pinserais.	Mantes.	L'archidiacre.	1,900.	250.
Villeneuve-S.-Nicolas.	S. Laurent.	Grand.	Brou.	Les religieux de Bonne – Nouvelle d'Orléans.	400.	120.
Villeneuve-sur-Conie.	La Trinité.	Dunois.	Beauce.	L'abbé de Bonneval.	600.	170.
Villette (vic.).	S. Martin.	Pinserais.	Mantes.	L'abbé de S.-Vandrille.	1,200.	700.
Villette-les-Bois.	S. Germain.	Dreux.	Dreux.	L'abbé de Bonneval.	750.	120.
Villevillon.	Notre-Dame.	Dunois.	Perche.	L'abbé de S.-Père.	600.	150.
Villiers-le-Mahieu.	S. Martin.	Pinserais.	Mantes.	L'abbé de Coulombs.	1,700.	150.
Villiers-le-Morhier.	S. Etienne.	Grand.	Epernon.	L'archidiacre.	700.	200.
Villiers-S.-Orien.	S. Christine.	Dunois.	Beauce.	L'archidiacre.	600.	300.
Vitray-en-Beauce.	S. Denis.	Grand.	Brou.	L'abbesse de S.-Avit.	500.	140.
Vitray-sous-Brezolles.	S. Sulpice.	Dreux.	Brezolles.	L'abbé de S.-Père.	600.	240.
Voise.	S. Vincent.	Grand.	Auneau.	L'Évêque.	600.	200.
Voves (vic.).	S. Lubin.	Id.	Id.	Le Chapitre.	800.	850.
Yermenonville.	S. Martin.	Id.	Epernon.	Id.	700.	160.
Yèvres (2 vic.).	Notre-Dame.	Dunois.	Perche.	L'abbé de S.-Père.	2,500.	1,500.

POUILLÉ DU XVIIIᵉ SIÈCLE. 427

	Patrons.	Archidiaconé.	Doyenné.	Présentateurs.	Revenu.	Communiants.
YMERAY.	S. Georges.	Grand.	Epernon.	Le Chapitre.	700 l.	350.
YMONVILLE.	S. Saturnin.	Id.	Rochefort.	L'abbé de S.-Père.	650.	400.
LES YYS.	S. Pierre.	Id.	Perche.	Id.	500.	90.

CHAPELLES.

	Patrons.	Collateurs.	Revenu.	Paroisses où elles sont situées.	Réunies.
ABLIS.	La Madeleine.	Le grand archidiacre.	200 l.		A l'Hôtel-Dieu.
ABONDANT.	S. Marc.	Le roi.	30.		
AIGREFOIN.	S. Jean de l'Hôpital.			Brou.	
ALLUYES.	S. Nicolas.	Le seigneur.	350.	Au château.	
ANCISES.				Douy.	
ANET.	S. Roch.	Le seigneur.	200.		A l'Hôtel-Dieu.
L'ANGOTIÈRE.	S. Gilles et S. Loup.	L'abbesse de S.-Avit.	50.	Authon.	
ARBOUVILLE.	N.-D.-de-Lorette.	Le seigneur.	300.	Rouvray - S. - Denis.	
ARPENTIGNY.				Thimert.	
AUNEAU.			60,		A l'Hôtel-Dieu.
AUTHON-LA-PLAINE.	S. Louis.		70.		
LA BAZOCHE-GOUET.	N.-D.-des-Bois.	Le seigneur.	222.		
BAZOCHES.	S. Jacques.	Le seigneur.	150.		
BEAUMARCHAIS.	Id.	Le seigneur.		Beauche.	
BEAUMONT-LE-CHARTIF.	L'Ange gardien.		260.	Dans l'église.	
BÉROU.	S. Blaise.	Le seigneur de Tillières.	200.		A l'Hôtel-Dieu de Tillières.
BEROU.	La Madeleine.		30.	Meslay-le-Grenet.	A la cure de Meslay-le-Grenet.
BLAINVILLE.	S. Anne.	L'Évêque.		Marville—Moutier-Brûlé.	
BLANCHEFACE.		Le seigneur.	300.	Sermaise.	
BOINVILLE.	S. Jean.			Francourville.	
BOISENSOU.	S. Eutrope.			Logron.	
BOISRICHEUX.	S. Gilles.			Pierres.	
LE BOIS-S.-MARTIN.				Montainville.	
LA BOISSIÈRE.	S. Catherine.	Le seigneur.			
BOISSY-EN-DROUAIS.	La Vierge.			Dans l'église.	
BOISSY-MAUGIS.	S. Laurent-de-Cranes.	L'abbé de Thiron.	50,		A l'abbaye de Thiron.
BOISSY-MAUVOISIN.	S. Caprais.		50.		
BOISVILLE-LA-S.-PÈRE.	S. Jean-Baptiste.				
BONNEVAL.	S. Jacques.		90.		
BONNEVAL.	Notre-Dame.	L'abbé de Bonneval.	250.		A l'Hôtel-Dieu.
BONNEVAL.	S. Jean, S. Gilles et S. Loup.	L'Évêque.	220.		A l'Hôtel-Dieu.

	Patrons.	Collateurs.	Revenu.	Paroisses où elles sont situées.	Réunies.
BONNEVAL.	S. Jean-Baptiste.	Le duc d'Orléans.	201.		
BONREPOS.	La Vierge.	Le roi.	80.	Bailly.	
BONSECOURS.	La Vierge.		100.	Boissy-le-Sec.	
LA BORDE.			200.	Saint-Victor-de-Buthon.	
LA BOURDINIÈRE.				Boisvillette.	
BOURDONNÉ.	La Vierge.	Le seigneur.	300.	Au château.	Au vicariat.
BOUTIGNY.	N.-D. de Bonne-Nouvelle.	L'abbé de Coulombs.			
LE BREUIL.	S. Mesme.	L'abbé de Thiron.		Trizay-lès-Bonneval.	
BREUX.	S. Antonin.		30.		
BRÉVAL.	N.-D. de Bonne-Nouvelle.	—	150.		
BRIMONT.	S. Michel.			Frétigny.	
BROU.	S. Flambourg.	Le grand archidiacre.	200.		A l'Hôtel-Dieu.
BROU.	S. Jean.			A l'Hôtel-Dieu.	
BROU.	S. Blaise.			A l'Hôtel-Dieu.	
BU.	S. Antoine.	Le seigneur.	15.		
BULLOU.	S. Etienne.	L'Évêque.	40.	Au château.	
CHALO-LA-REINE.	S. Apolline.	Le chapitre de S.-Aignan d'Orléans.	80.		
CHAMDÉ.	Notre-Dame.			Châteaudun.	
CHAMPROMAIN.		Le seigneur.		Thiville.	
CHATEAUDUN.	S. Blaise.		250.		Aux Frères condonnés.
CHATEAUDUN.	S. Cécile.		250.		Id.
CHATEAUDUN.	S. Denis.	Le chapitre de S.-André.	200.	Dans l'église de S.-André.	
CHATEAUDUN.	S. Georges.	Id.	120.	Ibid.	
CHATEAUDUN.	La Vierge.	Id.	18.	Ibid.	
CHAUFFOURS.		L'abbé de Coulombs.		Theuvy.	
CHAUNAY.	S. Severin.			Fontenay-sur-Eure.	
CHAVENAY.	S. Martin et S. Fiacre.				
LE CHÊNE-DU-SALUT.				Les Corvées.	
CHENNEVIÈRE.				Blévy.	
CHERIZY.	N.-D. des Quinze-Joies.				
CHERIZY.	S. Martin-des-Genièvres.				
CHUISNES.	S. Santin.		20.		
LA COCHARDIÈRE.		Le seigneur.		Brou.	
CONDÉ.	S. Catherine de Riveray.	Le grand archidiacre.	200.		
CONDÉ.	S. Jean de Riveray.	Id.	150.		

POUILLÉ DU XVIIIe SIÈCLE.   429

	Patrons.	Collateurs.	Revenu.	Paroisses où elles sont situées.	Réunies.
CONIE.	S. Thomas.				
CORBEVILLE.				S.-Martin-des-Champs.	
COTTAINVILLE.	La Vierge.	Le seigneur.	430 l.	Châtenay.	
LES COUDREAUX.	S. Nicolas et S. Anne.	Le seigneur.	240.	Marboué.	
COUDRECEAU.		Le seigneur.	40.	Au château.	
COURVILLE.	S. Gilles.	Le seigneur.	100.	A l'Hôtel-Dieu.	
COURVILLE.	S. Roch.			Dans l'église de S.-Nicolas.	
COURVILLE.	La Madeleine.	L'abbé de S.-Jean.	200.		A l'Hôtel-Dieu.
DANGEAU.	S. Anne.	L'archidiacre de Dunois.	120.		
DIGNY.	S. Roch.		100.		Au prieuré.
DILLONVILLIERS.	S. Claude.		26.	La Chapelle-d'Aunain-ville.	
DOURDAN.	S. Jean-Baptiste.	Le duc d'Orléans.	20.	Dans l'église de S.-Germain.	
DOURDAN.	S. Laurent.	L'Evêque.	200.		A l'Hôtel-Dieu.
DREUX.	La Vierge (2 portions).	Le chapitre de Dreux.	60.	Dans l'église de S.-Etienne.	
DREUX.	S. Jacques et S. Barthélemy.	Id.		Ibid.	
DREUX.	S. Blaise.	Id.		Ibid.	
DREUX.	S. Cyr et S. Julitte.	Id.		Ibid.	
DREUX.	La Madeleine.	Id.		Ibid.	
DREUX.	Le Grand S. Michel.	Id.		Ibid.	
DREUX.	Le Petit S. Michel.	Id.		Ibid.	
DREUX.	S. Jean et S. Gilles.	Id.		Ibid.	
DREUX.	S. Nicolas du Revestiaire.	Le comte de Dreux.		Ibid.	
DREUX.	S. Fiacre.	Id.	100.	Ibid.	
DREUX.	S. Servais. •	Id.		Ibid.	
DREUX.	S. Eustache (2 portions).	Id.		Ibid.	
DREUX.	La Grande Madeleine.	Le chapitre de Dreux.		Dans l'église de S.-Pierre.	
DREUX.	La Petite Madeleine.	Id.	400.	Ibid.	
DREUX.	S. Martin.			Ibid.	
DREUX.	S. Crépin.			Ibid.	
DREUX.	S. Jacques			Ibid.	
DREUX.	S. Laurent.			Ibid.	

POUILLÉ DU XVIIIᵉ SIÈCLE.

	Patrons.	Collateurs.	Revenu.	Paroisses où elles sont situées.	Réunies.
Dreux.	S. Vincent.			Dans l'église de S.-Pierre.	
Dreux.	S. Honoré.			Ibid.	
Dreux.	N.-D. de Liesse.			Ibid.	
Dreux.	S. Fiacre.			Ibid.	
Dreux.	N.-D. de Pitié.			Ibid.	
Dreux.	La Vierge.			Ibid.	
Dreux.	S. Clotilde.			Ibid.	
Dreux.	N.-D. des Marches.	L'abbé de S. Vincent-aux-Bois.	100 l.	Au château.	
Dreux.	S. Nicolas des Salles.	Le comte.	400.	Ibid.	
Dreux.	S. Vincent.	Le chapitre de Dreux.	130.	Ibid.	
Dreux.	S. Jean-Baptiste.	L'évêque.	850.		A l'Hôtel-Dieu.
Dreux.	S. Ursin.				
Durbois.	S. Jean et S. Gilles.	Le seigneur.		Billancelles.	
Eclimont.	S. Anne.	L'abbesse de S.-Rémy-des-Landes.	50.	Saint-Symphorien.	A l'abbaye de S.-Rémy-des-Landes.
Ecluzelles.		L'évêque.	30.		
Edeville.	S. Jean.	L'abbé de S.-Jean.		Ouarville.	
Eguilly.	S. Nicolas.		150.	Saint-Avit-les-Guêpières.	
Epeautrolles.	S. Cheron.				
Epernon.	S. Denis.		100.		
L'Epinay.	S. Radegonde.	Le seigneur.		Lanneray.	
Epône.	S. Etienne.	L'archidiacre de Pinserais.			
Les Fenots.	S. Eve	L'évêque.		Dreux.	
La Ferrière.	La Madeleine.	Le grand archidiacre.	100.	Brunelles.	
La Folie.	Les Trois-Maries.	Le seigneur.		Maintenon.	
La Folie-Herbault.	La Vierge.	Le seigneur.	100.		A la cure.
Fontaine-les-Riboust.	S. Jacques.				
Fontaine-Méaslé.				Arrou.	
Fontenay-le-Fleury.	S. Jean-Baptiste.	Le seigneur.		Dans l'église.	
Fontenay-sur-Conie.	S. Colombe.				
Fonville.	S. Nicolas.	L'abbé de Coulombs.		Le Boullay-Mivoie.	
Frazé.	S. Gilles.	Le seigneur.			
Frécot.	S. Catherine.	L'archidiacre de Dunois.	200.	Trizay-lès-Bonneval.	A l'archidiaconé de Dunois.
Gallardon.	N.-D. de la Fontaine.				
Gallardon.	S. Mathieu.	Le seigneur	200.		A l'Hôtel-Dieu.
Gallardon.	S. Nicolas.		100.		Id.

POUILLÉ DU XVIIIᵉ SIÈCLE.

	Patrons.	Collateurs.	Revenu.	Paroisses où elles sont situées.	Réunies.
GAMBAIS.	S. Cosme.	Le roi.	300 l.		
GARDAIS.	S. Anne.				A la sacristie de Thiron.
GAZERAN.	La Vierge et S. Antoine de Padoue.	Le seigneur.		Au château.	
GÉNERVILLE.	S. Jean-Baptiste.			Sours.	
GIROUDET.	S. Etienne.			Ecrosnes.	
GOIMPY.		Le seigneur.		S.-Léger-des-Aubées.	
GOINDREVILLE.	S. Barbe.	Le seigneur.	80.	Thivars.	
LA GRENOUILLÈRE.				Nottonville.	
GROGNEUIL.	S. Jean.	Le seigneur.	80.	S.-Piat.	
GUAINVILLE.	S. Antoine de Pomars.		40.		
GUAINVILLE.	S. Martin de Revel.				
LE GUÉ-DE-LONGROI.	N.-D. des Vertus.	Le chapitre de Chartres.	300.	Ymeray.	
GUIBERT.	S. Laurent.	L'abbé de Bonneval.	70.	S.-Martin-du-Péan.	
LA GUILLERIE.	S. Michel.		150.	Bérou.	
HALOU.	S. Gilles.			Brou.	
HANNEMONT.	S. Jean-Baptiste.	L'Evêque.			
LA HAUTEVILLE.	Notre-Dame et Tous les Saints.	L'abbé de S.-Magloire.	50.		
HOUDAN.	S. Mathieu.		280.		A l'Hôtel-Dieu.
HOUDAN.	S. Sauveur et S. Martin.	L'Evêque.			Id.
HOUDREPONT.	S. Mamert.	Le prieur d'Epernon.		Hanches.	
LE HOUSSAY.		Le seigneur.	40.	Au château.	
HOUVILLE.	S. Jacques.		15.		
ILLIERS.	S. Eman.	L'abbé de Bonneval.			
ILLIERS.	S. Barthélemy.	Le grand archidiacre.	200.		A l'Hôtel-Dieu.
IMBERMAIS.	S. Jacques.	L'Evêque.	20.	Marville-Moutier-Brûlé.	
JOUARS-PONTCHARTRAIN.	La Vierge.	L'archidiacre de Pinserais.			
LONGNY.	N.-D.-de-Pitié.				
LONGNY.	S. Hubert.		50.		
LE LOREAU.			40.	Au château.	
LE LUAT-CLAIRET.	S. Claire.			Luray.	
LA MADELEINE-BOUVET		Le prieur de Moutiers.	40.	Dans l'église.	
LA MADELEINE-BOUVET.	S. Fiacre.	Le seigneur.	100.	Ibid.	
MAINTENON.	S. Adrien.		1,500.	Dans l'église de S.-Pierre.	

	Patrons.	Collateurs.	Revenu.	Paroisses où elles sont situées.	Réunie
MAJAINVILLE.			50 l.	Saulnières.	
MANOU.	La Vierge.	Le seigneur.		Au château.	
MANTES.	L'Assomption.	Le comte.	60.	Dans l'église de Notre-Dame.	
MANTES.	La Trinité (2 portions).	Id.	200.	Ibid.	
MANTES.	S. Anne.	Id.		Ibid.	
MANTES.	S. Blaise.	Id.	25.	Ibid.	
MANTES.	S. Claude.	Id.	.	Ibid.	
MANTES.	S. Cloud.	Id.	80.	Ibid.	
MANTES.	S. Croix.	Id.	50.	Ibid.	
MANTES.	S. Etienne.	Id.	50.	Ibid.	
MANTES.	S. Eutrope.	Id.	30.	Ibid.	
MANTES.	S. Jacques.	Id.	50.	Ibid.	
MANTES.	S. Jean-Baptiste.	Id.		Ibid.	
MANTES.	S. Jean-l'Evangéliste.	Id.	60.	Ibid.	
MANTES.	S. Laurent.	Id.	25.	Ibid.	
MANTES.	S. Michel.	Id.	6.	Ibid.	
MANTES.	S. Paul.	Id.	20.	Ibid.	
MANTES.	S. Pierre.	Id.	10.	Ibid.	
MANTES.	S. Radegonde.	Id.		Ibid.	
MANTES.	S. Louis.	L'archidiacre de Pinserais.	40.	Ibid.	
MANTES.	N.-D.-de-Pitié.		6.	Ibid.	
MANTES.		Le comte.	55.	Au château.	
MANTES.	S. Jean-Baptiste.	L'archidiacre de Pinserais.		Dans l'église de S.-Maclou.	
MANTES.	Le Petit-Crucifix.	Id..		Ibid.	
MANTES.	S. Maclou.		40.	Ibid.	
MANTES-LA-VILLE.	S. Gilles.	L'archidiacre de Pinserais.	25.		
MARCHÉVILLE.	S. Robert.	Le seigneur.	60.		
MARGON.	S. Martin.	Le grand archidiacre.	46.		
MARSALIN.	S. Marcelin.			Vert-en-Drouais.	
MARSAUCEUX.	S. Anne.			Mézières-en-Drouais.	
LE MÉE.				Arrou.	
MEIGNEVILLE.				Montainville.	
MELLERAY.	S. Antoine.	L'abbé du Gué-de-Lonlay.			
MÉMILLON.				S.-Maur.	
LES MENUS.	S. Eloi.		50.	Basoches.	
MERCY.	La Vierge.		10.		
MÉRICOURT.	La Vierge.	L'archidiacre de Pinserais.		Freneuse.	

POUILLÉ DU XVIIIe SIÈCLE.

	Patrons.	Collateurs.	Revenu.	Paroisses où elles sont situées.	Réunies.
MIGNIÈRES.	Les Trois-Maries.				
MILLEBERT.			80 l.	Lognes.	
MITTAINVILLE.	S. Michel.				
MOLÉANS.	S. Blaise.		300.	Au château.	
MOLITARD.	S. Thomas.	L'archidiacre de Dunois.	200.	Moléans.	
MONERVILLE.	S. Barthélemy.	L'archidiacre de Pinserais.		Boissy-Mauvoisin.	
MONGRAHAM.		Le grand archidiacre.	15.	Coudray-au-Perche.	
MONTAINVILLE.	S. Jacques.	L'archidiacre de Pinserais.		Dans l'église.	
MONTDOUGET.	S. Nicolas.	Le seigneur.	100.	Souancé.	
MONTLIGEON.				Luplanté.	
MONTFORT-L'AMAURY.	S. Avoie.		100.		
MONTFORT-L'AMAURY.	S. Blaise.	L'Évêque.		Dans l'Hôtel-Dieu.	
MONTFORT-L'AMAURY.	S. Éloi et S. Mesme.		25.		
MONTFORT-L'AMAURY.	S. François.	Le seigneur.	100.	Au château.	
MONTMIRAIL.	La Madeleine.	Le seigneur.	300.		A l'Hôtel-Dieu.
MONTREUIL.	S. Martin-le-Viandier.				
MORSANS.				Neuvy-en-Dunois.	
MOUTIERS.	S. Barbe.				
LES MUREAUX.			300.		
NEAUPHLE-LE-CHATEAU.		L'Évêque.			
NEAUPHLE-LE-VIEUX.	Notre-Dame.	L'abbé.			
NICORBIN.		Le chapitre de Chartres.	50.	Theuville.	
NOGENT-LE-ROI.	S. Barthélemy.	L'abbé de Coulombs.			
NOGENT-LE-ROI.	S. Joseph du Parc.	Le seigneur.	50.		
NOGENT-LE-ROI.	S. Blanchard.	Le seigneur.	300.	Au château.	
NOGENT-LE-ROI.	S. Geneviève.	·		Dans l'église.	
NOGENT-LE-ROI.	N.-D.-de-Pitié.			Ibid.	
NOGENT-LE-ROTROU.	N.-D.-de-Lorette.	Le chapitre de S.-Jean.	100.	Dans l'église de S.-Jean.	
NOGENT-LE-ROTROU.	N.-D.-de-Pitié.	Id.	150.	Ibid.	
NOGENT-LE-ROTROU.	S. Catherine-la-Dorée.	Id.	30.	Ibid.	
NOGENT-LE-ROTROU.	S. Étienne.	Id.	50.	Ibid.	
NOGENT-LE-ROTROU.	S. Eustache.	Id.		Ibid.	
NOGENT-LE-ROTROU.	S. Gilles.	Id.		Ibid.	
NOGENT-LE-ROTROU.	S. Michel.	Id.		Ibid.	

III.

	Patrons.	Collateurs.	Revenu.	Paroisses où elles sont situées.	Réunies.
NOGENT-LE-ROTROU.	S. Nicolas (2 portions).	Le chapitre de S.-Jean.	200 l.	Dans l'église de S.-Jean.	
NOGENT-LE-ROTROU.	S. Jacques.	Le grand archidiacre.	1,000.		
OINVILLE-SOUS-AUNEAU.	La Madeleine.	Le seigneur.			
LES ORIEUX.	Id.	Le seigneur.		S.-Victor-de-Buthon.	
OULINS.	La Madeleine et S. Michel.	Le seigneur d'Anet.	130.		A l'Hôtel-Dieu d'Houdan.
OURSIÈRES.		Le seigneur.	200.	Argenvilliers.	
OYSONVILLE.			40.	Au château.	
PANNES.				Houville.	
LA PAPOTIÈRE.				Coulonges.	
LE PARC.		Le prieur d'Épernon.	20.	Maintenon.	
LA PÉPINIÈRE.				Coulonges.	
LA PERRINE.	S. Ouen.			S.-Christophe.	
LE PERRUCHET.	S. Lubin-des-Etangs.	Le seigneur.	150.	S.-Victor-de-Buthon.	
LA PLACE.		L'Évêque.	50.	Néron.	
PLAISIR.	S. Apolline.	Le seigneur.	40.		
LA PLESSE-GOUVILLE.	S. Jean-de-la-Forêt.			Le Favril.	
LE PLESSIS-S.-BENOIT.	N.-D. de Lorette.		300.	Authon-la-Plaine.	
POIGNY.			250.	Au château.	
POIREUX.				Bonneval.	
LE POISLAY.	S. Marc.		40.		
POISSY.		L'Évêque.	120.	Dans l'Hôtel-Dieu.	
POISSY.	S. Jean-de-la-Grange.	Le Chapitre.	45.		
POISSY.	S. Louis.		66.	Dans l'église.	
POISSY.	Notre-Dame.		100.	Dans l'Hôtel-Dieu.	
PONTGOUIN.	S. Jean.	L'Évêque.	150.		A l'Hôtel-Dieu.
PONTGOUIN.	S. Etienne.	L'Évêque.	150.		Id.
PRUNAY-LE-GILLON.		Le seigneur.		Au château.	
LA PUISAYE.	S. Agathe.				
RAISEUX.	La Vierge.	Le prieur d'Épernon.	200.	Hanches.	
RANDONNAI.	La Vierge.		120.		
RÉMALARD.	S. Thomas.		60.		
RENANCOURT.	S. Servais.			Villemeux.	
LA RIVIÈRE.		Le seigneur.		Le Favril.	
ROCHEFORT.	La Madeleine.	L'abbé de Clairefontaine.	200.		A l'Hôtel-Dieu.
ROHAIRE.	S. Gilles.	L'Évêque.	40.		
ROINVILLE-SOUS-AUNEAU.	S. Louis.		150.		

POUILLÉ DU XVIIIe SIÈCLE. 435

	Patrons.	Collateurs.	Revenu.	Paroisses où elles sont situées.	Réunies.
Rosny.	La Vierge et Tous les Saints.	Le seigneur.	100 l.	Au château.	
Ruffin.	La Vierge.	L'abbé de Coulombs.	150.	Chaudon.	
S.-Arnoult-en-Yveline.	S. Fiacre.		100.		
S.-Avit-au-Perche.		Le seigneur.		Au château.	
S.-Benoit.				Arrou.	
S.-Bomert.	S. Léger.	Les religieuses de Belhomert.			
S.-Evroult.		L'abbé de Coulombs.	20.	Villemeux.	
S.-Germain-de-la-Grange.			60.		
S.-Laurent-de-la-Troche.		Le seigneur.	25.	Les Corvées.	
S.-Léger-en-Yveline.	S. Michel.		30.		
S.-Léonard.			100.	Arnouville.	
S.-Lubin-des-Joncherets.	N.-D. de Pitié.				
S.-Martin-des-Champs.	La Trinité.	L'abbé de Josaphat.	40.		
S.-Martin-des-Champs.	S. Prix.	L'archidiacre de Pinserais.			
S.-Martin-de-Nigelles.	S. Jean-Baptiste.	Le seigneur de Vouvray.			
S.-Suzanne.		Le seigneur.		Les Autels-Tubœuf.	
Sainville.	S. Maur.	Le grand archidiacre.	50.		
Santeuil.	S. Louis.	L'Evêque.	200.		
La Saucelle.	S. Agnès.				
Saugeville.				Lutz.	
Saugis.	S. Jacques et S. Christophe.	L'Évêque.	150.	S.-Lucien.	
Saugis.		Le seigneur.	15.	S.-Lucien.	
Senainville.	S. Jean.		150.	Coltainville.	
Senantes.	S. Geneviève.				
Soindres.	S. Jean-Baptiste.	Le seigneur.	150.		
Sours.		Le seigneur.		Au château.	
Tachainville.	S. Montan.	Le seigneur.	400.	Thivars.	
Thivault.		Le seigneur.		Bretoncelles.	
Tourouvre.	S. Aubin.	Le seigneur.	100.		
Tourouvre.	S. Sébastien.	Le seigneur.	80.	Dans l'église.	
Le Tremblay-le-Vicomte.	N. D. de Lorette.				
Tressancourt.	S. Jean.			Orgeval.	
Unverre.	S. Barthélemy.		100.		
La Ventrouze.	S. Anne.		60.		

//

	Patrons.	Collateurs.	Revenu.	Paroisses où elles sont situées.	Réunies.
Vérigny.		Le seigneur.	300 l.		
Vichères.	S. Médard.				
Vieuvic.	S. Christophe.	L'Évêque.			
Vieuvic.	S. Étienne.	L'abbesse de S.-Avit.	75.		
Viévy-le-Rayer.	S. Christophe.	L'Évêque.	26.		
Villarceaux.				Voves.	
La Villeneuve-en-Chevrie.	La Vierge.	L'Évêque.	30.		
Villequoy.		Le seigneur.		Montainville.	
Villermon.				Allaines.	
Villiers-le-Mahieu.	S. Marie et S. Barbe.	Le seigneur.			
Villiers-le-Morhier.	S. Thomas de Cantorbéry.	L'Évêque.	70.	Au château.	
Voiré.	S. Charles Borromée.	Le seigneur.	300.	Rémalard.	
Le Vouvray.	S. Pierre.	L'abbesse de S.-Avit.	200.	S.-Denis-les-Ponts.	

ANCIENNES MALADRERIES.

	Patrons.	Paroisses où elles étaient situées.	Réunies.
La Banlieue.	S. Georges et la Trinité.	Chartres.	A l'Hôtel-Dieu de Chartres.
Berou.	S. Blaise.		A l'Hôtel-Dieu de Brezolles.
Bonneval.	S. Leu et S. Gilles.		A l'Hôtel-Dieu de Bonneval.
Brezolles.	La Madeleine et S. Marc.		A l'Hôtel-Dieu de Brezolles.
Chateaudun.	S. Lazare.		A la Sainte-Chapelle du Dunois.
Chateauneuf.	S. Laurent.		A l'Hôtel-Dieu de Châteauneuf.
Dreux.	S. Gilles.		A l'Hôtel-Dieu de Dreux.
Épernon.	S. Denis.		A l'Hôtel-Dieu d'Épernon.
La Ferrière.	S. Gilles.	Brunelles.	A l'Hôtel-Dieu de Nogent-le-Rotrou.
La Ferté-Villeneuil.	S. Denis.		A l'Hôtel-Dieu de la Ferté-Villeneuil.
Gallardon.	S. Mathieu.		A l'Hôtel-Dieu de Gallardon.
Le Grand-Beaulieu.	La Madeleine.	Le Coudray.	Au Grand-Séminaire de Chartres.
Molitard.		Moléans.	
Nogent-le-Roi.	S. Éloi-du-Quai.		A l'Hôtel-Dieu de Nogent-le-Roi.
Nogent-le-Rotrou.			A l'Hôtel-Dieu de Nogent-le-Rotrou.
Orgères.			
Le Petit-Sainville.		Sainville.	A l'Hôtel-Dieu de Sainville.
Poissy.	S. Lazare.		A l'Hôtel-Dieu de Poissy.
Pont-Tranchefétu.		Fontenay-sur-Eure.	A l'Hôtel-Dieu de Chartres.
Romilly-sur-Aigre.	S. Laurent.		A l'Hôtel-Dieu de la Ferté-Villeneuil.
Senonches.			A l'Hôtel-Dieu de Dreux.
Verneuil.	S. Gilles.		A l'Hôtel-Dieu de Verneuil.

COMMANDERIES DE L'ORDRE DE MALTE.

	Archidiaconé.	Doyenné.
Arville.	Dunois.	Perche.
Beauche.	Dreux.	Brezolles.
La Boissière, près Châteaudun.	Dunois.	Beauce.
Chalo-la-Reine.	Grand.	Rochefort.
Champagne.	Pinserais.	Mantes.
Mézian, près Beauche.	Dreux.	Brezolles.
Sours.	Grand.	Auneau.
Le Temple, près Boisvillette.	Id.	Brou.
La Ville-Dieu, près Manou.	Dreux.	Brezolles.
La Ville-Dieu, près Elancourt.	Pinserais.	Poissy.
La Ville-Dieu-en-Drugesin, près Laons.	Dreux.	Brezolles.

COMMUNAUTÉS.

Capucins	Dreux.
	Montfort-l'Amaury.
	Nogent-le-Rotrou.
	Poissy.
Cordeliers	Anet.
	Châteaudun.
	Mantes.
	Noisy.
Dominicains	Poissy.
Frères des Ecoles Chrétiennes	Nogent-le-Rotrou.
Sœurs Hospitalières	Patay.
	Mantes.
Récollets	Châteaudun.
Religieuses de la Congrégation	Châteaudun.
	Houdan.
	Montfort-l'Amaury.
Religieuses du Saint-Sacrement	Dreux.
Sœurs des Ecoles Chrétiennes et de la Charité.	Sainville.
	Prasville.
Sœurs de la Charité, dites du Saint-Sacrement.	Montainville.
Sœurs de l'Instruction Chrétienne	Dourdan.
Sœurs de l'Union Chrétienne	Mantes.
Ursulines	Mantes.
	Nogent-le-Rotrou.
	Poissy.

POUILLÉ DU XVIIIᵉ SIÈCLE.

COLLÉGES.

CHARTRES (collége royal ou collége de Pocquet).
BONNEVAL.
CHATEAUDUN.
DREUX.
ECQUEVILLY (petit-séminaire).
MONTMIRAIL.
NOGENT-LE-ROTROU.
THIRON.

TABLE GÉNÉRALE.

TABLE GÉNÉRALE

DES MATIÈRES.

Préface	T. I,	p. v
Introduction	—	p. xvj
Vieille Chronique	—	p. 1
Chartes et documents	—	p. 67
Polyptique	T. II,	p. 279
Nécrologe.	T. III,	p. 1
Dictionnaire topographique	—	p. 227
Table des noms	—	p. 319
Pouillé du XVIIIᵉ siècle	—	p. 393

ACHEVÉ D'IMPRIMER LE 20 DÉCEMBRE 1865

AUX FRAIS DE LA SOCIÉTÉ ARCHÉOLOGIQUE D'EURE-ET-LOIR

ET TIRÉ A 400 EXEMPLAIRES.

www.ingramcontent.com/pod-product-compliance
Lightning Source LLC
Chambersburg PA
CBHW071106230426
43666CB00009B/1848